Kohlhammer

Jörg Merten

Beziehungsregulation in Psychotherapien

Maladaptive Beziehungsmuster und der therapeutische Prozeß

Verlag W. Kohlhammer

Die Deutsche Bibliothek – CIP-Einheitsaufnahme

Merten, Jörg:
Beziehungsregulation in Psychotherapien : maladaptive Beziehungsmuster und der therapeutische Prozeß / Jörg Merten. - 1. Aufl.. – Stuttgart ; Berlin ; Köln : Kohlhammer, 2001
ISBN 3-17-016834-7

1. Auflage 2001

Stuttgart Berlin Köln
Verlagsort: Stuttgart
Umschlag: Gestaltungskonzept Peter Horlacher
Gesamtherstellung:
W. Kohlhammer Druckerei GmbH + Co. Stuttgart
Printed in Germany

Geleitwort

Das Buch kommt gerade rechtzeitig auf den Markt. Es wird – davon bin ich überzeugt, ein Meilenstein in den nun gewissermaßen vom Staat verordneten Integrationsbemühungen der verschiedenen psychotherapeutischen Verfahren sein. Es ist der erste wirklich überzeugende Versuch, zwei in der Psychotherapieforschung bisher wenig verbundene Gebiete mittels einer systematischen theoriegeleiteten Empirie zu verbinden. Die verschiedenen Teilstücke sind die Erfolge von Psychotherapien und deren Verbindung mit dem wirklichen therapeutischen Prozess. Im Gegensatz zu allen bisherigen Untersuchungen ist dies die erste Arbeit, die tatsächlich – soweit es im Moment technisch möglich ist – den therapeutischen Prozess bis in die mikro-interaktiven affektiven Feinstrukturen hin untersucht und sich nicht mit Urteilsakten – sei es der Therapeuten, der Patienten bzw. externer Beobachter – über den Prozess zufrieden gibt. Diese Vorgehensweise hat sich als sehr nützlich, wenn nicht gar revolutionär erwiesen: So hat sich im Verlauf der empirischen Verfolgung der Fragestellung herausgestellt, dass die wesentlichen Prozesscharakteristika auf einem fast sublimfinalen, zumindest vorbewussten zeitlichen Auflösungsvermögen stattfinden und sich der bewussten Bearbeitung sowohl der Patienten als auch der Therapeuten weitgehend entziehen. Da sich gerade auf diesem Niveau die von allen Therapeuten so gefürchteten Verstrickungen, die zur Verschlechterung führen, abspielen, sind die hier vorgelegten Befunde und theoretischen Überlegungen sowohl für Behandlungstechnik als auch für die Schulung und Theoriebildung von allerhöchster Bedeutung. Gleichzeitig ist es ein Versuch, 15 Jahre intensiver Arbeit meiner verschiedenen Forschungsteams in Saarbrücken zusammenzufassen: Mertens Analyse stützt sich eben nicht nur auf die Befunde des vorletzten DFG-Projektes „Multikanale Psychotherapieforschung“, sondern benutzt als Vergleichsbasis die bisherigen Arbeiten über die affektiven Austauschprozesse und ihre inneren Abbildungen von Gesunden und psychisch Kranken im nicht psychotherapeutischen Kontext. Der empirische Vergleich zwischen Alltags- und Therapiesituation in Bezug auf die affektive Regulierung ist neu und bringt überraschende, teilweise verblüffende Ergebnisse, die den „Lieschen Müller-Erwartungen“ an „gute“ Psychotherapien widersprechen. Ich möchte dem Leser die Überraschung nicht nehmen und verzichte darauf, sie hier in extenso darzustellen. Es geht um das alte psychoanalytische Konzept der Abstinenz, nun aber auf einer Ebene des Verhaltens, die von den Psychotherapeuten aller Richtungen geteilt werden. Es geht um die Handhabung der emotional interaktiven Abstinenz und deren positive Folgen. Merten hat ein empirisches Maß des Containings entwickelt, das allen Psychotherapieverfahren nützen wird.

Die Verlötung von Primäraffekten und unbewussten Konflikten wird empirisch beschrieben und wird dem Leser in Zukunft als eine Art Nachschlagewerk dienen können, um zu sehen, mit welchen Verstrickungsgefahren man bei bestimmten Störungsbildern rechnen muss. Schließlich ergeben sich aus seiner Arbeit eine Fülle von Hinweisen bzw. Forderungen an die Ausbildung, die wie ich meine, eine sehr viel stärkere Orientierung am Sehen und Erkennen von interaktiven Mustern benötigt. Ich wünsche dem Leser, sei er nun Praktiker oder Forscher, viel Erfolg und Freude bei der Reise durch das Abenteuer Psychotherapieprozessforschung. Ich bin sicher, er wird reich belohnt werden. Dem Buch wünsche ich viel Erfolg und seinem Autor, meinem Mitarbeiter, eine weiterhin fruchtbare Laufbahn.

Saarbrücken, im Januar 2001 Rainer Krause

Inhalt

Teil C: Einzelfallanalysen

Einleitung

Die Bedeutung der therapeutischen Beziehung für den therapeutischen Prozeß ist das am besten belegte Ergebnis der Psychotherapieprozeßforschung (Orlinsky et al., 1994). Insbesondere emotionale Aspekte der therapeutischen Beziehung weisen studienübergreifend hohe Zusammenhänge mit dem therapeutischen Erfolg auf. Welche Art von Beziehung aber im Sinne des therapeutischen Prozesses als günstig zu erachten ist, bleibt fraglich. Allgemeine Ratschläge wie der, daß freundlich-dominante Therapeuten freundlich-submissive Patienten behandeln, „können kaum als befriedigende Konzeption der Therapiebeziehung angesehen werden" (Grawe, 1992a). Auch die Betonung empathischen Verstehens als Charakteristikum der therapeutischen Beziehung in klientenzentrierten Ansätzen charakterisiert nicht immer eine erfolgreiche Behandlung. So fanden Grawe, Casper und Ambühl (1990), daß erfolgreiche Gesprächspsychotherapien sich eher durch ein konflikthaftes Beziehungsmuster zwischen Patient und Therapeut charakterisieren lassen. Die Realisierung einer therapeutischen Beziehung erweist sich um so schwieriger, je mehr der Patient sich durch allgemeine Persönlichkeitsprobleme wie ausgeprägte Feindseligkeit, durchgehendes Mißtrauen, Negativismus, Inflexibilität oder antisoziale Tendenzen, aber auch durch Abhängigkeit auszeichnet (Strupp, 1998). Solche Persönlichkeitseigenschaften werden im Rahmen von Persönlichkeitsstörungen beschrieben, die häufig komorbid zu den in DSM-IV (Saß, Wittchen und Zaudig, 1996) sogenannten Achse-I-Störungen auftreten. In einem umfangreichen Forschungsprojekt (Shapiro et al., 1990; Garfield, 1994) wurde bei 39 von 114 depressiven Patienten eine Persönlichkeitsstörung diagnostiziert, die mit einem schlechteren Therapieerfolg in Verbindung stand. Persönlichkeitsstörungen unterscheiden sich von Achse-I Störungen wie Angststörungen oder affektiven Störungen gerade dadurch, daß sie sich vor allem in sozialen Beziehungen äußern und der Patient sein Verhalten als ich-synton erlebt (Fiedler, 1995). Die durch die Persönlichkeitsstörung vorgegebenen Beziehungsmuster wirken sich auch in der Beziehung zum Therapeuten aus. Erschwerend kommt hinzu, daß sie vom Patienten selbst nicht per se als störend und von ihm auch nicht als behandlungsbedürftig angesehen werden.

Wird die Persönlichkeitsstörung des Patienten auch vom Therapeuten übersehen, konzentriert sich die Behandlung auf die Achse-I-Symptomatik, ohne daß die Auswirkungen der Persönlichkeitsstörung auf die therapeutische Beziehung erkannt würden. So lange dieses Defizit bestehen bleibt, gestaltet sich die Behandlung schwierig oder stabilisiert zum Beispiel die Abhängigkeitsproblematik des Patienten. Die Therapie hochmotivierter Patienten, die keine oder nur wenige der genannten Probleme aufweisen, ist hingegen auch bei Verwendung eines Manuals und unter Anleitung von Laientherapeuten erfolgreich durchzuführen (Strupp, 1993). Aber auch wenn keine ausgeprägte Persönlichkeitsstörung vorliegt kann für viele Patienten eine Verankerung ihrer Erkrankung in interpersonalen Beziehungsmustern angenommen werden, wie im Theorieteil weiter ausgeführt wird.

Die therapeutische Beziehung konstituiert sich also vor dem Hintergrund der häufig unbewußten Beziehungswünsche des Patienten, die er in der therapeutischen Beziehung zu aktualisieren versucht. Sie treten mit Beziehungserfahrungen und Beziehungswünschen des Therapeuten in Interaktion. Aufgabe des Therapeuten ist es nun, die Beziehungswünsche des Patienten zu erkennen und zu reflektieren, welche zu fördern sind und welche die Erkrankung bedingen oder stabilisieren und damit zu verändern sind. Diese Unterscheidung ist nicht einfach zu fällen, wie weiter unten diskutiert wird. Auf jeden Fall ist das Nichterkennen und/oder unreflektierte Eingehen auf die Beziehungswünsche des Patienten ungünstig. Diese Form partieller Blindheit kann auch selektiv sein, nämlich genau dann, wenn unbewußte Beziehungswünsche des Therapeuten zu denen des Patienten komplementär sind. Handelt es sich im Fall des Therapeuten dabei ebenfalls um konfliktive, dem Therapeuten nicht bewußte

Beziehungswünsche, führt das dazu, daß eine Aufarbeitung nicht nur gegen den Widerstand des Patienten, sondern auch gegen den des Therapeuten durchgeführt werden muß. In dieser Konstellation ist eine therapeutische Behandlung ohne die Zuhilfenahme Dritter, z.B. in Form von Supervision, nicht mehr erfolgversprechend durchzuführen.

Die Prozesse, die der Konfliktaktualisierung des Patienten in der therapeutischen Beziehung zugrunde liegen, harren jedoch noch der empirischen Bearbeitung (Grawe, 1997). Ansätze einer Bearbeitung dieser Problematik sind in der Untersuchung sozial-emotionaler und aufgabenorientierter Aspekte der therapeutischen Beziehung zu sehen, und insbesondere darin, wie sich Persönlichkeitsstörungen der Patienten auf diese beiden Aspekte der therapeutischen Beziehung auswirken. Die Variationsmöglichkeiten gehen jedoch über das durch die Persönlichkeitsstörungen umschriebene Verhaltensrepertoire hinaus und können dazuhin nicht nur störungsspezifisch erklärt werden. Vielmehr bestimmen weitere Eigenschaften der Person die jeweilige Inszenierung ihrer konfliktiven und maladaptiven Beziehungswünsche mit, wie z.B. Interaktionserfahrungen, die sich in Wahrnehmungs- und Verhaltensschemata niedergeschlagen haben und so das aktuelle Verhalten entscheidend beeinflussen. Auf dem Hintergrund dieser Schemata können sich aber völlig unterschiedliche Arten von psychischen Störungen entwickeln (Grawe, 1997), so daß durch die Diagnose unter Rückgriff auf Klassifikationssysteme wie DSM-IV (Saß, Wittchen und Zaudig, 1996) oder ICD-10 (Dilling, Mombour und Schmidt, 1991) noch keine Aussage über die maladaptiven Beziehungsmuster und Schemata der Patienten möglich ist. Um einen Zugang zu gewinnen, bedarf es weiterer Verfahren, die über die Beschreibung der Symptome hinaus darauf abzielen, sich wiederholende Muster in der Wahrnehmung, der Informationsverarbeitung oder der Beziehungsgestaltung zu erfassen. Einige dieser Verfahren, die auf dem Hintergrund unterschiedlicher theoretischer Orientierungen entwickelt wurden, werden im Theorieteil beschrieben und diskutiert werden.

Ein ähnliches Problem stellt sich bei der Frage nach der Bedeutung eines bestimmten Verhaltens innerhalb einer Therapie. Ein Verhalten kann unterschiedliche Funktionen haben, je nachdem, in welches Schema es eingebettet ist. Weiss und Sampson führen die Sichtweise ein, daß ein bestimmtes Verhalten in der Therapie unbewußt, aber intentional zur Testung von Befürchtungen des Patienten eingesetzt werden kann (Weiss und Sampson, 1986). Demnach drückt autonomes Verhalten des Patienten nicht etwa einfach den Wunsch nach Autonomie aus, die möglicherweise noch konflikthaft erlebt wird und Schuldgefühle auslöst, sondern es kann auch im Sinne des „unbewußten Testens" interpretiert werden. Dann kann es zum einen dazu dienen, zu überprüfen, ob der Therapeut dadurch verletzt wird oder ob man dem Therapeuten überhaupt etwas bedeutet.

Ein weiterer zentraler Aspekt ist darin zu sehen, daß Beziehungswünsche und Beziehungskonflikte nicht nur verbal geäußert werden, sondern daß zu ihrer Realisierung das gesamte Repertoire der Beziehungsgestaltung inklusive nonverbaler Verhaltensweisen zur Verfügung steht. Auf einer eher molaren Ebene zeigen sich Konflikte z.B. darin, wie die Patienten mit Randbedingungen des therapeutischen Settings umgehen, ob sie Termine einhalten oder Vereinbarungen über die Verfügbarkeit des Therapeuten außerhalb der Therapiestunden. Vor allem aber äußern sich Beziehungskonflikte und gewünschte oder gefürchtete Beziehungsstrukturen innerhalb der Therapiestunden in der Beziehungsgestaltung und hier nicht nur in Form verbaler Äußerungen, sondern vorzugsweise als affektive Mikroprozesse. Vor allem affektive Prozesse eignen sich für die Beziehungsregulation, da sie „verdichetete" Aussagen über die Bewertung einer Beziehung inklusive des Wunsches, wie die Beziehung fortgesetzt werden soll, beinhalten. Während Indikatoren auf molarer Ebene leichter an Salienz gewinnen, bleiben Beziehungsangebote auf der Ebene von Mikroprozessen als solche oft unerkannt, aber nicht ohne Wirkung. Dadurch erhöht sich die Gefahr, daß der Therapeut durch sein Verhalten auf der Ebene von Mikroprozessen auf das

Beziehungsangebot des Patienten eingeht und sich damit genau so verhält, wie es von den Patienten gleichzeitig gewünscht, aber auch befürchtet wird, da das Beziehungsmuster maladaptiv in dem Sinne ist, daß es nicht nur die Behandlung erschwert, sondern selbst Teil oder sogar Kern der psychischen Störung des Patienten ist.
Es stellt sich die Frage, wie eine erfolgversprechende therapeutische Behandlung vor dem Hintergrund der Vielfältigkeit möglicher Bedeutungen des Patientenverhaltens überhaupt noch möglich ist. Daß ein Lösen der beschriebenen Aufgaben ein notwendiger und vielleicht auch hinreichender Faktor für eine erfolgreiche Behandlung ist, und daß dies einer Vielzahl von Therapeuten auch gelingt, schlägt sich darin nieder, daß die Gestaltung der therapeutischen Beziehung als Hauptwirkfaktor von Psychotherapie angesehen wird, was sich auch mit den oben angesprochenen empirischen Ergebnissen deckt. Vorstellungen, wie die therapeutische Beziehung gezielt zur Behandlung genutzt werden kann, sind aber selten. Eine generell „gute" Beziehung zu beschreiben, die für alle Patienten übernommen werden kann, ist nicht möglich oder führt zu unbefriedigenden Ergebnissen (Krause, 1997). Auch differenzierende Ansätze, die Merkmale der Patienten für die Art der Beziehungsgestaltung mit einbeziehen, sind nicht ohne Gefahren. Grawe (1997) z.B. bringt die therapeutische Beziehung nicht nur mit der Konfliktaktivierung in Verbindung, sondern sieht auch die Möglichkeit einer Ressourcenaktivierung durch eine an den Patienten angepaßte Beziehungsgestaltung. Eine zu den für das Selbstwertgefühl des Patienten zentralen Selbstschemata komplementäre Beziehungsgestaltung führt nach Grawe et al. (1994b) zu einer guten Therapiebeziehung, allerdings nur dann, wenn sie nicht im Konflikt mit Wünschen und Erwartungen anderer Selbstschemata stehen. Ein solcher Konflikt muß vom Therapeuten erst erkannt werden, bevor eine zu nur einem der Selbstschemata komplementäre Beziehungsgestaltung sich positiv auf das Erleben des Patienten auswirken kann. Auch hier besteht die Gefahr, daß die Selbstrepräsentanzen des Patienten nur unvollständig erfaßt werden und konfliktive Einbettungen von als positiv erachteten Selbstschemata keine Berücksichtigung finden. So kann auch die Gestaltung einer in diesem Sinne komplementären Beziehung mit dem Ziel der Ressourcenaktivierung zum Beziehungstest im Sinne von Weiss und Sampson werden.
Das kann auch dann geschehen, wenn kein Schemakonflikt vorliegt, die Realisierung der Oberziele zentraler Selbstschemata aber mit Befürchtungen verbunden ist. In diesem Fall reagiert der Patient mit Abwehr auf das komplementäre Verhalten des Therapeuten. Hält der Therapeut nun seine Strategie nicht durch, kann das dazu führen, daß die Befürchtungen des Patienten hinsichtlich der Realisierbarkeit seiner selbstrelevanten Ziele Bestätigung finden.
Grawe et al. (1994b) gehen davon aus, daß Beziehungstests oder „traps" (Bänninger-Huber, 1996) an Hand der Analyse der Selbstschemata und der negativen emotionalen Schemata vorhergesagt werden können und der Therapeut sich entsprechende Verhaltensweisen zurecht legen kann, die die Befürchtungen der Patienten nicht bestätigen. Selbst wenn diese Planung erfolgreich ist, wird die Umsetzung in der konkreten Interaktion dadurch erschwert, daß Beziehungstests nicht nur verbal realisiert werden, sondern sich zu großen Teilen in nonverbalem Verhalten äußern (Krause, 1992) und durch „prototypische Mikrosequenzen" flankiert werden, die einen hohen Aufforderungscharakter für den Therapeuten haben (Bänninger-Huber, 1996). Das kann dazu führen, daß der Therapeut trotz Kenntnis und Erkennens des Beziehungstests und obwohl er alternative Verhaltensweisen vorbereitet hat, dennoch im entscheidenden Moment die Befürchtungen des Patienten bestätigt (Weiss und Sampson, 1986).
Die Probleme, die bei der Frage nach einer therapiefördernden komplementären Beziehung im Sinne Grawes auftreten, sind denen ähnlich, die sich in der Diskussion psychoanalytischer Autoren über die Möglichkeit einer realen Beziehung zwischen Patient und Therapeut ergeben (Gelso und Hayes, 1998).

Aus den oben angeschnittenen Überlegungen ergibt sich, daß ein Wissen um interaktionelle Aspekte des therapeutischen Prozesses dringend nötig ist, wenn man als Therapeut erkennen will, welche Art von Beziehungsgestaltung gegenüber dem Patienten als förderlich zu erachten ist. Universelle Ratschläge, wie z.B. der, sich aus der Beziehung herauszuhalten, indem man z.B. eine rein psycho-edukative Haltung einnimmt, führen nur dann zum Erfolg, wenn der Patient diese Art der Beziehung als hilfreich erlebt. Besteht das maladaptive Schema des Patienten aber darin, sich von anderen abhängig zu machen, trifft er auf genau dieses Interaktionsmuster auch in der therapeutischen Beziehung. Eine Änderung zum Besseren ist dann eher unwahrscheinlich.
Ein weiterer Ansatz zur Gestaltung der therapeutischen Beziehung wird darin gesehen, sich nur zu den Zielen des Patienten komplementär zu verhalten, die in einer Steigerung seines Selbstwertgefühls resultieren und damit beim Patienten vorhandene Ressourcen aktivieren. Für Schemata, die zu negativen Konsequenzen für den Patienten führen, ist es nötig, daß der Therapeut sich entgegen der maladaptiven Erwartungen des Patienten verhält. Nur so kann es zu korrigierenden emotionalen Erfahrungen für den Patienten kommen. Bei der daraus folgenden Notwendigkeit einer Neuorientierung des Verhaltens kann der Therapeut als Modell dienen, sofern er vom Patienten als dafür geeignet angesehen wird.
Überlegungen dieser Art zum therapeutischen Prozeß lassen sich in zahlreichen Veröffentlichungen wiederfinden. Die maladaptiven Schemata der Patienten und die Reaktionen der Therapeuten werden auch mit unterschiedlichen meist auf sprachlichen Äußerungen basierenden Verfahren (siehe Abschnitt 2.1.2) erhoben. Wie es jedoch trotz dieses Wissens immer wieder dazu kommen kann, daß auch erfahrene Therapeuten, sich bestimmten Beziehungsangeboten von Patienten nicht widersetzen können, ist noch weitgehend unerforscht.
Die oben beschriebenen Phänomene können auch als Erklärung für die Befundlage in der aktuellen Effektivitätsforschung psychotherapeutischer Verfahren dienen. Von mehreren Autoren wird festgestellt, daß neben den für eine Therapieschule spezifischen technischen Faktoren auch unspezifische Faktoren zum Tragen kommen, die vor allem in der Art der Beziehungsgestaltung zu suchen sind (Orlinsky et al., 1994). Shapiro (1995) bezeichnet dieses Phänomen als „Äquivalenzparadox", Singer und Luborsky (1975) als „DODO-Verdikt" („Everbody has won and all must have prices"). Trotz oder gerade wegen der vielfältigen subtilen Möglichkeiten, in der Gestaltung der therapeutischen Beziehung zu scheitern, bildet sich die Bedeutung der therapeutischen Beziehung für den Therapieerfolg auf der Ebene allgemein gehaltener Ratings wie z.B. „gute Beziehung" oder „hilfreiche Beziehung" ab (Orlinsky, Grawe und Parks, 1994). Die zugrundeliegenden interaktiven und intrapsychischen Prozesse, die auch das Verhalten des Therapeuten einschließen, sind aber weitgehend unerforscht. Alle diese Autoren fordern, daß das tatsächliche Verhalten von Patienten und Therapeuten, Wechselwirkungen zwischen beiden und sein kurz- und mittelfristiger Einfluß auf das Krankheitsbild des Patienten zum Gegenstand empirischer Untersuchungen gemacht werden müssen, um die Wirkweise von Psychotherapie verstehen zu lernen. Aus der Metaanalyse von Orlinsky et al. (1994) geht deutlich hervor, daß vor allem emotionale, interpersonale Aspekte der therapeutischen Beziehung hohe Effektstärken in Bezug zum therapeutischen Erfolg aufweisen. Die zur Analyse dieses Gegenstandsbereichs verwendeten Methoden decken interpersonale Prozesse jedoch nur ungenügend ab, wie weiter unten ausgeführt wird.
Die vorliegende Arbeit ist ein Versuch, diese Lücke zu schließen, indem dyadische, affektive Prozesse einschließlich des mikroprozessualen Verhaltens in psychotherapeutischen Interaktionen untersucht werden. Die theoretische und empirische Grundlage für die vorliegende Arbeit ist in der Annahme und dem Nachweis interaktiver Störungsanteile zu sehen. Das Konzept des interaktiven Störungsanteils besagt, daß bestimmte Patientengruppen sich

über eine gemeinsame Symptomatik hinaus auch durch die Art der Beziehungen unterscheiden lassen, die sie in Gesprächen mit anderen Personen herstellen (Krause, 1981; Krause et al., 1989b; Steimer-Krause et al., 1989; Schwab und Krause, 1994; Frisch et al.; 1996, Krause et al., 1998). Schwere psychische Störungen lassen sich demnach beispielsweise auf der Ebene mimisch-affektiven Verhaltens durch den Ausdruck von negativen distanzregulierenden Affekten, die sich unmittelbar auf den Interaktionspartner beziehen, charakterisieren. Diese Patienten zeigen als häufigsten Affekt z.B. Verachtung oder Ekel (Steimer-Krause et al., 1991; Merten, 1997a, b).

Auf dem Hintergrund dieser Ergebnisse stellt sich die Frage, wie es Therapeuten gelingt eine positive therapeutische Beziehung herzustellen und inwieweit der Therapeut auf die maladaptiven Beziehungsmuster der Patienten eingeht, die dieser meist über nonverbales Mikroverhalten herzustellen versucht.

Das empirische Wissen über diese Arten von Regulationsprozessen, nicht nur in therapeutischen Beziehungen, ist noch gering. Steimer-Krause (1996) analysierte synchrones Lächeln in nicht-therapeutischen Dyaden als zentralen Indikator für die Nähe/Distanzregulation. Im psychotherapeutischen Bereich analysierte Bänninger-Huber (1996) prototypische Mikrosequenzen, das verwendete Verfahren ist jedoch bisher nur für selektierte Ausschnitte durchgeführt worden. Krause und Lütolf (1989a) untersuchten das mimisch-affektive Verhalten eines Patienten im Verlauf und konnten Besserungsindikatoren in der Art des mikroprozessualen, mimischen Ausdrucks feststellen.

In der vorliegenden Arbeit wird ein Modell entworfen und diskutiert, das aufzuzeigen versucht, wie sich die emotionale Beziehungsregulation im mimisch-affektiven Verhalten abbildet, in welchen Zusammenhängen sie zur expliziten und impliziten Modellierung der Situation steht und welche Auswirkungen sie auf die wahrgenommene Qualität der therapeutischen Beziehung und den therapeutischen Prozeß hat.

Nicht nur das Verhalten der Patienten wird in diesem Modell berücksichtigt, die versuchen bestimmte Beziehungsmuster zu realisieren, sondern auch die unterschiedlichen Reaktionen der Therapeuten darauf. Im Hinblick auf den therapeutischen Prozeß wird von Interesse sein, inwieweit die Therapeuten auf diese Beziehungsangebote eingehen, ob und in welchem Ausmaß sie von ihnen reflektiert werden und wie sie mit den daraus resultierenden Erfahrungen umgehen.

Entwickeln sie auf Grund dieser Beziehungserfahrungen ein angemessenes Bild vom Patienten und sind dazu noch in der Lage, sich anders als nach den maladaptiven Erfahrungen des Patienten zu verhalten, ergibt sich für den Patienten die Möglichkeit, auf einer interaktiven Ebene korrigierende emotionale Erfahrungen zu machen. Die weitere Arbeit des Therapeuten besteht dann darin, dem Patienten ein Verständnis dafür zu vermitteln, daß er das dem Therapeuten gegenüber gezeigte Verhalten, auch anderen Personen gegenüber praktiziert und daß diese Art, sich zu verhalten, mit seiner Problematik verbunden ist.

Im folgenden Theorieteil wird ein Überblick über den gegenwärtigen Stand der Psychotherapieforschung gegeben, wobei der Schwerpunkt weniger auf Untersuchungen zur Effektivität von Psychotherapie als vielmehr auf Studien zum therapeutischen Prozeß liegt. Psychotherapieschulenübergreifend wird der Kern psychischer Störungen in den dem offenen Verhalten zugrundeliegenden verfestigten und rigiden mentalen Repräsentanzen gesehen, die zu einer Einengung von Wahrnehmung und Verhalten führen.

Beispiele für solche Konzepte sind der zentrale Beziehungskonflikt, maladaptive Schemata, Pläne, sowie „Role-relationship models", auf die weiter unten eingegangen wird. Ausgehend von Überlegungen zu maladaptiven Beziehungsmustern von Patienten mit psychischen Erkrankungen wird die Rolle der therapeutischen Beziehung für den psychotherapeutischen Prozeß in verschiedenen Therapieschulen diskutiert. Dabei steht die Rolle der therapeutischen Beziehung als allgemeiner, therapieschulenübergreifender Wirkfaktor im Vordergrund. Die im Theorieteil gewonnenen Erkenntnisse über die Rolle maladaptiver Beziehungsmuster, die therapeutische Beziehung und die Vermittlung von Beziehungswünschen in einem unwillkürlichen Kommunikationssystem werden zusammenfassend in einem Modell beschrieben, das sowohl unterschiedliche Arten der mentalen Modellierung auf seiten der Patienten und Therapeuten als auch deren Verhalten umfaßt.

Teil A: Theorie

1 Ergebnisse der aktuellen Psychotherapieforschung

1.1 Wirksamkeit, differentielle Wirksamkeit und Indikation

1.1.1 Die Wirksamkeit psychotherapeutischer Behandlungen

Die systematische Erforschung der Effektivität von psychotherapeutischen Behandlungen wurde durch die skeptische Haltung von Eysenck (1952) und Rachman (1971) angestoßen. Als Mittel der Wahl zur Beurteilung der Effektivität psychotherapeutischer Behandlungen dienten Überblicksarbeiten, die zunächst allerdings keinen Standards folgten. Die Auswahl der Studien war unvollständig, zum Teil selektiv, und an die ausgewählten Studien wurden kaum oder keine methodischen Mindestanforderungen gestellt. Diesen Vorwurf mußte sich auch die erste Überblicksarbeit von Bergin (1971) gefallen lassen; die Kritik wurde jedoch aufgenommen und in der Arbeit von Bergin und Lambert (1978) berücksichtigt. Meltzhoff und Kornreich (1970) beschränkten sich als erste auf methodisch angemessene Studien mit Kontrollgruppendesigns, reliablen und validen Meßinstrumenten und angemessenen statistischen Analyseverfahren zur Berechnung der Effektivität. Die eigentlichen Standards für Überblicksarbeiten wurden aber von Smith und Glass (1980) gesetzt, die die unterschiedlichen Vorgehensweisen in intuitive Methoden, Box-Scoring-Methoden und Metaanalysen unterschieden. Im Rahmen von Metaanalysen werden zur studienübergreifenden Beurteilung der Effektivität eines Verfahrens Effektstärken berechnet. Die so erzielten Effektstärken lagen je nach untersuchtem Therapieverfahren zwischen 0.69 und 1.82, was als Nachweis einer guten Wirksamkeit anzusehen ist. Das Verfahren der Effektstärkenberechnung hat sich im weiteren Verlauf der Effektivitätsforschung etabliert, und die so durchgeführten Untersuchungen erzielten ähnliche Ergebnisse.

Im deutschsprachigen Raum wurde eine Metaanalyse von Matt und Wittmann (1981) durchgeführt. Diese erbrachte für den deutschsprachigen Raum ernüchternde Effektstärken für psychotherapeutische Behandlungen. Erklärbar wird dieses schlechte Ergebnis jedoch, wenn man die Auswahl der Originalstudien bei Matt und Wittmann bewertet. Nach Riedl und Schneider-Düker (1991) sind in der Metaanalyse von Matt und Wittmann zu 58 % Analogstudien enthalten, zusätzlich war die mittlere Behandlungsdauer aller eingeschlossenen Studien mit 16 Sitzungen kurz. Damit ist die klinische Relevanz, die z.B. von Grawe et al. (1994a) als Bewertungs-, aber nicht als Auswahlkriterium benutzt wird, nicht gegeben. Ein für die Effektivitätsforschung relevantes Ergebnis bei Wittman und Matt bestand aber darin, daß die Effektstärken von der Art der für die Messung des Therapieerfolgs verwendeten Verfahren abhingen. Die oft in humanistischen Therapiestudien eingesetzten Persönlichkeitsfragebögen wiesen erheblich geringere Effektstärken auf als symptom- und verhaltensnahe Maße.

Obwohl im Gefolge von Smith et al. (1980) die Effektivität von Psychotherapie nicht mehr in Frage stellt, exisitieren dennoch kritische Stimmen. Eine grundlegende methodische Kritik stammt von Epstein (1984, 1995); er kritisiert, daß man bei der Berechnung der Effektstärken die Therapiegruppen als Populationen hinsichtlich des Therapieerfolgs betrachtet. Angemessener wäre, sie als Populationen im Hinblick auf Effektstärken anzunehmen, was zu weit ungünstigeren Korrekturen der Standardabweichungen führt, die das Ergebnis von Smith, Glass und Miller (1980) relativieren. Neben diesem grundlegenden Problem der Effektstärkenberechnung bezweifelt Epstein (1995), daß der generelle Nachweis der Effektivität von Psychotherapie erbracht sei. Zu viele Studien, die Eingang in Metaanalysen fanden, litten unter methodischen Mängeln, was sich auch in den Bewertungsprofilen der groß angelegten Metaanalyse von Grawe et al. (1994a) zeigt, und vor allem das Problem der Symptom-

verschlechterung durch Therapie sei größer, als es die durchgeführten Studien vermuten lassen. Auch zweifelt er die Repräsentanz der durchgeführten Studien an, da die meisten Studien mit positivem Ausgang im Umfeld von Forschungsinstituten mit entsprechend gut ausgebildeten Therapeuten durchgeführt werden und eine Verallgemeinerung der Effektivität dieser Behandlung nicht gegeben ist.
Außerdem würden mögliche Wirkfaktoren neben den benannten psychotherapeutischen Interventionen nicht berücksichtigt. So gibt es seiner Ansicht nach kaum Studien, in denen die Effektstärke erkennbar größer ist, als sie durch den Erwartungsbias (Rosenthal und Rubin, 1978; Rosenthal, 1993) und Placeboeffekte zu erwarten wären (Lambert, Weber und Sykes, 1993). Versuchsleitereffekte und Placeboeffekte werden im folgenden im Zusammenhang mit den sogenannten unspezifischen Wirkfaktoren von Psychotherapie diskutiert werden. Es kann aber vorausgeschickt werden, daß im Fall von Patienten mit klinisch relevanten Problemen eine Verhaltensänderung im Sinne des Versuchsleiters/Therapeuten nicht so leicht erfolgt, wie es für gesunde Versuchspersonen der Fall ist. Weiter unten wird darauf eingegangen, wie Erwartungen, die ja eine wesentliche Rolle beim Versuchsleitereffekt spielen, über ein spontanes Kommunikationssystem vermittelt werden, das sich in der Hauptsache nonverbaler Verhaltensweisen bedient (Buck, 1993).

1.1.2 Unspezifische Wirkfaktoren psychotherapeutischer Behandlungen

Die Diskussion von Placeboeffekten führt zu den unspezifischen Wirkfaktoren von Psychotherapie, die vor allem in der Beziehungsarbeit zu suchen sind, die Therapeut und Patient leisten. Untersuchungen zur Erhebung des Placeboeffekts werden nach folgendem Schema durchgeführt: Laien oder auch Therapeuten interagieren mit Patienten, ohne dabei therapeutisch technische Methoden zum Einsatz zu bringen. Was sie aber für die Aufrechterhaltung der Interaktion leisten müssen, ist Beziehungsregulation. Schon diese Beziehungsarbeit alleine kann zu einer Verbesserung führen und keine Art von Psychotherapie kommt ohne sie aus. Entscheidend für den Erfolg einer „Placebo"-Behandlung ist auch, welche Erfolgserwartungen der Therapeut zu wecken in der Lage ist (Grawe, 1998), was ebenfalls von seiner durch sein Beziehungsverhalten vermittelten Glaubwürdigkeit für den Patienten abhängt. Legt man diese allgemeinen Wirkfaktoren zugrunde, wundert es nicht mehr, daß sich diejenigen Therapieverfahren, die sich einer wissenschaftlichen Evaluation stellen, auch als in etwa gleich wirksam erweisen. Dieses Phänomen wurde in Folge der Untersuchungen von Luborsky, Singer und Luborsky (1975) und Parloff (1978) als DODO-Verdikt bezeichnet. Unspezifische, nicht technische Wirkfaktoren und Placebo-Effekte, die durch die Art der interpersonalen Beziehung zwischen Patient und Therapeut zum Tragen kommen, werden auch schon von Bergin und Lambert (1978) als mögliche Erklärung für die große Varianz therapeutischen Erfolgs bei gleicher Technik in Erwägung gezogen. Einen umgekehrten Zusammenhang beschreiben Stiles, Shapiro und Elliott (1986) als „Äquivalenzparadox". Therapeuten, die nachweislich unterschiedliche Techniken anwenden, erreichen vergleichbare Effektivität. Strupp und Hadley (1979) folgerten aus diesen Vorgaben, daß sich beim Vergleich von Laien und erfahrenen, ausgebildeten Therapeuten letztere überlegen zeigen müßten, da sie sowohl unspezifische, interpersonelle Faktoren als auch technische Faktoren realisieren. Das Ergebnis der Studie widersprach dieser Annahme; beide Gruppen zeitigten gleich gute Erfolge. Allerdings waren die Behandlungen zu kurz, um daraus abzuleiten, daß eine technische Ausbildung überflüssig sei. Auch zeigte sich, daß die ausgebildeten Therapeuten dann überlegen waren, wenn die Patienten sehr schnell und reibungslos eine Arbeitsbeziehung mit ihnen eingingen. Die Therapeuten waren also trotz ihrer Erfahrung den Collegeprofessoren, die die Laientherapien mit Studenten durchführten, im interpersonalen Bereich nicht überlegen. Die Collegeprofessoren werden von Strupp und Hadley (1979) als besonders warmherzig und empathisch charakterisiert. Auch mag das spezielle Verhältnis von Professoren und Studenten eine Rolle für Veränderungen gespielt haben, z.B. daß sie sich als Identifikationsfiguren angeboten haben. Auf weiterführende Untersuchungen zu der Frage, welche Rolle die therapeutische Beziehung als das Paradebeispiel für unspezifische Wirkfaktoren spielt, wird weiter unten genauer eingegangen.

1.1.3 Vergleichende Psychotherapieforschung

Während für den englischsprachigen Raum das Dodo-Verdikt weiterhin als nicht widerlegt angesehen wird (Garfield, 1996), bzw. die klinische Relevanz der zur Beurteilung herangezogenen Verfahren in Frage steht (Beutler, 1998), kommt Grawe et al. (1994a) nach der Analyse von 41 Ergebnisberichten zu dem Ergebnis, daß die Verhaltenstherapie der Gesprächspsychotherapie in fast allen direkten Wirkungsvergleichen überlegen war. Die Überlegenheit der Verhaltenstherapie zeigt sich nach der Metaanalyse von Grawe et al. (1994a) auch im Vergleich mit psychodynamischen Verfahren. Eine Reanalyse (Tschuschke et al., 1998) der 22 verwendeten Vergleichsstudien durch zehn Experten ergab jedoch, daß nur 3 bis 5 der Studien die Eignung für einen Vergleich erfüllen. Innerhalb dieser Studien zeigten sich die Verfahren als sehr wirksam, es konnte allerdings kein Gewinner mehr festgestellt werden.

Für den Vergleich von Gesprächspsychotherapie und psychodynamischen Verfahren ist die Datenbasis zu klein, die Überlegenheit der Gesprächspsychotherapie in der Studie von Meyer (1981) geht auf die spezifische Unwirksamkeit einer kurzen psychodynamischen Therapie bei der behandelten Probandenpopulation (psychosomatisch erkrankte Patienten) zurück. An die spezifischen Anforderungen von Patienten mit psychosomatischen Erkrankungen adaptierte psychodynamische Behandlungsformen können jedoch durchaus erfolgreich angewendet werden (Rudolf, 1991).

Eine methodische Kritik der Arbeit von Grawe et al. (1994a) setzt an der Verwendung der „Box-Score-Methode" (Luborsky, Singer und Luborsky, 1975) an, die einfach ausgedrückt im Zählen von signifikanten Unterschieden zwischen vor und nach der Behandlung erhobenen Maßen besteht. Die Größe der Unterschiede bleibt dabei außer Betracht, und die Methode hat den Nebeneffekt, daß Studien, in denen viele eventuell abhängige Maße erhoben wurden, auch in der Beurteilung besser abschneiden.

In die von Grawe et al. (1994a) beschriebene, erweiterte Metaanalyse wurden Studien bis zum Jahr 1991 mit einbezogen. Die Vergleiche zwischen Gesprächspsychotherapie, Verhaltenstherapie, Familientherapie und Psychoanalytische Therapie beruhen auf Unterschieden in allen erhobenen Maßen. Das hat den Vorteil, daß eine Therapieform nicht auf Grund eines Unterschieds in nur einem Maß als überlegen betrachtet wird. Die Verhaltenstherapie ist bei Anwendung dieser Methode allen drei anderen Therapieverfahren überlegen. Grawe et al. verwendeten zur inferenzstatistischen Absicherung dieses Ergebnisses – wie sie selbst schreiben – unzulässigerweise den Binomialtest, der auch hoch signifikante Unterschiede anzeigt. Die Kritik von Rüger (1994) an der Verwendung des Binomialtests ist aus statistischer Sicht berechtigt, dennoch ist die Überlegenheit auch ohne Einsatz inferenzstatistischer Methoden offenkundig. Andere Kritikpunkte sind schwerwiegender, z.B. das Außerachtlassen der klinischen Relevanz bei der Aggregation der Ergebnisse oder die Nichtberücksichtigung katamnestischer Nachuntersuchungen in der Gesamtbetrachtung der Studien. Dennoch sollte man bei aller Kritik, die geübt wurde (Tschuschke et al., 1995; Hoffmann, 1992), nicht übersehen, daß in der Metaanalyse von Grawe et al. (1994a) eine Fülle von für die Psychotherapieforschung und ihre weitere Entwicklung wichtigen Informationen gesammelt und bewertet wurden, die Motivation für weitere detaillierte Forschungsprojekte waren und sind, wenn auch oder gerade weil die Schlußfolgerungen, die Grawe et al. ziehen, zum Teil als provokativ und voreilig angesehen werden.

Zusammenfassend kann festgehalten werden, daß die aus dem DODO-Verdikt abgeleitete Aussage, alle Arten von Psychotherapie seien wirksam, nicht haltbar ist. Auf den durch ungeschulte Beziehungsarbeit erreichten „Placeboeffekt" kann man nicht in allen Fällen vertrauen, wie aus der in der Einleitung angerissenen und weiter unten aufgeführten Problematik der Beziehungsgestaltung mit Patienten deutlich wird. Auch müssen die methodische Qualität und klinische Relevanz der Effektivitätsstudien ausreichend sein, um die Wirksamkeit eines Verfahrens zu belegen.

1.1.4 Was sind die Wirkfaktoren von Psychotherapie ?

Neben der Annahme gemeinsamer Wirkfaktoren unterschiedlicher Arten therapeutischer Behandlungen können Äquivalenzparadoxe oder das DODO-Verdikt auch die Folge methodischer Mängel der zugrundeliegenden Studien sein. Unkontrollierte Heterogenität der untersuchten Patientenpopulationen aufgrund schlecht operationalisierter Diagnosen, mangelnde statistische Power, ein Bias hinsichtlich anderer Variablen wie Motivation zur Behandlung, Alter, Bildung, Familienstand, die durch Auswahlprozesse zustande kommen, unzureichende kontrollierte Manualtreue oder fehlende Manuale, unspezifische Erfolgsmaße; all das kann das Auffinden therapiespezifischer Effekte erschweren (Shapiro, 1995; Kiesler, 1995). Auch können Interaktionen zwischen z.B. Patientenvariablen und therapeutischen Techniken für spezifische Erfolge verantwortlich sein. Diese Interaktionen sind aber nur unter eng umschriebenen Randbedingungen zu erfassen. Kiesler (1995) beschreibt die auf die ATI-Forschung (aptitude-treatment interactions) der pädagogischen Psychologie zurückgehenden Bemühungen, Untersuchungen zur differentiellen Indikation von Therapieverfahren anzustellen. Unterschiedliche Patienten mit unterschiedlicher „Begabung" können von der gleichen Behandlung in unterschiedlichem Maß profitieren. Diese „Begabungen" können auch in Kompetenzen gesehen werden, die im Lauf der Therapie zu entwickeln sind. So wird z.B. für die erfolgreiche Behandlung agoraphobischer Patienten der Modus der Handlungskontrolle im Gegensatz zu einem lageorientierten Kontrollmodus gefordert (Kuhl, 1996; Schulte, Hartung und Wilte, 1996).

Eine Schlußfolgerung aus mehreren Übersichtsarbeiten besteht darin, daß die Anwendung der ATI-Forschung auf Psychotherapie nur dann erfolgen sollte, wenn sie theoriegeleitet ist oder eine explorative Phase vorausgeht (Beutler, 1994). Nur wenn konzeptuelle Modelle zum Veränderungsprozeß und der Wirkweise der Therapie vorliegen, können die Designs so spezifisch gestaltet werden, daß Interaktionseffekte nachweisbar sind. Kiesler nennt aus diesen und anderen Gründen die Ergebnisse der ATI-Forschung in der Psychotherapie inkonsistent und entmutigend. Patienten können nur dann sinnvoll differentiellen Behandlungen zugeordnet werden, wenn man die Mechanismen und Prozesse kennt, die Psychotherapie wirksam machen. Diese Voraussetzungen sind aber bis heute nicht gegeben und sollten durch verstärkte Forschungsanstrengungen angegangen werden. Sie sind auch die Voraussetzung für die sinnvolle Interpretation von Effektivitätsstudien, da die Manualtreue nur so tatsächlich überprüft werden kann und nur so verifiziert werden kann, daß der erreichte Effekt auf die im Manual beschriebenen Interventionen zurückzuführen ist.

Diese Befundlage hat für die therapeutische Praxis weitreichende Konsequenzen. Es stellt sich die Frage, ob die in den Studien als relevant erachteten Verhaltensweisen der Therapeuten tatsächlich diejenigen waren, die die Wirksamkeit des Verfahrens bestimmten. Von dieser Annahme kann in mehrfacher Weise abgewichen werden. Einmal können die Therapeuten zwar berichten, sie hätten sich gemäß den Anweisungen einer bestimmten Therapieschule verhalten, der Bericht muß aber nicht mit ihrem tatsächlichen Verhalten übereinstimmen. Dieses Problem ist bekannt und man versucht es durch den Einsatz von Therapiemanualen zu beheben, die den Therapeuten die Selbstkontrolle erleichtern. Mindestvoraussetzung für einen

erfolgversprechenden Einsatz eines Manuals ist ein Training der Therapeuten und eine unabhängige Kontrolle durch Expertenratings (Startup und Shapiro, 1993).
Aber auch durch einen solchermaßen vorbereiteten Einsatz von Manualen ist die Homogenität der Behandlungen nicht gegeben, da die Manuale mögliche relevante Aspekte des therapeutischen Handelns außer Acht lassen. Wenig explizites Wissen existiert zum Beispiel zu der Frage, in welcher Situation welche Art von Intervention angebracht ist. Außerdem verbleibt ein großer Freiraum hinsichtlich der Art und Weise, wie eine vom Manual vorgeschriebene Intervention in den Prozeß der therapeutischen Beziehung eingebettet sein sollte. Es wird nichts darüber ausgesagt, an welcher Stelle welche Intervention vorzugsweise einzusetzen ist, noch geben sie einen Hinweis auf die komplexen und multivariat bestimmten Kontexte, in denen Interventionen adäquat sind und die auch ihre Qualität bestimmen (Greenberg, 1987, 1991). Auch nach Kiesler (1995) sagen Manuale nichts über essentielle Komponenten von Psychotherapie noch über Veränderungsprozesse aus; sie machen lediglich auf einer allgemeinen Ebene Angaben darüber, was ein Therapeut zu tun oder zu lassen hat, damit seine Therapie das Label einer Therapieschule tragen kann.
Man kommt also trotz des Einsatzes von Manualen nicht umhin, das tatsächliche Verhalten der Therapeuten und die Reaktionen der Patienten darauf im therapeutischen Prozeß zu untersuchen.

1.2 Therapeutischer Prozeß und therapeutischer Erfolg

1.2.1 Die therapeutische Beziehung als zentraler Wirkfaktor

Im Anschluß an die oben geschilderten Phasen der Psychotherapieforschung, die sich mit der Effektivität von Therapien beschäftigten, wuchs das Interesse an den einzelnen Techniken und Verhaltensweisen, die zu therapeutischem Erfolg führen. Auch trat die theoretisch anspruchsvollere Frage in den Vordergrund, wie sich Veränderung vollzieht (Shapiro, 1995). Eine umfangreiche Metaanalyse zur ersten Frage wurde von Orlinsky, Grawe und Parks (1994) durchgeführt. Sie stellt einen Versuch dar, die Ergebnisse von Studien zusammenzufassen, die prozessuale Aspekte mit dem therapeutischen Erfolg in Verbindung setzen. Die Definition dessen, was als prozessual angesehen wird, ist dabei allerdings sehr weit gefaßt, wie weiter unten deutlich wird. Ein Ergebnis zeichnet sich in der Metaanalyse von Orlinsky, Grawe und Parks (1994) aber deutlich ab. Unterschiedliche Aspekte der therapeutischen Beziehung werden als die besten Prädiktoren für den therapeutischen Erfolg angesehen. Die Konzeptualisierungen dessen, was eine therapeutische Beziehung ausmacht, variieren allerdings erheblich. Die Varianz ist noch weit größer für die unterschiedlichen Methoden, die für die Erfassung von Kriterien oder der Qualität der therapeutischen Beziehung eingesetzt werden. Auch ist fraglich, wie die Qualtiät der therapeutischen Beziehung mit dem therapeutischen Erfolg in Zusammenhang steht. Gaston (1990) unterscheidet drei Hypothesen, wie der Einfluß des therapeutischen Bündnisses auf den Therapieerfolg aussehen kann (direkt, als Mediator oder in Interaktion mit mindestens zwei anderen Größen). Die Güte des therapeutischen Bündnisses kann allerdings auch ein Ergebnis innerhalb der Therapie selbst sein und damit einfach nur einen Fortschritt im therapeutischen Prozeß widerspiegeln. Eine Untersuchung von Gaston (1991) zeigt aber, daß die Güte des Bündnisses gegen Ende der Therapie mehr an therapeutischem Erfolg vorhersagt, als an Verbesserung bis zu diesem Zeitpunkt erreicht wurde. Replikationen dieses Befundes stehen jedoch noch aus (Henry, Strupp et al., 1994).
Aspekte, unter denen die therapeutische Beziehung zu erfassen versucht wird, werden von Strupp (1994) in Anlehnung an eine Definition von Gaston (1990) in vier Bereiche unterteilt. 1. die Arbeitsbeziehung, 2. das affektive Band des Patienten zum Therapeuten, 3. das empathische Verständnis des Therapeuten und sein Involvement und 4. die Ziel-

übereinstimmung und Orientierung an den gemeinsam zu lösenden Aufgaben stellen Schwerpunkte der Erforschung der therapeutischen Beziehung dar. Das affektive Band des Therapeuten zum Patienten wird nicht erwähnt, könnte aber am ehesten unter dem Involvement des Therapeuten subsumiert werden. Orlinsky et al. (1994) unterscheiden die aufgabenorientierte Zusammenarbeit (*task-oriented teamwork*) von sozial-emotionalen Aspekten der therapeutischen Beziehung. Letztere unterteilen sie wiederum in den kommunikativen Kontakt und gegenseitigen Affektaustausch.

Die von Orlinsky et al. (1994) berechneten Effektstärken sind am größten im Bereich des gegenseitigen affektiven Austauschs in der therapeutischen Dyade. Die Effektstärken lassen sich konsistent in mehreren Untersuchungen nachweisen; geht man jedoch auf die der Metaanalyse zugrundeliegenden Originalstudien zurück, zeigt sich, daß diese im Hinblick auf die angewandten Methoden ausgesprochen heterogen sind. Dadurch wird auf der einen Seite aufgezeigt, daß die Qualität der therapeutischen Beziehungen unabhängig von den eingesetzten Methoden einen nachweisbaren Einfluß auf den therapeutischen Erfolg hat, die erhobenen Maße bilden den therapeutischen Prozeß aber zum Teil so allgemein ab, daß Schlußfolgerungen für therapeutisches Vorgehen nur schwer abzuleiten sind.

Die größten Effektstärken findet man für die von Orlinsky et al. (1994) als gegenseitigen Affektaustausch und reziproke Versicherung benannten Bereiche. Diese Benennungen suggerieren, daß die Originalstudien sich mit therapeutischen Prozessen und insbesondere der Rolle von Emotionen in diesen beschäftigt haben. Der Blick auf die Originalstudien enttäuscht allerdings die entstandenen Erwartungen. Die Studie von Collins et al. (1985) z.B. wird als Vertreter einer Studie zur Untersuchung der reziproken Versicherung aufgeführt, sie bezieht sich aber auf Berichte des Personals über den affektiven Austausch der Patienten im Wartezimmer. Das Ergebnis beruht außerdem auf nur einem Item der Ward-Atmosphere-Scale (Moos, 1974).

Die Perspektive, aus der die Qualität der therapeutischen Beziehung eingeschätzt wird, ist ebenfalls von Bedeutung; so ergeben sich in der Metaanalyse auffällige Unterschiede je nachdem, ob der Therapeut, der Patient oder Dritte die Einschätzung vornehmen. Dieses Phänomen wird auch von Strupp et al. (1977) und Rudolf (1991) berichtet. Für den Bereich verhaltenstherapeutischer Behandlungen fand Schindler (1991), daß die Ratings von Patienten und Therapeuten über den therapeutischen Prozeß nur in Ausnahmefällen miteinander korrelieren. Das heißt, daß Patienten und Therapeuten, obwohl sie faktisch an der gleichen Interaktion teilgenommen haben, diese unterschiedlich bewerten. Diese Bewertungsprozesse können durchaus von Interesse für die psychotherapeutische Forschung sein, doch sollten als Ausgangspunkt für solche Untersuchungen Methoden eingesetzt werden, die das faktische Geschehen in der Psychotherapie ohne den Bewertungs-Bias von Patient und Therapeut abbilden.

Nach Orlinsky et al. (1994) werden objektive Indizes zur Erhebung der Qualität der therapeutischen Beziehung in den Studien von Grawe (1989, 1990), Neimeyer et al. (1991), Barker et al. (1988) and Bowers und Clum (1988) verwendet. Die Objektivität wird in diesen Studien dadurch hergestellt, daß die subjektiven Einschätzungen von Patient und Therapeut miteinander verrechnet werden. Eine Alternative kann darin bestehen, daß externe Beobachter die therapeutische Beziehung einschätzen. So gelangt man zwar zu objektiven Aussagen über die therapeutische Beziehung, es ist aber noch nicht expliziert, auf welche Kriterien und Aspekte des interaktiven Geschehens sich die Rater bezogen haben. Wenn man valide Rater darüber befragt, benennen sie Kriterien, die nicht den eigentlichen Prozeß widerspiegeln (Wallbott, 1982) .

Die Expressivität von Patient und Therapeut als Teil des kommunikativen Kontakts wird nur in den Studien von Roshal (1953), Barrington (1961) und Minsel et al. (1972) mit Hilfe objektiver Maße in obigem Sinne untersucht. Der Schwerpunkt der Untersuchungen liegt

meist auf der Expressivität des Patienten; es werden insgesamt nur zwei Studien benannt, die auch den Therapeuten mit einbeziehen und versuchen, die gegenseitige Abstimmung von Patient und Therapeut zu erfassen (Sachse, 1992; Saunders, Howard und Orlinsky, 1989).
Die drei Studien, in denen nach Orlinsky et al. (1994) ein positiver Effekt reziproker Affirmation nachgewiesen wurde, sind die bereits erwähnte von Collins et al. (1985), die Studie von Rudy et al. (1985), die indirekte Maße benutzen, indem sie Ratings von Patient und Therapeut kombinieren, und die Studie von Buckley et al. (1981), die Therapeuten ein bis 18 Jahre nach ihrer eigenen Therapie befragten, inwieweit sie von der Therapie profitierten. Sie fanden, daß therapeutische Erfolge positiv mit gegenseitiger Sympathie von Patient und Therapeut korrelierten. Berichte von negativen Affekten in der Therapie wurden von den Autoren mit unaufgelösten Übertragungskonstellationen in Verbindung gebracht. Es wird deutlich, daß in den genannten Studien unterschiedliche Aspekte mit unterschiedlichen Methoden zu unterschiedlichen Zeitpunkten erfaßt wurden.
Die von Orlinsky et al. (1994) eingeführte Unterscheidung lieferte zwar wichtige allgemeine Hinweise auf die Qualität der therapeutischen Beziehung, aber die Analyse der Originalstudien ist eher enttäuschend, weil weder Emotionen noch reziproke Prozesse mit angemessenen Methoden untersucht wurden. Die geschilderte Befundlage zeigt zwar auf, daß die therapeutische Beziehung ein wichtiger Aspekt des therapeutischen Prozesses ist, es wird aber auch offenkundig, daß insbesondere die sozial-emotionale Seite weiterer genauerer, objektiver Untersuchungen bedarf, um das Wissen über die interaktiven Komponenten der therapeutischen Beziehung zu vergrößern.
Im Gegensatz zu Kazdin (1994), der schreibt, daß mit dieser Arbeit die Frage nach der Wirkweise verschiedener Verfahren nahezu beantwortet ist, melden Stiles et al. (1994) Zweifel an. Sie würdigen die berichteten Ergebnisse als Wegweiser für die weitere Erforschung der in der Arbeit aufgezeigten Widersprüche, Dilemmata und unterschiedlichen Interpretationen. Vor allem verweisen sie aber auf die Notwendigkeit, das „Äquivalenzparadox“ aufzulösen.

1.2.2 Die Manualisierung der therapeutischen Beziehung

Ein Verständnis für die in Psychotherapien ablaufenden Prozesse kann nur erreicht werden, wenn das tatsächliche Verhalten von Therapeuten und ihren Patienten in den Mittelpunkt gerückt und mit Hilfe objektiver Methoden untersucht wird. Ein Beispiel für einen solchen Ansatz stellen die „Vanderbilt Psychotherapy Studies„ (Strupp, 1993) dar. Unter Einsatz eines Verfahrens zur Erhebung der Struktur sozialer Interaktionen (Benjamin, 1974) wurden Prozeßanalysen des Verhaltens von Patienten und Therapeuten durchgeführt. Es ergab sich, daß die Qualität des therapeutischen Bündnisses am Anfang der Therapie (3. Stunde) ein guter Prädiktor für den Erfolg der Behandlung war. Patienten die sich durch Negativismus, Feindseligkeit und Widerstand auszeichneten, profitierten allerdings nicht oder nur wenig von der Therapie. Die Prozeßanalysen zeigen auf, daß in weniger erfolgreichen Therapien die Therapeuten mit subtil „anklagenden“ Interpretationen und Unterstützung reagierten, die gleichzeitig Kritik beinhalteten. Sie setzten also zwar die Vorgaben des Manuals adäquat um; allerdings vermittelten sie gleichzeitig durch die Art und Weise, wie sie es taten, negative Einstellungen, ohne sich darüber im Klaren zu sein.
Aus diesen Erfahrungen schlußfolgerten Strupp und Binder (1984), daß ein neues Manual die Dichotomie spezifischer, technischer Faktoren und unspezifischer, interpersoneller Faktoren aufgeben und letztere stärker miteinbeziehen müsse. Sie führten eine zweite Untersuchung durch, die diese Schlußfolgerungen in die Tat umsetzte, erhielten jedoch einige unerwartete und erklärungsbedürftige Ergebnisse. Auf diese Studie wird weiter unten noch einmal eingegangen.

2 Maladaptive Beziehungsmuster

2.1 Psychische Erkrankung und maladaptive Beziehungsmuster

Die aktuelle Psychotherapieforschung verlangt nach Prozeßanalysen des tatsächlichen Verhaltens von Patient und Therapeut, um die Wirkweise unterschiedlicher psychotherapeutischer Techniken im Zusammenspiel mit der therapeutischen Beziehung verstehen zu lernen. Manche Autoren gehen sogar so weit, zu fordern, daß die Dichotomie zwischen Technik und Beziehungsgestaltung aufzugeben sei und die Gestaltung der therapeutischen Beziehung selbst einen technischen Wirkfaktor darstellt (Krause et al., 1992; Krause, 1998; Stern et al., 1998; Henry et al., 1994). Bei diesem Veständnis von therapeutischen Prozessen ist es unerläßlich, interpersonale Aspekte psychischer Störungen und ihre Auswirkungen auf die therapeutische Beziehung zu konzeptualisieren und zu beiden Bereichen empirische Untersuchungen anzustellen.
In den folgenden Kapiteln wird einen Überblick gegeben über den Stellenwert von Beziehungsstrukturen in den Störungs- und Behandlungstheorien kognitiver, psychoanalytischer und systemtheoretischer Ansätze. Im Anschluß daran werden Theorien und Untersuchungen dargestellt, die Emotionen, Beziehungsregulation und psychische Erkrankung in Verbindung setzen und den interaktiven, interpersonalen Störungsanteil für einzelne Erkrankungen zu erfassen versuchen. Darauf aufbauend können Modellvorstellungen zur Wirkweise der therapeutischen Beziehung in der psychotherapeutischen Behandlung diskutiert und neue Vorstellungen entwickelt werden.

2.1.1 Maladaptive Beziehungsmuster in kognitiv-verhaltenstherapeutischen und konstruktivistischen Therapieansätzen

Nach Mahoney (1995) ging der kognitiven Wende in der akademischen Psychologie eine Orientierung an kognitiven Konzepten in klinischen Anwendungsbereichen voraus, die sich an eine Ära des positivistischen Denkens von der Mitte des 19. bis ins 20. Jhd. erstreckte. Unterschiede zwischen kognitiven Therapieverfahren betreffen vor allem die Rolle unbewußter „tacit"-Prozesse, den Stellenwert von Emotionen und die Rolle der therapeutischen Beziehung, deren Bedeutung nicht von allen Therapieschulen angenommen werden. Nach Goncalves (1995) sind die wichtigsten Entwicklungen der kognitiven Therapieverfahren durch die folgenden Umorientierungen und Akzentverschiebungen zu charakterisieren. Es hat sich eine stärkere konstruktivistische Orientierung durchgesetzt, die eine Abwendung von informationsverarbeitenden Modellen und eine Hinwendung zu narrativen Modellen des Wissensprozesses zur Folge hat. In ähnlicher Weise benennt Meichenbaum (1995) drei für die Theoriebildung kognitiver Verhaltenstherapeuten zentrale Metaphern, die des „conditioning", des „information processing" und der „constructive narration". Nach Meichenbaum hat vor allem die Metapher der „constructive narration" wichtige theoretische und praktische Konsequenzen für die kognitive Verhaltenstherapie. Der Therapeut wird zum Ko-Konstruktivisten, der dem Patienten hilft, seine Geschichten zu ändern. Dabei spielen die Beziehung zum Therapeuten und affektive Prozesse eine wichtige Rolle, damit er bei einer so wichtigen Lebensaufgabe wie der Konstruktion der eigenen Weltsicht als Helfer akzeptiert wird. Als förderlich stellt Meichenbaum Verhalten des Therapeuten heraus, das er als „nurturant, compassionate and nonjudgemental" bezeichnet.
Nicht die Symptome stehen im Mittelpunkt des Interesses, sondern das, was der Patient sich selbst und anderen über die symptomatischen Reaktionen auf stresserzeugende Ereignisse erzählt. Diese Erzählungen werden mit Hilfe des Therapeuten rekonzeptualisiert zu einer „healing theory" (Meichenbaum und Fitzpatrick, 1993). Den momentanen Endpunkt dieser

Entwicklung stellt die von Mahoney et al. (1995) entwickelte Metatheorie einer konstruktivistischen Therapie dar. Dem rationalistischen Paradigma wird das narrative Paradigma als Form der mentalen Repräsentation von Wissen um sich selbst und die Welt gegenübergestellt. Das Konzept des Narrativs als mentaler Repräsentation zeigt auch Parallelen zur Systemtheorie und beinhaltet eine Abkehr von der „storehouse"-Metapher, die auch in der Entwicklung autonomer Agenten (Leuzinger-Bohleber et al., 1998; Pfeifer und Scheier, 1999) vollzogen wird. Ähnlichkeiten finden sich auch zur Unterscheidung von Paivio (1986) in Prozeß und Repräsentation, gespeichert werden nicht Repräsentanzen der Inhalte selbst, sondern Prozesse, die bei Bedarf die Inhalte erzeugen. Hinzu kommt eine stärkere Betonung unbewußter Dimensionen zusammen mit einer Hervorhebung emotionaler Prozesse (Goncalves, 1995). Auch die therapeutische Methodologie ändert sich von individuellen und logischen Verfahren zu interpersonellen und analogen.

Der Einfluß der Sozialpsychologie auf die kognitiv-behaviorale Theoriebildung (Safran und Segal, 1990) hat im weiteren dazu geführt, daß mehr und mehr die Bedeutung interpersonaler Faktoren für die Entstehung und Aufrechterhaltung gelernten Verhaltens und erworbener Kognitionen anerkannt wird (Mahoney, 1995). Die Beachtung und Bearbeitung interpersonaler Schemata spielt vor allem bei „Nonrespondern" eine zentrale Rolle für das Verständnis und die Behandlung der Störung (siehe unten, S.17). Nach Gelso (1998) war die therapeutische Beziehung für die Patienten schon von Bedeutung, als die Therapeuten selbst das noch nicht als relevant erachteten. Er nennt z.B. die Untersuchung von Burns und Nolen-Hoeksma (1992), in der aufgezeigt wurde, daß die Empathieratings der Patienten auch bei Kontrolle der technischen Faktoren die Abnahme der Depression vorhersagten. Raue et al. (1993) und Salvio et al. (1992) konnten zeigen, daß der Anteil der therapeutischen Beziehung am Therapieerfolg in kognitiv-behavioralen Verfahren mindestens genau so hoch ist wie in anderen Therapieverfahren. Für den deutschsprachigen Raum diskutieren Zimmer und Zimmer (1994) die Rolle der therapeutischen Beziehung in Verhaltenstherapien. Sie betonen, daß auch verhaltenstherapeutische Techniken wie z.B. die systematische Densensibilisierung ebenfalls von den Beziehungsqualitäten des Therapeuten abhängen, und sie bedauern, daß dieser subtile und wichtige Forschungsansatz eine Zeitlang in den Hintergrund getreten ist. Auch geben sie Beispiele dafür, daß das tatsächliche Verhalten von z.B. überzeugten Skinnerianern in Psychotherapien gänzlich von dem durch die Theorie vorgegebenen Bild abweicht. Nach Sloane (1975) verhalten sich Verhaltenstherapeuten in der Behandlung psychiatrischer Patienten durchweg warm, persönlich engagiert, interessiert und emotional positiv. Die Frage, ob nun die Technik oder die Beziehungsgestaltung verantwortlich für den Erfolg sind, halten sie für problematisch, falsch gestellt, und die Trennung für künstlich. Die Zuordnung von Variablen wie straffreies Klima, Empathie, differentielles und klärendes Nachfragen oder Konfrontation können nur willkürlich dem Bereich Technik oder Gesprächsführung zugeordnet werden. Auch korreliert die Güte der Technik mit der interpersonellen Geschicklichkeit (Vallis et al., 1988). Es kann gefolgert werden, daß die Effizienz von Therapeuten „weniger von ihrem theoretischen Überbau als konkret von ihrer Ausbildung und ihrem realen interpersonellen Verhalten" abhängt (Zimmer und Zimmer, 1994).

Lerntheorien und sozialpsychologische Modelle können für die Erklärung der therapeutischen Interaktion in der Verhaltenstherapie herangezogen werden. Wilson und Evans (1977) wenden Lerntheorien auf Aspekte der therapeutischen Beziehung und der Veränderung in Psychotherapien an.

1. Angsthemmung bzw. Habituation werden dadurch ermöglicht, daß die Therapie einen straffreien Raum bietet
2. Verstärkungsprozesse spielen eine zentrale Rolle in der Therapie, z.B. ist das Nichteingehen auf „interaktionelle Spiele" als Löschung zu konzeptualisieren

3. Modell-Lernen erfolgt, weil und wenn der Therapeut den Attributen eines guten Modells nach Bandura (1969) entspricht
4. Kognitives Lernen und eine veränderte Konstruktion innerer Wirklichkeiten sind ebenfalls Bestandteile des Veränderungsprozesses in Psychotherapien

Sozialpsychologische Modelle wie das der kognitiven Dissonanz, der Reaktanz, der objektiven Selbsaufmerksamkeit und Attributionstheorien können zur Erklärung von Phänomenen der therapeutischen Interaktion ebenfalls gewinnbringend herangezogen werden. Die therapeutische Beziehung wird heute (Grawe, 1980, 1987) als Lernfeld angesehen, obwohl Bandura (1969) noch Zweifel anmeldete, ob die therapeutische Beziehung eine ausreichende Basis für Veränderungen in anderen Beziehungen darstellen würde. Das Prinzip der Selbstregulation und zugehörige Trainingsmethoden sollen die Abhängigkeit der erreichten Verhaltensänderungen vom Therapeuten und der Beziehung zu ihm verringern helfen.

Die Frage nach dem richtigen Therapeutenverhalten beantworten Zimmer und Zimmer (1994) in einem Modell, das aktuelle Aufgaben der Gesprächsführung, die sich aus Patienten- und Therapeutenmerkmalen sowie der aktuellen Therapiephase (z.B. Therapieende) ableiten, den Prinzipien der Gesprächsführung gegenüberstellt, die aus störungsspezifischen Theorien, Theorien des therapeutischen Prozesses und klinisch-psychologischen Theorien der Veränderung abgeleitet sind. Im Folgenden werden einige neuere Entwicklungen innerhalb kognitiv-behavioraler und konstruktivistischer Theorieansätze im Hinblick auf die Relevanz interpersonaler Prozesse für psychische Störungen und therapeutische Prozesse diskutiert. Diese neueren Ansätze kognitiver Therapieverfahren zeichnen sich durch ein hohes Potential für die Integration mit anderen, vor allem psychodynamisch orientierten Therapieverfahren aus (Grawe, 1998).

2.1.1.1 Interpersonale Schemata als „core"-Schemata

Die klassische kognitive Verhaltenstherapie charakterisieren Robins und Hays (1995) in Anlehnung an Beck (1995) durch die Verwendung der Konzepte automatischer Gedanken, Schemata und kognitiver Verzerrungen. Beck sieht die therapeutische Beziehung als einen Prozeß kollaborativen Empirismus, mit Hypothesentestung und der Methode des Sokratischen Dialogs. Der Therapeut hilft dem Patienten, Entdeckungen zu machen und Experimente zu gestalten, die die Validität seiner Annahmen testen. Schemata ändern sich nach Goldfried und Robins (1983) erst, nachdem neues Verhalten erprobt wurde und die daraus resultierenden Erfahrungen das Schema widerlegen. Der Therapeut kann dabei unterstützend tätig sein, indem er den Patienten anregt, den aktuellen Zustand mit früheren tatsächlichen Erfahrungen zu vergleichen und nicht mit einem niemals erfahrenen Idealzustand.

Der therapeutische Prozeß und seine Effekte beruhen nach Beck et al. (1979) auf Interventionen zur Identifikation, Realitätstestung und Korrektur verzerrender Konzepte und dysfunktionaler Schemata. Die konkreten Methoden, wie Anleitung zum Hypothesentesten, waren in einer Untersuchung von DeRubeis und Feeley (1990) den abstrakteren Methoden wie Exploration der tieferen Bedeutung der Gedanken des Patienten, überlegen. Als besonders effektiv haben sich dementsprechend z.B. Hausaufgaben für den Patienten erwiesen.

Interessant ist die Analyse der Eigenschaften von „Nonrespondern", da zum Verständnis der Unwirksamkeit des klassischen Vorgehens weiterführende Unterscheidungen und Konzepte eingeführt werden müssen. Nonresponder können beschrieben werden als Patienten mit mehr negativen Gedanken, größeren interpersonalen Schwierigkeiten und es bedarf größerer Mühe, die therapeutische Beziehung aufrechtzuerhalten. Schwere Formen von Depression und kognitiven Dysfunktionen werden mit geringerem Erfolg behandelt als leichte Formen. Auch das tatsächliche interpersonale Umfeld der Patienten und nicht nur dessen Fehlwahrnehmung hat Einfluß auf den Therapieerfolg. Chronische Eheprobleme, die bei etwa 50 % der

depressiven Patienten diagnostiziert werden, und familiäre Probleme beeinflussen den Verlauf einer Depression und müssen im Rahmen der Therapie bearbeitet werden. Das Vorhandensein von Persönlichkeitsstörungen korreliert ebenfalls negativ mit der erfolgreichen Anwendung kognitiver Verhaltenstherapie. Barlow (1988) fordert deshalb die Berücksichtigung von Achse-II-Diagnosen (DSM-IV), die oft mit Angststörungen einhergehen. Young (1990) zählt die für eine kurze kognitive Therapie nötigen Voraussetzungen auf, die von Patienten mit Persönlichkeitsstörungen oft nicht erfüllt werden. Zur Behandlung von Persönlichkeitsstörungen, die auf lebenszeitlich früherworbene fehlangepaßte Schemata zurückgehen, entwickelte Young (1994) deshalb eine angepaßte Vorgehensweise.
Eine neue Entwicklung innerhalb der kognitiven Therapie ist im Konzept der „*Core-Schemata*" zu sehen. Diese zentralen Schemata zeichnen sich dadurch aus, daß sie über Situationen und Personen hinweg auftreten. Hinweise auf ihre Aktivierung lassen sich gerade aus den Verhaltensweisen ablesen, die Nonresponder beschreiben. Der Therapeut bildet daran orientiert Hypothesen an Hand von Prozeßmarkern und nicht mehr nur an Hand von Inhaltsmarkern. Beck unterscheidet z.B. innerhalb der Depressionen und innerhalb anderer emotionaler Störungen nach der Art der Core-Schemata „*sociotropy*" und „*autonomy*". Depression kann demnach das Resultat einer Interaktion der Soziotropie mit negativen interpersonalen Erfahrungen oder der Autonomie mit Mißerfolgen beim Anstreben autonomen Funktionierens sein. Schemakompensation, protektive Schemata, Sicherheitsoperationen sind Konzepte, die herangezogen werden, um Abwehrprozesse im Umfeld der angstauslösenden Aktivierung von Core-Schemata zu konzeptualisieren. Schemahemmung (Young, 1990) umfaßt Phänomene wie Verleugnung, Depersonalisation, Dissoziation oder die Vermeidung von Situationen, die das Coreschema aktivieren können.
Die *interpersonalen Schemata* eines Patienten sind häufig die wichtigsten Themen, die bearbeitet werden müssen. Sie werden nicht nur aufrechterhalten dadurch, daß sie eine selektive Nichtaufmerksamkeit für sie widerlegende Erfahrungen bedingen, sondern sie beeinflussen das Verhalten einer Person auch dahingehend, daß die interpersonalen Konsequenzen das Schema wiederum stärken (Safran, 1990). Die therapeutische Beziehung selbst liefert wichtige Hinweise auf maladaptive interpersonale Schema des Patienten. Safran und Segal (1990) empfehlen deshalb dem Therapeuten, auf eigene Gefühle und Aktionstendenzen zu achten, die den „pull" des Patienten reflektieren. Liotti (1991) nimmt an, daß Muster von Bindungsverhalten (Bowlby, 1977) besonders in Situationen gezeigt werden, in denen der Patient sich verletzbar fühlt und nach Hilfe sucht. Affekte werden im Zusammenhang mit Übungen wie „Shameattacking-Exercises" oder Imaginationen thematisiert und sollen einen verbesserten Zugang zu Core-Schemata, die gelegentlich auch nur unter spezifischen emotionalen Randbedingungen aktiv sind, erlauben. Affekte, die genuin in der therapeutischen Beziehung auftreten, werden nur von Safran (1990) wie oben beschrieben thematisiert. Die lebensgeschichtliche Entwicklung von Core-Schemata wird von Young (1990) angesprochen mit der Forderung nach einer sorgfältigen Anamnese der Lebensgeschichte. Diese hat ihre Funktion nur zum Teil darin, daß Schemata zugänglich werden; vielmehr erleichtert die Erkenntnis, daß bestimmte Schemata auf einer Lerngeschichte beruhen, dem Patienten den Umgang damit.

2.1.1.2 Präverbales Selbstwissen und psychische Erkrankung

Guidano und Liotti (1983) unterscheiden zwei Arten von Wissensrepräsentation. Dem expliziten Wissen wird das als „tacit knowledge" beschriebene Wissen gegenübergestellt. Es bestimmt die Funktionsweise kognitiver Prozesse wie Aufmerksamkeit und Wahrnehmung, indem es antizipatorisch die Rahmenbedingungen für diese Prozesse setzt. „Tacit levels of cognitive representation have their origin in early moments of attachment-separation development" (Guidano, 1995). Damit spielen sich die eigentlichen Konstruktionen auf einem präverbalen, prälogischen Niveau ab. Die Narrative der Person werden dadurch bestimmt, d.h. sie charakterisieren prototypisch die Art und Weise, wie die Person sich selbst erlebt, ihre Identität empfindet. Die Qualität des Selbsterlebens hängt vom Inhalt und der Kohäsion des Narrativs ab. Entscheidend ist, daß dieses „Selbstwissen" in interpersonellen Prozessen entsteht und sich aktualisiert.

„Tacit knowledge" wird von Guidano (1995) nicht als Äquivalent zum Unbewußten der Psychoanalyse gesehen, statt des Unterbewußten bietet sich eher der Begriff des Überbewußten an. Das „tacit knowledge" beeinflußt bewußte Prozesse ohne in ihnen zu erscheinen. Explizites Wissen und „tacit knowledge" formen in einem konstruktiven und generativen Prozess ständiger Interaktion die Kognitionen. Das System funktioniert mit dem Ziel der Konsistenz, die durch „tacit" Prozesse schon bei der Informationsaufnahme ähnlich der Assimilation bei Piaget hergestellt wird. Diskrepanzen zwischen aufgenommener Information und „tacit knowledge" kann im Sinne der Akkomodation zu Modifikationen des „tacit knowledge" führen.

Bemerkenswert ist, daß es Guidano und Liotti (1983) gelang eine bestimmte Form „präverbalen Selbstwissens" für Angstpatienten empirisch aufzuzeigen. Sie fanden bei 115 Agoraphobikern neben einer Reihe gemeinsamer Symptome das Vorherrschen zweier Muster. Ein Muster beschreibt eine Einschränkung der Erkundungs- und Bewegungsfreiheit schon in der Kindheit; die außerfamiliäre Umwelt wird als gefährlich dargestellt, dem Kind wird vermittelt, daß es über geringe Kompetenzen verfügt, in dieser feindlichen Umwelt zu bestehen. Das zweite Muster besteht in einer direkten oder indirekten Bedrohung, alleine gelassen zu werden. Beide Muster sind mit ambivalenten Emotionen verbunden. Dem bewußten Erleben der Wut gegen die Einschränkung der Bewegungsfreiheit steht entgegen, daß die Einschränkung zum Schutze des Kindes erfolgt. Das Alleinesein ist hinsichtlich der Autonomie positiv besetzt, gleichzeitig ist es aber auch angstbesetzt, da man ohne Schutz ist.

Aus diesen ambivalenten Interaktionsmustern entwickeln sich ambivalente emotionale Schemata, die sich auf Erleben und Verhalten auswirken. Im Lauf der Entwicklung können sich Kontrollstrategien entwickeln, um die Risiken der ambivalenten Schemata zu kompensieren. Es konnte jedoch auch gezeigt werden, daß bei Veränderungen im emotional bedeutsamen Umfeld diese Kontrollstrategien nicht mehr ausreichen und es zum Angstanfall kommt.

Der Erfolg der Expositionstherapie bei Agoraphobien wird auf diesem Hintergrund verständlicher, da das zur Erkundung und Autonomie auffordernde Verhalten des Therapeuten sich auch positiv auf den motivationalen Konflikt des Patienten auswirkt. Das Beziehungsverhalten, das der Therapeut zeigt, ist, ohne daß er das beabsichtigt, dazu geeignet den Beziehungstest des Patienten zu bestehen und diesem eine korrektive emotionale Erfahrung zu ermöglichen. Der Teufelskreis des die Symptomatik aufrechterhaltenden Vermeidungsverhaltens wird durch die Technik der Exposition unterbrochen, der zugrundeliegende motivationale Konflikt wird über das Beziehungsverhalten verändert.

2.1.1.3 Die Probleme des psychoedukativen Ansatzes der RET

Nach Ellis (1962) haben kognitive Bewertungen und ihre Beeinflussung durch verborgene irrationale Ideen emotionale Störungen zur Folge. Den kognitiven Bewertungen liegen Wünsche und Vorlieben zugrunde, deren maladaptiver Charakter sich daraus ergibt, daß sie zu notwendigen Bedingungen für die Akzeptanz des eigenen Selbst und der Umwelt werden. Diese absolutistischen „musts" oder „Mußturbationen", irrationale, selbstzerstörerische Überzeugungen unterliegen meist unbewußt und „stillschweigend" den Handlungszwängen von Patienten. Es gibt biologische Prädispositionen für die Erzeugung von und das Festhalten an irrationalen Überzeugungen, an die eine starke Habituation erfolgt, obwohl ihre Anwendung nicht zur Zielerreichung beiträgt. Demnach geht auch die RET (Rational Emotive

Therapie, Ellis und Höllen, 1997) von fehlangepaßten kognitiven Strukturen aus, die nicht nur zu einer Verzerrung der Wahrnehmung führen, sondern auch einen fast zwingenden motivationalen Anteil enthalten, nämlich den, sich selbst und die Welt so gestalten zu müssen, daß sie der irrationalen Übersteigerung von Wünschen entspricht. Ellis reduziert die Vielzahl solcher Grundannahmen auf den Bereich gewünschter und herzustellender „überragender Kompetenz", der „fairen und nicht gedankenlosen Behandlung durch die Umwelt" und der „Herstellung von Freude statt Schmerz".

Irrationale „belief"-Systeme beeinflussen nicht nur das emotionale Erleben der Person, sie wirken sich auch auf und in sozialen Beziehungen aus. Keßler (1983) beschreibt irrationale „belief"-Systeme als „zumeist grundlegende Aussagen zum persönlichen Wert, sie umschreiben den roten Faden in den Beziehungen zu Mitmenschen, zu den existentiell erlebten Gefahren und Zukunftsperspektiven".

Die therapeutische Beziehung in der RET ist explizit psychoedukativ mit einem Schwerpunkt auf der rationalen Auseinandersetzung mit irrationalen Überzeugungen. Der wesentliche Teil des psychotherapeutischen Prozesses wird allerdings darin gesehen, daß Therapeut und Patient „dessen System von Wahrnehmungen, Einstellungen, Bewertungen, emotionalen Mustern und eingeschliffenen Verhaltensweisen auf vielerlei Weise in Frage stellen und zu verändern versuchen" (Ellis und Höllen, 1997). Diese Sichtweise macht es geradezu erforderlich Emotionen und die therapeutische Beziehung genauer zu betrachten, da ein Patient wahrscheinlich geänderte aber noch instabile Bewertungsmuster und Verhaltensweisen zunächst im geschützten Raum der Psychotherapie erproben wird. Da Bewertungen und Einstellungen aber nicht nur dazu führen, daß man selbst die Welt anders wahrnimmt, sondern auch das Verhalten der Interaktionspartner beeinflussen (Ickes, 1982), läuft der Therapeut Gefahr, in der Erprobungsphase die Befürchtungen des Patienten genau so zu bestätigen wie es die Umwelt ansonsten tut.

Die in der RET eingesetzten „emotiven" Strategien sprechen u.a. auch die therapeutische Beziehung an, es wird die unbedingte Akzeptanz der Patienten durch den Therapeuten gefordert. Diese Forderung steht allerdings im Widerspruch zu dessen psychoedukativer Grundeinstellung, deren Anliegen es ist, den Patienten vom eigenen als rationaler und funktionaler angesehenen Glaubenssystem zu überzeugen. Keßler (1983) bezeichnet den RET-Therapeuten demgemäß auch als moralischen Unternehmer. Dieser therapeutischen Einstellung ist die Gefahr der Verachtung der Ansichten des Patienten inhärent, Ellis selbst gibt ein Beispiel dafür, indem er Irrationalität und religiöse Glaubenshaltungen gleichsetzt und den Atheismus als Kur gegen Neurosen anbietet. Durchgehende Verachtung als emotionale Einstellung gegenüber dem Patienten kann man sich aber nur unter den wenigsten Randbedingungen als förderlich für den therapeutischen Prozeß vorstellen, weshalb die Forderung nach unbedingter Akzeptanz des Patienten an Berechtigung gewinnt. Die Herstellung einer akzeptierenden therapeutischen Beziehung gestaltet sich vor diesem Hintergrund allerdings schwierig, wird aber für im Vergleich zu Ellis „durchschnittliche" RET-Therapeuten als notwendig erachtet. Jedoch hat sich die Qualität der therapeutischen Beziehung in der RET in neuerer Zeit geändert, von einem eher edukativ ausgerichteten Therapiemodell hin zu einer mehr kooperativen therapeutischen Allianz (Ellis und Höllen, 1997).

2.1.2 Maladaptive Beziehungsmuster in psychoanalytischen Ansätzen

Auf die wachsende Bedeutung der interpersonellen Beziehung zwischen Patient und Therapeut in psychoanalytischen Theorien des psychotherapeutischen Prozesses wird weiter unten genauer eingegangen. Die vorliegende Darstellung beschränkt sich auf Ansätze, die – über theoretische Überlegungen zum Stellenwert der therapeutischen Beziehung hinaus – Verfahren entwickelt haben, Beziehungsmuster des Patienten mit empirischen Methoden zu

erfassen. Wie Beziehungsaspekte konzeptualisiert werden, wird dort am deutlichsten, wo versucht wird, diese zu operationalisieren. Die Aktualisierung von Beziehungsmustern in der Psychotherapie und deren Erfassung im therapeutischen Prozeß stehen jedoch erst am Anfang, da lediglich globale Aspekte und Qualitäten der therapeutischen Beziehung untersucht und wie oben beschrieben zum Therapieerfolg in Verbindung gesetzt werden.
Der in der psychoanalytischen oder psychodynamischen Theoriebildung zentrale Begriff der Übertragung (LaPlanche und Pontalis, 1980) steht dabei im Mittelpunkt von Bemühungen, operationalisierte Verfahren zur reliablen Erfassung relevanter Aspekte der Übertragung zu entwickeln. Auch der Übertragungsbegriff der Psychoanalyse hat im Verlauf der Weiterentwicklung psychoanalytischer Theorien eine Wandlung von einer Definition innerhalb der Triebtheorie Freuds zu einer Einbindung in aktuelle Objektbeziehungstheorien erfahren. Die gegenwärtige Sichtweise, die eine Integration von Objektbeziehungstheorien und Emotionstheorien widerspiegelt, ist dadurch zu charakterisieren, daß „erstens internalisierte Objektbeziehungen wiederholt werden und zweitens die Qualität durch die zugehörigen Affekte bestimmt wird" (Steimer-Krause, 1996). Zur Erfassung der Übertragung, die auch in Alltagssituationen außerhalb der Therapie wirksam wird, existiert eine sich kontinuierlich vergrößernde Anzahl unterschiedlicher Verfahren. Luborsky (1994) zählt 15 Verfahren auf, die ausgehend von CCRT (Core Conflictual Relationship Theme, Luborsky, 1977) mit dem Ziel der reliablen Erfassung unterschiedlicher Aspekte der Übertragung konstruiert wurden. Eine neuere Bewertung einer Teilmenge der von Luborsky genannten Verfahren stellen Barber und Crits-Christoph (1993) an, in der sie Reliabilität und Validität der Verfahren, die auf mittlere bis große Stichproben angewandt wurden, beurteilen. Verfahrensübergreifend konnten sie feststellen, daß vor allem die Formulierung zentraler, maladaptiver Beziehungsmuster mit ausreichender Reliabilität gelingt. Henry et al. (1994) listen 17 Verfahren auf, die das Ziel haben, Diagnosen zu stellen, die über die in DSM-III-R bzw. DSM-IV beschriebenen Symptombilder hinausgehen. Henry et al. (1994) versuchen die Verfahren danach zu ordnen, ob sie sich mit den offenkundigen Problemen der Patienten, zugrundeliegenden Konflikten oder Eigenarten der psychischen Struktur befassen. Der Großteil der mit den genannten Verfahren durchgeführten Forschung fokussiert auf sich wiederholende Beziehungsmuster, während kognitive und affektive Prozesse nur selten Berücksichtigung finden. Ein umfassenderes Verfahren zur Beurteilung von Patienten, das neben der Symptomatik die Patienten auch hinsichtlich dysfunktionalen, habituellen Beziehungsverhaltens, Konflikten und der psychischen Struktur beurteilt, wurde vom Arbeitskreis OPD (Operationsalisierte Psychodynamische Diagnostik, Arbeitskreis OPD, 1996) unternommen. Gemeinsam ist all diesen Verfahren die Suche nach Konflikten, maladaptiven Plänen und sich wiederholenden Beziehungsmustern. Auch in der Art des Vorgehens sind sich zumindest einige Verfahren recht ähnlich (Luborsky, 1994; Luborsky und Crits-Christoph, 1990). Mit einigen der Verfahren wurde bereits umfassendes empirisches Datenmaterial erhoben, das zur Beurteilung von Reliabilität und Validität herangezogen werden kann. Dazu zählt das CCRT, die Plandiagnose (Weiss und Sampson, 1986), die „consensual response method" (L.Horowitz et al., 1989) und die „configurational analysis" (M.Horowitz, 1979). Im Folgenden wird eine Auswahl der Verfahren vorgestellt und miteinander verglichen. Der Vergleich wird dadurch erleichtert, daß sieben Verfahren zur Erhebung von Übertragung bereits von Luborsky und Barber (1994) an Hand eines Beispielfalles (Ms. Smithfield) einander gegenübergestellt wurden.

2.1.2.1 Charakterisierung der Übertragungsneigung durch einen zentralen Beziehungskonflikt

Ein Beispiel für eine Methode, die versucht, Patienten durch ein Thema, einen Beziehungskonflikt zu charakterisieren, ist das CCRT von Luborsky (1977). Die

Auswertungseinheit ist die sogenannte Beziehungsepisode, die definiert ist als „klare Erzählung über Beziehungen mit anderen und gelegentlich auch mit sich selbst". Aus den Beziehungsepisoden werden jeweils der mitgeteilte Wunsch des Patienten, die Reaktionen der Objekte und die Reaktionen des Patienten selbst extrahiert. Der zentrale Beziehungskonflikt des Patienten wird aus den Beziehungsepisoden durch reine Häufigkeitsauszählung der Komponenten Wunsch, Reaktion der Objekte und Reaktion des Subjekts gewonnen, und zwar unabhängig davon, ob die drei Komponenten in den gleichen Beziehungsepisoden berichtet wurden oder nicht. Für den Beispielfall Miss Smithfield, für den auch Auswertungen mit sechs anderen Verfahren vorliegen, ergibt dieses Vorgehen folgende Formulierung des zentralen Beziehungskonfliktes:

> *I wish to overcome other's domination and maintain my independence and autonomy. But the other person is dominating, controlling and unfair, and exploiting. I then respond by becoming passive, submissive, dominated, helpless, and ineffectual. (Luborsky, 1994, S. 179)*

Wie weiter unten deutlicher werden wird, bleiben bei der Fokussierung auf einen zentralen Konflikt z.B. andere Wünsche der Patientin außen vor. Der Vorteil des Verfahrens besteht aber darin, daß es im Vergleich zu anderen Vorgehensweisen mit relativ geringem zeitlichen Einsatz durchgeführt werden kann und daß als Ausgangsmaterial lediglich Erzählungen des Patienten über Beziehungsepisoden vorliegen müssen. Die Einfachheit des Verfahrens bringt mit sich, daß es auch in der klinischen Praxis Anwendung finden kann. So orientiert sich die Anleitung zur psychodynamischen Kurztherapie von Book (1998) vorwiegend an der Erstellung eines zentralen Beziehungskonfliktthemas.

Im Bereich der Forschung wurde es ebenfalls häufig angewendet, zum Teil in Einzelfallstudien, aber auch in Studien, die die Art der Beziehungskonflikte zwischen Patientengruppen und Kontrollgruppen vergleichen (Cierpka et al., 1998).

Weitere Schwerpunkte werden von Luborsky et al. (1994) in der Ausweitung auf weniger bewußte Inhalte gesehen. Luborksy et al. (1994) nennen vier Prinzipien, die den Zugang zu weniger bewußten Konflikten erleichtern sollen (S. 180).

1. Nach dem Prinzip des Gegensatzes könnten den explizit geäußerten Wünschen entgegengesetzte Teil unbewußter Konflikte sein.
2. Häufig geäußerten, aber moderat fomulierten Wünschen könnten intensivere, aber nicht erlebte Wünsche zugrunde liegen.
3. Verneinungen z.B. von Angst können als Hinweis auf weniger bewußte Konflikte im Zusammenhang mit Angst bewertet werden.
4. Konfliktive Bereiche, die in der Lebensgeschichte des Patienten eine Rolle gespielt haben, können auch aktuell noch existieren, aber in der aktuellen Lebenssituation wenig bewußt sein.

Prinzip 1 ist insofern interessant, da es auf eine Einschränkung des CCRT aufmerksam macht. Selbst wenn der Patient explizit zwei konfligierende Wünsche nennt, würde man sich gemäß den Vorschriften des Verfahrens bei der Formulierung des zentralen Beziehungskonfliktes auf einen von beiden, nämlich den häufigeren beschränken müssen.

Ein weiterer Schwerpunkt der zukünftigen Forschung wird darin gesehen, die mit CCRT erhobenen Konflikte daraufhin zu untersuchen, ob und wie sie sich in der Beziehung von Patient und Therapeut aktualisieren und nachweisen lassen. Eine Modifikation des Verfahrens, die Unzulänglichkeiten des CCRT aufheben soll, wird von Dahlbender et al. (1998) vorgeschlagen. Das CCRP (Connected Central Relationship Pattern) genannte Verfahren beginnt wie das CCRT mit der Bestimmung von Beziehungsepisoden und deren Komponenten. Bei der Formulierung des CCRP ist es aber notwendig, daß die Komponenten auch gemeinsam als Struktur auftreten, und darüber hinaus wird nicht die Häufigkeit, sondern die Überzufälligkeit einer Kombination als Kriterium für die Zentralität des Musters verwendet. Das hat den Vorteil, daß auch selten auftretende Komponenten, die aber überzufällig gemeinsam auftreten, beachtet werden.

2.1.2.2 Die strukturale Analyse sozialen Verhaltens und zyklische maladaptive Muster

Ein weiteres Verfahren zur Erhebung repetitiver interpersonaler Beziehungsmuster ist das CMP „Cyclic Maladaptive Pattern" (Johnson et al., 1989). Zur Erfassung interpersonalen Verhaltens greifen die Autoren auf SASB (Structural Analysis of Social Behavior) von Benjamin (1974, 1993) zurück. Die drei Bereiche, die mit SASB-CMP abgedeckt werden sind interpersonelle Aktionen und Reaktionen, gegen das Selbst gerichtete Aktionen und Phantasien, Wünsche und Erwartungen. Die Unterteilung beruht auf der empirischen Beobachtung, daß sich die Verbalisierungen von Therapeuten (Schacht, Binder und Strupp, 1984) diesen drei Bereichen zuordnen lassen und somit davon ausgegangen werden kann, daß jedes kohärente Narrativ eines interpersonellen Musters einem oder mehreren dieser Bereiche zugeordnet werden kann.

Das CMP als das sich wiederholende, charakteristische und maladaptive Muster des Patienten wird auf der Basis der mit SASB codierten interpersonellen Muster und den Wünschen (Bereich 3) des Patienten formuliert. Es beschreibt dynamische Verbindungen zwischen SASB-Mustern, den Wünschen und Befürchtungen des Patienten. Dieser Schritt ist mit einem großen Ausmaß an Inferenzen verbunden, die jedoch dadurch geleitet werden, daß auf in SASB definierte dynamische Prinzipien wie Komplementarität, Negative Komplementarität, Antithese, Komplexität zurückgegriffen werden kann. Diese dynamischen Prinzipien machen vor dem Hintergrund der in SASB vorgegebenen Struktur (Affiliation und Interdependenz) Aussagen über die Art der von zwei Personen gezeigten Interaktionen. Komplementäre Interaktionen zeichnen sich dadurch aus, daß die Verhaltensweisen von beiden Interaktanden hinsichtlich der Affiliation und Interdependenz gleich sind, nur daß einer von beiden sich aktiv-transitiv, der andere sich reaktiv-intransitiv verhält. Negative Komplementarität stellt einen Sonderfall der Komplementarität dar; sie spielt sich im negativen, affiliativen Bereich ab (anklagen, vernichten, übergehen).

Vor allem in der Kombination mit komplexen Interaktionen wurde ein negativer Zusammenhang dieser Art Interaktion mit dem Therapieerfolg gefunden. Komplexe Interaktionen zeichnen sich durch die Vieldeutigkeit der in einer Gedankeneinheit ausgedrückten Inhalte aus, die sich in SASB meist hinsichtlich der Affiliation als kontradiktorisch abbilden.

Die Antithese zeichnet sich dadurch aus, daß sie das Verhalten des Partners auf den Dimensionen der Affiliation und der Interdependenz negiert. Auf herabsetzend, beschuldigendes Verhalten wird mit verstehend, bestätigendem Verhalten reagiert. Im Beispiel kann eine sich anschließende komplementäre Reaktion zu einer Deeskalation des feindseligen Verhaltens führen, der Partner kann aber auch weiter seine feindselige Haltung zeigen und somit eine Antithese zur Antithese realisieren. Weiter unten wird versucht werden, die Konzepte der Komplementarität und der Antithese auf emotionales Verhalten anzuwenden. Dabei wird auffallen, daß die von SASB vorgegebenen Dimensionalitäten nicht immer ausreichen, um emotionales Verhalten vollständig auf ihnen einzuordnen. Vielmehr bedarf es dazu einer umfassenderen Affekt- oder Emotionslogik.

Für den Fall von Ms. Smithfield ergibt sich unter Anwendung von SASB die folgende Beschreibung ihrer Beziehungsmuster:

> *Die interpersonellen Aktionen sind meist reaktiv und beinhalten komplexe Transaktionen, d.h. freundliche Akzeptanz ist gemischt mit feindseliger Kontrolle, Angriffen oder Vernachlässigung. Das Überwiegen von reaktiven Verhaltensweisen ist typisch für eine Person, die sich als Opfer sieht. Die Erwartungen sind*

> *zu charakterisieren durch den Wunsch nach Nähe kombiniert mit der Befürchtung einer feindseligen Reaktion.*
> *Auch die introjektiven Verhaltensweisen lassen sich durch die Mischung von gegen das Selbst gerichteter Feindseligkeit gemischt mit selbstpflegenden Komponenten charakterisieren. (Schacht und Henry, 1994)*

Gegenüber dem oben formulierten zentralen Beziehungskonflikt ergeben sich bei der Analyse mit SASB weitergehende Informationen dazu, wie das tatsächliche Verhalten der Patientin aussieht. Der im zentralen Beziehungskonflikt beschriebene Wunsch nach Autonomie und die zugehörigen Subjektreaktionen der Submissivität treten im SASB in komplexen Transaktionen quasi gleichzeitig auf. Es handelt sich also nicht um eine Abfolge von Wunsch, Reaktionen der Objekte und der Reaktion des Subjekts, sondern die Subjektreaktionen sind bereits vorweggenommen.

Schacht und Henry (1994) geben wichtige Hinweise auf den eingeschränkten Einsatzbereich von SASB, vor allem im Fall von Ms Smithfield, die an Gedächtnisstörungen leidet und deren informationsverarbeitende Prozesse beeinträchtigt sind. Diese Symptomatik kann in unterschiedlichen Relationen zu den SASB-Clustern gesehen werden. Gleichzeitig fällt die Patientin durch ihre abstrakte, intellektualisierende und emotionsarme Art der Selbstdarstellung auf, die im SASB als interpersonelles Muster des Rückzugs und des Sich-Abgrenzens interpretiert wird. Es könnte aber auch Folge des Informationsverarbeitungs-defizits sein, das infolge eines Unfalls aufgetreten ist. Die neurologische Abklärung möglicher Ursachen ergab, daß die Gedächtnisprobleme eher mit emotionalen Irritationen in Verbindung zu bringen sind. Die Befundlage stellt also eine Herausforderung für das angewandte Verfahren dar, weil weder informationsverarbeitende Prozesse noch Emotionen im Verfahren Berücksichtigung finden. Erforderlich ist deshalb die Entwicklung von Verfahren zu einer umfassenderen Beurteilung, die sich an dem Modell der „states of mind" von Horowitz (1979) orientieren kann. Zur Erhebung interpersoneller Muster stellt SASB aber unter den oben gemachten Einschränkungen ein reliables Verfahren dar, das als ein wesentlicher Baustein in einer umfassenderen Beschreibungsmatrix angesehen werden kann.

2.1.2.3 Multiple Rollen- und Beziehungsmodelle als Grundlage für variierende Übertragungssituationen

Das Modell von Horowitz (1997) stellt bereits einen integrativen Ansatz dar, in dem versucht wird, Aspekte der psychoanalytischen Theoriebildung unter Rückgriff auf Konzepte der kognitiven Psychologie zu erklären. Weitere integrative Ansätze werden unten beschrieben. Am Beispiel des Verfahrens von Horowitz kann gezeigt werden, daß die Problematik eines Patienten nur sinnvoll zu beschreiben ist, wenn man mehrere seiner Beziehungsmuster und deren Zusammenspiel erfaßt. Horowitz (1997) benutzt „Person Schemas" und „Role Relationship Models" (RRMs) als Repräsentationsformen, in denen interpersonale Erfahrungen integriert sind. Diese Konzepte werden verwendet, um sich wiederholende, maladaptive Verhaltensweisen in sozialen Situationen zu erklären. RRMs sind Kombinationen aus einem Selbstschema, mindestens einem Schema von einer anderen Person und einem Skript für Transaktionen zwischen beiden. Die Schemata können potentiell emotionale Reaktionen beinhalten, aber auch in vielfältiger Weise zu Emotionen führen, worauf weiter unten im Zusammenhang mit Veränderungsprozessen von Schemata und Emotionen noch genauer eingegangen wird.

Horowitz (1991) unterscheidet vier Arten von RRMs, die zur RRM-Konfiguration zusammengefaßt werden können: a) befürchtete („dreaded") b) erwünschte („desired"), und solche mit Abwehrfunktion c) adaptive Kompromißbildungen („adaptive compromise") und d) problematische Kompromißbildungen („problematic compromise"). Die Kompromiß-

bildungen dienen dazu, statt den RRM der Klasse a) und b) solche zu verwenden, die weniger angstbesetzt und als weniger bedrohlich erlebt werden.
Die Theorie der „Role Relationship Models Configuration (RRMC)“ von Mardi J. Horowitz (1994) stellt einen im Vergleich zum CCRT und den weiter unten genannten Verfahren weitergehenden Ansatz dar. Nach Horowitz ist die Beschränkung auf ein einziges Selbstschema bzw. einen Beziehungskonflikt nicht ausreichend, um eine Person zu beschreiben. Im Bereich der Persönlichkeitsstörungen und zum Teil auch für die Persönlichkeitspsychologie gesunder Populationen existiert eine Vielzahl mit dieser Sichtweise inkonsistenter Befunde. Als Folge davon können Patienten nur durch einen Satz von RRMs, die wiederum in einer RRM-Konfiguration organisiert sind, hinreichend beschrieben werden. Hinzu kommt, daß RRM-Konfigurationen unterschiedlich sein können, je nachdem, in welchem mentalen Zustand sich die Person befindet respektive welche Selbstkonzepte gerade aktiviert sind. Als Beispiel nennt Horowitz die kontrastierenden und wechselnden Selbstkonzepte bei Personen mit Borderline-Persönlichkeitsstörungen (Spaltung zwischen positiven und negativen Repräsentanzen), Narzißtischen Persönlichkeitsstörungen (grandioses versus vulnerables Selbst), zwanghaften (zu starkes/zu schwaches Selbstkonzept) und histrionischen Persönlichkeitsstörungen (Stimmungslabilitäten als Ausdruck diskreter Selbstschemata).
Die RRMC kann also auch in Abhängigkeit von übergeordneten Eigenschaften der aktivierten Selbstkonzepte unterschiedlich sein. Im Falle „schwacher“ Selbstkonzepte ist das Repertoire an verfügbaren RRMs ein anderes (z.B. gewünscht: „trainee“) als in Phasen, in denen im Selbstkonzept „starke“ Selbstschemata aktiviert sind (gewünscht: „competent man“).
Die Theorie und das zugehörige Verfahren sind erheblich komplexer als das oben beschriebene CCRT und ermöglichen damit eine differenziertere Beschreibung der Beziehungsproblematik von Patienten. Das hat aber auch zur Folge, daß die Erhebung der RRMC eines Patienten bei weitem aufwendiger ist als die Erstellung eines CCRT und somit eher für den Einsatz in prozeßorientierten Studien mit geringer Versuchspersonenanzahl in Frage kommt.
Ein konzeptioneller Unterschied zu anderen Verfahren – wie CCRT und SASB – besteht darin, daß im Verfahren von Horowitz Aussagen über Charakteristika der handelnden Personen in Form von möglichen Rollen und Traits gemacht werden. Theoretischer Hintergrund für die Organisation dieser Annahmen sind Personen- oder Selbstschemata. Desweiteren werden zur Beschreibung aktueller Zustände von Personen auch Emotionen verwendet, die in SASB fehlen.
Horowitz (1994, 1997) benutzt die Methode der „configuration analysis“, um multiple und sich ändernde Übertragungen zu erfassen. Gleichzeitig dient das Verfahren dazu, das Ergebnis einer Therapie nicht als Auflösen der Übertragung, sondern als eine verbesserte Form des Umgangs mit Übertragungspotentialen zu beschreiben. Die Methode beginnt mit der Beschreibung von Symptomen. Im zweiten Schritt werden mentale Zustände („states of mind“) des Patienten und regelhafte Abfolgen von solchen zu unterscheiden versucht. Die Beziehung zum Therapeuten konfiguriert sich auf dem Hintergrund von gewünschten und gefürchteten „Role-Relationship Models“ RRM, die in Abhängigkeit von Kontrollprozessen auch durch ein RRM ersetzt werden können, das einen Kompromiß zwischen Wunsch und Befürchtung darstellt. Diese Kompromißbildungen kann wiederum eher adaptiv oder aber problematisch sein.
Für den Beispielfall Ms Smithfield ergibt sich folgende Formulierung der „Role-relationship-models“.

- Das sich aus der Konfigurationsanalyse ergebende *gewünschte RRM* von Ms.Smithfield ist charakterisiert durch das Selbstschema „kompetente, vertrauensvolle Frau“, die einen

„guten Mann“ liebt und wiedergeliebt wird in einer Atmosphäre gegenseitigen offenen Austauschs.

- Im *gefürchteten RRM* zeigt sich das Selbstschema des „passiven Opfers“, das Hilfe signalisiert, aber vom „egoistischen Aggressors“ (sexuell) ausgebeutet wird, dem sie unterliegt, den sie dafür haßt, und der sie verläßt.
- Als *quasi-adaptive Kompromißbildung* etabliert sich ein RRM der „unsicheren Adoleszenten“, die der „unempathischen“ Elternfigur (Mutter) Hilfe signalisiert und diese gleichzeitig manipuliert. Die Mutter versucht, sie zu konformem Verhalten zu zwingen, worauf Ms. Smithfield sich zurückzieht und sich von der Mutter abwendet.
- Die *problematische Kompromißbildung* besteht aus dem Selbstschema einer „unsicheren Frau“, die Hilfsbedürftigkeit signalisiert. Auf die Personen, insbesondere Männer, die Interesse zeigen, reagiert sie aber mit ängstlichem Schwanken zwischen Annäherungs- und Vermeidungsverhalten.

Je nach aktiviertem Selbstschema und wahrgenommenen situativen Bedingungen kann eines der RRM zum Tragen kommen. Der Wechsel zwischen den vier RRMs wird umso öfter erfolgen, je geringer ein übergeordnetes Selbstkonzept entwickelt ist. Alle vier genannten RRMs können z.B. in der Beziehung zu einem Therapeuten aktiviert werden und zu unterschiedlichen Arten der Beziehungsgestaltung führen, je nachdem, mit welcher Voreinstellung die Patientin eine Therapiestunde aufsucht und wie der Therapeut sich in dieser Stunde verhält bzw. wie sein Verhalten von ihr wahrgenommen wird.

Aus der Art der RRMs lassen sich unterschiedliche mögliche Konflikte ableiten. Sie können sich auf mehreren Ebenen ergeben; innerhalb eines RRM zwischen widersprüchlichen durch das Skript vorgegebenen Transaktionen, zwischen den Selbstschemata der RRMs und zwischen RRMs als ganzem.

Trotz der erheblichen Unterschiede zum CCRT und anderen Verfahren sieht Horowitz die Möglichkeit zur Konvergenz zwischen RRMC, SASB und CCRT (Horowitz, 1997). Die leichter zu erlernenden und wegen ihrer restriktiven Kategorien auch reliableren Verfahren CCRT und SASB decken den interpersonellen Teil, die Transaktionsskripte der RRMs ab. In CCRT und SASB-CMP werden auch Wünsche und Erwartungen der Patienten erfaßt. Die Schwäche der Verfahren liegt aber darin, daß Aussagen über Emotionen, die die Patienten erleben, keine Berücksichtigung finden. Das Fehlen der Emotionen der Patienten ist als Manko erkannt worden, und es sind Bemühungen im Gange, entsprechende Vorgehensweisen zur Erfassung emotionaler, sprachlicher Inhalte zu entwickeln.

2.1.2.4 Beziehungsverhalten als Implementation unbewußter Pläne

Auch Weiss und Sampson (1986) gehen davon aus, daß psychopathologisches Erleben und Verhalten die Folge pathogener Überzeugungen sei („pathogenic beliefs“). Ihre Theorie hebt sich aber durch die in der „Control-Mastery-Theory“ formulierte Annahme unbewußter Kontrollprozesse von anderen ab. Diese *„unconscious control hypothesis“* besagt, daß Patienten unbewußte Pläne oder Tests entwickeln, die dazu dienen, die pathogenen Überzeugungen speziell in der therapeutischen Beziehung durch ihnen widersprechende Erfahrungen zu widerlegen. Sie gehen also von einer unbewußten Kontrolle beim Bewusstwerden bisher nicht bewußter Inhalte aus. Demgegenüber steht die *„dynamic hypothesis“,* die besagt, daß das Bewußtwerden verdrängter Inhalte auf automatischen Prozessen basiert.

Das auf der Control-Mastery-Theory basierende Verfahren ist die Plananalyse, die aus vier zu bestimmenden Elementen besteht, den bewußten und unbewußten Zielen in der Therapie, den interferierenden pathogenen Überzeugungen, den Plänen oder Tests des Patienten zur Widerlegung derselben und den als für eine Verbesserung notwendig erachteten Einsichten.

Eine Form eines Tests ist das „testing the limits“. Befürchtet wird z.B. ein möglicher Autoritätsverlust des Therapeuten bei Nichteinhaltung von Grenzen durch den Patienten. Der

Patient verletzt Grenzen, z.B. Regeln des therapeutischen Setting, mit der Hoffnung, daß der Therapeut seine Autorität wahrt und die Grenzen verteidigt. Da während des Tests die pathogenen Überzeugungen des Patienten aktiviert sind, sind Furcht, Angst und Schuld unvermeidliche Begleiterscheinungen. Verhält sich der Therapeut zusätzlich gemäß der Befürchtungen des Patienten, im Beispiel würde er Autoritätsverlust zeigen, werden die Befürchtungen bestätigt. Der einzige Ausweg aus diesem Dilemma wird darin gesehen, daß der Therapeut sich nicht gemäß der Befürchtungen des Patienten verhält, also plankompatibel und damit diese nach und nach widerlegen kann. Was dazu führt, daß die die Verdrängung aufrechterhaltenden Emotionen abnehmen und die pathogenen Überzeugungen bewußt werden können. Der Plan des Patienten ist also als positiver Versuch zu werten, Veränderungen seiner maladaptiven Überzeugungen herbeizuführen. Der Plan ist in diesem Fall das positive Gegenstück zu den pathogenen Überzeugungen.

Die Wahl, welches Therapeutenverhalten als plankompatibel zu erachten ist, wird aber dadurch erschwert, daß die pathogenen Überzeugungen nicht immer in Reinform getestet werden, sondern durch von Weiss und Sampson angenommene Mechanismen modifiziert werden können, was das Erkennen des Plans und die Wahl einer adäquaten Reaktion erheblich erschwert. Verhält sich der Patient so wie er sich einer historischen Bezugsperson gegenüber verhalten hat, sprechen Weiss und Sampson von Übertragung. Es ist aber auch möglich, daß der Patient Subjekt und Objekt vertauscht und sich so verhält, wie die ihn traumatisierenden frühen Bezugspersonen. Weiss und Sampson sprechen von „Turning passive into active". „Turning passive into active" und Übertragen sind zwei Arten von Tests, die der Patient mit dem Therapeuten durchführt. Letzteres ist aber schon ein Abwehrmechanismus, und es stellt sich die Frage, wieso Weiss und Sampson nur diesen als Transformationsmöglichkeit in Betracht ziehen. Wenn man den Schritt der Transformation in das Modell des Generierens eines Tests einführt, käme eine Vielzahl weiterer Transformationsmöglichkeiten hinzu, wie sie z.B. von Suppes und Warren (1975) systematisiert wurden. Mit zunehmenden Transformationen wird der ursprüngliche, negative Emotionen auslösende Konflikt aber mehr und mehr verschleiert, so daß die Testung nicht mehr unbewußt bleiben muß. Gleichzeitig verlieren aber auch die Reaktionsweisen des Therapeuten ihre Wirkung auf den zugrundeliegenden unbewußten Konflikt, der erst wieder durch die Inversion der Transformationen zugänglich gemacht werden müßte. Stringent wäre demnach, unbewußte Tests nur für den Fall der Übertragung anzunehmen oder den durch Transformationen ermöglichten Grad bewußter Zugänglichkeit mit in das Modell einzubeziehen.

Die Grundannahmen von Weiss und Sampson können wie folgt zusammen gefaßt werden:

- Dem automatischen, dynamischen Wiederholen wird das unbewußte, geplante Testen gegenübergestellt.
- „Acting out" oder Wiederholen dient demnach nicht nur der Abwehr der Erinnerung, sondern nach Sampson und Weiss anderen Zielen, wie z.B. dem Testen des Therapeuten.
- Der Patient testet seine Überzeugungen am Therapeuten und hofft auf Einsicht durch die Interpretationen des Therapeuten. Der Schwerpunkt liegt also auf den Reaktionen des Therapeuten auf den Test des Patienten und die durch Interpretationen herbeigeführte Einsicht.
- Die pathogenen Überzeugungen stammen aus der Kindheit, entsprechend bezieht sich das Testen der Grenzen z.B. auf autoritätsschwache Elternteile.
- Übertragung und Subjekt/Objekt-Vertauschung sind zwei Arten der Testung
- Neutralität des Therapeuten hat nach Weiss und Sampson einen anderen Effekt, wenn man von a) automatisiertem Wiederholen versus b) Testen ausgeht. Im Fall a) würde der Patient dann frustriert.

Der empirische Nachweis der *unconscious control hypothesis* gestaltet sich schwierig. Wenn verdrängtes Verhalten auftritt, kann das geschehen a) weil die pathogenen Überzeugungen dem Plan gemäß widerlegt wurden oder b) weil der Konflikt oder ein Teil davon durch die psychotherapeutische Situation reaktiviert und/oder die Abwehr geschwächt wird.
In den Studien zum Therapieverlauf (erste 100 Stunden) von Ms. C (Weiss und Sampson, 1986) wurde (b) verworfen. Die Alternativhypothese ist dadurch allerdings noch lange nicht bestätigt. Ms. C zeigte mehr und mehr assertiv-kritisierendes und affiliatives, liebendes Verhalten, ihre Angst nahm aber konform zur Annahme a) ab und nicht zu, wie es unter b) vorhergesagt wird. Weiss und Sampson folgern daraus, daß die Zunahme bis anhin konfliktiven Verhaltens unter unbewußter Kontrolle der Patientin ausgeführt wird, nachdem Befürchtungen hinsichtlich möglicher Konsequenzen dem Plan entsprechend entkräftet wurden.
Um plausibel zu machen, daß unbewußte bedrohliche Inhalte erst dann auftauchen, wenn die potentielle Bedrohung entkräftet ist, ziehen sie das Phänomen des „Crying at an happy ending" (Weiss und Sampson, 1986) heran. Negative Emotionen, vor allem Trauer über einen Verlust, werden zurückgehalten, bis die Gefahr des Verlassenwerdens nicht mehr besteht oder zumindest temporär entkräftet wurde. Erst dann treten die bisher gefürchteten negativen Emotionen auf, obwohl positive Emotionen aus der Sicht eines Außenstehenden der Situation angemessener wären.
Die Plananalyse wurde von mehreren Autoren auf psychotherapeutische Prozesse angewandt, worauf weiter unten noch einmal eingegangen wird. Fretter, Bucci et al. (1994) konnten z.B. zeigen, daß der Effekt von Interventionen von der Genauigkeit der Interpretationen im Hinblick auf den Plan abhängt und nicht von der Kategorie der Interpretation (Übertragungsdeutung, Patient/Therapeutbeziehung oder Patient/Andere). Sie sind sehr optimistisch, was das Erkennen des Planes durch Forscher angeht, und bezeichnen den erschlossenen Plan als „ruler", an dem sich die Interpretationen des Therapeuten messen lassen. Die Bezogenheit der Interventionen auf den Plan des Patienten kann auch mit einer Skala erfaßt werden, der „Plan Compatibility Intervention Scale" (PCIS; Caston, 1980). Tishby und Messer (1995) illustrieren die Verwendung der PCIS an zwei Einzelfällen. Geratet wird, inwieweit und wie die Interventionen des Therapeuten zum Plan des Patienten in Verbindung stehen. Sie verwenden außerdem eine Skala für den „mini-outcome", die sich auf einzelne Patientenbeiträge, sogenannte „Turns", bezieht. Sie konnten allerdings nur für den Mittelteil beider Therapien einen positiven Zusammenhang zwischen der Plankompatibilität der Interventionen und den nach den Stunden erhobenen Veränderungen finden.
Henry, Strupp, Schacht und Gaston (1994) gehen in einem Überblick über systematische Methoden zur psychodynamischen Diagnose auch auf die Plananalyse ein. Sie gelangen zu der Bewertung, daß die Reliabilität der Plananalyse und insbesondere die Formulierung spezifischer Pläne oder Tests zu stark davon abhängt, welche theoretischen Annahmen über die Dynamik des Patienten gemacht werden. So verglichen Collins und Messer (1991) die Ratings zweier Gruppen mit dem Ergebnis, daß die Reliabilität innerhalb der Gruppen zwar sehr hoch war, der Zusammenhang zwischen den Gruppen aber negativ, obwohl sie die den Patienten beschreibenden Items gemeinsam ausgesucht hatten. Diese Diskrepanz konnte dadurch erklärt werden, daß eine der beiden Gruppe davon ausging, daß die Probleme des Patienten eine Schuldproblematik darstellen; die andere Gruppe bezog sich auf Verlustängste als Ausgangspunkt für die Planformulierung.

2.1.2.5 Diagnosestellung als Verhandlungsprozeß

Das Erstellen einer psychodynamischen Diagnose ist, wie oben gezeigt, von theoretischen Vorannahmen und Verhandlungsprozessen abhängig, sobald man die Ebene relativ eng operationalisierter Kategorien, wie sie in CCRT und SASB vorgegeben sind, verläßt. Ein

Verfahren, das explizit Verhandlungsprozesse durch Strukturierung zu nutzen versucht, ist das Verfahren der „Consensual Response Method" (CRM, Horowitz und Rosenberg, 1994), dessen Ziel es ist, Konvergenzprozesse in Expertengruppen zu begünstigen. Bis zu acht klinische, psychodynamische Experten erstellen zunächst unabhängig voneinander während 20 Minuten eine auf einer Seite zusammengefaßte dynamische Diagnose, die eine halbe Stunde in der Gruppe diskutiert und im Anschluß daran von jedem Teilnehmer reformuliert wird. Eine unabhängige Gruppe überführt die Beschreibungen in „Thought-Units", aus denen die CRM-Diagnose entsteht. Die Diagnose enthält alle Aussagen, die von mehr als drei Experten genannt wurden. Die Reliabilität der Extraktion der Gedankeneinheiten ist recht hoch (.84 bis .96). Es stellt sich aber die Frage nach der Stabilität des Verfahrens, wenn eine andere Gruppe die Diagnose formuliert. Dazu existieren erst wenige Untersuchungen (Henry et al., 1994), so daß eine endgültige Beurteilung zur Brauchbarkeit des Verfahrens noch nicht abgegeben werden kann.

2.1.2.6 Die gemeinsame Erfassung von Konflikt-, Beziehungs- und Strukturebene

Um die bei der Beurteilung psychodynamischer Prozesse auftretenden Reliabiltitätsprobleme zu beheben, entwickelte der Arbeitskreis OPD (1996) eine „Operationalisierte Psychodynamische Diagnostik". Als Ausgangspunkt dient neben den Erzählungen des Patienten über Beziehungsverhalten in einem klinischen Erstgespräch auch das Verhalten des Patienten während dieses Gesprächs. Hinzu kommen die Reaktionen anderer auf das Verhalten des Patienten; zu ihrer Einschätzung soll auch das Gegenübertragungserleben des Interviewers verwendet werden. Die Einschätzung des Patienten erfolgt auf mehreren Achsen. Auf Achse II des Verfahrens versuchen die Autoren Beziehungsverhalten operationalisiert zu erfassen. Das interpersonelle Verhalten wird mit Hilfe der von Benjamin (1982) verwendeten Dimensionen bestimmt. Es wird aber nicht das gesamte von Benjamin beschriebene Verfahren verwendet, vielmehr werden die Beziehungsepisoden unstrukturiert zu einem habituellen Beziehungsmuster aggregiert. Zusätzlich wird versucht, aus der klinischen Beschreibung wahrnehmbarer Verhaltens- und Erlebensweisen zwei Konfliktmuster zu eruieren. Die angenommenen möglichen Konflikte reichen von auch in anderen Theorien angenommenen Dimensionen wie Abhängigkeit und Autononmie bis hin zu spezifisch psychoanalytisch geprägten wie ödipalen, Über-Ich- und Schuldkonflikten. Das neuartige an der OPD ist der Versuch auf Achse IV operationalisierte Aussagen über die Qualität der psychischen Struktur des Patienten als „Struktur des Selbst in der Beziehung zu anderen" zu erstellen, die in sechs Kategorien beschrieben wird (Selbstwahrnehmung, Selbststeuerung, Abwehr, Objektwahrnehmung, Kommunikation und Bindung). Sollte sich dieses nicht ganz einfache Anliegen als reliables Instrument zur Beurteilung von Patienten herausstellen, könnte es eine wichtige Grundlage für das Verständnis und die Interpretation der von Patienten in Interaktionen gezeigten Verhaltensweisen sein. Es bleibt jedoch das Problem aller auf Ratings beruhender Verfahren bestehen, daß offen bleibt, welche Merkmale des Patienten zum schlußendlichen Urteil der Rater geführt haben.

2.1.2.7 Bewertung der dargestellten Verfahren und Ausblick

Die oben dargestellten Verfahren stellen zum Teil reliable und valide Ansätze zur Erhebung von Beziehungskonflikten und maladaptiven Mustern dar. Die Rolle von Emotionen für die Enstehung und Aufrechterhaltung sowie deren negative inhärente Konsequenzen werden aber bisher nur im Modell von M. Horowitz (1991) konzeptualisiert. Horowitz verfügt allerdings über kein Verfahren, mit dem er emotionale Zustände der Patienten erfassen könnte. Er verweist auf ähnliche Bemühungen von Benjamin (1994) und Crits-Christoph und Demorest (1991), die versuchen SASB und CCRT um emotionale Komponenten zu erweitern. Beim

Überblick und Vergleich der einzelnen Verfahren zeichnet sich ab, daß mit dem Einbezug von Urteilen über den emotionalen Zustand der Patienten und das dynamische Zusammenspiel einzelner Komponenten die Reliabilität der gewonnenen Ergebnisse erwartungsgemäß nach und nach abnimmt. Außerdem fokussieren fast alle diese Verfahren auf verbales Verhalten und verbal mitgeteiltes Beziehungsverhalten und erfassen somit nur einen Ausschnitt der Prozesse, die für die Interaktionen der Patienten typisch sein könnten. Ausnahmen davon sind z.B. die Prozeßanalyse mit Hilfe von SASB (Structural Analysis of Social Behavior, Benjamin, 1994) und die Methode der Konfigurationsanalyse von Horowitz (1997).
Auch im Rahmen des CCRT-Manuals wird versucht, Prozeßepisoden zu erfassen. Die Definition beschränkt sich jedoch auf konfliktive Interaktionen innerhalb einer Beziehungsepisode – der Basiseinheit des CCRT – mit dem Therapeuten. Konflikte, die den Rahmen einer Beziehungsepisode überschreiten, werden somit nicht erfaßt (Henry et al., 1994). Auch die Extraktion von Konflikten aus den verbal berichteten Beziehungsepisoden, z.B. bei CCRT, kann nicht überzeugen, da sie aufgrund einer einfachen Häufigkeitszählung von Wünschen, Reaktionen der Objekte und des Selbst zustande kommen, ohne sicherzustellen, daß diese häufigsten Elemente überzufällig zusammen auftreten. Ja es ist noch nicht einmal sicher gestellt, daß sie überhaupt zusammen auftreten (Dahlbender et al., 1998).
Henry et al. (1994) stellen fest, daß ein Großteil der Veröffentlichungen sich mit Reliabiltitätsproblemen beschäftigt und der Anteil, der substantielle Beiträge zur Erforschung psychodynamischer Phänomene in Psychotherapien liefert, noch relativ klein ist. Die Autoren bewerten den gegenwärtigen Stand der Forschung danach, wie relevant die Ergebnisse für die Formulierung von Therapiemanualen sein können, ob die unterschiedlichen Verfahren zu ähnlichen Ergebnissen führen, inwieweit nomothetische Aussagen über die Konfliktdynamik von Patienten ermöglicht werden versus idiographischer Formulierungen für jeden einzelnen Patienten, ob überhaupt prozessuales Geschehen erfaßt wird, ob Annahmen über die zugrundeliegende Konfliktdynamik es erlauben, mit linearen Häufigkeitsmaßen zu arbeiten, ob es ausreicht, eine Person mit einem einzigen Muster zu beschreiben oder ob es nicht vielmehr angemessener ist, multiple Muster anzunehmen. Ob es schließlich ausreicht, Fragebögen einzusetzen oder ob im Idealfall das Erinnern interpersonaler Konflikte evozierende Interviews zum Einsatz kommen müssen.
Einige dieser Diskussionpunkte wurden oben an ausgesuchten Verfahren erläutert. Insbesondere die Erforschung prozessualen Geschehens und über Fragebögen und verbal mitgeteiltes Verhalten hinausgehende Untersuchungen existieren bisher nur in geringem Umfang. Die in den oben beschriebenen Vorgehensweisen enthaltenen Modelle und Annahmen zur Struktur von maladaptiven, konfliktiven Beziehungsmustern stellen einen guten Ausgangspunkt dar, um für das nonverbale, interaktive Verhaltens zu erwartende Strukturen zu hypostasieren. Diese müssen jedoch vor allem für den Bereich der Emotionen über die an der Struktur verbaler Mitteilungen orientierten Dimensionen hinausgehen.

2.2 Emotionen, soziale Interaktionen und psychische Erkrankung

In den folgenden Kapiteln wird der Einfluß zwischenmenschlicher Beziehungen bei der Entstehung und Aufrechterhaltung psychischer Erkrankungen in unterschiedlichen Theorieansätzen zu Störungen des Erlebens und Verhaltens besprochen. Eine zentrale Rolle in diesen sozialen Prozessen wird im Ausdruck und der Hemmung von Emotionen gesehen (Krause, 1998; Traue, 1998). In den einzelnen Kapiteln wird den Fragen nachgegangen, welche Rolle Emotionen und soziale Situationen bei der Entstehung psychischer Störungen spielen, wie psychische Störungen als Emotionsstörungen konzeptualisiert werden, wie Beziehungswünsche über Emotionen vermittelt werden und ob es für spezifische Patientengruppen Ähnlichkeiten in der Art bevorzugter Beziehungsmuster, die mit Hilfe emotionalen Verhaltens in sozialen Situationen aktualisiert werden, gibt. Ein Bindeglied zwischen den

Beziehungswünschen der Patienten und dem sozialen Verhalten stellt der Ausdruck von Emotionen dar. Für diese Funktion sind Emotionen besonders gut geeignet, da sie als „verdichtete" Beziehungsstrukturen mit einem Beziehungswunsch, Bewertungen des Subjekts und Objekts und Handlungsperspektiven konzeptualisiert werden können (siehe unten). Die Aktualisierung von Beziehungsmustern in sozialen Situationen kann also mit Hilfe des Ausdrucks bestimmter zu den Beziehungswünschen gehöriger Emotionen erfolgen. Im weiter unten beschriebenen Komponentensystem der Emotionen wird deutlich, daß vor allem die Ausdruckskomponente der Emotion, die häufig lediglich als mikroprozessuales, nonverbales, paraverbales und verbales Verhalten auftritt, für die Regulation von Beziehungen eine wichtige Rolle spielt. Diese emotionalen, mikroprozessualen Verhaltensweisen ereignen sich meist „verdeckt", d.h. ihr Auftreten ist weder dem Sender noch dem Empfänger bewußt, sie haben aber dennoch, wie mehrfach gezeigt wurde, einen Einfluß auf Erleben und Verhalten der Interaktionspartner (Buck, 1993). Sie dienen somit als Signale, die ohne eigenes Wissen und ohne Wissen des Interaktionspartners zu Veränderungen in der Beziehung führen (Merten, 1996a).

2.2.1 Maladaptive emotionale Prozesse in sozialen Situationen

Es ist in der klinischen Forschung allgemein anerkannt, daß maladaptive, soziale und hier vor allem interpersonelle, emotionale Prozesse bei der Entstehung und Aufrechterhaltung psychischer Störungen eine zentrale Rolle spielen (Hahlweg et al., 1995; Ellgring, 1989; Flack und Laird, 1998; Krause, 1998; Traue, 1998). Die Zusammenhänge zwischen Emotionen, sozialem Verhalten und Erkrankung wurden aber in den meisten Fällen entweder nur jeweils als Teilzusammenhänge vor allem zwischen Emotion und Erkrankung untersucht (Pennebaker, 1995) oder die Erhebungen beschränken sich wie oben beschrieben auf verbale Berichte oder die Analyse verbalen Verhaltens.
Erst in neuerer Zeit wendet sich die Forschung dem Zusammenspiel sozialer, emotionaler und pathologischer Aspekte zu (Traue, 1998). Im Folgenden wird ein Überblick über die Befundlage der am häufigsten auftretenden Syndrome psychischer Störungen im Hinblick auf den Einbezug emotionalen und interaktiven Verhaltens in die ätiologische Theoriebildung gegeben.

2.2.1.1 Depression als emotionale und interpersonale Störung

Für an Depressionen erkrankte Menschen existiert bereits eine Vielzahl von Untersuchungen, die emotionale und interpersonelle Aspekte zur Erklärung des Störungsbildes zu integrieren versuchen (Hautzinger, 1992; Ellgring, 1989; Geerts et al. 1996). Das liegt vor allem daran, daß Depression eine affektive Erkrankung ist, in deren symptomatischem Mittelpunkt ausgeprägte, negative Emotionen und sozialer Rückzug stehen.
Daneben existieren aber auch spezifischere Befunde zum interaktiven Verhalten von Patienten, die unter depressiven Erkrankungen leiden. Hautzinger (1992) z.B. beschreibt das depressionstypische interaktive Verhalten als gekennzeichnet durch Hilfeappelle auf der einen und Hostilität auf der anderen Seite, die wiederum interpersonale Reaktionen ihrer Interaktionspartner und der Depressiven selbst nach sich ziehen. Hobson et al. (1985) sehen die Ursachen für Depression primär in interpersonalen Schwierigkeiten der Patienten.
Somit rückt auch die therapeutische Beziehung als wichtigem Zugang für das Erkennen und die Modifikation der Depression zugrundeliegender interpersonaler Muster in den Mittelpunkt. Ein Hinweis darauf, daß der Depression oder zumindest einem Teil von Untertypen interpersonale Probleme zugrunde liegen, ist in der Wirksamkeit der interpersonalen Therapie von Klerman und Weissman (1984) zu sehen. Die interpersonale Therapie von Klerman und Weissman, die vor allem auf der Bearbeitung aktueller zwischenmenschlicher Konflikte und interpersonaler Defizite der Patienten beruht und sich als

bewältigungsorientiertes Verfahren explizit keiner Therapieschule zuordnet, erreicht nach einer Metaanalyse von Grawe et al. (1994a), in der zusammen genommen 984 Patienten in kontrollierten Studien behandelt wurden, eine überdurchschnittlich hohe Effektivität bei hoher Qualität der durchgeführten Studien.

Neben der Frage, ob depressiven Störungen interpersonale Anteile zugrunde liegen, ist von Interesse, welche Verhaltensweisen für soziale Interaktionen mit depressiven Patienten typisch sind. Ein wichtiger Aspekt sozialer Interaktionen im Zusammenhang mit psychischen Erkrankungen ist im emotionalen Ausdruck der Patienten zu sehen. Untersuchungen zum nonverbalen Ausdruck von depressiven Patienten führte Ellgring (1989) durch. Er findet zwar nur schwache Zusammenhänge zwischen depressiven Stimmungszuständen und dem nonverbalen Verhalten der Patienten, jedoch werden Verbesserungen der depressiven Symptomatik auf individueller Ebene im nonverbalen Verhalten besonders deutlich. Nach seinen Ergebnissen kann nicht von einer generellen Reduktion des nonverbalen Verhaltens in Abhängigkeit vom Ausmaß der Depression ausgegangen werden. Zusammenhänge existieren lediglich für einzelne Individuen, und sie zeigen sich in unterschiedlichen Verhaltenskanälen. Dabei stellen sich das Lächeln und das Blickverhalten als die häufigsten Indikatoren heraus. Beziehungen zwischen Stimmungszustand und nonverbalen Verhalten existieren vor allem intra-individuell und für einzelne, je unterschiedliche Verhaltenskanäle, wodurch Zusammenhänge auf Gruppenniveau unangemessen niedrig ausfallen. Diese *Spezifität der Verhaltenskanäle* nimmt nur in Extremsituationen ab, in katatonen Zuständen sind alle Verhaltensweisen betroffen. Im Lauf der Besserung treten nach und nach wieder Aktivitäten in den einzelnen Verhaltensbereichen auf. Ellgring illustriert das auch im Hinblick auf Emotionen am „appalic syndrome“, das nach schweren Kopfverletzungen auftritt. Läßt das Syndrom nach, erscheinen die Emotionen Angst und Unlust zuerst wieder, gefolgt von Ärger und Zuneigung, danach Freude und zuletzt Trauer und Kummer.

Die Hypothese einer allgemeinen Reduktion des mimischen Ausdrucks bei depressiven Patienten konnte von Ellgring nicht bestätigt werden. Der Eindruck fehlenden mimischen Ausdrucks kann z.B. durch eine Fokussierung auf das Lächeln zustande kommen, das auch tatsächlich am häufigsten reduziert ist. Andere mimische Verhaltensweisen sind zumindest in der Interviewsituation aber nicht betroffen. Als emotionale mimische Konfigurationen treten vor allem Ärger, Angst und Ekel auf, was als konform zur oben erwähnten Mischung aus Hilfeappellen und Hostilität angesehen werden kann. Der Ausdruck von Freude war zwar reduziert, sollte aber weniger als spezifischer Ausdruck der Depression interpretiert werden, sondern ist eher ein unspezifischer Indikator von Krankheit, der auch bei Stotterern, Colitis Ulcerosa Patienten und Schizophrenen gefunden wird (Krause, 1990). Bemerkenswert ist, daß der mimische Ausdruck von Trauer fast nicht beobachtet wurde.

Weiter unten wird gezeigt, daß Trauer den Wunsch an ein positiv bewertetes Objekt beinhaltet, die Beziehung zu intensivieren oder überhaupt wieder herzustellen. Fehlt der Trauerausdruck, so wird entweder die Intensität der Beziehung als ausreichend angesehen, oder besteht kein Wunsch nach einer Beziehung. Im vorliegenden Fall besteht aber eine Beziehung, diese ist jedoch nicht von positiven, die Beziehung stärkenden Affekten bestimmt, sondern es treten vor allem Ärger, Angst und Ekel auf. Eine solchermaßen affektiv getönte Beziehung ist aber in hohem Maße ambivalent, da den Angstsignalen als Hilfeappelle die distanzregulierenden Affekte Ärger und Ekel gegenüber stehen. Die negative affektive Bilanz dieser Art sozialer Situation auch auf seiten des Interaktionspartners kann den Ausgangspunkt eines sozialen Rückzuges darstellen, obwohl ein Wunsch nach Beziehungen weiterbesteht, der aber nur im beschriebenen affektiven Umfeld realisierbar ist.

2.2.1.2 Persönlichkeitsstörungen als ich-syntone interpersonale Muster

Ein definitorisches Merkmal von Persönlichkeitsstörungen wird darin gesehen, daß sie meist dadurch auffällig werden, daß das soziale Umfeld die vom Patienten als ich-synton erlebten Verhaltensweisen nicht weiter akzeptieren will. Der Patient leidet nicht unter den Verhaltensweisen, die sein Störungsbild bestimmen, sondern nur indirekt unter den Folgen, die diese in seinem sozialen Umfeld nach sich ziehen. Persönlichkeitsstörungen können somit als Beispiel für ein Störungsbild angesehen werden, innerhalb dessen integrale und identitätsstiftende Eigenschaften der Persönlichkeit erhebliche negative Konsequenzen zeitigen, ohne daß die Verhaltensweisen selbst als Ursache dafür angesehen werden. Die einzelnen Formen von Persönlichkeitsstörungen haben außerdem die Gemeinsamkeit, daß sie als Muster aus bestimmten Arten von Beziehungsverhalten beschrieben werden. Schizoide, schizotypische und selbst-unsicher-vermeidende Persönlichkeitsstörungen werden durch Distanziertheit, starkes Unbehagen und soziale Hemmung in sozialen Beziehungen beschrieben, paranoide und Borderline-Persönlichkeitsstörungen durch Mißtrauen, Argwohn und Instabilität in zwischenmenschlichen Beziehungen, dependente Persönlichkeitsstörungen durch unterwürfiges, anklammerndes Verhalten und histrionische und narzißtische Persönlichkeitsstörungen durch das Heischen nach Aufmerksamkeit bzw. des Bedürfnis nach Bewunderung. Im Fall der zwanghaften Persönlichkeitsstörungen steht zwar kein Muster interpersonalen Verhaltens im Mittelpunkt der Definition, die ständige Beschäftigung mit Ordnung, Perfektion und Kontrolle berührt aber ebenfalls die sozialen Beziehungen des Patienten, da die Sozialpartner sich der Ordnung und Kontrolle unterordnen müssen. Persönlichkeitsstörungen sind also ein prototypisches Beispiel für die weitgehende Identität zwischen Symptomatik und sozialen Beziehungsmustern.

2.2.1.3 Angststörungen, interpersonale Abhängigkeit und soziale Unsicherheit

Die Untersuchung von Guidano und Liotti wurde bereits weiter oben erwähnt, wonach Agoraphobiker durch zwei sich ergänzende Muster „präverbalen Selbstwissens“ charakterisierbar sind. Dieses „präverbale Selbstwissen“ wird in interpersonalen Situationen erworben und auch durch solche aufrecht erhalten. Ein weiterer Hinweis auf den Stellenwert von Beziehungsmustern für Angstpatienten ist in der Komorbidität mit Depressionen (Zielke, 1993) und dependenten Persönlichkeitsstörungen zu sehen (Fiedler, 1995), desweiteren in der Schwierigkeit, soziale Phobien diagnostisch von selbstunsicher-vermeidenden Persönlichkeiten abzugrenzen (DSM-IV Sourcebooks, 1994). Dependente Verhaltensweisen sind Teil des Störungsbildes der Angststörungen und der Depression (Thompson et al., 1988; Mavissakalian und Hamman, 1988). Sind maladaptive, interpersonale Verhaltensmuster bei Angstpatienten und Depressiven so stark ausgeprägt, daß sie die Diagnose einer Persönlichkeitsstörung rechtfertigen, wird am häufigsten die Diagnose der dependenten oder selbstunsicher-vermeidenden Persönlichkeit gestellt, und das vor allem bei Patienten mit Panikstörungen (Reich et al., 1987; Mavissakalian und Hamman, 1988). Nach Millon und Everly (1985) läßt sich das interpersonale Verhalten von Angstpatienten als charmantes, gefühlsbetontes „aktiv-dependentes“ charakterisieren, während Depressive sich durch eine unterwürfige „passive Dependenz“ auszeichnen.

2.2.1.4 Expressivität und Hemmung am Beispiel psychosomatischer Erkrankungen

Im Zusammenhang mit psychosomatischen Erkrankungen wurde die Fähigkeit von Patienten eigene Emotionen zu erkennen und auszudrücken, unter dem Begriff der Alexithymie kontrovers diskutiert. Die Diskussion zog eine Fülle von empirischen Untersuchungen nach sich, die versuchten, das vermutete Defizit von psychosomatisch erkrankten Patienten in

unterschiedlichen Bereichen nachzuweisen. Eine Stellungnahme zum Stellenwert des Konzeptes der Alexithymie wird dadurch erschwert, daß sich die Alexithymie unterschiedlich äußern kann. Der Begriff sagt aus, daß eine Person nicht oder nur unzureichend in der Lage ist, ihre eigenen Gefühle zu erkennen und zu benennen, was einen Zugang über die Sprache nahelegt. Die „Emotionsarmut“ kann sich aber auch auf die Expressivität als solche beziehen, die entweder nicht vorhanden ist oder gehemmt wird. Traue (1998) nennt zahlreiche Untersuchungen, in denen gezeigt wird, daß z.B. bei Kopfschmerzpatienten das expressive Verhalten aktiv durch Muskelanspannungen im Stirn- und Nackenbereich gehemmt ist. Eine solche Hemmung hat zwei entscheidende Konsequenzen. Erstens fällt der soziale Signalanteil der gezeigten Emotion weg, der soziale Partner hat keinen Hinweis auf die emotionale Lage des Gegenüber und nimmt lediglich die Hemmung als Anspannung wahr. Zum anderen fehlen der ausdrucksgehemmten Person selbst die Feedback-Informationen, die, vor allem aus dem Gesicht stammend, das subjektive Erleben des emotionalen Zustands erleichtern.
In „Emotion und Gesundheit“ beschreibt Traue (1998) soziobehaviorale Pfade, über die emotionale Hemmung sich auf Gesundheit auswirkt. Dabei wird betont, daß a) gehemmter emotionaler Ausdruck den Patienten des propriozeptiven Feedbacks beraubt, und ihm damit eine Informationsquelle zur emotionalen Selbstregulation und zum Ressourcenmanagement fehlt. Zu diesem negativen Einfluß der Emotionshemmung auf die emotionale Selbstregulation kommt b) ein maladaptiver Anteil im Hinblick auf soziale Situationen hinzu. Wenn in sozialen Streßsituationen der Ausdruck der Emotion gehemmt ist und damit der beziehungsregulierende Anteil der Emotion fehlt, erhält der Interaktionspartner keinerlei oder nur reduzierte Rückmeldungen über den emotionalen Zustand des anderen und dessen Beziehungswünsche. Somit kann er sein Verhalten nicht der Situation anpassen, selbst wenn er es wollte, da ihm die notwendige Information für eine Anpassung fehlt. Eine Situationsbewältigung ist ohne adäquate Rückmeldung über die eigene emotionale Situation und ohne entsprechende Rückmeldung an den Interaktionspartner nicht möglich. Nach Traue (1998) ist Hemmung von emotionalem Ausdruck somit eine ineffiziente Strategie bei der Bewältigung sozialer Streßsituationen.
Die Krankheitsbilder Asthma bronchiale, Dyshidrose und funktionelle Herzbeschwerden lassen sich an Hand der mit einem Rating gewonnenen Werte zum nonverbalen Verhalten unterscheiden, nicht aber durch die mit Hilfe des Gottschalk-Gleser-Verfahrens erhobenen sprachlichen Inhalte (Küchler, 1982). Für asthmatische Kinder konnte gezeigt werden, daß ihre mimischen Emotionsausdrücke gegenüber gesunden Kindern spezifische Defizite aufwiesen, die nicht auf den Bereich der Aggression beschränkt waren (Hollaender et al., 1984). Einen Zusammenhang zwischen speziellen Interaktionsmustern in Familien und der Chronifizierung und Reduplikation essentieller Hypertonie konnten Kroeger und Petzold (1985) nachweisen. Das Interaktionsmuster ist charakterisiert durch die Betonung negativ verbaler Kommunikationsmuster, die geringe Intensität der verbalen Kommunikation und das hohe Kontrollbedürfnis, die starre Abgrenzung und das wenig flexible Problemlöseverhalten.
Das Konzept des Typ-A-Verhaltens, das u.a. durch hohe Reizbarkeit und Aggressionsbereitschaft charakterisiert wird und mit hohem Risiko für kardiovaskuläre Erkrankungen in Verbindung gebracht wurde, widerspricht der Annahme, daß gehemmter Emotionsausdruck gesundheitsschädlich sei. Das ursprüngliche duale Konzept ist allerdings nicht differenziert genug, vor allem stützen sich die Aussagen, ob eine Person als Typ A oder B zu bezeichnen ist, auf Fragebögen oder Interviews. Es wurde also die Selbstwahrnehmung der Probanden erfaßt. Friedman (1984) konnte aber zeigen, daß die Kombination aus dem tatsächlichen Verhalten, das mittels Verhaltensbeobachtung in einem 4-minütigen Interview erhoben wurde, und der vom Probanden selbst wahrgenommenen Effektivität und Attraktivität seines verbalen und nonverbalen expressiven Stils (ACT Affective Communication Test) das Erkrankungsrisiko besser vorhersagte. Typ-A-Probanden, die ihren expressiven Stil als

effektiv und attraktiv wahrnehmen, und Typ-B-Probanden, die ihren expressiven Stil weniger effektiv und attraktiv wahrnehmen, waren gesünder als die beiden anderen Gruppen.
Auch die Differenzierung des Typ-A-Konzepts in „Anger-In“ und „Anger-Out“ als zwei unterchiedliche Verhaltensstile der Ärgerverarbeitung erbrachte, daß das Nicht-Äußern von Ärger negative körperliche Konsequenzen in Form eines Blutdruckanstiegs mit sich bringt (Spielberger, 1985). Dieser Effekt kann weiter dahingehend differenziert werden, daß der positive Effekt geäußerten Ärgers dann am größten ist, wenn das Objekt der Aggression mit dem vermeintlichen Verursacher der ärgerauslösenden Frustration identisch ist. Das bloße Abreagieren an anderen Personen oder Sachen hat nicht den gleichen Effekt (Hokanson et al., 1963). Es kommt hinzu, daß aggressives Verhalten eine gesellschaftlich negativ sanktionierte Form des Ärgerausdrucks darstellt, die zu Schuldgefühlen führt oder von Schuldgefühlen gehemmt wird. Müller und Ebert (in Vorber. nach Traue, 1998) konnten mit Hilfe des „Müller Anger-Coping Questionaire“ (MAQ) zeigen, daß die kardiovaskuläre Gefährdung dann am größten war, wenn es den Patienten nicht gelang, auf sozial kompetente Art und Weise ihre Gefühlslage, den Ärger, zu äußern.
Ein weiteres häufiges, psychosomatisches Krankheitsbild ist das der funktionellen Rückenbeschwerden. Traue (1998) untersuchte mehrere Gruppen von Rückenpatienten, um Wechselwirkungen zwischen der möglicherweise diathetischen Größe der Muskelspannung, den Schmerzen und gehemmter Expressivität zu erfassen. In einem Diathese-Streß-Modell wird vor allem sozialer, nicht bewältigter Streß als zentraler Auslöser für die hyperaktivierte, muskuläre Anspannung gesehen. Die Gruppen mit Rückenschmerzpatienten unterschieden sich in mehreren Aspekten des expressiven Verhaltens von einer Kontrollgruppe mit gesunden Versuchspersonen. Die Patienten der Schmerzgruppe reden vor allem mehr als die gesunden Probanden, zeigen mehr „gehemmte“ Gestik (Hand/Körper-Kontakte und Hand/Hand-Kontakte) und weniger Blickkontakte. Die größten Unterschiede ergeben sich für Körperbewegungen und Kopfbewegungen. Im Rahmen des DFG-Projekts „Interaktion und Erleben“ an der Universität des Saarlandes wurde für Patienten mit funktionellen Wirbelsäulebeschwerden ebenfalls eine Reduktion der Kopfhaltungen festgestellt, die sich vor allem auf eine reduzierte rotationale Zuwendung des Kopfes bezog (Woll, 1996). Daß diese Reduktion nicht nur die Patienten charakterisiert, sondern auch einen Einfluß auf ihre Gesprächspartner hat, ist daran zu erkennen, daß die gesunden Gesprächspartner Anzahl und Dauer rotationaler Kopfzuwendungen im Vergleich zu einer Kontrollgruppe ebenfalls signifikant reduzierten. Neben einer tendenziellen Verminderung lateraler Kopfauslenkungen der Patienten und ihrer Partner sind auch die gemeinsamen und gleichzeitig erfolgenden rotationalen und lateralen Auslenkungen der Interaktionspartner vermindert. Diese kongruenten Verhaltensweisen wiesen in der Kontrollgruppe hohe Korrelationen zur Einschätzung der Gesprächsatmosphäre auf und ermöglichten es, die Kontrollgruppen aus zwei gesunden Versuchspersonen von den Dyaden mit erkrankten Probanden zu trennen. Die Variablen sind Indikatoren für hohes positives „involvement“ (Patterson, 1991) der beiden interagierenden Personen, das in Dyaden mit an funktionellen Wirbelsäulenbeschwerden leidenden Patienten wenig ausgeprägt war.

2.2.1.5 Schizophrenie

Anhedonie und Affektverflachung als negative Symptome der Schizophrenie (Bleuler, 1969; Andreasen, 1982) weisen auf eine mangelnde affektive Differenziertheit und Reagibilität schizophrener Patienten hin. Damit stehen emotionale Konzepte im Mittelpunkt der überdauernden, negativen Symptome der Schizophrenie, die auch über längere Zeiträume und außerhalb akuter Episoden zu beobachten sind. Die Erhebung mit Hilfe der „Scale for the Assessment of Negative Symptoms“ SANS von Andreasen (1982) korreliert aber nicht oder nur in geringem Umfang mit dem tatsächlichen nonverbalen Verhalten der Patienten, obwohl die meisten negativen Symptome – mit Ausnahme der Alogie – in Termini nonverbalen Verhaltens beschrieben werden. So fanden Troisi et al. (1998) in einer Studie mit 28 schizophrenen Patienten eine relative Unabhängigkeit der mit einem Codiersystem erhobenen nonverbalen Verhaltensmaße von den positiven (SAPS) und negativen Symptomen der Patienten. Die Autoren fordern, auf der Grundlage dieser Ergebnisse die dysfunktionalen sozialen Verhaltensmuster neben den positiven und negativen Symptomen als dritte Dimension des schizophrenen Syndroms zu betrachten. Auf Gruppenebene kann die Anhedonie aber sehr wohl nachgewiesen werden, in der Studie von Troisi et al. korrelierten nur die SANS-Maße nicht auf individuellem Niveau mit dem nonverbalen Verhalten der Patienten. Ein ähnliches Phänomen berichtet Ellgring (1989) für das nonverbale Verhalten von Patienten mit Depressionen und deren Krankheitsverläufe. Die Befundlage verkompliziert sich weiter dadurch, daß der Zusammenhang zwischen SANS und mimischem Verhalten davon abhängt, in welcher Phase der Erkrankung die Untersuchung durchgeführt wird. Gaebel und Wölver (1992) fanden signifikante negative Zusammenhänge zwischen der Ausprägung der Negativsymptomatik, gemessen mit SANS, und der mimischen Aktivität bei Entlassung der Patienten, nicht aber bei der Aufnahme.

Der Zusammenhang zwischen sozialem Funktionsniveau und mimischem Verhalten wurde von Brozgold et al. (1998) an mehreren psychiatrischen Patientengruppen untersucht. Intensität und Ausmaß der mimischen Aktivität während des Monologisierens über angenehme und unangenehme Erfahrungen wurde von Ratern eingeschätzt. Besseres soziales Funktionsniveau korrelierte positiv mit der Intensität der mimisch gezeigten Emotionen und negativ mit der Anzahl negativer Emotionen. Eingeschränkt wird die Aussagekraft der Studie allerdings dadurch, daß keine soziale Situation untersucht wurde, sondern Monologisieren. Das hat zwar den Vorteil, daß das Verhalten des Interaktionspartners nicht kontrolliert werden muß, gleichzeitig nimmt aber die ökologische Validität der Ergebnisse ab. Hinzu kommt, daß die mimische Aktivität ohne physisch anwesenden Interaktionspartner davon abhängt, inwieweit der Proband eine implizite, soziale Situation herstellt (Fridlund, 1991), indem er sich z.B. vorstellt, daß er seine Erlebnisse einer nicht anwesenden Person erzählt. So gesehen, bieten sich weitere Alternativen für die Erklärung der Ergebnisse an. Zum Beispiel kann das soziale Netzwerk als Folge des niedrigen sozialen Funktionsniveaus so eingeschränkt sein, daß keine potentielle Zielperson für die vom Patienten berichteten Erfahrungen existiert und/oder die Fähigkeit des Patienten, eine mentale Repräsentanz einer nicht anwesenden Person zu generieren und aufrechtzuerhalten, ist eingeschränkt. Letzteres ist auch für soziale Interaktionen von Bedeutung, da ein generelles Defizit, mentale Repräsentanzen von Personen oder Sachverhalten aufrechtzuerhalten, auch erhebliche Folgen für tatsächliche soziale Interaktionen hat, da die Thematiken eines Gespräches sich oft um Personen zentrieren. Damit zusammen hängt auch die Annahme von Ellgring (1997), daß Schizophrene aufgrund einer fehlenden Kapazität zur internalen Emotionsregulation, die Situation durch eine Reduktion von Blickverhalten und sozialen Signalen so gestalten, daß sie beherrschbar bleibt. Auf diesen Sachverhalt wird weiter unten noch einmal genauer eingegangen.

Für die Beziehungsregulation in sozialen Interaktionen ist von zentraler Bedeutung, daß die Interaktionspartner in der Lage sind, die mimisch-affektiven Signale des Partners adäquat zu dekodieren und selbst solche zu produzieren. Im Fall schizophrener Patienten wird allgemein angenommen, daß ein En- und Dekodierungsdefizit für nonverbales Verhalten und insbesondere mimisch gezeigte Emotionen vorliegt (Mandal et al. 1998). Die Befundlage ist jedoch bei weitem nicht eindeutig, und die Ergebnisse variieren zum Teil in Abhängigkeit der verwendeten Verfahren, was vor allem für die Dekodierungskompetenz gilt (Buck, 1983). Die Enkodierungskompetenz stellt ein relativ stabiles, eindimensionales, individuelles Attribut mit reichhaltiger und konsistenter Befundlage dar. Im Gegensatz dazu kann bei der Dekodierungskompetenz kaum von einem konsistenten, individuellen Attribut gesprochen werden. Das zeigt sich z.B. daran, daß zwei der bekanntesten Tests zur Beurteilung der Dekodierungskompetenz der CARAT (Buck, 1984) und der PONS (Rosenthal et al., 1979), beinahe zu Null miteinander korrelieren. Beide Test decken weite Bereiche des nonverbalen Verhaltens ab. Verwendet man statt dessen spezifischere und standardisierte Tests zum Beispiel für das Erkennen und Zeigen der Primäraffekte, ist der Nachweis eines generellen Dekodierungsdefizits von als „schizophren" diagnostizierten Patienten für Emotionen nicht mehr gegeben. Nicht medizierte schizophrene Patienten zeigten die gleichen Leistungen wie klinische Vergleichsgruppen und Kontrollgruppen (Flack et al., 1997; Salem et al., 1996). Die mit Medikamenten behandelten Schizophrenen zeigten zwar Defizite; diese waren aber nicht spezifisch für das Erkennen von Emotionsgesichtern, sondern Folge eines allgemeinen Defizits der Perzeption, das mit einer Kontrollaufgabe erhoben wurde. Das heißt aber nicht, daß damit die Voraussetzungen für den adäquaten Austausch emotionaler Signale in sozialen Interaktionen gegeben sind. Vielmehr müssen in sozialen Interaktionen aus einer Vielzahl von Informationen diejenigen herausgefiltert und interpretiert werden, die ein valides Urteil über den Interaktionspartner möglich machen, und in Abhängigkeit davon und im Abgleich mit dem eigenen emotionalen Zustand müssen eigene Signale generiert werden. Diese Prozesse werden in den oben angesprochenen Untersuchungen aber nur ungenügend abgebildet, da es sich meistens um eine kontextfreie Vorgabe der Stimuli handelt, der Proband darauf auch nicht mimisch und unmittelbar reagieren muß, wie es in einer sozialen Situation der Fall ist, und somit der Aufforderungscharakter der experimentellen Situation im Vergleich zum Gespräch ein völlig anderer ist.

Umfangreiche Untersuchungen zum nonverbalen Verhalten, insbesondere zum mimischen, mikroprozessualen Verhalten, von Schizophrenen in sozialen Interaktionen wurden von Steimer-Krause et al. (1991) und Ellgring (1997) durchgeführt. Die Ergebnisse werden weiter unten detailliert dargestellt. Ein gewichtiges und empirisch mehrfach repliziertes Argument für die Bedeutung der Qualität sozialer Interaktionen mit Schizophrenen in Hinsicht auf den Verlauf der Erkrankung ist in der Rückfallprognose mit Hilfe des „Expressed-Emotions"-Index zu sehen (Hahlweg et al., 1995; Olbrich, 1994). Vor allem nonverbale, emotionale Anteile kritischer oder überengagierter Äußerungen im Rahmen von Interaktionen naher Bezugspersonen mit dem Schizophrenen werden als der beste Einzelprädiktor für die Vorhersage von Rückfällen in akute, schizophrene Episoden angesehen (Hahlweg et al., 1995).

2.2.2 „Verdeckte" Kommunikation maladaptiver Beziehungswünsche

Wie oben an mehreren Stellen angesprochen wurde, ergeben sich Diskrepanzen zwischen verbalen Berichten, Fragebogendaten, ja, sogar den Aussagen objektiver Beobachter auf der einen Seite und dem tatsächlich gezeigten Verhalten in sozialen Interaktionen. Beispiele dafür finden sich in den Berichten von Patienten, Therapeuten und Dritten über die Qualität der therapeutischen Beziehung, die sich zum Teil erheblich voneinander unterscheiden. Therapeuten berichten, sich gemäß den Verhaltensanweisungen von Therapiemanualen verhalten zu haben, zieht man zur Beurteilung der Manualtreue Transkripte, Ton- oder Videoaufnahmen heran, ergeben sich oft davon abweichende Einsichten. An den entsprechenden Stellen wurden bereits Erklärungsversuche für diese Phänomene angestellt, ein zentraler weiterer Aspekt besteht darin, daß wesentliche Bestandteile sozialer Interaktionen weder von Beteiligten noch von Beobachtern bewußt wahrgenommen werden.

Selbst wenn einzelne Ereignisse wahrgenommen werden, bleibt in den meisten Fällen der mögliche Bezug zu vorhergehendem eigenem Verhalten oder Verhalten des Interaktionspartners unbeachtet. Interaktive, nonverbale Prozesse, die als Abfolge von Zuständen zu definieren sind, werden als Folge davon nicht oder nur unzureichend bewußt wahrgenommen. In diesem Zusammenhang stellt sich die Frage, ob nicht bewußt wahrgenommene Verhaltensweisen des Interaktionspartners überhaupt von Bedeutung für den Ablauf einer Interaktion sind und, wenn ja, auf welchen Verhaltensweisen dieses unwillkürliche, in großen Teilen nicht bewußt wahrgenommene Kommunikationssytem beruht.

2.2.2.1 „Unterschwellige Wahrnehmung“ und Verhaltenssteuerung

Obwohl der größte Teil von Verhaltensweisen in sozialen Interaktionen weder von der Person, die sie ausführt, noch dem Gegenüber bewußt wahrgenommen wird, kann gezeigt werden, daß nachfolgendes Verhalten in natürlichen Situationen (Merten, 1996a) dadurch beeinflußt wird. Der Nachweis, daß solche Phänomene, die unter dem Begriff der „unterschwelligen Wahrnehmung“ oder, in neuerer Zeit, der „direkten Parameterspezifikation“ zusammengefaßt werden, tatsächlich existieren, kann und muß auch in experimentellen Settings (Neumann, Ansorge und Klotz, 1998) geführt werden, da zu Recht eine Diskreditierung der Erforschung von Effekten „unterschwelliger Wahrnehmung“ auf Grund mangelnder methodischer Stringenz und begrifflicher Klarheit bis in die 90er Jahre bestand. Nicht zu replizierende Untersuchungsergebnisse aus dem Bereich der Werbung („unbewußte Werbebotschaften“), aber auch der Therapie („subliminal tapes“) trugen zu dem schlechten Ruf der Forschung zur „unterschwelligen Wahrnehmung“ bei. In neuerer Zeit konvergieren die Ergebnisse aus der Neuropsychologie, Neurophysiologie und der allgemeinen Psychologie, die sich durch größere methodische Stringenz und begriffliche Klarheit auszeichnen. Neumann et al. untersuchen mit Hilfe des Paradigmas der Metakontrast-Dissoziation den Einfluß maskierter visueller Reize auf in Abhängigkeit davon auszuführende motorische Reaktionen. Das Besondere an dieser Methode ist, daß eine bewußte Residualwahrnehmung als Erklärung des Effekts ausgeschlossen werden kann. Das gelingt durch die Verwendung des Prinzips des Metakontrastes, das zur Maskierung verwendet wird.
Einen Beitrag aus der experimentellen Forschung zu Wahrnehmungsphänomenen stellt der Ploetzl-Effekt dar (Perrig et al., 1993). Zusätzlich zur bewußten Wahrnehmung werden weitere Inhalte wahrgenommen, die in der Folge bewußtseinsfähig werden können. Diesen Phänomenen liegt nach Ploetzl eine „Perzeptuelle Abwehr“ oder psychische Blindheit zugrunde, da Inhalte, die für den psychischen oder psychopathologischen Zustand kritisch sind, ausgeblendet werden. Die Prozesse sind nicht stimulusdeterminiert, d.h. sie treten sowohl bei kurzer wie bei längerer Darbietung auf. Der Effekt der verzögerten Wiedergabe (Material taucht später wieder auf oder beeinflußt spätere Prozesse) ist unabhängig von der Methode (Träume, Zeichnungen, Assoziationen). Perrig et al. führen an, daß die vielfältigen Untersuchungen zwar teilweise methodisch angreifbar sind, die Befundlage aber stimmig ist. Jedoch sind weitere Untersuchungen erforderlich.
Die in Merten (1996a, b) beschriebenen Befunde für Gespräche zwischen gesunden Probanden und Gesprächen zwischen schizophrenen Patienten, sowie Befunde von Bänninger-Huber (1996) zum mikro-affektiven Verhalten in psychotherapeutischen Interaktionen stammen zwar nicht aus experimentellen Settings, sie geben aber Hinweise darauf, daß auch sehr kurze mimische Ereignisse mit einer Dauer von weniger als 0.3 Sekunden zu überzufälligen Verhaltensänderungen beim Interaktionspartner führen. Dabei werden weder die auslösenden mimischen Ereignisse, und noch viel weniger der Zusammenhang mit nachfolgenden Verhaltensänderungen von den am Gespräch beteiligten Probanden, noch von ungeschulten Beobachtern, die man via Video mit diesem Verhalten konfrontiert, bewußt wahrgenommen. Trotzdem reagieren die Probanden überzufällig häufig auf mimische Zeichen des Interaktionspartners. In den untersuchten dyadischen Interaktionen zwischen gesunden Personen brach der Interaktionspartner z.B. auf negativen mimischen Affektausdruck hin signifikant schneller den mutuellen Blickkontakt ab als nach anderem mimischem Verhalten. Auch wurde der Blickkontakt bereits abgebrochen bevor der mimische

Ausdruck sein Maximum erreicht hatte und wahrscheinlich auch noch nicht bewußt repräsentiert war. Interpersonale Erwartungen und nonverbales Verhalten

Buck (1993) beschreibt die Funktionen nonverbalen Verhaltens im Rahmen eines spontanen und verdeckten Kommunikationssystems, das interpersonale Erwartungen vermittelt und zur Entstehung von Stereotypen beiträgt. Ausgehend von Rosenthals *Pygmalion*-Experiment zur Rolle von Erwartungen bei Lehrern in bezug auf Lernleistungen von Schülern kann gezeigt werden, daß Erwartungen in der Hauptsache über zwei Faktoren, den Affekt und den vom Lehrer betriebenen Aufwand, vermittelt und wirksam werden. Bei positiven Erwartungen an die Lernleistungen des Schülers ist auch der Affektausdruck des Lehrers gegenüber dem Schüler positiver und der dem Schüler entgegengebrachte Aufwand größer. In einer Metaanalyse (Ambady und Rosenthal, 1992, 1993) konnte gezeigt werden, daß der Effekt der Qualität des nonverbalen Verhaltens auf die Lernleistungen nach einem Semester bzw. einem Schuljahr sehr hoch ist, die Effektstärken liegen zwischen .6 und .7. Die zugrundeliegenden Untersuchungen analysieren in 30-sekündigen tonlosen oder inhaltsgefilterten Videomitschnitten die Kommunikation des Lehrers mit dem Schüler. Ähnliche Effekte zeigen sich bei der Vermittlung von Geschlechtsstereotypen im Schüler/Lehrerverhältnis (Hechtman und Rosenthal, 1991) und im Prozeß der Geschlechtsrollensozialisation (Hall und Briton, 1993). Als zentralen interpersonalen Mechanismus bei der Vermittlung von Geschlechtsrollenstereotypen sehen Hall und Briton (1993) reziprokes, interaktives Verhalten an. Bei entsprechend positiven Erwartungen an den Interaktionspartner wird emotional, wärmeres, humorvolleres, offeneres und sozial geschickteres Verhalten gezeigt. Reagiert der Partner darauf reziprok führt das zu einer positiven, warmen Atmosphäre, die sich in vermehrtem Lächeln, gegenseitigem Anschauen, Vorwärtslehnen, Kopfbewegungen, Berührungen und verminderter räumlicher Distanz zeigt. Aber nicht alle Personen reagieren reziprok, sondern mit dem Gegenteil dessen, was ihnen angeboten wird; sie kompensieren das Beziehungsangebot in Abhängigkeit von evaluativen Prozessen, die bisher empirisch nur wenig erforscht sind.

Während eine Vielzahl von Untersuchungen zu den Effekten unterschiedlicher interpersonaler Verhaltensweisen auf Versuchspersonen, Schüler, Patienten und bei der Vermittlung von Geschlechtsrollenstereotypien durchgeführt wurden, sind die interpersonalen Prozesse als solche noch wenig erforscht. Buck (1993) beschreibt ein „spontanes Kommunikationssystem“, das zusätzlich zum symbolisch, kommunikativen, meist sprachlichen Austausch parallel, unwillkürlich und verdeckt abläuft. Die Elemente dieser verdeckten Prozesse sind biologisch strukturierte Bewegungen, die den aktuellen motivational-emotionalen Zustand einer Person wiedergeben. Nach Buck sind diese Bewegungen mehr Zeichen denn Symbole, die einen inhärenten Zusammenhang zu den emotionalen Zuständen aufweisen und deshalb auch nicht falsch sein können, wodurch sie sich von Propositionen unterscheiden lassen. Hinzu kommt, daß die Zeichen unwillkürlich gezeigt werden und ihre Bedeutung dem Gegenüber unmittelbar zugänglich ist, da es sich um phylogenetisch verankerte Prozesse für das Zeigen und Erkennen dieser emotionalen Zeichen handelt. Trotzdem kommt es nicht zu einem reflexartigen oder instinktbasierten Austausch; vielmehr sind die Funktionen des spontanen Kommunikationssystems modifizierbar durch Lernprozesse und kognitive Prozesse, was dazu führt, daß das Zeigen von emotionalen Zeichen verhindert als auch vorgetäuscht werden kann. Ausgestattet mit diesen Fähigkeiten, ist der Mensch hervorragend in der Lage, zu lügen und zu täuschen. Allerdings mit unterschiedlicher Effizienz und der ständigen Gefahr, daß unwillkürliche Verhaltensweisen emotionale Zustände der Person erschließbar werden lassen, die als inkonsistent zu der von der Person vermittelten Information und damit als Täuschungsindikatoren wahrgenommen werden. Es handelt sich hierbei um Gefühle beim intentionalen Verheimlichen, die Intention kann aber auch darin bestehen, daß Gefühle selbst verheimlicht werden sollen. Für die Analyse des sozialen

Verhaltens von Patienten und des psychotherapeutischen Prozesses sind darüber hinaus vor allem die Verhaltensweisen von Interesse, die nicht bewußt intendiert gezeigt werden. Die „leakage" im Rahmen von Täuschungsversuchen ist also nur ein spezielles Beispiel. Es kann vielmehr allgemein davon ausgegangen werden, daß in jeder Interaktion ein Großteil der ausgetauschten Informationen sich innerhalb eines „verdeckten" Kommunikationssystems abspielt und die Qualität der Beziehung entscheidend mitbestimmt (Krause, 1997).
Die Wahrscheinlichkeit, daß unwillkürlich Informationen über den emotionalen Zustand sichtbar werden, kann entlang der Verhaltenskanäle und Kombinationen daraus angeordnet werden. Die „leakage" nimmt entlang der Reihe Gesichtsbewegungen, Körperhaltungen- und bewegungen, Stimmlage, sehr kurze Gesichtsbewegungen („micromomentary" expressions) und Diskrepanzen zwischen den Kanälen zu. Am schwersten zu kontrollieren sind die zuletzt genannten Diskrepanzen zwischen Verhaltenskanälen, die gleichzeitig die meisten Informationen beinhalten. Oder positiv formuliert, der zeitliche Ablauf von aufeinander bezogenen Ereignissen in unterschiedlichen Verhaltenskanälen in authentischem Verhalten ist am schwierigsten vorzutäuschen.

2.2.2.2 Maladaptive Beziehungswünsche und „unwillkürliche" Kommunikation

Die Tatsache, daß Erwartungen im Gespräch zwischen gesunden Partnern unwillkürlich über ein interpersonales, nicht symbolisches Kommunikationssystem übermittelt werden können, mit der Folge, daß der Interaktionspartner darauf ebenfalls unwillkürlich reagieren kann, führt zu der Annahme, daß im Fall von psychisch erkrankten Personen, die durch unflexible maladaptive Beziehungswünsche charakterisierbar sind, die Realisierung entsprechender Beziehungsmuster ebenfalls über unwillkürliche Formen der Kommunikation abläuft. Daß Erwartungen und Wünsche Einfluß auf das Verhalten des Interaktionspartners haben, ist, wie oben beschrieben, gut belegt. Auch exisitieren Studien dazu, welche nonverbalen Verhaltensbereiche zur Beeinflussung beitragen; die sozialen Austauschprozese sind bisher aber wenig erforscht. Aus einer Metaanalyse von Hall et al. (1995), auf die weiter unten noch einmal eingegangen wird, ergibt sich, daß die meisten Studien auf generelle Zusammenhänge zwischen nonverbalem Verhalten und externen Kriterien fokussieren, ohne spezifische Motivationen oder Konflikte der beteiligten Personen zu berücksichtigen. So kommen Hall et al. zu der zusammenfassenden Beschreibung, welche Art nonverbalen Verhaltens die günstigste Therapeut/Patientorientierung widerspiegelt. Etwa ein Meter Abstand, Vorwärtslehnen, offene Armhaltung und moderate Armbewegungen, wenig Beinbewegungen, ein hohes Maß an posturaler Kongruenz und Blickkontakt werden als optimal eingeschätzt. Das Ausmaß der genannten Verhaltensweisen weist in den meisten Untersuchungen einen quadratischen Zusammenhang mit der Qualität der Beziehung auf.
Demnach existieren auch wenige Modelle, die die Umsetzung unterschiedlicher Motivationen und psychischer Konflikte der Gesprächsteilnehmer im Beziehungsverhalten betreffen und Aussagen über die Beziehung nonverbalen Verhaltens zu den konfliktiven Wünschen oder Motivationen von interagierenden Personen machen. Ansätze für die Verbindung der genannten Bereiche sind in den Arbeiten von Krause (1992, 1998), Kaiser und Scherer (1998) und Bischof (1985, 1996) zu finden. Auf den Ansatz von Kaiser und Scherer wird weiter unten im Zusammenhang mit kognitiven Emotionstheorien und psychischer Erkrankung eingegangen. Für die Regulation der Motivsysteme Autonomie und Bindung entwickelte Bischof (1985, 1996) ein Modell, das die Bereiche Motivation, Emotion und nonverbales Verhalten integriert und mit Hilfe der dynamischen Systemtheorie auch quantitative Zusammenhänge zwischen motivationaler Selbstregulation, Emotionen und nonverbalem Ausdruck derselben beschreibt. Die Konsistenz des Modells wird mit Hilfe von Computersimulationen überprüft und führt zu der zentralen Aussage, daß Lächeln unabhängig

von seinen vielfältigen Funktionen im Grunde eine Reduktion des im Züricher Modell von Bischof beschriebenen Konstrukts „Autonomieanspruch" signalisiert. Auf dieses Modell wird weiter unten in der Diskussion der Funktion nonverbaler Verhaltensweisen, insbesondere des mimischen Ausdrucks von Emotionen, noch einmal eingegangen. Einen weitergehenden Ansatz verfolgt Krause (1998) insofern, als er für die motivationale und emotionale Selbstregulation das Konzept der Abwehrmechanismen einführt. Das hat zur Konsequenz, daß eine Person eine Motivation äußert und sich auch entsprechend verhalten kann, im Fall der Reaktionsbildung dem aber eine gegenteilige Motivation zugrunde liegt. Ein Zugang zur eigentlichen Motivation ist über die Analyse nonverbalen und verbalen Verhaltens nur möglich, wenn sich das gezeigte Verhalten in irgendeiner Weise von Verhalten unterscheidet, das nicht als Folge abgewehrter Motivationen gezeigt wird. Der einfachste Fall besteht darin, daß noch Anteile der verdrängten Motivation im Verhalten erkennbar sind. Werden z.B. verdrängte Haßgefühle gegenüber einer Person per Reaktionsbildung in eine fürsorgliche, freundliche Einstellung transformiert, die durch Lächeln signalisiert wird, könnte das Lächeln noch sichtbare Anteile eines Ärgerausdrucks enthalten. Mit dem in der vorliegenden Arbeit verwendeten Codiersystem des mimisch-affektiven Verhaltens lassen sich solche oft nur kurz andauernden Mischungen aus Affekten erfassen. Eine Anwendung auf das interaktive Verhalten von als „schizophren" diagnostizierten Patienten und insbesondere die Art und Weise, wie über das „verdeckte" Kommunikationssystem Beziehungswünsche vermittelt werden und das Verhalten des Interaktionspartners sich in Abhängigkeit davon verändert, wird weiter unten beschrieben (siehe Seite 46).

2.2.3 Emotionen, Kognitionen und Beziehungsstrukturen

Eine zentrale Komponente in der Vermittlung interpersonaler Erwartungen über das von Buck (1993) beschriebene „unwillkürliche" Kommunikationssystem ist der emotionale, vor allem mimische Ausdruck von Emotionen. Die Rolle von Emotionen in der Pathogenese von psychischen Erkrankungen wurde bereits weiter oben diskutiert. An dieser Stelle wird auf Emotionstheorien eingegangen, die differenziertere Definitionen des Emotionsbegriffes verwenden, als sie den oben beschriebenen Ansätzen zum Teil zu Grunde lagen. Emotionstheorien können nach unterschiedlichen Gesichtspunkten gruppiert werden. Scherer (1990) wählt eine Einteilung danach, ob bei der Definition von Emotionen stärker kognitive Aspekte im Vordergrund stehen, ob der Schwerpunkt auf neurophysiologische Prozesse gelegt wird, welche Rolle der Ausdruck von Emotionen spielt, inwieweit motivationale Aspekte eine Rolle spielen oder ob mehr auf das subjektive Erleben einer Emotion fokussiert wird. Eine ähnliche Einteilung nimmt Cornelius (1996) vor; er berücksichtigt jedoch stärker die historische Entwicklung der verschiedenen theoretischen Traditionen. Eine umfassende Emotionstheorie sollte alle genannten Komponenten berücksichtigen und Aussagen über ihr situationsabhängiges Zusammenspiel erlauben. Z.B. sollten Aussagen darüber ableitbar sein, unter welchen Bedingungen Kongruenzen zwischen Ausdruck, physiologischer Aktivierung und subjektivem Erleben erwartet werden können. Gerade in Alltagssituationen sind solche Kongruenzen allerdings eher unwahrscheinlich, da ein Großteil mimisch-affektiven Verhaltens andere Funktionen erfüllt, als den emotionalen Zustand des Zeichengebers anzuzeigen (Merten, 1996a). Neben der Ausdrucksfunktion sind vor allem sprachbegleitende mimisch-affektive Verhaltensweisen zu nennen, die verbalsprachliche Inhalte affektiv anreichern, ohne daß der Sprechende diese symbolisierten Emotionen auch selbst erleben würde. Vor diesem Hintergrund ist eine Debatte darüber, ob mimisch-affektives Verhalten entweder nur Ausdrucksfunktion hat oder nur aus sozialen Gründen und mit sozialen Intentionen verknüpft gezeigt wird (Fridlund, 1994) wenig erfolgversprechend, da situative Randbedingungen meist außer acht gelassen werden (Merten, 1997a).

Zum Verständnis dieser Diskussionen ist es nötig, die einzelnen Komponenten von Emotionen genauer zu unterscheiden und zu definieren. Zu diesem Zweck wird im folgenden auf das Komponentensystem von Krause (1990, 1998) eingegangen, das auch einen Bezug zu den Emotionen inhärenten Beziehungsstrukturen herstellt. Daran anschließend werden kognitive Emotionstheorien diskutiert, in denen versucht wird, Eigenarten der kognitiven Bewertungsprozesse bei unterschiedlichen Arten von psychischen Erkrankungen zu beschreiben. Die Modelle zentrieren vor allem um die Auslösung von Emotionen durch kognitive Bewertungsprozesse und nehmen unterschiedliche Repräsentationsformate an, in denen das Wissen um die Person selbst und ihre Umwelt repräsentiert ist, und auf deren Basis unterschiedliche Arten von Bewertungsprozessen ablaufen.

2.2.3.1 Komponenten des Affektsystems und die propositionale Struktur der Affekte

Zur Charakterisierung des Konzepts der Primäraffekte kann auf die Arbeiten von Ekman (1992) und Krause (1990, 1998) zurückgegriffen werden, die in Merten (1996a) im Hinblick auf die Definition und Messung derselben zusammengefaßt dargestellt sind. Emotionen lassen sich an Hand der ihnen innewohnenden Tendenzen zur Herstellung bestimmter Beziehungen zur Umwelt kategorisieren. Frijda (1986) nennt diese Tendenzen „action readiness", Lazarus identifiziert „core-relational themes". Krause (1998) definiert das Affektsystem über ein sechs Komponenten umfassendes Modell und die zu jedem Affekt zugehörige propositionale Struktur, die Aussagen über die Art der mit einem Objekt gewünschten Beziehung und damit der Beziehungsregulation von Objektbeziehungen, vor allem auch mit sozialen Interaktionspartnern, macht.

Die genannten Komponenten werden wie folgt definiert (nach Krause, 1998, S.27)

1. Eine expressive Komponente in der Körperperipherie mit Gesichtsausdrücken und Vokalisierungen in der Stimme.
2. Eine physiologische Komponente der Aktivierung bzw. Desaktivierung des autonomen und endokrinen Systems, die eine innere und äußere Handlungsbereitschaft herstellt.
3. Eine motivationale Komponente mit Verhaltensanbahnungen in der Skelettmuskulatur und der Körperhaltung, die mit dem expressiven Signalanteil nicht deckungsgleich ist.
4. Die Wahrnehmung der körperlichen Korrelate.
5. Eine sprachliche Benennung und damit implizite Bewertung der wahrgenommenen Bedeutung sowie der körperlichen Komponenten sofern sie registriert werden.
6. Eine bewußte Wahrnehmung des Affektes als inneres Bild und als spezifische situative Bedeutung der Welt und Objekte.

Die Begrifflichkeiten Affekt, Gefühl und Empathie werden je nach Art der beteiligten Komponenten definiert.

Unter *Affekt* sollen die körperlichen Reaktionen ohne bewußte Repräsentanz und Erleben derselben verstanden werden (Komponente 1 bis 3). Sie können ohne Beteiligung des Zentralnervensystems im wesentlichen in den Hirnarealen ablaufen, die man das limbische System nennt, d.h. eine Beteiligung höherer kognitiver Funktionen ist für ihre Auslösung nicht notwendig. So haben auch schwer geistig Behinderte die körperlichen Korrelate von Affekten.

Unter *Gefühl* soll das bewußte Wahrnehmen und/oder Erleben der situativen Bedeutungsstruktur sowie der autonomen Anteile verstanden werden, ohne daß damit notwendigerweise eine korrekte erlebnismäßige Zuordnung zur Selbst- oder

Objektstruktur oder gar eine verbalsprachliche Benennung einhergehen muß (Komponente 1 bis 4) (Frijda 1996).

Unter *Empathie* soll das bewußte Erleben des autonomen Anteils bei gleichzeitiger Zuordnung zu einem Objekt (Empathie bzw. Fremdverständnis) bzw. zum Selbst (Selbstempathie, Einsicht, Selbstmitleid) verstanden werden (Komponente 1 bis 6).

Sprechen wir vom Insgesamt aller Funktionen, ohne sie näher spezifizieren zu wollen, benutzen wir das Kürzel „*Affektsystem*“ (Krause, 1998, S. 28)

Die propositionale Struktur der Affekte (Krause, 1988)

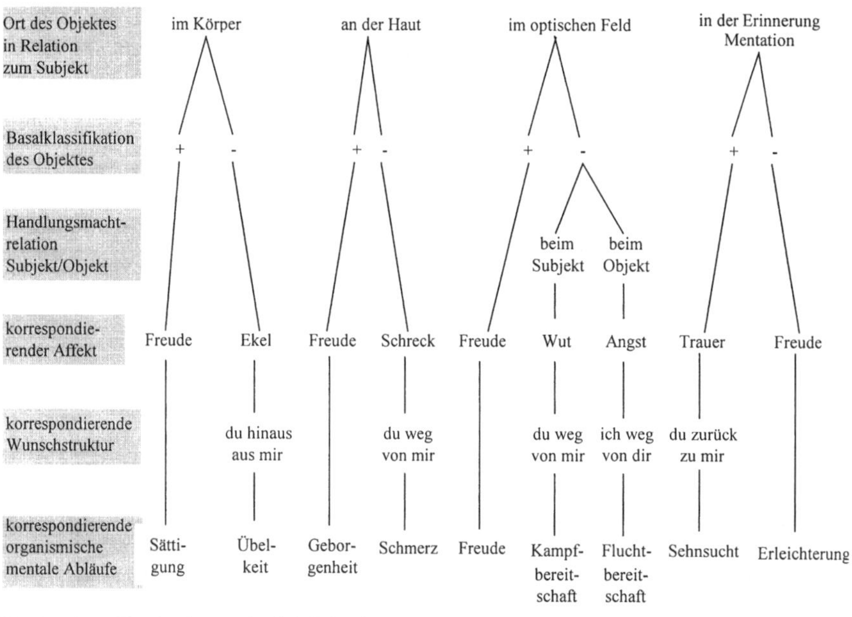

Die für einen Beobachter prinzipiell beobachtbare expressive Komponente eines Affekts oder auch einer Emotion signalisiert, wie der Interaktionspartner die Situation wahrnimmt, kognitiv bewertet, und welche Konsequenzen er wünscht. Das Modell des Affektsystems und die unten beschriebenen kognitiven Emotionstheorien bilden somit die Grundlage für das Verständnis der in dem von Buck (1993) beschriebenen unwillkürlichen Kommunikationssystem vermittelten Erwartungen. Auch Konditionierungsprozesse bei der Vermittlung von Erwartungen können über den Ausdruck von Affekten als positive oder negative Verstärker effizient gestaltet werden. Dadurch, daß den signalisierten Affekten eine propositionelle Struktur innewohnt und sie Aussagen über die kognitiven Bewertungsprozesse beinhalten, ermöglichen sie dem Interaktionspartner, gemäß seiner eigenen Evaluation individuell zu reagieren. Somit ist eine Flexibilität gegeben, die über Formen der Affektansteckung durch idiomotorische Phänomene weit hinaus geht. Dennoch können diese individuellen Reaktionen ohne bewußte Wahrnehmung erfolgen. Scherer (1984) bezeichnet die dabei ablaufenden Bewertungsprozesse als protokognitiv, Buck spricht an, daß die Steuerung interaktiver, affektiver Prozesse zum großen Teil auf entwicklungsgeschichtlich frühen Hirnstrukturen basieret, die im limbischen System angesiedelt sind. Dieses System funktioniert allerdings nicht isoliert, sondern interagiert mit höheren kognitiven Funktionen, so daß auch mentale Repräsentanzen wie z.B. die Wahrnehmung strukturierende Schemata einen Einfluß auf die Evaluation einer Situation haben.

Das Kommunizieren bleibt so lange unwillkürlich, so lange es sich auf der Ebene der Affekte bewegt. Versucht man, an Hand des Komponentenmodells Bedingungen dafür abzuleiten, daß zumindest Teile des unwillkürlichen Kommunikationssystems bewußtwerden, kommt man zu dem Schluß, daß dazu aus dem Affekt ein Gefühl werden muß. Dazu müssen die körperlichen Korrelate des Affekts wahrgenommen werden. Diese sind zwar schon das Ergebnis einer Interaktion der signalisierten Beziehungswünsche des Patienten mit denen des Therapeuten, werden aber zunächst vom Wahrnehmenden nicht auf dyadische Prozesse bezogen, sondern als individueller Zustand wahrgenommen. Handelt es sich um unwillkürlich vermittelte Beziehungswünsche, führt das zu emotionalem und interaktivem Verhalten, dessen Motivation der Handelnde sich nicht erklären kann. Es fehlt die Einbettung in einen situativen Kontext.

Die Angemessenheit der erlebten Emotion kann unter dieser Bedingung aus dem bewußt erlebten, situativen Kontext nicht erschlossen werden, in der Art, daß man sich sagt, eine solche Emotion in dieser Situation erscheint mir nicht erklärlich. Das heißt, es sind keine kognitiven Bewertungsprozesse bewußt, die zu der Emotion geführt haben, noch liegen Erfahrungswerte für ähnliche Situationen mit vergleichbarem emotionalen Verhalten vor. Da das subjektive Erleben aber eine Emotion beinhaltet, müssen auch Auslöser dafür in der Person selbst und in der Wechselwirkung mit dem Interaktionspartner vorliegen.

Ein Ausweg kann darin bestehen, daß der Zusammenhang zum Verhalten des Interaktionspartners hergestellt wird, indem kontingente Verhaltensweisen des Gegenübers wahrgenommen und in Verbindung mit dem eigenen Zustand, den eigenen körperlichen Veränderungen gebracht werden. Voraussetzung für die Herstellung eines solch unmittelbaren Zusammenhangs ist aber, daß die Person in der Lage ist, die subtilen Signale des Interaktionspartners wahrzunehmen, was nur in den wenigsten Fällen angenommen werden kann (siehe oben).

Die weiter unten beschriebenen Untersuchungen hatten zum Ziel, für unterschiedliche Patientengruppen störungsspezifische Gemeinsamkeiten hinsichtlich des affektiven, interaktiven Verhaltens und des emotionalen Erlebens zu identifizieren. Auf der Grundlage der dort gewonnen Daten können die Zusammenhänge zwischen Affekt und Gefühl erneut diskutiert werden (Seite 47).

2.2.3.2 Kognitive Emotionstheorien und psychische Erkrankung

Eine umfassende kognitive Theorie zur Aktualgenese von Emotionen und ihrem Bezug zu psychischen Erkrankungen formulieren Power und Dalgleish (1997) in dem von ihnen als „Schematic Propositional Analogue Representation Systems“ (SPAARS) benannten Ansatz. Eine ähnliche Emotionstheorie wurde bereits von Scherer (1984) formuliert, die ebenfalls Anwendung auf die Erklärung psychischer, insbesondere affektiver Erkrankungen gefunden hat (Kaiser und Scherer, 1998). Power und Dalgleish (1997) definieren einen emotionalen Zustand als Folge eines Ereignisses, das erst interpretiert und dann evaluiert wird, was zu einem physiologischen Zustand und einem Aktionspotential mit behavioralen Konsequenzen führt, die bewußt wahrgenommen werden. Es handelt sich um eine kognitive Emotionstheorie, somit liegt der Schwerpunkt zur Unterscheidung der von den Autoren angenommenen Basisemotionen Ärger, Ekel, Angst, Trauer und Freude auf der Art der zugehörigen kognitiven Bewertungsprozesse. Kognitionen werden aber nicht als Verursacher von Emotionen, sondern als Teil derselben angesehen. Stimmung wird als eine permanente Bereitschaft für bestimmte Formen von Bewertungsprozessen definiert. Die Bewertungsprozesse selbst werden danach unterschieden, welche Repräsentationsformate sie benutzen.

Die in der Theorie verwendeten Repräsentationsformate sind propositonale Repräsentationen, Schemata, assoziative und analoge Formate. Entlang der Unterscheidung in Repräsentationsformate variiert die Unterscheidung in eher als kontrolliert oder automatisch verstandene Prozesse. Umstritten ist die Annahme eines assoziativen Formats, das Power und Dalgleish im Zusammenhang mit der automatischen Generierung von Emotionen einführen. Diese Art der Emotionsgenerierung umgeht das propositionale und schematische Niveau. Das assoziative Format repräsentiert eine direkte, vom Individuum (für einen kleinen Teil von Reizen auch von der phylogenetischen Art) gelernte Verbindung zwischen dem emotionsauslösenden Ereignis und den emotionalen Produkten physiologischer und motivationaler Natur. Die Existenz emotionsgenerierender Prozesse ohne Beteiligung kortikaler Bereiche wird auch von Befunden der Neurophysiologie gestützt (Panksepp, 1991; LeDoux, 1996). Es wurden direkte Projektionen vom sensorischen Thalamus zur Amygdala gefunden, die zwar keine präzise Stimulusrepräsentation erlauben, aber eine wesentliche Rolle im Konditionieren von emotionalen Reaktionen auf einfache auditive Reize, z.B. einfache Töne, die mit Elektroschocks gepaart werden, spielen.

Es stellt sich aber die Frage, ob diese Befunde die Annahme eines eigenen, assoziativen Repräsentationsformats erforderlich machen. Power und Dalgleish (1997) selbst nehmen dazu zwei Fragen vorweg. Erstens, ob nicht Teile eines Schemas automatisch Emotionen generieren können und zweitens, weshalb man überhaupt ein solches Repräsentationsformat benötigt. Sie argumentieren, daß z.B. ein Phobiker ansonsten nichts von seiner automatisch ausgelösten Angst gegenüber einem Stimulus wissen könne, wenn man von einer nicht repräsentierten Input-Output-Verbindung ausgeht. Wenn man aber davon ausgeht, daß automatisch generierte Emotionen mehr benötigen als einfache Input-Output-Verbindungen ist es ihrer Meinung nach unumgänglich ein assoziatives Repräsentationsformat einzuführen. Die Alternative, eine direkte Beziehung zwischen Schemata und Emotionen zu postulieren wird von Teasdale und Barnard (1993) vertreten. Hier werden ebenfalls als Beispiel Phobien herangezogen, um aufzuzeigen, daß der Phobiker zwar ängstlich reagiert, aber nicht zu sagen weiß, warum, und alles Argumentieren auf schematischem Niveau ihn auch nicht von seiner Angst befreit.

Einen weiteren Beitrag zu präattentiven Wahrnehmungsprozessen liefern Williams et al. (1988). Sie versuchen Patienten durch störungsspezifische Fehler, die bereits bei der Wahrnehmung von Objekten außerhalb des bewußten Fokus auftreten, zu charakterisieren. Es zeigte sich z.B., daß ein Patient mit einer Hundephobie ein Objekt mit vier Beinen häufig als Hund wahrnimmt, während eine gesunde Versuchsperson eher einen vierbeinigen Tisch wahrnimmt. Die präattentiven Prozesse wären demnach auf wichtige störungsspezifische Stimuli ausgerichtet. Weitere empirische Belege für störungsspezifisch verzerrte Wahrnehmungen fanden sie bei Agoraphobikern.

Darüber hinaus lassen sich klinische Störungsbilder durch Eigenarten in der kognitiv-emotionalen Repräsentation ihrer Selbst und ihrer Umwelt charakterisieren. So zeichnen sich kranke Personen bereits durch Vulnerabilitäten aus, die von Power und Dalgleish in spezifischen Modellen, „Appraisal"-Systemen, Rollen und Zielen der Personen gesehen werden. Eine besondere Rolle wird inhibitorischen Prozessen beigemessen, deren Effekte über Wahrnehmungsverzerrungen bei der Verarbeitung schemadiskrepanter Informationen hinausgehen. Power und Dalgleish betonen, daß die Verarbeitung salienter inkompatibler Informationen gehemmt ist und somit der Aufbau von Alternativmodellen über sich selbst, die Welt und wichtige Bezugspersonen erschwert wird. Dennoch würden solche Modelle entwickelt, sie selbst unterliegen aber den größten Teil der Zeit einer Hemmung, die unter bestimmten belastenden Bedingungen oder in bestimmten emotionalen Zuständen aufgehoben wird.

Das Vorhandensein solcher gehemmter Alternativmodelle, die vor allem negative Erfahrungen mit der Umwelt beinhalten, stellt eine Vulnerabilität für psychische Erkrankungen dar, da sie unter gegebenen Umständen zu dominanten Modellen werden können. Diese Sichtweise hat Ähnlichkeit mit den oben beschriebenen „Role-Relationship-Models" von Horowitz, geht aber über diese hinaus, insofern als nicht nur Modelle über Beziehungen, sondern über die gesamte Welt beinhalten, z.B. in der Form „die Welt ist ein unsicherer Ort".

Eine weitere von Power und Dalgleish (1997) getroffene Unterscheidung ist für Austauschprozesse in der therapeutischen Beziehung von Interesse. Sie unterscheiden bei der Bearbeitung von maladaptiven Schemata in der therapeutischen Beziehung zwischen einer Orientierung an „propositionally based schema" des Patienten und einer an Schemata einer übergeordneten Stufe, die implizit das Verhalten bestimmen. Diese Unterscheidung ist deshalb wichtig, weil im Laufe der Disputation des Wahrheitswerts einer Proposition (z.B. „ich bin ein Versager") das Schema des Patienten (z.B. „unterlegen und abhängig zu sein") auf der Ebene des interaktiven Verhaltens bestätigt werden kann. Ein Fallbeispiel von Teasdale und Barnard (1993) verdeutlicht die negativen Folgen von am propositionalen Niveau orientierten Interventionen. Der Wahrheitswert der Proposition ist widerlegt, aber der Patient ist am Ende depressiv, da das implizite Schema bestätigt wurde.

Die Unterscheidung zwischen propostionaler und übergeordneter Repräsentanz ist aber nicht so einfach zu treffen, wie vorgestellt, sondern hängt von der Formulierung der propositionalen Repräsentanz ab. Power und Dalgleish geben ein Beispiel dafür, daß eine übergeordnete Repräsentation auch in Form einer Proposition formuliert werden kann („I'am a failure" und „I must decide things for myself"). Für den therapeutischen Prozeß ist somit weniger die Frage nach der Art und dem Niveau der Repräsentation von Interesse, sondern die Suche von z.B. Propositionen, die die Problematik des Patienten möglichst umfassend beschreiben und vom Patienten nicht explizit formulierte Problembereiche beinhalten.

Effekte der Unterscheidung von Repräsentationsformen konnten auch experimentell nachgewiesen werden. Depressive Patienten reagieren in einem Satzergänzungstest nicht, wie von Becks Theorie oder Bowers Netzwerktheorie vorhergesagt auf positive Satzanfänge öfter mit negativen Ergänzungen als gesunde Probanden, sondern nennen sogar öfter positive Satzergänzungen. Dieses zunächst widersprüchliche Ergebnis läßt sich dadurch erklären, daß die zu ergänzenden Sätze Situationen mit hoher Abhängigkeit des Selbstwert von sozialer Bestätigung beschreiben. Den Satz „if i could always be right then others would ____ me" ergänzen die depressiven Patienten z.B. häufiger mit dem Wort „like", nicht depressive z.B. mit dem Wort „resent". Es handelt sich also nicht um einen einfachen stimmungsabhängigen Bias in den kognitiven Prozessen der Depressiven, sondern um ein komplexeres Schema oder Verbindungen von Schemata, die Repräsentationen interpersonaler Prozesse umfassen (Sheppard und Teasdale, 1996). Die Aktualgenese von Emotionen wird dementsprechend in der Emotionstheorie von Teasdale und Barnard („ICS interactive cognitive systems", 1993) nicht in Form eines sequentiell zu durchlaufenden kognitiven Bewertungsprozesses verstanden, sondern als Zusammenspiel mehrerer kognitiver Subsysteme. Die Subsysteme geben schematisch ganze Episoden wieder, bestehend aus visuellen und akustischen Informationen und Informationen über den Körperzustand, zu denen sich dann noch propositionale Inhalte gesellen können. All das führt zusammen als verteiltes Emotionssystem schließlich zur Emotion.

Spezifischere Aussagen zu Abweichungen im kognitiven Bewertungsprozess der Emotionsgenerierung finden sich bei Kaiser und Scherer (1998). Unterschiedliche Formen emotionaler Störungen werden als Fehlfunktionen einzelner Bewertungsschritte oder als Muster aus solchen, dem unangemessenen Ausdruck von Emotionen und nicht adäuquaten Beziehungen zwischen Aspekten des emotionalen Erlebens aufgefaßt. Die Fehlfunktionen in Bewertungsschritten des Komponentenprozeßmodells (Kaiser und Scherer, 1998) reichen von übermäßiger Sensitivität, z.B bei der Bewertung der Neuheit eines Ereignisses, über Über- oder Unterschätzungen in einem Bewertungsschritt bis zu völligem Ausfall einer Komponente. Z.B. führt die Unfähigkeit, die Relevanz eines Ereignisses für eigene Ziele zu bewerten, zu apathischem Verhalten. Kaiser und Scherer (1998) betonen den Einfluß interpersonaler Interaktionen auf die Auslösung von Emotionen und das Entstehen von emotionalen Schemata, die Zielorientierungen gegenüber anderen repräsentieren. Daraus abgeleitet wird die Notwendigkeit emotionale Prozesse in sozialen Situationen zu untersuchen. Dabei stellen sie vor allem paraverbales, vokales und mimisches Verhalten in den Vordergrund. Für das mimische Verhalten stellen sie versuchsweise Zusammenhänge zu affektiven Störungen her. Dies geschieht jedoch nicht auf der Ebene des Ausdrucks von Emotionen, vielmehr versuchen die Autoren stringent zu dem von ihnen vertreten Komponentenprozeßmodell, den kognitiven Bewertungsschritten einzelne für sich alleine nicht als emotional angesehene Gesichtsbewegungen zuzuordnen. Erst aus der Kombination der Bewertungskomponenten und den zugehörigen Gesichtsbewegungen resultieren ihrer Meinung nach die für Basisemotionen typischen Konfigurationen mimischen Verhaltens.

2.2.3.3 Emotionen als Hinweis auf Änderungen in kognitiven Bewertungsprozessen

Der mimische Ausdruck von Emotionen ermöglicht einen Zugang zu den der ausgedrückten Emotion zugrundeliegenden kognitiven Bewertungsprozessen. Da diese sich aber in Form einer Neubewertung oder „reappraisals“ (Lazarzus, 1991) ändern können, ändert sich auch die resultierende Emotion. Aufeinanderfolgende Änderungen im mimischen Ausdruck von Emotionen als Reaktion auf das gleiche Ereignis oder die gleiche Situation können demnach als Hinweis darauf gewertet werden, daß es zu einer Änderung in einer oder mehreren der Komponenten des kognitiven Bewertungsprozesses gekommen ist. Sie indizieren also Umstrukturierungen der Interpretation und kognitiven Bewertung einer Situation, und zeigen somit alternative Bewertungen einer Situation mit zugehörigen unterscheidbaren emotionalen Reaktionen an.

2.2.4 Beispiel für ein Prozeßmodell zur sozialen Implementation eines konfliktiven Beziehungswunsches

Um Aussagen über störungsspezifische Prozesse in der Beziehungsregulation von Patienten mit unterschiedlichen Störungsbildern machen zu können, reichen experimentelle Untersuchungen nicht aus. Vielmehr muß das tatsächliche interaktive Verhalten der Patienten untersucht werden (Krause, 1981; Steimer-Krause et al., 1991). Anforderungen, die an solche Untersuchungen zu stellen sind, wurden in Merten (1996a) aufgestellt. Unter anderem wurde gefordert, daß spontanes Verhalten klinisch auffälliger Probanden unter Benutzung reliabler, valider und objektiver Codiersysteme zu untersuchen sei. Nur wenige Untersuchungen genügen diesen Kriterien, kommen jedoch hinsichtlich der Ergebnisse zu weitgehenden Übereinstimmungen. Ellgring (1997), Krause (1998) und Merten (1996a, b) kommen zu ähnlichen Schlußfolgerungen hinsichtlich des interaktiven Verhaltens von Schizophrenen. Die Obergesichtsmimik der schizophrenen Patienten ist reduziert, es herrscht ein negativer Affekt im mimischen Verhalten vor, mimisch-affektives Verhalten vor allem negativer affektiver Tönung tritt in anderen nonverbalen Kontexten auf, als das bei Gesunden der Fall ist. Ellgring interpretiert die Ergebnisse als sozialen Rückzug entweder als Versuch überschießende internale affektive Reaktionen zu kontrollieren oder als Anzeichen für eine in einem durch die soziale Situation hervorgerufenen „sensorischen Overload“ begründete Unfähigkeit angemessene soziale Verhaltensweisen zu generieren.

Im Modell von Merten (1996b) werden beide Sichtweisen in einem Prozeßmodell integriert, das auf der Grundlage multikanaler Prozeßanalysen des Verhaltens von Dyaden mit schizophrenen Probanden basiert.

Abbildung 1: Flußdiagramm des Prozeßmodells

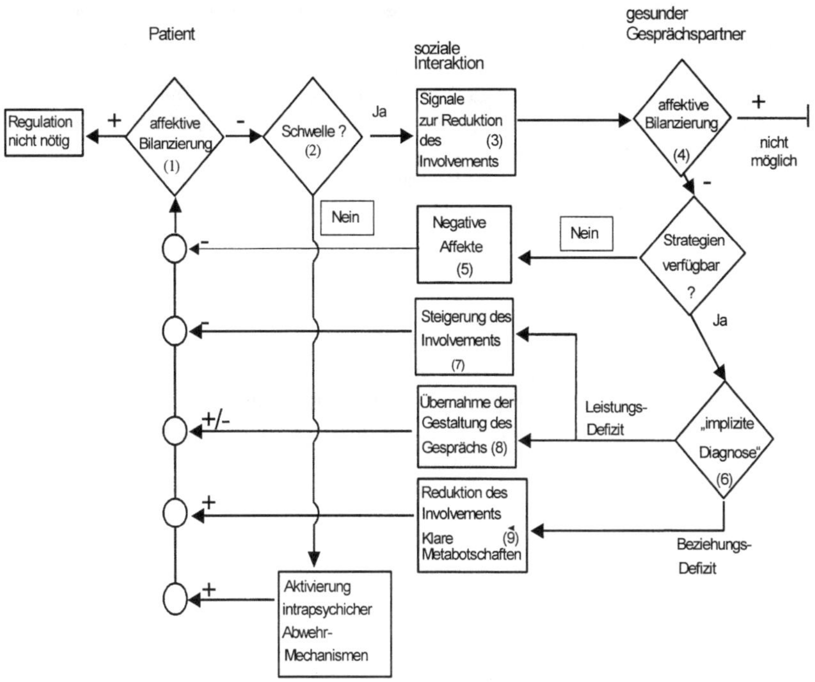

Beide Interaktionspartner (Abbildung 1, Raute 1 und 4) evaluieren ständig den aktuellen Stand der Interaktion und vergleichen die realisierten Werte an Involvement mit den gewünschten, den Sollwerten. Die Diskrepanzen in der affektiven Bilanz der Probanden enstehen aus antizipatorischen oder an die Realität angebundenen intrapsychischen Modellierungen des in der Interaktion gewünschten und realisierten Involvement, die bis zu einem Schwellenwert auch noch durch intrapsychische Transformationen in Form von Coping oder nicht-interaktiven Abwehrmechanismen reguliert werden können. Ausgehend von der Beobachtung, daß die Schizophrenen das Lächeln des Partners bei Blickkontakt sowohl als Ausdruck der Freude wie der Verachtung ihnen gegenüber erleben, kann man folgern, daß Versuche des Partners, das Involvement zu steigern, vom schizophrenen Probanden zum Teil negativ evaluiert werden. Gleichzeitig kann schon Verachtung als Bestandteil selbstregulativer Prozesse auch in der Mimik des schizophrenen Probanden sichtbar sein. Ist die Selbstregulation nicht mehr durch intrapsychische Abwehrmechanismen aufrechtzuerhalten (2), müssen interaktive Regulationsprozesse initiiert werden. Das geschieht hinsichtlich des Involvements aber nicht ausschließlich durch die eigene Reduktion im Sinne von Intimitätsvermeidung, sondern es treten vermehrt negative Affekte bei mutuellem Blickkontakt auf und wenn der Interaktionspartner wegblickt (3). Die sich anschließende vollständige Reduktion des dyadischen Blickverhaltens und/oder lange Pausen beim

Sprecherwechsel sind ein Anzeichen dafür, daß der Partner die Situation negativ evaluiert (4). Wenn den gesunden Partnern intrapsychische oder interaktive Strategien der Regulation fehlen, erleben sie Angst, und die Anzahl negativer Affekte steigt (5). Es kommt zu einer positiven Rückkopplung, die die Situation graduell in Richtung auf aggressives Verhalten oder Resignation eskalieren läßt. In der Mimik findet man Ärger und/oder „miserable smiles“ (Ekman und Friesen, 1982). Die meisten der gesunden Probanden waren jedoch in der Lage ihr Verhalten anzupassen in Abhängigkeit davon, welche Art von Defizit dem schizophrenen Probanden unterstellt wurde. Dieser als „implizite Diagnose“ (6) bezeichnete Vorgang muß aber in keiner Weise bewußt erlebt worden sein. Im Modell werden zwei Alternativen diskutiert, die des unterstellten Leistungsdefizits und die eines Beziehungsdefizits, von denen nur die letzte zu einer Entspannung der Situation führen kann. Die Alternative „Leistungsdefizit“ führt dazu, daß der Gesunde den aktiveren Part in der Gestaltung des Gesprächs übernimmt (8) und eventuell noch zusätzlich aus pädagogischen Überlegungen den schizophrenen Probanden durch eine Steigerung des Involvements zu motivieren versucht (7). Dadurch schließt sich aber wiederum eine Feedbackschleife, über die das dyadische System positiv rückkoppelt. Aber auch die nun bestehende asymmetrische Aktivitätsverteilung wird nicht nur positiv vom Schizophrenen evaluiert, sondern kann eine Diskrepanz zwischen der gewünschten und der realisierten Interaktion darstellen. Zur intrapsychischen wie zur interaktiven Regulation beider Diskrepanzen bietet sich das innere Simulieren und mimische Zeigen von Verachtung an (Steimer et al., 1988). Das Erleben von Verachtung korreliert passend dazu positiv mit der Anzahl negativer Affekte bei Blickkontakt, was darauf schließen läßt, daß das Erleben der Verachtung alleine zur Selbstregulation nicht ausgereicht hat; vielmehr muß der Affekt auch zur interaktiven Regulation durch den mimischen Ausdruck eingesetzt werden. Auch ein Teil der Partner erlebt Verachtung, die sich in einem Lächeln ausdrückt, das gezeigt wird, wenn der andere es nicht sehen kann, der Sender selbst aber diesen anblickt. Das dyadische System befindet sich somit noch in einem instabilen, negativen Zustand. Die Diskrepanzen in der Evaluation der Interaktion bleiben bestehen, können sich sogar noch verschlimmert haben. Der Ausweg, der von den gesunden Partnern der schizophrenen Probanden beschritten wurde, führt über den Ausgang „Beziehungsdefizit“, dem als Verhaltensprogramm die Reduktion des Involvements, das deutliche Setzen von Metabotschaften zu negativen Affekten oder der völlige Verzicht auf negative Affekte entsprechen. Der gesunde Gesprächspartner verhält sich nun, was die Regulation von Nähe und Distanz betrifft, so, wie man es ursprünglich vom schizophrenen Probanden vermutet hatte. Die Gefahr für die Selbstkohärenz des schizophrenen Probanden durch intrusives Verhalten des Gesprächspartners ist reduziert. Die asymmetrische Aktivitätsverteilung kann und muß in den meisten Fällen aber beibehalten werden, so daß weiterhin negative Affekte auftreten, die zum Teil mimisch ausgedrückt werden können, ohne daß der gesunde Gesprächspartner sie unmittelbar wahrnimmt und anspricht. Nicht alle Dyaden durchlaufen das Flußdiagramm bis zur Variante „Beziehungsdefizit“. Die Variante „Leistungsdefizit“ wird aber von allen erreicht; dadurch kann die Aufgabenstellung zwar bewältigt werden, aber auf dem Hintergrund einer von negativen Affekten bestimmten Beziehungsregulation. Das berichtete affektive Erleben beider Interaktanden ist demnach auch im Vergleich zur Kontrollgruppe sehr negativ, Freude wird nur in sehr geringem Umfang erlebt (Hufnagel et al., 1993).

Das beschriebene Prozeßmodell zeigt eine mögliche Variante auf, wie sich in dyadischen Interaktionen mit schizophrenen Patienten bestimmte Formen der Beziehungsregulation entwickeln. Der Entwurf und die empirische Stützung eines solchen Modells erfordert aufwendige Einzelfall- und Prozeßanalysen, die aus forschungsökonomischen Gründen nicht immer durchgeführt werden können. Auf der Ebene aggregierter Daten bilden sich solche Prozesse jedoch vor allem in Kennwerten des mimisch-affektiven Verhaltens ab. Eine generelle Abnahme des mimisch-affektiven Verhaltens, meist gekennzeichnet durch die Reduktion des Freudeausdrucks und der sprechbegleitenden mimischen Illustratoren, ist Anzeichen für das durch die psychische Erkrankung bedingte Mißlingen eines engagierten, sozialen Austauschs mit dem Interaktionspartner. Diese Reduktion läßt sich im Fall schwerer psychischer Erkrankungen bei den Kranken selbst, aber auch bei ihren Interaktionspartnern feststellen und ist ein Indikator von Erkrankung im allgemeinen. Spezifischer für die Krankheitsbilder ist die Zunahme eines oder mehrerer negativer Affekte auf dem Hintergrund der allgemeinen mimisch-affektiven Reduktion (Ellgring, 1997; Krause, 1998). Spezifische Konflikte bilden sich im günstigsten Fall in synchronen Blenden ab, das sind mimische Verhaltensweisen, die Bestandteile von zwei Emotion beinhalten. Z.B. kann eine Blende aus Wut- und Angstmimik einen Konflikt zwischen dem Wunsch nach Durchsetzung und der Angst vor Bestrafung signalisieren. Solche konfliktiven Wünsche können sich auch als im zeitlichen Verlauf wiederholende Muster zeigen. Man hat dann allerdings das Problem, diese Muster überhaupt zu erkennen, bevor man sie inferenzstatistisch gegen zufällige Abfolgen von Affekten absichern kann.

Weitere Hinweise zur Relevanz mimisch-affektiven Verhaltens hinsichtlich der Beziehungsregulation finden sich in Korrelationen zu dem von den Interaktionspartnern berichteten subjektiven Erleben. Zum besseren Verständnis muß vorausgeschickt werden, daß sich in Dyaden mit zwei gesunden Probanden nur wenige Zusammenhänge zwischen dem aggregierten mimisch-affektiven Verhalten und dem nach der Interaktion erhobenen emotionalen Erleben finden lassen. Möglicherweise geht das darauf zurück, daß die gesunden Probanden nicht nur mimisch aktiver sind und das mimisch-affektive Repertoire umfassender ausnutzen, sondern die gezeigte emotionale Mimik auch stärker instrumentell zur affektiven Anreicherung von Erzählungen eingesetzt wird. Das zeigt sich auch darin, daß die gesunden Probanden vor allem die negativen Affekte Ekel und Verachtung in anderen nonverbalen und paraverbalen Kontexten zeigen. Für den Ärgerausdruck ist diese Tendenz nicht im gleichen Maße vorhanden. Die negativen Affekte treten vor allem beim Sprechen auf und werden gezeigt, ohne den Interaktionspartner anzublicken. Zusätzlich hat sich als wichtig ergeben, daß der Interaktionspartner den mimisch Aktiven gleichzeitig anblickt und dadurch seine Aufnahmebereitschaft für die sozialen Signale signalisiert. Die so gezeigten mimisch-affektiven Zeichen dienen demnach nicht dem Ausdruck des emotionalen Zustands des Zeichengebers, sondern stellen eine symbolisierte Verwendung dar. Das Zeigen ist außerdem vor allem durch die Anwesenheit des Interaktionspartner bedingt, somit sozial motiviert und kein Ausdruck des aktuellen emotionalen Zustands. Eine weiterführende Diskussion der Frage, wann mimisch-affektive Zeichen als emotionaler Ausdruck zu interpretieren sind und wann sie andere Funktionen erfüllen, findet sich in einer Sonderausgabe des Journal of Nonverbal Behavior in einem Beitrag von Merten (1997a).

In Dyaden mit schizophrenen und psychosomatischen Probanden dienen mimisch gezeigte Emotionen dagegen in größerem Umfang dem emotionalen Ausdruck und der Beziehungsregulation, wie schon oben von Krause (1998) und Ellgring (1997) und im Prozeßmodell von Merten (1996b) angesprochen wurde. Ein weiteres Indiz für diese Sichtweise besteht darin, daß in 40 Dyaden mit schizophrenen und psychosomatischen Probanden der mimische Ausdruck von Ekel signifikant negativ mit dem Erleben von Freude korreliert (Merten, 1997a).

Ausgehend von Überlegungen zur Struktur psychisch erkrankter Probanden kann angenommen werden, daß sich der Schweregrad der Erkrankung als mangelnde Stabiltität der Selbst- und Objektrepräsentanzen erfaßen läßt (Kernberg, 1988; Krause, 1990; Rudolf et al., 1995). Stabile Selbst- und Objektrepräsentanzen vermindern den Einfluß interaktiver, sozialer Prozesse auf das Selbst -und Fremderleben. Schwere Störungen sind durch Schwächen im Bereich der mentalen Repräsentanzen zu kennzeichnen, weshalb soziale Interaktionen und die darin zu erbringenden Anpassungsleistungen für diese Patientengruppen eine Herausforderung an die emotionale Selbstregulation spielen (Selbstbild, Selbstwert, emotionale Konsequenzen).

Tabelle 1: Ausdruck von Ärger, Verachtung und Ekel und das emotionale Erleben von Freude bei Patienten mit schweren psychischen Erkrankungen

mimische Affekte	schizophrene Patienten „nicht stationär“	schizophrene Patienten „stationär“	„Colitis ulcerosa“ männliche Patienten	„Colitis ulcerosa“ weibliche Patientinnen
Ärger		$.71^{*}$		
Verachtung	$-.86^{**}$			
Ekel		$-.60^{*}$	$-.73^{*}$	$-.65^{*}$

** $P<=.01$, * $P<=.05$, $^{+}$ $P<=.10$

Die daraus resultierende Unsicherheit hinsichtlich der Produktion die Beziehung stabilisierender positiver Emotionen läßt sich auch empirisch belegen. In Momenten sozialer Nähe, die in Gesprächen mit zwei Gesunden im gegenseitigen Anblicken mit Zeigen von Lächeln kulminieren, sind die Erkrankten nicht in der Lage diese sozialen Signale zu zeigen. Sie reagieren aber auch nicht mit negativen Emotionen, sondern vor allem diese sind erheblich reduziert. Es gelingt also nicht, die Beziehung über das Zeigen positiver Emotionen zu stabilisieren, wie es die Gesunden tun. Damit entfällt allerdings auch die Basis für das Signalisieren negativer Emotionen, die vom Interaktionspartner wahrgenommen werden können, da diese die ohnehin fragile Beziehung noch weiter gefährden würden. In Dyaden mit zwei Gesunden werden negative Affekte bei Blickkontakt zwar auch weniger oft gezeigt, als bei zufälliger Variation zu erwarten wäre, die Reduktion ist aber bei weitem nicht so stark wie in den Dyaden mit schizophrenen und psychosomatischen Patienten (Merten, 1997a).
Verhaltensweisen des sozialen Rückzugs können aber nicht isoliert realisiert werden, ohne daß der Interaktionspartner davon unberührt bliebe. Auch für denjenigen, der sozialen Rückzug als Alternative wählt, ergeben sich negative Konsequenzen für das Selbstwerterleben. Deshalb muß versucht werden, Formen von Beziehungsregulation zu induzieren, die eine Kompromißlösung ermöglichen. Das oben skizzierte Prozeßmodell für das Beziehungsverhalten von Schizophrenen ist ein Beispiel dafür, wie Rückzugsverhalten und zur Selbstwertregulation eingesetzte Emotionen auch ihren Einfluß auf die dyadische Beziehung haben und den Interaktionspartner, nachdem er verschiedene Lösungsalternativen durchschritten hat, schlußendlich dazu bringen, sich ebenfalls emotional reduziert und somit für den schizophrenen Partner weniger bedrohlich zu verhalten.

2.3 Repräsentationsformate und die therapieschulenübergreifende Modellierung von Veränderungsprozessen

2.3.1 Kognitionspsychologische Modellbildung und klinische Psychologie

2.3.1.1 Repräsentationsformate

Annahmen zu Effekten unterschiedlicher Formen der Beziehungsgestaltung erfordern Überlegungen zu Veränderungsprozessen in psychotherapeutischen Interaktionen. Ein Großteil der oben genannten Theorien bezieht sich auf in Schemata verfestigte Formen von Wahrnehmung, Erleben und Verhalten. Der Begriff des Schemas wird dabei synonym für ein mentales Repräsentationsformat mit je unterschiedlichen Eigenschaften benutzt, in vielen Fällen ohne eine eigene ausreichende Definition oder einen Bezug zu einer kognitionspsychologischen Theorie herzustellen. Schemata stellen innerhalb kognitionspsychologischer

Ansätze aber nur eine besondere Form mentaler Repräsentationen dar, darüber hinaus werden weit mehr repräsentationale Konzepte mit unterschiedlichen Eigenschaften unterschieden. Hinter diesen Unterscheidungen stehen oft grundsätzliche und weitreichende Überlegungen und Kontroversen, wie z.B. die „imagery debat“ zwischen Kosslyn (1980) und Pylyshyn (1981). Paivio (1986) nennt mentale Bilder, Gedächtnisspuren, nonverbale Mediatoren, verbale Mediatoren, Logogene, Zellverbände, Templates, Schemata, Prototypen, Propositionen als Varianten mentaler Repräsentationsformate. Als Dimensionen zur Unterscheidung der Repräsentationsformate zieht er den Grad der Willkürlichkeit der Beziehung zwischen Repräsentanda und Repräsentanz heran. Für analoge, ikonische Formate wie Fotos und Bilder ist dieser geringer als für sprachliche, symbolische Formate. Die Dimension konkret/abstrakt entspricht zwar teilweise dieser Unterscheidung, es gibt aber auch Unterschiede der Abstraktheit innerhalb analoger und symbolischer Formate. Eine weitere Unterscheidung ist die nach holistischer oder komponentenorientierter Repräsentation. Die Vielfalt der Theorien steigt dadurch weiter an, daß repräsentationale Konzepte auf unterschiedlichen Ebenen angewandt und sogar vermischt werden. Ebene a) der zugänglichen, beobachtbaren mentalen Repräsentanzen wie Sprache, Imaginationen, b) mentale Strukturen, die a) zugrunde liegen und c) Modelle, die a) und b) zu erklären versuchen. Diese Ebenen gehen auf Palmer (1978) zurück, der eine reale Welt, eine mentale Welt und ein mentales Modell unterscheidet.

Eine weitere Dimension, nach der Theorien zu Repräsentationsformaten unterschieden werden können, ist die nach *Repräsentation* und *Prozeß*. Auf klinische Themen angewandt, bedeutet das, daß nicht die maladaptive Repräsentation einer Situation, sondern ein Prozeß zur Konstruktion dieser Repräsentation im Gedächtnis abgelegt ist. Die Prozeßsichtweise kann den Vorteil für sich verzeichnen, daß korrektive Erfahrungen direkt in den Konstruktionsprozeß eingreifen können und so als Resultat eine veränderte Repräsentation bedingen. Man hat nicht mehr das Problem zu erklären, wie es vom Widerlegen einer maladaptiven Repräsentation zum Aufbau einer adäquateren Repräsentation kommen kann. Im Fall „fester“ Repräsentationen müßte angenommen werden, daß ein Set von Alternativrepräsentationen zur Verfügung steht, oder es muß ein Akkomodationsprozeß angenommen werden, dessen Funktionsweise dann aber ebenfalls expliziert werden muß. Auf Modelle für die Veränderung von Schemata wird weiter unten eingegangen.

Pechmann und Engelkamp (1993) stellen die grundsätzliche Frage, für welche Repräsentanda überhaupt Repräsentationen gefordert werden sollen. Im Bereich der Wissensrepräsentation werden Repräsentationen nur für die Sachverhalte gefordert, über die eine Person Auskunft geben kann. Demgegenüber stehen Repräsentationen von implizitem Wissen. Das kann so weit gehen, daß berichtetes Wissen und Verhalten dissoziieren (Neumann, 1989). Einen Zugang zu impliziten Repräsentationen stellt die Untersuchung von Verarbeitungsmechanismen dar, für deren erfolgreiche Ausführung ein bestimmtes, nicht berichtbares Wissen notwendig ist.

Mit mentalen Repräsentationen verbunden ist oft die Vorstellung, daß sie an bestimmten Stellen des Gehirns zu lokalisieren und abzurufen seien. Pfeifer und Scheier (1999) bezeichnen diese Sichtweise als die „storehouse-metapher“. Nach ihrer Meinung hat die „storehouse-metapher“ ausgedient, zumindest für die Entwicklung automoner Agenten führt sie nicht zu den angestrebten Zielen. Die Invarianten können nicht nur in inneren Mechanismen gesehen werden, da diese sich durch das Hinzukommen neuer Lernerfahrungen vollständig umstrukturieren können (Edelmann, 1992; Freeman, 1994). Die Invariante besteht nur in der vollständigen Betrachtung des Verhaltens des gesamten Agenten in einer Umwelt. Es gibt demnach keine Speicher- und Abrufprozesse. Erinnern und Kategorisieren sind intrinsisch aufeinander bezogen und dynamisch. Erinnern wird verstanden als Reorganisation (Freeman, 1994) oder Rekategorisierung (Edelmann, 1992) des Systems in Kontakt mit der

Umwelt. Diese Sichtweise von mentaler Repräsentation erfordert Methoden der system- und chaostheoretischen Modellierung, auf die weiter unten eingegangen wird. Im Folgenden wird der in der klinischen Psychologie oft verwendete Begriff des Schemas spezifiziert, und die Bedeutung der sich dabei ergebenden Aspekte im Hinblick auf Veränderungen von Repräsentanzen, die Rolle von Emotionen im Veränderungsprozess und Schlußfolgerungen für klinische Fragestellungen diskutiert.

2.3.1.2 Schematheorien

Der Begriff des Schemas wurde von Head (1920) bei der neurologischen Erforschung des Körperschemas, sowie von Piaget (1926) und Bartlett (1932) in die Psychologie eingeführt. Varianten des Schemakonzepts sind „frames“ (Minsky, 1975), „scripts“ (Schank und Abelson, 1977) und Ideale (Bregman, 1971). Schemata repräsentieren nicht Wissen über konkrete Objekte, Personen oder Ereignisse, sondern ein von den unterschiedlichen Erfahrungen mit einem bestimmten Konzept abstrahiertes oder generalisiertes Wissen (Schützwohl, 1993). Ein Schema besteht aus variablen Wissenselementen, die Variablen genannt werden und in denen die wichtigsten Merkmale des zu repräsentierenden Konzepts gespeichert sind. Die Variablen des Schemas können in Ausnahmefällen auch Konstanten sein. Für die Variablen exisitieren Variablenbegrenzungen, die Aussagen über die Werte machen, die die Variable annehmen kann und aus denen die Standardwerte oder „Default“werte stammen. Standardwerte müssen nicht konstant sein, sondern sie sind abhängig von der Belegung der restlichen Variablen. Die Schemata untereinander sind vernetzt und in einer hierarchischen Struktur organisiert. Entlang der hierarchischen Struktur ist die datengesteuerte und die schemagesteuerte Informationsverarbeitung organisiert. Bei der datengesteuerten Informationsverarbeitung aktivieren sensorische Informationen unwillkürlich elementare Schemata oder eventuell auch einfache Merkmalsdetektoren, die zur Aktivierung hierarchisch höherer Schemata führen. Die schemagesteuerte Informationsverarbeitung verläuft in umgekehrter Richtung und ermöglicht Phänomene wie durch Schemata induzierte Wahrnehmungsverzerrungen. Wendet man diese Unterscheidung auf den oben berichteten Befund an, daß Angstpatienten diffuse Objekte mit vier Beinen eher als Hund denn als Tisch wahrnehmen, ist davon auszugehen, daß im Fall dieser Patienten die Instantiierungswahrscheinlichkeit für bedrohliche Objekte beschreibende Repräsentanzen erhöht ist. Im Hinblick auf repräsentierte Beziehungsmuster können so daten- und schemagesteuerte Informationsverarbeitungsprozesse im Zusammenspiel mit dem oben beschriebenen unwillkürlichen Kommunikationssystem sowohl zur Vermittlung von Erwartungen als auch zur Wirkung von Stereotypen führen.

In einer Vielzahl klinischer Theorien, die eine therapieschulenübergreifende Erklärung von psychischen Erkrankungen und psychotherapeutischen Prozessen anstreben, wird auf Schemata zurückgegriffen. So diskutiert Horowitz (1997) Veränderungsprozesse im Zusammenhang mit überdauerenden Schemata (Horowitz, 1979) und Arbeitsmodellen (Bowlby, 1980; Bretherton und Waters, 1985), die aus Schemata und aktuellen Umweltgegebenheiten generiert werden. Auch unterschiedliche Formen emotionaler Reaktionen auf Ereignisse, wie z.B. der Verlust eines geliebten Menschen, werden durch die Personenschemata, die Beziehungen zwischen zwei Menschen beinhalten, beschrieben. Dabei spielen auch Emotionen vor allem im Zusammenhang mit der wahrgenommenen Stabilität eine entscheidende Rolle für die Selbstorganisation. Der mentale Zustand ist stabil, wenn es gelingt, ein kohärentes Arbeitsmodell zu generieren, das die Vorgaben des überdauernden Schemas und die wahrgenommenen Gegebenheiten der Situation integriert (S. 23). Personenschemata (Horowitz, 1991, 1994) werden als identitätsstiftend und identitätserhaltend angesehen. Horowitz unterscheidet „identity diffusion“, als Ausdruck vager Schemata mit unklar definierten oder breit ausgelegten Wertebereichen einzelner, das Schema bestimmender Variablen, von „identity confusion“ als Wechsel zwischen unterschiedlichen

Personenschemata. Er definiert Schema als „a collection of mental representations that are interassociated and function together as a unit“ und diskutiert diese Definition am Beispiel eines Depressions-Schemas. Die Implikationen eines Schemas, des Depressionsschemas, bestehen darin, daß Personen mit dieser Art von Schema bei Aktivierung eines Elements auch das gesamte Depressionsschema aktivieren. Eine weitere Eigenschaft von Schemata spielt bei der Aufrechterhaltung depressiver Verhaltensweisen eine Rolle. Sie erleichtern die Wahrnehmung einzelner Elemente des Schemas, was gut oder schlecht sein kann, und sie interferieren mit anderen Tätigkeiten. Ein empirischer Befund, der diese Interferenzen verdeutlicht, wird darin gesehen, daß Depressive, die die Farbe von Depressionsworten angeben sollten, ohne auf die Bedeutung der Worte zu achten, bei dieser Aufgabe langsamer waren als eine nicht-depressive Kontrollgruppe (Gotlib und McCann, 1984).

Weitere Phänomene, die innerhalb von Schematheorien beschrieben werden können, sind z.B. das der Übertragung (LaPlanche und Pontalis, 1980) und der Subjekt/Objektvertauschung. Übertragung kann in der Schematheorie dadurch erklärt werden, daß der Wertebereich der das Objekt der Beziehung beschreibenden Variable größer ist als die Menge der Interaktionspartner, mit denen bezüglich des Schemas tatsächlich Erfahrungen gemacht wurden. Auch Subjekt/Objektvertauschungen können über die Wertebereiche beschrieben werden, derart, daß der Eintrag „Patient“ sowohl im Wertebereich für Subjekt als auch Objekt vorkommt. Der Wertebereich für das Subjekt müßte dazu allerdings auch erweitert sein, was mit der Wahrung der Selbstidentität kollidiert. Ob dissoziative Prozesse während der Entstehung des Schemas den Wertebereich so verändern können, daß auch andere Personen als gültiger Eintrag angesehen werden, ist fraglich. Wahrscheinlicher ist, daß aus der traumatisierenden Erfahrung ein allgemeingültiges Schema abgeleitet wird. Damit wird die traumatisierende Handlung als eine im Prinzip von allen Menschen und damit auch vom Patienten selbst zu erwartende Verhaltensweise angesehen. Dadurch erfährt der Patient eine Entlastung, weil das traumatisierende Verhalten nicht spezifisch für die Bezugsperson ist, sondern für alle Menschen gilt und das Verhältnis zur Bezugsperson weniger gefährdet wird.

Möglicherweise ist eine solche undifferenzierte Encodierung im Kontext von als selbst- oder als lebensbedrohlich erlebten Erfahrungen sogar unter Optimierungsgesichtspunkten sinnvoll, da sie ausgeprägtes und generalisiertes Vermeidungsverhalten gegenüber den „gefährlichen“ Situationen zur Folge hat. Auf lange Sicht ist es aber nicht sinnvoll, eine große Anzahl von Situationen und Personen zu meiden, so daß es zu einer Spezifikation des Wertebereiches kommen sollte. Diese spätere Eingrenzung des Wertebereichs kann aber durch die mit dem Schema assoziierten, intensiven negativen Affekte gehemmt werden. Der Versuch, Wertebereiche des das Trauma beschreibenden Schemas zu spezifizieren und dadurch seine Adaptivität zu verbessern, kann als eine weitere Erklärung dafür gesehen werden, daß das maladaptive Schema wiederholt wird. Ausgangspunkt der Wiederholung ist der Versuch den Wertebereich der Objektvariable eines Beziehungsschemas einzugrenzen; dies setzt eine temporäre Stabilität der emotionalen Selbstorganisation des Patienten, gestützt durch die therapeutische Situation, voraus, die es ermöglicht, daß der Wertebereich temporär differenzierter gestaltet werden kann. Der Zustand, in dem der Patient sich jetzt befindet, ist der unten beschriebenen „Multistabilität“ von Patienten in Veränderungsprozessen ähnlich und zeichnet sich auch dadurch aus, daß geringste Anzeichen für eine Ähnlichkeit des Interaktionspartners mit dem ursprünglichen Objekt zu massiver Angst und zu einer Stabilisierung statt Spezifizierung des generalisierten Wertebereiches führen. Dieses Beispiel wirft die Frage auf, wie Schemata sich verändern und welchen Stellenwert Emotionen in diesen Veränderungsprozessen spielen, auf die im folgenden näher eingegangen wird.

2.3.1.3 Emotionen und die Veränderung von Schemata

Wie verändern sich Schemata?

Spezifische Instantiierungen einer Standardsituation werden gespeichert, indem das allgemeine Schema mit Korrekturen versehen wird („schema plus correction", Woodworth, 1938); eine ähnliche Funktion übernehmen in der Theorie von Rumelhart und Ortony (1977) sogenannte „tags". Für klinische Anwendungen spielt das insofern eine Rolle, als daß die Rigidität von Schemata einem Fehlen an korrektiven Anteilen entspricht und als Folge davon die standardmäßigen Belegungen der Variablen stärker zum Tragen kommen, eben weil das Gegengewicht der korrektiven Anteile fehlt. Konzepte dieser Art sind sehr nützlich, aber auch sehr vage (Paivio, 1986), wie z.B. wird die korrektive Information gespeichert und später wieder abgerufen? Eine zentrale Frage knüpft ebenfalls hier an, nämlich: wie und unter welchen Randbedingungen verändern sich Schemata?

Die Schematheorien geben verschiedene Mechanismen zur Veränderung und zur Entstehung neuer Schemata vor. Auf dem Wege von Umstrukturierungen werden aus bereits bestehenden Schemata neue abgeleitet. Das kann über *Vorlagenbasierte Generierung* oder *Schemainduktion* geschehen. *Vorlagenbasierte Generierung* besagt, daß ein bestehendes Schema kopiert und durch Änderungen an den Variablen zu einem neuen wird. Das Schema kann zum Beispiel flexibilisiert oder generalisiert werden, indem aus einer Konstanten eine Variable wird oder auf umgekehrtem Weg sein Gültigkeitsbereich eingeschränkt wird, so daß es nur noch für spezielle Konzepte zutrifft. Es kann differenzierter werden, indem neue Variablen hinzugefügt werden. Via *Schemainduktion* werden bestehende Schemata, die häufig zusammen auftreten, zu einem neuen Schema zusammengefaßt. Der Schemainduktion sprechen Rumelhart und Ortony (1977) nur geringe Bedeutung zu. Vielmehr gehen sie davon aus, daß es wenige sehr allgemeine Schemata gibt, von denen neue über Kopien und Modifikationen abgleitet werden.

Die Feinabstimmung des Schemas geschieht hauptsächlich über den Prozeß der *kontinuierlichen Optimierung*, in dem Variablenbegrenzungen und Standardwerte nach und nach geändert werden können. Das würde dem Prozeß einer kontinuierlichen Schemastrukturierung entsprechen. Bei diskreter Feinabstimmung wird dagegen so lange diskrepante Information angehäuft, bis abrupt das Schema verändert wird. Die diskrepante Information wird den Schemata in sogenannten „tags" angelagert. Die Häufigkeit der Verwendung von „tags" indiziert in diesem Konzept die Unangemessenheit des Schemas.

Modelle, die die Wirkung diskrepanter Informationen auf Schemata beschreiben, sind das Buchhaltungsmodell, das Bekehrungsmodell und das Untergliederungsmodell. Im Buchhaltungsmodell führt jede schemainkonsistente Information zu geringfügigen Änderungen; das setzt voraus, daß die Gültigkeitsbereiche der Variablen das erlauben und das Schema auf Grund seltener Benutzung noch flexibel genug ist. Im Bekehrungsmodell ändern sich Schemata erst bei Vorliegen salienter schemainkonsistenter Information. Im Untergliederungsmodell führen schemainkonistente Informationen, die nicht mehr mittels Feinabstimmung des Schemas integrierbar sind, unter Ausnutzung der hierarchischen Organisation zu der Bildung eines untergeordneten Schemas.

Empirische Untersuchungen zur Angemessenheit der Modelle für Veränderungsprozesse führten Weber und Crocker (1983) durch. Sie variierten die Menge und Art der Verteilung inkonsistenter Information, um die Angemessenheit der Modelle in unterschiedlichen Situationen beurteilen zu können. Das Buchhaltungsmodell sagt einen Haupteffekt der Informationsmenge voraus, das Bekehrungsmodell einen der Konzentration inkonsistenter Information auf wenige Objekte und das Untergliederungsmodell ebenfalls einen Haupteffekt für die Darbietung, derart, daß die Konzentration inkonsistenter Information zur Bildung eines

Subschemas führt. Die Ergebnisse stützen das Buchhaltungsmodell, wenn die inkonsistente Information verteilt auftritt, und das Untergliederungsmodell, wenn sie konzentriert auftritt. Das Bekehrungsmodell konnte nicht bestätigt werden. Das erklärt sich aus der Sicht von Schützwohl (1993) daraus, daß in der Untersuchung die Bedingungen für die Verwendung des Bekehrungsmodells nicht in ausreichender Weise gegeben waren. Es sollte dann Einsatz finden, wenn die Menge diskrepanter Informationen konzentriert auf einen Vertreter des im Schema repräsentierten Konzepts auftritt und Überraschung ausgelöst wird. Schemata spielen damit nicht nur eine Rolle in der Aktual- und Ontogenese von Emotionen (Ulich et al., 1998), sondern ihre Veränderung geht ebenfalls mit emotionalen Prozessen einher oder wird durch solche begünstigt oder erschwert Auf die Rolle der Emotionen Überraschung und Angst sowie weiterer Bedingungen für die Veränderung von Schemata wird im folgenden eingegangen.

Überraschung und die Veränderung von Schemata

Schützwohl (1993) beschreibt datengesteuerte und konzept- oder schemagesteuerte Informationsverarbeitungsprozesse (Rumelhart und Ortony, 1977), die zusammen zur Aktivierung eines Schemas führen. Das führt zur Ergänzung weiterer Eigenschaften des wahrgenommenen Gegenstands oder der wahrgenommenen Situation, ohne diese tatsächlich wahrgenommen zu haben. Ergibt die weitere Überprüfung der Angemessenheit des aktivierten Schemas eine Diskrepanz und überschreitet diese einen nicht näher definierten Schwellenwert, entsteht Überraschung. Meyer et al. (1991) untersuchten, inwieweit ein schemadiskrepantes Ereignis zu den folgenden drei Charakteristika von Überraschung führt: Handlungsunterbrechung, Fokussierung der Aufmerksamkeit und subjektives Erleben.

Schützwohl unterscheidet Bedingungen für Veränderung ohne und mit Überraschung. Schemadiskrepante Ereignisse, die keine Überraschung hervorrufen, bleiben nach der Ansicht Schützwohls wie die sich anschließende Assimilation und Feinabstimmung unbewußt und führen nur zu einer geringfügigen Veränderung des Schemas. Für Schemaveränderungen nach Ereignissen, die Überraschung auslösen, nimmt Schützwohl vier Bedingungen an. Die Richtigkeit der Wahrnehmung als schemadiskrepant muß sich nach der Aufmerksamkeitsfokussierung bestätigen, das Ereignis darf sich nicht als irrelevant erweisen, konkurriende Handlungstendenzen dürfen die kausale Analyse des Zustandekommens des schemadiskrepanten Ereignisses nicht verhindern und die kausale Analyse muß zu einem stabilen Ursachenfaktor führen. Es kommt anschließend zu diskreten Schemaveränderungen nach dem Bekehrungsmodell, wenn das Schema selten angewandt wurde und die Variablenbegrenzungen flexibel sind oder die Neuaufnahme von Variablen möglich ist, nach dem Untergliederungsmodell, wenn die Variablenbegrenzungen sehr eng sind und sich das Schema in der Vergangenheit oft als angemessen erwiesen hat.

Aus der Kombination der Flexibilität bzw. Starrheit des Schemas und der Überraschung, die durch das schemadiskrepante Ereignis ausgelöst wurde oder nicht, läßt sich differenzierter vorhersagen, welche Art von Veränderungsmodell zum Tragen kommt.

Tabelle 2: Formen von Schemaveränderungen in Abhängigkeit von der ausgelösten Überraschung und der Flexibilität des Schemas

Bewirkt das Ereignis Überraschung ?	Eigenschaft des Schemas	Formen von Schemaveränderungen
nein	flexibel	Feinabstimmung/Buchhaltung
	starr	Assimilation
ja	flexibel	Bekehrung
	starr	Untergliederung

Erklärungen für maladaptives Verhalten und dessen Aufrechterhaltung basieren auf dem Prozeß der Assimilation, da in diesem Fall gegenüber schemadiskrepanten Informationen änderungsresistente Schemata vorliegen, die zu unangepaßtem Verhalten führen, wenn die starren Schemata selbst eine Situation unangemessen repräsentieren. Diese Schemata bleiben so lange unverändert, bis es zu Ereignissen kommt, die Überraschung auslösen, was die Modifikation der Schemata nach dem Untergliederungsmodell erst ermöglicht.

Schemadiskrepante Ereignisse und Angst

Die experimentellen Untersuchungen zur Überraschung und zum Explorationsverhalten bei schemadiskrepanten Ereignissen beziehen sich auf Konzepte, wie z.B. Stereotype verschiedener Berufsgruppen, in Texten unerwartet auftretende neue Schrifttypen oder ähnliches Stimulusmaterial. Diese Konzepte sind zwar für die Probanden von Relevanz, da es um eine konsistente Wahrnehmung der Umwelt geht, im Fall von an psychischen Störungen erkrankten Patienten ist aber von einer weit höheren Relevanz der für die Störung zentralen Konzepte auszugehen. Da außerdem die maladaptiven Schemata der Patienten eine wenn auch suboptimale Lösung für ihren Umgang mit der Umwelt darstellen, führen Überraschung auslösende schemadiskrepante Informationen mit einiger Wahrscheinlichkeit nicht zu explorativem Verhalten, sondern lösen vielmehr Angst aus. Das vor allem deshalb, weil eine Revidierung des maladaptiven Schemas auch noch zu einem Verlust der verbliebenen Kontrollmöglichkeiten führt. Im Fall von Patienten mit Angststörungen verstärkt sich dieser Prozeß noch dadurch, daß ihre kognitiven Bewertungsprozesse durch eine Unsicherheit im Hinblick auf ihre Handlungsmacht verzerrt werden (Kaiser und Scherer, 1998) und somit unerwartete, überraschende Ereignisse vermehrt Angst auslösen. Geht man davon aus, daß die neuen und unerwarteten Informationen die Selbstregulation des Individuums gefährden, löst die auftretende Angst im Sinne der Signalangst Abwehrmechanismen aus (Freud, 1971). Die Angst kann von Patient zu Patient als Folge eines Konflikts, als Folge von Ich-Schwäche oder als Bindungsangst interpretiert werden (Morschitzky, 1998).

Bei der Analyse im psychotherapeutischer Prozesse müssen demnach neben Überraschung als notwendiger Voraussetzung für Veränderungsprozesse der Angstausdruck und das Angsterleben bei der Verarbeitung schemadiskrepanter Information Berücksichtigung finden. Es ist davon auszugehen, daß parallel zur Verarbeitung diskrepanter Informationen Patienten und Therapeuten Überraschung zeigen und erleben. Wobei es für die Patienten wahrscheinlich ist, daß neue Sichtweisen auch Angst auslösen können. Das Resultat der Angst ist aber Hemmung und Unzugänglichkeit zu sich selbst, die Frijda (1986) als Endzustand der Emotion „Angst" angibt.

Angst- und Überraschungsmimik traten in Alltagsgesprächen zwischen gesunden Laien und Patienten nur sehr selten auf. Patienten und gesunde Partner berichteten zwar, Angst und Überraschung erlebt zu haben; mimisch wurden diese Emotionen aber nicht gezeigt (Merten, 1997a). Es wurde zwar über potentiell angstauslösende Themen wie Umweltverschmutzung und die Bedrohung durch ein nahes Kernkraftwerk gesprochen, diese wurden aber nicht als unmittelbare Bedrohung der Person wahrgenommen. Das berichtete Erleben von Angst und Überraschung bezog sich stärker auf die experimentelle Situation des Videosettings mit der unerwarteten Aufgabenstellung, „politische Probleme" zu diskutieren. In psychotherapeutischen Interaktionen ist die Wahrscheinlichkeit für die Aktivierung negativer emotionaler Schemata und den damit einhergehenden Befürchtungen und Ängsten (Grawe, 1987; Weis und Sampson, 1986) bei weitem höher. Da der Patient zu neuen und/oder bisher abgewehrten Einsichten kommen kann, ist auch die Wahrscheinlichkeit für das Auftreten von Angst und Überraschung groß. Wendet man das Komponentenmodell der Emotionen (Krause, 1990) an, kann weiter unterschieden werden, welche Komponenten an den auftretenden affektiven oder emotionalen Ereignissen beteiligt sind und in welcher Beziehung sie zueinander stehen. Das mimische Zeigen von Angst ist nur eine Komponente der Emotion Angst. Angst signalisiert dem Organismus eine Bedrohung, der man hilflos ausgeliefert ist. Entsprechend stellt die zugehörige motivationale Komponente Verhaltensweisen zur Verfügung, die zum Schutz vor der Gefahr dienen. Da in Psychotherapien Angst nicht auf Bedrohungen durch externe, physikalische Reize zurückgeht, sondern vielmehr Ergebnis von internalen Prozessen, wie drohender Abruf gefürchteter Erinnerungen oder Phantasieren gefürchteter Entwicklungen in der Beziehung zum Therapeuten oder Dritten ist, besteht die Fluchtreaktion nicht im Verlassen der extern gegebenen Situation, sondern in Änderungen bezüglich der internalen Prozesse. Für das Erleben der Emotion kann das bedeuten, daß die Angst nicht wahrgenommen werden darf, da sich daraus die Frage ergeben würde, wodurch sie ausgelöst wurde. Die Angst wird also entweder gar nicht bewußt erlebt oder es wird eine andere Emotion erlebt z.B. Überraschung. Umgekehrt kann beim Zeigen von Überraschung Angst resultieren, wenn die durch die Überraschung indizierten kognitiven Diskrepanzen als selbstbedrohend erlebt werden und nicht durch die Unterstützung des Therapeuten verarbeitet werden können.

In Abhängigkeit von dem Ausmaß der Angst und der Bereitschaft des Patienten, sich Angst in der therapeutischen Situation mit Hilfe des Therapeuten auszusetzen, können bisher abgewehrte Gedächtnisinhalte zugänglich werden, oder es kommt zu erneuten Formen von Abwehr. Wahrscheinlich ist, daß bei bewußtem Erleben der Angst eine Bearbeitung abgewehrter Konflikte eher eintritt, als im Fall einer nicht bewußt erlebten Angst, die auf organismischem Niveau kognitive Prozesse und somit den Zugang zu abgewehrtem Material hemmt. Die Wirksamkeit von für den Patienten überraschenden Sichtweisen seiner Problemlage kann durch die Modellfunktion des Therapeuten verstärkt werden. Das geschieht besonders dann, wenn sich der Therapeut zusätzlich zu seinen verbalen Ausführungen auch in entsprechender Weise dem Patienten gegenüber verhält, also plankompatibel im Sinne von Weiss und Sampson (1986), und somit die Befürchtungen des Patienten, der Therapeut könne so reagieren wie historische Personen in früheren und jetzigen konflikthaften Situationen, widerlegt. Möglicherweise entscheidet sich in Abhängigkeit davon, ob der Patient zu seinen Schemata diskrepante Informationen überrascht wahrnehmen und eventuell anschließend integrieren kann oder ob die Überraschung in Angst übergeht, als solche erlebt wird und der Patient mit Vermeidungsverhalten respektive Widerstand reagiert. Da mit dem Erleben von Angst bewußt wird, daß eine bedrohliche Thematik angesprochen wurde, ohne daß man um deren Inhalt wissen muß, kann man annehmen, daß es für den therapeutischen Prozess günstiger ist, wenn Angst nicht nur gezeigt, sondern auch erlebt wird. Wird die Angst nicht erlebt, kommt es zu unbewußtem Vermeidungsverhalten.

Allgemeine Bedingungen für Veränderung können in den folgenden Verhaltensweisen des Therapeuten gesehen werden. Der Therapeut muß dem Patienten Sicherheit vermitteln, z.B. indem er sich in den Augen des Patienten als kompetent erweist und damit Hoffnung weckt, daß der Patient wieder Kontrolle über sein Verhalten gewinnen kann. Er muß seine wohlwollende Haltung signalisieren, indem er ein Mindestmaß an positiver Reziprozität initiiert. Die Ressourcenaktivierung auf seiten des Patienten kann ebenfalls dazu führen, daß Kapazitäten frei werden, um Problembereiche anzugehen.

Die spezifischen Bedingungen für eine Aktualisierung und Steigerung können darin gesehen werden, daß der Therapeut versucht, sich neutral zu verhalten, was im „face-to-face-setting" aber nicht gänzlich zu realisieren ist. Je schneller dem Therapeuten jedoch unwillkürliche Reaktionen im Sinne einer Bestätigung der maladaptiven Erwartungen des Patienten bewußt werden, desto eher kann er sie reflektieren und kontrollieren. Der Gewinn ist ein zweifacher, das maladaptive Schema des Patienten wird an der Aktualisierung in der therapeutischen Situation gehindert, was möglicherweise schon zu einer Akkomodation führt. Der Therapeut

gewinnt Informationen darüber, wie die üblichen, vom Patienten gefürchteten Reaktionen seiner Interaktionspartner aussehen können.
Das ist der günstige Fall. Es kann aber auch sein, daß assimilatorische Prozesse die Überhand behalten, was z.B. dazu führt, daß, egal wie der Therapeut sich verhält, dieses Verhalten im Sinne des Schemas mißinterpretiert wird.
Eine weitere Komplikation besteht darin, daß der Patient das Verhalten des Therapeuten zwar adäquat wahrnimmt und interpretiert, der maladaptive Teil des Schemas aber dazu führt, daß es zu einer Verknüpfung mit Autonomie und Selbstwert minderndem Erleben und Verhalten kommt.

2.3.1.4 Konflikte zwischen Repräsentanzen

Eine weitere Alternative, maladaptives Verhaltens zu modellieren, besteht darin, konfligierende Schemata anzunehmen. Das heißt, es werden zwei oder mehr Schemata instantiiert, es liegt aber kein effizienter Konfliktlösungsmechanismus vor, der, bevor es zur Aktivierung kommt, das geeignetste Schema selegiert, so daß nur dieses aktiv wird. Das heißt, es sind nicht während der Auswahlphase mehrere Schemata instantiiert, sondern es sind z.B. auch für die Wahrnehmung und Handlungssteuerung mehrere Schemata aktiv und beeinflußen diese Prozesse, was den eigentlichen, nach außen wirkenden Konflikt ausmacht. Ein einfaches Beispiel wäre, daß ein Annäherungsschema mit einem Vermeidungsschema konkurriert. Terminiert der Konfliktlösungsmechanismus nicht, kommt es zu ambivalentem Verhalten. Der Konfliktlösungsmechanismus ist aber auch für den Fall von hoher Relevanz, daß ein datengesteuerter Informationsprozeß ein adaptives Schema instantiiert, während ein maladaptives, oft benutztes und starres Schema mit hoher Instantiierungswahrscheinlichkeit, über konzeptgesteuerte Informationsverarbeitung zur Assimilationen von Situationsmerkmalen an die Restriktionen des starren Schemas führt. An dieser Stelle ist die Frage entscheidend, auf welchen Parametern der Konfliktlösungsmechanismus basiert. Bezieht er lediglich die bisherige Aktivierungshäufigkeit des Schemas mit ein, wird er wahrscheinlich wiederum mit der Aktivierung des maladaptiven Schemas terminieren. Der Konfliktlösungsmechanismus ist in diesem Fall auch im Hinblick auf Veränderungsprozesse von Interesse, die nicht oder nicht nur am maladaptiven Schema ansetzen müßten, sondern durch eine Erweiterung des Konfliktlösungsmechanismus, z.B. um die Bewertung negativer Konsequenzen der Aktivierung des maladaptiven Schemas, erreicht werden könnten. Die Annahmen zu Konfliktlösungsmechanismen sind in Schematheorien entweder nicht enthalten, da davon ausgegangen wird, daß das angemessenste Schema automatisch aktiviert wird, oder sie sind unterspezifiziert. Ein Modell, das einen spezifizierten Konfliktlösungsmechanismus, allerdings für die Konkurrenz einer anderen Art von Repräsentationsformaten, beinhaltet, ist die Theorie von Anderson (1993). ACT-R von Anderson (1993) basiert auf abstrakten Produktionsregeln als Repräsentationsformat für Wissen, die für das Ausführen von kognitiven Handlungen optimiert sind. Die Produktionsregeln haben folgende bedeutsame Eigenschaften. Sie sind modular, abstrakt, beinhalten eine Zielstruktur und es besteht eine Bedingungs-Aktionsasymmetrie. Letztere stellt einen Unterschied zu Schemata dar.
Für die klinische Anwendung ist interessant, daß der Aktivierung von handlungssteuernden Produktionsregeln ein Mustererkennungsprozeß vorgeschaltet ist, der schemabasiert abläuft. Die Mustersuche führt zur Aktivierung von Komponenten des Bedingungsteils von Produktionen, den sogenannten Chunks. Je mehr Chunks im Bedingungsteil einer Produktionsregel aktiv sind, um so wahrscheinlicher wird die Aktivierung der Regel. Es können aber auch mehrere Regeln gleichzeitig instantiiert sein. Für diesen Fall bietet die Theorie einen effizienten Konfliktlösungsmechanismus an, der aufgrund einer Kosten/Nutzenabschätzung, basierend auf vorhergehenden Erfahrungen mit der Produktionsregel, diejenige mit dem größten erwarteten Nutzen auswählt. Diese Auswahl geschieht nach

dem Prinzip der „rational analysis“ (Anderson, 1990). Eine Eigenschaft dieses Vorgehen, besteht darin, daß es nur die plausibelsten Produktionen evaluiert werden und das auch nur so lange tut bis ein möglicherweise lokales Maximum an Effizienz erreicht ist. Die Instantiierung der unterschiedlichen Produktionsregeln wird als parallel konzeptualisiert. Es werden aber nicht alle Instantiierungen bis zum Ende evaluiert, sondern nur so lange bis nicht mehr zu erwarten ist, daß die Kosten für weitere Evaluationen den Zugewinn an Nutzen übersteigen. Dadurch ist aber nur ein lokales und kein globales Maximum sicher gestellt. Die kognitive Analyse geht von der wichtigen Annahme aus, daß im Moment des Problemlösevorgangs ausschließlich das Unterziel der Aufgabenlösung eine Rolle spielt und somit übergeordnete Ziele in diesem Moment keine Rolle spielen. Die Ziele sind als Zielstack organisiert, und nur das oberste Ziel führt zu Aktivierung von Produktionsregeln. Das Erstellen und Abarbeiten von Zielhierarchien ist ein wesentliches Charakteristikum von Primaten und Menschen, das im präfrontalen Kortex angesiedelt ist.

Die Aktionsasymmetrie von Produktionsregeln nach Anderson würde für die klinische Situation bedeuten, daß Erklärungen für ein Verhalten in einer Situation und auch das Verstehen keinen oder wenig Einfluß auf die Produktionsregeln haben, die das Verhalten in der Situation bestimmen. Für Veränderung wären demnach nicht nur Einübungen durch Einsicht veränderter Schemata notwendig, sondern der Aufbau von für verändertes Verhalten benötigten Produktionsregeln. Diese Notwendigkeit besteht auch deshalb, weil sich die Analyse und das Besprechen von Verhalten auf deklarative und nicht auf prozedurale Repräsentationen bezieht. Andere Unterscheidungen, z.B. in symbolisch/subsymbolisch, verbal/präverbal (Bucci, 1997) sprechen dieses Problem ebenfalls an. Die durch die Aktionsasymmetrie gegebene Notwendigkeit geht aber über diese Unterscheidungen hinaus, da das Verstehen des Ergebnisses von Produktionsregeln und Änderungen auf dieser Ebene nicht notwendigerweise bedingen, daß sich die Produktionsregeln, die das Verhalten bestimmen, ändern. Ein gewisser Transfer kann aber trotzdem eintreten, da das Besprechen einer Situation das deklarative Wissen über die Situation verändert und damit das Erlernen neuer Produktionsregeln unterstützt wird. Anderson geht sogar davon aus, daß auch für das Erlernen prozeduralen Wissens deklaratives Wissen zumindestens zum Zeitpunkt des Erlernens notwendig ist. Es muß allerdings nicht ins Langzeitgedächtnis aufgenommen werden.

2.3.1.5 Modalitätsspezifische Repräsentanzen und referentielle Prozesse

Die Unterscheidung in modalitätsspezifische Repräsentanzen ist für die klinische Theoriebildung von besonderem Reiz, da sie neben anderen Eigenschaften nahelegt, daß voneinander unabhängige und unterschiedlich gut zugängliche Arten von Repräsentation, also Wissen um das Selbst und die Objekte der Welt, existieren. Diese Formen unterschiedlichen Wissens wirken sich aber auf die Wahrnehmung, das Erleben und das Verhalten aus und stellen somit potientelle Ausgangspunkte für die Erklärung maladaptiven Verhaltens im Fall psychischer Störungen dar. Eine weit ausformulierte klinische Theorie, die auf den „dual-coding approach“ von Paivio (1986) zurückgeht, stammt von Bucci (1997). Sie unterscheidet ein subsymbolisches Format von einem symbolischen Format und führt referentielle Prozesse ein, die einen Informationsaustausch zwischen diesen Formaten ermöglichen.

Das *subsymbolische Format* wird beschrieben als globale, analoge Prozessoren, die auf kontinuierlichen Dimensionen ohne diskrete Elemente oder spezifizierte metrische Einheiten arbeiten. Es ist massiv parallel organisiert und erlaubt multiple synchrone Operationen. Die Informationsverarbeitung erfolgt modalitätsspezifisch. Dominant ist diese Art der Informationsverarbeitung für Geruch und Tastsinn, sowie für viszerale und kinästhetische Systeme. Als Beispiel wird die Wahrnehmung des emotionalen Zustands einer anderen Person mit Hilfe der visuellen Wahrnehmung subtiler Veränderungen in der Mimik und Gestik und auditiver Wahrnehmung von vokalen Charakteristika genannt. Aber auch der eigene emotionale Zustand wird über die Wahrnehmung somatischer und kinästhetischer Erfahrungen rückgemeldet, was vor allem für Rückmeldungen von Aktivitäten der Gesichtsmuskulatur gilt (Izard, 1990). Die Wahnehmung des emotionalen Zustands ist aber durch Wahrnehmungsprozesse auf subsymbolischen Niveau nicht determiniert, sondern wird erst unter Rückgriff auf situative Charakteristika in Wechselwirkung mit den subsymbolischen Rückmeldungen bestimmt (Izard, 1990).

Diese Prozesse laufen ohne explizite Intention ab und können als ich-dyston erlebt werden. Die von Bucci vorgenommene Unterscheidung der Formate geht über die in der Kognitionspsychologie übliche zwischen verbalen, visuellen und motorischen hinaus. Sie führt zusätzlich ein kinästhetisches Repräsentationsformat ein. Zwar werden kinästhetische Erfahrungen z.B. im Zusammenhang mit der „facial-feedback" Hypothese benötigt, durch Annahme jeweils modalitätsspezifischer Formate besteht jedoch die Gefahr einer Überspezifizierung des verwendeten Modells.

Bei der Diskussion der Bewußtseinsfähigkeit dieser Prozesse gibt Bucci (1997) als Beispiel Tänzer oder Musiker an und diskutiert damit vor allem motorische Programme. Nimmt man die Forderung nach modalitätsspezifischer Repräsentation und Informationsverarbeitung ernst, müssen sensorische und kinästhetische Erfahrungen eigens repräsentiert sein, und es müssen referentielle Prozesse benannt werden, die einen Austausch mit den in den motorischen Programmen abgelegten Efferenzen, die die Bewegungen auslösen, ermöglichen.

Die zur korrekten Realisation der Bewegungen benötigten sensorischen und kinästhetischen Parameter können aber auch als Bestandteile der motorischen Programme konzeptualisiert werden. In beiden Fällen wäre das Erinnern motorischer Handlungen an die Aktivation motorischer Repräsentanzen geknüpft, deren (minimale) Auswirkungen auf die Skelettmuskulatur auch wieder zu minimalen kinästhetischen Reizungen führen würden und so eine Grundlage für emotionale Erfahrungen in Imaginationen darstellen.

Symbolische Prozesse operieren auf nonverbalem und verbalem symbolischen Code. Imagination kann sich zusammensetzen aus subsymbolischem und symbolischem Code, wobei die Relation der Bilder zu dem abgebildeten Gegenstand analog, ähnlich oder symbolisch sein kann. Imagination ist intentional steuerbar. Die Bilder der Imagination existieren für alle Modalitäten und haben die Modalitätsgrenzen überschreitende Eigenschaften. Dadurch erlangen sie nach Bucci die wichtige Eigenschaft, daß durch die Bilder der Imagination subsymbolische Erfahrung organisiert und auch symbolisiert werden kann. Hier ist anzumerken, daß Imagination eventuell auch genuin neue Erfahrungen im somatischen und kinästhetischen Bereich hervorrufen und nicht nur erinnerte organisieren kann. Dadurch ergibt sich die Möglichkeit, daß die aktuell generierten subsymbolischen Erfahrungen abgespeicherten so ähnlich sind, daß diese erinnert werden. Wobei Erinnern in diesem Fall auch bedeuten kann, daß es zu einer nicht aufgelösten Überlagerung des gerade Imaginierten mit den aktivierten Erinnerungen kommt. Wenn die Beurteilung des Wahrheitsgehalts an subsymbolischen Erinnerungen orientiert ist, kann es auf diesem Weg nach und nach zu „falschen" Erinnerungen kommen.

Eine zentrale Frage, die sich bei der Annahme unterschiedlicher Arten von Repräsentationsformaten stellt, ist die Frage nach den referentiellen Prozessen zwischen den Formaten. An dieser Stelle ist es für das Verständnis der Diskussion wesentlich, zwischen vertikalen und horizontalen Referenzen zu unterscheiden. Während vertikale Referenzen, die zwischen z.B. nonverbalen und verbalen Repräsentationen bestehen, unumstritten sind, ja, sogar einen wesentlichen Konnex bei propositionalen Formaten zwischen den analogen, modalitätsspezifischen Inputs im Arbeitsgedächtnis und den symbolischen Propositionen im Langzeitgedächtnis darstellen, sind horizontale Referenzen zwischen Systemen, die auf gleicher Ebene angesiedelt werden, z.B. zwischen sensorischen, kinästhetischen, visuellen und motorischen Programmen umstritten. Ihre Unabhängigkeit ist sogar die Grundlage für das Schlußfolgern auf ihre Existenz. Belasten zwei modalitätsspezifische Aufgaben die Funktionsfähigkeit der einzelnen Modalitäten nicht, Doppelaufgaben innerhalb einer Modalität diese aber sehr wohl, so ist das ein Argument für die Existenz getrennter Modalitäten (Zimmer, 1993).

Für die Modellierung referentieller Prozesse zwischen subsymbolisch und symbolisch repräsentierten Gedächtnisinhalten bezieht sich Bucci (1997) auf Arbeiten aus unterschiedlichen Gebieten, auf Kosslyn (1980), Rosch und Lloyd (1978), Mandler (1975) und Stern (1995). Alle diese Theorien konvergieren auf die Bedeutung der Bildung prototypischer Imaginationen als mediierendem Mechanismus zwischen impliziten, subsymbolischen Prozessen und diskreten, symbolischen Bildern, die schlußendlich auf verbale, symbolische Repräsentanzen abgebildet werden können. Referenzen zwischen subsymbolischen Repräsentanzen und der Sprache können erst entstehen, wenn die subsymbolischen Repräsentanzen sich zu einer diskreten prototypischen Repräsentanz zusammengeschlossen haben. Dieser Prozeß basiert auf Struktur-, Funktionsäquivalenzen und Assoziationen und kann modalitätsübergreifend sein. Der Prototypenprozeß bei Kosslyn besteht in der Bildung von *„chunks"* an Hand kontinuierlicher Gradienten der perzeptuellen Information, die für das Funktonieren des Organismus wichtige Bereiche darstellen. Rosch und Lloyds (1978) Prototypen basieren auf perzeptuellen und funktionellen Äquivalenten. Mandler (1975) verwendet „image-schemata", in die perzeptuelle Informationen mit analogem Charakter an Hand ihrer räumlichen Struktur übersetzt werden. Stern (1995) geht über die Verwendung von visuell-räumlichen Informationen hinaus und schließt in seinen RIGs (Representations of Interactions Generalized) alle Erfahrungen ein, die in interpersonalen Kontexten gemacht werden, ein.

Wie werden nun Referenzen zwischen subsymbolischen und symbolischen Repräsentanzen in „emotion-schemata" konzeptualisiert? Bucci (1997) geht davon aus, daß symbolische Repräsentanzen über affektive Zustände, die Cluster aus weitgehend subsymbolischen Repräsentanzen sind, an das „emotion-schema" angebunden sind. Die affektiven Repräsentanzen müssen dann symbolisch sein, z.B. Bilder (von Episoden), Worte, Begriffe. Bucci unterscheidet „emotion-schemata" von anderen „memory-schemata", weil sensorische und somatische Komponenten darin dominanter sind und weil der interpersonelle Kontext bei der Entstehung und dem Abruf des Schemas von Bedeutung ist. Ersteres kann aber, wie oben gezeigt, nicht gehen, wenn subsymbolische Repräsentanzen nicht direkt im „emotion-schema" enthalten sind, sondern nur über Affektlabels (vertikal) referenziert werden können. Dann ist auch der Unterschied zu allgemeinen „memory-schemata" nicht mehr so groß. Rechtfertigen läßt sich die Dominanz des affektiven Zustands wegen der dadurch gegebenen motivationalen Komponente, die über die aus allgemeinen Schemata abgeleitete Motivation zur Assimilation von Wahrnehmung an das Schema hinausgeht.

Bucci (1997) entwickelte in Zusammenarbeit mit Mergenthaler (1996) unterschiedliche Verfahren, um referentielle Prozessen in psychotherapeutischen Prozessen empirisch zu erfassen. Zur Erhebung der referentiellen Aktivität wurde ein Ratingverfahren (RA) verwendet und das computergestützte Verfahren von Mergenthaler (CRA, 1996). Zusätzlich erhebt Mergenthaler (1996) computergestützt Emotions-/Abstraktionsmuster (EAP) basierend auf zwei Wörterbüchern, dem „emotional tone (ET)" und dem „abstraction (AB)".

Die von Bucci angenommenen drei Phasen von Therapien lassen sich durch Konfigurationen aus den verwendeten Maßen ET, CRA und AB charakterisieren. Die subsymbolische Phase ist gekennzeichnet durch hohes ET und niedrige Werte für AB und CRA. Die Phase der Symbolisierung wird identifiziert durch einen Ausschlag auf CRA, was auf prototypische Narrative aktivierter Emotionsschemta zurückgeführt wird. Die Phase der Reflektion und Verifikation ist gekennzeichnet durch eine Abnahme von CRA und eine Zunahme von ET und

AB, die auf das Benennen von emotionalen Erfahrungen des Patienten und den Gründen, die dazu geführt haben, zurückgehen.
Damit wird als erster Schritt im psychotherapeutischen Prozeß eine „Übersetzung" subsymbolischer Informationen in symbolische angesehen. Das alleine ist aber nicht ausreichend für die Erklärung von Veränderungen der zugrundeliegenden subsymbolischen Informationen und würde auch zu keinen oder nur geringen Verhaltensänderungen führen, wie es analog bei der oben beschriebenen Aktionsasymmetrie von Propositionen der Fall ist. Damit wird aber ein weiterer Schritt der „Rückübersetzung" notwendig, die sich in den für die Phase der Reflektion und Verifikation benannten sprachlichen Merkmalen abbilden müßte. Diese beschreiben aber lediglich das sprachlich symbolische Benennen von Gründen für emotionale Erfahrungen, also deklaratives Wissen darum, wie bestimmte, im Fall von Patienten meist negative emotionale Erfahrungen zustande kommen. Erforderlich wäre dann weiterhin eine Veränderung der deklarativ benannten Gründe und vor allem ein Einüben sich daraus ergebender Konsequenzen im Verhalten, mit dem Ziel, das adaptivere Verhalten nach und nach in prozedurale subsymbolische Repräsentationen übergehen zu lassen. Diese Schritte sind durch die von Bucci beschriebenen drei Phasen der Therapie nicht abgedeckt.

2.3.1.6 Ein Regulationsmodell kognitiv-affektiver Prozesse

Moser et al. (1987) formulieren ein „neues" psychoanalytisches Modell zur Regulation kognitiv-affektiver Prozesse. Das Besondere an diesem Modell besteht darin, daß versucht wird, Konzepte der kognitiven Psychologie und systemtheoretische Annahmen mit Hilfe von formalisierten Sprachen miteinander zu verknüpfen, um intrapsychische Regulationsprozesse zu beschreiben. Das Modell beschreibt die Funktionsweise intrapsychischer Simulationen, die unabhängig von tatsächlichen Interaktionen ablaufen können, deren Ergebnis aber in Form eines „ad-hoc"-Modells auf die Realisierung aktuell ablaufender Beziehungen Einfluß nimmt. Die Funktionsweise der intrapsychischen Simulationen und ihr Zusammenspiel mit der aktuellen Situation wird durch sogenannte Regulationskontexte bestimmt, die unterschiedliche Funktionen erfüllen. Sie bestehen aus Bündeln von Prozeduren, die die Funktion der Kontexte unabhängig von anderen Kontexten regulieren; die Kontexte können aber auch untereinander in Interaktion treten und Informationen austauschen. Der einzige Regulationskontext, der andere Kontexte modifizieren kann, ist jedoch der der Reorganisation. Selbstregulatorische Funktionen zur Erhaltung der Autonomie, Sicherheit und Identität sowie zur Weiterentwicklung des Individuums sind in den Regulationskontexten „Stabilisierung" und „Reorganisation" abgelegt. Beziehungen zu anderen Personen oder Objekten werden vom Regulationskontext „Beziehung" reguliert, indem dieser Kontext Informationen anderer Kontexte, wie z.B. im Langzeitgedächtnis abgelegten Erfahrungen, als Erwartungen für eine aktuelle Interaktion bereitstellt. Gleichzeitig verarbeitet der Kontext „Beziehung" Informationen aus der aktuellen Situation. Das für eine Interaktion entstehende „ad-hoc"-Modell besteht aus einer Repräsentation der realen Interaktion, wie sie über die perzeptiven Informationen generiert wird, und einer Repräsentation imaginärer Beziehungen, die bewußten Phantasien darüber entsprechen, wie sich die Situation weiter entwickeln könnte. Demgegenüber sind die inneren Simulationen, die auch diesen Phantasien zugrunde liegen, nicht notwendigerweise bewußt.

2.3.2 Systemtheoretische und chaostheoretische Modellierung psychischer Störungen und psychotherapeutischer Prozesse

Auf Konzepte der dynamischen Systemtheorie und der Chaostheorie wird in aktuellen Modellen zum psychotherapeutischen Prozeß des öfteren Bezug genommen (Grawe, 1998). Deshalb wird an dieser Stelle die Angemessenheit der Anwendung nicht-linearer Modelle chaotischer Determinierung auf klinische Fragestellungen, wie die Ätiologie von Störungsbildern und psychotherapeutische Veränderungsprozesse diskutiert. Es kann vorweggenommen werden, daß es nur wenige Autoren gibt, die über die metaphorische Benutzung von Termini der System- und Chaostheorie hinausgehen, indem sie versuchen die Angemessenheit der Verwendung von Begriffen der Chaostheorie durch empirische Untersuchungen zu beurteilen (Schiepek, 1994; Kowalik et al., 1997; Molenaar, 1987). Ein Beispiel für die metaphorische Anwendung chaostheoretischer Konzepte auf psychotherapeutische Prozesse aus der Sicht der Psychoanalyse liefert Moran (1991). Er stellt angeblich „formale" Ähnlichkeiten zwischen der Chaostheorie und Konzepten der Psychoanalyse fest, die aber nicht weiter gehen als, daß in der Chaostheorie und der Psychoanalyse das Zusammenwirken mehrerer Systemkomponenten betrachtet wird, daß die Psychoanalyse die auch in der Chaostheorie beschriebene Sensitivität für Anfangsbedingungen beinhaltet, da sie von einer psychischen Determinierung und der Bedeutung individueller Entwicklungsgeschichten ausgeht. Die Übergangsstadien eines Systems von einem Verhalten zu einem anderen, die in der Chaostheorie sehr spezifisch mit dem Konzept einer „elementaren Katastophe" (siehe unten) beschrieben werden, setzt er gleich mit unerwarteten oder plötzlich auftretenden Veränderungen eines Patienten innerhalb einer Therapie. Von solchen Gegenüberstellungen sind wenig Impulse für die Erforschung von Veränderungsprozessen zu erwarten. Nimmt man die Konzepte der Chaostheorie ernst, die die mathematische Beschreibung einer sehr spezifischen Art von Veränderungsprozessen darstellen, die sich der Beschreibung durch gewöhnliche Differentialgleichungen entziehen, und wendet die gegebenen mathematischen Methoden auf empirische Fragestellungen an, wird in vielen Anwendungsfällen sehr schnell deutlich, daß die Modellierung mit Hilfe chaostheoretischer Methoden völlig fehl am Platze ist (Pascal et al., 1998).

2.3.2.1 Modellierung chaotischer Dynamiken in Psychotherapien

In Psychotherapien kommt es nach Schiepek (1994) zur Destabilisierung von Erlebnis- und Verhaltensmustern, der die therapeutische Beziehung und die Bestätigung wichtiger Aspekte der Identität des Klienten als stabilisierende Größen gegenüberstehen. Der Patient befindet sich einem Zustand der „Multistabilität", da bisher inaktive Schemata aktiviert oder neue akkomodiert werden. Der Patient wechselt innerhalb dieser „Multistabilitäten" zwischen verschiedenen emotionalen Zuständen, je nachdem, welches der Schemata bestimmend ist. Schiepek vergleicht das mit den RRM von Horowitz. Mit „Multistabilitäten" gehen als Abwehr wahrzunehmende Prozesse einher. In diesen Instabilitätsphasen sei geplante, zielgerichtete Entwicklung eher unwahrscheinlich, „wenn auch die Orientierung an emotional bedeutsamen Zielen wichtige Richtungsimpulse für die Selbstorganisation veränderter Systemzustände liefern kann" (Schiepek, 1994).

In Instabiltitätsphasen treten auch chaotische Dynamiken auf, die durch eine hohe Unsicherheit über kommende Ereignisse gekennzeichnet sind. Für soziale Systeme wie die Patient-Therapeutbeziehung bedeutet dies, daß in Instabilitätsphasen bereits geringe Anzeichen z.B. in Form eines Blickes, einer Mimik, des Tonfalls oder einer Geste, zu weitreichenden Veränderungen führen können. Der Beginn einer Therapie ist als solche Instabilitätsphase anzusehen, Instabilititätsphasen können aber auch in Form von „Multistabiltitäten" im Verlauf der Therapie auftreten. Da Therapiephasen sich im Fall eines „multistabilen" Patienten durch die Art der aktiven Schemata unterscheiden, ist es schwierig, ohne Kenntnis des aktiven Schemas vorherzusagen, wie ein dem Therapieprozeß förderliches Verhalten des Therapeut aussehen müßte. Die Situation verschärft sich auch dadurch, daß Wahrnehmungsverzerrungen auf Grund des aktiven Schemas zu Fehlinterpretationen des Therapeutenverhaltens führen können (siehe S. 77). Hier kommt die Autonomie sozialer Systeme zum Tragen, die nach Schiepek eine Gemeinsamkeit moderner Systemtheorien darstellt. Dynamik und Struktur des Systems hängen demnach weniger von Umweltvorgaben als von internen Prozessen ab, die wegen ihren hohen Grades an Vernetzheit und Rekursivität bestimmend für das Verhalten des Systems sein können. Auf Grund der teilweisen Autonomie und Eigendynamik des Systems „Patient“ spielt das „Timing“ von Interventionen eine entscheidende Rolle. Dies wird, wie bereits angesprochen, dadurch erschwert, daß die als Problem des Patienten benannten Systemeigenschaften die interpersonelle Kommunikation beeinflussen. „Veränderung von Interaktionsmustern und Beziehungsdefinitionen“ sind als Folge und/oder Voraussetzung von Problemlösungen anzusehen.

In Interaktionen ist das Verhalten eines Interaktionspartners nicht nur Reaktion oder Konsequenz, sondern gleichzeitig auch wieder Stimulus (Gottman und Roy, 1990). Eine Dyade ist als zwei verkoppelte Systeme zu betrachten, in denen sich anregende und dämpfende Rückmeldungen mischen. Diese gemischten Feedbackprozesse haben komplexe dynamische Muster zur Folge, die ein Störungsbild kennzeichnen können. Schiepek beklagt, daß anstatt dessen all zu oft nur reine positive oder negative Verstärkung oder Dämpfung in Form von „Teufelskreismodellen“ zur Erklärung von Störungsbildern herangezogen werden, denen jegliche ökologische Validität fehlt, da sie die Komplexität der Symptomatik nicht erklären können.

2.3.2.2 Attraktoren, Kontrollparameter und das „Chaotische“ in der Chaostheorie

In der Analyse dynamischer Systeme werden verschiedene Arten von Attraktoren unterschieden. Es ist anzunehmen, daß sogenannte „seltsame“ Attraktoren in der klinischen Psychologie den Normalfall darstellen. Die anderen drei Attraktorarten Punkt, begenzter Kreis und Torus sind stark eingeschränkte geometrische Formen, wobei der Torus als das Ergebnis überlagerter Schwingungen unterschiedlicher Frequenz noch als regelmäßig anzusehen ist. Für seltsame Attraktoren gibt es keine solch einfache Beschreibung.

Die Frage, welche Eigenschaften von Attraktoren als Anzeichen von Gesundheit oder Pathologie angesehen werden können, werden unterschiedlich beantwortet. Für Grawe (1998) sind motivationale und emotionale Attraktoren, Störungsattraktoren und interpersonale Attraktoren die für die Psychotherapie relevantesten Dimensionen des psychischen Geschehens und sind gekennzeichnet durch eine Reduktion der Komplexität von Verhalten.

Empirische Untersuchungen des Verhaltens weisen aber auch auf alternative Möglichkeiten hin. Schiepek (1994, 1999) fand, daß sich das Verhalten von Patienten durch höhere Komplexität und Chaotizität auszeichnet als das der Therapeuten. In anderen Bereichen wie z.B. der Regulation der Herzfrequenz indiziert Komplexität allerdings auch Gesundheit, während eine Vereinfachung des Attraktors der Abstände zwischen Herzschlägen in Richtung auf einen Punktattraktor als Prädiktor für ein bevorstehendes Kammerflimmern und plötzlichen Herztod verwendet werden kann (Goldberger, 1990).

An diesem Beispiel läßt sich ein weiteres Problem der Anwendung des Attraktorbegriffes auf psychologische Fragestellungen verdeutlichen. Während die Dimensionalität des Raumes, in dem sich der Attraktor der Herzfrequenz abbildet, durch aufeinanderfolgende Abstände leicht zu bestimmen ist, ergeben sich erhebliche Probleme bei der Bestimmung der relevanten Dimensionen der oben genannten motivationalen und emotionalen Attraktoren.

Die oben angesprochenen Konzepte der „Multistabilität“ und Autonomie sozialer Systeme beruhen auf grundlegenden chaostheoretischen mathematischen Modellen. Ziel der Chaostheorie ist es, Unstetigkeiten in Verhaltensvariablen in Abhängigkeit von kontinuierlichen Änderungen der unabhängigen Variablen zu erklären. Das bedeutet, daß Unstetigkeiten im Verhalten nicht auf Unstetigkeiten in den unabhängigen Variablen zurückgehen, sondern auf intrinsische Reorganisationsprozesse des autonomen Systems. Hierin liegt eine wichtige Unterscheidung der Art von Veränderungsprozessen, die auch für die Psychologie von Relevanz sind. Während nichtchaotische Dynamiken Veränderungen und

Entwicklungsprozesse als kontinuierlich beschreiben, kommt es bei chaotischer Dynamik in einem bestimmten Bereich zu einer Reorganisation des Systems, die dazu führt, daß das System sich trotz minimaler Änderungen in den unabhängigen Variablen vollkommen anders verhält.

Die Analyse dynamischer Systeme kann meist über die Annahme angegangen werden, daß bestimmte Größen, wie Energie oder kognitive Dissonanz, nach einer Störung des Systems auf ein Minimum (z.B. an Entropie) bzw. ein Maximum (z.B. im Grad der Anpassung) hin reguliert werden. In diesem Optimierungsprozess spielt das Konzept des Gleichgewichts eine entscheidende Rolle. Das Verhalten ändert sich so lange bis es für die vorgegebenen unabhängigen Variablen einen stabilen Zustand erreicht. Mathematisch wird dieser Bereich durch Minima in der den Zusammenhang zwischen abhängigem Verhalten und kontrollierenden, unabhängigen Variablen beschreibenden Funktion definiert. Damit die Chaostheorie Anwendung finden kann, muß die Funktion strukturell stabil sein. D.h. bei kleinen Änderungen an der Funktion, wie z.B. Hinzufügen eines Terms eX, wobei e eine kleine positive oder negative Konstante ist, darf sich die Anzahl der Minima nicht ändern. Die Klasse von strukturell stabilen, aber mit Unstetigkeiten behafteten Funktionen läßt sich in sieben archetypische Formen, die sogenannten elementaren Katastrophen klassifizieren. Die populärste dieser elementaren Katastrophen ist die „cusp", die durch die „cusp"-Funktion beschrieben wird. An Hand der „cusp"-Funktion kann beispielhaft beschrieben werden, wie Unstetigkeiten im Verhalten Z von kontinuierlichen Änderungen in den Kontrollvariablen X und Y abhängen.

Ein Beispiel ist die Anwendung chaostheoretischer Überlegungen von Zeeman (1976) auf das Flucht/Angriffsverhalten von Hunden. Das nicht-lineare Modell beschreibt plötzliche Übergänge von Flucht zu Angriffsverhalten bei Hunden in Abhängigkeit von den Ausprägungsgraden von Angst und Wut. Im Unstetigkeitsbereich sind die Kontrollvariablen Angst und Wut in einem solchen Mischungsverhältnis vorhanden, daß es nicht möglich ist, Flucht oder Angriff vorherzusagen, und daß kleine Änderungen in einer der beiden Variablen zu einem plötzlichen Übergang von Flucht zu Angriff führen können. Eine chaotische Dynamik liegt also genau dann vor, wenn trotz der gleichen Ausprägung von Angst und Wut in einem Fall Angriffsverhalten, in einem anderen aber Fluchtverhalten gezeigt wird. Ziel der Optimierung des dynamischen Systems wäre in diesem Fall die Minimierung des Konfliktes zwischen den widerstrebenden Verhaltensweisen, was dadurch erreicht wird, daß sich das Verhalten in Richtung auf eine der beiden möglichen Katastrophen hin organisiert. So lange diese Bifurkation nicht stattgefunden hat befindet sich das System in einem „nichtzugänglichen" Bereich, der sich durch hohe Instabilität auszeichnet.

Ein Anwendungsbeispiel aus der klinischen Psychologie liefert z.B. Ciompi (1998), er weist psychopathologische Implikationen der von ihm entwickelten Affektlogik und der Chaostheorie am Beispiel der Schizophrenie auf. Die therapeutischen Konsequenzen für die Behandlung von schizophrenen Patienten aus der Chaostheorie sieht Ciompi in der Schaffung einer „emotional atmosphere" als „critical control parameter". Die emotionale Atmosphäre sollte emotional entspannt und supportiv sein und ein „stimulus-protected small-scale milieu" darstellen, da unter diesen Bedingungen die kognitiven Funktionen der Patienten, die in diesem Anwendungsbeispiel die abhängigen Variablen darstellen, am wenigsten beeinträchtigt sind. Die Kontrollvariablen werden also in der emotionalen Atmosphäre gesehen, die abhängigen Variablen in den kognitiven Funktionen des Patienten. Daß diese Sichtweise berechtigt ist, wird durch die „Expressed Emotions"-Forschung belegt, die kritisch-feindseliges und überinvolviertes Verhalten der Familienmitglieder eines schizophrenen Patienten als sehr guten Prädiktor eines Rückfalls identifiziert hat (Hahlweg et al., 1995). Das alleine belegt aber noch nicht, daß es sich im Zusammenspiel der Kontrollvariablen und der abhängigen Variablen um eine chaotische Dynamik handelt.

Die „cusp"-Funktion als eine mögliche elementare Katastrophe kann prinzipiell auf alle Arten von Verhalten und Erleben angewandt werden, ob eine Anwendung Sinn macht und welche Hilfsmittel für diese Entscheidung zur Verfügung stehen, wird im folgenden an Hand der sogenannten *„catastrophe flags"* aufgezeigt. Die Chaostheorie kennt drei Gruppen von Methoden, a) die Chaosanalyse, b) die Chaosmodellierung und c) die Chaosentdeckung. Für den Bereich der Sozialwissenschaften kann die Methode a) der Chaosanalyse von vorneherein ausgeschlossen werden, da hierfür die genaue mathematische Beschreibung dynamischer Prozesse in Form von dynamischen Gleichungen vorausgesetzt wird. Das oben angeführte Beispiel von Zeeman (1976) zur b) chaotischen Modellierung von Verhalten zeigt, daß die Methode der Chaosmodellierung auch im Bereich der Sozialwissenschaften eingesetzt werden kann. Probleme ergeben sich allerdings bei der Modelltestung, da die deterministischen Gleichungen der Chaostheorie in probabilistische umformuliert werden müssen. Obwohl einige Ansätze existieren (Cobb, 1980; Guastello, 1988), bleiben erhebliche Probleme z.B. bei der Wahl der zu verwendenden Rohdatentransformationen und den dafür nötigen statistischen Techniken zur Transformation.

Als für sozialwissenschaftliche Anwendungen praktikable Methode bleibt die von Gilmore (1981) entwickelte c) Entdeckung chaotischer Prozesse. Sie ermöglicht ein Urteil darüber, ob sich beobachtbares Verhalten nach chaotischen Gesetzmäßigkeiten organisiert oder nicht. Diese Frage muß gestellt und die Antworten müssen begründet werden, bevor chaotische Modellierungen auf einen Gegenstandsbereich berechtigt angewandt werden können.

Zur Beantwortung der Frage der Anwendbarkeit leitete Gilmore (1981) aus der Theorie dynamischer Systeme auf mathematischem Wege sieben „catastrophe flags" oder „critical flags" ab: Modalität und „unzugänglicher Bereich", plötzliche Sprünge, Hysterese, Divergenz, Divergenz linearer Reaktion, kritische Verlangsamung und anomale Varianz. Im Hinblick auf eine Anwendung chaostheoretischer Methoden auf den psychotherapeutischen Prozeß wird im folgenden diskutiert, ob die Bedingungen der „critical flags" erfüllt sein können und wie diese Bedingungen zu operationalisieren wären.

Die ersten fünf Kriterien beschreiben chaotisches Verhalten im Unstetigkeitsbereich, während die letzten drei Kriterien das Verhalten im gesamten Übergangsbereich, also vor und nach der Unstetigkeit, inklusive derselben, beschreiben. Bimodalität kommt dadurch zustande, daß im Unstetigkeitsbereich mehrere Minima existieren, zwischen denen es auch zu plötzlichen Sprüngen kommen kann. Zwischen diesen Minima oder Maxima liegen aber noch weitere mögliche, die allerdings instabil sind und deshalb nicht zugänglich. Um das Vorliegen dieser Kriterien beurteilen zu können, müßten zunächst die Kontrollparameter eines Patientsystems für ein bestimmtes Verhalten bestimmt werden. Nimmt man beispielsweise zwei Bedürfnisse an, eines nach Autonomie und eines nach Bindung, könnten diese zwei Kontrollparameter der abhängigen Variablen Annäherungs-/Vermeidungsverhalten darstellen. Läßt man die sich ergebenden erheblichen meßtechnischen Probleme außer Betracht, müßten sich bei einer zugrundeliegenden „cusp"-Katastrophe im Annäherungs/Vermeidungsverhalten des Patienten die oben genannten „critical flags" nachweisen lassen. D.h., daß der Patient bei gegebenen Größen für die Kontrollparameter einmal die eine Verhaltensalternative und ein anderes Mal ein anderes Verhalten zeigt. Zwischen diesen Alternativen kommt es zu plötzlichen Sprüngen, die allerdings bei mit Meßfehlern behafteten Daten nur schwer von beschleunigten Entwicklungen abzugrenzen sind. Hierbei kann hilfreich sein, daß alle sieben Kriterien vorhanden sein müssen und nicht nur eines. Z.B. müßte das als Hysterese bezeichnete Systemverhalten nachweisbar sein. Es besteht darin, daß der Patient bei Zunahme eines Kontrollparameters Verhaltensalternative A zeigt, bis es zu einem Sprung nach Verhaltensalternative B kommt. Bei Abnahme des Kontrollparameters verharrt er jedoch in Alternative B, obwohl der Kontrollparameter bereits wieder in dem Bereich liegt, in dem vorher Alternative A gezeigt wurde. Der Effekt der Hysterese kann aber sehr klein sein in

Abhängigkeit davon, ob man davon ausgeht, daß das System immer „versucht“, das globale Minimum zu erreichen (Maxwell Konvention) oder ob es in einem lokalen Minium verharrt, bis dieses völlig verschwindet. Unter der Maxwell-Annahme können die Effekte der Hysterese sehr klein sein und nur noch schwer nachweisbar. Das Kriterium der Divergenz beschreibt das Phänomen der Bifurkation, die darin besteht, daß das System ab einem bestimmten Wert für einen Kontrollparameter in Abhängigkeit von kleinsten Unterschieden in den einen oder anderen Bereich von Verhaltensalternativen verzweigt. Divergenz linearer Reaktion, kritische Verlangsamung und anomale Varianz beschreiben die Reaktion des Systems auf Perturbationen, wie z.B. therapeutische Interventionen, in der Nähe des Bifurkationsbereich. Die ersten beiden beziehen sich auf das Ausmaß der Störung des Systemverhaltens und die Zeit, die es benötigt, um zu stabilen Zuständen zurückzukehren. In der Nähe eines Bifurkationsbereich sollten das Ausmaß der Reaktion auf eine Perturbation und die Dauer bis zur Konsolidierung größer sein als in anderen Bereichen.

Das Kriterium der anomalen Varianz besagt, daß das System im Bereich einer Katastophe hohe Varianzen im Verhalten zeigt, die sich z.B. auch darin zeigen, daß die Zusammenhangsstrukturen zwischen Variablen sich ändern. Alle diese Kriterien wären prinzipiell beurteilbar, wenn sowohl die Kontrollparameter als auch das abhängige Verhalten valide zu erfassen wären. Voraussetzung für die Beurteilung der Kriterien ist aber auch, daß diese Parameter im Zeitverlauf erhoben werden müssen, um z.B. die Divergenz linearer Reaktionen nachweisen zu können, und daß sie reversibel sein müssen zum Nachweis der Hysterese.

Ein wichtiges Argument besteht auch darin, daß alle Kriterien auftreten müssen, um von einer chaotischen Dynamik reden zu können. Das ist z.B. dann von Nutzen, wenn einzelne Kriterien auf Grund fehlerbehafteter Daten nicht zu beurteilen sind, wie oben beschrieben im Fall der Unterscheidung zwischen beschleunigter Entwicklung und plötzlichen Sprüngen.

Zusammenfassend kann gesagt werden, daß die angemessene Anwendung chaotischer Modelle auf Gegenstandsbereiche die Chaosentdeckung voraussetzt. Diese kann nur durchgeführt werden, wenn die Kontrollvariablen und die abhängige Variable der Chaosfunktion identifiziert und operationalisiert sind. Nur dann ist es möglich zu beurteilen, ob die oben genannten Kriterien zutreffen und ob die Anwendung chaotischer Modelle angemessen ist. Es reicht also nicht aus, daß die genannten Kriterien mit subjektiven Einschätzungen „wie plötzliches Auftreten einer Veränderung“ übereinstimmen, sondern sie müssen in den erhobenen Daten nachweisbar sein, um eine chaotische Dynamik zu belegen. Für theoretische Überlegungen kann die empirisch noch ungerechtfertigte Anwendung chaostheoretischer Konzepte durchaus sinnvoll und gewinnbringend sein, man sollte sich jedoch der nicht unerheblichen Probleme bei der Testung der daraus abgeleiteten Modelle gewahr sein.

3 Die therapeutische Beziehung und der therapeutische Prozeß

3.1 Die therapeutische Beziehung als Wirkfaktor

Die Relevanz sogenannter unspezifischer Wirkfaktoren für den Erfolg einer therapeutischen Behandlung legt nahe, nach therapieschulenübergreifenden Erklärungen für die diesem Phänomen zugrundeliegenden Prozesse zu suchen, die in einer allgemeinen Theorie der Psychotherapie münden könnten. Diese Tendenz ist zu unterscheiden von Versuchen, eine übergreifende Theorie für eklektizistisches therapeutisches Vorgehen zu diskutieren, wie es z.B. Goldfried (1982) tut, da dort versucht wird, für bereits bekannte Interventionen verschiedener Schulen eine Theorie zu entwickeln, die die Wirkweise der Interventionen begründet. Eine allgemeine Theorie der Psychotherapie geht aber vor allem in dem Punkt über einen solchen Ansatz hinaus, daß versucht werden muß, Aussagen zu formulieren, die Patientenmerkmale, insbesondere deren Beziehungsstrukturen, zu jeweils geeigneten Formen therapeutischer Beziehungsgestaltung zuordnet. Damit sind dann auch die wenig erfolgversprechenden Versuche überholt, eine Form der Beziehungsgestaltung als für alle Arten von Patienten günstig zu erachten. Auch der unten beschriebene Versuch von Strupp und Binder (1984), die therapeutische Beziehung zum Thema der Therapeutenausbildung zu machen, geht nur so weit, daß größeres Augenmerk auf interpersonale Prozesse gelegt und diese besprochen werden sollten. Die Therapeuten verfielen bei der Erfüllung dieser durch das Manual vorgegebenen Verfahrensweise aber zum Teil in Formen der Beziehungsgestaltung, die von den Patienten als kontrollierend und irritierend wahrgenommen wurden, da sie den Zusammenhang zu ihren Problemen nicht erkennen konnten (siehe Abschnitt 3.1.1).
Die Notwendigkeit einer allgemeinen Psychotherapietheorie, die solche Phänomene berücksichtigt, hat sich aber bisher noch nicht durchgesetzt. Vielmehr wird zum Teil sogar versucht, die Rolle allgemeiner Wirkfaktoren gegenüber spezifischen, durch Therapieschulen vorgegebene Interventionen als untergeordnet und somit Therapie nur aus der Sichtweise des Wissens um die psychische Störung zu betrachten. Grawe (1997) stellt der Störungsperspektive von Fiedler (1997) die Ressourcen-, Beziehungs- und Konfliktperspektive an die Seite. Daraus ergibt sich eine therapieschulunabhängige, auf den einzelnen Patienten unter Orientierung am Erkenntnisstand der empirischen Psychologie und Psychotherapieforschung zugeschnittene Psychotherapie. Auf die Theorie von Grawe (1998) wird weiter unten genauer eingegangen.

3.1.1 Die therapeutische Beziehung in unterschiedlichen Therapieschulen

Versteht man psychische Störungen als zu großen Teilen in interaktivem Verhalten und Beziehungen verankert, tritt die therapeutische Beziehung als Einflußgröße auf mögliche Veränderungsprozesse beim Patienten in den Vordergrund. Die Gestaltung der therapeutischen Beziehung selbst kann dann als Wirkfaktor angesehen werden und nicht nur als notwendige unspezifische Voraussetzung für den wirksamen Einsatz dessen, was bisher unter psychotherapeutischen Techniken verstanden wird. Im Folgenden wird beschrieben, welche Modelle und empirischen Ergebnisse zur Rolle der therapeutischen Beziehung im therapeutischen Prozeß exisitieren. Im darauffolgenden Kapitel wird diskutiert, wie eine Technik der therapeutischen Beziehung aussehen und auf welchen empirischen und theoretischen Grundlagen eine solche beruhen könnte. Einer Unterteilung von Gelso und Hayes (1998) folgend, können Theorien zur Rolle der therapeutischen Beziehung im therapeutischen Prozeß auf den vier Dimensionen Zentralität, Veränderungsrelevanz, Realität und Macht eingeordnet werden. Die Frage danach, was eine „gute“ Beziehung aus der Sicht

therapieschulenübergreifender Modelle ausmacht, wird weiter unten besprochen (siehe Abschnitt 3.1.4).
Die Dimension der Zentralität gibt an, wie hoch der Stellenwert der Beziehung zwischen Patient und Therapeut für den therapeutischen Prozeß im jeweiligen Modell angesetzt wird. Auf der Dimension der Veränderungsrelevanz wird unterschieden, ob die therapeutische Beziehung nur als Mittel zum Zweck oder als veränderungsrelevante Größe angesehen wird. Die dritte Dimension gibt an, wie stark eine Theorie „reale" von „Übertragungsanteilen" oder maladaptiven Beziehungsmustern freie Beziehungsepisoden als möglich ansieht. Die letzte Dimension ist die der Macht, nach der sich Therapieformen unterscheiden.
Geht man von den theoretischen Vorgaben der Therapieschulen aus, unterscheiden sie sich erheblich im Hinblick auf die genannten Dimensionen. Obwohl die Beziehung zwischen Patient und Therapeut in der Psychoanalyse als zentral angesehen wird, ist dies doch eine spezielle Sichtweise der Beziehung. Erstens wird durch das liegende Setting versucht, das oben beschriebene unwillkürliche Kommunikationssystem in seiner Funktion zu beschneiden, was dazu führt, daß Beziehungsmuster zum Therapeuten rein auf den verbalen Austausch oder auf die kurzen Begrüßungs- und Verabschiedungssequenzen am Beginn und Ende der Therapie beschränkt werden. Ersteres führt zu einer „Überhitzung" des verbalen Kanals, letzteres zu einer Verdichtung von Beziehungsangeboten in zum Teil hoch bedeutsamen, kurzen Szenen (Astroem et al., 1993; Krause, 1998), die vor allem von sehr erfahrenen Therapeuten als bedeutsam erachtet werden, ansonsten aber nicht die nötige Beachtung erlangen, da sie noch nicht oder schon nicht mehr als therapierelevant wahrgenommen werden. Zweitens wird die Beziehung größtenteils als Übertragungsbeziehung angesehen, d.h. sie ist durchsetzt mit ungelösten, maladaptiven Themen früherer Beziehungen (Mertens, 1991). Aus diesem Grund kann die Beziehung alleine nicht zu einer Veränderung führen, vielmehr muß die Beziehung interpretiert werden, um dem Patienten Einsicht in seine von früheren Erfahrungen maladaptiv beeinflußte Beziehungsgestaltung zu gewinnen. So lange die Interpretation der Beziehung als notwendig für eine Änderung des Patientenverhaltens angesehen wird, ist die Beziehung nur Mittel zum Zweck. Eine Weiterentwicklung in Richtung der therapeutischen Beziehung als kurativem Faktor wird von Weiss und Sampson vorgenommen. In deren Theorie kann es zu Veränderungen kommen, wenn der Therapeut sich plankompatibel verhält. Dadurch kommt es zu korrektiven Beziehungserfahrungen. Aber auch bei Weiss und Sampson (1986) ist Teil des Plans, daß der Therapeut Interpretationen liefert, um dem Patienten Einsicht zu ermöglichen.
Im humanistischen Cluster der Gesprächs- und Gestaltpsychotherapie wird die therapeutische Beziehung sowohl als zentrales Element als auch als zentral wirksames Element angesehen. Emotionales Erleben und Bewußtsein des Patienten sollen sich durch die Umittelbarkeit („immediacy") der realen, aktuellen Beziehungserfahrungen verändern.
Als Gegenpol dazu steht in kognitiv-behavioralen Therapien die Beziehungsgestaltung im Dienste der Wirksamkeit der an Lern- und kognitiven Theorien orientierten Interventionen. Als wichtig erachtet werden der Beziehungsaufbau, in dem Vertrauen und Sicherheit als affektive Beziehung vermittelt werden, die Motivation des Patienten zur Durchführung der Interventionen und die Ablösung vom Therapeuten und das Beenden der Therapie (Zimmer und Zimmer, 1994; Reinecker, 1997). Eine Einschränkung dieser Aussage kann z.B. darin liegen, daß in der Therapie Verstärkungsprozesse durch den Therapeuten und Modellernen (Bandura, 1969) stattfinden. Geht der Therapeut auf interaktionelle „Spiele" des Patienten nicht ein, kann es zur Löschung maladaptiver Verhaltensweisen kommen (Zimmer und Zimmer, 1994). Weitere Ausnahmen finden sich in neueren kognitiv-behavioralen und integrativen Ansätzen, die bereits in Kapitel 2.1.1 besprochen wurden. Mit dem Einbezug der therapeutischen Beziehung als Wirkfaktor geht eine teilweise Annäherung der unterschiedlichen Therapieschulen einher. Grawe (1998) nennt z.B. die kognitive Therapie

von Persönlichkeitsstörungen nach Young (1994), sowie insbesondere das Vorgehen von Safran und Segal (1990). Ryle (1990) und der Ansatz von Guidano und Liotti (1995) sind ein Beispiel für die Integration von verhaltenstherapeutischen und psychodynamischen Denk- und Vorgehensweisen, „ohne deren theoretische Konstrukte zu übernehmen".

Die theoretischen Annahmen zur Macht des Therapeuten lassen sich zwar an Hand der expliziten und impliziten Annahmen der Therapieschulen unterscheiden, diese können jedoch vom einzelnen Therapeuten unterschiedlich umgesetzt werden, und außerdem sind Aussagen über ein Machtgefälle nicht ohne Rückgriff auf die Erwartungen des Patienten zu treffen. Auf Grund der Ausgangssituation, daß der Patient um Hilfe nachsucht, ist zwar bereits eine Machtdifferenz implizit vorgegeben. Diese muß sich aber nicht so in der therapeutischen Beziehung zeigen, vielmehr kann sie mit Autonomieansprüchen des Patienten konfligieren und es kommt zu einem gesteigerten Dominanzstreben des Patienten. Die therapeutische Situation beinhaltet zwar vorgegebene Rollenverteilungen, die sich auf Handlungsmacht, Intimität und Aktivitätsverteilung beziehen, diese werden aber für jede therapeutische Beziehung zunächst neu verhandelt. Die ausgehandelten Größen haben Einfluß auf die kognitive Bewertung von Verhaltensweisen auf beiden Seiten und damit auf die daraus resultierenden Emotionen (Scherer, 1984). Der Therapeut, der z.B. die Verweigerung des Patienten vor dem Hintergrund dessen psychischer Störung interpretiert, wird weniger zu Ärger neigen als ein Interaktionspartner in sonstigen Situationen. Das gilt zumindest für erfahrene Therapeuten und unter der Voraussetzung, daß der Patient nicht gerade die Gegenübertragungsbereitschaft des Therapeuten trifft. In diesen Fällen wird der Therapeut das offensive Verhalten des Patienten eher mit der Angst und den Konflikten des Patienten in Beziehung bringen. Diese Prozesse werden z.B. von Teyber (1997) anschaulich beschrieben. Der Patient hat Erwartungen hinsichtlich neuer Einsichten zu seiner Problematik, er schwankt zwischen Überraschung und Angst. Er kann sich durch Erwartungen an die therapiespezifische Rollenverteilung dem Therapeuten unterlegen fühlen, Handlungsmacht abgeben, ständig Neues erwarten.

Eine wichtige Relativierung erfährt die Diskussion um die angemessene Machtverteilung und andere Aspekte der therapeutischen Beziehung dadurch, daß es vor allem die Wahrnehmung der Qualität der therapeutischen Beziehung ist, die entscheidenden Einfluß auf den therapeutischen Prozeß und Erfolg hat (Schulte und Künzel, 1995). Je nachdem, ob man z.B. Kontrollaspekte in der Therapie an Hand der subjektiven Wahrnehmung, an Hand beobachtbaren Verhaltens oder als statistische Abhängigkeit zwischen Verhaltensweisen von Patient und Therapeut betrachtet, die sich zusätzlich auf stärker intrapsychische oder interpersonelle Bereiche beziehen können, erhält man auch unterschiedliche Zusammenhänge mit der Qualität der therapeutischen Beziehung. In der Theorie von Rogers (1951) sollte der Patient das Gefühl haben, sich autonom zu verhalten, trotzdem kann der Therapeut die Kontrolle haben über dieses Gefühl, nämlich durch das, was er tut. Die Ergebnisse der Studie von Schulte und Künzel (1995) zeigen, daß nicht das Verhalten, sondern die Wahrnehmung des Verhaltens eine Rolle spielt. Vom Patienten wahrgenommene Dominanz des Therapeuten zu Beginn der Therapie stand dabei mit dem Therapieerfolg in positivem Zusammenhang. In der Mitte und am Ende gewannen die Patienten in erfolgreichen Therapien mehr und mehr den Eindruck, Kontrolle über den Therapieverlauf zu gewinnen. Aus der Sicht der Therapeuten stellen sich die Zusammenhänge anders dar. Die sozialen Dimensionen der therapeutischen Beziehung wie Macht, Kontrolle und Intimität lassen sich also nicht auf von vornherein bestimmte Werte festlegen, vielmehr sind sie bereits das Ergebnis sozialer Verhandlungsprozesse am Beginn der Therapie, die sich im weiteren Verlauf auch ändern können. Erfolgreiche Therapien sind also nicht über fixierte Führungsgrößen herzustellen, sondern bedürfen flexibler Führungsfunktionen, die in Abhängigkeit von der Wahrnehmung der jeweiligen Therapiesituation modifizierbar sein müssen. Zur Beschreibung dieser

Anpassungsprozesse bedarf es eines Prozeßmodells, das aber bisher in der nötigen Genauigkeit noch für keine Therapieschule exisitiert (Krause, 1998). Die so hergestellte Flexibilität zeigt auch Auswirkungen auf die Qualität des therapeutischen Vorgehens. Nach Grawe (1992a) verhalten sich Therapeuten zwar überwiegend a) verstehend/bestätigend, gefolgt von b) anleitend/unterstützend und c) führend/kontrollierend. In unterschiedlichen Therapieformen und je nach Erfolg ändert sich jedoch die relative Zusammensetzung dieses Musters. Daß vor allem Flexibilität gefragt ist, schlägt sich in dem Untersuchungsergebnis nieder, daß sich erfolgreiche Therapeuten therapieschulenübergreifend dadurch charakterisieren lassen, daß sie höhere Abweichungen von dem durch die Therapieschule vorgegebenen Verhaltensmuster zeigen als die weniger erfolgreichen.

Die theoretische Orientierung stellt also nur einen Aspekt dar, wenn man das tatsächliche explizite und implizite Vorgehen von Therapeuten beurteilen will. In der Wahl der Therapieschule spiegeln sich die persönlichen Präferenzen der Therapeuten für die jeweiligen Menschenbilder und expliziten Aussagen über die Behandlungstechnik der Therapieschulen wieder. Über die theoretische Orientierung hinaus können auf seiten der Patienten wie der Therapeuten implizite Annahmen über ihre ausgeübte Rolle in der therapeutischen Situation hinzutreten. Die Frage, was das vom Therapeuten implizit hergestellte Verhältnis zum Patienten angeht, läßt sich wahrscheinlich nur unter Rückgriff auf die persönliche Entwicklungs- und Lerngeschichte des einzelnen Therapeuten beantworten. Der persönliche „Stil“, den der einzelne Therapeut entwickelt, kann so weit vom Ideal der Therapieschule abweichen, daß eine Subsumierung unter die Therapieschule unzulässig wird. Die von diesem Therapeuten durchgeführten Therapien können aber trotzdem sehr erfolgreich sein. Weiter unten werden für diese Annahme empirische Untersuchungen referiert, die zeigen, daß eine Abweichung vom „Ideal“ der Gesprächspsychotherapie, den therapeutisch erfolgreicheren Therapeuten auszeichnet.

3.1.2 Manualisierung der Beziehungsgestaltung in psychodynamischen Psychotherapiemodellen

In neueren Ansätzen psychoanalytisch orientierter Autoren erfolgt eine Ausweitung des bis anhin rein intrapsychischen Fokus auf in der Therapie ablaufende interpersonale Prozesse. Strupp (1982) sieht Psychotherapie als das Studieren der interpersonalen Transaktionen zwischen Patient und Therapeut und der intrapsychischen Folgen dieser Transaktionen (Ford und Urban, 1998). Selbst im Setting der klassischen Psychoanalyse spielt die interaktionelle Perspektive neben der intrapsychischen mittlerweile eine Rolle. Es geht nicht mehr nur darum, was im Geist des Patienten vor sich geht, sondern auch um Interaktionen zwischen Patient und Therapeut. Die Erweiterung auf interpersonale Prozesse und die Unzufriedenheit mit der Einschränkung auf intrapsychische Prozesse wird in folgendem Zitat deutlich:

> *„my steady preoccupation with what was going on within the patient often obscured what was going on in my interactions with the patient“. (Ford und Urban, 1998, S. 232)*

Auch in der Theorieentwicklung von der triebtheoretischen zu Objektbeziehungstheorien ist eine ähnliche Ausweitung des Interesses von nur intrapsychischen Prozessen als Ausgangspunkt und Antriebsquelle zu der Bedeutung interpersonaler Erfahrungen und deren Niederschlag in intrapsychischen Strukturen nachzuvollziehen. (Mertens, 1991; Steimer-Krause, 1996; Ford und Urban, 1998).

Eine Reihe von Psychotherapiestudien, die unter dem Namen „The Vanderbilt Psychotherapy Studies“ (Henry et al., 1993) bekannt wurden, untersuchen den Einfluß des interpersonalen Verhaltens von Patient und Therapeut auf den Therapieerfolg. Darüber hinaus wurde versucht, das so gewonnene Wissen für die Erstellung eines Therapiemanuals zu nutzen, das auch Anleitungen für den Umgang mit interpersonalen Situationen in der Therapie gibt. Die

Ergebnisse der ersten Studien wurden bereits oben (Seite 13) beschrieben; dort wurde auch bereits darauf hingewiesen, daß der Versuch, das Beziehungsverhalten zu manualisieren, nicht den gewünschten Erfolg zeigte. Die zentralen Ergebnisse der Studien werden hier noch einmal in Erinnerung gerufen. Das Training der Therapeuten in psychotherapeutischen Techniken der Kurztherapie verbesserte zwar bei ausgebildeten Therapeuten und Laien das therapeutische Ergebnis, bei Patienten, deren interaktives Verhalten aber Anteile von Negativismus, Feindseligkeit und Widerstand beinhaltete, traten die positiven Effekte nicht oder nur in geringem Ausmaß auf. Die Analyse des Therapeutenverhaltens ergab, daß sie mit subtil „anklagenden" Interpretationen und unterstützendem Verhalten, das aber gleichzeitig Kritik beinhaltete, reagierten. Desweiteren konnte gezeigt werden, daß Einstellungen des Therapeuten gegenüber dem Patienten sein Urteil in vielen anderen unabhängigen Bereichen beeinflussen. Auf der bewußten Ebene bestanden ihre Intentionen darin, den Patienten zu helfen und sie zu stützen, gleichzeitig wurden sie aber, wahrscheinlich als Folge des Beziehungsangebotes der Patienten, zu „Anklage" und „Kritik" veranlaßt. Um dieses für den Therapieverlauf hinderliche Verhalten zu ändern, wurde ein Manual einer psychodynamischen Kurztherapie entwickelt (Time-Limited Dynamic Psychotherapy, TLDP, Strupp und Binder, 1984), das den Umgang mit dem Beziehungsverhalten der Patienten als technisches Mittel beschreibt. Das Manual schreibt vor, die therapeutische Beziehung intensiv zu beachten, sie zu explorieren und die therapeutische Beziehung als technische Strategie zu benutzen. Damit wurde die Trennung technischer, spezifischer und unspezifischer Beziehungsfaktoren explizit aufgegeben und eine Anleitung entwickelt, Therapeuten auf den Einsatz von Beziehungsfaktoren als Technik vorzubereiten. Die Vorgabe eines Manuals reicht aber nicht aus, vielmehr müssen die Therapeuten auch in der Anwendung des Manuals trainiert werden, damit die durch das Manual intendierten spezifischen Methoden auch entsprechend zum Einsatz kommen. Erfolgreiches Training kann aber als in etwa genau so komplex und problematisch angesehen werden wie Therapie an sich. Da der Prozeß der Manualanwendung und der von Training weitgehend unerforscht ist, fokussierten weitere Studien auch auf diese Forschungsinhalte. Eine Zusammenfassung der Art des Therapeutentrainings, seiner positiven und negativen Folgen und des Einfluß des spezifischen Vorgehens beim Training geben Henry et al. (1993). Die Therapeuten wurden in 50 wöchentlichen 2-stündigen Seminaren und Supervisionssitzungen von zwei Trainern im Gebrauch des Manuals trainiert und die Veränderungen ihrer therapeutischen Technik in videographierten Trainingsbehandlungen überprüft. Dieses umfangreiche Trainingsprogramm führte dazu, daß sich ihre therapeutischen Strategien und Verhaltensweisen gemessen mit der VPPS (Vanderbilt Psychotherapy Process Scale, Henry et al., 1993) und SASB, dem Manual gemäß änderten. Es traten aber auch unerwartete Änderungen in ihrem Verhalten auf, die nicht durch das Manual abgedeckt waren und die auch entscheidenden Einfluß auf den Therapieerfolg hatten. Die Therapeuten wurden aktiver, weil das Manual es erfordert, und machten somit mehr interpersonelle Fehler als vor dem Training. Die intellektuelle Sensibilisierung für die während der Sitzungen ablaufenden Prozesse hatte außerdem den unvorhergesehenen Effekt, daß sie eine höhere Anzahl an disaffiliativen und komplexen Kommunikationen nach SASB realisierten. Nach dem Training waren die Therapeuten verunsichert und zeigten weniger offen unterstützendes Verhalten, weil sie es als unangemessen ansahen oder zumindest nicht mehr sicher waren, ob es angebracht war. Sie waren auch weniger optimistisch und zeigten mehr autoritatives und defensives Verhalten.

Um aufzuklären, welche Therapeuten mehr von dem Trainingsprogramm profitierten und weniger Irritationen zeigten, wurden Aspekte des Trainingsprozesses genauer untersucht. Es stellte sich heraus, daß das Verhalten der beiden Trainer unterschiedlich war. Als günstiger erwies sich die Einstellung von Trainer A, der alle Therapeuten als Novizen behandelte, auch wenn sie bereits über langjährige therapeutische Erfahrung verfügten, und sie zu spezifischen

Verhaltensweisen anleitete und verstärkte, anstatt wie Trainer B im Vertrauen auf die Erfahrung der Therapeuten es bei eher allgemein gehaltenen Erläuterungen ohne praktisches Einüben zu belassen.

Das führte dazu, daß die trainierten Therapeuten zwar ein konzeptuelles Verständnis von der Bedeutung interpersoneller Prozesse hatten, in ihren Therapien zeigten sie aber erstaunlich wenig Bewußtsein für interpersonelle Prozesse (Henry et al., 1994). Weitere Gründe für den negativen Effekt des Trainings wurden darin gesehen, daß die Therapeuten den Patienten nicht verständlich machen konnten, weshalb ihre Beziehung zum Therapeuten von Relevanz für ihre Probleme sein könnte. Die Patienten zeigten sich zum Teil irritiert, wenn sie auf ihre Gefühle zum Therapeuten angesprochen wurden. Außerdem erlebten die Patienten die Interventionen als unzusammenhängend und erzwungen, was durch die vom Manual vorgeschriebene kurze Therapiedauer erklärt wird. Die Untersuchungen von Henry et al. (1993, 1994) demonstrieren die grundlegende Problematik, Wissen aus empirischen Studien oder Vorgaben therapeutischer Schulen speziell zur therapeutischen Beziehung in die klinische Praxis umzusetzen, sie fordern deshalb, daß die Suche nach Wegen der Umsetzung zu einem eigenständigen Bereich der Psychotherapieforschung gemacht werden sollte. Daraus motiviert sich auch die Skepsis gegenüber der unkritischen Anwendung von therapeutischen Verfahren, die sich in empirischen Untersuchungen als effektiv erwiesen haben, ohne daß die Randbedingungen, unter denen die empirischen Untersuchungen stattgefunden haben genügende Berücksichtigung finden. Nach Henry (1998) zeichnet sich ein Trend ab, therapeutische Interventionstechniken isoliert zu evaluieren und ohne Berücksichtigung von Kontextbedingungen, weder bei der Schulung, noch bei der praktischen Anwendung, als effizient zu betrachten.

Aus den genannten Untersuchungen läßt sich schlußfolgern, daß therapeutische Beziehung und therapeutische Technik nicht als voneinander trennbare Aspekte therapeutischer Tätigkeit angesehen werden können. Zwar wird eine tragfähige therapeutische Beziehung im Sinne einer therapeutischen Arbeitsbeziehung (Gelso und Hayes, 1998) als notwendige Voraussetzung für die Wirksamkeit therapeutischer Techniken angesehen. Anleitungen, wie eine „gute" Arbeitsbeziehung hergestellt werden kann, sind aber entweder nicht vorhanden, zu allgemein gehalten, oder ihre praktische Umsetzung wird, wie dargestellt, nicht sichergestellt oder überfordert die Therapeuten. Daneben gibt es bisher keine detaillierten Überlegungen zu einer prozeßorientierten Gestaltung der therapeutischen Beziehung.

Ein wesentliches Manko der Psychotherapieforschung besteht auch darin, daß mikroprozessuales Verhalten, das einen Großteil zur Qualität von Beziehungen beiträgt, bisher noch wenig erforscht wurde (Mehrabian, 1972; Argyle und Dean, 1965, 1985; Krause, 1981; Rubin et al., 1992; Tickle-Degnen et al., 1992). Auf dem Hintergrund der oben beschriebenen Erfahrungen mit Therapeutentrainings zur Gestaltung der therapeutischen Beziehung ist es allerdings auch hier fraglich, ob Ergebnisse zu mikroprozessualem Verhalten, in Handlungsanleitungen umsetzbar sind, da diese Verhaltensweisen nur einer eingeschränkten willentlichen Kontrolle unterworfen sind. Die zu kontrollierenden Verhaltenscluster sind noch dazu hoch komplex, das heißt sie erstrecken sich über mehrere Verhaltenskanäle, die eine exakte zeitliche Abstimmung aufeinander erfordern, um glaubwürdig zu wirken (Ekman, 1985). Glaubwürdigkeit ist aber eine der notwendigen Bedingungen und ein zentraler Wirkfaktor von Psychotherapie (Grawe, 1998). Therapeuten werden durch Anleitungen, die ihr Verhalten auf solch detaillierte Weise regulieren, in ihrer Verarbeitungskapazität überfordert (Henry et al., 1994). Demnach kann ein Ansatz zu einer Technik der therapeutischen Beziehung unter Rekurs auf mikroprozessuales Verhalten nur die Wahrnehmung von eigenen und Verhaltensweisen des Patienten und die dadurch ausgelösten Gefühle umfassen. Die Verhaltensregulierung selbst muß aber Folge der unter Einbezug dieser Größen restrukturierten Sichtweise der therapeutischen Situation sein und kann nicht vorgetäuscht werden.

3.1.3 Komplementäre Beziehungsgestaltung und die „gute" therapeutische Beziehung

3.1.3.1 Die Gestaltung einer wirksamen therapeutischen Beziehung

Die therapeutische Beziehung wird oft nur als Mittel zum Zweck angesehen. Sie soll gut sein, damit die davon abgegrenzten psychotherapeutischen Interventionen besser wirken. Was gut ist, wird meist auf den Dimensionen direktiv-nichtdirektiv und den oben diskutierten Dimensionen abgehandelt. Es existieren zwar auch auf den Patienten angepaßte Strategien, z.B. in Form der komplementären Beziehungsgestaltung von Grawe. Aber auch hier soll nur eine gute Beziehung im Dienste der Effektivität der Interventionen hergestellt werden (Einschränkung in Grawe, 1987). Die Therapiebeziehung wird zwar als hochspezifischer Wirkfaktor für das In-Gang-Kommen von problemrelvanten Veränderungen aufgefaßt, wie dieser Prozeß aber aussehen könnte, wird nicht konzeptualisiert (Ambühl, 1992). Eine Reihe von Autoren erweitert allerdings neuerdings die Funktion der therapeutischen Beziehung als Basis für andere Methoden zu einer Verhaltensänderungen verursachenden (Krause, 1992, 1998; Merten et al., 1996; Ambühl, 1992). Ambühl (1992) bezieht sich auf Grawe (1987), aber speziell auch auf die von Weiss und Sampson (1986) formulierte „Control Mastery Theory". Ambühl weist auf, daß Übertragungstests, die ähnliche Oberflächenstruktur haben, denen aber unterschiedliche pathogene Überzeugungen zugrunde liegen, auch therapeutisch unterschiedlich angegangen werden müssen. Z.B. kann autonomes Verhalten des Patienten einmal dazu dienen, ob der Therapeut dadurch verletzt wird, oder um zu prüfen, ob man dem Therapeuten überhaupt etwas bedeutet.

Die Integration der therapeutischen Beziehung in Modelle des therapeutischen Prozesses ist nicht ohne Erweiterungen der Theorien möglich. Der Versuch, z.B. das Beziehungsgeschehen in verhaltenstherapeutischen Behandlungen durch Bezug auf respondentes, operantes und Modellernen theoretisch zu fassen, wird von Verhaltenstherapeuten selbst als ungenügend empfunden (Schindler, 1991). DeVoge und Beck (1978) beziehen sich auf das Kreismodell von Leary (1957) und empfehlen freundlich-dominantes Therapeutenverhalten bei freundlich submissiven Patienten. Die Frage, welche Art von Beziehung für den Rest der Patienten hilfreich sei, bleibt offen. Grawe (1987) empfiehlt, zur Lösung dieses Problems individuelle Fallkonzeptionen mit Hilfe von funktionalen Bedingungsanalysen, Verhaltens- oder Problemanalysen auch auf die Beziehungsmöglichkeiten des Patienten anzuwenden und ihm ein entsprechendes Beziehungsangebot zu machen. Dieses Vorgehen setzt aber voraus, daß die Beziehungsmöglichkeiten korrekt diagnostiziert werden können und was wahrscheinlich schwerer wiegt, von seiten des Therapeuten ein passendes Beziehungsangebot interaktiv zu realisieren ist. Die Wahl verschiedener therapeutischer Strategien, z.B. eher supportiv oder direktiv, alleine löst diesen Anspruch nicht ein.

Die Annahmen Grawes stützen sich auf empirische Untersuchungen des Beziehungsverhaltens von Therapeuten unterschiedlicher theoretischer Orientierung und dessen Bezug zu Patientenmerkmalen und zum therapeutischen Erfolg (Grawe et al., 1990). Verglichen wurden Interaktionelle Verhaltenstherapie (IVT), Gesprächspsychotherapie (GT) und Breitspektrumverhaltenstherapie (BVT). Neben SASB (Benjamin, 1974), das sich auf sprachliche Äußerungen bezieht und das tatsächliche Verhalten nur in Teilen abbildet, wurden Interaktionsskalen zur Erhebung des interaktiven Verhaltens in den therapeutischen Dyaden eingesetzt. Ausgegangen wurde von der Annahme, daß die durch ihre Ausbildung gegebene höhere Anpassungsbereitschaft der IVT-Therapeuten sich in einer höheren Anzahl von Korrelationen zwischen dem Verhalten von Patienten und Therapeuten abbilden sollte. Diese

Annahme konnte bestätigt werden. In BVT sind 22,5 % der Korrelationen signifikant, in GT 34 % und in IVT 58 %. Hinsichtlich der Heuristik-Rating-Skalen ist die therapeutische Beziehung aus Sicht des Patienten in der IVT am besten, gefolgt von der GT und der BVT. Patienten schätzen in den ersten 23 Stunden der Behandlung die Therapiebeziehung in IVT besser ein als in GT und BVT. Aus der Perspektive der Therapeuten gilt das nur für die ersten 13 Stunden, danach schätzen die BVT Therapeuten die Beziehung genauso gut ein wie die IVT-Therapeuten. Die sprachliche Aktivitätsverteilung in der GT ist durch häufige Sprecherwechsel charakterisiert, während in der BVT nur wenige Sprecherwechsel zu beobachten sind.

Die SASB-Analysen ergeben erwartungsgemäß, daß die GT-Therapeuten Autonomie bejahen, verstehend/bestätigend auf den Klienten eingehen und nur in geringem Ausmaß Hilfe gewähren. Auffallend ist, daß sie vermeiden sich selbst zu öffnen. Die Verhaltenstherapien (BVT und IVT) unterscheiden sich dadurch, daß die BVT-Therapeuten gelegentlich auch unfreundlich lenken und kontrollieren, während die IVT-Therapeuten mehr freundlich helfen und unterstützen. Auch grenzen sich die IVT-Therapeuten nur wenig von den Patienten ab und öffnen sich. Die Unterteilung der gesprächspsychotherapeutischen Behandlungen in erfolgreiche und nicht erfolgreiche ergibt das unerwartete Ergebnis, daß die erfolgreichen Therapeuten sich häufiger als erwartet führend/kontrollierend und anklagend/herabsetzend verhalten, was nun gar nicht zu der durch die Therapieschule vorgegebenen Orientierung paßt. Die Patienten reagieren auf das Verhalten der Therapeuten komplementär mit Durchsetzung und Rechtfertigungsversuchen. Die erfolgreichen GT-Therapien zeichnen sich demnach durch ein eher konflikthaftes Beziehungsmuster aus. Die BVT-Therapeuten verhalten sich stärker führend/kontrollierend und anklagend/herabsetzend, sie gewähren kaum Autonomie und verhalten sich auch nicht verstehend/bestätigend. Die Patienten zeigen wenig Selbstöffnung, statt dessen mehr durchsetzendes/abgrenzendes und auch unterziehendes/nachgebendes Verhalten. Die Therapien sind erfolgreich, in denen die Therapeuten vom ausschließlich direktiven Verhalten abrücken, die Patienten sind dann vertrauensvoller. Die nicht erfolgreichen Therapeuten vollziehen die Veränderung in Richtung Nicht-Direktivität nicht mit, geben aber häufiger Anleitung/Unterstützung. Ihre Patienten sind weniger vertrauensvoll. Der Erfolg der IVT geht nach Grawe auf ihre höhere Flexibiliät in der Anpassung an den Patienten zurück. Sie sind häufig freundlich/anleitend und unterstützend und sich selbstöffnend. Direktivität und Kontrolle kommen nur in Form freundlicher Unterstützung vor.

Auf der Basis der Ergebnisse der SASB-Analysen kann zusammenfassend festgestellt werden, daß in erfolgreichen Gesprächspsychotherapien die Therapeuten führend/kontrollierendes und anklagend/herabsetzendes Verhalten zeigten und wenig freundliche Anleitung, Unterstützung und Gewährung von Autonomie. Ihre Patienten verhielten sich komplementär, was zu einem eher konflikthaften Beziehungsmuster zwischen Patient und Therapeut führte. Nach Grawe hatten etliche Klienten Schwierigkeiten mit dem nicht-direktiven Vorgehen, sie hatten relativ starke Wünsche, sich anzuvertrauen, abhängig zu machen und unterzuordnen. IVT Therapeuten hätten sich in diesem Fall komplementär verhalten, was allerdings im Sinne der Konzeptualisierung maladaptiver Schemata gerade diese bestätigen und aufrechterhalten kann. IVT unterscheidet sich von GT und BVT dadurch, daß die Therapeuten nicht von vorneherein in eine bestimmte Beziehungsrichtung festgelegt waren, sondern sich an den Beziehungswünschen der Patienten ausrichten, was sich in der größeren Anzahl von signifikanten Korrelationen zwischen den Interaktionsskalen für Patient und Therapeut in der IVT als in GT und BVT zeigt.

Grawe schlußfolgert, daß die Therapiebeziehung und der Umgang damit kein unspezifischer Wirkfaktor ist, sondern, wie beschrieben, als Technik benutzt werden kann, um generell in allen Therapieformen die Effektivität zu steigern, indem die Aufnahmebereitschaft für veränderungsinduzierende Interventionen erhöht wird. Der Effekt der komplementären Beziehung selbst wird lediglich in einer wertvollen Erhöhung des Selbstwertgefühls des Patienten und weniger als korrektive Erfahrung in bezug auf maladaptive Schemata gesehen. Gerade hier liegt aber das Problem. Nach Angaben Grawe reagierten die IVT-Therapeuten flexibel auf die Beziehungswünsche der Patienten. Die Vorgabe flexibel zu reagieren erfordert allerdings grundlegende Annahmen darüber, auf welche Beziehungsangebote komplementär (siehe auch Grawe, 1998) eingegangen werden kann, um das Selbstwertgefühl zu steigern, und auf welche Beziehungsangebote eher nicht eingegangen werden sollte, da es ansonsten zur Bestätigung maladaptiver Schemata kommen würde. Dieses Problem wird auch von Grawe gesehen und mit Hilfe der Analyse der Schemata und Pläne des Patienten zu lösen versucht, wobei sich die „eigentlichen" Intentionen des Patienten hauptsächlich aus dem nonverbalen Verhalten erschließen (Grawe, 1998).

Bei der Entwicklung einer Methode zur Identifikation selbstwertfördernder Intentionen, auf die komplementär vom Therapeuten eingegangen werden soll, wurden Überlegungen zu Schemata und Plänen, deren Verbindung zur Störung des Patienten und ihrer Veränderung angestellt. Als Zugang zu den Zielen des Patienten wird die Plananalyse eingesetzt (Caspar, 1989). Die Plananalyse ermöglicht allerdings nicht die Beschreibung von Veränderungsprozessen, berücksichtigt affektiv-emotionale Komponenten nicht oder nur unzureichend. Außerdem erlaubt die Plananalyse nicht die Beschreibung eines neuen Bewußtseins des Patienten von sich selbst.

An dieser Stelle integriert Grawe die Plananalyse in die Schematheorie, die im folgenden kurz beschrieben wird, um den Stellenwert der komplementären Beziehungsgestaltung für die Ressourcenaktivierung auf seiten des Patienten beurteilen zu können. Pläne sind die unmittelbar handlungssteuernde, motivationale Komponente der Schemata. Sie dienen dazu, Wahrnehmungen im Sinne der Zielkomponente des Schemas herbeizuführen. Den Prozeß der Selbstreproduktion und Selbstveränderung beschreibt Grawe im Rahmen der Autopoesis (Maturana, 1980) und dem dissipativer Strukturen (Prigogine, 1977). Auf diese Sichtweise wird weiter unten bei der Diskussion system- und chaostheoretischer Modelle noch einmal eingegangen. Schemata verändern sich regelhaft und zwar dann, wenn Informationen aus der Umgebung nicht mehr assimilierbar sind. Zunächst können jedoch Abwehrprozesse in Form von Verleugnung, Wahrnehmungsverzerrungen oder ähnlichem auftreten. Ein neues Schema unterliegt einem Assimilationsprozeß, in dem es auf konkrete Situationen angewandt wird. Grawe vergleicht diesen Prozeß mit dem Durcharbeiten in Psychotherapie.

Nach Grawe et al. (1994b) ist die reale Beziehung zum Therapeuten Ausgangspunkt und Kern der Schemaanalyse, und zwar das, was der Patient tut, nicht das, was er inhaltlich sagt. Das Verhalten des Therapeuten sollte sich daran orientieren, bzgl. welcher Beziehungsziele des Patienten der Therapeut sich komplementär verhalten sollte. Als Kriterien nennen Grawe et al. die Konsequenzen eines solchen Sich-Einlassens auf Beziehungsziele, nämlich Steigerung des Selbstwertgefühls und positive Gefühle, die wiederum den Zugang zu weiteren bisher vermiedenen Zielen und Problemen erleichtern sollen. Empirische Bestätigungen dieser Überlegungen finden sich bei Grawe (1992a). Der Therapeut sollte dem Patienten Wahrnehmungen im Sinne seiner selbstrelevanten Ziele ermöglichen. Das können auch Ziele in Vermeidungsschemata sein. Da nicht alle Ziele vom Therapeuten als unterstützenswürdig angesehen werden und er somit nicht echt auf sie reagieren kann, muß er gegebenenfalls auf nicht problematische Oberziele (Plananalyse) ausweichen. Diese Oberziele repräsentieren meist allgemein menschliche Bedürfnisse, die vom Therapeuten unterstützt werden können.

Auch Grawe et al. (1994b) diskutieren Beziehungstests. Um korrektive Erfahrungen zu ermöglichen, muß der Therapeut sich im Sinne der Wünsche und nicht der Befürchtungen des Patienten verhalten. Die Wünsche sind allerdings nicht offen ausgedrückt, vielmehr ist der Therapeut mit einer Mischung aus Realisierungs- und Vermeidungsversuchen konfrontiert.

Letztere können aber genau zu dem vom Patienten befürchteten Verhalten führen. Grawe et al. (1994b) schlagen deshalb vor, aus der Fallkonzeption möglichst genaue Beschreibungen von zu erwartenden Beziehungstests abzuleiten. Die zu beschreibenden Komponenten der Beziehungstests sind das Verhalten des Patienten, der Wunsch dahinter, die Befürchtung und das wünschenswerte Verhalten des Therapeuten, das zu einer korrektiven Beziehung führen könnte. Als Abgrenzung zum Vorgehen anderer Therapieschulen sieht Grawe, daß nicht ausschließlich negative, maladaptive Schemata thematisiert werden, sondern auch positive Ziele des Patienten erschlossen werden, zu denen der Therapeut sich komplementär bestätigend verhalten soll, um dem Patienten durch möglichst positive Erfahrungen den Aufbau dieser positiven Schemata zu ermöglichen. Damit ist eine Grundlage für den positiven Effekt einer komplementären Beziehungsgestaltung auf das Selbsterleben des Patienten genannt. Da dessen Probleme aber vor allem durch maladaptive Schemata gekennzeichnet sind, bleibt die Frage offen, wie die therapeutische Beziehung korrektiv auf diese Schemata einwirken kann.

3.1.3.2 Ein Beispiel für die Wirkweise der Beziehungsgestaltung

Autoren unterschiedlicher Therapieschulen (Strupp, 1998; Krause, 1997; Grawe, 1997; Reinecker, 1997; Schindler, 1991) betrachten die therapeutische Beziehung als Wirkfaktor und fordern spezifische Arten von Beziehungsgestaltung, nicht nur spezifische technische Interventionen, für unterschiedliche Patienten. In Abhängigkeit von der Entwicklungsgeschichte des Patienten und seinen Beziehungsmustern können vordergründig gleiche Interventionen unterschiedliche Wirkung haben. Selbstöffnung des Therapeuten kann für einen Patienten, dessen Eltern distanziert und zurückhaltend waren, förderlich sein, während ein Patient mit einem depressiven Elternteil oder einem emotional verführerischen Erzieher in frühen Phasen der Therapie eher mit Angst auf diese Art Beziehungsangebot reagiert. Am Beispiel der Agoraphobie und unter Bezug auf Guidano und Liotti (1995) versucht Grawe (1998) die Relevanz motivationaler Konflikte bei psychischen Störungen herauszuarbeiten. Die Untersuchung von Guidano und Liotti wurde bereits weiter oben beschrieben. Darin zeigte sich, daß der Teufelskreis des die Symptomatik aufrechterhaltenden Vermeidungsverhaltens durch die Technik der Exposition unterbrochen wird, der zugrundeliegende motivationale Konflikt aber wird über das Beziehungsverhalten verändert. Das Beispiel der Agoraphobiker macht deutlich, wie spezifische Arten von Beziehungen zu positiven Veränderungen während psychotherapeutischer Behandlungen führen können. Es fällt aber auch auf, daß die Veränderung begünstigende Beziehung nicht explizit als solche gestaltet wurde, sondern lediglich ein Nebenprodukt der eingesetzten verhaltenstherapeutischen Techniken ist.

3.1.4 Integrative Modelle

Zum Verständnis des interaktiven Geschehens im psychotherapeutischen Prozeß ist es notwendig, Erkenntnisse aus unterschiedlichen Bereichen der Psychologie zu integrieren. Vor allem entwicklungspsychologische, klinische, emotionspsychologische und interpersonale Theorien stehen dabei im Mittelpunkt des Interesses. Ansätze zum integrativen Verständnis dieser Gegenstandsbereiche findet man bei mehreren Autoren. So wird weiter unten auf die Arbeit einer Gruppe von Autoren, die unter dem Namen „The Process of Change Study Group" figuriert, eingegangen werden, die als zentrales Moment von Veränderungsprozessen das implizite Beziehungswissen von Patienten ansieht (Stern et al., 1998). Krause (1998) integriert emotionspsychologische, ethologische, entwicklungspsychologische und psychoanalytische Konzepte zu einer allgemeinen psychoanalytischen Krankheitslehre und wendet diese auf die therapeutische Situation an.

Ein anderer Integrationsversuch ist im Modell von Teyber (1997) beschrieben. Teyber bezeichnet das von ihm entwickelte Psychotherapiemodell als interpersonalen Prozeßansatz, in dem Sichtweisen Sullivans (1953) interpersonaler Theorie, der Objektbeziehungstheorie und Bindungstheorie, sowie der systemischen Familientheorien Berücksichtigung finden. Die interpersonalen Stile (Rückzug, Übereinkunft, Kontrolle) von Patienten basieren auf ihren Wünschen, Erwartungen, Selbst-Erfahrungen in Beziehungen und emotionalen Reaktionen (Sullivan, 1953). Die Konzepte „relational templates" oder „internal working models" charakterisieren das Verhalten und die mentalen Abbildungen desselben auf seiten der Patienten. Teyber betrachtet das affektive Lernen in der Familie als Ursprung überdauernder Kompetenzen aber auch von Konflikten des Individuums. Die Konflikte der Patienten werden als affektive Konstellationen emotionaler Reaktionen beschrieben. In der Ärger-Trauer-Scham Konstellation steht Ärger im Vordergrund, das zugrundeliegende Gefühl ist aber im Bereich der Trauer angesiedelt. Wenn die zugrundeliegende Trauer zu tage tritt, löst diese Erkenntnis Scham aus. Positive Veränderungen werden darin gesehen, daß der Patient alle zur Triade gehörenden Emotionen erfahren, sie ausdrücken und ertragen kann, ohne sie verdrängen zu müssen. Die Konstellation kann auch mit der Trauer als führendem Affekt auftreten, was als für Depressionen typisch erachtet wird.
Teyber konzeptualisiert die dynamischen Konstellation des Patienten für bestimmte Formen von Beziehungsgestaltung in bezug auf a) familiäre, entwicklungsbedingte Aspekte, b) inflexible, interpersonale Copingstile und c) aktuelle interpersonale Faktoren.
Das Verhalten des Patienten kann in allen Interaktionspartnern eine bestimmte Reaktion hervorrufen, unabhängig von deren Reaktionsbereitschaft. „Effektiver" ist aber, wenn der Patient Gegenübertragungsbereitschaften des Therapeuten „nutzt", um in ihm bestimmte Emotionen auszulösen. Hier stellt sich die Frage, wie adaptiv die Verhaltensweisen der Patienten im Hinblick auf die Dynamik des Therapeuten sind. Der schwierigste Patient ist demnach der, der sein Verhalten an die Dynamik des Therapeuten adaptiert, um seine eigenen Befürchtungen zu bestätigen.

3.1.4.1 Veränderung impliziten Beziehungswissens

In den vorhergehenden Überlegungen zu Veränderungsprozessen wurde deutlich, daß die therapeutische Beziehung sowohl eine akzessorische Funktion als auch eine an sich verändernde Funktion bei der Veränderung starrer Schemata oder „Beziehungsattraktoren" haben kann. Sie kann auf der einen Seite dazu dienen, dem Patienten ein Gefühl der Sicherheit und Vertrauen in die Kompetenz des Therapeuten zu geben, darüber hinaus kann der Therapeut aber durch von den Erwartungen des Patienten abweichendes Verhalten eine Assimilation aktueller Situationsmerkmale an maladaptive, interpersonale Schemata erschweren. Die stützende Funktion der Beziehung besteht dabei darin, die durch schemadiskrepante Information ausgelöste Angst zu reduzieren und damit einhergehende Hemmungsprozesse, die eine Änderung des Schemas behindern, zu vermeiden. Die dynamische Systemtheorie legt nahe, daß dabei auch kleinste Varianten in der Verhaltensweise des Therapeuten die durch den maladaptiven Attraktor vorgegebene Trajektorie entscheidend beeinflussen können, so daß das Verhalten des Patienten zumindest unter den Randbedingungen des therapeutischen Settings temporär einen anderen als den durch den maladaptiven Attraktor vorgegebenen Verlauf nehmen kann. Eine Einübung des neuen Verhaltens ist aber an die Bedingung geknüpft, daß die Situation wiederholt hergestellt werden kann. Für den Patienten ist diese Bedingung gegeben, da das maladaptive Konzept weiterhin eine hohe Instantiierungswahrscheinlichkeit hat. Ob der Therapeut aber in der Lage ist, kontinuierlich über mehrere Situationen hinweg den maladaptiven Beziehungsangeboten des Patienten zu widerstehen, ist fraglich und kann dadurch erschwert werden, daß die Beziehungsangebote des Patienten in unterschiedlichen Varianten auftreten und ein flexibles

Reagieren des Therapeuten erforderlich machen. Es ist also mit einem phasenhaften Verlauf zu rechnen, der auch Rückschläge beinhaltet. Diese als eher pessimistisch einzuschätzende Ausgangslage hat wohl auch dazu geführt, daß innerhalb der Psychoanalyse diesen nonverbalen, unbewußten Verhaltensweisen eine eher destruktive als eine heilende Wirkung zugeschrieben und sie als Agieren bezeichnet wurden (Daser, 1995). Der phasenhafte Verlauf eröffnet aber auch die Möglichkeit, die spezifischen Merkmale der jeweils für die Phase charakteristischen Art der interpersonalen Interaktion diskriminierbar werden zu lassen. Ob es sich dabei um bewußte Prozesse handeln muß oder ob implizites Beziehungswissen auch über die alleinige Veränderung impliziter Prozesse möglich ist, ist eine offene Frage. Nach den Überlegungen von Anderson (1993) zum Erwerb neuer Produktionsregeln müßte es sich um bewußte Prozesse handeln, da deklaratives Wissen als für den Aufbau prozeduralen Wissens als notwendig erachtet wird. Auch in der multi-modalen Theorie von Bucci (1997) spielen vertikale Transformationsprozesse zwischen subsymbolischen und symbolischen Repräsentanzen eine zentrale Rolle im therapeutischen Veränderungsprozess.

Ein Zugang zu dieser Frage kann in der Untersuchung nonverbaler Phänomene in therapeutischen Interaktionen und deren Einfluß auf Veränderungen des Patienten und den therapeutischen Erfolg angesehen werden, auf die im folgenden eingegangen wird. Eine Gruppe von Autoren, die unter dem Namen „The Process of Change Study Group" figuriert, sieht das Essentielle an Veränderungsprozessen in Psychotherapien darin, daß sich das implizite Beziehungswissen von Patienten ändert (Stern et al., 1998). Die Gruppe betont die Rolle impliziten, prozeduralen Beziehungswissens für das Verständnis des therapeutischen Prozesses. Die Autoren nehmen eine reale Beziehung zwischen Therapeut und Patient an zusätzlich zum Übertragungs-, Gegenübertragungskonzept der Psychoanalyse. Als veränderungsrelevant werden „moments of meeting" als transaktionale Elemente eingeführt, die das implizite Beziehungswissen des Patienten dadurch verändern, daß sie das intersubjektive Feld zwischen Patient und Therapeut neu ordnen. Der Begriff „moments of meeting" wird in Anlehnung an die ontogenetische Entwicklung des Kindes verwendet und ist gekennzeichnet durch komplementäres Verhalten mit gleichzeitigem mutuellen Erkennen der subjektiven Realität des anderen. Sie stellen Momente verdichteter Affektivität dar (Beebe und Lachmann, 1994) und sind Katalysatoren für den therapeutischen Prozeß, die im günstigen Fall die Möglichkeit eröffnen, komplexere, intersubjektive Formen der Beziehungsregulation zwischen Patient und Therapeut zu realisieren. Nach Stern et al. (1998) entwickelt sich ein „moment of meeting" aus einem „now moment", einer sich unerwartet einstellenden und sich vom bisherigen Verlauf qualitativ unterscheidenden Situation. Damit aus einem „now-moment" ein „moment of meeting" wird, muß jeder der beiden Interaktionspartner individuell mit einem einzigartigen, authentischen Beitrag reagieren. Der „now-moment" charakterisiert eine labile Übergangsphase, die über einen „moment of meeting" in einen neuen, fortgeschritteneren Zustand übergeführt werden könne, der durch ein erweitertes implizites Beziehungswissen gekennzeichnet sei. Im therapeutischen Prozeß können „now-moments" nicht wahrgenommen werden, oder die Überführung in einen „moment of meeting" kann ausbleiben. Sie treten aber wieder auf, und es ergibt sich eine neue Möglichkeit für einen „moment of meeting". Sie können aber auch erkannt, benannt und zurückgestellt werden. Eine Interpretation des „now moments" kann zwar in einigen Fällen zum Erfolg führen, aber selbst eine gute und angemessene Interpretation gewinnt ihre Wirkung erst dadurch, daß sie in einen „moment of meeting" eingebunden ist, der den emotionalen Effekt der Intervention beinhaltet.

3.2 Empirische Befunde zu nonverbalem Verhalten und emotionalen Austauschprozessen in psychotherapeutischen Interaktionen

3.2.1 Nonverbales Verhalten

Der *emotionale Aspekt der therapeutischen Allianz* wird weitgehend über nonverbales Verhalten reguliert, und auch die Aspekte der Zielsetzung und Zielerreichung, die vordergründig verbal verhandelt werden, gewinnen ihre Verbindlichkeit für Patient und Therapeut dadurch, daß sie auf dem Hintergrund einer emotional hinreichend ausgestalteten Beziehung stattfinden. Stupp und Binder (1984) formulieren:

> *„While the therapist's caring may occasionally be communicated directly, the most common as well as effective communication of this basic attitude occurs nonverbally". (Strupp und Binder, 1984, S. 139)*

Die Befundlage zum nonverbalen, emotionalen Verhalten in psychotherapeutischen Interaktionen ist allerdings nur unter Einschränkungen für die Beurteilung der Bedeutung nonverbaler Prozesse im therapeutischen Prozess zu verwenden. Die Metaanalyse von Hall, Harrigan und Rosenthal (1995) liefert einen Überblick über empirische Studien zum nonverbalen Verhalten in psychotherapeutischen und medizinischen Settings. Die erste Einschränkung besteht darin, daß über 80 % der einbezogenen Studien Analogstudien sind, d.h. es wurden keine Patienten untersucht, sondern gesunde Probanden.

Das führte in einigen Studien sogar zu differentiellen Effekten, z.B. führte Körperberührung am Unterarm oder Rücken während der Begrüßung nur in den Analogstudien zu mehr Selbstexploration, nicht mit tatsächlichen Klienten (Stockwell und Dye, 1980).

Dennoch zeigen bereits diese Studien einige Vorurteile über die Art und Weise wie ein erfahrener und erfolgreicher Therapeut sich verhalten sollte auf. Das Laienrating zur Expertise von Therapeuten korrelierte negativ mit deren Grad an Ausbildung und Erfahrung (Schmidt und Strong, 1970). Der Zusammenhang erklärt sich daraus, daß die Beobachter bei ihrer Bewertung auf die globale Art der Selbstdarstellung des Therapeuten fokussierten, z.B., ob er aufmerksam erschien oder einen „warmen Gesichtsausdruck" hatte. Die erfahrenen Therapeuten zeigten diese Verhaltensweisen aber in geringerem Umfang als die weniger erfahrenen und weniger gut ausgebildeten. Ein weiteres überraschendes Ergebnis ist, daß die Fähigkeiten der Therapeuten zur En- und Decodierung nonverbalen, emotionalen Verhaltens keinen Zusammenhang zu den Ratings der Patienten oder zu denen von Laien zeigten. Die mit PONS (Rosenthal et al., 1979) gemessene allgemeine Dekodierfähigkeit der Therapeuten korrelierte weder mit dem Rating von Patienten, noch mit dem von Laien, wohl aber mit den Effektivitätsratings von Supervisoren. Für Unterskalen des PONS konnte jedoch gezeigt werden, daß Ärzte, die interpersonale „cues" (PONS) des Körpers besser wahrnehmen, auch zufriedenere Patienten hatten. Der Effekt kam dadurch zustande, daß sie ihr eigenes emotionales Verhalten auf die wahrgenommene emotionale Lage des Patienten abstimmten. Diese Ergebnisse sind allerdings unter den oben angeführten Kritikpunkten am Konstrukt der Decodierungsfähigkeit und den zur Erhebung desselben eingesetzten Verfahren als nur bedingt aussagekräftig zu erachten.

Das aus den unterschiedlichen Studien abgeleitete idealtypische Verhaltensmuster der Therapeuten kann wie folgt beschrieben werden. Es setzt sich aus nonverbalen Verhaltensanteilen zusammen, die eine günstigste Therapeut/Patientorientierung widerspiegeln. Etwa ein Meter Abstand, Vorwärtslehnen, offene Armhaltung und moderate Armbewegungen, wenig Beinbewegungen, ein hohes Maß an posturaler Kongruenz und Blickkontakt. Lächeln und Kopfnicken standen in positivem Zusammenhang zum Rating der empathischen Qualitäten des Therapeuten, genauso wie Blickkontakt und Handgesten während des Sprechens. Die gleichen affiliativen Verhaltensweisen resultieren in höherer Attraktivität und Überzeugungsfähigkeit.

Dieses idealtypische Verhaltensmuster läßt wie alle bereits oben erwähnten Anleitungen zur Herstellung einer guten therapeutischen Beziehung außen vor, unter welchen Randbedingungen dieses Verhalten sich als positiv erweist, und macht keine Angaben über mögliche Ausnahmen. Ein weiterer Hinweis dafür, daß die praktische Anwendung der Ergebnisse nicht immer gelingen wird, ist darin zu sehen, daß die Maße in den meisten Studien keinen linearen Zusammenhang zur Qualität der therapeutischen Beziehung zeigten, sondern einen quadratischen. Das bedeutet, daß nicht einfach mehr vom gleichen zu einer guten Beziehung führt, sondern es muß ein ausgewogenes Ausmaß z.B. an Lächeln realisiert werden, das in ausreichendem Umfang, aber nicht zu häufig, gezeigt wird.

3.2.2 Interaktive Aspekte und die differenzierte Erfassung des mimischen Verhaltens

Ein weiteres konzeptionelles Manko der Studien besteht darin, daß versucht wird, Verhaltensweisen des Therapeuten oder Arztes zu untersuchen, ohne die Reaktionen des Patienten darauf mit einzubeziehen. Daß die Reaktionen beider Interaktionspartner mit einbezogen werden müssen zeigt sich darin, daß für die meisten Verhaltensbereiche wie verbale Unterbrechungen, illustrative Gesten, Körperorientierungen und Blickverhalten positive Korrelationen nachgewiesen werden können, die auf reziproke Verhaltensweisen von Patient und Therapeut schließen lassen (Street und Buller, 1987, 1988). Das legt nahe, daß gegenseitige Beeinflußungen von Ärzten und Patienten in einem Zirkel nonverbaler Reziprozitäten die Wirksamkeit der Behandlung selbst in medizinischen Behandlungen beeinflussen können. Untersucht man die verbalsprachlichen Inhalte mit Hilfe von Transkripten und Textinhaltsanalysen, findet man keine wechselseitige Anpassung, die Anpassung ist ein weitgehend nonverbales Phänomen. Nonverbale Hinweisreize sind auch bei der Einschätzung der Kompetenz des Therapeuten salienter als verbale Parameter wie z.B. psychologischer Jargon, Interpretationen, Selbstöffnung und Reflektionen. Die wechselseitigen Anpassungsprozesse werden in den meisten Studien unter Verwendung von über die Zeit aggregierten Maßen berechnet, dadurch bleiben temporale Aspekte interpersonaler Anpassung unberücksichtigt. Die Erhebung interpersonaler Anpassungs- und Regulationsprozesse, wie z.B. interaktioneller Synchronizität, erfordert einen weit höheren Aufwand in der Datenerhebung und Datenauswertung (Bernieri, 1988; Bernieri und Rosenthal, 1991; Condon et al., 1966; Kendon, 1977; Merten, 1996a; Steimer-Krause, 1996), weshalb für klinische Interaktionen, insbesondere Psychotherapie, bisher nur wenige Untersuchungen zu diesem Gebiet vorliegen. Untersuchungen zum interaktiven Verhalten von Patienten in anderen sozialen Situationen liegen allerdings vor und wurden bereits oben (Seite 30) besprochen. Ein zentrales Ergebnis dieser Studien war, daß sich die gesunden Partner in erheblichem Ausmaß an das Verhalten der Patienten anpassen (Steimer-Krause et al., 1991; Merten, 1996a; Steimer-Krause, 1996; Krause, 1997).

Erstaunlicherweise wurde auch das Geschlecht der interagierenden Personen in nur wenigen Studien berücksichtigt. Alagna et al. (1979) fanden z.B., daß der Effekt von Berührungen in gegengeschlechtlichen Dyaden größer war als in gleichgeschlechtlichen. Für das mimisch-affektive Verhalten in dyadischen Situationen zeigt sich ebenfalls ein großer Einfluß des Geschlechts beider Interaktionspartner auf Anzahl und Art der gezeigten Emotionen (Frisch et al., 1995; Frisch, 1996; Merten, 1997a). Es ist anzunehmen, daß diese Befunde auch für psychotherapeutische Interaktionen von Bedeutung sind.

Ein weiteres Defizit bisheriger Studien zum interaktiven Verhalten in Psychotherapien ist darin zu sehen, daß das mimische Verhalten nur sehr undifferenziert erhoben wurde. Bis auf wenige Ausnahmen bezieht sich die Erforschung nonverbalen Verhaltens in Psychotherapien auf in positiv und negativ eingeteilte Signale. Meist wird nur Lächeln als globale Kategorie erhoben und generell als Indikator und Voraussetzung für eine stabile therapeutische Beziehung angesehen. Das geschieht unabhängig davon welche Art von Lächeln gezeigt wird, da die verwendeten Codiersystem keine Differenzierung der Lächeltypen vorsehen. Nach Ekman und Friesen (1982) lassen sich z.B. 18 Lächeltypen unterscheiden, die je andere Funktionen in sozialen Interaktionsprozessen haben können. Stettner, Ivery und Haynes (1986) unterscheiden zwölf Lächeltypen.

Einen Überblick zu Studien, die interaktives Verhalten von zwei Personen und insbesondere deren mimisch-affektives Verhalten untersuchen, gibt Bänninger-Huber (1996). Hinsichtlich der Qualität der von ihr berücksichtigten 63 Studien kommt sie zu den gleichen Schlüssen, die oben bereits genannt wurden. Nur in vier der 63 ausgewerteten Studien werden psychotherapeutische Situationen untersucht. Es handelt sich in allen vier Studien um Einzelfallanalysen, von denen drei den Verlauf über mehrere Stunden analysieren (Heidelberg und Song, 1984; Nelevic und Timmel, 1984; Krause und Lütolf, 1989; Wicki, 1988).

3.2.3 Ausgewählte Studien

3.2.3.1 Lächeln als Marker für relevante Episoden

Eine weitere Studie, in der zwei Einzelfälle untersucht wurden, ist die von Vanger und Czogalik (1997). Zwar unterscheiden auch sie nicht nach Lächeltypen, interessant ist die Studie aber deshalb, weil Aspekte des wechselseitigen Verhaltens von Patienten und Therapeuten analysiert werden. Es wird untersucht, ob Therapeut und Patient simultanes Lächeln zeigen, und wer von beiden diese Episoden beginnt. An Hand dieser Aspekte wird versucht, theoretische Annahmen zum störungsspezifischen Beziehungsverhalten der Patienten zu operationalisieren. Vanger und Czogalik (1997) untersuchen durch Lächeln gekennzeichnete Episoden in zwei Therapien mit an Eßstörungen leidenden Patienten. Bei der Selektion der für sie relevanten Episoden unterscheiden sie nicht zwischen unterschiedlichen Lächelformen. In einer Therapie mit einer bulimischen Patientin und einem männlichen Therapeuten wurde mehr gelächelt als in der Therapie mit einem anorektischen Patienten und einer weiblichen Therapeutin. Darüber hinaus ergab die Untersuchung, daß die Lächelepisoden häufiger von den Patienten initiiert werden als von den Therapeuten. Der Unterschied in der Therapie mit der bulimischen Patientin ist größer als im Fall des Anorexiepatienten. In der Therapie mit der bulimischen Patientin werden 75,5 % der einseitigen Lächelereignisse (nur einer lächelt) von der Patientin gezeigt, in der Therapie mit dem Anorxie-Patienten kehrt sich dieses Verhältnis um. Vanger und Czogalik interpretieren diese Unterschiede auf dem Hintergrund der unterschiedlichen Arten von Beziehungsgestaltung, die für die genannten Störungsbilder als typisch erachtet werden. Diese Interpretation ist zwar plausibel, läßt aber außer acht, daß die beiden therapeutischen Dyaden hinsichtlich des Geschlechts von Patient und Therapeut genau umgekehrt besetzt sind. So betrachtet, lächeln die weibliche Patientin und die weibliche Therapeutin mehr als ihr männliches Gegenüber, was dem geschlechtsspezifischen Ausdrucksverhalten in Alltagsdyaden entspricht und nicht notwendigerweise als Indiz unterschiedlicher therapeutischer Prozesse anzusehen ist. Es sollte also zumindest die mögliche Wechselwirkung zwischen dem Geschlecht der interagierenden Personen und der Art der psychischen Störungen diskutiert werden.

Auch die Lächeltypen sind zu unterscheiden, vor allem die Unterscheidung von Lächeln (AU12, Anheben der Mundwinkel) mit und ohne AU6, da letztere Muskelinnervation die Ausdrucksfunktion des Lächelns größtenteils markiert (Ekman, Friesen und O'Sullivan, 1988; Bänninger-Huber, 1996; Merten, 1997a). Ein Hinweis auf die Bedeutung der „echten Freude" (AU12 und AU6) für die emotionale Beziehungsregulation fand z.B. Wicki (1988). Die als

„echte Freude“ bezeichneten Lächelformen traten in der von ihr untersuchten Therapiestunde signifikant häufiger synchron auf und sind somit ansteckender als andere Arten des Lächelns. Ein weiteres für die Untersuchung psychotherapeutischer Prozesse zentrales Konzept, das des Konfliktes zwischen Emotionen, bildet sich ebenfalls im Zusammenhang mit Lächeln ab. So kann z.B. Freude zusammen mit einem negativen Affekt auftreten, das Lächeln kann aber auch ausschließlich einen negativen Affekt maskieren. Im Verlauf einer erfolgreichen Behandlung sollten diese Konfliktindikatoren im emotionalen Ausdrucks- und Beziehungsverhalten zurückgehen. Dieses für das Ausdrucksverhalten in psychotherapeutischen Prozessen geforderte Phänomen konnten Krause und Lütolf (1989) an Hand eines Einzelfalls empirisch nachvollziehen. Parallel zur Zunahme echter Freude auf seiten des von ihnen untersuchten Patienten reduzierten sich im Verlauf der Therapie die Maskierungen von Ärger und Ekel durch Lächeln.

3.2.3.2 Prototypische affektive Mikrosequenzen

Einen Beitrag zum Verständnis affektiver Mikroprozesse in psychotherapeutischen Interaktionen stellen die Arbeiten von Bänninger-Huber (1996) dar. Sie untersucht, basierend auf einem Modell der Affektregulierung in Beziehungssituationen (Moser et al., 1987), die intrapsychische und interaktive Regulierung kognitiv-affektiver Prozesse an Hand von „ausgewählten affektiven Mikrosequenzen“. Die Auswertung basiert auf zwei vollständig videographierten Therapien, eines männlichen Patienten über 52 Sitzungen und einer weiblichen Patientin („neurotische Persönlichkeitsstörung mit depressiver Symptomatik“) über 67 Sitzungen. Im Mittelpunkt der Analyse stehen „PAMS“ (Prototypische affektive Mikrosequenzen) und „traps“. „Traps“ bezeichnen ein „bestimmtes interaktives Muster, das sich im Kontext von Über-Ich Konflikten und daraus resultierenden Schuldgefühlen in einer ausgewählten Therapiestunde wiederholt manifestiert“. „Traps“ beschreiben also eine spezifische Form von Beziehungsmuster im Kontext von Schuldgefühlten, die ähnlich wie die oben diskutierten Konzepte den maladaptiven Wiederholungsanteil im Verhalten von Patienten erfaßbar machen sollen. Die von Bänninger-Huber eingesetzte Methode basiert auf einer Frame-Analyse des interaktiven Verhaltens unter Einbezug der verbalen Inhalte, so müssen z.B. Schuldgefühle zur Selektion einer Szene explizit genannt werden. Das Verfahren befindet sich noch in Entwicklung und wird von Bänninger-Huber und Widmer (2000) weiterentwickelt. Die Identifikation von PAMS beruht auf dem Auffinden von Selbstregulierungsstörungen an Hand eines kognitiv-affektiven Verständnisses der Situation und an Hand von Auffälligkeiten im interaktiven, nonverbalen und paraverbalen Verhalten (Lächelformen, Lachen, „micro-expressions“, negative Emotionen, Versprecher, Pausen, erhöhte Frequenz von Adaptoren). In diesem Auswahlprozeß ist eine Schwäche des Verfahrens zu sehen, der Gewinn aus der Analyse der identifizierten Szenen besteht aber darin, daß deutlich wird, in welch hoher Verdichtung innerhalb weniger Sekunden sich prototypische Beziehungsmuster in interaktivem Verhalten abbilden und wie schwierig sich die Aufgabe der Therapeutin gestaltet in diesem kurzen Moment eine adäquate Verhaltensalternative zu wählen und interaktiv zu realisieren. Aufgezeigt wird aber auch die Schwierigkeit, für alle Patienten oder zumindest für eine Vielzahl von Patienten Verhaltensauffälligkeiten zu benennen. Dies ist nur unter Rückgriff auf Einzelfallanalysen möglich, innerhalb derer jedoch im Verlauf der Zeit ein Wissen über ähnliche Formen von prototypischen Mikrosequenzen erworben werden kann, das für die weitere Anwendung von hohem Wert ist, aber expliziert und systematisiert werden muß, damit eine reliable Anwendung des Verfahrens trainierbar wird. Nach Analyse des ersten der beiden Fälle benennt Bänninger-Huber drei aus dem Wissen um den Einzelfall abgeleitete Auslesekriterien für PAMS, von denen zumindest das erste auch für andere Patienten als Hinweis auf eine nicht gelingende PAMS gewertet werden kann. Es besteht im nonverbalen Angebot des

Patienten an die Therapeutin, gemeinsam zu lächeln, um eine affektive Selbstregulierungsstörung interaktiv zu bewältigen. Die Therapeutin geht aber nicht auf das Angebot ein, sie „verweigert" das Lächeln, was als nicht gelingende PAMS gewertet wird.

3.3 Mentale Modellierung und Beziehungsregulation im psychotherapeutischen Prozeß

3.3.1 Einleitung

Die oben angestellten Überlegungen zu maladaptiven Schemata, einem unwillkürlichen Kommunikationssystem, Veränderungsprozessen und der Beziehungsregulation in psychotherapeutischen Interaktionen werden in dem folgenden Modell des psychotherapeutischen Prozesses integriert und in ihrer Wechselbeziehung dargestellt.

Das Modell umschreibt Beeinflussungsprozesse zwischen Patient und Therapeut und deren Repräsentation als mentale, kognitiv-affektive Modelle, wie sie z.B. von Moser et al. (1987) bereits diskutiert werden. Der Schwerpunkt des Modells liegt auf der Darstellung der wechselseitigen Beeinflussung von expliziter und impliziter Modellbildung und dem interaktiven Verhalten von Patient und Therapeut. Umfassende Modelle des psychoanalytischen Prozesses findet man bei Thomä und Kächele (1985, 1988) und für verhaltenstherapeutische Behandlungen bei Kanfer et al. (1991).

Im Folgenden wird zunächst auf Aspekte der maladaptiven Modellierung des Patienten eingegangen und darauf wie sein Verhalten zum Therapeuten dadurch beeinflußt wird. Danach wird auf die Modelle des Therapeuten eingegangen, insbesondere auf die seiner Modellierung zugrundeliegenden Einflußgrößen. Im Anschluß daran wird diskutiert, wie sich explizite und implizite Formen der Modellierung in unterschiedlichen Formen von Beziehungsverhalten niederschlagen können, und es wird der Frage nachgegangen, inwieweit der Therapeut auch auf maladaptive Beziehungsmuster des Patienten eingehen muß, um ein Verständnis für dessen Problematik zu erhalten.

3.3.2 Maladaptive Modellierung und das Verhalten des Patienten

Das Problemfeld des Patienten läßt sich in Bezug setzen zu einer spezifischen Art von Modellierungen von sozialen Situationen und der Art der realisierten Beziehungen (s.o.). Das beobachtbare Verhalten und berichtete Erleben des Patienten ist das Resultat einer Wechselwirkung zwischen bewußter und unbewußter Modellierung. Teil der bewußten Modellierung des Patienten ist das Modell des Patienten über seine Problematik (Symptome, Episodische Beziehungserfahrungen, deren Interpretation und Erklärungsversuche), was auch z.B. im Rahmen des „Goal Attainment Scaling" als Bestandteil schematheoretischer Fallkonzeptionen therapeutisch genutzt wird (Grawe et al., 1994b). Der Grad der Zugänglichkeit zu Aspekten der unbewußten Modellierung variiert in Abhängigkeit von der Modalität ihrer Repräsentation, aber vor allem in Abhängigkeit davon, wie stark sie mit Fragen der Selbstkohärenz und der emotionalen Selbstregulation verbunden sind. Das Destabilisieren der Selbstkohärenz und allgemein eine Gefährdung der emotionalen Selbstregulation aktivieren Abwehrmechanismen, die den Zugang erschweren. Eine Komplikation besteht auch darin, daß sich präverbale, präsymbolische Erfahrungen nur annähernd in entsprechende verbale Äußerungen umformulieren lassen, selbst wenn dieser Prozeß nicht mehr durch Abwehrprozesse behindert wird. Eine solche Umformulierung kann aber als wesentlicher Bestandteil von Veränderungsprozessen angesehen werden, wie oben bereits erwähnt wurde. Eine erfolgreiche Behandlung schlägt sich vor allem in einer Steigerung der Wahrnehmung von und der Toleranz für Affekte, sowie in derem „emotionalem" und „konzeptuellem" Ausdruck nieder (Monsen et al., 1995).

Das Modell des Patienten von sich selbst kann zu Beginn der Therapie ausschließlich aus dem Erleben von Symptomen bestehen, ohne daß ein Zusammenhang zu ätiologischen Komponenten hergestellt wird. Im Fall von Patienten mit Persönlichkeitsstörungen sind zudem die vom Patienten beschriebenen Symptome seiner Problematik nicht deckungsgleich mit den vom Therapeut zur Diagnose benutzten. Die Behandlung von Patienten mit Persönlichkeitsstörungen gestaltet sich dementsprechend schwierig, führt aber dennoch in vielen Fällen zum Erfolg (Fiedler, 1995; Kernberg, 1988). Den Gegenpol bilden Patienten, die bereits elaborierte Modelle und Erklärungsversuche ihrer Problematik generiert haben. Das muß nicht immer von Vorteil sein, da diese Modelle auch das Ergebnis von Abwehrprozessen sein können (Krause, 1998).

Grawe (1987) unterscheidet ein regulierendes Selbst vom Selbstkonzept. Das explizite Modell des Patienten ist eher identisch mit seinem Selbstkonzept, das implizite Modell ist als Bestandteil des regulierenden Selbst, das „per definitionem nicht gleichzeitig Gegenstand von Bewußtseinsinhalten ist" anzusehen. Das Bewußtwerden des impliziten Modells oder Teilen davon löst Angst aus, die aber nicht in allen Komponenten der Emotion repräsentiert sein muß. Z.B. kann der expressive Anteil mit der zugehörigen Handlungsbereitschaft der Vermeidung beobachtbar sein und zu Vermeidungsverhalten führen, ohne daß Angst erlebt würde. Der expressive Anteil verliert die Funktion dem Organismus seinen emotionalen Zustand rückzumelden, wie im Rahmen der „Facial Feedback Hypothese" (Izard, 1991) beschrieben, sondern dient vielmehr dazu das Vermeidungsverhalten interaktiv zu implementieren. Das heißt dem Interaktionspartner auf subliminalem Niveau zu signalisieren, daß eine Änderung im Verhalten notwendig ist, z.B. indem das Thema gewechselt wird.

Die Modellierung des Patienten umfaßt also mehrere Modelle

- Modelle von sich selbst und seinen Bezugspersonen
- Modelle seiner Problematik und deren Entstehung
- Modelle vom Therapeuten und der Beziehung zu ihm
- Modelle von der Wirkweise der Therapie
- Modelle vom Patientenmodell des Therapeuten

Das Verhalten des Patienten wird demnach bestimmt vom Zusammenspiel der expliziten und impliziten Modelle. Es äußert sich in der therapeutischen Situation in seinen Narrativen und vor allem im para- und nonverbalen Verhalten. Die Modellierung des Patienten steht aber im Wechselspiel mit dem vom Patienten wahrgenommenen Verhalten des Therapeuten. Im Verhalten des Patienten können sich sowohl Konfliktanteile aus verschiedenen Teilmodellen widerspiegeln als auch deren Abwehr. Letzteres gilt vor allem für Abwehrmechanismen, die Handlungen mit einbeziehen (Krause, 1998). Im Fall der projektiven Identifikation z.B. kommt es zu einer „Vertauschung der Rollen", wodurch der konfliktive Anteil im Verhalten des Patienten nicht mehr auffindbar ist, beim Interaktionspartner aber erkennbar werden kann. Was beim Patienten sichtbar wird, sind die Versuche, den Interaktionspartner dazu zu bringen, daß er sich gemäß eines konfliktiven Anteils verhält. Das Verhalten des Patienten kann so ausgestaltet sein, daß es in allen Interaktionspartnern eine bestimmte Reaktion hervorrufen soll, unabhängig von deren Reaktionsbereitschaft. „Effektiver" ist aber, wenn der Patient Gegenübertragungsbereitschaften des Therapeuten „nutzt", um in ihm bestimmte Emotionen auszulösen. Die Verhaltensweisen der Patienten können demnach auch an einer möglichen Konfliktdynamik des Therapeuten ausgerichtet sein, die sich in seinem Beziehungsverhalten widerspiegelt. Der schwierigste Patient ist demnach der, der sein Beziehungsverhalten an die Psychodynamik des Therapeuten adaptiert, um seine eigenen Befürchtungen zu bestätigen.

3.3.3 Die Modelle des Therapeuten

Im Prinzip ist die Modellierung des Therapeuten durch die gleichen Modelle zu beschreiben, die auch für den Patienten angenommen werden. Unterschiede bestehen aber darin, daß seine

Modellierung ausbildungsbedingt nur geringe maladaptive, wahrnehmungsverzerrende Anteile enthalten sollte und daß er im Allgemeinen den Schwerpunkt seiner expliziten Bemühungen darauf legt, ein Modell vom Funktionieren des Patienten, von dessen Modellen, zu gewinnen. Auch ist für Therapeuten anzunehmen, daß sie ihre Modelle in größerem Umfang reflektieren, als es die Patienten tun. Sie bilden also Modelle ihrer eigenen Modelle, die dem Zwecke der Reorganisation dienen. Diese Fähigkeit wurde von Moser et al. (1987) im Kontext der „Reorganisation" verortet.

Neben einem meist expliziten Modell über sich selbst und seine therapeutischen Strategien und eigenen Modelle versucht der Therapeut vor allem, ein Modell über die Modellierungsprozesse des Patienten zu generieren, wozu er auf eine Vielzahl von Informationsquellen rekurrieren kann. Dazu gehört das vom Patienten berichtete Modell, das berichtete Erleben des Patienten, aber vor allem auch das Verhalten des Patienten, das der Therapeut auf der Basis von Hintergrundwissen um das Störungsbild des Patienten zu einem eigenen Modell über die Funktionsweise des Patienten zu integrieren versucht. In diese Modellierung fließen auch die wahrgenommene Beziehung zum Patienten und das damit einhergehende emotionale Erleben ein. Das so erschlossene Modell ist Teil der bewußten Modellierung des Therapeuten und beeinflußt sein Verhalten gegenüber dem Patienten. Dieses idealtypische Vorgehen wird aber dadurch erschwert, daß mit fortschreitender Formulierung eines Modells vom Patienten, Information nur noch selektiv wahrgenommen wird. Aus diesem Grund raten Thomä und Kächele (1988) dazu, besonderes Augenmerk auf Informationen zu legen, die dem Modell widersprechen, und diese als solche anzuerkennen, anstatt sie weitgehenden Assimilationsprozessen zu unterwerfen.

Das Beziehungsverhalten des Therapeuten setzt sich also aus auf allgemeine Regulationsaufgaben zielendem Verhalten, aber auch aus einem auf den Patienten angepaßten Beziehungsangebot zusammen. Dazu kommen aus der theoretischen Orientierung des Therapeuten abgeleitete Interventionen, die dem Patienten als ein Modell der Veränderung vermittelt werden. Daneben unterliegt aber auch das Verhalten des Therapeuten einer impliziten Modellierung, die sich vor allem in der Art und Weise der Beziehungsgestaltung ausdrückt. Es handelt sich hierbei um einen wenig reflektierten Anteil des Therapeutenverhaltens, der aber durchaus zugänglich sein kann, z.B. indem das Verhalten dem Therapeuten in Videoaufnahmen zurückgemeldet wird. Dieser Anteil setzt sich aus unabhängig vom Patienten auftretenden Verhaltensweisen, aber auch aus spezifischen Reaktionen auf die Beziehungsangebote des Patienten zusammen. Sind diese Reaktionen komplementär zu den impliziten, maladaptiven Erwartungen und dem Verhalten des Patienten, so führt in diesem Fall die komplementäre Reaktion des Therapeuten nicht, wie oben beschrieben, zur Entwicklung einer „guten" therapeutischen Beziehung, sondern zur interaktiven Implementation des Patientenkonflikts. Auf diesen Aspekt der Interaktion zwischen Patienten- und Therapeutenverhalten und seine Abbildung im unwillkürlichen Verhalten wird im Ergebnisteil eingegangen.

3.3.4 Modellierung und Beziehungsregulation

Für die Untersuchung der therapeutischen Beziehung ist es sinnvoll, eine Terminologie einzuführen, die es ermöglicht verschiedene Ebenen oder Funktionen der Beziehungsregulation zu unterscheiden. Zusätzlich zu der *verbal-inhaltlichen Ebene* der Beziehung können nonverbale und paraverbale Verhaltensweisen Indikatoren unterschiedlicher Arten von Beziehungsgestaltung sein.

Für den geregelten Ablauf eines Gespräches sind einige allgemeine Regulationsanforderungen notwendig, die sich in Form von Kalibrationsprozessen der Signalsysteme und der Signalisierung von Erwartungen an den Interaktionspartner zeigen (Ickes et al., 1982). Der Ansprechpartner muß z.B. dadurch bestimmt werden, indem man ihn anblickt und/oder gleichzeitig anspricht. Die Art und Qualität der aktuell gewünschten Beziehung kann durch nonverbales und vokales Verhalten am Beginn einer Interaktion signalisiert werden und ist dort von hoher Salienz, da die Freiheitsgrade der mentalen Modellierung der aktuellen Beziehung zu Beginn einer Interaktion noch besonders hoch sind. Die Gewährleistung eines ungestörten Gesprächsflusses erfordert weitere Regulatoren, die aus bestimmten Mustern von Blickverhalten, Gestik, Mimik und Intonation bestehen, wie sie von Duncan und Fiske (1977) detailliert im „Turn-Taking-System" beschrieben und untersucht wurden. Diese Signale beider Interaktionspartner, die reibungslose Sprecherwechsel ermöglichen, können bereits Anzeichen für persönlichkeits- oder störungsspezifische Eigenschaften der interagierenden Personen liefern. Interaktionspartner sind in der Lage, sich auf einen Großteil persönlichkeitsspezifischer Eigenarten im Laufe eines Kalibrierungsprozesses (Merten, 1996a) einzustellen und nach anfänglichen Irritationen einen reibungslosen Ablauf des weiteren Gesprächsverlaufs sicherzustellen. Eine persönliche Eigenschaft einer Person kann z.B. darin bestehen, daß sie längere Pausen innerhalb ihrer Redebeiträge zeigt, als sie vom Interaktionspartner erwartet werden. Das kann dazu führen, daß diese Pausen als das Ende eines Redebeitrags und als Aufforderung zu einem Sprecherwechsel interpretiert werden, was dazu führt, daß beide Interaktionspartner gleichzeitig reden. In der Terminologie von Siegman und Feldstein (1985) werden „within-pauses" mit „switching pauses" verwechselt, was regelmäßig zu nicht beabsichtigter Simultansprache führt. Der Kalibrierungsprozeß besteht darin, daß der Interaktionspartner nach wenigen Fehlinterpretationen an die längeren „within-pauses" adaptiert und die Interpretation von Pausen des Interaktionspartners modifiziert. Diese Prozesse laufen weitgehend ab, ohne daß die Aufmerksamkeit auf sie gelenkt würde. Regulationsdefizite oder Auffälligkeiten auf diesen allgemeinen Regulationsebenen können bereits Indikatoren für spezifische Arten von Beziehungsgestaltung sein. So kann z.B. bei schizophrenen Patienten beobachtet werden, daß sie entweder selbst keine ausreichenden Signale beim Sprecherwechsel senden oder solche des Interaktionspartners nicht wahrnehmen, was im ersten Fall zu Simultansprache mit einer Unterbrechung des gesunden Partners führt oder im zweiten Fall zu längeren Pausen zwischen den Redebeiträgen. Es lassen sich hier auch qualitative Unterschiede von der Art finden, daß im Gespräch zwischen gesunden Partnern die Sprecherwechsel durch eine Vielzahl mimisch ausgedrückter Emotionen gekennzeichnet sind, die eine Art affektiver Stellungnahme zu dem geäußerten Inhalt darstellen. Im Fall von schizophrenen Patienten sind diese Verhaltensweisen, die einen affektiv besetzten verbalen Austausch kennzeichnen, reduziert.

Auf der *persönlichkeitsspezifischen Beziehungsebene* spiegeln sich Eigenschaften der Persönlichkeit im interaktiven Verhalten wider, die einen weiten Bereich von „gesunden" Kompetenzen der Person bis hin zu maladaptiven Eigenschaften im Rahmen von Persönlichkeitsstörungen umfassen. In diesem Zusammenhang können auch Aspekte der emotionalen Selbstregulation von Personen thematisiert werden, die stärker mit internalen Verarbeitungsprozessen überdauernder, mental repräsentierter Größen in Verbindung stehen als mit der aktuellen Situation. Eine derartige Loslösung der mentalen Modellierungen des Selbst, aber auch der Objekte und der aktuellen Beziehung relativ unabhängig von dem aktuell auftretenden Beziehungsverhalten ist wahrscheinlich ein Indikator für die Aktualisierung konfliktiver Wünsche oder für bestehende Schwächen in der Fähigkeit, stabile Objektrepräsentanzen zu bilden. Diese überdauernden und zum Teil auch maladaptiven Eigenschaften der Modellierung der aktuellen Beziehung sind im unten abgebildeten Modell im Bereich der unbewußten Modellierung anzusiedeln.

Für die Modellierung beziehungsregulierenden Verhaltens wird in einigen Theorien implizit oder explizit auf Konzepte der Regelkreistheorie zurückgegriffen, in der der Begriff der Führungsgröße eine zentrale Rolle spielt. In der Forschung im Anschluß an die Arbeiten von Argyle und Dean (1965) wird von konstanten Führungsgrößen ausgegangen, die für den gesamten Verlauf einer Interaktion gültig sind. Aus dieser Annahme wurde abgeleitet, daß ausschließlich kompensatorisches Regulationsverhalten zu erwarten ist. Wenn z.B. das Ausmaß an Nähe zwischen den Interaktionspartnern eine Führungsgröße überschreitet, werden kompensatorische Verhaltensweisen im gleichen oder anderen Verhaltenskanälen gezeigt, die die Regelgröße wieder auf das Ausgangsniveau zurückführen. Reziprokes Verhalten kann auf der Grundlage dieser Annahmen nicht modelliert werden, es erfordert flexible Führungsgrößen, die in Abhängigkeit von den jeweiligen situativen Randbedingungen variieren können. Zu diesem Zweck wurde in Merten (1996a) ein prozessorientiertes Regulationsmodell entworfen, das bisherige Modelle (Mehrabian, 1972; Cappella und Greene, 1982; Andersen, 1985; Patterson, 1991) um prozessuale und interaktive Aspekte erweitert. Dadurch wird es möglich, variable Führungsfunktionen zu konzeptualisieren, die nicht nur von Persönlichkeitsmerkmalen und statischen Situationsmerkmalen abhängen, sondern situationsangepaßte Modifikationen ermöglichen, die aktuelle Beziehungserfahrungen mit dem Interaktionspartner berücksichtigen und eine Korrektur der Beziehungserwartungen erlauben. Durch diese Art der Modellierung werden auch *reziproke Regulationsprozesse* erklärbar, die im Bereich positiver Emotionen zu einer Festigung der Beziehung beitragen. Ein Beispiel für einen Kulminationspunkt reziproker Verhaltensweisen in Alltagsgesprächen kann durch folgendes dyadisches Muster beschrieben werden. Beide Interaktionspartner blicken sich an, die Köpfe sind rotational zugewandt, beide signalisieren mimisch Freude und es kommt zu Simultansprache. Das beschriebene Muster korreliert mit dem Erleben von Freude bei beiden Interaktionspartnern (Merten, 1997a). Gemeinsames Anblicken, Kopfzuwendung und Simultansprache ohne das gemeinsame Zeigen von Freude reicht für das Erleben von Freude allerdings nicht aus, da es noch keine emotionale Qualität enthält und unterschiedlich evaluiert werden kann. Gemeinsames Anblicken kann sowohl Nähe ausdrücken, als auch Bestandteil der Dominanzregulation sein. Die jeweilige Evaluation zeigt einen Zusammenhang zum Geschlecht der interagierenden Personen. In Dyaden mit zwei weiblichen Probandinnen wird gemeinsames Anblicken positiv evaluiert, es wird überzufällig häufig Freude mimisch gezeigt, und es korreliert mit dem Erleben von Freude. In Dyaden mit zwei männlichen Probanden wird überzufällig häufig soziales Lächeln gezeigt, eine Form des Lächelns, die laut Ekman und Friesen (1982) nicht mit dem Erleben von Freude einhergeht. Das soziale Lächeln bei Blickkontakt korreliert dementsprechend auch nicht mit dem Erleben von Freude, sondern mit dem Erleben von Ärger. Nur das gemeinsame Signalisieren „echter“ Freude korreliert in den Dyaden mit zwei männlichen Probanden auch mit dem Erleben von Freude. Entscheidende Größe des oben beschriebenen Verhaltensclusters für das emotionale Erleben der Dyade ist also die mimisch signalisierte Emotion Freude und die Tatsache, daß beide Interaktionspartner sie gleichzeitig signalisieren. In Dyaden mit an schweren psychosomatischen Beschwerden oder Schizophrenie erkrankten Patienten ist die Dauer des gemeinsamen Anblickens reduziert und es treten weder soziales Lächeln noch „echte“ Freude überzufällig häufig während des gemeinsamen Anblickens auf. In diesen Dyaden fehlt also die die Beziehung festigende Funktion eines gemeinsamen positiven Involvements. Auf die Bedeutung dieser Befunde für ein Prozeßmodell der Beziehungsregulation in Dyaden mit schizophrenen Patienten wurde bereits eingegangen (siehe Seite 47).

Aus dem Zusammenspiel der bewußten und unbewußten oder vorbewußten Modellierung ergeben sich in der Sprache der Regelkreistheorie für bestimmte in der Interaktion zu realisierende psychologische Aspekte sogenannte Führungsgrößen. Regulationsbedarf besteht dann, wenn es zu Abweichungen von der Führungsgröße, z.B. dem von einer Person gewünschten Ausmaß an Intimität, Dominanz oder Aktivität und dem in einer Interaktionssequenz aktuell realisierten Ausmaß, der Regelgröße, kommt. Die Regelgrößen werden gebildet aus der Wahrnehmung und Interpretation von in der Regelstrecke offen beobachtbarem Verhalten. Dieses wird jedoch nicht unmittelbar auf die Regelgrößen abgebildet, sondern unterliegt informationsverarbeitenden Prozessen, die unter dem Einfluß der bewußten und unbewußten Modellierung stehen und so zu einer zum Teil persönlichkeitsspezifischen Wahrnehmung und Interpretation des offen beobachtbaren Verhaltens im Hinblick auf die Regelgrößen führen. Die so gebildeten Regelgrößen werden der bewußten und unbewußten Modellierung in Form expliziter und impliziter Informationen zugeführt. Im Modell (siehe Abbildung 2) werden der bewußten Modellierung nur explizite Informationen zugeführt, implizite erreichen diese nur über den Umweg über die unbewußte Modellierung. Dadurch können implizite Informationen zunächst einer weiteren unbewußten Modellierung unterzogen werden, bevor sie auf die bewußte Modellierung einwirken.

Abbildung 2: Modellierung und Beziehungsregulation in der therapeutischen Beziehung

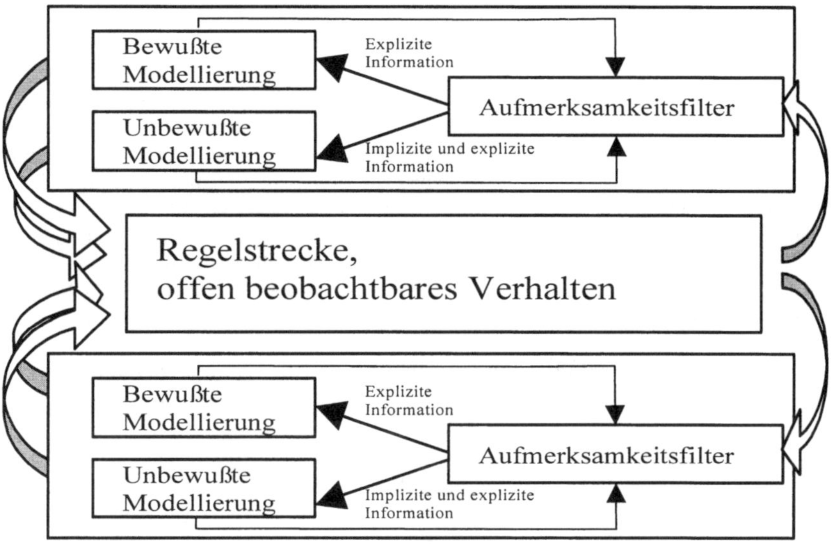

Aus dem Vergleich der wahrgenommenen Regelgrößen mit den durch die Modellierungen vorgegebenen Führungsgrößen werden die Stellgrößen abgeleitet, d.h. das Verhalten, das im Hinblick auf eine gewünschte Änderung der Beziehung als funktional ausgewählt wird. Der Auswahlprozeß kann z.B. in Anlehnung an das oben beschriebene Modell von Anderson (1993) verstanden werden. Im oben abgebildeten Modell (Abbildung 2) werden zwei Stellgrößen unterschieden, je nachdem, aus welcher Art von Modellierung sie stammen. Diese Stellgrößen und auch die dahinterliegenden Modellierungen und daraus resultierenden Führungsgrößen sind aber nicht unabhängig voneinander, was durch das Kreuzen der die Stellgrößen repräsentierenden Pfeile und durch die wechselseitigen Pfeile zwischen bewußter und unbewußter Modellierung angedeutet wird. Interferenzen zwischen den beiden Arten von Modellierung (bewußt/unbewußt) können an verschiedenen Stellen des Modells konzeptualisiert werden. Die Interferenzen können bereits auf der Ebene der Modellierung auftreten, so daß z.B. die bewußte Modellierung durch Einflüsse der unbewußten Modellierung verändert wird. Das äußert sich in der bewußten Repräsentation der Beziehung, die in Teilen auf aus der unbewußten Modellierung stammenden Vorgaben basiert. Fordert man den Patienten auf, seine Sichtweise, sein Modell von der aktuellen Beziehung zu explizieren, würden sich diese

Vorgaben als nicht aus der bewußten Modellierung ableitbar erweisen und z.B. als „irrational beliefs" bezeichnet werden. Geht der Einfluß der unbewußten Modellierung so weit, daß die aus der bewußten Modellierung abgeleitete Führungsgröße auch die Erfordernisse der unbewußten Modellierung abdeckt, genügt die Realisierung dieser Führungsgröße durch relativ zur Führungsgröße konsistente Stellgrößen. Es kommt also zu keinen Interferenzen auf der Ebene der Stellgrößen, der Einfluß einer möglichen maladaptiven unbewußten Modellierung äußert sich nur im Niveau der realisierten Führungsgröße, die in einfachen Fällen zu hoch oder zu niedrig angesetzt wird, was zu keiner im Hinblick auf die Regulation stabilen Beziehung führt, da die zu hohe oder zu niedrige Führungsgröße der Situation nicht angemessen ist. Betrachtet man den Fall, daß die aus der bewußten und unbewußten Modellierung abgeleiteten Führungsgrößen unterschiedlich sind, drückt sich dies in zwei unabhängig voneinander realisierten Stellgrößen aus, was allerdings zu Interferenzen führen kann, die im beobachtbaren Verhalten zum Beispiel in Form konfligierender Affekte sichtbar werden.

Bewußte und unbewußte Modellierung können auch unabhängig voneinander einen Einfluß auf das beobachtbare Verhalten haben und die jeweiligen „Themen" können sehr unterschiedlich sein. Dann zeigt sich die Thematik der bewußte Modellierung zeigt und die unbewußten Modellierung vorwiegend in den verbalsprachlich vermittelten Inhalten und die implizite Modellierung bestimmt vorwiegend das nonverbale Beziehungsverhalten. Allerdings kann auch das Gegenteil der Fall sein, da nonverbale Beziehungsgestaltung in einigen Fällen auch bewußt und intentional betrieben wird (Tramitz, 1990; Patterson, 1991). Ein Sonderfall ist darin zu sehen, daß sich die Thematik der impliziten Modellierung nicht nur im nonverbalen Verhalten, sondern auch in formalen und inhaltlichen Aspekten der Sprache zeigt, z.B. darin, daß eine bestimmte Art von Metaphern verwendet wird, die auf die implizite Thematik hinweist.

3.3.5 Reagieren auf Beziehungsangebote und Veränderungsprozesse

Es stellt sich die Frage, inwieweit es notwendig ist, daß der Therapeut auf die maladaptiven Beziehungsangebote des Patienten bewußt oder unbewußt eingehen muß, um ein emotional fundiertes Verständnis von den Problemen des Patienten zu erlangen. Durchschaut er die Angebote des Patienten von Beginn an, kann dies nur geschehen sein unter Rückgriff auf Erfahrungen mit anderen ähnlichen Patienten oder Personen. Man muß sich dann aber fragen, durch welche Interpretationen von Verhaltensweisen des Patienten der Therapeut die Ähnlichkeit zu ihm bereits bekannten Fällen herstellt.

Klassische Beispiele sind in erotisierenden Angeboten zu sehen, wo gegen- oder auch gleichgeschlechtliche Patienten durch meist nonverbales Werbungsverhalten den Therapeuten zu verführen versuchen. Hier gebietet die Berufsethik des Therapeuten, daß die Abstinenzregel über den Bereich psychodynamischer Therapien hinaus Anwendung findet und daß auf die verführerischen Angebote nicht eingegangen werden kann. Die Verführungsversuche des Patienten stellen jedoch einen wesentlichen Teil seiner Probleme dar und können daher nicht einfach aus der Betrachtung ausgeschlossen werden. Wichtig zu erfahren ist, ob das gezeigte Verhalten dem Patienten überhaupt bewußt ist, ob es mit bewußten erotisch verführerischen Intentionen des Patienten einhergeht oder ob der Patient andere Ziele mit seinem Werbungsverhalten verfolgt. Der Grad des Bewußtseins für das Verhalten kann abgefragt oder durch ein entsprechendes Feedback hergestellt werden. Die Entscheidung, ob die Intentionen des Patienten kongruent zum gezeigten Verhalten sind oder ob er völlige andere Ziele verfolgt, als der Therapeut aus dem Verhalten schließt, ist bei weitem schwieriger zu fällen.

Da vor allem letzteres für den Patienten wie für den Therapeuten schwer zugängliche Fragen sein können, kann ein Eingehen auf die Angebote des Patienten sehr viel schneller eindeutige

Antworten liefern. Da es sich in vielen Fällen aber verbietet – wie im Beispiel der Erotisierung der Beziehung –, auf das Beziehungsangebot des Patienten einzugehen, müssen alternative Zugangsmöglichkeiten erschlossen werden. Das Phantasieren eines Eingehens auf das Angebot mit möglichen Konsequenzen für den Patienten und Therapeuten kann dabei bereits zu wichtigen Erkenntnissen führen. Die Aufgabe des Therapeuten verkompliziert sich weiter dadurch, daß er oft die Angebote des Patienten gar nicht bewußt wahrnimmt, trotzdem aber mit den motivationalen und emotionalen Konsequenzen umgehen muß. Die Gefahr, daß Handlungsimpulse und Emotionen defensiv verarbeitet werden, ist in diesem Fall natürlich groß, da der Therapeut keine Anhaltspunkte hat, wem und welchem Verhalten sie zuzuschreiben sind. Um diese Unsicherheit zu reduzieren, werden dann möglicherweise Verhaltensweisen des Patienten als wichtig erachtet und Verhaltensweisen des Therapeuten als technische Behandlungsregeln legitimiert, die an den Problem des Patienten vorbeigehen. Im ungünstigsten Fall können diese Verhaltensweisen des Therapeuten dann gerade wieder die maladaptiven Erwartungen des Patienten bestätigen.

Ein in der Wahrnehmung nonverbalen Verhaltens geübter Therapeut wird möglicherweise sofort das Verhalten des Patienten als Werbungsverhalten erkennen. Ob er dies aber ohne jeglichen Rekurs auf durch das Verhalten induzierte Gefühle tun kann, bleibt zu erforschen.

Teil B: Empirische Untersuchung psychotherapeutischer Prozesse

4 Fragestellungen und Methodik der empirischen Untersuchung

4.1 Fragestellungen und Ziele

Aus den im Theorieteil angestellten Überlegungen leiten sich mehrere Fragestellungen ab. Da bisher das mimisch-affektive Verhalten in Psychotherapien nur unzureichend erfaßt wurde, beschäftigt sich der erste Teil der Auswertung damit, welche Arten von mimisch-affektivem Verhalten in Psychotherapien in welcher Häufigkeit auftreten und welche Rolle sie für die Beziehungsregulation zwischen Patienten und Therapeuten, für Veränderungsprozesse und den therapeutischen Erfolg spielen. Um spezifische Abweichungen in der psychotherapeutischen Situation feststellen zu können, werden Vergleiche mit einer nicht-therapeutischen Situation, dem Gespräch zwischen gesunden Interaktionspartnern, angestellt. Ausgehend von den so gewonnen Informationen über die psychotherapeutische Situation wird das Verhalten der Patienten mit dem der Therapeuten verglichen. Hier sollten sich auf seiten der Patienten neben den durch die Situation vorgegebenen Größen Einflüsse der Art und Schwere der Erkrankung nachweisen lassen. Es kann aber nicht davon ausgegangen werden, daß die Therapeuten sich unabhängig von den Patienten verhalten, vielmehr ist von erheblichen Anpassungen des Therapeutenverhaltens auszugehen, wie sie sich auch in Alltagsgesprächen zwischen gesunden Laien und an schweren psychischen Erkrankungen leidenden Patienten einstellten (Steimer-Krause et al., 1991; Schwab et al., 1994; Frisch et al., 1995). Weitere Fragestellungen zentrieren sich um vor allem mikro-prozessuale Indikatoren der Qualität der therapeutischen Beziehung. Es wird davon ausgegangen, daß sich zentrale Aspekte der therapeutischen Beziehung bereits am Anfang der Therapie konstituieren und im mikro-prozessualen dyadischen Verhalten von Patient und Therapeut nachweisen lassen. Die Art und Weise, wie sich die Beziehungsangebote von Patient und Therapeut ergänzen, wird als Prädiktor für den weiteren Verlauf der Therapie angesehen, der zumindest im Rahmen der hier untersuchten Kurztherapien eine gute Vorhersage des therapeutischen Erfolges ermöglichen sollte. Um ein Verständnis davon zu erlangen, wie sich die Beziehungsregulation und Veränderungsprozesse im Verlauf der weiteren Stunden vollziehen, werden die Therapien zunächst im Überblick und später als Einzelfälle untersucht. Zentrale Fragen sind darauf gerichtet, wie stabil das in der ersten Stunde beobachtete Verhalten im Verlauf der Therapie ist, ob unterschiedliche Phasen zu beobachten sind, ob es im negativen Fall zu einer Konfliktualisierung der Beziehung kommt, die sich im mikroprozessualen Verhalten z.B. in Form widersprüchlichen emotionalen Ausdrucksverhaltens zeigt, und ob emotionale Indikatoren im Rahmen von Veränderungsprozessen zu beobachten sind und im Hinblick auf erfolgreiche Veränderungsprozesse qualifiziert werden können.

4.1.1 Vergleich mit „Alltagssituationen"

Psychotherapie ist eine spezifische Situation hinsichtlich der emotionalen Prozesse und der Beziehungsregulation, die sich von Alltagsgesprächen bezüglich Thematik und Zielsetzung erheblich unterscheidet. Die Studien zum nonverbalen, emotionalen Verhalten in psychotherapeutischen Behandlungen sind aus den oben zusammengefaßten Gründen aber unzureichend. Eine erste Fragestellung der vorliegenden Arbeit besteht deshalb darin, Unterschiede im emotionalen Verhalten zwischen psychotherapeutischen Behandlungen und Alltagsgesprächen zwischen gesunden Interaktionspartnern zu untersuchen. Die in den meisten Studien (s.o.) eingesetzten Fragebogenmethoden und Ratingssysteme zum Beziehungsverhalten bilden mimisch-affektives Verhalten und vor allem „mikromomentäre" Verhaltensweisen gar nicht oder nur undifferenziert ab. Hinzu kommt, daß die meisten Untersuchungen zum nonverbalen Verhalten in Psychotherapien Analogstudien sind (s.o. Hall und Harrigan, 1995) und somit von geringer ökologischer Validität und vor allem ohne klinische Relevanz. Die daraus abgeleiteten Aussagen über psychotherapeutische Prozesse werden an Hand von über ganze Gruppen von Therapien gemittelten Werte gewonnen und sagen wenig über die in den Behandlungen tatsächlich ablaufen Prozesse aus (Orlinsky, Grawe und Parks, 1994).

Zu den Unterschieden zwischen der untersuchten Alltagssituation und der psychotherapeutischen Situation werden die in Tabelle 3 zusammengefaßten Hypothesen aufgestellt. Bezüglich der mimischen Affektivität wird hypostasiert, daß sie in der psychotherapeutischen Situation reduziert ist. Diese Annahme geht auf Untersuchungen des Gesprächsverhaltens von Patienten mit schweren psychischen Erkrankungen zurück, die sich durch eine generelle Reduktion der mimischen Affektivität und insbesondere der mimisch ausgedrückten Freude von Gesunden unterscheiden (Steimer-Krause et al., 1991; Krause, 1998; Merten, 1997a). Demzufolge ist auch zu erwarten, daß negative Affekte mit einer höheren absoluten und relativen Häufigkeit auftreten als bei gesunden Probanden in Alltagssituationen.

Tabelle 3: Hypothesen zum Vergleich mit der Alltagssituation (Gesprächen zwischen Gesunden)

1. Die mimische Affektivität in psychotherapeutischen Behandlungen ist gegenüber den Alltagssituationen reduziert
2. Die relative und absolute Häufigkeit negativer Affekte der Patienten ist in Psychotherapien größer
3. Der Freudeausdruck der Patienten ist reduziert
4. Die Patienten zeigen mehr Überraschungs- und Angstmimik als die gesunden Probanden
5. Die Therapeuten zeigen mehr Überraschungsmimik
6. In der psychotherapeutischen Situation treten mehr Blenden aus Affekten auf als in der Alltagssituation
7. Die Mimik der Therapeuten unterscheidet sich von der gesunder Probanden
8. Das emotionale Erleben in Psychotherapie ist intensiver und negativer

Da das Ziel der psychotherapeutischen Behandlungen in der Veränderung des Erlebens und Verhaltens der Patienten liegt, somit also auch neue und unerwartete Sichtweisen eingeführt werden, ist mit einem vermehrten Auftreten von Überraschung zu rechnen. Da innerhalb dieser Veränderungsprozesse bisher abgewehrte Themen aktiviert werden, ist auch mit einem Anstieg der Angstmimik auf seiten der Patienten zu rechnen. Auch für die Therapeuten ist anzunehmen, daß sie vermehrt Überraschung zeigen, die im Zuge von Verstehensprozessen auftritt. Zumindest für erfolgreiche Behandlungen kann davon ausgegangen werden, daß der Therapeut im Laufe der Behandlung sein Modell vom Patienten unter dem Eindruck neuer Informationen revidiert.

Faßt man Blenden aus Affekten (siehe S. 99) als Indikatoren für konflikthafte Informationsverarbeitungsprozesse auf, so ist im Fall der Patienten mit einem vermehrten Auftreten derselben zu rechnen.

Ausgehend von Ergebnissen, die eine Anpassung des Verhaltens gesunder Probanden an erkrankte Interaktionspartner belegen, ist auch für die Therapeuten zu hypostasieren, daß sich ihr Verhalten von dem gesunder Probanden im Gespräch mit Gesunden unterscheidet. Es sollten jedoch auch affektspezifische Unterschiede zwischen dem Verhalten von Therapeuten und dem gesunder Laien im Umgang mit erkrankten Personen nachweisbar sein.

4.1.2 Worin unterscheidet sich das nonverbale Verhalten von Patienten und Therapeuten?

Die psychotherapeutische Situation definiert in Anlehnung an die unterschiedlichen Therapieschulen die von Patient und Therapeut zu übernehmenden Rollen. Diese Unterschiede in der Rollenbeschreibung sollten neben anderen Einflußfaktoren, wie Persönlichkeitseigenschaften beider interagierender Personen, zu Unterschieden im Verhalten von Patient und Therapeut führen. Es stellt sich die Frage, inwieweit diese Rollenzuschreibungen von den Therapeuten umgesetzt werden und vor allem, inwieweit das mikroprozessuale Beziehungsverhalten davon betroffen ist. Da es sich in der vorliegenden Untersuchung um sehr erfahrene Therapeuten handelt, sollte ihr Verhalten aber erheblich von dem nicht ausgebildeter Laien abweichen. Adaptationen an das Verhalten der Patienten sollten demnach nicht in dem Ausmaß eintreten, wie es für gesunde Laien in Interaktionen mit psychisch Kranken der Fall ist. Unabhängig von der therapeutischen Orientierung und den in Abhängigkeit davon eingesetzten Strategien können für das mimisch-affektive Verhalten die in Tabelle 4 aufgeführten Hypothesen erstellt werden. Darüber hinaus wird das Verhalten aber noch von Charakteristika wie dem Geschlecht der Person beeinflußt. Es sollten sich also Unterschiede im Verhalten von Patienten und Therapeuten nachweisen lassen, die auf die genannten Faktoren zurückgehen können und die in der vorliegenden Untersuchung vor allem in der Mimik und dem emotionalem Erleben zu suchen sind.

Tabelle 4: Hypothesen zu den Unterschieden zwischen Patient und Therapeut

1. Die Therapeuten zeigen mehr Freude als die Patienten
2. Die Patienten zeigen mehr negative Emotionen (Ärger, Ekel, Verachtung, Trauer)
3. Angstmimik, Überraschungsmimik und mehrdeutige Mimik wird gehäuft von den Patienten gezeigt

Ein erheblicher Einflußfaktor auf seiten der Patienten ist die Art und Schwere ihrer Erkrankung, die sich, neben unspezifischen durch die Krankheit bedingten Änderungen, in spezifischen Arten von Beziehungsverhalten niederschlägt (siehe S. 50). Da die untersuchte Patientengruppe hinsichtlich der Art der Erkrankung nicht homogen ist, werden sich spezifische Einflüsse der Erkrankung nur für Einzelfälle oder Untergruppen der Patienten nachweisen lassen. Für die Patienten mit schweren psychischen Erkrankungen wird erwartet, daß sie einen ausgeprägten negativen Leitaffekt zeigen.

Tabelle 5: Hypothesen zur „Schwere" der Erkrankung

1. Die Schwere der Erkrankung geht mit einem ausgeprägten negativen Leitaffekt einher
2. Ein ausgeprägter negativer Leitaffekt korreliert mit dem Freudeerleben negativ
3. Die „Schwere" der Erkrankung geht mit einem Anstieg oder Rückgang dyadischer emotionaler Muster einher

In früheren Untersuchungen zeigte sich auch, daß die Ausprägung des negativen Leitaffekts mit dem vom Patienten eingeschätzten Freudeerleben negativ korrelierte (Merten, 1996a). In der vorliegenden Untersuchung besteht die Möglichkeit, nachzuweisen, ob dieser Zusammenhang auch als intraindividuelle Variation über mehrere Stunden hinweg besteht. Es wird angenommen, daß das Freudeerleben der Patienten mit ausgeprägt negativem Leitaffekt negativ mit der Häufigkeit des Leitaffekts korreliert.

Das Verhalten von schwer erkrankten Patienten sollte außerdem besser vorhersagbar sein. Für den Leitaffekt, der eine Einschränkung des mimischen Repertoires darstellt, konnte dies für Alltagsinteraktionen bereits nachgewiesen werden (Steimer-Krause et al., 1991.).

In der vorliegenden Arbeit wird neben den Affekthäufigkeiten auch die zeitliche Abfolge von Emotionen untersucht. Dazu können zwei Annahmen gemacht werden.
Erstens kann angenommen werden, daß bei Patienten mit schwereren Erkrankungen weniger dyadische Muster auftreten. Dyadische Muster beschreiben gemeinsames emotionales Verhalten mit dem Interaktionspartner. Dieses birgt für Patienten mit schweren Erkrankungen, die u.a. durch labile Selbstgrenzen zu kennzeichnen sind, die Gefahr einer „Überflutung" durch Affekte des Interaktionspartners, die besonders groß ist, wenn Affekte gemeinsam gezeigt werden. Zum anderen kann man erwarten, daß Patienten mit schweren Störungen stärker interaktive Formen von Bewältigungsmechanismen verwenden (Krause, 1998), was sich in einer hohen Anzahl dyadischer Beziehungsmuster niederschlagen müßte.

4.1.3 Aspekte der Beziehungsregulation und der therapeutische Prozeß

4.1.3.1 Dyadische Indikatoren der emotionalen Qualität der therapeutischen Beziehung

Die Bedeutung der emotionalen Qualität der therapeutischen Beziehung für den therapeutischen Prozeß und den therapeutischen Erfolg wird als eines der zentralen Ergebnisse der Psychotherapieforschung angesehen. Wie bereits erwähnt, ist aber weitgehend unklar, welche Verhaltensweisen Indikatoren für die wahrgenommene Qualität des therapeutischen Bündnisses sind. Eines der zentralen Ziele der vorliegenden Untersuchung besteht darin, Verhaltensindikatoren objektiv zu erfassen und zu der von den Patienten und Therapeuten wahrgenommenen Qualität und dem von ihnen eingeschätzten therapeutischen Erfolg in Beziehung zu setzen. Die emotionale Qualität bildet sich vor allem in dyadischen Verhaltensweisen ab, wie z.B. reziprokem positiv affektivem Verhalten, aber auch in der Kompensation negativer Affekte durch positive Affekte des Interaktionspartners.

4.1.3.2 Vermittelte, lokale und prozessuale Reziprozitäten

Reziprozitäten und Kompensationen im mimisch-affektiven Verhalten können auf unterschiedlichen zeitlichen Auflösungsniveaus betrachtet werden. Reziprozität kann darin bestehen, daß Patienten und Therapeuten von Stunde zu Stunde je gleich häufig einen Affekt zeigen. Eine solche Art der Kovariation stellt aber nicht sicher, daß sie innerhalb der Stunde auch gleichzeitig oder kontingent den Affekt zeigen, weshalb im Fall der Kovariation von über die Stunde aggregierten Affekthäufigkeiten im folgenden von *vermittelten* Reziprozitäten gesprochen wird. Für gleichzeitig oder kontingent auftretende Affekte beider Interaktionspartner wird der Begriff *lokale* Reziprozität benutzt. Während vermittelte Reziprozitäten eher die „emotionale dyadische Thematik" von ganzen Therapiestunden beschreiben, bilden sich in lokalen Reziprozitäten „psychische Momente" ab (siehe oben, Stern et al., 1998), die indizieren, daß beide Interaktionspartner sich gleichzeitig in einem ähnlichen emotionalen Zustand befinden, zumindest was die affektive Komponente des mimischen Ausdrucks der Emotion betrifft. Lokales reziprokes Verhalten gewinnt Einfluß auf die Wahrnehmung der Qualität der Beziehung nicht dadurch, daß es häufig auftritt, sondern dadurch, daß beide Interaktionspartner gleichzeitig die gleiche Emotion signalisieren. Lokale Reziprozitäten treten vor allem im Bereich positiver Emotionen auf (Steimer-Krause, 1996; Merten, 1997a). Eine weitere Eigenschaft lokaler Reziprozitäten, die auf kontingenten Ereignissen beruhen, ist, daß unterschieden werden kann, welcher der beiden Interaktionspartner zuerst den Affekt gezeigt hat. Auf dieser Unterscheidung basiert das Phänomen der *prozessualen* Reziprozität. Sie beschreibt, ob das „Reagieren" auf ein Angebot des Interaktionspartner auch dazu führt, daß dieser in der Folge Angebote des Reagierenden ebenfalls mit höherer Wahrscheinlichkeit beantwortet.

4.1.3.3 Beziehungsregulation und therapeutischer Erfolg

Geht man davon aus, daß sich Patienten mit psychischen Erkrankungen durch den Versuch charakterisieren lassen, bestimmte Arten von Beziehungsmuster immer wieder herzustellen, und dies vor allem in unstrukturierten Situationen tun, rückt der Beginn einer Therapie in den Mittelpunkt des Interesses. Es wird der Frage nachgegangen, ob sich bereits in der 1. Stunde einer Therapie Verhaltensweisen nachweisen lassen, die den weiteren Verlauf der Therapie und den Therapieerfolg entscheidend beeinflußen. Außerdem wird untersucht, ob und inwieweit sich aus den beobachtbaren emotionalen, interaktiven Beziehungsmustern Annahmen zu den maladaptiven Beziehungsschemata des Patienten ableiten lassen und ob sich diese Muster, inklusive des Anteils der Therapeuten, im Verlauf der Therapie ändern und in welchem Zusammenhang diese Änderungen zum Therapieerfolg stehen. Nimmt man außerdem an, daß gelungene „Beziehungstests" im Sinne von Weiss und Sampson (1986) zu einer Stabilisierung der die Krankheit aufrechterhaltenden mentalen Repräsentationen führen, stellt sich die Frage, welche Auswirkungen das Verhalten in der ersten Stunde auf den weiteren Verlauf der Therapie hat. Im Anschluß daran wird untersucht, in welcher Art und Weise sich Verlaufscharakteristika in erfolgreichen und in weniger erfolgreichen Therapien unterscheiden.

Tabelle 6: Hypothesen zur emotionalen Qualität der therapeutischen Beziehung und dem Therapieerfolg

1. Die Anzahl negativer Affekte des Therapeuten als Indikatoren einer negativen emotionalen Reaktion des Therapeuten belastet die therapeutische Beziehung und korreliert negativ mit dem Therapieerfolg
2. Die durch gemeinsames Zeigen echter Freude vermittelte „gute" therapeutische Beziehung korreliert positiv mit dem Therapieerfolg (gilt in gleichem Maße für lokale und vermittelte Reziprozität)
3. Die Kompensation negativer Affekte des Patienten durch echte Freude des Therapeuten korreliert positiv mit dem Therapieerfolg
4. Die Anzahl dyadischer Beziehungsmuster als Indikator einer interaktiven „Verstrickung" des Therapeuten korreliert negativ mit dem Therapieerfolg

Für den Zusammenhang des mimisch-affektiven Verhaltens in der ersten Stunde mit dem am Ende der Therapien eingeschätzten Therapieerfolg werden die in Tabelle 6 aufgeführten Hypothesen aufgestellt.

4.1.4 Behaviorale Indikatoren für die Aktivierung und Veränderung maladaptiver Schemata

In den oben (Seite 56) beschriebenen Untersuchungen zu Veränderungsprozessen von Schemata stellte sich heraus, daß starre Schemata nur dann verändert werden, wenn es zur Auslösung von Überraschung kommt. Da die Schemata der Patienten, die im Zusammenhang mit ihrer Erkrankung stehen, als äußerst unflexibel und veränderungsresistent betrachtet werden, bedarf es auch hier der Herstellung von Situationen, in denen es bei den Patienten im Zusammenhang mit den Schemata zu Überraschung kommt. Wie bereits oben diskutiert, kann es im Zusammenhang mit schemadiskrepanten Ereignissen im Fall von Patienten aber auch zu Angst kommen. Desweiteren muß unterschieden werden, welche Komponenten der genannten Emotionen auftreten und wie sie zusammenwirken. So kann zwar Überraschung mimisch auftreten, es muß aber nicht immer auch Überraschung erlebt werden, vielmehr kann es zu nachfolgenden Emotionen wie z.B. Angst kommen, wenn eine Destabilisierung wichtiger Schemata einsetzt (siehe oben). Es stellt sich also die Frage, ob das Auftreten von

Überraschung als notwendige Voraussetzung für Veränderungsprozesse in psychotherapeutischen Behandlungen angesehen werden kann und in welchem Zusammenhang die unterschiedlichen Komponenten der Emotionen Angst und Überraschung stehen (siehe Seite 41).

Tabelle 7: Hypothesen zu Emotionen und Veränderungsprozessen

1. Überraschungsmimik auf seiten der Patienten korreliert mit therapeutischem Erfolg
2. Angstmimik und Angsterleben korreliert negativ mit therapeutischem Erfolg
3. Die Freudemimik als Indikator verbesserten selbst- und beziehungsregulierenden Verhaltens nimmt in erfolgreichen Behandlungen zu
4. Veränderungen bilden sich in phasenhaftem Verlauf ab, weshalb der Therapieverlauf in Phasen mit therapeutischem Erfolg korreliert sollte. Die Veränderungen können jedoch auch in Richtung einer Verschlechterung erfolgen

Zusätzlich zu den hypostasierten Unterschieden und Zusammenhängen wird das Datenmaterial noch einer explorativen Analyse unterzogen, die der Hypothesengenerierung für weitere Untersuchungen dienen soll.

4.1.5 Allgemeinpsychologische Fragestellungen

Das vorliegende Datenmaterial stellt auch für allgemeinpsychologische Fragestellungen eine bisher nicht verfügbare Ressource dar, da über mehrere Stunden hinweg das mimisch-affektive Verhalten zweier Personen in Interaktion erhoben wurde. Neben der Frage nach der Stabilität mimisch-affektiven Verhaltens über die Stunden hinweg kann z.B. auch untersucht werden, welche Emotionen gehäuft dyadisch und synchron gezeigt werden. Hier ist vor allem die Unterscheidung nach Formen sozialen Lächelns in Abgrenzung zu Lächeln als Ausdruck von Freude von Interesse (Kappas, 1997). Da der Mensch für das Erkennen und Zeigen der Primäraffekte genetisch prädisponiert ist und diese sehr schnell erkannt und sehr schnell auf sie reagiert werden kann, ist anzunehmen, daß der Freudeausdruck in Form des „Duchenne Smile" besonders häufig synchron gezeigt wird. Die Frage nach der Stabilität kann nur eingeschränkt bearbeitet werden, da nach dem oben dargestellten Verständnis psychischer Störungen sich das mimische Verhalten in einer erfolgreichen Behandlung ändern müsste.

4.2 Stichproben und Datenerhebung

4.2.1 Versuchspersonen und Vergleichsdaten

Die zur Bearbeitung der oben genannten Fragen herangezogenen Daten stammen aus dem DFG-Forschungsprojekt „Multikanale Psychotherapie-Prozeßforschung" (Kr843-4), das im Zeitraum von 1990 bis 1996 durchgeführt wurde. Die Vergleichsgruppen mit Gesprächen zwischen gesunden männlichen und weiblichen Probanden stammen aus den DFG-Forschungsprojekten „Interaktives Verhalten von Schizophrenen", „Ausdruck und Erleben von psychosomatisch erkrankten Patienten" und einer im Rahmen der Frauenforschung geförderten Dissertation (Frisch, 1997). Aufgabe der Probanden in den Kontrollgruppen war es, sich innerhalb von 20 Minuten auf die vier wichtigsten Probleme zu einigen, die in nächster Zeit in der Bundesrepublik Deutschland gelöst werden müssen. Die Probanden kannten sich nicht und sahen sich zum ersten Mal im Aufnahmeraum, in dem die Diskussion stattfand.

Das Psychotherapieprojekt ist als Studie zur Erforschung des tatsächlichen Vorgehens von sehr erfahrenen Therapeuten in einer ökologisch validen Situation konzipiert. Es wurden zehn erfahrene Therapeuten unterschiedlicher therapeutischer Schulen (kognitiv-behavioral, psychoanalytisch und klientenzentriert), die Patienten mit psychischen Störungen von erheblichem Schweregrad im Rahmen einer Kurztherapie behandelten, mit zwei Videokameras aufgezeichnet. Die Wahl der Patienten war den Therapeuten frei gestellt. Sie wählten größtenteils eher schwere Fälle aus, was sich darin ausdrückt, daß diese sich z.B. bereits einmal in stationärer psychiatrischer Behandlung befanden hatten oder mit anderen psychotherapeutischen Verfahren ohne Erfolg behandelt worden waren. Neun der zehn Patienten waren bereits anderweitig behandelt worden. Die von den Therapeuten vergebenen Diagnosen sowie die Probleme der Patienten sind weiter unten ab Seite 253 für jede einzelne Therapie im Detail und auf Seite 102 im Überblick aufgeführt.

4.2.2 Stundenbögen, Tagebücher und andere Erhebungsverfahren

4.2.2.1 Vor Behandlungsbeginn - Fragebogen Patient(in)

Der Patient wird um eine freie Beschreibung seiner wichtigsten Probleme und Beschwerden sowie seiner Therapieziele gebeten. Hinzu kommen Selbstratings über Hoffnungen und Befürchtungen im Hinblick auf die bevorstehende Therapie und über die vermutete Beeinträchtigung durch die Videoaufzeichnung. Als standardisiertes Verfahren wird die Freiburger Beschwerdenliste (FBL-G; Fahrenberg, 1975; CIPS, 1986) gegeben, u.E. das Verfahren der Wahl, da sie sowohl ein breit gefächertes Spektrum von Beschwerden abfragt, als auch deren Auftretenshäufigkeit klassifiziert und für Wiederholungsmessungen geeignet ist.

4.2.2.2 Vor Behandlungsbeginn - Fragebogen Therapeut(in)

Der Therapeut wird zu folgenden Punkten um eine Stellungnahme gebeten, die er in ein Diktiergerät sprechen kann:
Anzahl und Art der Durchführung der Interviews, mögliche Diagnose, Problemschwerpunkt, Therapieziele und die Wahrscheinlichkeit, sie erreichen zu können.
Hinzu kommen Antizipationen über interaktionelle Schwierigkeiten, Überlegungen zur Auswahl gerade dieses Patienten und eine Einschätzung der Auswirkungen des Forschungssettings auf die Behandlungstechnik.

4.2.2.3 Nach jeder Therapiestunde - Stundenbogen Patient(in)

Der unmittelbar nach der Stunde auszufüllende Stundenbogen enthält:
- eine Übersetzung der Differential Emotion Scale (Izard, 1977; deutsch: Differentielle Affektskala DAS, Merten und Krause, 1993) mit Subskalen für die auch mimisch erfaßten Primäraffekte Angst, Ärger, Ekel, Verachtung, Trauer, Überraschung, Interesse und Freude, sowie die selbstreflexiven Affekte Schuld und Scham. Selbst- und Fremdbild werden erhoben. Das Instrument ist bereits in früheren Forschungsprojekten erprobt, Gütekriterien über die Konsistenz der Subskalen liegen vor. Die DAS bietet die Möglichkeit, den Zusammenhang zwischen erlebtem und mimisch signalisiertem Affekt zu untersuchen (Hufnagel et al., 1993)
- das Potenz-Valenz-Polaritätsprofil nach Feldes und Hochauf (1978), das von Geyer (1989) mit Erfolg im Bereich der Psychotherapieforschung eingesetzt wurde. Erfaßt werden Selbstbild, Fremdbild, vermutetes Fremdbild und Idealbild
- Ratings zur erlebten / erwünschten Distanz zum Therapeuten
- Ratings zum Arbeitsbündnis
- freie Angaben zu Besonderheiten der Stunde.

4.2.2.4 Nach jeder Therapiestunde - Stundenbogen Therapeut(in)

Der Therapeut wird gebeten, Eindrücke zur soeben beendeten Stunde in die noch laufende Videokamera zu sprechen und dabei auf Besonderheiten der Stunde, auf die wichtigen Themen, auf neue Erkenntnisse, auf eigene Interventionen sowie auf Veränderungen auf seiten des Patienten einzugehen. Anschließend ist ein Stundenbogen auszufüllen, der dem für den Patienten entspricht.

4.2.2.5 Nach Abschluß der Therapie, Nach der 15. Therapiestunde - Fragebogen Patient

Der Bogen besteht aus neun Ratings zur Einschätzung von Sympathie, Arbeitsbündnis, Zielerreichung und Therapieerfolg. Endet die Therapie nach 15 Sitzungen, wird hier der weitgehend identische Bogen „nach Abschluß der Therapie" verwendet. FBL-G und MMPI werden erneut gegeben.

4.2.2.6 Nach Abschluß der Therapie, Nach der 15. Therapiestunde - Fragebogen Therapeut

Der Bogen entspricht demjenigen des Patienten, ergänzt um die Frage nach den Gründen für Abbruch, Ende oder Fortsetzung der Therapie.

4.2.2.7 Standardisiertes Tagebuch

Das setzt sich aus vier Verfahren zusammen und wird von den Patienten während der ersten 15 Stunden der Therapie täglich ausgefüllt.

1. Auf der ersten Seite jedes Formulars werden 28 Adjektive zur Bestimmung der emotionalen Befindlichkeit dargeboten. Die Adjektive wurden von Becker (1988) für den Gebrauch in Verlaufsstudien aus den 72 Items der EWL (Eigenschaftswörterliste von Janke und Debus, 1978) ausgelesen und markieren ökonomisch und mit befriedigenden internen Konsistenzen die Skalen „Aktiviertheit", „gedrückte vs. gehobene Stimmung" und „Gereiztheit".
2. Auf der zweiten Seite werden Gefühle und Verhaltensweisen mit den Adjektiven der Differentiellen Affektskala DAS abgefragt. Das gleiche Verfahren wird auch in den Stundenbögen benutzt und ist dort beschrieben. Durch die Vorgabe im Standardisierten Tagebuch sollen Informationen über die alltägliche Varianz im emotionalen Erleben und den patientenspezifischen Beantwortungsstil gewonnen werden.
3. Auf der dritten Seite des Tagebuchformulars tragen die Patienten ihre Symptome, Beschwerden und Probleme ein und raten die aktuelle Beeinträchtigung auf einer 5-stufigen Skala. Diese Form der Vorgabe wurde gewählt, weil eine standardisierte, vollständige Symptomliste nicht ökonomisch genug beantwortet werden kann, um Teil eines täglich auszufüllenden Verfahrens zu werden.
4. Auf der letzten Seite werden die Bedeutung von sieben Lebensbereichen und die Zufriedenheit damit abgefragt. Die Auswahl der Lebensbereiche orientiert sich an Strauß (1986). Die Rolle, die ein Lebensbereich für den Patienten spielt, kann quantitativ beschrieben werden als Produkt der Ratings über Bedeutung und Zufriedenheit.

Besondere Ereignisse können in freier Beschreibung in das Tagebuch eingebracht werden, erleichtern die Interpretation von Auffälligkeiten in den Zeitreihen und können Hinweise geben auf die Verarbeitung von Therapiesitzungen.

4.2.3 Mimisch-affektives Verhalten

4.2.3.1 Die Mimikcodierung nach EMFACS

Das mimisch-affektive Verhalten beider Interaktionspartner wurde mit dem Emotional Facial Action Coding System (EMFACS, Friesen und Ekman, 1984) codiert. Es basiert auf dem Facial Action Coding System (FACS; Ekman und Friesen, 1978), das es ermöglicht, Gesichtsbewegungen umfassend zu codieren. In Abgrenzung dazu erfaßt EMFACS lediglich Gesichtsbewegungen, die potentiell emotionsrelevant sind. Die Aufgabe der Codiererinnen besteht bei EMFACS darin, eine bestimmte, vorgegebene Klasse von Gesichtsbewegungen zu codieren. Die so gewonnnenen Codierungen der Gesichtsbewegungen werden mit Hilfe eines als Software implementierten „Wörterbuchs“ Emotionskategorien zugeordnet (Friesen, 1988; Wagner, 1986).

Die Emotionsinterpretationen können entlang des in Abbildung 1 dargestellten Stammbaums geordnet werden. Eine Reihe von Kodierungen werden nicht als eindeutig affektiv interpretiert und fallen in die Restkategorien „not in dictionary“ und „no prediction“. Die Restkategorie „possible anger“ enthält zwar Teile eines Ärgerausdrucks, wird aber nicht als vollständiger Ärgerausdruck gewertet.

Die Emotionskategorien umfassen im wesentlichen die Primäraffekte Freude, Ärger, Verachtung, Ekel, Angst, Trauer und Überraschung, sowie unterschiedliche Arten von Lächeln. Zusätzlich werden Blenden und Maskierungen auf der Grundlage der Rohcodierungen interpretiert. Blenden sind gleichzeitig zu beobachtende Innervationen der oben beschriebenen Primäraffekte. Maskierungen bezeichnen das „Verstecken“ negativer Emotionen durch Lächeln oder Überraschung. Beispielsweise kann Verachtung durch Lächeln maskiert sein. In Abbildung 3 ist dies durch „HA/CO“ abgekürzt dargestellt. Blenden unterscheiden sich dadurch, daß zwei Affekte gleichzeitig ausgelöst und gezeigt werden. „AN/FE“ bezeichnet das gleichzeitige Auftreten von Ärger und Angst.

Abbildung 3: EMFACS-Kategorien

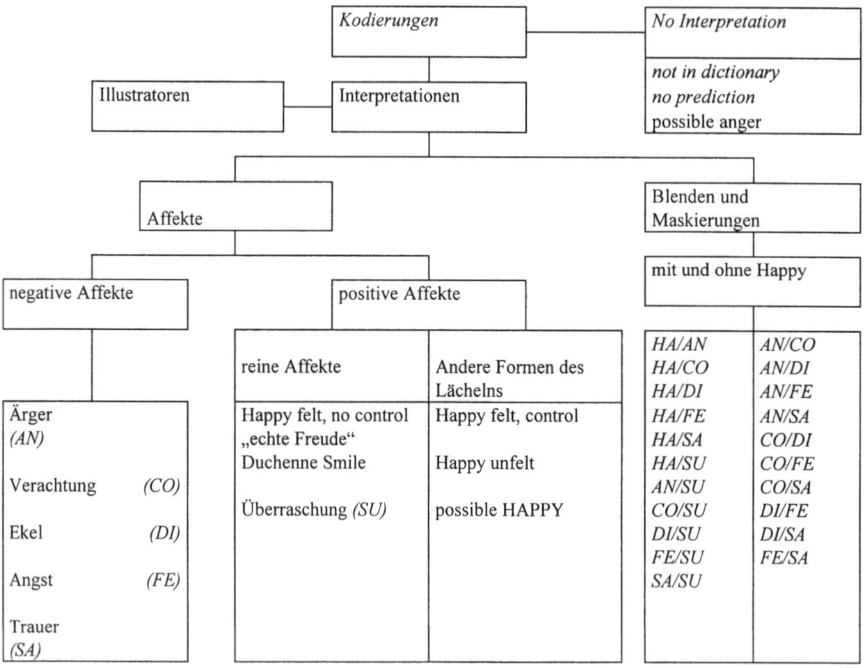

In Abbildung 4 sind für die Primäraffekte Ärger, Ekel, Verachtung, Angst, Trauer, „echte“ Freude (Duchenne Smile) und Überraschung beispielhaft mimische Konfigurationen wiedergegeben, die mit hoher Intensität nachgestellt wurden. Neben den dort abgebildeten Konfigurationen können die Affekte auch in Form weiterer Konfigurationen auftreten (s.a. S. 324).

Abbildung 4: Beispielhafte mimische Konfigurationen der Primäraffekte

4.2.3.2 Bestimmung von Intra- und Interraterreliabilität

Eine erste Reliabilitätsprüfung erfolgte anhand bereits codierter Sequenzen aus den o.g. Projekten.

Die Interrater-Übereinstimmung erwies sich als befriedigend, nachdem zwei Arten immer wiederkehrender Fehler identifiziert und durch entsprechende Nachschulung korrigiert wurden:

- Die mangelnde Unterscheidung zwischen Zusammenpressen der Lippen (Action Unit 24, siehe FACS (Ekman und Friesen, 1978) und Anspannen der Lippen (Action Unit 23).
- Die schlechte Übereinstimmung bei mimischen Innervationen mit minimaler Intensität („trace level"). Die Codiererin wurde angewiesen, konservativ zu codieren, d.h. im Zweifel die betreffende Innervation nicht zu codieren und bei „trace level" Codierungen zu prüfen, ob die Veränderung des Erscheinungsbildes nicht Nebeneffekt einer anderen mimischen Aktivität sein kann.

Zur Überprüfung der Intrarater-Reliabilität wurde eine sehr aktionsreiche Sequenz (37 Ereignisse mit großer Variabilität in zwei Minuten) eines schwierig zu codierenden Patienten ausgewählt und neu codiert, die bereits drei Monate zuvor von derselben Codiererin codiert worden war. Die Übereinstimmung hinsichtlich der Frage, ob mimische Aktivität beobachtet wurde oder nicht, betrug 1.0. Die Übereinstimmung hinsichtlich der codierten AU's, berechnet als Anzahl der in beiden Durchgängen im gleichen Ereignis codierten AU's dividiert durch die Anzahl aller codierten AU's, beträgt .73, die Übereinstimmung der resultierenden Interpretationen .72. Die Werte sind angesichts der Schwierigkeit der ausgewählten Sequenz und der noch sehr geringen Erfahrung der Codiererin bei der Erstcodierung als sehr gut zu bezeichnen. Um die Reliabilität weiter zu verbessern, wurden die Codierungen auf die emotionsrelevanten Gesichtsbewegungen, wie sie in EMFACS zusammengefaßt sind, eingeschränkt. Das Verfahren nach EMFACS wurde zusätzlich so modifiziert, daß mit geringerem Aufwand reliablere Codierungen des emotionalen mimischen Verhaltens möglich wurden. Das wurde dadurch erreicht, daß komplexe mimische Ausdruckskonfigurationen nur noch dann detailliert codiert wurden, wenn sie „core combinations" von Emotionen enthielten, die auch zu Emotionsinterpretation nach Bearbeitung mit dem EMFACS-Lexikon führten. Dadurch reduziert sich die Anzahl der Ereignisse, die nach zeitaufwendiger Codierung als emotional nicht interpretierbar klassifiziert wurden. Die Beschränkung auf diese Klasse von mimischen Verhaltensweisen ist dadurch zu rechtfertigen, daß im Rahmen des Psychotherapieprojekts das emotionale Verhalten im Mittelpunkt des Interesses stand. Die Vergleichbarkeit hinsichtlich des emotionalen mimischen Verhaltens zu den in den oben genannten Vorläuferprojekten codierten Kontrollgruppen wird dadurch nicht berührt. Um die Reliabilität der Codierungen sicherzustellen, wurden die Codiererinnen in regelmäßigen Abständen überprüft, so konnten z.B. sich einschleichende Idiosynkrasien im Codierverhalten frühzeitig erkannt und negative Auswirkungen auf die Reliabilität vermieden werden.

5 Ergebnisse der empirischen Untersuchung

5.1 Die psychotherapeutische Situation in Abgrenzung zu „Alltagssituationen" mit Gesunden

In den folgenden Abschnitten wird das mimisch-affektive Verhalten und das emotionale Erleben von Patienten und Therapeuten beschrieben und mit dem von gesunden Probanden in einer „Alltagssituation" verglichen. Die Ergebnisse des Vergleichs mit der „Alltagssituation" sind nur bedingt generalisierbar, da die sich ergebenden Unterschiede auf mehrere Einflußfaktoren zurückgeführt werden können. Neben der unterschiedlichen inhaltlichen Thematik beeinflussen vor allem die unterschiedlichen Störungsbilder der Patienten die Ergebnisse des Gruppenvergleichs. Auf den Einfluß von Art und Schwere der psychischen Erkrankungen wird in einem eigenen Abschnitt eingegangen. Auch die von den Therapeuten verfolgten Strategien haben einen Einfluß auf ihre mimische Affektivität. Während die psychodynamisch orientierten Therapeuten versuchen, in der Beziehung zum Patienten möglichst abstinent zu bleiben, verfolgte Therapeut VTEP mit einem empathisch, stützenden, psychoedukativen Ansatz eine dem entgegengesetzte Strategie.

Fallspezifische Zusammenhänge zwischen der Erkrankung, dem interaktiven Verhalten und emotionalen Erleben werden in den weiter unten durchgeführten Einzelfallanalysen analysiert. Die Ergebnisse der Gruppenvergleiche sind unter den dort beschriebenen störungs- und fallspezifischen Einflüssen zu interpretieren.

5.1.1 Die Kontrollgruppen und die therapeutischen Dyaden

Bevor auf die Unterschiede zwischen „Alltagssituation" und psychotherapeutischer Situation eingegangen wird, muß darauf aufmerksam gemacht werden, daß sich die zehn untersuchten psychotherapeutischen Dyaden in der Geschlechterzusammensetzung wie in Tabelle 8 wiedergegeben unterscheiden. In zwei Therapien behandelte ein männlicher Therapeut einen männlichen Patienten, in drei Therapien handelt es sich um eine Therapeutin und eine Patientin und in den weiteren fünf Therapien behandelte ein männlicher Therapeut eine Patientin.

Da davon ausgegangen werden muß, daß nicht nur das Geschlecht eines Probanden, sondern auch das seines Interaktionspartners einen Einfluß auf das interaktive Verhalten hat, muß das Geschlecht beider Probanden beim Vergleich mit den Kontrollgruppen berücksichtigt werden. Es exisitieren dementsprechend drei Kontrollgruppen. Da die Gespräche in den Kontrollgruppen nur 20 Minuten dauerten, während die Therapiestunden etwa 50 Minuten lang waren, wird in den folgenden Vergleichen die mimische Affektivität pro zehn Minuten angegeben.

Tabelle 8: Die Kontrollgruppen und die therapeutischen Dyaden

Dyadentyp w-w	Dyadentyp w-m	Dyadentyp m-m
weibliche Patientin weibliche Therapeutin	weibliche Patientin männlicher Therapeut	männlicher Patient männlicher Therapeut
GTAD, VTAD, PDMI Kontrollgruppe w-w	VTKO, PDBU, VTEP, PDPA, PDBw Kontrollgruppe w-m	PDHI, PDBm Kontrollgruppe m-m

Kürzel für theoretische Orientierung der Therapeuten
GT = Gesprächspsychotherapie, PD = Psychodynamisch, VT = Verhaltenstherapie
Die weitere Aufschlüsselung der Therapiekürzel befindet sich in Tabelle 9

Sechs der zehn Therapeuten sind psychodynamisch orientiert, drei verhaltenstherapeutisch, und eine Therapeutin ist klientenzentriert. Im folgenden werden die Therapien mit den in Tabelle 8 angegebenen Bezeichnungen abgekürzt. Die Abkürzungen setzen sich aus der theoretischen Orientierung und einem Kürzel für die Problematik der Patienten zusammen. Die von den behandelnden Therapeuten vergebenen Diagnosen sind in Tabelle 9 zusammengestellt. Weitergehende Beschreibungen der Beschwerden und Ziele der Patienten können den Einzelfallanalysen ab Seite 224 entnommen werden.

Tabelle 9: Diagnosen und das Alter der Patienten

	Beschwerden und Diagnose	Alter
GTAD	Angst und depressive Störung, histrionische Persönlichkeitsstörung (ICD-10)	40
PDPA	Panikstörung ohne Agoraphobie, dependente Persönlichkeitsstörung	24
PDBm	Borderline-Persönlichkeitsstörung (DSM-III-R)	32
PDBU	Bulimia Nervosa	29
PDBw	Borderline-Persönlichkeitsstörung (DSM-III-R)	28
PDHI	„Neurotische Leistungs- und Sexualstörung“, Histrionische Persönlichkeitsstörung (DSM-III-R)	55
PDMI	„Eßstörungen und Eheprobleme“	30
VTAD	„Angst und depressive Störung, gemischt“ nach ICD-10 (F41.2)	30
VTEP	Agoraphobie ohne Panikstörung (DSM III-R 300.22) (als Angst, in der Öffentlichkeit einen epileptischen Anfall zu bekommen), Selbstunsichere Persönlichkeit (DSM III-R 301.82) und unsicher passiv-aggressive Persönlichkeit (DSM III-R 301.84).	37
VTKO	„Konversionsstörung“ (DSM-III-R 300.11)	45

In die im folgenden beschriebenen Vergleiche gingen mit 119 Stunden die Mehrzahl der ersten 15 Behandlungsstunden der untersuchten zehn Therapien ein.

5.1.2 „Alltagssituation“ und psychotherapeutische Situation

Mimische Affektivität

Abbildung 5: Mimische Affektivität der Patienten und Therapeuten im Vergleich mit gesunden Probanden in der „Alltagssituation“

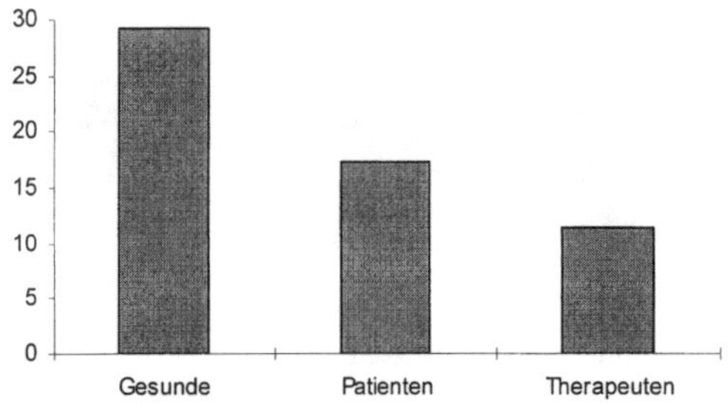

Mimische Affektivität pro zehn Minuten

Während die gesunden Probanden etwa 29.14 Affekte pro zehn Minuten zeigen, weisen die Patienten einen Mittelwert von 17.86 Affekten auf (siehe Abbildung 5).
Auch die mimische Affektivität der Therapeuten ist gegenüber der Kontrollgruppe, aber auch gegenüber den Patienten hoch signifikant reduziert. Im Vergleich zur Kontrollgruppe zeigen sie nur etwa ein Drittel der mimischen Affektivität der gesunden Probanden ($\underline{Z} = -8.222$, $\underline{p} < .001$, $\underline{N} = 119$). Auf die Unterschiede zwischen Patienten und Therapeuten wird weiter unten in einem gesonderten Abschnitt eingegangen. Die durch die Krankheit bedingte Reduktion der mimischen Affektivität von Patienten in Alltagssituationen, wie sie von Krause (1998) berichtet wird, ist also auch in den psychotherapeutischen Interaktionen zu beobachten. Ebenso passen sich die Therapeuten, wie dies gesunde Laien im Gespräch mit Patienten taten, an das Verhalten der Patienten in Form einer generellen Reduktion der mimischen Affektivität an (Steimer-Krause et al., 1991).

Die Unterschiede zwischen der psychotherapeutischen Situation und der Alltagssituation bleiben weitgehend erhalten, wenn man das Geschlecht der Patienten und das ihrer Therapeuten berücksichtigt (siehe Abbildung 6). Die weiblichen Patientinnen mit weiblichen Therapeuten weisen im Vergleich mit Kontrollgruppe w-w eine hoch signifikante Reduktion der Primäraffekte auf (linke Säulengruppe in Abbildung 6. $\underline{Z} = -4.852$, $\underline{p} < .001$). Eine entsprechende Reduktion besteht auch für die weiblichen Patientinnen mit männlichen Therapeuten im Vergleich mit Kontrollgruppe w-m (mittlere Säulengruppe in Abbildung 6, $\underline{Z} = -4.03$ $\underline{p} < .001$). Die mimische Affektivität der Patientinnen ist im Mittel um etwa die Hälfte reduziert. Anstatt mehr als 30 Affekte pro zehn Minuten zu zeigen, wie es gesunde Frauen in den politischen Diskussionen taten, zeigen sie nur etwa 16 Affekte pro zehn Minuten. Die Therapeutinnen zeigen ebenfalls eine hoch signifikante Reduktion der mimischen Affekte gegenüber den gesunden Probandinnen aus der Kontrollgruppe.
Nur die beiden männlichen Patienten unterscheiden sich nicht in der Primäraffekthäufigkeit von den gesunden männlichen Probanden. Die männlichen Patienten unterscheiden sich jedoch auch nicht von den weiblichen Patientinnen ($\underline{Z} = -.653$, $\underline{p} = .51$). Der fehlende Unterschied zur Kontrollgruppe geht demnach darauf zurück, daß sich die Kontrollgruppe m-m erheblich von den Kontrollgruppen w-w und w-m unterschied (Frisch, 1997).

Abbildung 6: Unterschiede in der mimischen Affektivität bei Berücksichtigung des Geschlechts der Interaktionspartner

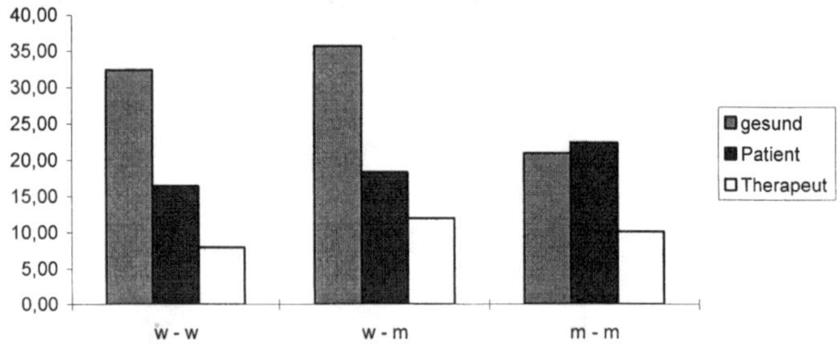

Mimische Affektivität pro zehn Minuten
In Säulengruppe „w-m" ist der Mittelwert aus dem Wert für den weiblichen und männlichen Probanden angegeben. Diese Darstellungsform wurde gewählt, um die Abbildungen besser lesbar zu gestalten. Die weiblichen und männlichen Probanden der Gruppe w-m unterscheiden sich nicht.

Während die männlichen Patienten somit keinen signifikanten Unterschied zur Kontrollgruppe aufwiesen, ergibt sich für die männlichen Therapeuten gegenüber der Kontrollgruppe m-m eine Reduktion der mimischen Affektivität auf dem 5 % Signifikanzniveau ($\underline{Z} = -2.28$, $\underline{p} < .05$).
Vergleicht man die Therapeuten untereinander, bleibt festzuhalten, daß die weiblichen Therapeutinnen nicht expressiver sind als ihre männlichen Kollegen. Vielmehr weisen die männlichen Therapeuten eine höhere mimische Affektivität auf als die weiblichen Therapeutinnen ($\underline{Z} = -2.32$, $p < .05$).

Unterschiede in den distanzregulierenden Affekten Freude, Ekel und Verachtung

Nachdem oben die mimische Gesamtaffektivität analysiert wurde, werden im Folgenden einzelne Primäraffekte in der therapeutischen Situation und der Alltagssituation verglichen.
Trotz der generellen Reduktion der Gesamtaffektivität bei Patientinnen, und Therapeuten und Therapeutinnen gegenüber den Kontrollgruppen werden einzelne Primäraffekte in der therapeutischen Situation auch häufiger gezeigt als in der hier untersuchten „Alltagssituation“. Dies gilt vor allem für Angst, Überraschung und Ärger, worauf weiter unten eingegangen wird.
Die Vergleiche erfolgen ebenfalls getrennt nach der Geschlechterzusammensetzung in den einzelnen Dyaden. In einigen Fällen werden aber auch Ergebnisse beschrieben, in denen das Geschlecht des Interaktionspartners nicht berücksichtigt wurde. So kann aufgezeigt werden, in welcher Art das Geschlecht des Interaktionspartners das Verhalten beeinflußt.
Das mimische Signalisieren von Freude, Ekel und Verachtung erfolgt in dyadischen Interaktionen vor allem im Zusammenhang mit der Regulierung von Nähe und Distanz. Vermehrtes Zeigen von Freude führt dabei zu größerer Nähe, das Zeigen von Ekel hingegen zu einer größeren Distanz zwischen den beiden Interaktionspartnern.
In der psychotherapeutischen Situation sind diese Affekte sowohl bei den Therapeuten als auch bei den Patienten reduziert. Die echte Freude ist in allen drei Dyadentypen signifikant reduziert (siehe Abbildung 7). Im Fall der Patienten zeigt sich in der Reduktion der echten Freude der Einfluß der Erkrankung. Aber auch die Therapeuten passen sich an das Verhalten der Patienten und an die therapeutische Situation an.

Abbildung 7: „Echte Freude“ im Vergleich

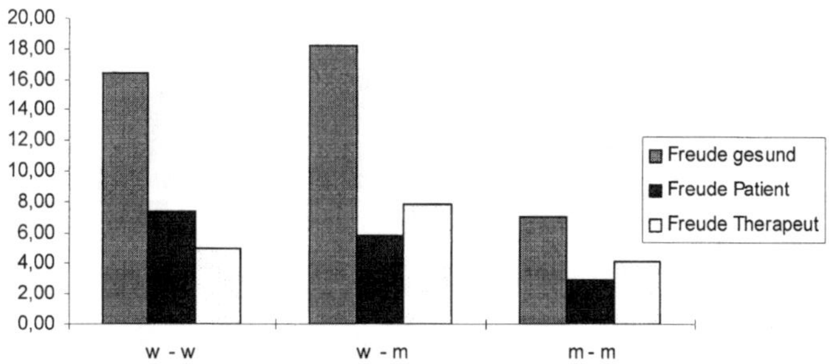

Echte Freude pro zehn Minuten

Vergleicht man alle männlichen Therapeuten mit den männlichen Probanden aus den Kontrollgruppen „m-m“ und „w-m“ sind die echte Freude und der Ekel (Abbildung 8) der

Therapeuten nicht reduziert. Erst wenn man das Geschlecht des Interaktionspartners berücksichtigt wird deutlich, daß die Therapeuten weniger echte Freude und weniger Ekel zeigen als die Probanden der Kontrollgruppen. Vor allem die Therapeuten mit weiblichen Patientinnen zeigen weniger echte Freude als die Männer der gemischtgeschlechtlichen Kontrollgruppe, aber auch weniger Verachtung und Ekel (s.u.).
Vergleicht man die an den Primäraffektsummen relativierten Häufigkeiten ergibt sich, daß zusätzlich der Ärgeranteil der Therapeuten signifikant höher liegt als in der Kontrollgruppe (siehe unten), während der Freudeanteil sich nicht mehr signifikant unterscheidet. Die Therapeuten zeigen sogar mit einem Mittelwert von 55 % mehr Freude als die Männer der Kontrollgruppe mit 49 %. Absolut gesehen ist der Freudeausdruck bei den Therapeuten jedoch um mehr als die Hälfte reduziert.
Die Männer in den Kontrollgruppen hatten im Gespräch mit weiblichen Partnerinnen im Vergleich zum Gespräch mit männlichen Partnern ihren Freudeausdruck gesteigert (Frisch, 1997). Die Therapeuten aber unterscheiden sich von letzteren und sind den Männern in gleichgeschlechtlichen Dyaden in dieser Hinsicht ähnlicher. Eine Erklärung für diesen Befund kann darin gesehen werden, daß der gesteigerte Freudeausdruck der gesunden Probanden die Funktion des Werbeverhaltens oder „charming behavior" hat (Tramitz, 1990). In der therapeutischen Situation ist Werbeverhalten allerdings weniger wahrscheinlich, die Therapeuten reduzieren dementsprechend ihren Freudeausdruck. Nur Therapeut VTEP weist diese Reduktion nicht auf, worauf weiter unten beim Vergleich der Therapien genauer eingegangen wird.
Neben der Reduktion der Freudemimik findet man in fast allen Gruppen eine Reduktion der Ekel- und Verachtungsmimik. Die Ekelmimik der Patientinnen und der Therapeutinnen bzw. Therapeuten in den Gruppen „w-w" und „w-m" ist gegenüber den Kontrollgruppen signifikant reduziert (siehe Abbildung 8). Nur die Therapeuten aus „m-m" weisen keinen Unterschied auf. Die Ekelmimik ihrer Patienten ist sogar tendenziell höher als in der Kontrollgruppe, was vorwiegend auf Patient PDBm zurückgeht.

Abbildung 8: Ekelmimik im Vergleich

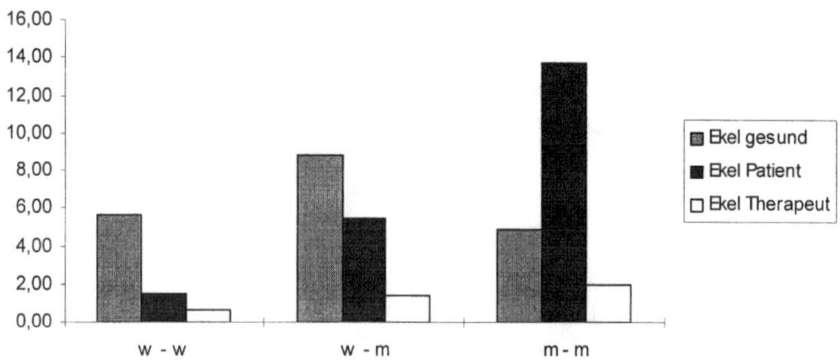

Ekelmimik pro zehn Minuten

Die Therapeuten in allen drei Gruppen zeigen deutlich weniger Verachtung als die Probanden der Kontrollgruppen (Abbildung 9). Das kann als Hinweis darauf gewertet werden, daß die Therapeuten auf Grund ihrer professionellen Einstellung als Therapeuten den Patienten eine hohe Wertschätzung entgegenbringen.
Die Verachtungsmimik der Patienten aus den Gruppen „w-w" und „m-m" ist ebenfalls signifikant reduziert. Demgegenüber weisen die Patientinnen mit männlichen Therapeuten

(siehe Abbildung 9, Gruppe „w-m“) keine Reduktion der Verachtungsmimik auf. Vergleicht man an den Primäraffeksummen relativierte Häufigkeiten, läßt sich sogar eine Zunahme der Verachtung nachweisen ($\underline{Z}$ = -.2.46, $\underline{p} < .05$).

Abbildung 9: Verachtungsmimik im Vergleich

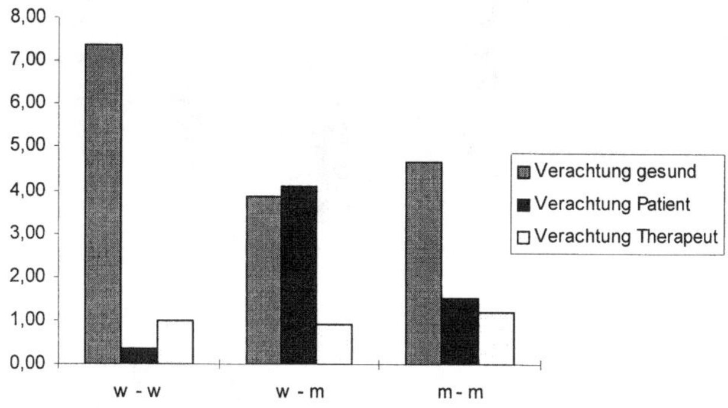

Verachtungsmimik pro zehn Minuten

Affektspezifische Unterschiede ergeben sich im Vergleich mit den Kontrollgruppen also für Freude, Ekel und Verachtung, mit der Ausnahme, daß die Verachtungsmimik der Patientinnen aus Dyadentyp „w-m“ sogar einen relativen Anstieg ausweist.

Reduktion der Trauermimik

Die Trauermimik der Patientinnen in den beiden Gruppen „w-m“ ($\underline{p} < .01$) und „w-w“ ($\underline{p} < .05$) ist signifikant reduziert. Das gleiche gilt für die weiblichen Therapeutinnen. Die männlichen Therapeuten und Patienten weisen keine Reduktion der Trauermimik auf.

Überraschung und informationsverarbeitende Prozesse

Überraschung ist ein Affekt, der durch als neu und unerwartet wahrgenommene Ereignisse ausgelöst wird (Scherer, 1984). Wenn es in den psychotherapeutischen Behandlungen zu Umstrukturierungen von Schemata kommen soll, so ist das Auftreten von Überraschung als notwendige Voraussetzung dafür anzusehen.

Diese Annahme konnte bestätigt werden. In allen Patientengruppen tritt mehr Überraschung auf als in den Kontrollgruppen. Die Patienten der Gruppe „m-m“ ($\underline{p} < .001$) und die Patientinnen der Gruppe „w-w“ ($\underline{p} < .05$) zeigen signifikant häufiger Überraschung als die Probanden der Kontrollgruppen.

Die Patientinnen mit männlichen Therapeuten zeigen in den absoluten Häufigkeiten nur eine tendenzielle Erhöhung der Überraschung, diese erreicht aber das 5 %-Signifikanzniveau bei Verwendung der relativierten Häufigkeiten.

Die Therapeuten zeigen ebenfalls signifikant häufiger Überraschung als die Probanden der Kontrollgruppe (w-m: $\underline{p} < .01$, m-m: $\underline{p} < .001$). Die Therapeutinnen aus der Gruppe „w-w“ unterscheiden sich allerdings nicht von den gesunden Probanden.

Abbildung 10: Überraschungsmimik im Vergleich

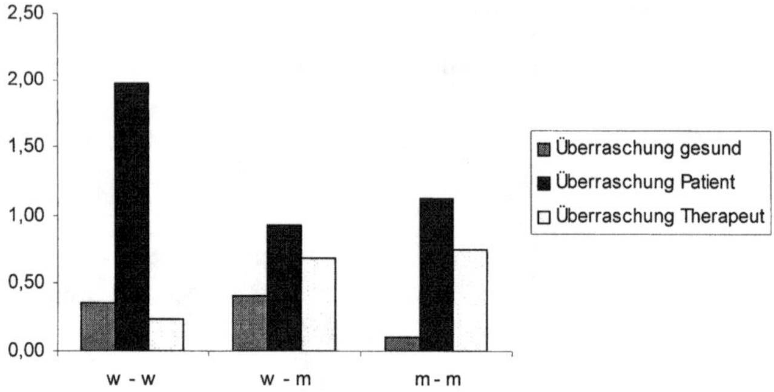

Überraschungsmimik pro zehn Minuten

Eine der beiden Therapien mit weiblicher Therapeutin wurde vorzeitig abgebrochen, da die Patientin die angebotene Therapieform als für sich nicht geeignet ansah. Diese Therapeutin zeigte von allen Therapeuten die geringste Häufigkeit an Überraschung. Das Fehlen von Überraschung auf seiten der Therapeutin kann als Indiz dafür angesehen werden, daß sie im Verlauf der Therapie keine neuen und unerwarteten Einsichten über die Patientin gewonnen hat. Auf den Zusammenhang der Überraschungsmimik der Patienten mit dem Therapieerfolg wird in Kapitel 1.1 genauer eingegangen.

Angst und Ärger

Zusätzlich zu den oben beschriebenen Unterschieden in den Affekten Freude, Ekel, Verachtung und Überraschung unterscheiden sich die Patienten in der Häufigkeit der Affekte Angst und Ärger von den gesunden Probanden.

Abbildung 11: Angstmimik im Vergleich mit Alltagssituationen

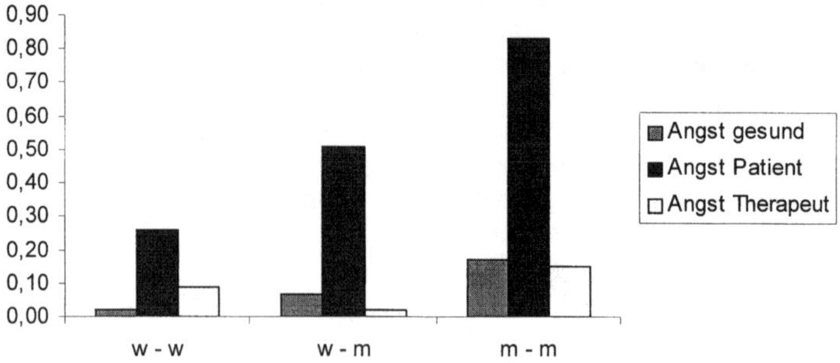

Angstmimik pro zehn Minuten

Die Patientinnen aus Gruppe „w-w" ($\underline{p} < .01$) und die Patienten aus „m-m" ($\underline{p} < .001$) weisen eine signifikante Erhöhung der Angst- und Ärgermimik auf (siehe Abbildung 11 und Abbildung 12).

In Gruppe „w-m“ zeigen die Patientinnen nur eine tendenzielle Erhöhung der absoluten Häufigkeiten, die relativen Häufigkeiten weisen jedoch ebenfalls einen signifikanten Anstieg der Angst- und Ärgermimik aus.
Die Therapeuten weisen keine Erhöhung der absoluten Häufigkeiten der Angst- oder Ärgermimik auf. Lediglich die relativen Häufigkeiten der Therapeuten aus „w-m“ sind signifikant erhöht ($p < .05$).

Abbildung 12: Ärgermimik der Patienten im Vergleich mit Alltagssituationen

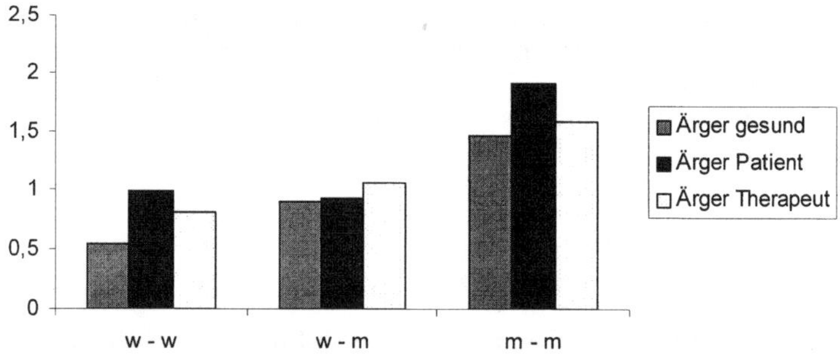

Ärgermimik pro zehn Minuten

Blenden, Maskierungen und uneindeutige Mimik

Vergleicht man die Anzahl von *Blenden, multiplen Affekten* und *Maskierungen* relativ zur Primäraffektsumme mit den Kontrollgruppen, ergeben sich keine signifikanten Unterschiede. Für die Absolutwerte ergeben sich Unterschiede zur Alltagssituation, die jedoch den Hypothesen widersprechen.
Unterschiede treten vor allem in Dyadentyp „w-m“ auf. Die Patientinnen zeigen weniger maskierendes Lächeln als die gesunden Frauen im Gespräch mit Männern ($p < .01$). Die Therapeuten dieser Gruppe zeigen tendenziell weniger Blenden als die gesunden Männer im Gespräch mit gesunden Frauen ($p < .062$).
Lediglich die männlichen Patienten zeigen einen hypothesenkonformen Anstieg der Maskierungen und signifikant mehr Mischungen negativer Affekte als die Probanden der Kontrollgruppe ($p < .05$).

Mimische Affektivität in den ersten Stunden

In die oben angestellten Vergleiche gingen alle Therapiestunden ein. Damit wird die mimische Affektivität für den gesamten Verlauf der Therapien beschrieben, inklusive möglicher Veränderungen, die durch die Behandlung zustande gekommen sein könnten.
Aus diesem Grund wurden auch Vergleiche zwischen der Mimik in der ersten Therapiestunde mit dem Verhalten in den Kontrollgruppen angestellt. Diese Vergleiche wurden aber nur für die gemischtgeschlechtlichen Therapiedyaden w-m durchgeführt, da nur hier ausreichend Fälle vorhanden sind, um überhaupt signifikante Unterschiedstestung erwarten zu können.
Die Männer der Kontrollgruppe w-m zeigen insgesamt mehr Primäraffekte und häufiger echte Freude, Verachtungsmimik und Ekelmimik als die männlichen Therapeuten. Die Erhöhung bzgl. der Überraschungsmimik der Therapeuten ist zwar schon in den Deskriptivwerten erkennbar, wird aber auf Grund der niedrigen Fallzahl nicht signifikant.

Die Patientinnen zeigen in der Summe schwach tendenziell weniger Primäraffekte als die gesunden Frauen (Kontrollgruppe w-m), was vor allem auf eine Reduktion der echten Freude zurückgeht. Bezüglich Ärger und Verachtung weichen ihre Werte aber bereits bei ausschließlicher Auswertung der ersten Stunden tendenziell nach oben von den Werten der Kontrollgruppe ab. Auch die Deskriptivwerte für Angst- und Überraschungsmimik weichen nach oben von denen der Kontrollgruppe ab.

Ergebnisübersicht „Alltagssituation" und psychotherapeutische Situation

In Tabelle 10 sind die Ergebnisse in bezug auf die Hypothesen zu den Unterschieden zwischen der Alltagssituation und der psychotherapeutischen Situation zusammengefaßt. Bei allen Therapeutinnen und Therapeuten sowie allen weiblichen Patientinnen ist die mimische Affektivität im Vergleich zu den Kontrollgruppen hoch signifikant reduziert. Wie hypostasiert zeigen die Patientinnen nur etwa die Hälfte und die Therapeuten und Therapeutinnen nur etwa ein Drittel der Primäraffekte, die in den Kontrollgruppen codiert wurden. In Einzelfällen erreichen zwar auch einige Patienten und ein Therapeut Primäraffekthäufigkeiten, die an diejenigen in den Kontrollgruppen heranreichen, im Fall der Patienten wird aber dann vorwiegend der negative Affekt Ekel gezeigt, auf den weiter unten noch einmal im Zusammenhang mit der Schwere der Erkrankung eingegangen wird.

Tabelle 10: Hypothesen und Ergebnisse (Vergleich mit Alltagssituation)

1. Die mimische Affektivität in psychotherapeutischen Behandlungen ist gegenüber den Alltagssituationen reduziert.
2. Die relative und absolute Häufigkeit negativer Affekte der Patienten und Patientinnen ist in Psychotherapien größer. *Gilt nur für Angst und Ärger. Relative Erhöhung für Verachtung in „w-m".*
3. Der Freudeausdruck der Patienten und Patientinnen ist reduziert
4. Die Patienten und Patientinnen zeigen mehr Überraschungs- und Angstmimik als die gesunden Probanden. *Gilt für Patientinnen aus „w-m" nur tendenziell*
5. Die Therapeuten zeigen mehr Überraschungsmimik als die gesunden Probanden. *Gilt nicht für die weiblichen Therapeutinnen*
6. In der psychotherapeutischen Situation treten mehr Blenden aus Affekten auf als in der Alltagssituation. *Gilt nur für einen Teil der Therapien*
7. Die Mimik der Therapeuten unterscheidet sich von der gesunder Probanden. (s.Text)

Die Unterschiede auf der Ebene einzelner Primäraffekte sind in Tabelle 11 für alle drei Dyadentypen zusammengefaßt. Die oben beschriebene Reduktion der mimischen Gesamtaffektivität der Therapeuten gegenüber den Kontrollgruppen geht vor allem auf die Affekte Freude, Verachtung und Ekel zurück. Trotz der generellen Reduktion der mimischen Affektivität ist ein aber signifikanter Anstieg der Überraschungsmimik für die Therapeuten festzustellen.

Die mimische Affektivität der Patienten ist vor allem im Bereich der Freude, des Ekels und der Trauer reduziert, während sie deutliche Aktivitätssteigerungen bei den Affekten Ärger, sowie Angst und Überraschung zeigen. Ein Ergebnis, das unabhängig vom Geschlecht der Interaktionspartner die psychotherapeutischen Dyadentypen charakterisiert, ist die Reduktion der echten Freude und mit einer Einschränkung die Zunahme von Überraschung. Auffallend ist, daß mit der Reduktion der echten Freude, die einen positiven Beziehungswunsch signalisiert, auch die negativen distanzregulierenden Affekte *Verachtung* und *Ekel* reduziert sind. Die Reduktion der mimischen Affektivität geht also auf eine Reduktion der Affekte zurück, die zur Regulation von Nähe und Distanz dienen. Dazu konsistent ist auch die

Reduktion des Affektes *Trauer* in einigen Gruppen. Die Zunahme von *Ekel* in den beiden Therapien mit männlichen Patienten geht vor allem auf einen der beiden Patienten zurück, der über den gesamten Verlauf der Therapie mit Ausnahme einer Stunde *Ekel* als häufigsten Affekt zeigt.

Ein über die drei Patientengruppen konsistenter Anstieg ist in der Ärgermimik zu verzeichnen. Auch die männlichen Therapeuten mit weiblichen Patientinnen zeigen relativ zur gesamten mimischen Affektivität mehr Ärger als die Probanden der Kontrollgruppe.

Tabelle 11: Primäraffekte in Alltagssituationen und Psychotherapie

Therapeuten	Ärger	Verachtung	Ekel	Angst	Trauer	Überraschung	Freude
w-w		reduziert	reduziert		reduziert		reduziert
w-m	(erhöht)	reduziert	reduziert			erhöht	reduziert
m-m		reduziert				erhöht	reduziert
Patienten							
w-w	erhöht	reduziert	reduziert	erhöht	reduziert	erhöht	reduziert
w-m	erhöht$^+$	(erhöht)	reduziert	erhöht$^+$	reduziert	erhöht$^+$	reduziert
m-m	erhöht	reduziert	erhöht$^+$	erhöht		erhöht	reduziert

Angaben in Klammern beziehen sich auf relative Häufigkeiten
Die mit $^+$ gekennzeichneten Unterschiede sind nur tendenziell

Die mimische Affektivität in den ersten Therapiestunden weist bereits die gleichen Unterschiede auf, wie sie sich beim Vergleich aller Therapiestunden mit den Kontrollgruppen ergeben. Das ist der Fall, obwohl sich zumindest für einen Teil der Patienten im Verlauf der Therapie erhebliche Veränderungen der mimischen Affektivität nachweisen lassen.

5.1.3 Patienten und Therapeuten im Vergleich

5.1.3.1 Mimische Affektivität von Patienten und Therapeuten

Wie oben beschrieben, ist sowohl die mimische Affektivität der Patienten als auch der Therapeuten im Vergleich zu den Kontrollgruppen reduziert. Aber auch untereinander unterscheiden sich Patienten und Therapeuten voneinander. Die Patienten ($\underline{x}$ = 91.4, $\underline{SD}$ = 64.1) zeigen absolut gesehen fast doppelt so viele Primäraffekte wie die Therapeuten ($\underline{x}$ = 56.2, $\underline{SD}$ = 37.7; $\underline{Z}$ = -4,357, $\underline{p}$ < = .000). Die Primäraffekthäufigkeiten für einzelne Therapien sind in Kapitel 1 beschrieben.

Um den Einfluß der sprachlichen Aktivität auf die Primäraffekthäufigkeiten zu berücksichtigen, wurden Affekthäufigkeiten pro 1000 gesprochener Worte verglichen. Mit der Worthäufigkeit kann kontrolliert werden, ob die Verdoppelung der Primäraffekte bei den Patienten auf Unterschiede in der verbalen Aktivität in der psychotherapeutischen Situation zurückgeht. Es ergibt sich, daß die an den Worthäufigkeiten relativierte Primäraffekthäufigkeit der Therapeuten im Gegensatz zu den Absolutwerten schwach tendenziell höher als die der Patienten ist ($\underline{Z}$ = -1.501, $\underline{p}$ < .15). Das heißt, daß die Therapeuten im Mittel mehr Affekte pro 1000 Worte zeigen als die Patienten. Dieses Ergebnis muß jedoch vor dem Hintergrund der unten beschriebenen Einschränkungen interpretiert werden, da die relativen Häufigkeiten der Therapeuten überschätzt werden. Analysiert man die Therapien jeweils als Einzelfälle, zeigt sich außerdem, daß nur in vier der zehn Therapien die Therapeuten mimisch affektiver sind als die Patienten (PDHI, VTEP, PDPA, GTAD), während weitere vier Therapeuten weniger Affekte zeigen (VTKO, PDBU, VTAD, PDBm) und in zwei Therapien

kein Unterschied besteht (PDBw, PDMI). Die erstgenannten Therapeuten zeichnen sich auch durch die größte absolute Häufigkeit an Primäraffekten unter den Therapeuten aus.
Die Ergebnisse zeigen, daß nicht grundsätzlich von einer höheren mimischen Affektivität bei den Patienten ausgegangen werden kann. Vielmehr müssen Einflüsse der sprachlichen Aktivität mit einbezogen werden. Tut man das, zeigen die Therapeuten insgesamt tendenziell sogar mehr Primäraffekte als die Patienten, die Analyse der Einzelfälle zeigt aber, daß dieser Unterschied nicht für alle Therapien und auch nicht für alle Primäraffekte gilt.

5.1.3.2 Duchenne Smiles („echte Freude") und soziales Lächeln

In der weiteren Auswertung werden zwei Arten von Lächeln unterschieden, die nach Duchenne de Bologne benannten Duchenne Smiles, die als Ausdruck „echter Freude" interpretiert werden, und Formen sozialen Lächelns, die andere Funktionen als den Ausdruck von Freude haben (Ekman und Friesen, 1982; Fridlund, 1991; Merten, 1997a). Die Therapeuten zeigen absolut gesehen etwa gleich viele Duchenne Smiles wie die Patienten (siehe Abbildung 13). Der relative Anteil der Duchenne Smiles der Therapeuten an den Primäraffekten ist allerdings wesentlich höher ($\underline{Z} = -3{,}524$, $\underline{P} < .001$).

Abbildung 13: Unterschiede in der Art des Lächelns

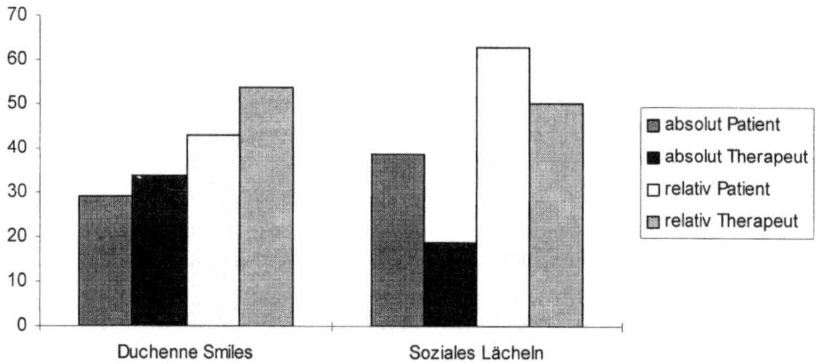

Im Gegensatz dazu tritt soziales Lächeln bei den Patienten absolut gesehen etwa doppelt so häufig auf wie bei den Therapeuten ($\underline{Z} = -7{,}391$, $\underline{P} < .001$), und auch in Relation zu den Primäraffekthäufigkeiten zeigen die Patienten signifikant mehr soziales Lächeln als die Therapeuten.

5.1.3.3 Die negativen Affekte Ärger, Ekel, Verachtung und Trauer

Der häufigste negative distanzregulierende Affekt der Therapeuten ist mit einem Mittelwert von $\underline{x} = 7{,}49$ ($\underline{SD} = 7{,}77$) pro Therapiestunde der Affekt *Ekel*. Auch im Fall der Patienten ist *Ekel* der häufigste negative Affekt ($\underline{x}_{Ekel} = 31{,}72$, $\underline{SD} = 55{,}05$). Obwohl sich die Mittelwerte deutlich unterscheiden (siehe Abbildung 14), ergibt der Wilcoxon-Test, daß die Therapeuten absolut gesehen häufiger Ekelmimik zeigen als die Patienten ($\underline{Z} = -2{,}382$, $\underline{p} < .05$). Der Unterschied ist nur noch schwach tendenziell, wenn man die an den Primäraffekten relativierten Häufigkeiten vergleicht ($\underline{Z} = -1{,}253$, $\underline{p} < .15$). Ausgehend von den Maßen der zentralen Tendenz ist dieses Ergebnis unerwartet. Es geht auf erhebliche Unterschiede in der Variabilität innerhalb der Therapeuten und vor allem Patienten zurück. Die hohe Variabilität kommt im Fall der Patienten dadurch zustande, daß drei Patienten bzw. Patientinnen (PDBU,

PDBw, PDBm) mehr als 67 mal Ekel pro Stunde zeigen und drei Patientinnen (PDPA, GTAD, PDMI) weniger als ein mal pro Stunde (siehe Kapitel 5.1).

Abbildung 14: Negative beziehungsregulierende Affekte von Therapeut und Patient

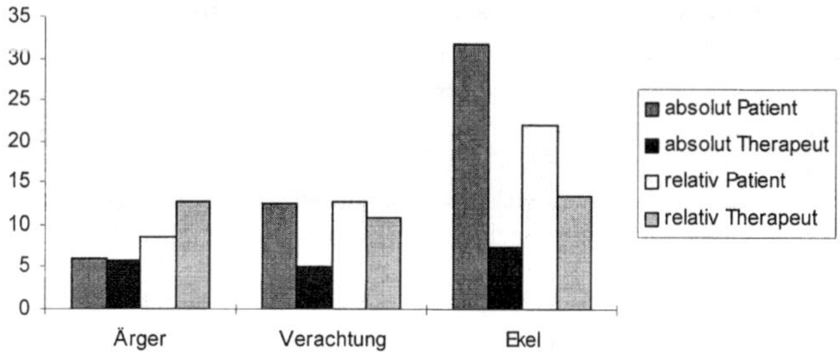

Der Affekt Verachtung wird von den Patienten im Mittel absolut mehr als doppelt so häufig gezeigt wie von den Therapeuten (Z = -4,437, p < .001). In den relativen Häufigkeiten zeigt sich kein signifikanter Unterschied mehr (siehe Abbildung 14, mittlere Säulengruppe).
Die absolute Anzahl von Ärger pro Therapiestunde ist nahezu gleich, der relative Anteil an allen Primäraffekten ist für die Therapeuten sogar höher (Z = -1.95, p = .051).
Trauer als mimisches Muster trat bei Patienten und Therapeuten nur selten auf. Die Patienten zeigen aber hochsignifikant mehr Trauer als die Therapeuten (absolut: Z = -4,858, p < .001, relativ: Z = -2,915, p < .01).

5.1.3.4 Angst- und Überraschungsmimik

Angst tritt in der Mimik der Therapeuten nur sehr selten auf, im Mittel etwa alle zwei Stunden einmal (x = .46, SD = 1.59). *Überraschung* tritt im Vergleich dazu deutlich häufiger auf (x = 3.04, SD = 4,70), aber signifikant seltener als im Fall der Patienten (x = 6.89, SD = 13.1, Z=-3.245, P < .001). Als Einzelfälle mit vergleichsweise großen Häufigkeiten an Angst- und Überraschungsmimik sind folgende Patienten und ein Therapeut hervorzuheben. Patientin PDPA zeigt in einer Stunde *Angst* als Leitaffekt, Patientin VTAD Überraschung in zwei Stunden und Therapeut PDHI Überraschung in einer Stunde.

5.1.3.5 Blenden, Maskierungen und uneindeutige Mimik

Sowohl Blenden, Maskierungen wie uneindeutige mimische Ausdrücke werden von den Patienten signifikant häufiger gezeigt als von den Therapeuten (siehe Tabelle 12). Der Unterschied im Fall der Blenden ist nicht mehr signifikant, wenn man an den Primäraffektsummen relativierte Häufigkeiten verwendet. Die Unterschiede bzgl. der Maskierungen und der uneindeutigen Mimik bleiben jedoch bestehen.

Tabelle 12: Blenden, Maskierung und uneindeutige Mimik

absolut	Blenden	Maskierungen	uneindeutig
Therapeuten	1.18 (3.38)	3.49 (5.77)	.41(1.02)
Patienten	**2.08 (4.57)***	**6.92 (8.15)*****	**1.20 (2.13)*****
relativ %			
Therapeuten	2.59 (6.46)	6.19 (8.30)	.56 (1.37)
Patienten	3.62 (8.54)	**9.03 (9.49)****	**1.86 (3.88)*****

* p < .05, ** p < .01, *** p < .001

Diese Unterschiede müssen vor dem Hintergrund äußerst hoher Varianzen innerhalb der Patienten, aber auch der Therapeuten interpretiert werden. Auf einzelfallspezifische Unterschiede wird weiter unten eingegangen. Patientin VTKO und VTAD zeigen die höchsten relativen Anteile an Blenden.

5.1.3.6 Ergebnisübersicht Patienten und Therapeuten im Vergleich

Die Ergebnisse des Vergleichs zwischen Therapeuten und Patienten sind in Tabelle 13 aufgelistet. Die Hypothese, daß die Therapeuten mehr Freude zeigen als die Patienten, konnte auf dem Niveau absoluter Häufigkeiten nicht bestätigt werden. Relativ zu den Primäraffektsummen zeigen die Therapeuten aber signifikant mehr echte Freude oder Duchenne Smiles als die Patienten. Ein weiterer Unterschied hinsichtlich des Lächelns besteht darin, daß die Patienten etwa doppelt so häufig soziales Lächeln zeigen wie die Therapeuten.

Tabelle 13: Unterschiede im mimisch-affektiven Verhalten von Patienten und Therapeuten

- Die absolute Anzahl an Duchenne Smiles ist annähernd gleich
- Die relative Anzahl an Duchenne Smiles ist für die Therapeuten und Therapeutinnen jedoch signifikant höher
- Die Patienten und Patientinnen zeigen etwa doppelt so häufig soziales Lächeln wie die Therapeuten und Therapeutinnen
- Häufigster negativer Affekt der Therapeuten und Therapeutinnen ist *Ekel*, den sie auch signifikant häufiger zeigen als die Patienten und Patientinnen
- Auch für die Patienten und Patientinnen ist *Ekel* der häufigste Affekt, er tritt im Mittel über alle Patienten und Stunden sogar häufiger auf als echte Freude. Es bestehen allerdings große interindividuelle Unterschiede
- Die Patienten und Patientinnen zeigen im Mittel etwa doppelt so oft *Verachtung* wie die Therapeuten und Therapeutinnen
- Die Patienten und Patientinnen zeigen im Mittel mehr *Angst, Überraschung* und *Trauer*
- Die Patienten und Patientinnen zeigen mehr Blenden, Maskierungen und uneindeutige Mimik

Die hypostasierten Unterschiede in den negativen Affekten Ärger, Ekel und Verachtung konnten lediglich für den Affekt Verachtung bestätigt werden. Die Patienten zeigen im Mittel etwa doppelt so oft Verachtung wie die Therapeuten, relativ zur Gesamthäufigkeit ist dieser Unterschied allerdings nicht mehr vorhanden.

Ärger zeigen Patienten und Therapeuten zwar in etwa mit der gleichen absoluten Häufigkeit, die relativen Häufigkeiten der Therapeuten liegen aber sogar entgegen der Hypothese über denen der Patienten. Das gleiche gilt tendenziell für den Affekt Ekel, der Mittelwert liegt hier zwar über dem der Therapeuten, allerdings vor dem Hintergrund einer hohen Varianz zwischen den Patienten. Die Unterschiedstestung weist eine tendenziell höhere Ekelhäufigkeit bei den Therapeuten aus.

Nur der negative Affekt Trauer wird von den Patienten absolut und relativ häufiger gezeigt als von den Therapeuten, jedoch, wie oben beschrieben, seltener als in den Kontrollgruppen. Die Hypothese, daß die Patienten mehr Angst- und Überraschungsmimik zeigen, konnte ebenfalls für die absoluten und relativen Häufigkeiten bestätigt werden. Blenden und Maskierungen traten bei den Patienten zwar absolut häufiger auf, allerdings war nur der relative Anteil der Maskierungen auch größer als der der Therapeuten.

Die Relativierung an den Primäraffektsummen nivelliert einige Unterschiede, die in den absoluten Häufigkeiten bestehen. Der Relativierung an den Primäraffektsummen liegt die Annahme zugrunde, daß die Primäraffektsumme einen Generalfaktor der mimischen Affektivität darstellt, der für Patienten und Therapeuten von den gleichen Affekten bestimmt wird. Dem ist aber nicht so, wie weiter unten noch gezeigt werden wird. Zudem geht die gegenüber den Therapeuten erhöhte mimische Gesamtaffektivität der Patienten vor allem auf die Affekte *Verachtung, Ekel, Angst, Überraschung und Trauer* zurück, während die Gesamtaffektivität der Therapeuten hauptsächlich von *echter Freude* bestimmt wird. Die Relativierungen erfolgen demnach gegen Summen, die sich aus qualitativ anderen Summanden zusammensetzen. Zur Beurteilung der Hypothesen wurden beide Maße herangezogen, da die absoluten Häufigkeiten das tatsächliche Auftreten einzelner Affekte abbilden, während die relativen Häufigkeiten ein Bild davon vermitteln, in welchem Ausmaß ein Affekt vor dem Hintergrund der sonstigen mimischen Affektivität aufgetreten ist. Es darf auch nicht vergessen werden, daß die mimische Gesamtaffektivität der Therapeuten deutlich geringer war als die der Patienten.

5.1.4 Synchronizitäten im mimischen Verhalten

In Abbildung 15 ist ein Beispiel für das synchrone Zeigen von Duchenne Smiles wiedergegeben. Es wird angenommen, daß synchrone Duchenne Smiles Indikatoren für die Qualität der Beziehung darstellen, da sie positive Signale beider Interaktionspartner umfassen, die zur gleichen Zeit auftreten und häufig auch bei Blickkontakt gezeigt werden, so daß sie vom Gegenüber auch wahrgenommen werden können.

Abbildung 15: Beispiel für das synchrone Zeigen von Duchenne Smiles

Die oben beschriebenen Ergebnisse zur mimischen Affektivität beziehen sich auf das individuelle Verhalten der Probanden. Zwar wurde auch dort schon der Interaktionspartner als Kontextvariable insofern berücksichtigt, als zur Bildung der Dyadentypen das Geschlecht von beiden herangezogen wurde, in den folgenden Auswertungen wird darüber hinaus das Verhalten des Interaktionspartner als Kontextvariable mit in die Analyse einbezogen. Es handelt sich im folgenden also um dyadische Variablen, die das Verhalten beider an der Interaktion beteiligter Personen beschreiben. Insbesondere wird auf gleichzeitig auftretende positive Affekte in Form von Duchenne Smiles eingegangen. Von synchronen Duchenne Smiles wird gesprochen, wenn die Zeitpunkte maximaler Intensität der Duchenne Smiles von Person A und Person B nicht weiter als eine Sekunde auseinander liegen (Steimer-Krause, 1996). Durch dieses Kriterium ist gewährleistet, daß die Duchenne Smile der Interaktionspartner sich zeitlich überlappen.

5.1.4.1 Synchronisierte Duchenne Smiles

Obwohl die Therapiestunden mehr als doppelt so lange dauerten wie die politischen Diskussionen, sind die absoluten Häufigkeiten synchronisierter Duchenne Smiles über alle Therapien niedriger als in den Kontrollgruppen. Dieses Ergebnis wird noch deutlicher, wenn man Werte verwendet, in denen die Dauer der Interaktionen berücksichtigt ist (Tabelle 14).

Tabelle 14: Anzahl synchroner Duchenne Smiles in „Alltagsgesprächen“ und Psychotherapien

	Therapeut beginnt	Patient beginnt
alle Therapien (N = 119)	2.15 (2.21)	2.01 (2.10)
Therapie w-w (N = 34)	2.61 (2.09)***	2.87 (2.50)***
Kontrollgruppe w-w (N = 20)	13.5 (8.15)	13.5 (8.15)
Therapie w-m (N = 58)	2.05 (2.31)**	1.89 (1.87)***
Kontrollgruppe w-m (N = 10)	9.00 (7.55)	12.88 (10.33)
Therapie m-m (N = 27)	1.81 (2.13)*	1.26 (1.75)***
Kontrollgruppe m-m (N = 20)	3.4 (1.83)	3.4 (1.83)

Irrtumswahrscheinlichkeiten: * $p < .05$, ** $p < .01$, *** $p < .001$, alle 2-seitig
Die Werte der Kontrollgruppen wurden auf die mittlere Dauer einer Therapiestunde hochgerechnet

Dieses Ergebnis bleibt auch erhalten, wenn man die Therapien nach den durch das Geschlecht der Interaktionspartner vorgegebenen Gruppen vergleicht. Alle drei Dyadentypen unterscheiden sich signifikant von den therapeutischen Dyaden. Die größten Unterschiede mit einer um das Vierfache höheren Häufigkeit synchroner Duchenne Smiles ergibt sich in den Dyaden mit gesunden weiblichen Probandinnen, unabhängig davon, ob der Therapeut bzw. die Therapeutin oder die Patientin zu lächeln beginnt. In den therapeutischen Interaktionen mit Patientinnen treten synchrone Duchenne Smiles im Mittel über die Therapien demnach vergleichsweise selten auf. Die geringsten Unterschiede zur Alltagssituation treten zwischen den Dyaden mit zwei männlichen Probanden auf. Die Häufigkeiten in der Alltagssituation sind hier nur etwa doppelt so groß wie in der psychotherapeutischen Situation. Alle beschriebenen Unterschiede zeichnen sich auch bereits tendenziell in den ersten Therapiestunden ab.

In den Häufigkeiten der hier untersuchten synchronen Duchenne Smiles, die gleichzeitige positive Signale beider Interaktionspartner beschreiben, ergeben sich also die größten und über die Dyadentypen hinweg konsistentesten Unterschiede zwischen der psychotherapeutischen und der „Alltagssituation“.

In Tabelle 14 wurde unterschieden zwischen Ereignissen, die vom Therapeuten begonnen wurden, und solchen, die von den Patienten begonnen wurden. Der Vergleich dieser Häufigkeiten ergibt, daß Patienten und Therapeuten in etwa gleich häufig synchrone Duchenne Smiles beginnen ($\underline{Z} = -.187$, $\underline{p} = .852$, $\underline{N} = 119$). Auf Unterschiede in einzelnen Therapien und Zusammenhänge zur erlebten Qualität der Beziehung wird in Kap. 5.3.4 eingegangen.

5.1.4.2 Sind synchrone affektive Ereignisse das Ergebnis zufälliger Variation oder bedeutungshaltige dyadische Maße?

Im Fall von lokalen, dyadischen Maßen, wie den synchronen Duchenne Smiles, stellt sich die Frage, ob das kontingente Auftreten von Verhaltensweisen auf zufällige Variation zurückzuführen ist oder ob es sich um ein für die Interaktion bedeutsames Verhalten handelt, das häufiger auftritt, als es die individuellen Basisraten erwarten lassen. Eine ähnliche Diskussion wurde bereits für den beidseitigen Blickkontakt von zwei Probanden dahingehend geführt (Bröhl, 1988), daß das beidseitige Anblicken zweier Gesprächsteilnehmer den Erwartungswerten entspricht, wenn man ihr individuelles Blickverhalten als Basisrate zur Schätzung des beidseitigen Hinblickens annimmt. Die so geschätzten Basisraten unterliegen aber bereits einem Bias für den Fall, daß beidseitiges Anblicken intendiert gezeigt wird, da dadurch auch die Basisraten verändert werden. Auch im Fall der synchronen Duchenne Smiles besteht dieses Problem. Die durchgeführten Schätzungen sind demnach insofern als konservativ zu betrachten, als eine überzufällige Abweichung nach oben nur dann als gegeben angenommen wird, wenn ein erheblicher Effekt vorliegt.

Um die Frage der Überzufälligkeit zu untersuchen, wurden mit Hilfe einer Poisson-Annäherung die Wahrscheinlichkeiten berechnet, mit denen die angegebenen Häufigkeiten von synchronen Duchenne Smiles bei vorgegebenen individuellen Häufigkeiten zu erwarten sind. Für die Binomial-Abschätzung der beobachteten Häufigkeiten wurde außer acht gelassen, ob der Patient oder der Therapeut das synchrone Ereignis initiiert. In der weiter unten beschriebenen Mustersuche mit variablen Zeitabständen zwischen den Ereignissen wird dieser Aspekt jedoch berücksichtigt werden.

Das Ergebnis der Überprüfung auf überzufälliges gemeinsames Zeigen von Duchenne Smiles fällt trotz der konservativen Schätzung der Basisraten weitgehend eindeutig aus. In acht der zehn Therapien ist die Anzahl beobachteter synchroner Duchenne Smiles hoch signifikant überzufällig. Die einzigen Therapien, in denen die Anzahl synchroner Duchenne Smiles nicht überzufällig ist, sind Therapie PDBU und Therapie PDBm.

Tabelle 15: Überzufällige synchrone affektive Ereignisse

	Duchenne Smiles	Negative Affekte Ärger, Ekel, Verachtung	Duchenne Smile Therapeut und negativer Affekt der Patientin	Duchenne Smile Patientin und negativer Affekt des Therapeuten
Anzahl Therapien, in denen die Synchronisationen überzufällig sind	8	1 (PDBw)	2 (PDBU und VTAD)	2 (PDPA und PDBw)

Zusätzlich wurde untersucht, ob neben den überzufälligen Reziprozitäten im positiven Bereich auch solche für die negativen Affekte exisitieren, und in welchen Therapien Duchenne Smiles überzufällig häufig kontingent zu negativen Affekten auftreten.

Das kontingente Auftreten der negativen Affekte Ärger, Ekel und Verachtung bei Patient und Therapeut ist nur in Therapie PDBw überzufällig. Kompensatorisches Auftreten von Duchenne Smiles und negativen Affekten treten in weiteren Therapien auf. Überzufällig treten ein Duchenne Smile des Therapeuten bzw. der Therapeutin und ein negativer Affekt der Patientin nur in Therapie PDBU und VTAD auf. Ein negativer Affekt des Therapeuten und ein Duchenne Smile der Patientin treten überzufällig häufig in Therapie PDPA und PDBw auf. Letzteres Phänomen tritt auch in den Therapien PDHI, VTEP, VTAD und PDMI schwach tendenziell überzufällig auf. Vor allem auf das überzufällige Auftreten negativer Affekte

zusammen mit positiven Affekten wird weiter unten bei der Untersuchung von Prozeßmustern und in den Einzelfallanalysen genauer eingegangen (Tabelle 18).
Wendet man die Poisson-Abschätzung der Häufigkeiten auf die drei Kontrollgruppen an, ergibt sich folgendes Ergebnis. In fast allen Dyaden sind die Wahrscheinlichkeiten für die beobachteten Häufigkeiten synchroner Duchenne Smiles kleiner als .05. Nur in einer der zehn Dyaden mit zwei weiblichen Interaktionspartnerinnen und in einer Dyade mit zwei männlichen Interaktionspartnern liegen die Wahrscheinlichkeiten über .05.
Synchrones Auftreten von Duchenne Smiles ist also in den meisten hier untersuchten Therapien und in fast allen Gesprächen zwischen gesunden Probanden als überzufällig zu betrachten und kein Produkt zufälliger Variation.

5.1.5 Das emotionale Erleben

5.1.5.1 Vergleich mit Alltagssituation

Vergleicht man das emotionale Erleben der Patienten ohne Berücksichtigung des Geschlechts der Interaktionspartner, ergeben sich für alle DAS-Skalen bis auf die Skala „Interesse" hochsignifikante Unterschiede (U-Test, $p < .001$). In der „Alltagssituation" wird erwartungsgemäß mehr Freude erlebt. In allen anderen Skalen, die bis auf Überraschung negative Emotionen beinhalten, berichten die Patienten ein ausgeprägteres Erleben der Emotionen.
Auch im Fall des emotionalen Erlebens ist entscheidend, daß das Geschlecht beider Interaktionspartner beim Vergleich mit der Kontrollgruppe herangezogen wird. Vergleicht man die von männlichen Therapeuten behandelten weiblichen Patientinnen mit den gesunden Frauen aus gleichgeschlechtlichen Dyaden, ergeben sich die oben für die Gesamtgruppe beschriebenen Unterschiede. Im Vergleich mit der gemischtgeschlechtlichen Kontrollgruppe ändert sich aber das Unterschiedsprofil (siehe Tabelle 16). Weibliche Patientinnen mit männlichen Therapeuten unterscheiden sich nur noch in den Skalen „Freude", „Trauer", „Scham" und „Schuld" signifikant und in der Skala „Ärger" tendenziell von gesunden Frauen im Gespräch mit gesunden Männern.

Tabelle 16: Patientinnen und Therapeuten im Vergleich mit Kontrollgruppen

	Interesse	Freude	Überraschung	Trauer	Ärger	Ekel	Verachtung	Angst	Scham	Schuld
P	↓	↓		↑	↑⁺				↑	↑
T	↓	↓	↑	↑	↑		↑⁺	↑⁺	↑	

P: weibliche Patientinnen mit männlichen Therapeuten im Vergleich mit gesunden Frauen aus gemischtgeschlechtlichen Dyaden
T: männliche Therapeuten mit weiblichen Patientinnen im Vergleich mit Männern aus gemischtgeschlechtlichen Dyaden
<: Das Erleben der Patientinnen/Therapeuten ist signifikant niedriger als das in den Vergleichsgruppen.
>: Das Erleben der Patientinnen/Therapeuten ist signifikant höher als das in den Vergleichsgruppen.

Bemerkenswert ist, daß sich nur die Unterschiede im emotionalen Erleben von Freude und Ärger der Patientinnen mit den in der Mimik gefundenen Unterschieden decken. Eine gegenteilige Abweichung tritt im Trauererleben auf, es ist signifikant intensiver, die zugehörige Mimik wird aber von den Patientinnen seltener gezeigt.

5.1.5.2 Das emotionale Erleben von Patienten und Therapeuten im Vergleich

Therapeuten und Patienten unterscheiden sich in allen Skalen der DAS mit Ausnahme der Skala Überraschung. In allen Skalen bis auf Freude berichten die Patienten signifikant ausgeprägteres emotionales Erleben als die Therapeuten ($p < .01$). Tendenziell sind die

Unterschiede für Ekel und Verachtung. Es bestehen hohe Varianzunterschiede für alle Skalen außer für Verachtung und Ekel. Die größten Mittelwertsunterschiede ergeben sich für die Emotionen *Scham*, *Trauer*, *Angst* und *Interesse*, die von den Patienten intensiver erlebt werden.

Die Ergebnisse können wie folgt zusammengefaßt werden:

- Die Therapeuten erleben mehr Freude als die Patienten allerdings etwas weniger als gesunde Laien in politischen Diskussionen.
- Die Therapeuten erleben weniger Angst als die Patienten.
- Das Erleben von Überraschung unterscheidet sich nicht.
- Die Patienten erleben im Mittel mehr Scham und Schuld als die Therapeuten.

5.1.5.3 Emotionales Erleben und der Ausdruck von Emotionen

Die einzelnen Therapien lassen sich durch unterschiedliche Ausprägungen im Erleben einzelner Emotionen und deren Zusammenhang zum mimischen Ausdruck charakterisieren.

Vor allem das emotionale Erleben der Patienten wies mehrere affektspezifische Kongruenzen zum mimischen Ausdruck der Emotionen auf, die vor allem für die Affekte *Angst*, *echte Freude*, *Trauer* und *Überraschung* (geordnet nach der Häufigkeit ihres Auftretens) bestanden. Jedoch bestanden vor allem im Bereich der Emotionen Überraschung und Angst auch zum Teil erhebliche Unterschiede im Grad des emotionalen Erlebens und dem Ausdruck der Affekte. Auf diese Zusammenhänge wird weiter unten im Rahmen der Analyse von Veränderungsprozessen noch genauer eingegangen werden.

Unspezifische Diskrepanzen waren selten, sie traten aber am häufigsten zwischen negativen mimisch gezeigten Affekten und dem Freudeerleben in Form positiver Korrelation zwischen beiden Maßen auf, z.B. in der Art, daß das Freudeerleben positiv mit der Ärger-, Ekel- oder Verachtungsmimik korreliert. In diesen Fällen ist anzunehmen, daß der negative Affektausdruck kathartische Funktion hatte, indem z.B. Erzählungen über negative Erfahrungen mit anderen Personen von negativem Affektausdruck begleitet waren. Dies war jedoch nur für zwei Therapeuten (PDHI, PDPA) und zwei Patientinnen (VTKO, PDBw) der Fall.

Die häufigsten Reziprozitäten im emotionalen Erleben traten für Ärger auf; in vier Therapien korreliert das Ärgererleben von Patient und Therapeut positiv miteinander. Diese gemeinsame Kovariation konnte als ungünstige Voraussetzung für den Therapieerfolg identifiziert werden. Auch die negative Korrelation zwischen dem Interesse von Therapeutin VTAD und ihrer Patientin weist auf einen negativen Therapieerfolg hin.

Außerdem konnte festgestellt werden, daß Aussagen über das emotionale Erleben des Interaktionspartners hohe Korrelationen mit dem eigenen Erleben aufweisen. Korrelationen mit dem tatsächlichen Erleben des Interaktionspartners sind seltener und weniger ausgeprägt. Die Therapeuten erweisen sich hinsichtlich der Validität ihrer Fremdratings gegenüber den Patienten als überlegen. Das gilt vor allem für die Skalen, in denen die Patienten sich am deutlichsten von den Therapeuten unterscheiden.

5.2 Die Therapien im Vergleich

Bei der bisherigen Beschreibung der Ergebnisse wurde bereits mehrfach auf zum Teil erhebliche Unterschiede zwischen den hier untersuchten Therapien hingewiesen. In den folgenden Unterkapiteln wird auf Unterschiede und Gemeinsamkeiten zwischen den Therapien näher eingegangen. Neben einer allgemeinen Untersuchung der mimischen Affektivität der Patienten und Therapeuten in den einzelnen Therapien wird der Einfluß der psychischen Erkrankung auf das mimisch-affektive Verhalten untersucht. Zunächst wird auf Unterschiede im mimisch-affektiven Verhalten zwischen den einzelnen Therapien und auf die

individuelle und dyadische Struktur desselben eingegangen. Diese Bereiche liefern Hinweise auf Funktionen des mimisch-affektiven Verhaltens in der emotionalen Selbst- und Beziehungsregulation. Ziel des Kapitels ist es, die Therapien an Hand der Primäraffekthäufigkeiten und deren Zusammenhangsstruktur zu gruppieren, um dadurch Hinweise auf therapiespezifische, aber auch therapieübergreifende Prozesse zu erlangen. Ausführliche Einzelfallanalysen der Therapien sind im Anhang (ab Seite 224) zu finden.
Die untersuchten Therapien lassen sich hinsichtich der *mimischen Affektivität* in drei Gruppen unterteilen. Die verwendeten Kategorien lassen sich deutlich voneinander trennen. In der oberen Kategorie werden mehr als 118 Affekte pro Behandlungsstunde, also mehr als zwei Affekte pro Minute, gezeigt. In der mittleren Kategorie wird im Mittel etwa ein Affekt pro Minute gezeigt und in der unteren weniger als 40 Affekte pro Therapiestunde, also nur etwa alle ein bis zwei Minuten ein Affekt. Aktivste Patientinnen sind PDBU, PDBw und VTAD, aktivster Patient ist PDBm. Sie alle, bis auf Patientin VTAD, zeigen Ekel als Leitaffekt. Sie kommen der in den Kontrollgruppen gezeigten Gesamtaffektivität nahe. Im Gegensatz zu den Kontrollgruppen besteht aber die Hälfte bis zu zwei Dritteln ihrer Mimik aus dem Affekt *Ekel*. Die Schwere der Erkrankung bildet sich vor allem in der ausgeprägten Ekelmimik ab, wie im folgenden Abschnitt gezeigt wird.
Therapeut VTEP gehört als einziger Therapeut der oberen Kategorie an, während alle anderen Therapeuten in die mittlere und untere Kategorie fallen. In allen Therapien sind die Therapeuten gleich aktiv oder weniger aktiv als die Patienten, nur Therapeut VTEP und Therapeutin GTAD sind aktiver als ihre Patienten. Therapeut VTEP hebt sich deutlich von den restlichen Therapeuten ab, er zeigt doppelt so viele Primäraffekte wie die nächstaktivsten Therapeuten.
Synchrone Duchenne Smiles treten in allen Therapien bis auf Therapie PDBU und PDBm mit überzufälliger Häufigkeit auf. Therapie PDBw ist die einzige, in der überzufällig häufig negative Affekte synchron auftreten. Bei diesen drei Patienten handelt es sich um diejenigen mit den als am schwersten einzustufenden Erkrankungen.
Die *Leitaffekte* der Therapeuten sind bis auf die der Therapeuten VTKO und PDBm vorwiegend positiv. Vergleichsweise wenig negative Affekte zeigen Therapeut PDBU und die Therapeutinnen VTAD und PDMI.
In den Therapien mit weiblichen Therapeutinnen und Patientinnen ist der *dyadische Leitaffekt* vorwiegend positiv, das gleiche gilt für Therapie PDPA, die sich dadurch von den anderen Therapien mit männlichem Therapien unterscheidet. Einen vorwiegend negativen dyadischen Leitaffekt findet man nur in Therapie PDBm. Ein Wechsel von einem negativen zu einem positiven Leitaffekt tritt nur bei zwei Patienten auf, und zwar in PDHI und VTEP.

5.2.1 Beziehungsregulation und die Schwere der Erkrankung

Die Einschätzung des Schweregrades der Erkrankung erfordert ähnlich wie die des Therapieerfolgs den Einbezug einer Vielzahl von Informationen und ist ebenfalls nicht in allen Fällen eindeutig möglich. Man kann aber versuchsweise eine Einschätzung des Schweregrades der Erkrankung vornehmen, indem man folgende Aspekte berücksichtigt:

- Bestehen schwere strukturelle, überdauernde Veränderungen der Persönlichkeit ?
- Handelt es sich um konfliktive, zeitlich begrenzte und durch Außenereignisse ausgelöste Probleme, wie z.B. Partnerschaftsprobleme nach länger andauernden Phasen guter Anpassung?
- Wie groß sind die von den Patienten erlebte Beeinträchtigung und die Auswirkung auf das soziale Funktionsniveau?

Demnach sind die Patienten mit der schwersten Erkrankung PDBm und PDBw, bei beiden wird von den Therapeuten eine schwere Persönlichkeitsstörung diagnostiziert. PDBm wird wegen akuter Suizidgefahr zunächst stationär und danach ambulant behandelt, PDBw wird wegen Alkoholabhängigkeit behandelt und hat vor der therapeutischen Behandlung einen körperlichen Entzug erfolgreich beendet. Die beiden werden gefolgt von Patientin PDBU, die unter einer schweren Bulimie mit drei bis vier Attacken täglich leidet. Auch Patientin PDMI leidet unter Eßstörungen und wurde von ihrem 13. bis 20. Lebensjahr durch den Onkel sexuell mißbraucht.

Die Einordnung der folgenden Patienten nach dem Schweregrad fällt schwerer als in den vorhergehenden Fällen. PDHI war bereits einmal wegen schwerer Depressionen hospitalisiert, sucht die aktuelle Behandlung aber wegen Leistungs- und Sexualstörungen auf. Im Verlauf der Therapie wird ein Alkoholmißbrauch deutlich. Der Therapeut diagnostiziert eine histrionische Persönlichkeitsstörung. PDPA wird vom Therapeuten als Patientin mit einer „frühen“ Störung charakterisiert, die sich als dependente Persönlichkeitsstörung niederschlägt. Sie leidet unter Agoraphobie, die parallel zur Therapie medikamentös von einem anderen Arzt behandelt wird. VTEP leidet unter einer Agoraphobie, die sich als Angst vor Krampfanfällen (mit unklarer Genese, medikamentös behandelt) in der Öffentlichkeit äußert, und ihr wird vom Therapeuten eine selbst-unsichere Persönlichkeitsstörung diagnostiziert. Sie leidet unter Partnerschaftsproblemen. VTKO leidet unter einer Konversionssymptomatik bei depressiv-zwanghafter Persönlichkeit (ICD 306). VTAD leidet unter Angst und einer depressiven Störung gemischt (ICD-10 F41.2). Sie gibt desweiteren Symptome an, die zum Teil in den Bereich einer somatoformen Störung fallen (Lärmemfindlichkeit, Herzbeklemmungen, Schlafstörungen). GTAD leidet unter Angst und Depressionen vor dem Hintergrund einer Eheproblematik mit Schuldgefühlen wegen erlebtem Neid und Wut.

Eine Kategorisierung in mehr als zwei Kategorien läßt sich an Hand der Diagnosen nicht oder nur schwer begründen. Demnach werden die Fälle PDBm, PDBw und PDBU als schwere Erkrankungen kategorisiert und der Rest als im Vergleich weniger schwere Erkrankung.

Korreliert man die Schwere der Erkrankung der Patienten mit ihrem mimisch-affektiven Verhalten in der ersten Therapiestunde, erhält man eine signifikant positive Korrelation mit der *Ekel*-Häufigkeit und eine negative mit der Häufigkeit *echter Freude (nur relativ)*. Außerdem ist die relative Häufigkeit von *Angst* reduziert. Mit dem mimisch-affektiven Verhalten der Therapeuten korreliert die Schwere der Erkrankung nicht, die Korrelationen liegen alle nahe bei Null außer einer tendenziell positiven Korrelation mit der absoluten Häufigkeit von *Überraschung*.

Die Patienten lassen sich an Hand der Häufigkeiten der Ekelmimik, wie in Tabelle 17 angegeben, in drei Gruppen unterteilen. Die hohe Variabilität der Gesamtgruppe kommt dadurch zustande, daß die drei Patienten PDBU, PDBw, PDBm mehr als 67 mal Ekel pro Stunde zeigen (s.a. Abbildung 16). Demgegenüber zeigen die drei Patientinnen (PDPA, GTAD, PDMI) weniger als ein mal pro Stunde eine Ekelmimik. Die anderen Patienten (PDHI, VTKO, VTEP, VTAD) zeigen Ekel zwischen 3.4 (P2) und 23.5 (P9) mal pro Stunde.

Tabelle 17: Einteilung der Patienten nach der Häufigkeit der Ekelmimik

weniger als eine Ekelmimik	zwischen 3.4 und 23.5	mehr als 67 mal
PDPA	PDHI	PDBU
GTAD	VTKO	PDBw
PDMI	VTEP	PDBm
	VTAD	

Auffällig ist die außergewöhnliche Prägnanz, mit der die Ekelmimik von Patientin PDBU und Patient PDBm gezeigt wird (Abbildung 16). Patientin PDBw zeigt zusätzlich einen großen Anteil an Verachtungsmimik. Ihre Leitaffekte wechseln auch von Stunde zu Stunde zwischen diesen beiden Affekten.

Abbildung 16: Ärger-, Ekel- und Verachtungsmimik der Patienten mit schweren Erkrankungen. Im Mittel über alle Stunden.

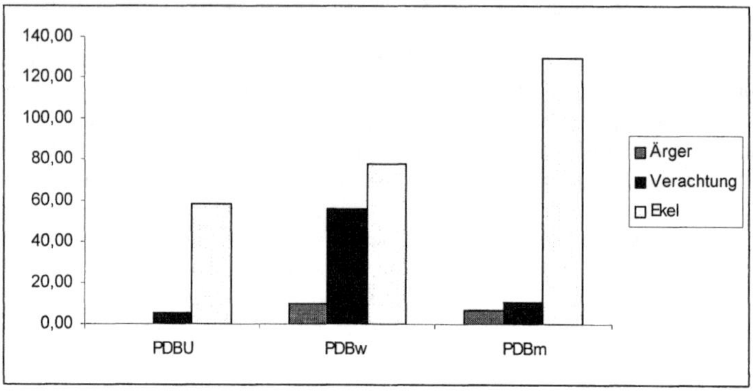

Die Häufigkeiten der Ekelmimik von Patient und Therapeut unterscheiden sich in allen Therapien bis auf Therapie VTEP. Die Patienten in Abbildung 16 und Patientin VTKO, sowie VTAD zeigen mehr Ekelmimik als ihre Therapeuten. Demgegenüber zeigen die Therapeuten PDHI und PDPA und die Therapeutinnen PDMI, PDMI und GTAD mehr Ekelmimik als ihre Patientinnen.

Die Zusammenhänge des Schweregrades der Erkrankung zur Mimik der Patienten decken sich mit denen früherer Untersuchungen des mimisch-affektiven Verhaltens von Patienten mit schweren psychischen Erkrankungen in Alltagssituationen (Krause et al., 1998). Die Anzahl an Illustratoren, die in diesen Studien reduziert war, korreliert im vorliegenden Fall aber nicht mit der Schwere der Erkrankung. Der Vergleich mit dem Alltagsverhalten von Patienten ist auch insofern nur begrenzt aussagefähig, da es sein kann, daß die Therapeuten ausbildungs- oder erfahrungbedingt auf die Beziehungsangebote anders reagieren als Laien, und sich so bereits in der ersten Stunde auch das Verhalten der Patienten in Teilaspekten verändern kann.
Der im Hypothesenteil formulierten Annahme, daß Patienten mit schweren Störungen stärker interaktive Formen von Bewältigungsmechanismen verwenden (Krause, 1998), was sich in einer hohen Anzahl dyadischer Beziehungsmuster niederschlagen müßte, widerspricht folgendes Ergebnis. Keine Variable, die Anzahl und Komplexität der emotionalen Prozeßmuster beschreibt (siehe Seite 155), korreliert mit dem Schweregrad der Erkrankung. Nur die Anzahl individueller Muster korreliert schwach tendenziell mit der Schwere der Erkrankung, allerdings den Annahmen widersprechend negativ.
Da ein ausgeprägter negativer Leitaffekt ein Indikator für negative kognitiv-affektive Prozesse sein sollte, wurde hypostasiert, daß der Leitaffekt bei Patienten mit schweren Störungen negativ mit dem Erleben von Freude korrelieren sollte. Aus der Einzelfallanalyse geht hervor, daß die Ekelmimik von Patient PDBm nicht mit seinem eigenen emotionalen Erleben korreliert. Sie weist allerdings positive Korrelationen mit dem Ärger- und Verachtungserleben des Therapeuten auf.
Die Ekelmimik von Patientin PDBw korreliert ebenfalls nicht mit ihrem emotionalen Erleben, allerdings positiv mit der Freudemimik des Therapeuten und negativ mit dessen Verachtungsmimik. Auf diesen, einen Konflikt in der Regulation von Nähe und Distanz indizierenden Zusammenhang wird im nächsten Abschnitt noch eingegangen.

Lediglich die Ekelmimik von Patientin PDBU korreliert bei parametrischer Testung positiv mit ihrem Verachtungserleben. Dieser Zusammenhang geht jedoch auf einzelne Stunden zurück, in denen sie eine ausgeprägte Ekelmimik zeigt. Im Verlauf über die Therapie korreliert die Ekelmimik mit dem Erleben von Schuld, aber auch tendenziell mit dem Verachtungserleben des Therapeuten.
Somit konnte die Hypothese, daß der ausgeprägte negative Leitaffekt mit dem Erleben von Freude negativ korreliert, nicht bestätigt werden. Lediglich die Patientin PDBU weist einen positiven Zusammenhang mit dem Verachtungs- und Schulderleben auf. Exploriert man die Zusammenhangsstruktur im Fall der beiden Patienten mit schweren Persönlichkeitsstörungen, ergibt sich jedoch eine tendenziell positive Korrelation mit dem Freudeerleben von Patientin PDBw und eine tendenziell negative mit dem Freudeerleben ihres Therapeuten. Hinzu kommen negative Korrelationen mit dem Erleben von Scham und Schuld. Eliminiert man in Therapie PDBm die „Ausnahmestunde", erhält man eine hoch signifikante Korrelation der Ekelmimik des Patienten mit dem Ärgererleben des Therapeuten ($\underline{r}_S = .745$, $\underline{p} < .01$, $\underline{N} = 12$) und tendenziell negative Korrelationen mit dem Erleben von Angst und Scham.
Im Fall der beiden letztgenannten Patienten besteht demnach ein positiver Einfluß auf die emotionale Selbstregulation in Abhängigkeit vom Ekelausdruck, der mit einem negativen Zusammenhang zum Erleben der Therapeuten einhergeht. Auf die Funktionen des Ekels bei diesen Patienten wird in Kapitel 5 genauer eingegangen. Demgegenüber hat die Ekelmimik der Patientin mit schwerer Eßstörung auf das Erleben des Therapeuten keinen negativen Einfluß, geht aber mit einem erhöhten Schulderleben einher.

5.2.2 Selbst- und beziehungsregulierende Funktionen des mimisch-affektiven Verhaltens

Das mimisch-affektive Verhalten wird als zentraler Bestandteil eines in großen Teilen unwillkürlichen Kommunikationssystems zur Regulation sozialer Interaktionen aufgefaßt (s.o.). Neben der Signalfunktion in sozialen Interaktionen (Merten, 1996a) drückt sich im mimisch-affektiven Verhalten aber auch der emotionale Zustand einer Person aus. Der emotionale Zustand muß dabei nicht zwangsläufig auch erlebt werden, sondern kann Folge unbewußter kognitiv-affektiver Prozesse sein, die der emotionalen Selbstregulation des Individuums dienen. Diese kognitiv-affektiven Prozesse können im einfachsten Fall durch das wiederholte Auftreten des gleichen Affekts charakterisiert werden, was weiter oben untersucht wurde. Darüberhinaus ist aber davon auszugehen, daß sich psychodynamisches Geschehen von Patient und Therapeut in der Art der Kovariation unterschiedlicher Affekte abbildet. Im folgenden Abschnitt wird deshalb die Zusammenhangsstruktur des individuellen mimisch-affektiven Verhaltens der Patienten und Therapeuten untersucht. Im Anschluß daran wird ein Bezug zwischen der emotionalen Selbstregulation und der dyadischen Zusammenhangsstruktur des mimisch-affektiven Verhalten im Hinblick auf die dyadische Beziehungsregulation analysiert. Die Analyse beschränkt sich an dieser Stelle auf die Kovariaton von über die Stunden aggregierten Affekthäufigkeiten. Weiter unten wird die Analyse fortgesetzt und erweitert auf emotionale Prozeßmuster, die das emotionale Verhalten innerhalb einer Therapiestunde in Form von unmittelbar aufeinanderfolgenden emotionalen Reaktionen beschreiben (siehe Abschnitt 5.3.5).

5.2.2.1 Die individuelle Struktur des mimisch-affektiven Verhaltens

Die Daten der vorliegenden Untersuchungen ermöglichen es, die Struktur des mimisch-affektiven Verhaltens einzelner Personen im Längsschnitt über mehrere Behandlungsstunden zu untersuchen. Dabei ergaben sich mehrere fallübergreifende Zusammenhänge, vor allem zwischen der Freudemimik und den Affekten Ärger und Verachtung.

Die Ergebnisse können wie folgt zusammengefaßt und interpretiert werden. Die Freudemimik der Patienten und Therapeuten ist im Vergleich zu Alltagssituationen reduziert, gleichzeitig aber ist die Verachtungsmimik bei einem Teil der Patienten und die Ärgermimik bei einem Teil der Therapeuten relativ erhöht. Es sind genau diese Affekte, die auch die Hauptfaktoren der Patienten- und Therapeutenmimik bestimmen.

Eine positive Evaluation der Situation, die in einem Freudeausdruck mündet, ist nur möglich, wenn dem keine negativen Affekte entgegenstehen. Dieser Zusammenhang bildet sich in den Faktorenstrukturen der Therapeuten ab. Freude als Ausdruck positiver Evaluation und Ärger als Indiz einer Zielbehinderungen bilden einen bipolaren Faktor. Dieser bipolare Faktor der Therapeuten findet sich in fünf Einzelfallanalysen als negativer Zusammenhang zwischen Ärger- und Freudemimik wieder. Auffallend ist, daß in keiner Therapie ausschließlich Ärger alleine mit echter Freude korreliert, sondern daß in allen Fällen eine negative Korrelation mit Ekel oder Verachtung hinzu kommt (Abbildung 17). In fünf Fällen korreliert aber auch Ekel und in drei Fällen Verachtung negativ mit echter Freude, was sich auch in der Faktorenstruktur abbildet, da echte Freude sowohl auf dem Verachtungs/Angst-Faktor als auch auf dem Ekel/Überraschungsfaktor negativ lädt.

Abbildung 17: Intraindividuelle Struktur der Therapeutenmimik

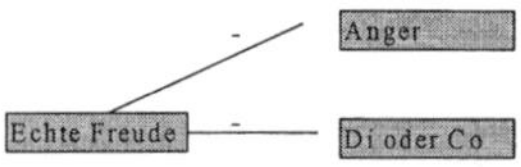

Die Korrelation mit Ekel ist entweder direkt auf die Nähe/Distanzregulierung bezogen oder deutet, vor allem, wenn der Ekel im Zusammenhang mit Überraschung auftritt, auf die Wahrnehmung und Verarbeitung kognitiver Diskrepanzen hin. Das negative Vorzeichen der Korrelationen weist darauf hin, daß in einigen Stunden der Ausdruck echter Freude hoch ist, keine Zielbehinderung wahrgenommen wird und/oder die realisierte Nähe oder Distanz zum Patienten als positiv evaluiert wird. In anderen Stunden tritt der gegenteilige Fall ein. Diese Art der Variation tritt in fast allen der untersuchten Therapien auf und läßt für sich genommen noch keinen Schluß darüber zu, ob die Therapie als „gut" oder „schlecht" zu bewerten ist. Um solche Rückschlüsse ziehen zu können, muß die Art der Variation über den Therapieverlauf mit in Rechnung gestellt werden. So kann es z.B. sein, daß in nur wenigen Stunden Ärger in ausgeprägtem Umfang gezeigt wurde, der aber zu einer Neustrukturierung führte und damit die Behandlung in möglicherweise erfolgversprechendere Bahnen gelenkt hat. Steigt der Ärger aber bis zum Ende der Therapie kontinuierlich an, so ist wahrscheinlich ein eher mäßiger Erfolg zu erwarten. Ein Beispiel dafür, daß der Ärger nicht in eine offene Auseinandersetzung münden muß, sondern unter einer „Decke" von Freude verborgen sein kann, findet man in Therapie VTEP (siehe Seite 243).

In einem Fall kommt es zu einer signifikant positiven Korrelation zwischen Ekel und echter Freude (Therapie PDMI), die das Muster, das sich in den anderen Therapien im Verlauf abzeichnet, in jeder einzelnen Stunde aufweist. Die Nähe-/Distanzregulation ändert sich demnach innerhalb der Stunde mehrfach, und es gelingt nicht, für die Dauer einer einzelnen Therapiestunde die Nähe zur Patientin auf ein stabiles Niveau zu regulieren. Die Therapeutin stuft den Erfolg der Therapie auch als sehr gering ein.

Beispiele dafür, daß auch die Art der „negativen" Distanzregulierung von Stunde zu Stunde variieren kann, sind die Therapeuten VTKO und PDBm. In diesen Fällen korreliert die Ärgermimk negativ mit der Verachtungsmimik, aber nicht mit der echten Freude. Legt man die Unterschiede der beiden Affekte im kognitiven Bewertungsprozeß von Scherer (1984) zugrunde, besteht der Unterschied vor allem darin, inwieweit der Patient als ausreichend mächtig wahrgenommen wird, um als möglicher Verursacher der Zielbehinderung überhaupt

in Frage zu kommen. Wird diese Frage verneint, kommt es zum Affekt Verachtung, im anderen Fall zu Ärger. Beide Alternativen fördern den therapeutischen Prozeß sicherlich nicht. Auch hier stellt sich die Frage, wie der Verlauf der beiden Affekte aussieht. Im Fall von Therapeut VTKO ist Ärger zwar sogar Leitaffekt, nimmt aber zusammen mit der Verachtungsmimik im Verlauf der Therapie ab. Im Fall von Therapeut PDBw ist im Gegenteil ein zunehmender Trend zu beobachten. Der Therapieerfolg wird vom Therapeuten als minimal eingestuft, während Therapie VTKO im oberen Mittelfeld liegt.
Die Faktorenstruktur der Patienten zeigt insofern Ähnlichkeit mit der der Therapeuten, daß hier Verachtung und Ekel einen bipolaren Faktor mit echter Freude bilden (Abbildung 18). Im Gegensatz dazu trat im Fall der Therapeuten Ärger in einem bipolaren Faktor mit Freude auf. Für die Patienten ergeben sich auch in mehreren Einzelfällen negative Korrelationen zwischen echter Freude und Verachtung, die dem bipolaren Gruppenfaktor entsprechen. In vier Fällen treten auch auf Einzelfallniveau negative Korrelationen zwischen echter Freude und Ekel auf (VTEP, VTKO, PDBU, und PDBm).

Abbildung 18: Intraindividuelle Struktur I der Patientenmimik

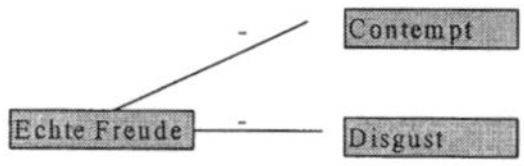

Die Ärgermimik der Patienten bildet einen unipolaren Faktor mit Überraschung, was darauf hindeutet, daß in vielen Fällen neue und unerwartete Informationen als zielbehindernd wahrgenommen wurden (Abbildung 19).

Abbildung 19: Intraindividuelle Struktur II der Patientenmimik

Auffallend ist auch, daß Angst und Trauer einen unipolaren Faktor bilden, während diese beiden Affekte im Fall der Therapeuten negativ korrelierten. Die Patienten zeigten nicht nur mehr Angstmimik als die Therapeuten, die Angstmimik ist auch stärker in die Zusammenhangsstruktur mit den anderen Primäraffekten eingebunden. Die Angstmimik korreliert entweder negativ mit echter Freude oder Überraschung und positiv mit Ärger, Ekel und Verachtung in Therapie GTAD. In zwei Fällen korreliert die Angstmimik aber auch negativ mit der Ekelmimik (Fall PDBw und VTAD). Nur in Therapie PDBm korreliert die Angstmimik des Patienten auch mit seiner Trauermimik, in keiner der anderen Therapien findet man diese Korrelation auf Einzelfallniveau wieder.
Basierend auf den Unterschieden zwischen der therapeutischen Situation und der Alltagssituation, den Faktorenanalysen bzw. den probandenspezifischen Zusammenhangsstrukturen innerhalb der Primäraffekte, sowie unter Bezug auf die propositionale Struktur der Primäraffekte können für Patienten und Therapeuten die folgenden affektspezifischen Funktionen des mimisch-affektiven Verhaltens für die emotionale Selbstregulation unterschieden werden.
Die Zusammenhangsstruktur zwischen Freude und den negativen distanzregulierenden Affekten (Ärger, Ekel und Verachtung) innerhalb einer Person weisen auf Abbildungen

beziehungsregulatorischer Themen wie der Dominanzregulation oder der Nähe-/Distanzregulierung in der emotionalen Selbstregulation hin. Sie treten in affektspezifisch unterschiedlichen Kontexten, z.B. der Zielbehinderung für Ärger, der Entwertung für Verachtung und der Ab- oder Ausstoßung für Ekel, auf. Negative Korrelationen weisen auf von Stunde zu Stunde alternierende Formen der emotionalen Selbstregulation hin, während positive Korrelationen das gleichzeitige Auftreten konfligierender Emotionen innerhalb einer Therapiestunde beschreiben. Die Emotionen müssen aber auch in letzterem Fall nicht zeitlich kontingent auftreten, sondern können auch auf Binnenalterationen unterschiedlicher Formen emotionaler Selbstregulation innerhalb der Therapiestunden hinweisen.

5.2.2.2 Beziehungsregulation und die dyadische Struktur des mimisch-affektiven Verhaltens

Nachdem die individuelle Struktur des mimisch-affektiven Verhaltens untersucht wurde, stellt sich die Frage, inwieweit und auf welche Art das affektive Verhalten der Patienten und Therapeuten miteinander kovariiert. Zu erwarten sind vor allem Reziprozitäten des positiven Affekts „echte Freude“ und kompensatorische Zusammenhänge mit negativen Affekten. Aber auch hier können positive Korrelationen zwischen positiven Affekten bei einer Person und negativen bei der anderen Hinweise auf Beziehungskonflikte liefern.

Die vermittelten Reziprozitäten werden als Korrelationen der Affekthäufigkeiten von Patient und Therapeut im Verlauf der Behandlung berechnet. Eine Korrelation zwischen z.B. der echten Freude der Therapeuten und der Patienten garantiert allerdings nicht, daß die Werte von Stunde zu Stunde miteinander variieren. Die Zusammenhänge können, wie bereits oben erwähnt, auf Extremwerte in einzelnen Stunden und Trends zurückgehen, so daß Stunden mit wenig Aktivität am Anfang der Therapie, solche mit hoher Aktivität in der zweiten Hälfte liegen. Die Variation innerhalb der Therapiephasen muß dann keine gemeinsame sein, es genügt, daß die Werte ober- bzw. unterhalb des Mittelwerts über alle Stunden liegen. Um auch überzufällige gemeinsame Abweichungen in nur wenigen oder sogar nur einer Stunde abzubilden, wurden auch Pearson-Korrelationen verwendet. Ob die so berechneten vermittelten Reziprozitäten/Kompensationen auf Extremwerte, Trends oder Variationen von Stunde zu Stunde zurückgehen, wird weiter unten bei der Einzelfallanalyse der einzelnen Therapien untersucht (ab Seite 224).

Vermittelte positive Reziprozitäten

Vermittelte positive Reziprozitäten treten weniger häufig auf, als zu erwarten gewesen wäre. Die echte Freude von Patient und Therapeut korreliert nur in den Therapien VTEP, PDPA und PDBm signifikant positiv miteinander (siehe Abbildung 20). Zusätzlich korreliert die echte Freude von Patient und Therapeut in den abgebildeten Zusammenhangsstrukturen vorwiegend mit den negativen Affekten Verachtung, Ärger und Ekel. In Therapie PDPA korreliert die Verachtungsmimik des Therapeuten wider Erwarten positiv mit der echten Freude der Patientin, worauf weiter unten noch einmal im Rahmen von Konfliktindikatoren eingegangen wird.

Abbildung 20: Positive Reziprozitäten und deren Einbindung in die dyadische Zusammenhangsstrukur

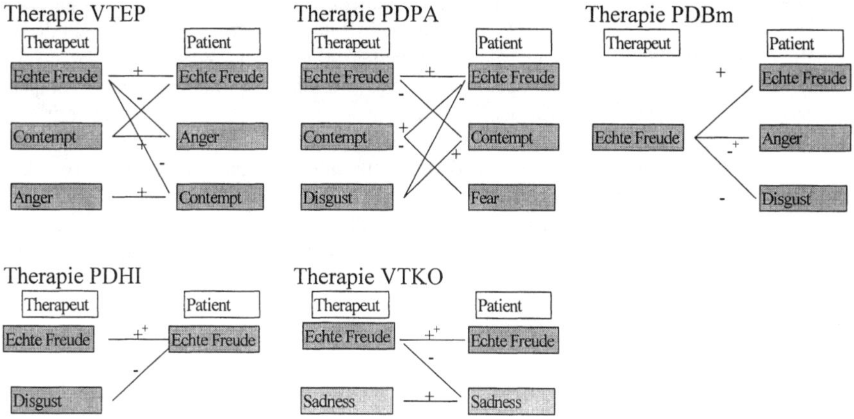

Obwohl sich nur in den abgebildeten Therapien positive Reziprozitäten zwischen echter Freude ergeben, sind sowohl die echte Freude der Patienten als auch die der Therapeuten in allen Therapien mit Ausnahme von Therapie PDMI Bestandteil der dyadischen Zusammenhangsstruktur. Sie korrelieren allerdings nicht miteinander, sondern mit anderen Affekten des Interaktionspartners. Die Annahme, daß sich im Ausdruck echter Freude die positive Evaluation der aktuellen Situation zeigt und damit auch negative Affekte beim Interaktionspartner reduziert sein sollten, bestätigt sich in fast allen Therapien.

Konfliktindikatoren in der Struktur der dyadischen Zusammenhänge

In Abbildung 21 sind die Teile der Zusammenhangsstruktur, die einen möglichen Konflikt in der Nähe-/Distanzregulierung beinhalten, hervorgehoben. Nur in den dort abgebildeten Therapien PDPA und PDBw besteht ein positiver Zusammenhang zwischen echter Freude und einem negativen Affekt des Interaktionspartners.

Abbildung 21: Konfliktindikatoren in der Struktur der dyadischen Zusammenhänge

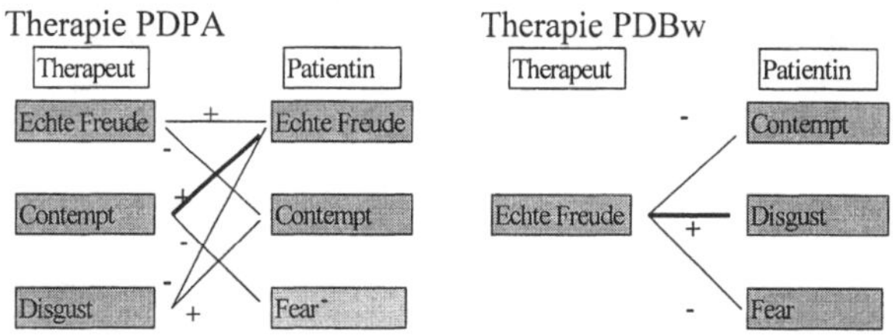

In Therapie PDPA kovariiert die echte Freude der Patientin nicht nur mit der Freudemimik, sondern auch mit der Verachtungsmimik des Therapeuten positiv. Wie die Einzelfallanalyse zeigt, bestand die Funktion der Freudemimik der Patientin darin, den Therapeuten zu einer Schonhaltung ihr gegenüber zu „verführen". Dies gelingt auch größtenteils, jedoch geht dieses Verhalten mit Verachtung auf seiten des Therapeuten einher. Die Verbindung der echten Freude mit der Verachtungsthematik setzt sich auch im Erleben von Patientin und Therapeut fort, dergestalt, daß die echte Freude der Patientin sowohl mit ihrem eigenen als auch mit dem Verachtungserleben des Therapeuten positiv korreliert.

In Therapie PDBw liegt ebenfalls eine diskrepante interpersonale Korrelation vor. Die Freudemimik des Therapeuten korreliert mit der negativen distanzregulierenden Ekelmimik positiv. Bemerkenswert ist, daß der Leitaffekt Ekel der Patientin diskrepante Korrelationen mit der echten Freude des Therapeuten aufweist. Je mehr Freude der Therapeut zeigt, desto mehr distanzregulierende Ekelmimik zeigt die Patientin. Diese Korrelation weist auf das Vorliegen eines Nähe-/Distanzkonfliktes hin, worauf weiter unten noch einmal eingegangen wird. Der Ekel der Patientin könnte aber auch selbstregulatorische Funktion haben, in dem Sinne, daß der Ekelaffekt gegen die Aktivierung maladaptiver Repräsentanzen von Beziehungsmustern gerichtet ist. Auf diese Überlegungen wird weiter unten in den Einzelfallanalysen der Therapien genauer eingegangen (ab Seite 253).

Vemittelte negative Reziprozitäten

Außer den erwarteten vermittelten Reziprozitäten im Bereich der echten Freude treten in mehreren Therapien auch affektspezifische Reziprozitäten negativer Affekte auf. Am häufigsten findet man Reziprozitäten im Bereich der Verachtung (Abbildung 22) und des Ärgers (Abbildung 23). In den Therapien PDHI, VTKO, PDBw und VTAD korrelieren die Häufigkeiten der von Patient und Therapeut gezeigten Verachtung signifikant positiv. Es ist unerwartet, daß Verachtungsreziprozitäten überhaupt in diesem Umfang auftreten, da sie als eine erhebliche Belastung der therapeutischen Beziehung angesehen werden können. Dies gilt allerdings nur, wenn sich die Verachtung auf den aktuellen Interaktionspartner bezieht, wovon nicht immer ausgegangen werden kann. Um diese Unterscheidung zu treffen, bedürfte es einer weitergehenden Kontextanalyse des Auftretens der einzelnen Affekte, wie sie z.B. in Merten (1996a) beschrieben und durchgeführt wurde. Hinweise auf die Funktion der mimisch gezeigten Verachtung können aber in den weiter unten beschriebenen Zusammenhängen mit dem emotionalen Erleben gesehen werden (Seite 253). Daß die Verachtungsreziprozitäten nicht zwangsweise zum Scheitern einer Therapie oder einem schlechten Therapieerfolg führen müssen, zeigt sich auch darin, daß zwei der in Abbildung 22 aufgeführten Therapien sehr erfolgreich verliefen, während Therapie VTAD abgebrochen und Therapie PDBw vom Therapeuten als nur wenig erfolgreich eingestuft wurde. In den beiden erfolgreichen Therapien geht die Verachtungsreziprozität vor allem auf je eine Stunde zurück, die in Therapie VTKO auch den Wendepunkt der Therapie markiert (siehe Einzelfallanalyse S. 259), während sie in den beiden weniger erfolgreichen Therapien auf Kovariationen über mehrere Stunden zurückgeht.

Abbildung 22: Verachtungsreziprozitäten

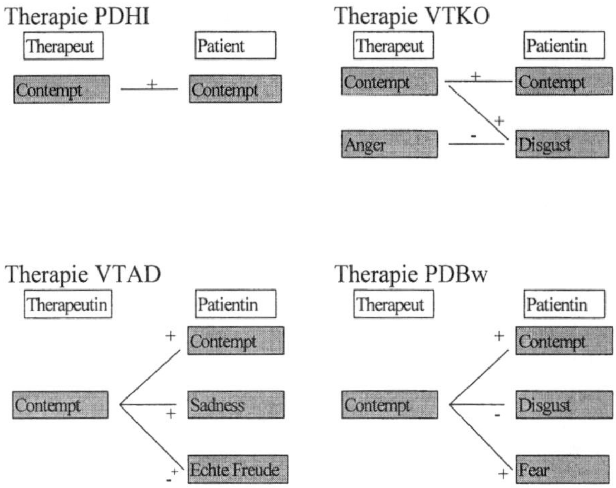

Wie aus Abbildung 22 ersichtlich wird, sind die Verachtungsreziprozitäten von Therapie zu Therapie in je andere affektive Zusammenhänge eingebettet. Auch kommen sie durch unterschiedliche Verlaufscharakteristika der Variablen über die Behandlungsstunden zustande, z.B. als gemeinsame Extremwerte in einer oder wenigen Stunden, durch Trends oder durch Variation von Stunde zu Stunde. Auf diese Aspekte wird ebenfalls weiter unten in den Einzelfallanalysen der Therapien genauer eingegangen (siehe Seite 253).

Neben den Verachtungsreziprozitäten treten auch affektspezifische Ärgerreziprozitäten auf, und zwar in den Therapien PDPA, PDBm und GTAD. Jedoch besteht in keiner der Therapien eine Reziprozität für den mimischen Ausdruck von Ekel.
Wie aus Abbildung 23 und Abbildung 24 ersichtlich, besteht in den beiden erstgenannten Therapien eine Vielzahl weiterer Zusammenhänge zwischen dem Ärger des Therapeuten und Affekten des Patienten und der Patientin. In den ersten beiden Fällen steht der distanzerhöhende Ärgerausdruck in positivem Zusammenhang mit dem Ausdruck von Angst und Verachtung. Es ist plausibel, die Angst als Reaktion auf den Ärgerausdruck zu erklären, da vor allem die beiden genannten Patienten auf eine starke Bindung zum Therapeuten angewiesen sind. Der Affekt Ärger des Therapeuten erhöht die Distanz zwischen Patient und Therapeut und signalisiert eine mögliche Trennung. Dadurch wird die Angst der Patienten mobilisiert. Die konfliktive Struktur der Bindungswünsche bildet sich auch in der Korrelation mit der Verachtungsmimik der Patienten ab. Wenn man überhaupt aus den über die Therapiestunde aggregierten Maßen eine Aussage über die gegenseitige Verursachung ableiten will, so kann das für Verachtung und Ärger in beide Richtungen erfolgen, da sowohl Verachtung der Patienten zu Ärger beim Therapeuten führen kann, wie umgekehrt auf Ärger des Therapeuten mit einer Entwertung desselben, ausgedrückt als Verachtung reagiert werden kann. Die Verachtung kann aber auch die Funktion haben, die Folgen der durch den Ärger reduzierten Nähe in Form einer Kompromißbildung zu kompensieren. Ein sich distanzierendes Objekt, zu dem Nähe gewünscht wird, wird entwertet, und damit wird der Wunsch nach Nähe zumindest kurzfristig kompensiert. Daß es sich dabei nur um eine kompromißhafte und ambivalente Lösung handelt, wird auch in der gesteigerten Trauermimik deutlich, die den Wunsch nach Nähe zum Objekt parallel zur Entwertung signalisiert.

Abbildung 23: Ärgerreziprozitäten

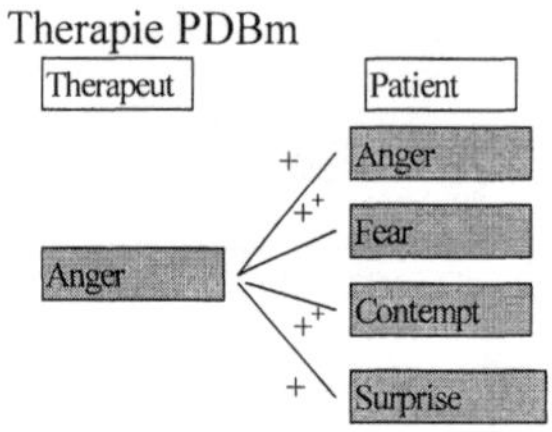

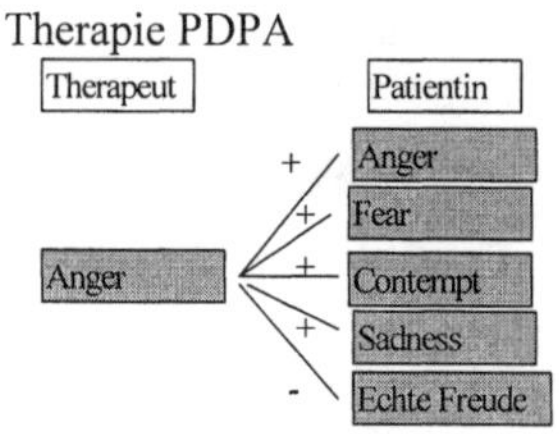

Wie bei der Analyse der individuellen Zusammenhangsstruktur ist auch im Fall der hier durchgeführten dyadischen Analyse die Angstmimik der Patienten in mehreren Therapien Bestandteil der Zusammenhangsstrukturen. Die Angstmimik der Patienten korreliert in fünf Therapien mit Affekten der Therapeuten. In Therapie PDHI und VTAD mit der Überraschungsmimik des Therapeuten bzw. der Therapeutin, in Therapie PDPA und PDBm mit der Ärgermimik des Therapeuten und in Therapie GTAD mit der Angstmimik der Therapeutin.

Abbildung 24: Reziprozitäten am Beginn der Behandlung

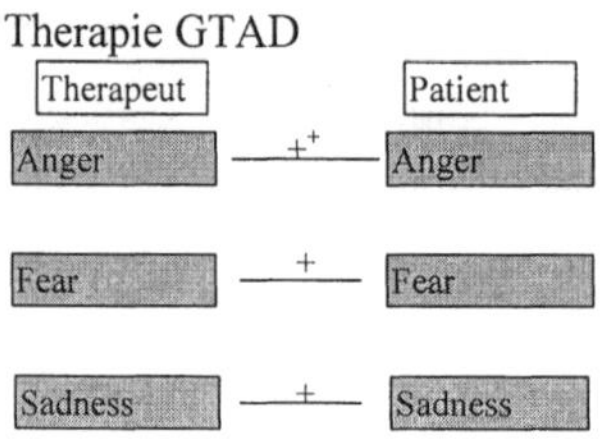

Trauerreziprozitäten treten in den Therapien VTKO, PDBm und GTAD auf. In Therapie GTAD finden sich Ärger-, Angst- und Trauerreziprozitäten nebeneinander (Abbildung 24). In dieser Therapie gehen alle Reziprozitäten auf die erste und zweite Stunde der Behandlung zurück, in denen neben der distanzerhöhenden Ärgerreziprozität eine die Distanz reduzierende Trauerreziprozität auftritt. Der sich darin abbildende Konflikt zwischen Wünschen nach Dominanz und Autonomie auf der einen Seite und Bindungswünschen auf der anderen Seite geht mit beidseitigem Angstausdruck einher. Auffallend an dieser Therapie ist, daß sich diese Konfliktdynamik aus ärgerlicher Distanzierung und Wiederannäherung hauptsächlich in den ersten beiden Stunden und mit hoher mimischer Intensität abspielt, während in den übrigen Stunden das mimisch-affektive Verhalten stark reduziert ist (siehe Einzelfallanalyse Seite 264).

Zusammenfassung

Die Analyse der dyadischen Zusammenhangsstruktur erbrachte das unerwartete Ergebnis, daß vermittelte, positive Reziprozitäten nur in wenigen Therapien und dabei vor allem in Therapien mit geringerem therapeutischem Erfolg auftreten. Vermittelte positive Reziprozitäten indizieren somit im Unterschied zu den oben besprochenen lokalen Reziprozitäten in Form synchroner Duchenne Smiles weniger eine „gute" therapeutische Beziehung als vielmehr eine „interaktive Verstrickung" von Patient und Therapeut. Aber auch die lokalen Maße indizieren eine „interaktive Verstrickung", wenn sie im Übermaß auftreten (s.o.). Dieser negative Aspekt vermittelter positiver Reziprozitäten tritt in Therapie PDPA auch darin zu tage, daß die Freudemimik der Patientin einen positiven Zusammenhang zur Verachtungsmimik des Therapeuten aufweist. Ein weiterer Hinweis auf einen Konflikt in der Beziehungsregulation von Patient und Therapeut wurde in der positiven Korrelation zwischen der echten Freude von Therapeut PDBw mit der Ekelmimik seiner Patientin gefunden.

Unerwartet war auch das Auftreten von vermittelten Verachtungs- und Ärgerreziprozitäten. Letztere traten in drei Therapien mit geringem therapeutischem Erfolg bzw. mit diskrepanten Erfolgseinschätzungen auf, während die vermittelten Verachtungsreziprozitäten in erfolgreichen und weniger erfolgreichen auftraten. Diese unterschieden sich aber im Verlauf der Verachtungsreziprozitäten über die Behandlung.

5.2.3 Zusammenfassung und Gruppierung

In diesem Kapitel wurden die Therapien auf Unterschiede und Gemeinsamkeiten untersucht und Beziehungen zur emotionalen Selbst- und Beziehungsregulation von Patienten und Therapeuten hergestellt.

Zur Gruppierung erwiesen sich mehrere Maße in der Hinsicht als brauchbar, daß sie eine ausreichende Varianz zwischen den Therapien aufwiesen, aber dennoch auch zur Bildung von Untergruppen verwendbar waren. Die *mimische Affektivität* der Patienten und insbesondere die Ekelmimik ermöglichte die Abgrenzung der drei Patienten mit sehr schweren Erkrankungen von den restlichen Patienten. Zusätzlich zeigte sich, daß nur ein Therapeut (VTEP) eine ähnlich hohe mimische Affektivität aufwies wie diese Patienten, allerdings zeigte er vorwiegend Freudemimik.

An Hand der distanzregulierenden Affekte *Ärger, Ekel* und *Verachtung* lassen sich die Therapeuten in zwei Gruppen unterteilen. Die beiden weiblichen Therapeutinnen (VTAD, PDMI) und Therapeut PDBU zeichnen sich durch erheblich niedrigere Werte in den negativen distanzregulierenden Affekten auf.

Auch die *Angst-* und *Überraschungsmimik* wies erhebliche Unterschiede zwischen den Therapien auf. Auf die unterschiedlichen Häufigkeitsniveaus und deren Zusammenhang zum emotionalen Erleben und dem therapeutischen Erfolg wird im folgenden Kapitel näher eingegangen. Festzuhalten bleibt, daß die Patientinnen PDBU und PDMI weder Angst noch Trauer in einer der Stunden zeigten, und PDMI zusätzlich auch keinerlei Überraschung. Die Therapeuten weisen insgesamt keine oder nur sehr geringe Häufigkeiten an Angstmimik auf, Therapeut PDBm setzt sich von allen durch das höchste Ausmaß an Angstmimik ab.

Die *dyadischen Leitaffekte* der Therapiedyaden weisen fünf Typen aus. Am häufigsten trat ein reziprok positiver Leitaffekt über den Verlauf auf, der in allen drei Dyaden des Typs w-w zu beobachten war. Therapie PDPA mit männlichem Therapeuten und Patientin zeigte ebenfalls diese Art dyadischen Leitaffekts im Verlauf der Therapie.

Vermittelte positive Reziprozitäten, die als positive Korrelation zwischen der echten Freude von Patient und Therapeut operationalisiert waren, traten jedoch in den weiblichen Dyaden nicht auf. Die Patientinnen und Therapeutinnen zeigten also zwar beide einen positiven Leitaffekt, dessen Ausmaß korreliert aber nicht miteinander.

Signifikante vermittelte positive Reziprozitäten traten nur in drei Therapien auf (PDPA, VTEP, PDBm), die in der letztgenannten Therapie allerdings nur auf eine Ausnahmestunde zurückgeht (siehe Einzelfallanalyse S. 224).

Der positive emotionale Aspekt der therapeutischen Beziehung bildet sich also weniger in der Kovariation der über eine Stunde aggregierten Affekthäufigkeiten als vielmehr in den oben beschriebenen synchronen Duchenne Smiles ab, die in fast allen Therapien überzufällig häufig auftraten. Die vermittelten positiven Reziprozitäten gehen also eher mit einem Überschuß an echter Freude bei Patientin und Therapeut einher, wie er in den Therapien PDPA und VTEP zu beobachten war und indizieren eine „interaktive Verstrickung“ von Patient und Therapeut. Auf die Aktualisierung von Konflikten in der therapeutischen Beziehung weisen die in einigen Therapien auftretenden Ärger- und Verachtungsreziprozitäten sowie die positiven Korrelationen zwischen Ärger und Verachtung hin.

Weitere Anzeichen für Konflikte fanden sich in der individuellen wie in der dyadischen Zusammenhangsstruktur des mimisch-affektiven Verhaltens. So korrelierte die Freudemimik von Therapeutin PDMI positiv mit ihrer Ekelmimik und die Freudemimik von Patientin VTEP positiv mit ihrer Trauermimik. In den dyadischen Strukturen zeigten sich bei Therapie PDPA und PDBw konfliktindizierende Zusammenhänge zwischen den Affekten echte Freude und Verachtung bzw. Ekel.

Weitere Hinweise auf konfliktive Beziehungsmuster ergaben sich in der Analyse der lokalen Maße. Die lokalen Maße für die positive Reziprozität, operationalisiert als synchrone Duchenne Smiles, waren in allen Therapien überzufällig, bis auf die Therapien mit schwer erkrankten Patienten, Therapie PDBU und PDBm. Auch in der zweiten Therapie mit einer weiblichen Borderlinepatientin PDBw und in Therapie VTEP gab es Auffälligkeiten in den lokalen Maßen. Diese bestehen darin, daß die Patientinnen häufiger synchron zu Duchenne Smiles der Therapeuten negative Affekte zeigten. Nur Therapeutin GTAD zeigte häufiger negative Affekte synchron zu Duchenne Smiles der Patientin, als diese es tat. Therapeutin GTAD fiel auch dadurch auf, daß die Anzahl synchroner Duchenne Smiles negativ mit ihrem Freudeerleben und ihre Ärger- und Verachtungsmimik positiv mit der von ihr eingeschätzten Qualität der therapeutischen Beziehung korrelierten.

5.3 Die therapeutische Beziehung und der Therapieerfolg

5.3.1 Therapieerfolg und Katamnesen

Da ein Teil der Behandlungen auf 15 Stunden begrenzt waren, wurde der Erfolg der Behandlung in allen Therapien nach der 15. Stunde mit Hilfe der Freiburger Beschwerdeliste (FBL) und mehreren Items zum Therapieerfolg abgefragt (siehe Anhang, Seite 323). Die so erhaltenen Werte für die Erfolgseinschätzung durch die Therapeuten und Patienten sind in Tabelle 18 aufgeführt. Als weiteres Instrument zur Beurteilung von Veränderungen im Alltagsleben der Patienten wurde ein Standardisiertes Tagebuch erhoben, das die Möglichkeit bietet, Ereignisse, die in den Therapiestunden nicht besprochen wurden, mit zu erfassen. So berichet Patientin PDPA während drei Tagen im standardisierten Tagebuch, daß sie sehr damit beschäftigt sei, wie ausführlich sie sich mit ihrem Therapeuten über Sexualität unterhalten habe, was allerdings darauf beschränkt war, daß er sie gefragt hatte, ob sie am Abend vor dem Angstanfall mit ihrem Freund zusammengewesen sei und was sie zusammen gemacht hätten.

Maximaler Erfolg in den Erfolgseinschätzungen wäre bei einem Wert von 20 gegeben. Ein Großteil der Therapien ist demnach als erfolgreich einzustufen. Gemessen an den Therapeutenratings sind nur die Therapien PDPA, VTAD und PDBw als wenig erfolgreich einzustufen.

Unabhängig von den oben gemachten Einschränkungen kann festgestellt werden, daß die Behandlungen sich ausreichend hinsichtlich ihrer Erfolge unterscheiden und zwar unabhängig von der therapeutischen Ausrichtung der Therapeuten. Obwohl es sich um sehr erfahrene Therapeuten handelte, verschlechterte sich der Zustand von drei Patienten, und eine Patientin (VTAD) brach die Therapie nach der 11. Stunde ab. Nach den kumulierten Urteilen von Therapeuten und Patienten nach der 15. Stunde ist die beste und die schlechteste Behandlung eine solche aus dem verhaltenstherapeutischen Umfeld, Therapie VTEP und VTAD. Die

Therapeuten der zweitbesten und zweitschlechtesten Therapie sind psychodynamisch orientiert. Die Gesprächstherapie liegt im oberen Mittelfeld.

Tabelle 18: Der Therapieerfolg aus unterschiedlichen Perspektiven

Therapie	Einschätzung Patient/Patientin		Einschätzung Therapeut/Therapeutin	kombiniert	FBL Rohwerte
VTEP	19		19	19	47
PDHI	18		18	18	34
VTKO	19	>	15	17	-13
GTAD	15	<	17	16	38
PDMI	18	>	14	16	-25
PDBU	15		16	15,5	19
PDBm	13	<	15	14	-27
PDPA	15	>	10	12,5	-5
VTAD	8		11	9,5	-5
PDBw	,		11	,	

Einschätzung Patient/Therapeut: Erfolgseinschätzungen der Patienten und Therapeuten
kombiniert: Kombination aus beiden Erfolgseinschätzungen (Patient und Therapeut)
>, <: Hinweis auf Diskrepanzen zwischen den Erfolgseinschätzungen von Patient und Therapeut

Nach den Erfolgseinschätzungen von Therapeut und Patient ist Therapie VTEP die am besten eingestufte Therapie auch hinsichtlich der Symptomveränderung laut FBL. Diese Spitzenstellung wird allerdings relativiert durch den weiteren Verlauf, den die Behandlung nach der 15. Stunde nahm. Ein zweiter Therapeut mußte zur Behandlung hinzugezogen werden. Die Problematik einer möglichen Idealisierung des Therapeuten deutet sich bereits in den Fremdratings der Patientin über die Gefühle des Therapeuten an. Diese weisen in keiner der 15 Stunden auch nur ein minimales Ausmaß an negativen Emotionen auf, was im Vergleich mit den anderen Patienten als durchaus ungewöhnlich zu erachten ist. Der Rückgang der Symptomatik setzt ab der 9. Stunde ein und geht laut Standardisiertem Tagebuch mit einem Anstieg der Partnerprobleme der Patientin einher.

Vor dem Hintergrund dieser Erwägungen ist die Unterscheidung in erfolgreiche und weniger erfolgreiche Therapien nur schwer zu fällen. Das Festlegen von Mißerfolgen erscheint zumindest für einige Therapien leichter als die Bestimmung eines erfolgreichen Ausgangs. So wurde Therapie VTAD, wie bereits erwähnt, von der Patientin in Übereinstimmung mit der Therapeutin abgebrochen. Die Einschätzungen des Therapieerfolgs von beiden sind im Vergleich minimal, die Änderungen in der FBL ebenfalls (Tabelle 18). Noch geringer und deutlich negativer als die Patientin schätzt nur Therapeut PDPA den Therapieerfolg ein.

Die Symptomatik der Patientin aus Therapie PDPA verbessert sich auch unter Bezug auf das Tagebuch der Patientin nicht, vielmehr nimmt die Patientin ihre Situation als zunehmend hoffnungslos wahr. Trotzdem hat die Patientin im Zeitraum nach der Therapie eine wichtige Prüfung absolvieren können. Für Therapie PDHI ergeben zwei Katamnesen sechs und zwölf Monate nach Abschluß keine Befunde über eine Verschlechterung des Ergebnisses.

In den Therapien VTKO, PDPA und PDMI schätzen die Therapeuten den Erfolg der Behandlung erheblich pessimistischer ein als ihre Patientinnen. Umgekehrt sind in Therapie GTAD und PDBm die Erfolgseinschätzungen der Therapeuten besser als die der Patienten. Allerdings sind hier die Differenzen nicht so ausgeprägt wie im ersten Fall. Die Erfolgseinschätzungen über alle Therapien korrelieren demnach auch nur tendenziell mit denen der Therapeuten ($r=.58$, $p=.08$, 2-seitig, $N = 10$). Auffallend ist auch, daß die Erfolgseinschätzungen der Therapeuten sich weitgehend mit den Veränderungen in der FBL decken (r=.68, p=.03, 2-seitig, N = 10), die der Patienten aber nicht (r=.25, p=.49, 2-seitig, N = 10).

5.3.2 Beziehungsregulation in der ersten Stunde und der Therapieerfolg

Die erste Stunde einer psychotherapeutischen Behandlung kann in Anlehnung an Weiss und Sampson (1986) als geeignete Phase für Beziehungstests und damit für den weiteren Verlauf des psychotherapeutischen Prozesses als zentral erachtet werden. Sie nehmen an, daß Beziehungstests vor allem in unstrukturierten Situationen auftreten, dies kann am Beginn einer Therapiestunde und vor allem am Beginn einer Therapie vorausgesetzt werden. Strukturiertheit der Situation kann aber nur ungenügend durch therapeutische Strategien hergestellt werden, da Beziehungstests sich vor allem in dem oben diskutierten unwillkürlichen Kommunikationssystem niederschlagen, das Art und Entwicklung der Beziehung zwischen Therapeut und Patient bestimmt.

Auch die Wahrscheinlichkeit, daß Patienten typische Bindungsmuster zeigen, ist am Anfang einer Therapie relativ hoch. Liotti (1991) geht davon aus, daß Patienten Muster von Bindungsverhalten vor allem dann zeigen, wenn sie Hilfe suchen und sich verletzbar fühlen. Es kann angenommen werden, daß der Wunsch nach Hilfe und das Gefühl der Verletzbarkeit am Beginn einer Therapie besonders ausgeprägt sind und im Verlaufe einer erfolgreichen Therapie abnehmen sollten.

Um die Einflüsse der emotionalen Qualität der Beziehungsregulation am Anfang einer Therapie auf den weiteren therapeutischen Prozeß und den Therapieerfolg einschätzen zu können, wurde das mimisch-affektive Verhalten von Therapeuten und Patienten in der ersten Therapiestunde mit der Einschätzung des Therapieerfolgs nach der 15. Stunde in Beziehung gesetzt. Die einzelnen Erfolgsprädiktoren und ihr Bezug zu den Erfolgseinschätzungen der Patienten und Therapeuten sind in Tabelle 21 (Seite 139) im Überblick dargestellt. Im folgenden wird auf die einzelnen Variablen, die einen Zusammenhang zu den Einschätzungen des Therapieerfolgs aufweisen, eingegangen.

5.3.2.1 Mimische Illustratoren und sprachliches Involvement

Illustratoren sind sprachbegleitende mimische Verhaltensweisen, die als das Involvement der Person im Hinblick auf die sprachlich geäußerten Inhalte interpretiert werden können. Sie zeigen sich mimisch vor allem im beidseitigen Anheben der Augenbrauen oder im Zusammenziehen der Augenbrauen synchron zu sprachlichen Inhalten, die besonders hervorgehoben werden sollen. Die Häufigkeit, mit der mimische Illustratoren von den Patienten gezeigt wurden, korreliert signifikant positiv mit der Erfolgseinschätzung der Patienten (r= .75; p = .01). Das heißt je mehr sprachliches Involvement gezeigt wurde, um so besser schätzten die Patienten auch den Therapieerfolg ein. Das kann darauf hinweisen, daß, zumindest in den hier untersuchten Kurztherapien, die Fähigkeit der Patienten, ihre Probleme sprachlich mit hoher Besetzung darzustellen, einen für den weiteren Verlauf der Behandlung günstigen Ausgangspunkt darstellt.

Aus vorhergehenden Untersuchungen ist außerdem bekannt, daß eine Reduktion der Illustratoren vor allem bei Patienten mit sehr schweren psychischen Erkrankungen wie Schizophrenie zu beobachten ist (Steimer-Krause et al., 1991). Unterstellt man die Illustratorhäufigkeit als Indiz für die Schwere der Erkrankung, ergibt sich eine zusätzliche Erklärung für den Zusammenhang mit dem Therapieerfolg. Für die Patienten mit schwereren Erkrankungen und fehlendem sprachlichen Involvement wäre eher länger andauernde Behandlungsformen indiziert gewesen. Im Rahmen der hier durchgeführten Kurztherapien konnten nur teilweise Behandlungserfolge erzielt werden.

5.3.2.2 Valenz und Prägnanz des Leitaffekts

In dyadischen Interaktionen zwischen gesunden Interaktionspartnern ist der am häufigsten gezeigte Affekt echte Freude. In den psychotherapeutischen Interaktionen gilt das nur für einen Teil der Therapeuten und Patienten. Statt des positiven Leitaffekts werden vor allem Verachtung, Ekel und Ärger als Leitaffekte gezeigt. Dies jedoch von Person zu Person mit zum Teil erheblichen Unterschieden in der Ausprägung des Leitaffekts (siehe Kapitel 5.1). Patient PDBm zeigt z.B. in der ersten Stunde 187 mal Ekel, aber nur einmal echte Freude.

Faßt man die Art des Leitaffekts als Indikator für selbst- oder beziehungsregulierende emotionale Prozesse auf, kann man vermuten, daß diese einen Zusammenhang zum therapeutischen Prozeß und Erfolg aufweisen. Die Überprüfung dieser Hypothese ergab, daß weder die Valenz des Leitaffekts der Patienten, noch dessen Häufigkeit signifikant mit den Erfolgseinschätzungen korrelieren.

Die Häufigkeit des Leitaffekts korreliert weder signifikant mit dem Erfolgsurteil des Therapeuten ($r = .23$, $p = .49$, $N = 10$), noch mit dem des Patienten ($r = .22$, $p = .54$) und auch nicht mit den Veränderungen in der FBL ($r = .08$, $p = .83$).

Aus den Ergebnissen früherer Studien, die einen Anpassungseffekt der gesunden Laien an kranke Personen hinsichtlich des mimisch-affektiven Verhaltens beschreiben, und der theoretischen Überlegung, daß ein erfolgreicher psychotherapeutischer Prozeß davon abhängt, wie der Therapeut auf die Beziehungsangebote der Patienten reagiert, kann die Annahme abgeleitet werden, daß der Leitaffekt der Therapeuten einen Zusammenhang mit dem Therapieerfolg aufweisen sollte. Diese Annahme kann hinsichtlich der Valenz des Leitaffekts nur schwach tendenziell empirisch bestätigt werden. Die Therapien, in denen die Valenz des Therapeutenleitaffekts positiv war, wurden als tendenziell weniger erfolgreich eingeschätzt ($r = -.39$, $p = .27$, $N = 10$). Berechnet man die Korrelation ohne VTEP, erhöht sich der Zusammenhang ($r = -.61$, $p = .08$, $N = 9$). Das heißt, daß die Therapien weniger erfolgreich waren, in denen die Therapeuten einen positiven Leitaffekt zeigten. Auf die Rolle der negativen Affekte für den therapeutischen Erfolg wird weiter unten eingegangen.

Neben der Valenz des Leitaffekts kann die Prägnanz desselben Hinweise darauf liefern, inwieweit der Therapeut auf Beziehungsangebote eingegangen ist. Da diese sich durch ihre repetitive Struktur charakterisieren lassen, ist davon auszugehen, daß sie sich beim Therapeuten als Einschränkung des mimisch-affektiven Verhaltens auf einen Affekt auswirken. D.h. je mehr das Verhalten des Therapeuten durch einen einzigen Affekt bestimmt ist, desto eher ist anzunehmen, daß er auf spezifische Beziehungsangebote der Patienten eingegangen ist oder er sich mehr oder weniger unabhängig davon verhält. Beides kann als für den weiteren Verlauf der Behandlung als ungünstig eingeschätzt werden. Dieser Annahme folgend korreliert der *Leitaffektanteil des Therapeuten* in der ersten Therapiesitzung – definiert als prozentualer Anteil des Leitaffekts an allen Primäraffekten – signifikant negativ mit dem vom Therapeuten retrospektiv eingeschätzten Behandlungserfolg ($r_P = -.66$; $p = .03$; $r_S = -.62$; $P = .04$).

Die affektive Qualität der Mimik bleibt bei dieser Analyse unberücksichtigt. Je mehr der Therapeut selbst in der ersten Stunde einen einzigen mimischen Affekt präferiert, sei er positiv oder negativ, desto schlechter beurteilt er die Behandlung am Ende. So sind die Leitaffektanteile der Therapeuten in den drei von den Therapeuten als am wenigsten erfolgreich eingeschätzten Therapien mit 86 % in Therapie PDPA, 70 % in Therapie PDBw und 76 % in der abgebrochenen Therapie VTAD am höchsten. In den restlichen Therapien (mit Ausnahme von Therapie VTEP, 65 %) liegt der Leitaffektanteil des Therapeuten zwischen 33 und 50 Prozent. Berechnet man die Korrelation mit dem Erfolgsrating der Therapeuten ohne Therapeut VTEP, steigt sie auf $r_S = -.92$ ($p < .001$, $N = 9$).

Die Bedeutung des Ergebnisses erschließt sich erst bei genauerer Inspektion der Daten. Eine erste Erklärung kann darin bestehen, daß sich hier ein sichtbarer Anteil der Gegenübertragung,

als Eingehen des Therapeuten auf das Beziehungsangebot des Patienten, abbildet. Die ausgeprägten Leitaffekte sollten dann allerdings negative Valenz besitzen. Tatsächlich handelt sich aber in allen Fällen mit hoher Leitaffektausprägung um den Leitaffekt Freude. Diese Behandler sind also ihren Patienten gewissermaßen auf den Leim gegangen und haben ein Übertragungsangebot nach dem Muster „wasch mich, aber mach mich nicht naß" akzeptiert. Zumindest der Bericht von Therapeut PDPA, er habe sich über sich selbst geärgert, da er der Versuchung, das Lächeln der Patientin immerzu zu erwidern, nicht habe widerstehen können, spricht dafür. In Behandlung PDBw wirkt das Lachen zuweilen wie ein Auslachen, zuweilen wie ein Schutz gegenüber den sehr intensiven Ausdrucksmustern von Ekel und Verachtung auf seiten der Patientin. In Behandlung VTAD hingegen spricht vieles dafür, daß die Therapeutin sich mit ihrem Lachen allzusehr um ein gutes Arbeitsbündnis bemüht, bei einer Patientin mit unklarer Behandlungsmotivation. Auch in der nach der 15. Stunde noch als erfolgreichste Behandlung eingestuften VTEP weist der Therapeut einen starken ausgeprägten Leitaffekt Freude auf.
Es sieht so aus, als sei es eben nicht, auch nicht in der ersten Behandlungsstunde, Aufgabe der Therapeuten, in hohem Maße Freude zu signalisieren. Das drückt sich auch darin aus, daß die relative Häufigkeit echter Freude tendenziell negativ mit dem vom Therapeuten eingeschätzten Erfolg korreliert. Ohne VTEP erreicht dieses Ergebnis das Signifikanzniveau ($\underline{r} = -.71$, $\underline{p} < .05$, $\underline{N} = 9$). Der Zusammenhang mit dem valenzfreien Leitaffektanteil geht aber noch über die Korrelation mit der echten Freude hinaus, so daß auch ein ausgeprägter negativer Leitaffekt als Prädiktor eines weniger guten Therapieerfolgs anzusehen ist. Daraus kann aber nicht geschlossen werden, daß gar keine echte Freude und gar keine negativen Affekte gezeigt werden sollten. In den nächsten Abschnitten wird deutlich, daß negative Affekte unter bestimmten Aspekten auch notwendig sind und daß auch ein mittleres Niveau an echter Freude, speziell in Form synchronisierter Ereignisse vorhanden sein muß.

5.3.2.3 Die negativen Affekte Ärger, Ekel und Verachtung

Um die Rolle negativer Therapeutenaffekte weiter zu untersuchen, wurden die negativen Affekte Ärger, Ekel und Verachtung mit dem Therapieerfolg in Beziehung gesetzt. Alle diese Affekte signalisieren eine negative Bewertung des auslösenden Ereignisses oder Objekts zusammen mit dem Wunsch nach einer Distanzerhöhung. Diese negativen Affekte erschweren den Aufbau und die Aufrechterhaltung einer emotional positiven therapeutischen Beziehung. Setzt man eine solche aber für den therapeutischen Erfolg als notwendig voraus, sollte die Anzahl der genannten negativen Affekte mit einem schlechteren Verlauf der therapeutischen Behandlung in Beziehung stehen. Umgekehrt kann aber auch ein Fehlen negativer Affekte darauf hinweisen, daß der Therapeut kein Verständnis der affektiv problematischen Situationen der Patienten aufgebaut hat und sich z.B. ausschließlich freundlich, aber auch wenig affektiv involviert zeigt. Ein teilweises Eingehen auf die Beziehungsangebote der Patienten, das sich auch in negativen Affekten äußern sollte, wurde außerdem im Theorieteil bereits als eine möglicherweise notwendige Voraussetzung für ein vertieftes Verständnis der Beziehungsmuster des Patienten diskutiert.
Die Berechnung der Korrelationen zwischen der Summe der distanzerhöhenden Affekte ergibt einen Zusammenhang, der eher für die beiden letzt genannten Alternativen spricht. Es besteht eine signifikante *positive* Korrelation zwischen den distanzerhöhenden Affekten des Therapeuten und seiner Erfolgseinschätzung ($\underline{r}$=.81, $\underline{p}$=.003, $\underline{N} = 10$). Ohne Therapeut VTEP liegt die Korrelation der negativen distanzregulierenden Affekte bei $\underline{r} = .76$ ($\underline{p} = .019$, $\underline{N} = 9$).

5.3.2.4 Dyadischer Leitaffekt und Kompensation

Obwohl man schon auf monadischer Ebene eine Vielzahl von Zusammenhängen zwischen mimisch-affektivem Verhalten und Therapieerfolg erhält, ist es für ein Verständnis des

interaktiven Prozesses nötig, dyadische Maße des interaktiven Verhaltens zu untersuchen. Ausgehend von der theoretischen Annahme reziproker und kompensatorischer Arten von Beziehungsregulation, können drei Arten dyadischer Leitaffekte unterschieden werden:
a) beide Protagonisten zeigen einen Leitaffekt mit positiver Valenz (Interaktionsform: reziprok hedonisch); mit der schlechtesten Prognose für das Behandlungsergebnis
b) beide Leitaffekte mit negativer Valenz (Interaktionsform: reziprok anhedonisch) und
c) ein Leitaffekt mit negativer, der andere mit positiver Valenz (Interaktionsform: kompensatorisch), mit der besten Prognose für das Behandlungsergebnis.

Diese Kategorisierung der *dyadischen Leitaffekte* in der ersten Stunde korreliert signifikant positiv mit dem kumulierten Erfolgsrating von Patient und Therapeut (r_S = .69; p = .04, N = 9). Es handelt sich hierbei um eine post hoc Kategorisierung, die zwar teilweise auf theoretischen Überlegungen beruht, aber so nicht hypostasiert wurde. Die Fälle a) und b), in denen von reziproker Interaktion gesprochen werden kann, wurden nach folgender Logik voneinander unterschieden. Therapiedyaden, in denen Patient und Therapeut als häufigsten Affekt echte Freude zeigen, sind Alltagsinteraktionen zwischen Gesunden am ähnlichsten. Es könnte also sein, daß sich hier kein Problembewußtsein entwickelt oder bestehende Probleme durch das gemeinsame Realisieren einer positiv getönten Interaktion, in Form eines „Smalltalks“, abgewehrt werden. Diese Situation birgt nur ein geringes Veränderungspotential, da sich beide Interaktionspartner durch das Zeigen von Freude in ihrem Verhalten gegenseitig bestärken. Das Bild ist ein anderes, wenn der häufigste Affekt bei beiden negativ ist, zum Beziehungsabbruch kommt es aber nur dann, wenn über die Art der Beziehung Unklarheit bestehen bleibt. Das größte Veränderungspotential ist gegeben, wenn die Qualität der Affekte kompensatorisch ist. Die Therapeuten lassen sich vor allem von den positiven mimischen Signalen ihrer Patienten nicht anstecken, sondern kompensieren diese vielmehr. Eine Form der Kompensation besteht darin, daß der echten Freude der Patienten negative Affekte der Therapeuten entgegenstehen.

Zur Quantifizierung des Ausmasses an Kompensation kann das Verhältnis der negativen Affekte des Therapeuten zur echten Freude der Patienten verwendet werden. Das so berechnete Ausmaß an Kompensation korreliert signifikant positiv mit der Erfolgseinschätzung der Therapeuten (r =.67, p=.034, N = 10) und tendenziell mit der Erfolgseinschätzung der Patienten (r=-.55, p=.10, N = 10).

Auf der Ebene der über die Stunden aggregierten Häufigkeiten läßt sich das mimisch-affektive Verhalten in den erfolgreicheren Therapien beschreiben durch einen nicht zu stark ausgeprägten einzelnen Affekt, wobei vor allem stark ausgeprägtes Zeigen echter Freude bei den Therapeuten mit geringerem Erfolg einherging. Damit konsistent ist der Befund, daß ein gewisser Anteil negativer Affekte beim Therapeuten vorhanden sein muß. Im Bereich der dyadischen Maße zeigt sich, daß auch die echte Freude der Patienten mit dem Therapieerfolg in Verbindung steht, allerdings nur in Relation zu den negativen Affekten der Therapeuten. Gegenüber den über die Stunde aggregierten Häufigkeiten bieten die im folgenden besprochenen Maße ein Bild davon, wie das mimisch-affektive Verhalten der beiden Interaktionspartner innerhalb der Therapiestunden zeitlich aufeinander bezogen ist.

5.3.2.5 Synchrone Duchenne Smiles und Therapieerfolg

Gemeinsames und synchrones Zeigen von echter Freude ist ein Ausdruck positiver lokaler Reziprozität und wird nicht nur im Laienverständnis therapeutischer Prozesse als positiver Aspekt therapeutischer Behandlungen angesehen. Die in *Tabelle 19* angegebenen Korrelationen der Anzahl synchroner Duchenne Smiles von Patient und Therapeut mit dem von den Therapeuten eingeschätzten Erfolg widersprechen dieser Annahme, da sie einen negativen Zusammenhang mit der Anzahl aller synchronen Ereignisse und insbesondere mit den von den Patienten begonnenen ausweisen.

Tabelle 19: Lokale positive Reziprozität und das Erfolgsrating der Therapeuten

	alle Ereignisse	Patient beginnt	Therapeut beginnt
Erfolg Therapeut	-.62*	-.63*	-.53+

2-seitige Irrtumswahrscheinlichkeiten: * p<.05, + p<.10

Die von den Therapeuten begonnenen synchronen Ereignisse zeigen nur einen tendenziell negativen Zusammenhang. Die grafische Analyse legt außerdem einen umgekehrt u-förmigen Zusammenhang nahe, der anzeigt, daß in den erfolgreicheren Therapien eine mittlere Ausprägung an synchronen Ereignissen zu finden war, während in den weniger erfolgreichen Therapien entweder gar keine synchronen Duchenne Smiles oder mehr als drei zu beobachten waren. Dieser Zusammenhang läßt sich auch durch eine Regressionsanalyse bestätigen, auf Grund der geringen Versuchspersonenanzahl ist die Einschätzung des nicht-linearen Zusammenhangs aber nur unter Einschränkungen aussagekräftig. Sie liefert aber einen Hinweis darauf, daß Zusammenhänge zwischen Therapieerfolg und Verhaltensweisen nicht immer durch einfache lineare Modelle beschreibbar sein müssen.

5.3.2.6 Prozeßmuster und Therapieerfolg

Zusätzlich zu der Anzahl synchroner Duchenne Smiles wurden allgemeine Prozeßmuster zum Therapieerfolg in Beziehung gesetzt. Allgemeine Prozeßmuster unterscheiden sich von synchronen Duchenne Smiles dadurch, daß sie andere und mehr als zwei Affekte beinhalten können, die auch in variablen zeitlichen Abständen aufeinanderfolgen. Sie sind definiert als überzufällig häufig aufeinanderfolgende mimisch-affektive Ereignisse der gleichen Person oder von zwei Personen. Eine genaue Definition dieser Form von Prozeßmustern wird auf S.155 gegeben.
Die Verwendung allgemeiner Prozeßmuster führt zu weiteren Zusammenhängen zwischen Aspekten der dyadischen Beziehungsgestaltung, dem individuellen mimischen Ausdruck in der ersten Therapiestunde und dem therapeutischen Erfolg nach der 15. Stunde. Unabhängig von der emotionalen Qualität der Elemente der gefundenen Prozeßmuster korrelieren die Anzahl und Komplexität aller Muster signifikant oder tendenziell mit der Einschätzung des Therapieerfolgs nach der 15. Stunde. Die in Tabelle 20 angegebenen Werte beziehen sich auf alle Therapien mit Ausnahme von Therapie VTEP. Bezieht man diese Therapie mit ein sind die Korrelationen nicht mehr signifikant, da in dieser Therapie die größte Anzahl Muster mit der zweit höchsten maximalen Komplexität gezeigt wurde. Die Häufigkeit individueller Muster der Therapeuten ist in der ersten Stunde gering, nur drei Therapeuten zeigen mehr als ein individuelles Muster, das sind Therapeut VTEP mit sechs individuellen Mustern, Therapeut PDBw und PDMI mit je drei.

Tabelle 20: Anzahl und Komplexität von Mustern und Therapieerfolg

	Erfolgsbeurteilung		
	Therapeut	Patient	kombiniert
Anzahl aller Muster	**-,69***	**-.71***	**-,791***
maximale Komplexität	-,693*	-,425	-,676+
Anzahl dyadischer Muster	**-,575+**	**-,811***	**-,750***
Individuelle Muster Patient	*-.65+*	*-.60*	*-.73**
Individuelle Muster Therapeut	*-.21*	*+.57*	*+.40*

Obwohl es auf Grund der geringen Fallzahl nicht sinnvoll ist, Unterschiede zwischen den Korrelationen zu beurteilen, fällt dennoch auf, daß zwar alle Maße signifikant oder tendenziell mit dem kombinierten Erfolgsrating und dem der Therapeuten korrelieren, aber nur die Anzahl aller Muster und der dyadischen Muster korreliert auch signifikant mit den Erfolgsratings der Patienten.
Ein weiterer Unterschied besteht darin, daß die individuellen Muster der Patienten durchgängig negativ mit den Erfolgseinschätzungen korrelieren, während die individuellen Muster der Therapeuten positiv korrelieren. Auf dieses Phänomen wird weiter unten noch einmal detaillierter eingegangen, dort werden auch die Inhalte der Prozeßmuster in den einzelnen Therapien diskutiert (siehe Seite 160).
Festzuhalten bleibt an dieser Stelle, daß die Strukturiertheit des dyadischen mimisch-affektiven Verhaltens und des individuellen Verhaltens des Patienten in einem negativen Zusammenhang mit dem Therapieerfolg steht. Das heißt, je mehr emotionale Beziehungsmuster die therapeutische Dyade in der ersten Stunde aufweist und/oder je mehr individuelle Muster der Patient zeigt, desto geringer war der Therapieerfolg.

5.3.2.7 Zusammenfassung und Überblickstabelle

In Tabelle 21 sind die mimischen Maße zusammengefaßt, die einen Zusammenhang mit dem Therapieerfolg aufweisen. Die höchsten Korrelationen finden sich für die Häufigkeit der negativen Affekte der Therapeuten und die Anzahl von Prozeßmustern, die in der ersten Therapiestunde auftraten.

Tabelle 21: Erfolgsprädiktoren in der ersten Therapiestunde

Prädiktor	Therapeut	Patient	kombiniert
Illustratoren$_P$		.75	
%Leitaffekt$_T$	-.63 (-.92)		(-.77*)
Dyadischer Leitaffekt			-.69 (.55)
Negative Affekte$_T$	+.81 (+.76)		
Negativ$_T$/ Echte Freude$_P$	.64 (.62)	.55	.76
S$_P$ echte Freude	-.63		
S$_T$ echte Freude	-.53		
Anzahl Prozeßmuster	-.69*	-.71*	-.791*
Anzahl dyadischer Muster	-.575+	-.811*	-.750*

Werte in Klammern sind angegeben, wenn die Korrelationen ohne VTEP abweichen
Die Korrelationen mit Anzahl Prozeßmuster und Anzahl dyadischer Muster wurden alle ohne VTEP berechnet

Eliminiert man VTEP aus den oben genannten Gründen aus der Auswertung, ergeben sich die höchsten Korrelationen für den a) prozentualen Leitaffektanteil des Therapeuten, b) die Summe der negativen Therapeutenaffekte und vor allem c) die Anzahl von Prozeßmustern und dyadischen Prozeßmustern. Die Korrelationen mit dem dyadischen Leitaffekt und der vermittelten Kompensation sind zum Teil nur noch tendenziell vorhanden.

Die ersten beiden Maße a) und b) beziehen sich auf individuelle Aspekte des Therapeutenverhaltens in der ersten Stunde. Sie weisen hohe Zusammenhänge zu dem vom Therapeuten eingeschätzten Erfolg nach der 15. Stunde auf. Für die Patienten steht keine individuelle Variable außer den mimischen Illustratoren mit dem Therapieerfolg in Verbindung. Die Korrelation der Prozeßmuster mit dem Erfolg ist dahingehend zu interpretieren, daß die Therapien, in deren ersten Stunden mehrere Beziehungsthemen im emotionalen interaktiven Verhalten zu finden sind, auch wenig erfolgreich sind. Das würde heißen, daß, zumindest im Rahmen der hier untersuchten Kurztherapien, die Kunst des Therapeuten darin besteht, bereits in der ersten Stunde nicht nur auf die explizit geäußerte Thematik zu fokussieren, sondern auch darin, die „Thematik" des unwillkürlichen Beziehungsverhaltens auf eines oder wenige Probleme zu beschränken.
Zum Abschluß noch eine methodische Bemerkung. Die oben beschriebenen Korrelationen legen nahe, daß es sich um lineare Zusammenhänge zum Therapieerfolg handele. Die Analyse der Daten ergibt aber, daß es sich nicht um lineare Zusammenhänge zwischen den Prädiktoren und dem Therapieerfolg handelt, sondern daß sich die weniger erfolgreichen Therapien durch Extremwerte in den Prädiktoren hervorheben. Das wird vor allem für die Therapien PDBw, VTAD und PDPA deutlich, die sich in der Prägnanz des Leitaffekts, den negativen Affekten der Therapeuten, den von den Patienten begonnenen Duchenne Smiles und den Mustern bzw. dyadischen Mustern deutlich von den anderen Therapien absetzen. Es fällt desweiteren auf, daß in der „erfolgreichsten" Therapie VTEP drei dieser fünf Prädiktoren ähnliche Werte aufweisen, wie es in den am „schlechtesten" eingestuften Therapien der Fall ist. Der Therapeut zeigt einen ausgeprägt positiven Leitaffekt und vor allem die Anzahl der dyadischen Muster ist mit Abstand die größte von allen Therapien.

5.3.3 Die Erfolgsprädiktoren im Therapieverlauf

Um einen ersten Eindruck von der Veränderung der Prädiktoren im Laufe der Behandlung und dem Zusammenhang mit dem Therapieerfolg zu erhalten, werden ihre Werte in den letzten Stunden, die Mittelwerte und Streuungen über alle Behandlungsstunden mit dem Therapieerfolg korreliert.
Dabei ergibt sich, daß der Leitaffekt-Anteil der Therapeuten in der letzten Stunde im Gegensatz zur ersten Stunde tendenziell *positiv* mit dem von den Therapeuten eingeschätzten Erfolg korreliert. Die *Streuung des Leitaffekt-Anteils* über die Behandlungsstunden korreliert tendenziell negativ mit dem von den Patienten eingeschätzten Therapieerfolg. Das heißt, je stärker und/oder öfter sich die Ausprägung des Leitaffekts der Therapeuten ändert, um so geringer schätzte der Patient den Erfolg der Behandlung ein. Dieser Zusammenhang ergibt sich auch für die Streuungen der Leitaffekt-Anteile der Patienten, der hoch signifikant negativ mit dem Erfolgsrating der Therapeuten ($\underline{r}_S = -.79$, $\underline{p} < .01$, $\underline{N} = 10$) und tendenziell negativ mit den Veränderungen in der FBL korreliert.
Die Ausprägung des Leitaffekts des Therapeuten über alle Stunden korreliert signifikant positiv mit den Änderungen in der FBL. Diese Korrelation geht vor allem auf die Therapien mit männlichen Therapeuten zurück. Für diese gilt auch, daß die Leitaffektausprägung der Patienten tendenziell negativ mit seiner eigenen Erfolgseinschätzung und der FBL, sowie schwach tendenziell ($p < .15$) mit der Einschätzung durch den Therapeuten korreliert.
Häufigkeit und Streuung des zweiten Erfolgsprädiktors in Tabelle 21, Anzahl negativer Affekte der Therapeuten, korreliert in der letzten Stunde nicht mehr mit dem Therapieerfolg. Die Differenz negativer distanzregulierender Affekte zwischen der ersten und letzten Stunde der Therapeuten ist in allen Therapien außer Therapie PDPA und PDBw positiv, d.h. die Werte in der letzten Stunde waren kleiner. Signifikante oder tendenzielle lineare Trends finden sich aber nur bei den Therapeuten VTKO, VTEP und PDMI, während die negativen

Affekte von Therapeut PDBw eine tendenzielle Zunahme über alle Stunden aufweisen, die darauf zurückgeht, daß die Werte in den letzten drei Stunden sehr hoch liegen. Eine ab der 6. Stunde einsetzende kontinuierliche Abnahme der negativen Affekte findet man bei Patient VTEP, die von anfänglich 75 negativen Affekten auf 14 in der letzten Stunde fällt. Einen tendenziellen *Anstieg* der negativen Affekte findet man nur bei Patientin VTAD, in der Therapie, die nach der 11. Stunde abgebrochen wurde. Der Anstieg geht auf die 10. Stunde zurück, in der sie 97 negative Affekte zeigt.

Der Mittelwert der absoluten Anzahl distanzregulierender Affekte über alle Stunden korreliert tendenziell positiv mit der Erfolgseinschätzung der Therapeuten. Führt man die Auswertung aber ohne die Therapien mit weiblichen Therapeutinnen durch, ergibt sich keine Korrelation mehr. Innerhalb der weiblichen Therapeutinnen ist die Korrelation aber hoch signifikant, allerdings ist das $N = 3$ sehr klein.

Der relative Anteil distanzregulierender Affekte korreliert im Fall der männlichen Therapeuten signifikant negativ mit den Veränderungen in der FBL, im Fall der weiblichen Therapeutinnen hoch signifikant positiv mit der Erfolgseinschätzung der Patientinnen.

Der Wert für die *dyadische Kompensation* der negativen Affekte des Therapeuten durch die echte Freude der Patienten in der letzten Therapiestunde korreliert mit keinem der Erfolgsratings. Die Streuung des Wertes über die Behandlungsstunden korreliert aber signifikant negativ mit dem Patientenrating ($r = -.75$, $p < .05$, $N = 10$). Die Korrelation geht auf Therapie VTAD zurück und wird nicht mehr signifikant, wenn man nonparametrische Korrelationen verwendet.

Auf den Zusammenhang der synchronen Duchenne Smiles und der Prozeßmuster mit dem Therapieerfolg wird weiter unten in gesonderten Abschnitten eingegangen (Seite 149).

Der höchste Zusammenhang mit der Erfolgseinschätzung der Patienten besteht zwischen der qualitativen Änderung ihrer eigenen Mimik von der ersten zur letzten Stunde, erhoben als Leitaffektprofil (s.o). Je größer die Veränderung in Richtung einer mehr positiv bestimmten Mimik ist, desto erfolgreicher beurteilt der Patient selbst die Therapie ($r = .72$; $p = .02$; $r_S = .84$; $p = .001$).

Um unterschiedliche Formen der Beziehungsregulation innerhalb des mimisch-affektiven Verhaltens zu erfassen, wurden Stunden, in denen vorwiegend reziprok reguliert wurde, als solche operationalisiert, in denen geringe Differenzen zwischen der Affektivität von Patient und Therapeut auftreten, und kompensatorische Stunden als solche mit hohen Differenzen. Es ergibt sich, daß die Therapien, die vom Therapeuten erfolgreicher eingeschätzt wurden ($r = -.63$; $p = .04$; $r_S = -.65$; $p = .03$) und die größeren Symptomveränderung hatten ($r_S = -.84$; $p = .00$; $r_S = -.85$; $p = .00$), diejenigen sind, in denen die Form der Regulation nicht gewechselt wurde. Das verwendete Maß ist allerdings nicht dichotom, sondern kontinuierlich. Es gibt also nicht nur Stunden, in denen genau eine der beschriebenen Regulationsformen vorherrscht, sondern man findet graduelle Unterschiede. Analysiert man die Verteilung dieses Maßes für einzelne Therapien, ergibt sich, daß vor allem die Therapien wenig erfolgreich waren, in denen die Mehrzahl der Stunden einer Regulationsform folgte, in denen es aber auch eine oder wenige Stunden gibt, die völlig anders organisiert sind.

Die Zusammenhänge zwischen Verlaufsmaßen und Therapieerfolg sind weniger zahlreich als die zwischen den Maßen der ersten Stunde und dem Therapieerfolg. Auf den Zusammenhang zwischen synchronen Duchenne Smiles, der von Patient und Therapeut eingeschätzten Qualität der therapeutischen Beziehung und dem Therapieerfolg wird in den folgenden Abschnitten eingegangen. Die allgemeinen Prozeßmuster werden weiter unten in einem gesonderten Kapiteln behandelt (siehe Abschnitt 5.3.5).

5.3.4 Die Qualität der therapeutischen Beziehung und der Therapieerfolg

5.3.4.1 Die Einschätzung der therapeutischen Beziehung in der ersten Stunde und der Therapieerfolg

Die Korrelationen der Einschätzungen der Qualität der therapeutischen Beziehung zum therapeutischen Erfolg bestehen vor allem für die von der gleichen Person abgegebenen Erfolgseinschätzungen und nur gering oder gar nicht mit denen der Interaktionspartner (siehe Tabelle 22). Sie erreichen auch nicht das Signifikanzniveau. So korreliert die Einschätzung der Therapeuten schwach tendenziell mit den Änderungen in der FBL, aber weder mit ihren eigenen noch mit den Erfolgseinschätzungen der Patienten. Die Einschätzungen der Patienten zur Beziehungsqualität korrelieren schwach tendenziell mit ihrer eigenen Erfolgseinschätzung und zu Null mit der Erfolgseinschätzung der Therapeuten. Dieses Phänomen findet sich auch in einer Vielzahl weiterer Studien wieder (Stiles et al., 1998).

Tabelle 22: Perspektiven der Qualitätseinschätzung und des therapeutischen Erfolgs

		Erfolgsbeurteilung (T)	Erfolgsbeurteilung (P)	Erfolgsbeurteilung (P+T)	Beschwerden-Summe (FBL PRAE-POST)
Therapeut	r	,349	,120	,388	,562
	p	,357	,777	,349	,147
	N	9	8	8	8
Patient	r	,043	,544	,531	,247
	p	,913	,163	,176	,555
	N	9	8	8	8

r = Spearman Rangkorrelationen, p = Irrtumswahrscheinlichkeit, N = Fallzahl

5.3.4.2 Die Einschätzung der Qualität der therapeutischen Beziehung im Therapieverlauf

Wie schon weiter oben im Theorieteil diskutiert, kann die Einschätzung unterschiedlicher Aspekte der Qualität der therapeutischen Beziehung in Abhängigkeit von der Perspektive, aus der sie abgegeben wird, variieren. Therapeuten und Patienten können unterschiedliche Aspekte der Beziehung unterschiedlich gewichten und zu unterschiedlichen Ratings bezüglich der Qualität des therapeutischen Bündnisses kommen.

In der vorliegenden Untersuchung wird die Qualität der therapeutischen Beziehung von Therapeuten und Patienten insgesamt als sehr positiv eingeschätzt. Über alle Therapien gerechnet, schätzen die Patienten die Qualität im Mittel über alle Stunden tendenziell positiver ein, als es die Therapeuten tun. Vergleich man die Ratings der Patienten und Therapeuten in den einzelnen Therapien, verdeutlicht sich dieser Unterschied. In sieben der zehn Therapien schätzen die Patienten die therapeutische Arbeitsbeziehung besser ein als es die Therapeuten tun. Nur in den Therapien GTAD, VTAD und PDBm ist es umgekehrt.

Die Analysen der Einzelitems zur therapeutischen Arbeitsbeziehung ergeben zum Teil differenziertere Ergebnisse. Die Ratings zur Qualität der Zusammenarbeit von Patient und Therapeut unterscheiden sich in sieben der zehn Therapien voneinander und zwar derart, daß die Therapeuten die Zusammenarbeit schlechter einschätzten, als es die Patienten taten. In Therapie PDBm schätzen Patient und Therapeut die Qualität der Zusammenarbeit gleich gut bzw. gleich schlecht ein. GTAD und VTAD sind die einzigen Therapien, in denen die Therapeutinnen die Qualität der Zusammenarbeit besser einschätzen als die Patientinnen.

In allen zehn Therapien bis auf VTKO unterschieden sich die Einschätzungen, ob die durchgeführte Art von Therapie für den Patienten geeignet ist. Wiederum hielten nur die

Patienten aus GTAD, VTAD und PDBm die Art der Therapie für weniger geeignet, als es die Therapeuten taten.
In Bezug auf die Regulation von Nähe und Distanz sind die Items zum erlebten und gewünschten Abstand in der therapeutischen Beziehung und mögliche Unterschiede zwischen Therapeut und Patient aussagekräftig. Das am häufigsten auftretende Muster besteht darin, daß die Patienten mehr Nähe erleben und sich auch mehr Nähe wünschen, als es die Therapeuten tun (PDBU, PDBw, GTAD, PDBm, PDMI). Umgekehrt ist das Verhältnis in Therapie VTEP, die Patientin erlebt sich als distanzierter und wünscht sich auch mehr Distanz als es der Therapeut tut. Eine weitere Auffälligkeit findet sich in Therapie VTKO. Auch hier erlebt die Patientin wie in den oben aufgeführten fünf Therapien mehr Nähe, als es der Therapeut tut, allerdings wünscht sich in dieser Therapie der Therapeut mehr Nähe, als es die Patientin tut.
Neben den beschriebenen Niveauunterschieden in der Beurteilung der therapeutischen Beziehung wurde auch untersucht, ob die Einschätzungen von Stunde zu Stunde miteinander variieren oder ob sich gegenläufige Einschätzungen ergeben. Signifikante Korrelationen ergeben sich vor allem für den erlebten Abstand. In Therapie PDBw, VTAD, PDBm und PDMI korrelieren diese positiv. Für die Einzelfallanalyse von Interesse ist die negative Korrelation zwischen dem erlebten Abstand in Therapie VTEP.
Auf Zusammenhänge zwischen den Einschätzungen der Qualität der therapeutischen Beziehung zum mimisch-affektiven Verhalten, insbesondere den synchronen Duchenne Smiles, wird weiter unten eingegangen (Seite 146).

5.3.4.3 Synchronisationen von Patient und Therapeut im Vergleich über alle Therapiestunden

Weiter oben wurde gezeigt, daß in fast allen der untersuchten Therapien Synchronisationen von Duchenne Smiles überzufällig häufig auftreten (siehe Seite 117). Die Häufigkeiten dieser Ereignisse liegen jedoch deutlich unter denen der Kontrollgruppen (siehe Seite 116). Im Folgenden werden die einzelnen Therapien darauf untersucht, wieviele Synchronisationen von Duchenne Smiles auftreten und ob die Synchronisationen einen Trend im Verlauf der Therapie zeigen. Zusätzlich wird untersucht, ob einer der Interaktionspartner häufiger Lächelsynchronisation beginnt (im folgenden Stimulus genannt).
Die Anzahl der von Patient oder Therapeut begonnenen synchronen, positiven Ereignisse ist im Mittel und hinsichtlich der Standardabweichung fast gleich. Für einzelne Therapien ergeben sich zwar Unterschiede zwischen Patient und Therapeut, die aber nur in Therapie PDHI tendenziell inferenzstatistisch abzusichern sind ($\underline{p} < .10$, 2-seitig, $\underline{N} = 14$, $\underline{t} = 1{,}953$).
Die Verteilung der Stimuli der *Therapeuten* ist bimodal. In Therapie GTAD, VTEP, PDPA, PDHI und VTAD beginnen die Therapeuten pro Stunde etwa drei oder mehr synchrone Lächelereignisse. In den restlichen fünf Therapien liegen die Werte unter eins und nur einmal knapp darüber mit 1.3 in Therapie PDBm.
An Hand der Anzahl Stimuli der *Patienten* lassen sich drei Gruppen unterscheiden. In den Therapien VTEP, PDPA, GTAD und VTAD werden zwischen 2.77 und 4.09 Stimuli gezeigt, in den Therapien PDHI, PDBU und PDMI 1.0 bis 1.86 und in den Therapien VTKO, PDBw und PDBm weniger als einer. Die Therapeuten folgen bis auf Therapeut PDHI dieser Gruppierung. Vergleicht man diese Gruppierung mit der nach der Geschlechterzusammensetzung, fällt auf, daß die Therapien VTEP und PDPA mit den beiden gleichgeschlechtlich weiblichen Dyaden GTAD und VTAD eine Gruppe bilden.
Die Stimuli zeigen in Therapie PDHI, VTKO und PDBw einen durch einen *Trend* anzunähernden Verlauf. In Therapie PDHI nehmen die Stimuli des Patienten sigifikant zu ($\underline{b1} = .29$, F = 6.00, $\underline{p} = .031$), in Therapie VTKO die der Patientin signifikant ab ($\underline{b1} = -.17$, F =

21, p = .003). Ein quadratischer oder kubischer Trend ergibt sich in Therapie PDBw für die Stimuli des Therapeuten, sie nehmen im Verlauf der Therapie ab und gegen Ende wieder zu.

Neben dem Beantworten einzelner Duchenne Smiles kann es für die Regulation der Beziehung von Interesse sein, ob es im Verlauf einer Stunde mehrfach zu solchen Ereignissen kommt und ob dieser Prozeß auf Gegenseitigkeit beruht (prozessuale Reziprozität).
Ein erster Hinweis, daß prozessuale Reziprozitäten vorliegen, ist darin zu sehen, daß Patient und Therapeut die synchronen Ereignisse in fast allen Therapien mit annähernd gleicher Häufigkeit zeigen (siehe oben).
Ein weiteres Maß für prozessuale Reziprozität ist in den Korrelationen zwischen den Häufigkeiten der „Lächelangebote“ von Patient und Therapeut zu sehen. Sie beschreiben, in welchem Ausmaß das Reagieren auf Angebote des Interaktionspartners auch dazu führt, daß eigene Angebote beantwortet werden.

Tabelle 23: Prozessuale Reziprozität in einzelnen Therapien

keine Korrelation	Positive Korrelation	negative Korrelation
PDPA	PDHI^{+}, PDBU, PDBw, PD21	VTKO
GTAD	VTEP, VTAD	
PDMI	Kontrollgruppe w - w	
Kontrollgruppe m - m	Kontrollgruppe m - w	

Über alle Therapien hinweg korrelieren die Stimuli der Patienten signifikant positiv mit denen der Therapeuten ($r = .55$, $N = 119$, $p < .001$). Betrachtet man die Therapien als Einzelfälle zeigen sich in vier Therapien keine positiven Korrelationen zwischen den Stimuli von Patient und Therapeut (siehe Tabelle 23). In drei der vier Therapien liegen die Korrelationen nahe Null mit Irrtumswahrscheinlichkeiten größer .70. In Therapie VTKO ist die Korrelation sogar negativ ($r = -.378$, $N = 9$, $p = .316$). In den restlichen sechs Therapien liegen signifikante Korrelationen zwischen den Stimuli der beiden Interaktanden und damit prozessuale Reziprozität vor.

In Abbildung 25 ist ein Standbild aus einer gestellten Interaktion wiedergegeben. Beide Probanden zeigen gleichzeitig einen negativen Affekt. Die Intensität der abgebildeten Mimik ist sehr hoch. In den untersuchten Situationen traten negative Affekte in den meisten Fällen mit geringerer Intensität als hier abgebildet auf.
Die Auszählung des synchronen Auftretens *negativer Affekte* ergibt eine bei weitem niedrigere Häufigkeit als im Fall der Duchenne Smiles. Im Mittel erfolgt nur alle zwei Therapiestunden ein negativ reziprokes Ereignis, wenn als Kriterium für Synchronizität eine Zeitspanne von einer Sekunde zugrunde gelegt wird ($\underline{x} = 0{,}551$, $\underline{SD} = 1{,}224$).

Abbildung 25: Nachgestellte synchrone negative Affekte mit hoher Intensität

Am häufigsten treten diese Ereignisse in Therapie PDBw (x = 1,636, SD = 1,748) und Therapie PDBm (x = 2,308, SD = 2,136) auf, den beiden Therapien mit schweren Persönlichkeitsstörungen. In Therapie PDBw beginnt die Patientin etwas häufiger die synchronen negativen Ereignisse, in Therapie PDBm der Therapeut. In Therapie PDBw ist die Anzahl beobachteter, reziprok negativer Ereignisse in der ersten Stunde überzufällig, in Therapie PDBm nicht.

Noch seltener sind synchrone *kompensatorische* Ereignisse. Sie treten im Mittel alle vier Therapiestunden einmal auf. Unterschieden werden Ereignisse, bei denen auf einen negativen Affekt (Ärger, Verachtung oder Ekel) „echte" Freude innerhalb einer Sekunde folgt (x = 0,271, SD = 0,550), von solchen, bei denen ein negativer Affekt auf „echte" Freude folgt (x = 0,288, SD = 0,601).

Ärger, Ekel oder Verachtung gefolgt von Duchenne Smiles

Die negativen Affekte der Patienten werden signifikant häufiger von einem Duchenne Smile der Therapeuten beantwortet, als umgekehrt. Das heißt, daß die Therapeuten stärker kompensatorisch in Richtung auf eine positive emotionale Affektivität reagieren. Kompensatorische Ereignisse treten vermehrt in den Therapien VTEP und PDBw auf. Auf diese Therapien geht auch der signifikante Unterschied zwischen allen Therapeuten und Patienten zurück. Berechnet man die Unterschiede für Therapie VTEP und PDBw als Einzelfälle, ergibt sich in Therapie VTEP ein hoch signifikantes Ergebnis ($p < .01$) und in Therapie PDBw ein tendenzieller Unterschied ($p < .10$). Das gleiche gilt tendenziell in Therapie VTAD. Das heißt, daß in diesen Therapien negative Affekte der Patientinnen häufiger durch ein Lächeln des Therapeuten kompensiert werden. In Therapie PDPA dreht sich dieses Verhältnis tendenziell um. Negative Affekte des Therapeuten werden häufiger von Duchenne Smiles der Patientin beantwortet als umgekehrt.

Duchenne Smiles gefolgt von Ärger, Ekel oder Verachtung

Ein komplementäres Muster findet man, bei der Analyse der Häufigkeiten negativer Affekte als Reaktion auf Duchenne Smile. Die Patienten reagieren tendenziell häufiger mit negativen Affekten auf Duchenne Smiles der Therapeuten als umgekehrt. Die Mittelwerte über alle Therapien sind ebenfalls sehr niedrig, für die Patienten $\underline{x}_{ST}$ = 0,10 (SD = 0,35), für die Therapeuten $\underline{x}_{ST}$ = 0,18 (SD = 0,47).
Die Unterschiede gehen wiederum auf Therapie VTEP und PDBw zurück, in denen bei Einzelfallbetrachtung die Unterschiede signifikant sind. In Therapie GTAD ist die Reihenfolge tendenziell umgekehrt, d.h. die Therapeutin reagiert tendenziell häufiger mit negativen Affekten auf Duchenne Smiles der Patientin. Die Unterscheidung der Reihenfolge ist für die Therapien VTEP und PDBw ohne Belang.
Zusammengefaßt läßt sich sagen, daß die Patienten aus Therapie VTEP und PDBw häufiger einen negativen Affekt synchron zu einem Duchenne Smile der Therapeuten als umgekehrt zeigen. Negative Affekte des Therapeuten synchron zu Duchenne Smiles der Patientinnen treten nur in Therapie PDPA und GTAD tendenziell häufiger auf als umgekehrt. Zwar sind diese Ereignisse selten und treten nur in wenigen Therapien auf, wenn sie jedoch auftreten, lieferen sie, genauso wie die reziprok negativen, bereits wichtige Hinweise auf die Beziehungsdynamik der therapeutischen Dyaden, wie in den Einzelfallanalysen deutlich werden wird.

5.3.4.4 Emotionales Erleben, die Qualität der therapeutischen Beziehung und synchrone Duchenne Smiles

Um zu analysieren, inwieweit die Einschätzungen der Qualität der therapeutischen Beziehung durch das mimisch-affektive Verhalten erklärt werden können, wurden Korrelationen für die ersten Stunden und den Therapieverlauf berechnet. Die Einschätzungen der Qualität der therapeutischen Beziehung korrelieren mit keinem der Primäraffekte in der ersten Stunde signifikant. Es liegen lediglich einige schwach tendenzielle Zusammenhänge vor.

Ärger- und Verachtungsmimik und die Qualität der therapeutischen Beziehung

Im Verlauf treten allerdings in einigen Therapien signifikante Korrelationen vor allem mit den Primäraffekten Ärger und Verachtung auf. Therapeut PDBU ($\underline{r}_S$ = .82, $\underline{p}$ <.01, $\underline{N}$ = 9) und Patientin VTEP ($\underline{r}_S$ = .63, $\underline{p}$ <.05, $\underline{N}$ = 13) schätzen das Arbeitsbündnis schlechter ein, je mehr Verachtung die Patientinnen zeigen. In den gleichen Therapien besteht auch ein negativer Zusammenhang zwischen der Ärgermimik der Therapeuten und den Einschätzungen. In Therapie PDBU ist es jedoch das Rating des Therapeuten und in Therapie VTEP das der Patientin, das eine negative Korrelation zur Ärgermimik aufweist. In Therapie PDBU scheint also der Therapeut sowohl seine Ärger-, als auch die Verachtungsmimik der Patientin zumindest mittelbar in Rechnung zu stellen und kommt zu davon abhängigen Einschätzungen der therapeutischen Beziehung. In Therapie VTEP ist dies nur für die Patientin der Fall. Der Therapeut scheint somit wesentliche interaktive Aspekte bei der Beurteilung der therapeutischen Beziehung nicht in Rechnung zu stellen, was sich als ungünstig für den weiteren Verlauf der Behandlung erwies. Auch in Therapie PDPA besteht ein Zusammenhang zur Verachtungsmimik. Die Einschätzung der Arbeitsbeziehung durch die Patientin verschlechtert sich, je öfter der Therapeut Verachtungsmimik zeigt ($\underline{r}_S$ = .51, $\underline{p}$ <.053, $\underline{N}$ = 15). Ein weiterer Zusammenhang tritt in Therapie GTAD auf. Mit ansteigender Ärger- und Verachtungsmimik der Therapeutin wird auch die Einschätzung der Qualität der therapeutischen Beziehung schlechter. Dieser Zusammenhang geht vor allem auf die ersten beiden Stunden der Behandlung zurück, in den es zu reziprokem Ärgerausdruck kommt, der aber auch durch Reziprozitäten im Bereich der Trauermimik kompensiert wurde (siehe oben).

Neben den Zusammenhängen zu den negativen Affekten sollten sich solche zur echten Freude finden lassen. Das ist aber nur in einer Therapie der Fall. Die Einschätzung von Therapeutin VTAD hängt von ihrer eigenen Freudemimik ab, je mehr sie zeigt, desto besser schätzt sie das Arbeitsbündnis ein ($r_S = -.61$, $p < .047$, $N = 11$).

Synchrone Duchenne Smile und die Qualität der therapeutischen Beziehung

Die größten Zusammenhänge mit der Qualität der therapeutischen Beziehung und dem emotionalen Erleben sollte aber das dyadische Maß, synchrone Duchenne Smiles, aufweisen. Erwartungsgemäß korreliert das Freudeerleben der Patienten, über alle Therapien aggregiert, hoch signifikant positiv mit den Häufigkeiten synchroner Duchenne Smiles (siehe Tabelle 24). Demgegenüber sind die Zusammenhänge zum Freudeerleben der Therapeuten aber nur gering, wobei vor allem die von den Patienten begonnenen synchronen Duchenne Smiles nicht mit dem Freudeerleben der Therapeuten korrelieren.
Vor allem die von den Patienten initiierten synchronen Duchenne Smiles stehen also wider Erwarten nicht in einem eindeutig positiven Zusammenhang zum Freudeerleben der Therapeuten. Die Auswertung der Zusammenhänge zum Erleben von Freude erbringt erste Hinweise auf die Ambivalenz in der Wahrnehmung der Funktion synchroner Duchenne Smiles auf seiten der Therapeuten.
Das Ergebnis bestätigt sich, wenn man die Therapien als Einzelfälle analysiert. Bei acht *Patienten* korreliert das Erleben von Freude mit der Anzahl synchroner Duchenne Smiles signifikant positiv (nicht in PDBm und PDMI). Davon abweichend korreliert das Erleben der *Therapeuten* nur in Therapie PDHI, VTKO und PDPA tendenziell und nur mit den von den Therapeuten selbst initiierten synchronen Duchenne Smiles.
Jedoch finden sich weitere Hinweise für die positive Signalqualität der synchronen Duchenne Smiles im negativen Zusammenhang zum Erleben von Ärger, der in vier Therapien bei Therapeut und Patient tendenziell auftritt.
Ein einzelfallspezifischer Hinweis auf eine eindeutig negative Evaluation der synchronen Duchenne Smiles ist der negative Zusammenhang zwischen dem Freudeerleben von Therapeutin GTAD mit der Häufigkeit synchroner Duchenne Smiles.
Die fehlenden oder diskrepanten Korrelationen zum Freudeerleben der Therapeuten müssen nicht bedeuten, daß die Therapeuten in den Phasen, in denen sie das Verhalten zeigten, keine Freude erlebten. Der ambivalente Zusammenhang deutet aber darauf hin, daß ein Zuviel an positiv emotionalem Austausch innerhalb der therapeutischen Situation von den Therapeuten als nicht zielfördernd angesehen wurde.

Tabelle 24: Synchrone Duchenne Smiles und das Erleben von Freude

	alle Ereignisse	Therapeut beginnt	Patient beginnt
Therapeut	$.152^{+}$	$.168^{+}$	.096
Patient	$.473^{***}$	$.491^{***}$	$.337^{***}$

Da im Fall der synchronen Duchenne Smile der gleiche positive Affekt von beiden Interaktionspartnern gleichzeitig gezeigt wird, sind damit gute Voraussetzungen für die Wahrnehmung der Gefühlslage des anderen gegeben. Die Korrelationen weisen jedoch auch hier nur Zusammenhänge in einem Teil der Therapien aus. Das *Fremdrating Freude* von Patient und Therapeut korreliert in drei der zehn Therapien (PDHI, VTKO, PDBU) mit der Anzahl synchron gezeigter Duchenne Smiles (5 %-Signifikanzniveau bei 1-seitiger Testung). In drei weiteren korreliert nur das Fremdrating der Patienten (PDPA, PDBw, GTAD) und in Therapie VTAD nur das der Therapeutin mit den synchronen Duchenne Smiles. In den

Therapien VTEP, PDBm und PDMI liegt keine Korrelation vor. Auffallend ist die häufige negative Korrelation des Fremdratings Trauer bei sechs Therapeuten mit der Anzahl synchroner Duchenne Smiles. Das Auftreten synchroner Duchenne Smiles ist damit für einige Therapeuten keine hinreichende Voraussetzung für die Einschätzung von Freude, sehr wohl aber für den Ausschluß von Trauer. Ein ähnliches Phänomen ist im negativen Zusammenhang zum Ärgererleben zu sehen. Bei drei Therapeuten und einer Patientin korreliert das Fremdrating Ärger negativ.

Die Beziehungen der synchronen Duchenne Smiles zum Freudeerleben sind also vor allem im Fall der Therapeuten als zum Teil ambivalent anzusehen.

Im Folgenden wird auf den Zusammenhang der Duchenne Smiles mit der Einschätzung der emotionalen Qualität der therapeutischen Beziehung eingegangen. Über alle Therapien hinweg korrelieren die Einschätzungen des *therapeutischen Bündnisses* vor allem mit der Häufigkeit von Duchenne Smiles des Therapeuten unabhängig davon, ob sie gemeinsam mit dem Interaktionspartner oder „isoliert" gezeigt wurden (Tabelle 25). Die isoliert auftretenden Duchenne Smiles der Patienten korrelieren sogar schwach tendenziell negativ mit der Einschätzung der therapeutischen Beziehung. Die von den Therapeuten begonnenen synchronen Duchenne Smiles weisen zwar im Vergleich der Therapien unterschiedliche Häufigkeiten auf und korrelieren auch über alle Therapien hinweg mit der eingeschätzten Qualität der therapeutischen Beziehung, innerhalb der einzelnen Therapien zeigen sich aber keine Zusammenhänge.

Die synchronen Duchenne Smiles weisen in den Einzelfällen nur wenige Zusammenhänge mit der Einschätzung der Qualität des therapeutischen Bündnisses auf. Nur in Therapie VTAD besteht ein signifikanter positiver Zusammenhänge zur Anzahl der von der Therapeutin begonnenen synchronen Duchenne Smiles ($\underline{r} = .81$, $\underline{N} = 10$, $\underline{p} < .05$). In Therapie VTKO ist der Zusammenhang zwischen der Anzahl aller synchronen Duchenne Smiles und der eingeschätzten Qualität des therapeutischen Bündnisses sogar signifikant negativ ($\underline{r} = -.76$, $\underline{N} = 9$, $\underline{p} < .05$).

Tabelle 25: Duchenne Smile und die Qualität des therapeutischen Bündnisses

	„isolierte" Duchenne Smiles des Therapeuten	synchrone Duchenne Smiles	Therapeut beginnt	Patient beginnt
Therapeut	$.404^{***}$	$.329^{***}$	$.388^{***}$	$.191^{*}$
Patient	$.439^{***}$		$.216^{*}$	

In der Einzelfallanalyse korrelieren die Häufigkeiten an „isolierten" Duchenne Smiles auch in einigen Therapien nicht mehr, es kommt vereinzelt sogar zu signifikanten negativen Korrelationen. So korrelieren die Duchenne Smiles von Patientin GTAD negativ mit der Einschätzung des therapeutischen Bündnisses durch die Therapeutin, in Therapie PDPA mit der Einschätzung der Patientin selbst. In Therapie VTEP korreliert die Einschätzung des Therapeuten hochsignifikant mit „isolierten" und simultanen Duchenne Smiles, die der Patientin korreliert aber fast zu Null. In Therapie VTAD korrelieren die von der Therapeutin initiierten simultanen Duchenne Smiles hoch signifikant positiv mit ihrer Einschätzung, die der Patientin aber nicht.

Die Zusammenhänge zwischen den „isolierten" und synchronen Duchenne Smiles und dem Freudeerleben und der eingeschätzten Qualität der therapeutischen Beziehung weisen darauf hin, daß die durch diese Verhaltensweisen signalisierten und angenommenen positiven Beziehungsangebote im Kontext einer psychotherapeutischen Behandlung nicht immer als angemessen angesehen wurden. Diese ambivalente Funktion zeigte sich auch schon im negativen Zusammenhang zum Therapieerfolg.

5.3.4.5 Verlaufscharakteristika synchroner Duchenne Smiles und Therapieerfolg

Die Anzahl der von den Patienten in der ersten Stunde begonnenen synchronen Duchenne Smiles korreliert negativ mit dem Therapieerfolg. Es stellt sich die Frage, ob auch Verlaufscharakteristika derselben einen Zusammenhang mit den Erfolgseinschätzungen aufweisen. Das war aber nur eingeschränkt der Fall, wie die folgenden Ergebnisse zeigen.
Das mittlere Ausmaß, mit dem die Patienten synchrone Duchenne Smiles beginnen, korreliert schwach tendenziell negativ mit ihrer Erfolgseinschätzung. Ohne Therapie VTEP sind die Korrelationen größer. Signifikant negativ korrelieren die Stimuli der Patienten in der Mitte der Therapie (Stunde 8) mit ihren Erfolgseinschätzungen.
In den letzten Stunden tritt dieser Zusammenhang nicht mehr auf. Lediglich die Häufigkeiten der von den Therapeuten alleine gezeigten Duchenne Smiles korrelieren schwach tendenziell positiv mit der Erfolgseinschätzung der Patienten und die der Patienten negativ mit derselben. Obwohl nur wenig ausgeprägte Zusammenhänge zum Therapieerfolg bestehen, wird doch deutlich, daß die synchronen Duchenne Smiles, die in Alltagssituationen eine positive Beziehung indizieren, im Kontext der psychotherapeutischen Behandlung differenzierte Effekte haben können.

5.3.5 Angst- und Überraschung als Indikatoren veränderungsrelevanter Prozesse

5.3.5.1 Überraschungs- und Angstmimik in den einzelnen Therapien

Angst und Überraschung wurden im Theorieteil (Seite 54) im Zusammenhang mit schemadiskrepanten Informationen, Veränderungsprozessen und der Aktivierung von Konflikten diskutiert. Im vorliegenden Abschnitt werden zwei Aspekte dieser Emotionen untersucht, zum einen der mimische Ausdruck und zum anderen das berichtete emotionale Erleben von Angst und Überraschung. Diese können nicht als deckungsgleich vorausgesetzt werden, da das berichtete emotionale Erleben das Ergebnis einer Reihe von Transformationsprozessen sein kann, die dazu führen, daß die ausgedrückte und die erlebte Emotion nicht mehr die gleichen sind. Die Zusammenhangsstruktur zwischen den Bereichen Ausdruck und Erleben beinhaltet Informationen zu den Transformationsprozessen und ist dementsprechend zu interpretieren.
Das Zeigen oder Erleben von Überraschung kann als notwendige Voraussetzung für Veränderungsprozesse aufgefaßt werden. Diese Annahme wurde von den oben angestellten Gruppenvergleichen bereits teilweise bestätigt. In der therapeutischen Situation wurde von beiden Beteiligten mehr Angst- und Überraschungsmimik gezeigt als in den Alltagsgesprächen und die Therapeuten zeigten insgesamt weniger Angst- und Überraschungsmimik als die Patienten. Angstmimik war bei den Therapeuten nur in Ausnahmefällen zu beobachten.
Angstmimik tritt gehäuft im Fall der Patienten PDPA, PDHI, PDBm und VTAD auf (siehe Abbildung 26). Sie zeigen etwa vier bis acht mal pro Stunde eine Angstmimik. Es fällt auf, daß Patientin PDPA ausschließlich hohe Angstwerte, aber keine Überraschung zeigt, während die restlichen Patienten mit hohen Angstwerten auch hohe Werte für Überraschung aufweisen. Das kann als Hinweis darauf verstanden werden, daß in den letztgenannten Fällen die Angstsignale im Zusammenhang mit informationsverarbeitenden Prozessen auftreten, während bei Patientin PDPA die Angst unmittelbar durch die Interaktion mit dem Therapeuten ausgelöst wird.
Im Vergleich mit den genannten Patienten tritt Angstmimik bei den übrigen Patienten nur selten auf, etwa ein mal pro Stunde oder seltener. Nur Therapeut PDBm zeigt mehr als ein mal pro Stunde Angstmimik, die restlichen Therapeuten dagegen fast gar nicht.

Abbildung 26: Angst- und Überraschungsmimik der Patienten

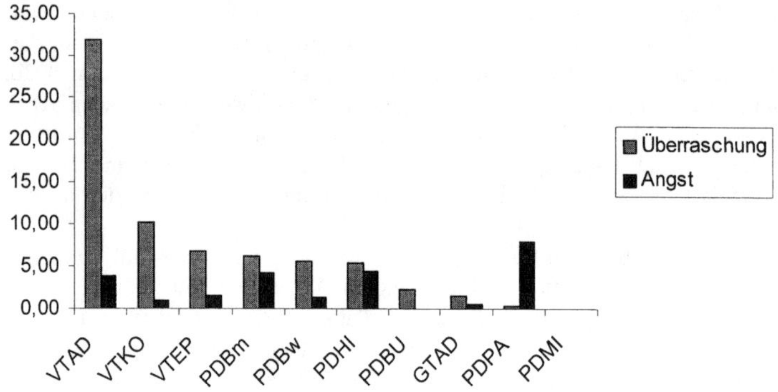

Hinsichtlich der Häufigkeit an Überraschungsmimik lassen sich sowohl die Therapeuten als auch die Patienten in zwei Gruppen unterteilen (siehe Abbildung 26). Die Hälfte der Patienten zeigt im Mittel fünf bis zehn mal Überraschung pro Therapiestunde, Patientin VTAD im Mittel sogar 32 mal, die restlichen vier Patientinnen weniger als 2.5 mal pro Stunde Überraschung. Patientin PDMI zeigt in keiner Stunde Überraschung, sie zeigt auch weder Angst- noch Trauermimik. Patientin PDPA zeigt nur in wenigen Stunden Überraschung. Auch in Therapie GTAD und PDBU findet sich wenig Überraschung. Therapie PDPA, GTAD und PDMI sind auch dadurch gekennzeichnet, daß nicht nur die Patientin, sondern auch der Therapeut bzw. die Therapeutin im Mittel nur sehr wenig Überraschung zeigen (siehe Tabelle 26).

Tabelle 26: Gruppierung nach Überraschungsmimik von Patient und Therapeut

beide wenig Überraschung	Patient viel Therapeut wenig	Patient wenig Therapeut viel	beide viel
PDPA	VTKO	PDBU	PDHI
GTAD	VTEP		PDBw
PDMI	VTAD		
	PDBm		

wenig = Häufigkeiten kleiner als 2.5 Ereignisse pro Behandlungsstunde
viel = Häufigkeiten größer als fünf Ereignisse pro Behandlungsstunde

Die Kombination der Überraschung von Patient und Therapeut (Tabelle 26) ergibt bereits erste Hinweise auf veränderungsrelevante Prozesse innerhalb der Therapien. So sind die drei Therapien, in denen Patientin und Therapeut bzw. Therapeutin beide wenig Überraschung zeigen, diejenigen mit geringerem Erfolg bzw. mit erheblichen Unterschieden zwischen den Erfolgseinschätzungen von Therapeutin und Patientin.

Im Folgenden werden die beiden Komponenten der Angst und Überraschung, nämlich der Ausdruck und das Erleben miteinander in Verbindung gesetzt. Diese müssen nicht immer deckungsgleich sein, vielmehr liefern sie Hinweise auf kognitiv-affektive Prozesse im Umfeld veränderungsrelevanter Informationsverarbeitung.

Zu den Therapeuten kann gesagt werden, daß sich hier nur wenige Zusammenhänge zwischen Ausdruck und Erleben von Angst ergeben. Das ist dadurch zu erklären, daß sie entweder gar keine oder nur sehr selten Angstmimik zeigen. Lediglich die Angstmimik von Therapeut VTEP korreliert signifikant positiv mit seinem Angsterleben. Die Korrelation geht allerdings nur auf die zweite und achte Stunde zurück, in denen er überhaupt Angst zeigt und in denen auch das Erleben von Angst ansteigt.

Für die *Patienten* ergebt sich eine bei weitem größere Vielfalt an Zusammenhängen. Wie oben gezeigt variieren die Häufigkeiten der Angstmimik und die Intensität des Angsterlebens hier erheblich stärker. Der Zusammenhang der Angstmimik ist allerdings signifikant negativ zum Erleben von Angst ($r = -.27$, $P < .005$, 2-seitig) und von Überraschung ($r = -.39$, $P < .001$, 2-seitig). Gleiches gilt tendenziell für den mimischen Ausdruck von Überraschung (Erleben von Überraschung: $r = -.20$, $P < .05$, 2-seitig; Erleben von Angst: $r = -.18$, $P < .10$, 2-seitig).

Diese den Erwartungen widersprechenden Korrelationen gehen jedoch lediglich auf Niveauunterschiede zwischen den Patientinnen zurück und entsprechen nicht den Kovariationen von Mimik und Erleben innerhalb der einzelnen Therapien. Um die tatsächlichen Zusammenhänge für einzelne Therapien zu erhalten, müssen die Korrelationen für einzelne Therapien getrennt berechnet werden. Man erhält dann therapiespezifische Zusammenhänge zwischen Ausdruck und Erleben, die in der oben angegebenen Korrelation über alle Patienten nicht ersichtlich sind.

Tabelliert man die so erhaltenen Korrelationen (Tabelle 27) wird ersichtlich, daß die Patienten in zwei Gruppen unterteilt werden können. Eine Gruppe ist charakterisiert durch einen a) *kongruent positiven* Zusammenhang zwischen Angstmimik und Angsterleben und eine durch b) positiven Zusammenhang zwischen Überraschungsmimik und Angsterleben *„Überraschungsangst"*.

Tabelle 27: Angst- und Überraschungsmimik und das Erleben von Angst, Patienten

Geschlecht	Patient	Angstmimik	Überraschungsmimik	
m	PDHI	$+^{***}$		„Kongruent“
m	PDBm	$+^{+}$		Angstmimik hoch
w	PDBw	$+^{+}$	$-^{+}$	„Kongruent“
w	VTEP	$+^{+}$		Angstmimik niedrig
w	PDPA		$+^{+}$	„Überraschungsangst“
w	VTAD		$+^{+}$	Angstmimik hoch
w	PDBU	%	$+^{*}$	„Überraschungsangst“
w	GTAD		$+^{+}$	Angstmimik niedrig
w	VTKO	$-^{**}$		
w	PDMI	%	%	

$^{+}$ $P < .10$, * $P < .05$, ** $P < .01$, *** $P < .001$
% Die Patientin zeigt keine Angst- bzw. Überraschungsmimik

Die erste Gruppe mit *kongruentem positivem* Zusammenhang umfaßt die Therapien PDHI, VTEP, PDBw und PDBm und läßt sich durch einen kongruenten Zusammenhang zwischen Angstmimik und Angsterleben und fehlende Korrelationen des Angsterlebens mit der Überraschungsmimik charakterisieren. Analysiert man die vier Fälle als Gruppe, ergeben sich mit den Ergebnissen der Einzelfallanalysen übereinstimmende Korrelationen. Der relative Anteil der Angstmimik an allen Primäraffekten korreliert signifikant positiv mit dem Erleben von Angst ($r = .30$, $P < .05$, 2-seitig) und zu Null mit dem Erleben von Überraschung ($r = .004$, $P < .98$, 2-seitig). Die Überraschungsmimik korreliert weder mit dem Erleben von Angst noch mit dem Erleben von Überraschung. Angst- und Überraschungsmimik korrelieren tendenziell negativ ($r = -.23$, $P < .108$, 2-seitig). Angst und Überraschung sind, soweit es den

mimischen Ausdruck betrifft, in diesen Therapien also voneinander weitgehend unabhängige affektive Systeme, die sich nicht gegenseitig aktivieren, sondern eher hemmen.
Im Erleben gibt es jedoch Hinweise auf die gemeinsame Aktivierung der beiden Emotionen. Das Erleben von Angst und Überraschung ($\underline{r}$ = .21, P < .138, 2-seitig) korreliert tendenziell positiv miteinander, dieser Zusammenhang ist in der Gruppe *„Überraschungsangst"* aber deutlich größer.
Innerhalb der kongruenten Gruppe heben sich die männlichen Patienten (PDHI, PDBm) von den beiden anderen durch ein höheres Angstniveau (Mimik) ab, es ist im Mittel etwa dreimal so groß wie das der Patientinnen (VTEP, PDBw). Nur Patientin PDPA zeigt überhaupt mehr Angst. Die Angstmimik von Patient PDHI weist den höchsten Zusammenhang mit dem Angsterleben von allen Patienten auf. Diese steht auch in Zusammenhang mit der Überraschungsmimik des Therapeuten, worauf unten eingegangen wird. Die Angstmimik von Patient PDBm kovariiert mit der Ärger- und Trauermimik des Therapeuten. Diese Zusammenhänge werden bei der Analyse der Indikatoren für eine Konfliktaktivierung in der Beziehung zum Therapeuten noch genauer beschrieben (siehe Kapitel 5.4).

In der Gruppe *„Überraschungsangst"* (Therapie PDBU, PDPA, GTAD, VTAD) sind der mimische Ausdruck von Überraschung und das Erleben von Angst in den Einzelfällen (Tabelle 27) und über die Gruppe positiv miteinander korreliert. Die weiteren Zusammenhänge für die Gruppe finden sich in den Einzelfällen nicht wieder. Die absolute Häufigkeit der Angstmimik korreliert für die Gruppe zu $\underline{r}$ = -.64 (p < .001) negativ mit dem Erleben von Angst und zu $\underline{r}$ = -.72 (p < .001) negativ mit dem Erleben von Überraschung. Diese Korrelationen gehen auf eine Binnengliederung der Gruppe zurück. Die Patientinnen PDPA und VTAD zeigen sehr häufig Angst, berichten im Gegensatz dazu aber fast kein Angsterleben, während die Patienten PDBU und GTAD fast keine Angst zeigen, aber vergleichsweise hohes Angsterleben berichten. Im ersteren Fall könnte von alexithymem Verhalten im engeren Sinne gesprochen werden, da zwar die Ausdruckskomponente der Emotion vorhanden ist und wahrscheinlich auch die zugehörigen physiologischen Korrelate, der Affekt sich aber nicht im Erleben abbildet. Im zweiten Fall ist der Signalanteil der Emotion gehemmt, wodurch seine interaktionsregulierende Funktion entfällt. Es könnte sich aber auch um einen Mangel in der differenzierten Benennung von Emotionen handeln, derart, daß alle Arten affektiver Erregung als Angst erlebt und benannt werden.
Die Gruppe ist also zu charakterisieren durch das Erleben von Überraschung als Angst und durch eine Dissoziation im Ausdruck und Erleben von Angst. Eine ähnliche, aber nicht so ausgeprägte Dissoziation besteht für Überraschung, denn es ergeben sich zwar nur halb so grosse, aber immer noch hochsignifikante Korrelationen zwischen dem mimischen Ausdruck und dem Erleben von Überraschung $\underline{r}$ = -.35 (p < .006, 2-seitig). Ein weiterer Unterschied zur kongruenten Gruppe besteht darin, daß Angst- und Überraschungsmimik nicht miteinander korrelieren. Das Erleben von Angst aber korreliert in der Gruppe hochsignifikant positiv mit dem Erleben von Überraschung ($\underline{r}$ = .53, P < .000, 2-seitig). Das emotionale Erleben von Angst ist bei diesen Patienten also mit der Überraschungsmimik und dem Erleben von Überraschung verbunden. Das dadurch indizierte vermeidende Reagieren auf neue und unerwartete Ereignisse wird im nächsten Abschnitt mit dem Therapieerfolg in Verbindung gesetzt.
Die Patientinnen VTKO und PDMI sind keiner der Gruppen zuzuordnen. Letztere zeigt in keiner der Stunden Angst- oder Überraschungsmimik. Im Fall von Patientin VTKO kennzeichnet eine gegenläufige Entwicklung des Angsterlebens und der Angstmimik den Therapieverlauf. Die Zunahme des Angsterlebens korreliert hoch signifikant mit einer Abnahme der Angstmimik. Auf diesen Zusammenhang wird in der Einzelfallanalyse genauer eingegangen, da er auf eine Zweiteilung der Therapie zurückzuführen ist. Im ersten Teil der

Therapie überwiegt der Angstausdruck bei minimalem Angsterleben, im weiteren Verlauf der Therapie fällt der Angstausdruck ab und das emotionale Erleben von Angst, aber auch von Ärger und Scham, steigt an.

Interpersonale Zusammenhänge

Neben den intraindividuellen Zusammenhängen zwischen Ausdruck und Erleben der Affekte Angst und Überraschung wurde bereits an einigen Stellen auf Zusammenhänge mit dem Verhalten des Interaktionspartners hingewiesen. Analysiert man interindividuelle Zusammenhänge, fällt auf, daß zwar fast keiner der Therapeuten einen intraindividuellen Zusammenhang zwischen Erleben und Ausdruck von Angst aufweist, aber bei zwei Therapeuten das Erleben von Angst mit der Angstmimik der Patientinnen korreliert. Dies ist in Therapie VTEP und PDPA der Fall, in denen das Angsterleben der Therapeuten positiv mit der Angstmimik der Patientinnen korreliert.

Ausgeprägte intra- und interindividuelle Zusammenhänge zwischen dem Ausdruck und Erleben von Überraschung und Angst findet man in Therapie PDHI. Die Überraschung des Therapeuten korreliert positiv mit der Angstmimik des Patienten, mit dessen Angsterleben und mit der Angstmimik des Therapeuten selbst, die auch hier nur selten auftritt. Die Angstmimik des Patienten wiederum korreliert mit seinem Angsterleben (s.o.).

In drei weiteren Fällen korreliert die Überraschungsmimik der Therapeuten (PDBU) bzw. Therapeutinnen (VTAD, PDMI) signifikant positiv mit dem Angsterleben der Patientinnen, so daß auch hier von einer interaktiven Implementation des oben für die Gruppe „Überraschungsangst“ beschriebenen Zusammenhangs gesprochen werden kann. Die Patientinnen PDBU und VTAD weisen diesen auch intraindividuell auf; im Fall von Patient PDHI ist er durch die Angstmimik des Patienten vermittelt. Patientin PDMI zeigt selbst weder Angst- noch Überraschungsmimik, ihr Angsterleben variiert mit der Überraschungsmimik der Therapeutin.

Der mimische Ausdruck und das Erleben von Überraschung und Angst indizieren demnach nicht nur intrapsychische Prozesse der kognitiven Verarbeitung und deren Hemmung, sondern weisen auch Zusammenhänge mit dem interpersonalen Geschehen auf. Vor allem die Überraschungsmimik der Therapeuten variiert mit der Angstmimik und dem Angsterleben der Patienten.

Stundendauer und Angstmimik

Der hemmende Aspekt der Angst wird auch in den Zusammenhängen zur Dauer der Behandlungsstunden deutlich. Hier zeigen sich jedoch Unterschiede zwischen der Angstmimik der Patienten und der Therapeuten.

Im Fall der drei Therapeutinnen reduziert sich der Anteil von Angst an der Mimik, je länger die Stunden dauern ($r = -.33$, $p <= .076$, $N = 29$). Hier zeigt sich die mit Angst einhergehende Vermeidungstendenz darin, daß die Stunden mit erhöhter Angstmimik früher beendet werden als Stunden ohne Angstmimik auf seiten der Therapeutinnen.

Die Angstmimik der Patienten weist den entgegengesetzten Zusammenhang auf. Der relative Anteil der Angstmimik der Patienten steigt in Abhängigkeit von der Stundendauer tendenziell an ($r = .17$, $p <= .108$, 2-seitig, $N = 91$). Einen besonders ausgeprägten Zusammenhang findet man bei den männlichen Probanden. Je länger die Stunden dauern desto höher ist der relative Anteil der Angst an allen Primäraffekten. Prinzipiell sind zwei Erklärungsansätze denkbar. Entweder werden in längeren Stunden konfliktive Inhalte in größerem Umfang aktiviert und lösen damit einhergehend mehr Angst aus, und/oder die Therapeuten gestalten die Stunden länger, weil sie die Angstsignale der Patienten bewußt oder unbewußt wahrnehmen und ein Bedürfnis der Patienten nach Stützung daraus ableiten.

Während also die Therapeuten mit der Angst der Patienten „arbeiten", wird die Angst zumindest der drei hier untersuchten Therapeutinnen nicht zum Gegenstand einer Bearbeitung.

5.3.5.2 Angst und Überraschung und der Zusammenhang mit dem Therapieerfolg

Es stellt sich die Frage, inwieweit die oben beschriebenen Zusammenhänge zwischen Erleben und Ausdruck von Angst und Überraschung Einsichtsprozesse erleichtern oder erschweren können. Im Theorieteil war bereits die Rolle von Überraschung für die Veränderung von Schemata diskutiert worden. Ein dieser Annahme widersprechendes Ergebnis bestand darin, daß die von den Patienten in der ersten Stunde gezeigte Überraschung signifikant negativ mit dem Therapieerfolg korreliert. Diese Korrelation geht aber lediglich auf Patientin VTAD zurück, die pro Minute etwa einmal Überraschung zeigt. Bei Verwendung nonparametrischer Korrelationen tritt keine Korrelation mehr auf. Zudem korreliert die Überraschungsmimik dieser Patientin positiv mit dem Angsterleben; sie gehört also zur Gruppe Überraschungsangst, der eine schlechte Prognose zugeordnet wurde.
Die Überraschungsmimik der Therapeuten weist hypothesenkonforme Zusammenhänge zum Therapieerfolg auf. Sie korreliert in der ersten Stunde tendenziell positiv mit ihrer Erfolgseinschätzung nach der 15. Stunde ($\underline{p} < .15$, 2-seitig, ohne VTEP: $\underline{p} < .10$). Die Mittelwerte für Überraschung über den Verlauf der Behandlung korrelieren aber nicht mit den Erfolgseinschätzungen. Lediglich die Streuung der Überraschung des Therapeuten korreliert schwach tendenziell positiv mit seiner Erfolgseinschätzung ($p < .20$, ohne VTEP $p < .10$). Therapeuten, die ständig das gleiche Niveau an Überraschung zeigen, sind also weniger erfolgreich, was dadurch verständlich wird, daß es auch Stunden geben muß, in denen das neue und überraschende Material bearbeitet und verstehbar gemacht werden muß. Überraschung am Beginn der Therapie ist aber durchaus zu erwarten und für das Verständnis des Patienten durch den Therapeuten auch notwendig. Anhaltende Überraschung, wie sie z.B. Therapeut PDBU auf hohem Niveau aufweist, hat aber negative Auswirkungen auf den therapeutischen Prozeß, was sich im vorliegenden Fall in der Korrelation mit dem Angsterleben der Patientin zeigt. Auf weitere Zusammenhänge zwischen der „übermäßigen" Therapeutenüberraschung und der Entwertung des Therapeuten wird weiter unten eingegangen.
Die Überraschungsmimik der Patienten alleine gibt also keine umfassende Auskunft über das Zustandekommen von Veränderungen, sie sollte aus theoretischen Überlegungen aber notwendige Voraussetzung für Veränderungsprozesse sein. Hinreichend für Veränderungsprozesse ist das alleinige Auftreten von Überraschung jedoch nicht. Das wird insoweit verständlich, als bei einem Teil der Patienten die Überraschungsmimik mit dem Erleben von Angst korreliert („Überraschungsgruppe"). Das legt nahe, daß schemadiskrepante Informationen vorgelegen haben, die potentiell zu Veränderungen hätten führen können, die gleichzeitig aber auch angstauslösend waren. Durch das Angsterleben wird die durch die Überraschung angestoßene Informationsverarbeitung in Form von weiterer Informationsaufnahme und Reflektion der zur Überraschung führenden Annahmen gehemmt und die Überraschung verliert ihre selbstregulative, Veränderungen fördernde Funktion. Hinzu kommt, daß die „Überraschungsgruppe" durch eine Dissoziation im Erleben und Ausdruck von Angst gekennzeichnet ist, die darin bestand, daß zwei Patientinnen Angst erleben, ohne daß ein Korrelat im Ausdruck zu beobachten ist, während die beiden anderen sehr viel Angst zeigen, diese aber nur minimal erleben. Auch diese Dissoziation spricht für eine eher ungünstige Prognose des Therapieerfolgs.
Für die Gruppe mit kongruentem Zusammenhang zwischen Angsterleben und Angstausdruck ergab sich kein Zusammenhang zwischen Überraschungsmimik und Angsterleben. Bezieht

man diese Überlegungen auf einen möglichen Therapieerfolg, läßt sich sagen, daß das generelle Erleben von Überraschung als Angst und die Dissoziation von Ausdruck und Erleben im Hinblick auf einen Therapieerfolg als ungünstiger zu bewerten ist.
Verwendet man diese Bewertung zur Einteilung in die beiden oben beschriebenen Gruppen und setzt die Gruppenzugehörigkeit mit dem Therapieerfolg in Beziehung, erhält man folgende Ergebnisse. Das Erleben von Überraschung als Angst korreliert signifikant negativ mit dem von den Patienten eingeschätzten Therapieerfolg. Nimmt man die Therapien VTKO und PDMI in der Weise mit in die Bewertung auf, daß VTKO wegen der fehlenden Korrelation zwischen Überraschung und Angsterleben als günstiger und PDMI wegen der insgesamt fehlenden Überraschung als ungünstiger zu erachten ist, ergibt sich eine signifikante Korrelation mit der Erfolgseinschätzung der Patienten ($r = .72$, $p < .05$, $N = 8$).

5.4 Emotionale Prozeßmuster und der therapeutische Prozeß

5.4.1 Kognitiv-affektive Prozesse, Beziehungsregulation und emotionale Prozeßmuster

Um Hinweise auf kognitiv-affektive Prozesse einer Person oder auf dyadische Prozesse der Beziehungsregulation zu gewinnen, werden im folgenden individuelle und dyadische Muster aus Emotionen analysiert. Nachdem bisher mit Ausnahme synchroner Duchenne Smiles vorwiegend Variablen verwendet wurden, die über die Therapiestunden aggregierte Werte beinhalten, wird im folgenden auf Muster im mimisch-affektiven Verhalten innerhalb der Therapiestunden eingegangen.
Es wird untersucht, welche Emotionen innerhalb der Therapiestunden von Patient und Therapeut oder von beiden gehäuft und musterhaft gezeigt werden. Die identifizierten Muster liefern Hinweise auf kognitive Bewertungsprozesse einer Person, auf deren Veränderung und auf sich wiederholende Beziehungsmuster der an der Interaktion beteiligten Personen. Sie markieren demnach individuelle und dyadische kognitiv-affektive Prozesse, die im Verlauf einer Therapiestunde überzufällig häufig auftreten und mit der kognitiv-affektiven Informationsverarbeitung sowie Prozessen der Beziehungsregulation in Verbindung stehen.
Zu diesem Zweck wird zunächst definiert, was unter allgemeinen Prozeßmustern verstanden wird, und es wird untersucht, welche Emotionen gehäuft überzufällige Muster bilden. Daran anschließend werden Eigenschaften der Prozeßmuster in den einzelnen Therapien und deren Verlauf beschrieben.
Die oben (Seite 116) verwendeten Muster lokaler Reziprozität waren definiert durch das gemeinsame Zeigen bestimmter Emotionen innerhalb des vorgegebenen Zeitraums von einer Sekunde. Dadurch sollte sichergestellt werden, daß die von beiden Interaktionspartnern gezeigten Ereignisse sich überlappen und somit synchrones Verhalten erfaßt wird. Die Art des untersuchten Prozeßmusters war also beschränkt auf zwei Ereignisse und ein vorgegebenes Zeitintervall. Die so gefundenen Muster und ihre Häufigkeiten in der ersten Stunde erweisen sich trotz dieser Beschränkungen als gute Prädiktoren für den nach der 15. Stunde eingeschätzten Therapieerfolg. Es wurde auch bereits gezeigt, daß sie einen Zusammenhang zum emotionalen Erleben der Interaktionspartner und der eingeschätzten Qualität des therapeutischen Bündnisses im Therapieverlauf aufweisen, der jedoch nicht immer positiv ist.
An dieser Stelle wird die Mustersuche auf mehrelementige Muster erweitert, deren Elemente aus der gesamten Menge der Primäraffekte stammen können. Auch die Vorgabe eines Zeitintervalls von einer Sekunde, innerhalb dessen die Elemente sich befinden müssen, wird flexibler gestaltet, obwohl die Wahl dieses Intervalls begründbar ist (Steimer-Krause, 1996), vor allem wenn sichergestellt werden soll, daß die Ereignisse eines Musters sich zeitlich überlappen.

Bevor die formale Definition für die hier verwendeten Prozeßmuster gegeben wird, werden zunächst einige Beispiele für Prozeßmuster gegeben. In Zeile 1 von Tabelle 28 ist ein individuelles 2-elementiges Muster einer Patientin beschrieben. Die im Muster enthaltenen Affekte stammen von der gleichen Person. Das Muster beschreibt eine Ekelmimik, auf die regelhaft und in ähnlichem zeitlichen Abstand eine Angstmimik folgt. Das dyadische Muster in Zeile zwei umfaßt einen Überraschungsaffekt des Therapeuten, auf den eine Verachtungsmimik der Patientin folgt. Die Muster können, wie in Zeile 3 angegeben, auch mehr als zwei Elemente umfassen. Im Beispiel ist ein 3-elementiges dyadisches Muster aus Duchenne Smiles von Patientin und Therapeut angegeben, auf die eine Blende aus Ärger- und Trauer mimik des Therapeuten folgt.

Tabelle 28: Beispiele für Prozeßmuster im mimisch-affektiven Verhalten

1	Individuelles 2-elementiges Muster	Ekelmimik	→	Angstmimik Patientin
				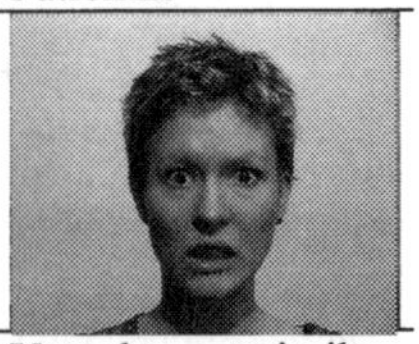
2	Dyadisches 2-elementiges Muster	Überraschungsmimik Therapeut	→	Verachtungsmimik Patientin
				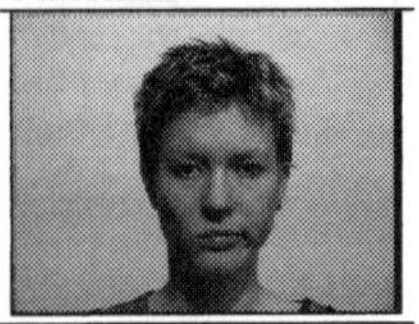
3	Dyadisches 3-elementiges Muster	Duchenne Smile Patientin →	Duchenne Smile Therapeut →	Blende aus Ärger und Trauer

Zur Definition allgemeiner Prozeßmuster kann auf Merten (1996a) zurückgegriffen werden. Dort wurden zur Analyse interaktiven Verhaltens die Begriffe „Zustand, Segment und Prozeßmuster" definiert.

Definition Zustand: Ein Zustand ist ein Vektor, dessen Komponenten das Verhalten der Interaktanden zum Zeitpunkt t_i beschreiben. Ein Zustand z_i beschreibt ein Verhalten zu einem Zeitpunkt t_i ohne Bezug auf vorhergehende oder folgende Ereignisse.

Definition Segment: Ein Segment ist eine Menge von Zuständen, die zeitlich aufeinanderfolgen. z_i bis z_{i+b-1}, wobei b die Länge des Segments in Zuständen bezeichnet.

Prozeßmuster: Eine sich *regelhaft* wiederholende Abfolge von Zuständen oder Segmenten wird als Prozeßmuster bezeichnet. Ein *Prozeßmuster von Zuständen* entspricht einem Segment, dessen Zustände (oder Teile davon) *regelhaft* aufeinanderfolgen.

Ein Prozeßmuster kann formal als eine Abfolge von Zuständen beschrieben werden:

$$z_p ----- z_{p+1} ----- ....----- z_{p+b-1} ---- z_{p+b}$$

z_{p+j} ist ein Element aus einer Menge von Zuständen.

Die Regelhaftigkeit eines speziellen Prozeßmusters wird durch die folgenden vier Eigenschaften beschrieben:

1. die Breite des Musters b, die angibt, aus wie vielen Zuständen das Muster besteht
2. durch die für die Zustände z_{p+j} geforderten Eigenschaften
3. durch die Anzahl von Zuständen, die zwischen p+j und p+j+1 liegen dürfen oder müssen
4. durch die für die in 3. genannten Zustände gemachten Einschränkungen
5. durch den zeitlichen Abstand zwischen aufeinanderfolgenden Zuständen des Prozeßmusters

In der weiter unten beschriebenen Analyse wurden die für ein Prozeßmuster gültigen Elemente oder Zustände auf emotionales mimisches Verhalten eingeschränkt, es wurden aber keine Restriktionen für Art und Anzahl der zwischen den Elementen liegenden Zustände gemacht, noch wurde die Breite der Muster eingeschränkt.

Ein Algorithmus zum Auffinden einer Unterform der so beschriebenen Prozeßmuster wurde von Magnusson (1996) entwickelt und implementiert. Eine Beschreibung des Algorithmus und der Anwendung auf mimisch-affektives Verhalten findet sich in Schwab (2000). Im Algorithmus von Magnusson wird als wichtige Eigenschaft zur Identifikation des Prozeßmusters neben der Eigenschaft der Elemente der zeitliche Abstand zwischen aufeinanderfolgenden Ereignissen verwendet. Die vom Algorithmus identifizierten Muster sind hierarchisch organisiert.

Der Algorithmus von Magnusson kann zur Beantwortung der folgenden Fragen verwendet werden.

- Welche Emotionen bilden in den vorliegenden Daten überzufällige Prozeßmuster ?
- Welchen Verteilungen folgen die Zeitintervalle zwischen den Emotionen ?
- Wie viele Muster werden gefunden (Anzahl der Muster)?
- Wie viele Elemente umfassen die gefundenen Muster (Komplexität der Muster)?

5.4.2 Welche emotionalen Prozeßmuster treten auf ?

Bevor therapiespezifische Muster und deren Zusammenhang zum therapeutischen Erfolg analysiert werden, wird der Frage nachgegangen, ob bestimmte Emotionen gehäuft als Elemente der Prozeßmuster auftreten, und durch welche temporalen Charakteristika diese Muster ausgezeichnet sind. In die weitere Auswertung gehen nur die Muster ein, die mit einer Irrtumswahrscheinlichkeit von $p < .001$ als überzufällig aufzufassen sind.

Die so erhaltenen Muster im mimisch-affektiven Verhalten von Patient und Therapeut in der ersten Therapiestunde lassen sich wie folgt beschreiben:

- Dyadische Muster mit der gleichen Emotion bei beiden Interaktionspartnern treten nur im Fall von Duchenne Smiles auf. Die Häufigkeiten und zeitlichen Abstände zwischen den Ereignissen sind in Tabelle 29 zusammengestellt.

Reziproke emotionale Reaktionen treten demnach nur für den positiven Affekt echte Freude auf. Dieses Ergebnis deckt sich mit den oben durchgeführten Berechnungen zum überzufälligen Auftreten synchroner Duchenne Smiles. In Therapie PDBU und PDBm mit den schwer erkrankten Patienten ergeben sich keine signifikanten Muster aus Duchenne Smiles von Patient und Therapeut. Dieses Ergebnis deckt sich mit der Binomialabschätzung, die weiter oben angewandt wurde. Nach dem Verfahren von Magnusson ergeben sich allerdings mehr Muster, die mit einem Duchenne Smile des Therapeuten beginnen und vom Patienten beantwortet werden.

- Nur in einer der zehn Therapien ergibt sich ein dyadisches Muster aus sozialem Lächeln, das im Mittel innerhalb von 7.43 Sekunden (SD = 4.34) aufeinander folgt und mit einem Lächeln der Therapeutin beginnt.

Auffallend ist, daß es bis auf die genannte Ausnahme kein dyadisches Muster mit sozialem Lächeln von beiden gibt. Nur in Therapie PDMI tritt ein solches Muster auf. In Therapie PDHI tritt ein Muster aus sozialem Lächeln des Therapeuten gefolgt von echter Freude des Patienten auf. In PDBU folgt auf ein Duchenne Smile der Patientin ein soziales Lächeln des Therapeuten. Soziales Lächeln tritt ansonsten vowiegend in Mustern mit negativen Affekten des Partners auf.

- Es ergab sich in keiner der Therapien ein dyadisches Muster aus negativen Affekten. Wenn negative Affekte Elemente eines dyadischen Musters sind, traten sie zusammen mit non-Duchenne Smiles oder Duchenne Smiles auf.

Negative distanzregulierende Affekte werden, wenn überhaupt darauf reagiert wird, mit einem Duchenne Smile oder sozialem Lächeln kompensiert. In Therapie VTKO wird fünf mal ein Verachtungszeichen des Therapeuten durch echte Freude der Patientin kompensiert. Therapeut VTEP reagiert viermal auf ein Ärgerzeichen der Patientin mit sozialem Lächeln. Therapeut PDPA reagiert dreimal innerhalb von etwas mehr einer Sekunde auf ein Verachtungszeichen der Patientin mit einem sozialen Lächeln.
In anderen Fällen wird der negative Affekt durch ein soziales Lächeln oder echte Freude der gleichen Person kompensiert, die auch den negativen Affekt zeigt (Bsp. ebenfalls Therapeut VTKO, Ärger -> soz. Lächeln). Therapeut VTEP zeigt dreimal nach einer Ekelinnervation innerhalb von etwa einer Sekunde echte Freude. Auf die Bedeutung dieser Muster für den therapeutischen Prozeß wird in Kap. 5.4.4 genauer eingegangen.

Tabelle 29: 2-elementige Muster aus Duchenne Smiles in den ersten Therapiestunden

	Muster aus Duchenne Smiles Therapeut beginnt		Muster aus Duchenne Smiles Patient beginnt	
Therapie	Auftretenshäufigkeit des Musters	mittlerer Abstand (Streuung)	Auftretenshäufigkeit des Musters	mittlerer Abstand (Streuung)
PDPA	26	3.58 (4.61)$^{+}$		
VTEP			15	4.6 (4.03)
GTAD	14	5.0 (8.03)		
VTAD	9	0.8 (1.37)		
PDBw	8	1.13 (1.09)	6	2.5 (2.89)
VTKO	4	2.95 (2.19)		
PDHI	3	0.63 (0.46)	7	3.97 (4.78)
PDBU	kein Muster		kein Muster	
PDBm	kein Muster		kein Muster	
PDMI	kein Muster (Muster aus sozialem Lächeln)		kein Muster	

mittlerer Abstand (Streuung) = Mittelwert und Standardabweichung der zeitlichen Distanz zwischen den Elementen des Musters
$^{+}$Auf das 2-elementige Muster aus Duchenne Smiles in Therapie PDPA folgt in vier Fällen „possible anger" des Therapeuten (M = 2.2s, SD = 1.92).

Die zeitlichen Abstände der Apices der Duchenne Smiles variieren zwischen im Mittel 0.63 und fünf Sekunden (Tabelle 29). Damit erweist sich das oben verwendete Kriterium eines Abstands von höchstens einer Sekunde als restriktiv. Die Auftretenshäufigkeit des allgemeinen 2-elementigen Musters aus Duchenne Smiles ist demnach größer als die Anzahl synchroner Duchenne Smiles bei Verwendung des 1-Sekunden Kriteriums. Die

Auftretenshäufigkeiten in den einzelnen Therapien unterteilt danach, wer das Muster beginnt, sind in Tabelle 29 angegeben. Die größte zeitliche Nähe zwischen den Elementen der Muster findet sich mit Werten unter einer Sekunde bzw. knapp darüber für die von den Therapeuten PDHI, VTAD und PDBw begonnenen Muster.

Nur in drei der acht Therapien, die überhaupt Prozeßmuster aus Duchenne Smiles aufweisen, gibt es auch ein Muster aus Duchenne Smiles, das vom Patienten begonnen wird (PDHI, VTEP, PDBw). Therapie VTEP ist die einzige Therapie, in der es ausschließlich ein Muster gibt, das von der Patientin begonnen wird.
Erweitert man die Analyse auf mehr als 2-elementige Muster, erhält man die in Tabelle 30 angegebenen Häufigkeiten unterschiedlicher Muster, die innerhalb der ersten Stunde der einzelnen Therapien auftreten.
In Therapie VTEP ist die mit Abstand die größte Häufigkeit an Mustern zu beobachten. Die Komplexität der Muster reicht bis zu hochkomplexen Mustern aus fünf Elementen. Sie sind dyadische Muster, die neben Lächeln je eine Mischung aus Freude und Überraschung des Therapeuten beinhalten.
In VTAD ergeben sich 17 Muster, wovon sich das komplexeste aus fünf Elementen zusammensetzt. Dieses Muster besteht allerdings nur aus Elementen der Patientin. Alle vier und fünf elementigen Muster enthalten Angst, Überraschung, Ärger oder Blenden der Patientin und nur zwei der fünf vierelementigen Muster beinhalten je ein Duchenne Smiles der Therapeutin.
Die höchste Komplexität mit sieben Elementen wird in Therapie PDPA erreicht, dort tritt auch eine große Anzahl an Mustern auf. Die mehr als 4-elementigen Muster enthalten vor allem Duchenne Smiles und soziales Lächeln, in je zweien tritt „possible anger" beim Therapeuten und in einem Verachtungsmimik der Patientin auf.

Tabelle 30: Anzahl und maximale Komplexität der Muster in der ersten Stunde

	VTEP	VTAD	PDBw	PDPA	PDMI	GTAD	PDHI	PDBm	VTKO	PDBU
Anzahl	22	17	10	8	8	5	4	3	2	2
K max	5	5	3	7	3	4	2	2	2	2

K max = maximale Komplexität der Muster

Die mehr als 3-elementigen Muster sind in Therapie VTEP und PDPA dyadisch, d.h. sie beinhalten Mimik von beiden Interaktionspartnern. In Therapie VTAD sind die komplexeren Muster, bis auf wenige Ausnahmen, individuelle Muster der Patientin. Die komplexen Muster in VTEP und PDPA sind gebildet aus zwei hierarchisch untergeordneten Mustern, die in einem Abstand von mehr als einer Minute aufeinanderfolgen, während sie im Fall von Patientin VTAD in kürzeren Abständen aufeinanderfolgende Segmente umfassen.
Die Komplexität der Muster überschreitet nur in diesen drei Therapien und in Therapie GTAD die Anzahl von drei Elementen. In GTAD treten aber im Gegensatz zu den drei genannten Therapien nur fünf Muster auf. In Therapie PDHI ergeben sich nur vier Muster, in Therapie PDBm drei Muster und in den Therapien VTKO und PDBU nur je zwei Muster. Auf die in den Prozeßmustern enthaltenen Emotionen wird weiter unten genauer eingegangen. Im Folgenden wird untersucht, in welchem Zusammenhang Anzahl und maximale Komplexität der Prozeßmuster zum therapeutischen Erfolg stehen.

5.4.3 Emotionale Prozeßmuster als Indikatoren von Veränderung und therapeutischem Erfolg

Weiter oben wurde bereits gezeigt, daß die Anzahl aller Muster und der dyadischen Muster signifikant mit den Erfolgsratings der Patienten und Therapeuten korreliert. In den nächsten beiden Abschnitten wird auf Veränderungen der Prozeßmuster im Therapieverlauf eingegangen, und sie werden mit dem Therapieerfolg in Verbindung gesetzt.

5.4.3.1 Emotionale Prozeßmuster im Therapieverlauf und der therapeutische Erfolg

Zunächst ist festzuhalten, daß sich die Anzahl aller Muster (individuelle und dyadische) von der ersten zur letzten Therapiestunde signifikant reduziert hat (1-seitige Testung, $\underline{p} < .05$, $\underline{N} = 10$). In allen Therapien nimmt die Anzahl aller Muster ab oder bleibt gleich außer in Therapie PDHI, in der der letzten Stunde 8 Muster mehr als in der ersten Stunde gezeigt werden.
Die individuellen Muster der Patienten nehmen siginifikant ab, die der Therapeuten nur tendenziell, was vor allem auf Therapeut PDHI zurückgeht, der in der 15. Stunde sechs individuelle Muster zeigt, in der ersten Stunde nur eines.
Die Anzahl dyadischer Muster steigt in einigen Therapien an, in anderen nimmt sie ab, eine generelle Übereinstimmung besteht jedoch darin, daß in allen Therapien, mit Ausnahme von PDHI, in der letzten Stunde fast nur noch dyadische Muster auftreten. Die Anzahl dyadischer Muster in der letzten Stunde und die Veränderung im Vergleich mit der 1. Stunde können Abbildung 27 entnommen werden. Die höchste Anzahl dyadischer Muster in der letzten Stunde weist die abgebrochene Therapie VTAD auf. Ebenfalls hohe Werte finden sich in Therapie VTEP, die aufgrund der Katamnese ebenfalls als Mißerfolg einzustufen ist, und in Therapie PDPA, die ebenfalls als wenig erfolgreich eingestuft wurde.

Abbildung 27: Dyadische Muster in der letzten Therapiestunde

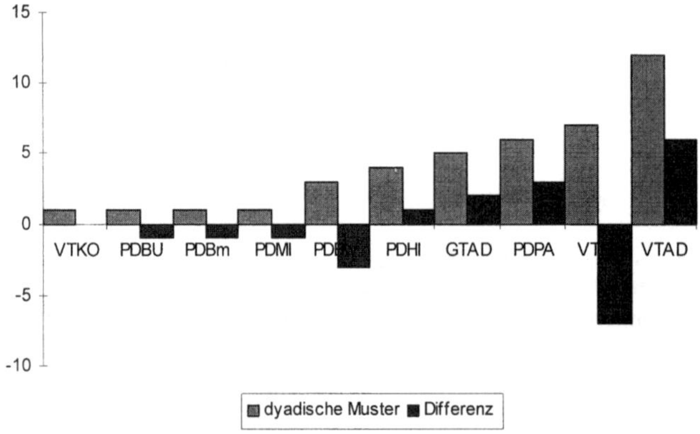

dyadische Muster: alle dyadischen Muster in der letzten Stunde
Differenz dyadischer Muster: Differenz zwischen dyadischen Mustern der letzten und ersten Stunde

Der Zusammenhang der formalen Aspekte der Prozeßmuster mit den Erfolgseinschätzungen ist in Tabelle 31 wiedergegeben. Die Korrelationen wurden aus den oben genannten Gründen ohne Therapie VTEP berechnet. Die Zusammenhänge der Maße ähneln denen aus der ersten Stunde. Die Anzahl aller Muster, die in der letzten Stunde vor allem von dyadischen Mustern bestimmt wird, korreliert negativ mit den Erfolgseinschätzungen. Das gleiche gilt für die individuellen Muster der Patienten, die negativ korrelieren, während die individuellen Muster der Therapeuten positiv korrelieren. Damit sind die Maße, die die Prozeßmuster beschreiben, die einzigen, die sowohl in der ersten wie in der letzten Stunde einen Zusammenhang zum Therapieerfolg aufweisen (s.o.).

Die Zusammenhänge mit den individuellen Mustern sind jedoch nur bedingt zu interpretieren, da sie in der letzten Stunde nur noch bei wenigen Patienten und Therapeuten auftreten. Die dyadischen Muster weisen eine größere Variation zwischen den Therapien auf, wie oben bereits gezeigt wurde.

Tabelle 31: Anzahl und Komplexität von Mustern in der letzten Therapiestunde und der Therapieerfolg

	Erfolgsbeurteilung		
	Therapeut	Patient	kombiniert
Anzahl aller Muster	-.22	-.58	-.51
Anzahl dyadischer Muster	-.46	-.74	-.75
Zunahme dyadischer Muster		-.67^{+}	-.72
Individuelle Muster Patient	-.43	-.79	-.67^{+}
Individuelle Muster Therapeut	.37	.33	.47

Zunahme dyadischer Muster: Differenz aus dyadischen Mustern in der letzten und ersten Stunde.

Die Anzahl individueller Muster der Therapeuten in der letzten Stunde korreliert, wie in der ersten Stunde, *positiv* mit allen Erfolgsmaßen, die Korrelationen erreichen jedoch nicht das Signifikanzniveau. Der Zusammenhang geht fast ausschließlich auf Therapeut PDHI zurück.

Die Anzahl individueller Muster der Patienten korreliert zwar signifikant *negativ* mit dem vom Patienten eingeschätzten Therapieerfolg und dem kombinierten Erfolgsmaß, allerdings treten individuelle Patientenmuster in der letzten Stunde nur noch in Therapie PDHI, VTAD und PDBm auf.

In den erfolgreicheren Therapien wird die individuelle Variabilität des Verhaltens der Patienten größer, was sich in einer Reduktion der Anzahl von Mustern ausdrückt. Auch die Variabilität des Therapeutenverhaltens nimmt insgesamt zu, innerhalb der Therapeuten sind diejenigen aber erfolgreicher, die ein weniger variables und damit besser vorhersagbares emotionales Ausdrucksverhalten zeigen. Möglicherweise erleichtert das dem Patienten, das selbstregulative, emotionale Verhalten des Therapeuten zu erkennen, als stabil zu erachten und damit die Annahme des Therapeutenverhaltens als Modell zu erleichtern.

Die Reduktion des dyadischen Beziehungsverhaltens in den erfolgreicheren Therapien geht nicht so weit, daß es gar keine dyadischen Muster mehr gegeben hätte, auch beschränken sie sich nicht generell auf das gemeinsame Zeigen positiver Affekte. In der als erfolgreich eingestuften Therapie PDHI finden sich zwar einige Lächelmuster, sie beinhalten jedoch jeweils nur soziales Lächeln des Therapeuten. In den weniger erfolgreichen Therapien beinhalten die dyadischen Beziehungsmuster meist negative Affekte oder Blenden und Maskierungen aus negativen Affekten. So findet man in Therapie PDPA zwei dyadische Muster, in denen der Therapeut auf Angstmimik bzw. Trauermimik mit einem Duchenne Smile reagiert.

Die Anzahl der dyadischen Muster und die Zunahme derselben von der ersten zur letzten Stunde korreliert negativ mit den Erfolgseinschätzungen. Diese dyadischen Muster beschreiben also von negativen Affekten bestimmte Beziehungsmuster, in die sowohl der Patient als auch der Therapeut involviert sind. Jedoch treten auch die Muster aus Duchenne Smiles in der letzten Stunde vor allem in den Therapien auf, die weniger erfolgreich endeten bzw. von Patient und Therapeut hinsichtlich des Erfolges unterschiedlich eingeschätzt wurden.

5.4.3.2 Muster aus Duchenne Smiles in der letzten Stunde

In Abbildung 28 sind die Auftretenshäufigkeiten des positiven Musters aus Duchenne Smiles grafisch dargestellt. Es fällt auf, daß das Muster im Gegensatz zur ersten Stunde nur noch in wenigen Therapien auftritt und es nun vor allem die Patienten sind, die das Muster beginnen. Nur in Therapie VTEP und in PDMI werden die Muster von den Therapeuten begonnen. Im Vergleich zur ersten Stunde hat sich also insgesamt die Reihenfolge der Duchenne Smiles in den Prozeßmustern geändert. Während in der ersten Stunde vorwiegend die Therapeuten die Muster beginnen, sind es in der letzten Stunde die Patienten.

Abbildung 28: Auftretenshäufigkeiten der Muster aus Duchenne Smiles in der letzten Stunde und wer sie beginnt

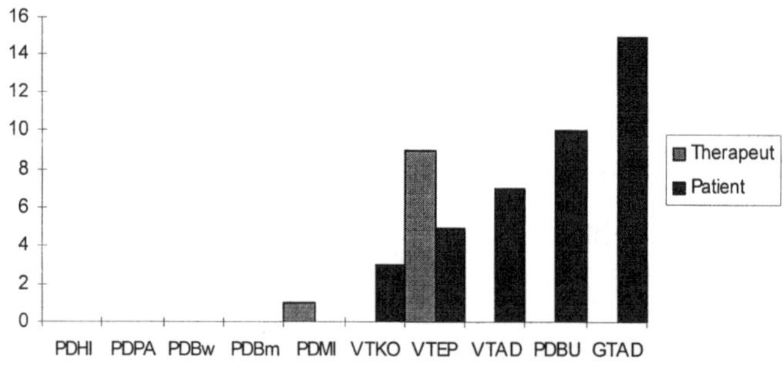

Die Häufigkeit, mit der die Patienten (Abbildung 28) das positive Muster beginnen, korreliert schwach tendenziell positiv mit den Veränderungen in der FBL (mit u. ohne VTEP), aber mit keinem der anderen Erfolgsratings. Dieser Zusammenhang geht ausschließlich auf die Patientinnen PDBU und VTAD zurück, da nur sie unter den wenigen Patienten, die Muster aus Duchenne Smiles beginnen, eine Verbesserung in der FBL aufweisen.

Die Häufigkeit der von den Therapeuten begonnenen Muster korreliert schwach tendenziell positiv mit der Erfolgseinschätzung derselben. Die Korrelation geht auf die Therapeuten VTEP und PDMI zurück, da nur sie das Muster überhaupt zeigen und hier vor allem auf Therapeut VTEP, der die Therapie nach der 15. Stunde noch als sehr erfolgreich einstuft. Er beginnt also in der letzten Stunde Muster aus synchronen Duchenne Smiles mit der größten Häufigkeit von allen Therapeuten.

Während das Reagieren auf Lächeln der Patientin als Teil der psychoedukativen, stützenden Strategie verstanden werden kann, kann das Beginnen von dyadischen Lächelmustern nicht ohne weiteres hier eingeordnet werden. Auch reagiert die Patientin in der letzten Stunde mit Lächeln auf den Ärger des Therapeuten, während es in der ersten Stunde ebenfalls umgekehrt ist.

Die allgemeinen Prozeßmuster aus Duchenne Smiles in der letzten Therapiestunde weisen also ähnlich wie die synchronen Duchenne Smiles in der letzten Stunde, im Vergleich zu denen aus der ersten Stunde keine therapieübergreifenden Zusammenhänge mehr zum Therapieerfolg auf. Diese Befundlage setzt sich auch in den im folgenden beschriebenen Zusammenhängen der Prozeßmuster in den siebten Stunden zum Therapieerfolg fort.

Die Gesamtheit der Prozeßmuster indiziert jedoch, wie im oben beschriebenen Zusammenhang zum Therapieerfolg deutlich wird, therapiespezifische Prozesse, auf die in den Einzelfallanalysen im Kontext der restlichen Informationen zu den Therapien eingegangen wird.

5.4.3.3 Prozeßmuster in der siebten Stunde

In der Mitte der Therapie korreliert keines der Maße zu den Prozeßmustern mit dem Therapieerfolg. Nur die maximale Komplexität korreliert schwach tendenziell positiv mit dem Erfolgsrating der Patienten ($p < .20$). Die Anzahl aller Muster hat im Vergleich zur ersten Stunde tendenziell abgenommen. Der Unterschied geht zu gleichen Teilen auf dyadische und individuelle Muster zurück. Auch die maximale Komplexität hat tendenziell abgenommen.

5.4.3.4 Zusammenfassung

Zusammenfassend kann festgehalten werden, daß sich die Anzahl aller Muster in der letzten Stunde gegenüber der ersten reduziert hat. Diese Änderung geht auf eine überwiegende Reduktion individueller Muster, aber eine nur teilweise Reduktion dyadischer Muster, zurück. Die Anzahl dyadischer Muster in der letzten Stunde und deren Zunahme von der ersten zur letzten Stunde korreliert negativ mit dem Therapieerfolg.

Auffallend ist, daß positive dyadische Muster seltener auftreten als in der ersten Stunde und nun vorwiegend von den Patienten begonnen werden und nicht mehr von den Therapeuten. Dies kann sowohl ein Indikator für konfliktive Prozesse sein, die den Austausch positiver Signale erschweren, als auch ein Indiz für die „Verinnerlichung“ der positiven Beziehung zum Therapeuten, die den Austausch positiver Signale nicht mehr in dem Ausmaß erfordert wie zu Beginn der Behandlung, da sich stabilere und positive Objektrepräsentanzen gebildet haben.

Die Abnahme individueller Muster kann dahingehend interpretiert werden, daß Personen, die mehrfach in Folge miteinander interagieren, sich so aufeinander abstimmen und wechselseitig aufeinander reagieren, daß individuelle Muster nicht mehr auftreten. Diese Veränderung wird in erfolgreichen Therapien aber nicht zugunsten dyadischer Muster vollzogen, sondern resultiert in einem weniger ausgeprägt von Mustern bestimmten interaktiven Verhalten von Patient und Therapeut. Das vermehrte Auftreten dyadischer Muster in der letzten Stunde weist demgegenüber darauf hin, daß das Verhalten von Patient und Therapeut noch stark von repetitiven Beziehungsmustern bestimmt ist, die in den weniger erfolgreichen Therapien negative Affekte beinhalten.

5.4.4 Therapiespezifische emotionale Prozeßmuster

Zwar ist die reine Anzahl der Prozeßmuster in der ersten Stunde ein guter Prädiktor des Therapieerfolgs, und auch die formalen Aspekte der Muster in der letzten Stunde weisen Zusammenhänge zum Therapieerfolg auf. Die formalen Aspekte reichen jedoch nicht aus, um inhaltliche Aspekte des Therapieverlaufs und deren Zusammenhang zum Therapieerfolg zu erklären. Im Folgenden wird deshalb beschrieben, aus welchen Emotionen sich die Muster in den einzelnen Therapien zusammensetzten und welche Schlußfolgerungen daraus für selbst- und beziehungsregulierende kognitiv-affektive Prozesse gezogen werden können. Die Analyse der inhaltlichen Aspekte der Prozeßmuster wird ausgehend von den Funktionen unterschiedlicher Lächelformen durchgeführt. Danach werden individuelle und dyadische Muster als Indikatoren für Veränderungen in Informationsverarbeitungsprozessen und in Bezug auf die Beziehungsregulation besprochen. Die Prozeßmuster sind hier im Überblick über die Therapien dargestellt, sie werden in den weiter unten beschriebenen Einzelfallanalysen noch einmal ausführlicher und im Kontext des übrigen Verhaltens interpretiert.

5.4.4.1 Die Funktionen der Duchenne Smiles

Soziales Lächeln und Duchenne Smiles treten von Therapie zu Therapie als Bestandteil unterschiedlicher Prozeßmuster auf. In Abhängigkeit davon, welche weiteren Emotionen Bestandteil der Prozeßmuster sind, kann auf unterschiedliche Funktionen dieser Lächelformen geschlossen werden. Im Folgenden werden die Funktionen des von Patient oder Therapeut gezeigten Lächelverhaltens an Hand der emotionalen Prozeßmuster, in denen sie auftreten, diskutiert. Synchrone Duchenne Smiles und Muster aus Duchenne Smiles wurden bereits weiter oben als Indikatoren der emotionalen Qualität der therapeutischen Beziehung identifiziert. Der Zusammenhang mit dem therapeutischen Erfolg war jedoch uneindeutig. Das geht darauf zurück, daß gemeinsames Zeigen von Duchenne Smiles neben einer beziehungsstabilisierenden Funktion auch weitere Funktionen haben kann.

Reagieren auf simultane Duchenne Smiles und die Dominanzverteilung

Es wurde bereits darauf hingewiesen, daß in der ersten Therapiestunde die Muster aus Duchenne Smiles vorwiegend von den Therapeuten begonnen werden, was als die Patienten stützendes Verhalten interpretiert werden kann. Die Frage danach, wer positive Signale sendet und von wem diese beantwortet werden, kann aber auch im Zusammenhang mit dem Statusunterschied gesehen werden. Neben der Reihenfolge liefert auch die zeitliche Unmittelbarkeit, mit der auf ein positives Signal des Therapeuten reagiert wird, Hinweise auf diesen Aspekt der Beziehungsregulation. In Therapie PDHI zeigt sich eine Asymmetrie in der Unmittelbarkeit der Reaktion von Patient und Therapeut, und es treten zusätzlich Muster aus Ärger auf, die einen Dominanzkonflikt nahelegen. Das vom Therapeuten PDHI begonnene Muster tritt dreimal auf. Der Patient beantwortet diese Angebote, aber auch das soziale Lächeln des Therapeuten, innerhalb einer Zeitspanne von im Mittel weniger als einer Sekunde mit echter Freude. Die Reaktionen des Therapeuten auf die Duchenne Smiles des Patienten erfolgen weniger unmittelbar. Der mittlere Abstand beträgt im Mittel fast vier Sekunden. Neben diesen positiven Mustern finden sich aber auch individuelle und dyadische Muster, die sich um Ärgerausdruck zentrien. Dem Ärgerausdruck des Patienten folgt in drei Fällen eine Maskierung des Ärgers im mittleren Abstand von 7.3 Sekunden (SD = 4.61). Das dyadische Muster setzt sich aus einer Ärgermaskierung des Patienten und einem „possible anger" des Therapeuten zusammen, der Abstand zwischen beiden Elementen beträgt im Mittel aber etwa dreieinhalb Minuten.

In diesen Mustern deutet sich als konfliktives Thema der Beziehungsregulation die Frage nach der Dominanzverteilung an. Der Patient nimmt zwar die auch von der Situation vorgegebene asymmetrische Dominanzverteilung an, was sich in seinen unmittelbaren Reaktionen auf beide Arten des Therapeutenlächelns zeigt, gleichzeitig wird aber auch Ärger mobilisiert, der jedoch keine entsprechenden Konsequenzen im weiteren Verhalten nach sich zieht, sondern in der Folge durch ein Lächeln maskiert und damit in seiner Signalqualität abgeschwächt wird.

Auch in Therapie PDBw finden sich zwei positiv reziproke Muster, in denen ebenfalls die Patientin schneller auf die Duchenne Smiles des Therapeuten reagiert als umgekehrt. Neben diesem positiven Muster treten aber auch Muster auf, in denen die Patientin ambivalent auf die Duchenne Smiles des Therapeuten reagiert. Die Patientin reagiert viermal auf ein Duchenne Smile des Therapeuten innerhalb von im Mittel 1.75 Sekunden (SD = 0.89) mit Angst-/Überraschungsblenden, Überraschungslächeln oder maskiertem Ekel.

Eine Ausnahmestellung hinsichtlich der Reaktion auf Duchenne Smiles des Interaktionspartners nimmt Therapie VTEP ein. In dieser Therapie reagiert nur der Therapeut auf die Duchenne Smiles der Patientin (N = 15, M = 4.6, SD = 4.03), während es kein Muster aus Duchenne Smiles des Therapeuten, gefolgt von Duchenne Smiles der Patientin, gibt. Es findet sich nur ein Muster, in dem die Patientin auf eine Mimik des Therapeuten reagiert, und zwar reagiert sie auf ein soziales Lächeln des Therapeuten mit einem Duchenne Smile (N = 4, M = 7.45, SD = 3.09). Er nimmt also einen Großteil der positiven Beziehungsangebote der Patientin unmittelbar auf, während dies in den restlichen Therapien nicht der Fall war. Dort wurden die Muster vorwiegend von den Therapeuten begonnen. Weiter unten wird gezeigt, daß der Therapeut Duchenne Smiles auch sehr häufig zur Kompensation negativer Affekte der Patientin einsetzt.

Daß sich im gemeinsamen Zeigen von Duchenne Smiles auch konfliktive Abhängigkeitswünsche eines Patienten ausdrücken können, vor allem wenn sie mit großer Häufigkeit gezeigt werden, deutet sich in Therapie PDPA in einem 3-elementigen Muster an, das viermal in der ersten Stunde auftritt. Das Muster aus Duchenne Smiles von Patientin und Therapeut wird von einer Mimik gefolgt, die nach EMFACS als „possible anger" interpretiert wird und die aus einem Spannen der Lippen besteht. Das gemeinsame Lächeln, zu dem der Therapeut sich „verführt" sieht, wird von ihm negativ evaluiert, was sich im teilweisen Ausdruck von Ärger widerspiegelt. Auffallend ist, daß das reziprok positive Muster mit einem Duchenne Smile des Therapeuten beginnt, es gibt kein Muster, das mit einem Duchenne Smile der Patientin beginnt. Die negative Bewertung seines Lächelns drückt sich auch in einem individuellen Muster von Therapeut PDPA aus. In dem 2-elementigen individuellen Muster folgt auf ein Duchenne Smile innerhalb von im Mittel 2.45 Sekunden (SD = 4.61) eine als „possible anger" interpretierte Mimik.

Die kompensatorische Funktion des Lächelns

Die kompensatorische Funktion von Lächeln wird in Therapie VTKO besonders deutlich. In fünf Fällen wird die Verachtungsmimik des Therapeuten von einem Duchenne Smile der Patientin dyadisch kompensiert. Der Therapeut kompensiert seinen eigenen Ärgerausdruck dreimal mit einem sozialen Lächeln. In Therapie GTAD wird umgekehrt die Angstmimik der Therapeutin dreimal durch ein soziales Lächeln der Patientin kompensiert. Therapie GTAD ist ansonsten hauptsächlich durch das 14 malige Auftreten eines Musters aus Duchenne Smiles geprägt.

Auch in Therapie VTEP ist die kompensatorische Funktion des Lächelns in einigen Prozeßmustern zu beobachten. Der Therapeut ist aber bei weitem aktiver als Therapeut VTKO und zeigt keinerlei Versuche, sich abstinent zu verhalten. Das zeigt sich auch in der Vielzahl weiterer Muster, die hier kurz beschrieben werden, um einen Eindruck von der Vielfalt der darin enthaltenen Emotionen und der interaktiven „Verstrickung" in dieser Therapie zu vermitteln. Insbesondere wird auch hier wieder die kompensatorische Funktion des Lächelns im Kontext negativer Affekte der Patientin, aber auch des Therapeuten deutlich. Vorwiegende „Strategie" des Therapeuten ist es, negative Affekte der Patientin mit Duchenne Smiles zu kompensieren. In den Einzelfallanalysen wird auf die einzelnen Muster noch einmal eingegangen.

Therapeut VTEP reagiert auf Blenden aus Angst und Überraschung und auf Ärgermimik der Patientin mit einem Duchenne Smile bzw. einem sozialen Lächeln. Auch seine eigenen negativen Affekte (Ekel und *possible anger*) kompensiert er mit Lächeln.

Daß die vom Therapeuten verfolgte Strategie nicht nur den Ärger der Patientin kompensiert, sondern selbst auch wieder zu Ärger führt, zeigt sich in den im folgenden beschriebenen Mustern.

In einem 3-elementigen Muster folgt ein aus sozialem Lächeln und Duchenne Smiles bestehendes Muster des Therapeuten auf eine Ärgermimik der Patientin, und zwar in zwei von drei Fällen nahezu zeitgleich (siehe Abbildung 29, Zeile 1).

Abbildung 29: Zwei kompensatorische dyadische Muster in Therapie VTEP

Ärgermimik Patientin → soziales Lächeln Therapeut → Duchenne Smile Therapeut
Soziales Lächeln Patientin → Duchenne Smile Therapeut → Ärgermimik Patientin

Zu dem kompensatorischen Muster aus Abbildung 29 existiert auch ein nahezu komplementäres 3-elementiges Muster, das mit der Ärgermimik der Patientin endet. Der

Ärgermimik geht soziales Lächeln und ein Duchenne Smile des Therapeuten voraus (siehe Abbildung 29, Zeile 2).
Das erste Muster beginnt mit einer Ärgermimik der Patientin, das zweite endet damit. Die beiden 3-elementigen Muster treten jedoch zu unterschiedlichen Zeitpunkten innerhalb der Therapiestunde auf, so daß sie nicht zu einem Prozeßmuster zusammengefügt werden können. Dennoch geben beide Muster einen Hinweis darauf, daß die Lächelmuster des Therapeuten in einem Kontext von Ärger der Patientin auftreten und nicht etwa mit positivem mimischen Verhalten der Patientin einhergehen.
Neben den beiden oben besprochenen positiven dyadischen Mustern zeigt Therapeut PDBw drei individuelle Muster, die mit Verachtung, Blenden bzw. Überraschung beginnen und ,im Fall der letzteren beiden, innerhalb von ein bis zwei Sekunden in ein Duchenne Smiles münden. Im Fall der Verachtung folgt das Duchenne Smiles in einem mittleren Abstand von 13.04 Sekunden (SD = 5.86). Zusammengenommen treten diese drei Muster 15 mal während der ersten Therapiestunde auf. Der Therapeut reagiert auch in nahezu identischer Weise auf die Überraschung der Patientin innerhalb von im Mittel 2.33 Sekunden (SD = 0.58) mit einem Duchenne Smile. Diese kurz aufeinanderfolgenden emotionalen Reaktionen des Therapeuten können als Hinweis auf Änderungen seiner kognitiv-affektiven Bewertung des emotionsauslösenden Sachverhalts angesehen werden, auf die im nächsten Abschnitt und in den Einzelfallanalysen noch einmal genauer eingegangen wird.

Therapien ohne Prozeßmuster aus echter Freude

Im Folgenden werden die Muster in den drei Therapien beschrieben, die kein Muster aus echter Freude in der ersten Stunde aufweisen. Auf das im folgende beschriebene Muster wurde bereits im Kapitel über die Rolle der Überraschung für Veränderungsprozesse hingewiesen. Daß die Überraschung des Therapeuten über von der Patientin geschilderte Sachverhalte nicht notwendigerweise positiv aufgenommen werden muß, zeigt sich in Therapie PDBU. Die Patientin reagiert viermal auf eine Überraschungsmimik des Therapeuten mit Verachtung. In der Therapie tritt kein Muster mit Duchenne Smiles von beiden auf, lediglich eines aus Duchenne Smiles der Patientin und kontrolliertem Lächeln des Therapeuten. Das so gebildete Muster zeichnet sich aber durch ausgeprägte Synchronizität aus. Die drei Ereignisse folgen in einem mittleren Abstand von 0.03 Sekunden aufeinander mit einer Streuung von SD = 0.06 Sekunden.
Das Fehlen eines emotional positiven dyadischen Musters in Therapie PDMI findet seine Entsprechung auch in der Qualität der individuellen Mustern. In Therapie PDMI sind nur zwei der acht Muster dyadisch. Alle individuellen Muster der Therapeutin umfassen die Affekte Verachtung, Maskierungen von Verachtung durch ein Lächeln und Trauer. Auch die Patientin zeigt dreimal ein 3-elementiges individuelles Muster aus Lächeln und maskierter Verachtung. Das Fehlen eines dyadischen positiven Musters, die überwiegend von Verachtung bestimmten individuellen Muster sagen einen schlechten Verlauf der Behandlung voraus. Die Behandlung verlief demgemäß nach Einschätzung der Therapeutin und gemäß den Symptomveränderungen in der FBL weniger gut.
In Therapie PDBm findet sich kein Muster, dessen Elemente unmittelbar aufeinanderfolgen. Den kürzesten Abstand zeigt ein 2-elementiges dyadisches Muster aus „possible anger" des Patienten und einer Ekelmimik des Therapeuten. Die drei Ereignisse folgen im mittleren Abstand von 16.7 Sekunden aufeinander (SD = 0.61). Ein weiteres dyadisches Muster besteht aus einer Überraschungsmimik des Patienten, auf die innerhalb von im Mittel 100.76 Sekunden ein Ärgerausdruck des Therapeuten folgt (SD = 9.94). Das Muster tritt fünf mal auf. Da die beiden Elemente des Musters in vergleichsweise großem zeitlichen Abstand aufeinanderfolgen, müssen vermittelnde Verhaltensweisen zwischengeschaltet werden, um es verständlich werden zu lassen. Die Muster beginnen mit einer Überraschungsmimik, die am

Anfang der Schilderung neuer Einsichten des Patienten durch den Patienten steht oder der Patient reagiert mit Überraschung und anschließendem Schweigen auf eine Frage oder Interpretation des Therapeuten. Die Ärgermimik am Ende des Musters indiziert die Unzufriedenheit des Therapeuten mit den vom Patienten gemachten Aussagen oder seiner Verweigerung in Form von Schweigen.
Das einzige individuelle Muster in dieser Therapie setzt sich aus einem Ekelausdruck, gefolgt von einem Verachtungsausdruck des Therapeuten, zusammen, die im Mittel innerhalb von 184.97 Sekunden aufeinander folgen (SD = 6.19).

Die Beschreibung der Prozeßmuster in den einzelnen Therapien macht deutlich, daß bereits in der ersten Stunde der Behandlungen im mimisch-affektiven Verhalten der beiden Interaktionspartner und insbesondere in den emotionalen Prozeßmustern Hinweise auf Beziehungskonflikte und kognitiv-affektive Prozesse zu finden sind, die den weiteren Verlauf der Behandlung entscheidend mitbestimmen können. Diese Aspekte bilden sich allerdings, wenn überhaupt, nur teilweise oder verzerrt in den verbalen Berichten der Therapeuten und Patienten ab. Wie sich die in der ersten Stunde zu beobachtenden therapiespezifischen Aspekte der Beziehungsregulation im Verlauf der Behandlung weiter entwickeln, wird in Kap. 5.4 und in den Einzelfallanalysen beschrieben werden.

5.4.4.2 Individuelle und dyadische Prozeßmuster als Indikatoren von Informationsverarbeitungsprozessen

Da die Prozeßmuster sich aus zum Teil unterschiedlichen Emotionen zusammensetzen, die auch meist in geringem zeitlichen Abstand aufeinanderfolgen, können sie Hinweise auf Veränderungen in den kognitiv-affektiven Bewertungsprozessen einer Personen liefern. Den einzelnen Emotionen eines Prozeßmusters liegen je spezifische kognitive Bewertungsmuster zugrunde (Power und Dalgleish, 1997; Lazarus, 1991; Scherer, 1984). Bei geringem zeitlichen Abstand aufeinanderfolgender Emotionen kann davon ausgegangen werden, daß sich nicht der objektive Sachverhalt geändert hat, sondern die kognitive Bewertung desselben. Ändert sich die kognitive Bewertung einer wahrgenommenen Situation oder eines Sachverhaltes, ändert sich auch die resultierende und ausgedrückte Emotion. Individuelle Prozeßmuster aus unterschiedlichen, in kurzem Abstand aufeinanderfolgenden Emotionen können demnach als Hinweise auf Änderungen in der kognitiven Bewertung eines Ereignisses durch eine Person verstanden werden.
Individuelle Prozeßmuster wurden vor allem von den Therapeuten und gehäuft in der ersten Stunde gezeigt. Dies deutet darauf hin, daß die Therapeuten zu Beginn der Therapie mit einer Vielzahl neuer Informationen über den Patienten konfrontiert sind. Die damit einhergehenden Umstrukturierungen und kognitiven Neubewertungen werden von emotionalen Reaktionen und Veränderungen derselben begleitet. Für eine zunehmende Stabilisierung des expliziten und impliziten Modells der Therapeuten von den Patienten spricht, daß in den letzten Behandlungsstunden nur zwei Therapeuten überhaupt noch individuelle Prozeßmuster zeigen.
Spezifische Beispiele für Veränderungen der kognitiven Bewertungsprozesse innerhalb eines Prozeßmusters in der ersten Behandlungsstunde finden sich bei mehreren Therapeuten und Therapeutinnen. Bei Therapeut PDBw folgt auf Verachtung, Überraschung und Maskierungen von Ärger in mehreren Fällen echte Freude. Die ursprünglich negative oder neutrale Bewertung ändert sich im vorliegenden Fall durch Zugewinn von Information und damit einhergehenden Änderungen der kognitiven Bewertungsstruktur zu einer positiven Bewertung (siehe auch Anhang S. 234). Bei Therapeut PDHI geht eine Ekelmimik in eine neutrale Überraschungsmimik über. In diesem Fall ist der Ekel als Ausdruck negativ bewerteter kognitiver Diskrepanzen in den mentalen Repräsentationen des Therapeuten zu verstehen, die durch Umstrukturierungsprozesse in Überraschung übergeführt werden.

Therapeut VTEP zeigt mehrere individuelle Muster, die mit einem negativen Affekt beginnen und in echter Freude resultieren, allerdings auch sieben mal ein Muster aus Ärger und Ekel. Die beiden ersten Muster, in denen „possible anger“ bzw. Ekel in echte Freude münden spiegeln die vom Therapeuten verfolgte psychoedukative Strategie wider, während letzteres Muster zusammen mit der Vielzahl dyadischer Muster aufzeigt, daß der Versuch, die therapeutische Beziehung von konfliktiven Anteilen frei zu halten, nicht ohne weiteres gelingt.

Während in den Mustern der bisher genannten Therapeuten auf den negativen Affekt ein positiver oder neutraler folgt, zeigt Therapeut PDPA ein Muster aus echter Freude und „possible anger“, das den sich in einem Kommentar des Therapeuten zu einer späteren Stunde äußernden Ärger über sein allzu häufiges Lächeln vorwegnimmt. Therapeutin PDMI zeigt noch deutlichere Anzeichen dafür, daß es ihr nicht gelingt, eine positive Beziehung zur Patientin aufzubauen. Auf ihre echte Freude folgt in einem Muster Verachtung und in einem anderen Muster eine Blende aus Freude und Verachtung. Ein weiteres individuelles Muster weist darauf hin, daß zwar der Wunsch nach einer Beziehung besteht, dieser aber nur eingeschränkt realisiert werden kann. Im zugehörigen Prozeßmuster folgt auf die Blenden aus Verachtung und Freude eine Trauermimik.

Die Therapeutinnen GTAD und VTAD fallen dadurch auf, daß Therapeutin VTAD selbst kein individuelles Muster zeigt, statt dessen die Patientin sehr viele, und Therapeutin GTAD nur ein individuelles Muster aus Trauer und sozialem Lächeln.

Therapie PDBm war durch das völlige Fehlen unmittelbarer Prozeßmuster gekennzeichnet. Das indiviudelle Muster des Therapeuten besteht aus Ekel und Verachtung, die allerdings im Abstand von drei Minuten aufeinanderfolgen.

Ein nachfolgender Affekt kann auch dadurch ausgelöst werden, daß die Konsequenzen des zuerst gezeigten Affekts in Rechnung gestellt werden. In diesem Fall wird die eigene emotionale Reaktion zur Auslösesituation für nachfolgende Verarbeitungsprozesse. Ein solcher Zusammenhang deutet sich bereits in dem oben beschriebenen Muster von Therapeut PDPA an, der zwar häufig echte Freude zeigt, dies aber im Hinblick auf den weiteren Verlauf der Therapie selbst als wenig vorteilhaft erachtet. Ein weiteres Beispiel liefert seine Patientin. Auf eine Ärgermimik folgt in einem 2-elementigen Muster regelhaft eine Angstmimik. Dieses Muster kann als prototypische Implementation eines Konfliktes zwischen Autonomie und Bindung aufgefaßt werden. Der Ärger fördert zwar die Trennung vom Objekt, gleichzeitig löst der phantasierte Objektverlust aber Angst aus. Daß für diese Patientin die Bindung an ein Objekt eine zentrale Rolle spielt, zeigt sich auch in einem weiteren Muster aus Trauer, die einen positiven Beziehungswunsch ausdrückt, und nachfolgendem sozialem Lächeln, das ebenfalls dem Therapeuten den Wunsch nach mehr Unterstützung und einer Intensivierung der Bindung signalisiert. Es dient außerdem als eine Art „appeacement“ des vom Therapeuten gezeigten Ärgers, der die Beziehung belastet. Während sich im vorliegenden Fall die Konsequenzen auf eine phantasierte Trennung von den Eltern beziehen, können sie sich in anderen Fällen auf unmittelbare Konsequenzen für die aktuelle Situation beziehen. Ein prototypisches Beispiel dafür bestünde aus einem negativen Affekt gegenüber dem Patienten oder Therapeuten, der durch ein soziales Lächeln relativiert wird. Therapeut VTKO zeigt ein solches Muster aus Ärger und sozialem Lächeln. Aus diesem Muster kann ebenfalls auf die zugrundeliegenden kognitiv-affektiven Prozesse des Therapeuten geschlossen werden.

Zu diskutieren ist in diesem Zusammenhang die Frage, wie sich Blenden aus negativen und positiven Affekten von Prozeßmustern aus einem negativen Affekt und Lächeln hinsichtlich der zugrundeliegenden kognitiven Bewertungsprozesse unterscheiden lassen. Ersteren geht eine ambivalente Bewertung voraus, die im gleichzeitigen Auslösen beider Emotionen resultiert, während letztere eine sukzessive Abfolge zweier unterschiedlicher Arten von Bewertungen indizieren. Unter dieser Voraussetzung ist anzunehmen, daß Prozeßmuster, die in positiven Emotionen oder Überraschung münden, eher auf Informationsverarbeitungsprozesse in Form von Umstrukturierungen hinweisen, die zu Klärungen der Sichtweisen des Therapeuten von der Problemlage der Patient führen, während Blenden auf nicht oder noch nicht auflösbare Widersprüche in den mentalen Repräsentanzen der Therapeutin oder des Therapeuten hinweisen.

5.5 Maladaptive Beziehungsmuster und ihre interaktive Implementation

5.5.1 Maladaptive Beziehungsmuster und die „Reaktionen" der Therapeuten

Eine zentrale Frage der vorliegenden Arbeit besteht darin, zu untersuchen, in welchen Verhaltensweisen sich *maladaptive Beziehungsangebote* der Patienten ausdrücken und wie die *Reaktionen der Therapeuten* auf diese Verhaltensweisen aussehen.

Im Folgenden werden Auffälligkeiten in den Leitaffekten, der Primäraffektverteilung, Blenden aus Affekten, individuellen und dyadischen Prozeßmuster im Hinblick auf diese Fragestellung dargestellt. Emotionen als solche sind nicht maladaptiv, vielmehr stellen sie Verhaltensweisen dar, die gerade adaptives Verhalten in entsprechenden Situationen ermöglichen.

Die Maladaptivität von Beziehungsmustern, wie sie sich in Emotionen ausdrücken, besteht darin, daß Emotionen gehäuft und situationsübergreifend auftreten oder in Situationen, in denen sie adaptiv eingesetzt werden könnten, fehlen. Anzeichen für diese Arten der Maladaptivität sind zu suchen in der erhöhten Frequenz eines Affekts, aber auch dem Fehlen von Affekten, die zur Realisierung von Wünschen notwendig wären. Emotionen können desweiteren maladaptiv sein, wenn sie regelhaft auf adaptive Emotionen folgen und deren Adaptivität gefährden. Folgt z.B. auf Ärger, der im Sinne der Herstellung von Autonomie als adaptiv angesehen werden kann, regelhaft Angst, die die durch den Ärger initiierte Handlungsbereitschaft hemmt, so ist dieses emotionale Prozeßmuster als maladaptiv anzusehen. Auf die unterschiedlichen Indikatoren für maladaptive Beziehungsmuster wird in den folgenden Textabschnitten eingegangen.

5.5.1.1 Konflikt, Persönlichkeitsstruktur und interaktives Verhalten

Der Leitaffekt eines Patienten kann als ein Indikator für maladaptive Beziehungsmuster dienen, da vor allem das Vorherrschen eines negativen Affektes als Ausdruck oder Folge eines maladaptiven Beziehungsmusters oder einer maladaptiven Situationsmodellierung angesehen werden kann. Diese Annahme wird auch dadurch gestützt, daß der Wechsel von einem negativen Leitaffektprofil zu einem positiveren in Zusammenhang mit dem von den Patienten eingeschätzten Therapieerfolg stand. Auch „wechseln" die Patienten den Leitaffekt im Verlauf der Behandlung häufiger als die Therapeuten, sind jedoch auf ein spezifisches Repertoire an vor allem negativen Leitaffekten eingeschränkt (Ekel und Verachtung, s.o.).

Um die von den Patienten berichteten maladaptiven Muster den in der Beziehung zum Therapeuten realisierten gegenüberzustellen, werden im folgenden die von den Patienten benannten und im ZBKT abgebildeten Konflikte auf Ähnlichkeiten mit ihrem interaktiven Verhalten in der Beziehung zum Therapeuten untersucht.

Schon auf der Ebene einfacher Primäraffekthäufigkeiten ergeben sich so Hinweise darauf, wie der Konflikt sich in sozialen Situationen äußert, aber auch darauf, welche interaktiven Aspekte des Konflikts nicht in den Schilderungen der Patienten abgebildet sind.

Patientin PDPA und GTAD klagen über das Problem, sich von anderen Menschen nicht separieren zu können. Diese Problematik bildet sich in ihrem interaktiven Verhalten insofern ab, als daß sie die beiden Probandinnen mit den geringsten Häufigkeiten an distanzregulierenden Affekten sind. Auch Patientin VTAD klagt über eine ähnliche Problematik, ihr häufigster Wunsch im ZBKT ist „mich schützen, abgrenzen; Raum für mich haben" 66,6 %, der 2. „Nähe; Gemeinsamkeit mit anderen" 33,3 %. Sie zeigt nach den beiden genannten Patientinnen mit 24,5 % die wenigsten distanzregulierenden Affekte, bzgl. Ekel fällt sie aber in die mittlere Gruppe, während Patientin PDPA und GTAD weniger als ein mal Ekel zeigen. Auch Patientin PDMI zeigt mit Ausnahme von Ärger wenig distanzregulierende Affekte und mit 75 % mit die höchste relative Anzahl an Duchenne Smiles von allen Patienten. Bis zur 9. Stunde liegt ihr Freudeerleben jedoch bei Null. Angst-, Trauer- und Überraschungsmimik liegen über den gesamten Verlauf der Therapie bei Null. Die Patientin leidet unter einer Eßstörung, möglicherweise als Folge einer Traumatisierung durch mehrjährigen sexuellen Mißbrauch durch den Onkel.

Patientin VTEP klagt über Partnerschaftsprobleme, insbesondere Angst vor Partnerschaft. Sie hat mehrere Abtreibungen durchführen lassen. Der Therapeut formuliert als eines der Therapieziele: „Verbesserung der Einsichtsfähigkeit in ihre interpersonellen Verstrickungsmuster, insbesondere unter Nutzung der therapeutischen Beziehung". In diesem Sinne kann die Therapie als gelungen betrachtet werden, da sie die höchste Anzahl an dyadischen Beziehungsmustern von allen aufweist. Daß die Nutzung der therapeutischen Beziehung aber nicht ohne Gefahr ist, zeigt sich darin, daß auch noch in der letzten Stunde die Anzahl der dyadischen Beziehungsmuster nach Therapie VTAD die größte von allen ist. Auch qualitativ haben sich die Beziehungsmuster geändert. Während der Therapeut in der ersten Stunde vor allem mit Freude und Überraschung involviert ist, sind es in der letzten Stunde neben Freude vor allem Ekel und Ärgermaskierungen. Es gelingt also nicht, die „Verstrickung" aufzulösen, was sich auch darin äußert, daß die Behandlung später unter Hinzug eines weiteren Therapeuten wieder aufgenommen wurde.

Eine ähnlich hohe „Verstrickung" weist Therapie PDPA mit der zweitgrößten Häufigkeit an Prozeßmustern in der ersten Stunde auf. Der häufigste von der Patientin geäußerte Beziehungswunsch ist „autonom und selbstständig sein", ihr Verhalten entspricht diesem Wunsch aber nicht. Vielmehr zeigt sie ausgeprägtes Bindungsverhalten in Form eines Übermaßes an Duchenne Smiles, sie wird vom Therapeuten auch als dependente Persönlichkeit diagnostiziert.

5.5.1.2 „Reaktionen" der Therapeuten

Ein Hinweis auf das Eingehen der Therapeuten auf Beziehungsangebote der Patienten kann darin gesehen werden, daß der Leitaffekt der Therapeuten von echter Freude abweicht oder daß ein anderer Affekt nach echter Freude auffällig häufig gezeigt wird. Vor allem die Einbindung dieser Affekte in Prozeßmuster liefert Hinweise auf die Verarbeitung des Beziehungsangebotes und auf interaktive Aspekte derselben. Im folgenden wird für einzelne Therapien zusammengestellt, welche Auffälligkeiten sich im Therapeutenverhalten auffinden lassen. Dabei wird auf die Einzelfallanalysen der Therapien Bezug genommen, in denen die hier zusammengestellten Befunde in Kontext der restlichen Ergebnisse dargestellt werden (siehe Anhang).

Reaktionen auf die ausgeprägte Ekelmimik der Patientinnen und des Patienten mit schweren Erkrankungen.

- Therapeut PDBm zeigt als häufigsten Affekt Ärger und in fast allen Stunden Ärger, Verachtung oder Ekel als Leitaffekt. Er zeigt auch am meisten Angst und Trauer von allen Therapeuten.
- Therapeut PDBw zeigt am häufigsten von allen Therapeuten Verachtung, auf die aber in den oben beschriebenen Prozeßmustern wie auf seine Überraschungsmimik und seine Ärgermaskierungen echte Freude folgt. Sein Leitaffekt in fast allen Stunden ist auch echte Freude. Auf „possible anger" und Überraschung der Patientin reagiert er ebenfalls mit

echter Freude. Dem Therapeuten gelingt es, anders als Therapeut PDBm, die von der Patientin induzierten negativen Affekte durch echte Freude zu kompensieren.

- Therapeut PDBU zeigt in der ersten Stunde, wie die Patientin, Ekel als Leitaffekt und hebt sich durch seinen hohen Anteil an Überraschungsmimik von den restlichen Therapeuten ab. Die Überraschungsmimik des Therapeuten tritt nicht nur sehr häufig auf, sondern ist auch von hoher Intensität, was auf ihre illustrative Funktion hindeutet, mit der der Therapeut auch eine Wertschätzung der von der Patientin gemachten Äußerungen auszudrücken versucht. Für die Patientin, die eine Heilung auf Rezept durch einen Ratschläge gebenden Therapeuten erwartet, ist die intensive Überaschung allerdings Anlaß zur Verachtung, was sich in einem emotionalen Prozeßmuster aus der Überraschung des Therapeuten und Verachtung der Patientin ausdrückt. Die Verhaltensweisen des Therapeuten als Reaktion auf die Patientin stellen also nicht das Endglied eines Beziehungsmusters dar, sondern sind selbst wieder Auslöser für emotionale Reaktionen der Patientin. Diese komplexeren Reaktionsmuster finden sich auch in anderen Therapien wieder.

Im folgenden sind einige Reaktionsweisen beschrieben, die sich um Ärger und Verachtung als Teil der Therapeutenreaktionen zentrieren.

- Therapeut PDPA zeigt ein Muster aus echter Freude und „possible anger". Sein Leitaffekt ist zwar positiv, jedoch erlebt er ihn als von der Patientin gegen seinen Willen induziert. Die Ambivalenz des Lächelns wird auch in einem Prozeßmuster deutlich, in dem auf ein Duchenne Smile des Therapeuten eine Verachtungsmimik der Patientin folgt, das der Therapeut wiederum mit sozialem Lächeln kompensiert. Im Verlauf der Therapie korreliert die Verachtungsmimik des Therapeuten, wie oben dargestellt, diskrepant positiv mit der echten Freude der Patientin. Die konfliktindizierende Verbindung zwischen echter Freude und Verachtung wird also bereits in der ersten Stunde in einem Prozeßmuster sichtbar. Jedoch sind im Verlauf der Behandlung die Rollen in der Art vertauscht, daß es dort der Therapeut ist, der Verachtung zeigt, die mit echter Freude der Patientin einhergeht. Im Verlauf der Therapie tut also der Therapeut das, was die Patientin in der ersten Stunde auf der Ebene mikroprozessualen Verhaltens tut. Wie diese Rollenvertauschung, die auch im Kontext der projektiven Identifikation (Sandler, 1987) diskutiert werden kann, zustande kam, muß offen bleiben, hängt aber möglicherweise mit der Verweigerung der Patientin zusammen, die sie durch häufiges Lächeln entschuldigt.
- Therapeut VTKO zeigt als Leitaffekt Ärger, der von eigenem sozialem Lächeln gefolgt wird. Der durch die in den Einzelfallanalysen geschilderte Verweigerung der Patientin ausgelöste Ärger, der eine Gefährdung der therapeutischen Beziehung darstellt, wird vom Therapeuten durch sein soziales Lächeln relativiert. Die Patientin wiederum kompensiert die Ärger- und Verachtungsmimik des Therapeuten durch das Zeigen echter Freude.

Während in den Therapien VTKO und PDPA der Ärger von den Therapeuten auch erlebt wird, bleibt er in Therapie VTEP unbemerkt, der Therapeut berichtet, fast keinen Ärger erlebt zu haben. Der Ärger zeigt sich lediglich im mimisch-affektiven Verhalten von Patientin und Therapeut.

- In Therapie VTEP reagiert der Therapeut in der ersten Hälfte der Therapie auf negative Affekte der Patientin zwar vorwiegend mit echter Freude, und beide erleben die Beziehung auch als positiv. Zusätzlich sind aber bereits Maskierungen von Ärger beim Therapeuten zu beobachten. Auf den Ärger der Patientin reagiert er mit sozialem Lächeln, auf ihre Angst-/Überraschungsblenden mit echter Freude.
- Therapeutin GTAD zeigt am häufigsten von allen Therapeuten Ärger, der wie die Angst- und Trauermimik positiv mit den entsprechenden Affekthäufigkeiten der Patientin

korreliert. Alle diese Affekte sind in der ersten Stunde maximal ausgeprägt und treten im Verlauf der Therapie nur noch selten auf.

Die beiden folgenden Therapeutinnen sind durch eine insgesamt geringe mimische Affektivität zu kennzeichnen, der ein fast genauso hoher Anteil an sozialem Lächeln gegenübersteht. Der hohe Anteil sozialen Lächelns unterscheidet sie von den Therapeuten PDBU und VTKO, die eine insgesamt reduzierte mimische Aktivität aufweisen.

- Die mimische Affektivität von Therapeutin VTAD ist reduziert auf den Ausdruck von echter Freude; sie zeigt statt affektiven Verhaltens vor allem soziales Lächeln. Die echte Freude der Therapeutin wird von Ärgermimik der Patientin gefolgt.
- Therapeutin PDMI zeigt zwar in allen Stunden echte Freude als Leitaffekt, jedoch auf sehr niedrigem Niveau im Vergleich zu allen anderen Therapeuten. Statt dessen zeigt sie etwa doppelt so häufig soziales Lächeln. Ein Teil der selten gezeigten echten Freude ist in ein Muster aus Ärger der Patientin, Freude der Therapeutin und Verachtung der Therapeutin eingebettet.

Das gemeinsame Auftreten von Überraschung und Ekel weist auf eine weitere Funktion des Ekels im Zusammenhang mit mentalen Diskrepanzen hin.

- Therapeut PDHI zeigt in der ersten Stunde Ekel als Leitaffekt, der in einem Prozeßmuster von Überraschung gefolgt wird. Überraschung ist in einer späteren Stunde auch einmal Leitaffekt. Der Ekel hat distanzregulierende Funktion, wenn er sich auf Verhaltensweisen des Patienten bezieht. Das gemeinsame Auftreten mit Überraschung weist aber auf eine weitere Funktion des Ekels hin, nämlich das „Ausstoßen" mentaler Diskrepanzen, die im vorliegenden Fall durch die komplexen Schilderungen des Patienten mit häufig wechselnden Objekten im Zusammenhang stehen. Beide Funktionen können durchaus parallel auftreten, was im vorliegenden Fall dadurch nahegelegt wird, daß der Patient ein hohes Involvement bei der Schilderung seiner Problematik zeigt, das sich vor allem in einer ausgeprägten Gestik und Körperbewegungen zeigt.

5.5.2 Indikatoren für die interaktive Implementation konfliktiver Beziehungsmuster

Auf dem Hintergrund einer positiven emotionalen Arbeitsbeziehung wird eine Bearbeitung konfliktiver Themen ermöglicht, die sich aber nicht nur im verbalen Verhalten äußern, sondern auch in Form der oben beschriebenen Beziehungsangebote und der Reaktionen der Therapeuten darauf. Neben den unten beschriebenen Einsichtsprozessen oder als Grundlage für dieselben, ist es notwendig, daß Konflikte im Beziehungsverhalten bearbeitbar werden. Das ist nur möglich, wenn diese Konflikte nicht die gleiche Entwicklung nehmen, wie sie es im Alltagsleben der Patienten tun, da die Schemata der Patienten dadurch eher eine Bestätigung, denn eine Veränderung erfahren. Daß die Reaktionen der Therapeuten in der ersten Stunde auf die Beziehungsangebote der Patienten unterschiedlich sind, wurde im vorhergehenden Abschnitt beschrieben. Es stellt sich nun die Frage, wie sich das Verhalten der beiden Interaktionspartner im weiteren Verlauf der Behandlung ändert und in welchem Zusammenhang es für die Einzelfälle zum Therapieerfolg steht. Insbesondere müßten neben Anzeichen für die positive Qualität der Beziehung auch Anzeichen für die Bearbeitung konfliktiver Prozesse beobachtbar sein. Folgende Phänomene im mimisch-affektiven Verhalten können als Indikatoren für eine Konfliktreaktivierung diskutiert werden.

- Die vermittelten Reziprozitäten im negativen Affektbereich und positive Korrelationen zwischen Affekten mit konfligierenden propositionalen Strukturen, wie z.B. Freude und Ekel.

- Die zunehmende Einbindung negativer Affekte in dyadische Prozeßmuster. Sie ist ein weiterer Indikator für eine dyadische Konfliktimplementierung.
- Konfliktaktualisierungen zeigen sich desweiteren in der Zunahme mehrdeutiger Mimik bei Patient oder Therapeut, aber auch als Bestandteile emotionaler Prozeßmuster.

5.5.2.1 Freude und Ekel als Indikatoren für einen Nähe-/Distanzkonflikt

Das gemeinsame Auftreten von Freude und Ekel innerhalb der gleichen Stunde, innerhalb von Prozeßmustern oder als Blende aus beiden Affekten kann als Hinweis auf einen Konflikt zwischen dem Wunsch nach Nähe und dem nach Distanz angesehen werden. Der Wunsch nach Nähe wird dem Interaktionspartner durch das Freudesignal mitgeteilt, das Eingehen auf diesen Wunsch, z.B. dadurch, daß auch der Partner lächelt und sich zuwendet, kann aber sehr schnell den Sollwert für die gewünschte Nähe überschreiten. Dem so entstandenen Regulationsbedarf kann interaktiv durch das Zeigen von Ekel nachgekommen werden.
Patientin PDBw ist ein Beispiel für die interaktive Inszenierung des von ihr beschriebenen Konfliktes. Der häufigste Wunsch von Patientin PDBw ist der nach Hilfe, er wird allerdings im Zusammenhang mit Therapeuten aus vorhergehenden Behandlungen geäußert, denen sie „vertraut" hat, von denen sie aber „enttäuscht" wurde. Von einem Therapeuten wurde sie nach ihren Angaben sexuell mißbraucht. Die in der aktuellen Behandlung mitlaufende Kamera wird von ihr aus diesem Grund auch als Schutz vor erneutem Mißbrauch erlebt. Die Ambitendenz gegenüber dem aktuellen Therapeuten zeigt sich aber auch in den von Stunde zu Stunde alternierenden Einstellungen ihm gegenüber. Etwa die Hälfte der Stunden beginnt die Patientin mit dem Therapeuten zugewandtem Verhalten, während sie in den restlichen Stunden zu Beginn schweigt oder dem Therapeuten Vorwürfe hinsichtlich seiner Vertrauenswürdigkeit und Loyalität macht. In den ersten Stunden reagiert der Therapeut mit Maskierungen von Angst, in den späteren Stunden mit Maskierungen von Ärger, während gleichzeitig seine Verachtungsmimik zunimmt. Auch die in der 1. Stunde zu beobachtenden positiv reziproken Muster aus echter Freude von beiden, treten im weiteren Verlauf der Behandlung nicht mehr auf. Die Ekelmimik der Patientin nimmt im Verlauf der Therapie zwar ab, allerdings tritt ein Phänomen auf, das bereits weiter oben als Indikator für einen Nähe-/Distanzkonflikt interpretiert wurde. Die Ekelmimik der Patientin korreliert nämlich vor allem in der zweiten Hälfte der Therapie positiv mit der Freudemimik des Therapeuten. Der Konflikt der Patientin ist also in der zweiten Hälfte der Behandlung auch in der Beziehung zum Therapeuten wiedererkennbar. Die interaktive Aktivierung des Konflikts geht mit gesteigerter Angstmimik und gesteigertem Angsterleben einher. Die Konfliktaktualisierung führt allerdings nicht zu dem von der Patientin befürchteten Loyalitätsverlust. Die Behandlung wird zwar als wenig erfolgreich eingeschätzt, angesichts der massiven Ekelmimik und den von ausgeprägter Verachtungsmimik begleiteten Anfeindungen durch die Patientin ist es jedoch bemerkenswert, daß eine Beziehung überhaupt aufrechtzuerhalten war und ein therapeutischer Prozeß in Gang kam. Letzteres zeigt sich z.B. in der Reduktion des Leitaffekts Ekel, der Zunahme der Angstmimik und des Angsterlebens auf seiten der Patientin und des sich steigernden Interesses bei Patientin und Therapeut. Der zugrundeliegende und auch in der Beziehung zum Therapeuten zu beobachtende Konflikt ist aber im Rahmen der 15-stündigen Behandlung nicht auflösbar, was sich auch in einem ansteigenden Trend der Verachtungsmimik des Therapeuten andeutet, die in der letzten Stunde zum Leitaffekt wird.

In den von Patientin VTAD geäußerten Wünschen „mich schützen, abgrenzen und Raum für mich haben 66,6 %" und „Nähe; Gemeinsamkeit mit anderen 33,3 %" bildet sich ein Nähe-/Distanzkonflikt ab. Konsistent zur Annahme eines solchen Konflikts sind die von ihr am häufigsten gezeigten Affekte Freude und Ekel, die ab der 5. Stunde auch vermehrt in Form von Blenden auftreten und in der letzten Stunde vor Abbruch der Therapie ein Maximum

erreichen. Auf Seiten der Therapeutin bildet sich der Konflikt in zunehmendem Erleben von Verachtung und Ärger ab.
Die Verachtung der Therapeutin und ebenso die der Patientin kulminieren in der 4. Stunde in einer Verachtungsreziprozität, die bei beiden mit einer erheblichen Reduktion der Freudemimik einhergeht.
Die Verachtungsmimik der Therapeutin korreliert im Verlauf positiv mit der Trauermimik und dem Trauererleben der Patientin. Die durch Verachtung signalisierte Entwertung und Distanzierung zeigt also ihre Wirkung bei der Patientin. Ein umgekehrter Zusammenhang ist natürlich auch in der Art denkbar, daß die Therapeutin den durch Trauer signalisierten Wunsch nach einer Intensivierung der Beziehung mit Verachtung beantwortet. Bemerkenswert im Hinblick auf einen Nähe-/Distanzkonflikt ist das Alternieren zwischen positiver Mimik in der 9. Stunde, in der die höchste Anzahl synchroner Duchenne Smiles von allen Therapien auftritt, und ausgeprägter Ekel- und Ärgermimik der Patientin in den beiden letzten Stunden. Die dyadischen Prozeßmuster in der letzten Stunde geben den Konflikt im Bereich der Nähe-/Distanzregulierung ebenfalls wieder, sie beinhalten neben Freudemimik von beiden jeweils auch Ekelmimik der Patientin.

5.5.2.2 Ärger und Trauer als Indikatoren eines Konflikts zwischen Autonomie und Bindung

Der Konflikt zwischen Autonomie und Bindung besteht darin, daß ausgeprägte Bindungswünsche und deren faktische oder phantasierte Realisierung die Autonomie einschränken. Neben der Freude als Emotion, die im sozialen Kontext Bindungsverhalten fördert, spielen vor allem Ärger und Trauer eine zentrale Rolle. Sie treten im Umfeld der Autonomiebestrebungen auf. Ärger fördert die Autonomie und Unabhängigkeit vom Objekt, auf das sich die Bindungswünsche richten. Die durch den Ärger gewonnene Unabhängigkeit vom Objekt mobilisiert die Emotion Trauer, deren Funktion darin besteht, das verlorene Objekt wiederzugewinnen. Vor diesem Hintergrund werden die Ergebnisse zu Therapie PDBm und PDPA beschrieben.

Therapie PDBm ist ein weiteres Beispiel für die interaktive Implementierung des Patientenkonflikts, mit dem Unterschied, daß sich das konfliktive, dyadische Beziehungsmuster nicht erst im Verlauf der Therapie entwickelt, sondern von Beginn an auftritt. Patient PDBm gelingt die Umsetzung und Integration seiner häufigsten Wünsche „akzeptiert werden und gemocht werden 40 %“ und „unabhängig und autonom sein (woanders neu anfangen) 30 %“ in seinem sozialen Umfeld nicht. Er wird von seinem Vater nicht akzeptiert, sondern erlebt Ablehnung; sein Freund verläßt ihn. Der Patient möchte auch die Verantwortung für die Mutter „loswerden“, lebt aber weiterhin zu Hause. Im interaktiven Verhalten während der Therapie bildet sich der Wunsch nach Akzeptanz und Zuneigung nicht ab, da der Patient fast keine positiven Affekte signalisiert, vielmehr ist sein Verhalten in außergewöhnlich hohem Ausmaß von Ekelmimik bestimmt. Die Funktion des Ekels besteht einerseits in einer Abwehr die Aktivierung gefürchteter Beziehungsmuster, andererseits drückt sich dadurch in der Interaktion zum Therapeuten der Wunsch nach Distanz aus. Es fällt dem Therapeuten schwer, angesichts dieses Ausmaßes an Distanzierungssignalen eine positive Beziehung zum Patienten zu entwickeln, obwohl der Wunsch danach besteht, was sich auch darin zeigt, daß er von allen Therapeuten das größte Ausmaß an Trauermimik aufweist. Seine Leitaffekte sind aber vor allem Ärger und Verachtung. Der Einfluß des Patienten auf den Therapeuten zeigt sich auch darin, daß sein Verachtungs- und Ärgererleben mit der Ekelmimik des Patienten korreliert. Positive dyadische Prozeßmuster treten demgegenüber nur in einer einzigen Stunde auf. Die gleichzeitige Angst vor Nähe und vor Trennung bildet sich auch deutlich in der dyadischen Zusammenhangsstruktur der Mimik von Patient und

Therapeut ab. Es besteht nebeneinander eine Reziprozität für den Affekt Ärger und den Affekt Trauer, die auf seiten des Patienten mit Angst und Angsterleben sowie mit Verachtungsmimik einhergehen. Der Konflikt zwischen Autonomie und Bindung bildet sich im Fall dieses Patienten lediglich in vermittelten Reziprozitäten zwischen den Affekten Ärger und Trauer ab. Eine Freudereziprozität wie in den anderen unten besprochen Therapien (siehe „Interaktive Verstrickung"), die über die Stunden hinweg erhalten bleibt, besteht aber nicht.

Der häufigste Beziehungswunsch von Patientin PDPA ist der nach Autonomie, sie zeigt aber fast keine distanzerhöhenden Affekte. Innerhalb der Therapie beantwortet sie die Fragen nach ihrem Befinden mit einem Lächeln und der Aussage, daß es ihr „eigentlich ganz gut" ginge. An Hand der Eintragungen in das standardisierte Tagebuch läßt sich aber nachvollziehen, daß sie sich durch ihre Angst sehr stark eingeschränkt fühlt und eine zunehmende Hoffnungslosigkeit erlebt. Der Therapeut geht auf das durch Lächeln ausgedrückte Angebot, sie zu schonen, ein, indem er das Lächeln erwidert. Die Patientin erreicht so ihr kurzfristiges Ziel nach Schonung, kommt aber der gewünschten Autonomie nicht näher. Das zeigt sich darin, daß das von ihr gezeigte Lächeln zwar mit dem Erleben von Freude, aber auch mit dem von Verachtung korreliert. Dieser Zusammenhang ist bereits in Blenden aus Freude und Verachtung vorweggenommen, die sie in der ersten Stunde zeigt. Auch beim Therapeuten finden sich Anzeichen für die ambivalente Bewertung des Lächelns der Patientin. Nicht nur seine Freudemimik, sondern auch seine Verachtungsmimik korreliert positiv mit der Freudemimik der Patientin. Die positiven Signale der Patientin gehen also nicht nur mit einer positiv reziproken Reaktion des Therapeut einher, sondern auch mit einer entwertenden. Diese im interaktiven Verhalten beobachtbaren affektiven Reaktionen werden im Verlauf der Therapie nach und nach auch vom Therapeuten bewußt erlebt. Der Therapeut ärgert sich im Verlauf der Therapie mehr und mehr über sein Eingehen auf die Lächelangebote, was sich ebenfalls bereits in der ersten Stunde in Form eines dyadischen Prozeßmusters mit Ärgermimik des Therapeuten zeigt. Bemerkenswert ist, daß nicht die Patientin die Mehrzahl der Lächelmuster beginnt, sondern der Therapeut. Und es sind nur die von der Patientin begonnenen synchronen Lächelereignisse, die von Ärgermimik des Therapeuten gefolgt werden. Diese korrelierten aber auch, wie weiter oben gezeigt wurde, negativ mit dem Therapieerfolg.
Auch die Patientin zeigt Ärger, der vor allem in zwei Stunden reziprok zum Ärger des Therapeuten auftritt. Obwohl die Patientin nur selten Ärger zeigt, hat schon dieser Ärgerausdruck positive Konsequenzen für ihr Selbstwerterleben. Der autonomiefördernde Affekt Ärger der Patientin ist mit ihrem Wunsch nach Selbstständigkeit konsistent, was sich in der mit dem Ärgerausdruck einhergehenden Reduktion ihres Schamerleben zeigt. Dennoch ist ihr Konflikt dadurch nicht nachhaltig gelöst, zum ersten ist ihr Ärger in ein für einen Autonomie-/Bindungskonflikt prototypisches emotionales Prozeßmuster mit Angst eingebunden, das oben bereits beschrieben wurde. Und zum zweiten geht der Ärger des Therapeuten mit Angst- und Trauermimik auf seiten der Patientin einher. Auf den drohenden Objektverlust reagiert sie also mit Angst und dem Signalisieren des Wunsches nach einer Intensivierung der Beziehung.

5.5.2.3 Interaktive „Verstrickung"

Im Vergleich mit den restlichen Therapien sind die Therapien PDPA und Therapie VTEP durch ausgeprägte Zusammenhänge zwischen dem Verhalten von Patientin und Therapeut zu charakterisieren. Auf die „Verstrickung" der Problematik der Patientin mit dem therapeutischen Angebot in Therapie VTEP wurde bereits im Zusammenhang mit der hohen Anzahl dyadischer Prozeßmuster hingewiesen. Die Patientin klagt über Partnerschaftsprobleme, insbesondere Angst vor Partnerschaft. Sie hat mehrere Abtreibungen durchführen lassen. Der Therapeut formuliert als eines der Therapieziele: „Verbesserung der Einsichtsfähigkeit in ihre interpersonellen Verstrickungsmuster, insbesondere unter Nutzung der therapeutischen Beziehung". In dieser Hinsicht kann die Therapie als gelungen betrachtet werden, da sie die höchste Anzahl an dyadischen Beziehungsmustern von allen aufweist. Die interaktive Verstrickung wird jedoch nicht aufgelöst, vielmehr treten mehr und mehr Anzeichen für eine interaktive Inszenierung ihrer Problematik in der Beziehung zum Therapeuten auf. Die interaktive Implementierung der Nähe-/Distanzproblematik bildet sich auch im Erleben der Patientin ab. Sie erlebt sich als distanzierter und wünscht sich auch mehr Distanz zum Therapeuten, als es der Therapeut tut. Die Anzahl der Beziehungsmuster nimmt im Verlauf der Behandlung nicht ab. Die dyadischen Prozeßmustern ändern jedoch ihre Qualtität. Während der Therapeut in der ersten Stunde vor allem mit Freude und Überraschung involviert ist, sind es in der letzten Stunde neben Freude vor allem Ekel und Ärgermaskierungen. Auch in den dyadischen Struktogrammen sowie den Maskierungen und Blenden bildet sich eine konflikthafte Beziehungregulation ab. Neben der positiven Reziprozität, die sich in einer gemeinsamen Variation der echten Freude zeigt, treten auch Kovariationen im Bereich Ärger und Verachtung auf, die auf seiten der Patientin mit dem Ausdruck von Trauer und Schulderleben einhergehen. Es gelingt also nicht, die „Verstrickung" im Verlauf der Therapie aufzulösen, was sich vor allem in den Prozeßmustern der letzten Stunde ausdrückt. Im emotionalen Erleben und in den Erfolgsratings drückt sich der negative Anteil der Beziehung nicht aus, vielmehr gehen die ausgesprochen guten Erfolgsratings von Patientin und Therapeut auf die „gute" Beziehung zurück, die in dem beschiebenen hohen Ausmaß an positiver Reziprozität zu sehen ist. Die Patientin idealisiert den Therapeuten über den gesamten Verlauf der Behandlung, sie schreibt ihm in keiner einzigen Stunde auch nur das geringste Ausmaß an den negativen Affekten Ärger, Ekel oder Verachtung zu.

5.5.2.4 Eine kompensatorische Reaktion auf Wünsche nach Nähe und Schonung

Der eigentliche Konflikt von Patientin VTKO, der um die Unzufriedenheit mit ihrer Partnerschaft zentriert ist, zeigt sich erst im zweiten Teil der Therapie; zunächst ist sie vor allem damit beschäftigt, möglichst wenig von sich preiszugeben, auch im Interesse ihres Ehemanns, der befürchtet, daß sie in der Therapie Schlechtes über ihn erzählen könnte. Eine Parallele zwischen der Beziehung zum Ehemann und der zum Therapeuten besteht in der Induktion von Ärger bei beiden. Durch die Tatsache, daß sie eine Therapie begonnen hat, verärgert sie den Ehemann, gleichzeitig induziert sie beim Therapeuten fortwährend Ärger dadurch, daß sie von ihren Problemen ablenkt und nichts preiszugeben versucht. Der Widerspruch im Verhalten der Patientin hinsichtlich ihrer Therapiemotivation zeigt sich auch darin, daß die von ihr gezeigte echte Freude in einem Zusammenhang zum emotionalen Erleben des Therapeuten steht, der nur in dieser Therapie auftritt. Die echte Freude der Patientin korreliert beim Therapeuten mit einer Reduktion seines Freudeerlebens und einem Anstieg an Ärger- und Ekelerleben. Auch der Therapeut versucht, die Belastung der Beziehung durch den Ärger zu begrenzen, was sich z.B. darin zeigt, daß sein Ärger von einem sozialen Lächeln gefolgt wird. Im Verlauf der Therapie gelingt es denn auch trotz der schwierigen beziehungsdynamischen Konstellation, erhebliche Veränderungen bei der Patientin herbeizuführen, die oben bereits detaillierter beschrieben wurden.

5.5.2.5 Die Abstinenz des Therapeuten PDBU

Patientin PDBU äußert vor allem den Wunsch nach Hilfe, die sie allerdings passiv erfahren möchte, auch in der Therapie. Sie erwartet genaue Anweisungen, was sie tun soll, um ihr Leben in den Griff zu bekommen und „wie durch ein Wunder geheilt" zu werden. Der

Therapeut kann und will aber diese Art Hilfe nicht leisten, vielmehr versucht er Einsichten über ihr Gefühlsleben und den Zusammenhang zur Symptomatik der Patientin zu gewinnen, was mimisch mit häufig gezeigter Überraschung und freudiger Überraschung einhergeht. Aber konsistent mit dem von der Patientin geäußerten Wunsch, erwartet sie gerade nicht einen überraschten und damit in ihren Augen hilflosen Therapeuten. Diese Bewertung des Vorgehens des Therapeuten äußert sich darin, daß sie auf die Überraschungsmimik des Therapeuten mit Verachtungsmimik reagiert.

Weder auf der Ebene der Affekthäufigkeiten, der dyadischen Zusammenhangsstrukturen, noch in den emotionalen Prozeßmustern finden sich Anzeichen für eine interaktive „Verstrickung" des Therapeuten. Es gelingt ihm also, seine verfolgte Strategie der therapeutischen Abstinenz weitgehend aufrechtzuerhalten. Das drückt sich auch in seinen kontrollierten Reaktionen auf die Duchenne Smiles der Patientin aus (siehe Seite 237). Allerdings zeigt er in der ersten und achten Behandlungsstunde wie die Patientin Ekel als Leitaffekt. Er ist also nicht gänzlich unbeeindruckt vom Verhalten der Patientin, läßt sich aber nur so weit darauf ein, wie es für das Verständnis der Patientin notwendig ist.

Die von der Patientin berichteten Schuldgefühle im Kontext der Eß-/Brechanfälle, die wiederum von Menschen ausgelöst werden, die ihr „auf die Pelle rücken", treten im Rahmen der Therapie als Korrelationen zwischen der Ekelmimik und dem Schulderleben der Patientin wieder auf.

Es gibt aber keine Hinweise dafür, daß der Ekel der Patientin mit Verhaltensweisen des Therapeuten in Verbindung steht oder dadurch ausgelöst wird, was im Rahmen der von ihr geschilderten Befürchtungen im Umgang mit Menschen naheliegend wäre. Das abstinente Verhalten des Therapeuten bewahrt die Patientin also weitgehend vor der interaktiven Reinszenierung ihres Konflikts in der therapeutischen Beziehung.

Dieses Verhalten des Therapeuten führt auch insoweit zu einem Erfolg, da die Patientin in der 8. Stunde detailliert von Zusammenhängen zwischen emotionalen Reaktionen, die durch unterschiedliche situative Gegebenheiten ausgelöst werden, und den damit einhergehenden Freß- und Brechanfällen berichtet. Ab dieser Stunde wird das mimisch-affektive Verhalten des Therapeuten deutlich positiver. Das der Patientin ändert sich jedoch nur wenig, ihre Verachtungsmimik geht etwas zurück. Am Ende der Therapie berichtet sie aber, daß die Häufigkeit ihrer Freßanfälle sich erheblich reduziert hat und sie sich noch nie „so gut gekannt hat wie jetzt" (siehe Einzelfallanalyse S. 234).

5.5.2.6 Dominanzregulation und der Wunsch „mächtig und zu einzigartig sein"

In Therapie PDHI besteht der zentrale Beziehungswunsch des Patienten darin, „mächtig und einzigartig" zu sein. Die Objekte beuten ihn aber aus, und er bleibt ausgelaugt und erschöpft zurück. Der Wunsch nach Einzigartigkeit und Macht steht auch im Widerspruch zu seinem dritthäufigsten Wunsch „möchte Hilfe zum Verständnis meiner Probleme" (19 %) und zu der durch die therapeutische Situation vorgegebenen Dominanzverteilung. Der Fokus der Behandlung besteht in der Bearbeitung der Tendenz des Patienten, sich von anderen ausbeuten zu lassen. Die Gefahr der Ausbeutung besteht in der aktuellen Therapie darin, daß der Patient sich für den Therapeuten und das Forschungssetting aufopfert und am Ende wiederum ausgelaugt zurückbleibt.

In der Einzelfallanalyse zeigen sich vor allem Verhaltensweisen, die mit dem Konflikt zwischen dem Wunsch nach Einzigartigkeit und der Dominanzverteilung in der therapeutischen Situation einhergehen. Schon in der ersten Stunde treten Muster aus Ärger des Patienten und des Therapeuten auf. Der Patient „unterwirft" sich jedoch der durch die therapeutische Situation vorgegebenen Dominanzverteilung, was sich in seinen unmittelbaren Reaktionen auf die Freudesignale des Therapeuten ausdrückt, die umgekehrt nicht mit der

oben beschriebenen Unmittelbarkeit beantwortet werden. Die Abhängigkeit des Patienten spiegelt sich auch darin wider, daß sein emotionales Erleben von Freude, Trauer und Verachtung hohe Zusammenhänge mit der Freudemimik des Therapeuten aufweist.
Die Diskrepanz dieser Abhängigkeit zu seinem zentralen Wunsch resultiert in einem vermehrten Ärgerausdruck. Der Patient zeigt am häufigsten von allen Patienten Ärger. Die Konflikthaftigkeit des Ärgers zeigt sich im vermehrten Auftreten von Angst, der Patient zeigt nach Patientin PDPA die größte Häufigkeit an Angst- und Trauermimik.
Der Ärger ist im Erleben des Patienten nicht repräsentiert, zumindest bestimmt er nicht das von ihm abgegebene Emotionsrating. Das geht darauf zurück, daß die emotionale Qualität der Beziehung zum Therapeuten nicht nur durch den Dominanzkonflikt bestimmt ist, sondern sich vor dem Hintergrund einer positiven Arbeitsbeziehung abspielt, die sich im gemeinsamen Zeigen von Freude ausdrückt. Auch wird die Ärgermimik in einigen Fällen durch Lächeln maskiert, was darauf hinweist, daß der Patient in der Lage ist, den Ärger zumindest teilweise zu kompensieren.
Neben der Thematik der Dominanz und Submission treten aber auch für die Problematik der Entwertung anderer und durch andere Hinweise in der Therapie auf. Eine zentrale Rolle für die Entwicklung dieses Themas ist in den im folgenden beschriebenen Verachtungsreziprozitäten zu sehen. Verachtungsreziprozitäten sind in vier der hier untersuchten Therapien aufgetreten und waren zumindest für erfolgreich verlaufende Therapien nicht erwartet worden, da Verachtung die therapeutische Beziehung belastet, vor allem wenn sie bei Patient und Therapeut reziprok auftritt. Dies zeigt sich auch in der vorliegenden Behandlung. Sowohl die Verachtungsmimik des Patienten als auch die des Therapeuten weist Zusammenhänge mit dem emotionalen Erleben des Interaktionspartners auf. Die Verachtungsmimik des Therapeuten korreliert positiv mit seinem Angsterleben, und die des Patienten positiv mit dem Ärgererleben des Therapeuten. Die Korrelation mit dem Angsterleben geht aber vor allem auf die erste Hälfte der Therapie zurück. Zusätzlich wird die Verachtungsreziprozität hauptsächlich von Maxima bei Patient und Therapeut in der vierten Stunde bestimmt. In dieser Stunde kulminiert also die wechselseitige Entwertung, was auf seiten des Patienten schon dadurch vorweggenommen wurde, daß er „vergessen" hatte, zur 3. Stunde zum vereinbarten Termin zu erscheinen und diese Stunde ausfiel.
In dieser Stunde und generell in den ersten Stunden der Therapie weist die Verachtungsmimik des Patienten keine überzufällige Kontingenz zu verbal-sprachlichen Inhalten auf. Die Verachtungsmimik in diesen Stunden bezieht sich also zumindest in Teilen auf die Beziehung zum Therapeuten oder auf den Patienten selbst.
Die Verachtungsreziprozität geht also vorwiegend auf eine oder wenige Stunden zurück, die im ersten Teil der Therapie liegen, und nimmt im Verlauf der Therapie ab. Die maximale Verachtung in der vierten Stunde kann als Ansatzpunkt für die weitere, erfolgreiche Bearbeitung der Entwertungsproblematik des Patienten angesehen werden.
Die weiterführende Analyse der Auftretenskontexte der Verachtungsmimik zeigt auf, daß die Verachtungsmimik des Therapeuten überzufällig häufig im Kontext von verbalen Inhalten und darin vorkommenden anderen Personen auftritt. Im Verlauf der Therapie entwickelt jedoch auch der Patient Kontingenzen zwischen seiner Verachtungsmimik und verbal-sprachlichen Inhalten, insbesondere zu Personen, die ihn „ausbeuten" (Benecke, 2000).
Der vom Therapeuten in der ersten Hälfte der Therapie häufig gezeigte Affekt Ekel kann nicht nur, wie oben angegeben, als Korrelat der Informationsverarbeitung diskrepanter mentaler Inhalte interpretiert werden, sondern spielt auch im interaktiven Feld zwischen Patient und Therapeut eine zentrale Rolle, da er sowohl mit dem Verachtungserleben des Therapeuten positiv als auch mit der Freudemimik des Patienten negativ korreliert. Wenn der Ekel jedoch schwierige, informationsverarbeitende Prozesse begleitet und die Thematik, wie in der

vorliegenden Therapie geschehen, sich um Entwertung zentriert, wäre ebenfalls eine Korrelation mit dem Erleben von Verachtung erklärbar.
Die Behandlung wird von beiden als Erfolg eingestuft, der sich im zweiten Teil der Behandlung in mehreren Maßen zeigt. Ab der 7. Stunde steigt das Freudeerleben des Patienten an. Parallel dazu bleiben jedoch Indikatoren eines Dominanzkonfliktes bestehen. Die Freudemimik des Therapeuten nimmt im zweiten Teil der Behandlung erheblich zu, allerdings zeigt auch der Ärger ansteigende Tendenz.

5.5.2.7 Aggressionshemmung nach intensivem Ärger (GTAD, PDMI)

Die beiden folgenden Therapien GTAD und PDMI zeichnen sich dadurch aus, daß zu Beginn der Therapie, in der ersten und zweiten Stunde, die mimische Affektivität im Vergleich zu den nachfolgenden Behandlungsstunden stark erhöht ist und vor allem Ärger sehr häufig gezeigt wird.
Im Fall von Patientin GTAD liegt ein möglicher Konflikt im nicht aufgelösten Widerspruch, der von ihr am häufigsten geäußerten Wünsche „meine Gefühle und Wünsche zeigen 45 %", „mich wehren 36 %" und dem Wunsch „anderen zu helfen 18 %". Der Konflikt äußert sich auch in den massiven Schuldgefühlen, die von der Patientin als Problem benannt werden. Der Wunsch, „Gefühle und Wünsche zu zeigen" und „mich wehren" wird im Verhalten nicht sichtbar. Die Patientin berichtet zwar, ein großes Ausmaß an Ärger zu erleben, ihr mimisch-affektives Verhalten ist aber fast ausschließlich von echter Freude bestimmt.
Die Therapeutin dagegen zeigt am häufigsten von allen Therapeuten Ärgermimik. Ein Anzeichen für die interaktive Implementierung des Konfliktes hinsichtlich des Ausdrucks von Ärger ist im hohen Ausmaß an Ärger- und Angstmimik in den ersten beiden Stunden der Behandlung zu sehen. Dies gilt sowohl für die Patientin als auch für die Therapeutin, für letztere jedoch auf einem um ein Vielfaches höheren Niveau. Die Therapeutin zeigt in der ersten Stunde 28 mal Ärgermimik und 9 mal Angstmimik. Hinzu tritt ein Maximum an Trauermimik. In Therapie GTAD finden sich Ärger-, Angst- und Trauerreziprozitäten nebeneinander. Sie ist ein Beispiel dafür, daß alle Reziprozitäten auf die erste und zweite Stunde der Behandlung zurückgehen, in denen neben der distanzerhöhenden Ärgerreziprozität die distanzreduzierende Trauermimik bei der Therapeutin auftritt. Der sich darin abbildende Konflikt zwischen Annäherung und Vermeidung geht mit beidseitigem Angstausdruck einher. Nach einem anfänglichen „Überschießen" dieser affektiven Reaktionen verläuft die Therapie weitgehend unauffällig und vorwiegend gekennzeichnet durch Freudemimik. Der sich anfänglich im interaktiven Verhalten abbildende Konflikt wird also nicht weiter bearbeitet. Am Ende der Therapie kommt es jedoch zu großen Diskrepanzen in der Erfolgseinschätzung. Die Therapeutin schätzt den Erfolg der Behandlung bei weitem besser ein, als es die Patientin tut.
Auch in Therapie PDMI wird zu Beginn der Therapie, hier vor allem in der ersten Stunde, bei weitem größere mimische Affektivität gezeigt als im weiteren Verlauf. Aus dem Transkript der ersten Stunde der Behandlung von Patientin PDMI lassen sich nach dem Verfahren von Luborsky (1977) keine für die Erstellung eines zentralen Beziehungskonfliktthemas notwendigen Beziehungsepisoden extrahieren. Das heißt, daß die Patientin nicht über Geschehen mit anderen Personen spricht oder daß Beziehungen zu anderen Personen für sie ohne Bedeutung sind. Letzteres ist unwahrscheinlich, da sie als Gründe für die Behandlung „Ehe- und Partnerprobleme" und „Kontaktprobleme" angibt. Das Therapieziel sieht sie darin „erwachsener, unabhängiger, selbstbewußter, froher, offener, belastbarer" zu werden. Die „Kontaktprobleme" der Patientin spiegeln sich innerhalb der Therapie in der Schwierigkeit wider, eine emotional positive Beziehung aufzubauen. Dies zeigt sich bereits in der ersten Behandlungsstunde in den von beiden gezeigten Blenden und emotionalen Prozeßmustern aus Freude, Verachtung und Ärger. Die Therapie hebt sich, wie oben schon erwähnt, von den

anderen dadurch ab, daß echte Freude nicht als dyadisches Muster auftritt und statt dessen beide soziales Lächeln als dyadisches Muster zeigen. Die erste Stunde ist auch charakterisiert durch maximale Verachtungsmimik auf seiten der Patientin und diese kompensierende Trauermimik der Therapeutin. Im Verlauf der Therapie treten nach und nach mehr positive dyadische Prozeßmuster auf, es besteht jedoch keine positive Reziprozität in den von Stunde zu Stunde gezeigten Häufigkeiten echter Freude. Die echte Freude der Patientin hat für die Therapeutin keine positive Signalqualität, was auch daran zu erkennen ist, daß ihr Schulderleben positiv mit der echten Freude der Patientin korreliert. Zeigt die Patientin jedoch negative Affekte, wie Ärger und Verachtung, ist das Schulderleben der Therapeutin reduziert. Vor allem sind aber auch die Freudesignale der Therapeutin ambivalent, was sich darin äußert, daß sie vermehrt in individuellen Prozeßmustern mit Ärger und Verachtung auftreten.
Statt der positiven Reziprozität besteht auch ein Zusammenhang zwischen der Verachtungsmimik der Therapeutin und der Ärgermimik der Patientin, die sie nach Freude als häufigsten Affekt zeigt. Einen Hinweis für die Interpretation dieses Zusammenhangs findet man in einem dyadischen Prozeßmuster aus Ärger, Freude und Verachtung, das bereits in der ersten Stunde auftritt. Der Ärger der Patientin führt in diesem Prozeßmuster zwar zunächst zu echter Freude der Therapeutin, endet aber in einer Verachtungsmimik der Therapeutin.
Diese Therapie ist ein Beispiel dafür, daß die Patientin den Erfolg der Behandlung bei weitem besser einschätzt, als es die Therapeutin tut. Diese Diskrepanz bildet sich auch im mimisch-affektiven Verhalten der beiden ab. Während die Patientin ab der 7. Stunde vermehrt Freude zeigt und erlebt, bleibt die Verachtungsmimik der Therapeutin unverändert. Nach und nach entwickelt sich zwar die oben beschriebene positive Reziprozität, jedoch vor dem Hintergrund von Verachtungsreziprozitäten.

6 Interpretation und Diskussion der empirischen Untersuchung

Die vorliegende Studie erbrachte neue und zum Teil unerwartete Ergebnisse im Hinblick auf die interaktiven, emotionalen Aspekte der therapeutischen Beziehung, die Rolle von Emotionen für Veränderungsprozesse und allgemeinpsychologische Fragestellungen. In der therapeutischen Situation ist die mimische Affektivität der Patienten und Therapeuten reduziert. Vor allem die Affekte echte Freude, Verachtung und Ekel treten bei den Therapeuten seltener auf als in den Kontrollgruppen. Die Patienten weisen ebenfalls eine Reduktion der echten Freude auf, sie zeigen jedoch mehr Ärger, Angst- und Überraschungsmimik als die Probanden der Kontrollgruppen. Obwohl die Patienten und Therapeuten ähnliche Unterschiede im Vergleich zu den Kontrollgruppen aufweisen, kann das mimisch-affektive Verhalten der Patienten und Therapeuten weiter unterschieden werden. Die Therapeuten zeigen im Mittel vor allem echte Freude, während die Mimik der Patienten vorwiegend von Verachtung, Ekel, Angst, Überraschung und Trauer bestimmt ist. Die Unterschiede zu den Kontrollgruppen sind vor dem Hintergrund hoher Varianzen zwischen den Therapien zu interpretieren. So konnten die Patienten nach dem Schweregrad ihrer Erkrankung und dem damit einhergehendem Anstieg negativer Affekte, vor allem des Ekels, und einer Reduktion der echten Freude charakterisiert werden. Darüberhinaus wiesen vor allem die Zusammenhänge im Ausdruck und Erleben von Angst und Überraschung Hinweise auf psychodynamische Prozesse im Bereich der Angst- und somatoformen Störungen auf. Ein zentrales Ergebnis für den psychotherapeutischen Prozeß, das auch den Ausgangspunkt der Analyse der Therapien im Verlauf darstellte, bestand darin, daß emotionale, interaktive Aspekte der therapeutischen Beziehung in der ersten Stunde mit dem nach der 15. Stunde eingeschätzten Therapieerfolg korrelierten. Zusätzlich zeigte sich, daß sich konflikthaltige Beziehungsthemen, die den weiteren Verlauf einiger Therapien bestimmten, bereits in der ersten Stunde in Form von mehrdeutiger Mimik und vor allem von Prozeßmustern im mikroprozessualen Verhalten andeuten. Festzuhalten ist vor allem, daß diese Verhaltensweisen in der ersten Stunde noch nicht bewußt erlebt werden, sondern innerhalb eines verdeckten Kommunikationssystems auftreten.

Daraus leitet sich eine notwendige Bedingung für den weiteren Verlauf der Behandlung ab, die darin bestand, daß zumindest Teile der konflikthaften Beziehungsthemen im Verlauf der Therapie erlebbar wurden, um sich im Anschluß daran zu ändern. Die erfolgreicheren Therapien wiesen demnach einen phasenhaften Verlauf auf. Allerdings änderte sich auch in den weniger erfolgreichen Therapien das dyadische Verhalten. Die Einzelfallanalysen zeigten aber, daß letztgenannte Veränderungen als eine Konfliktualisierung der therapeutischen Beziehung und damit als eine Schwächung der therapeutischen Beziehung zu interpretieren waren. In der abgebrochenen Behandlung werden am Ende z.B. keine synchronen Duchenne Smiles mehr gezeigt, das gleiche gilt für die als wenig erfolgreich eingeschätzte Behandlung PDBm.

Eine in mehreren Therapien beobachtbare Entwicklung bestand in der Zunahme von Ärgerausdruck und maskiertem Ärgerausdruck vor allem auf seiten der Patienten. Diese Entwicklung war sowohl in den erfolgreicheren wie in den weniger erfolgreichen Behandlungen zu beobachten. Die Mobilisierung des Ärgers im Verlauf der Behandlung kann mit den Zielen der Patienten übereinstimmen, z.B. wenn diese darin bestehen, assertiveres Verhalten zu zeigen, wenn der Ärger jedoch ausschließlich durch das Verhalten der Therapeut ausgelöst wird, ist die Prognose eher ungünstig. Bemerkenswert ist, daß sich der Anstieg der Ärgermimik in den wenigsten Therapien auch im Erleben der Probanden abbildet und sich vor einer vordergründig positiven Mimik abspielt, die zum Teil sehr ausgeprägt ist.

Verdichtet bilden sich kognitiv-affektive Prozesse und beziehungsregulierende Prozesse vor allem in den individuellen und dyadischen Prozeßmustern aus mimisch gezeigten Emotionen ab. Auf dieser Analyseebene können die für die Therapien typischen Beziehungsmuster und die Reaktionen der Therapeuten auf die Beziehungsangebote der Patienten im Mikroverhalten beobachtet werden. Hier bietet sich ein Einblick in die unwillkürlich ablaufenden Kommunikationsprozesse, die einen Großteil der Qualität der therapeutischen Beziehung bestimmen und auch zum Therapieerfolg in Beziehung stehen.
Um ein Verständnis des therapeutischen Prozesses zu erlangen, ist es unerläßlich, die zehn Therapien auch in Form von Einzelfallanalysen zu untersuchen. Zwar ergeben sich schon auf der Ebene von über die Therapien aggregierten Maßen bedeutsame Ergebnisse, z.B. hinsichtlich des Unterschiedes zu Alltagssituationen, die Bedeutung dieser Ergebnisse für die einzelnen Therapien erschließt sich aber erst, wenn man sie im Kontext der übrigen die Therapien beschreibenden Maße betrachtet.
Im Folgenden werden die Ergebnisse im Hinblick auf unterschiedliche Funktionen des mimisch-affektiven Verhaltens aus allgemeinpsychologischer Sicht, aber vor allem im Hinblick auf ihre besondere Funktion im psychotherapeutischen Prozeß diskutiert (siehe Tabelle 32).

Tabelle 32: Indikatoren im mimisch-affektiven Verhalten in der therapeutischen Situation

- Der *positive emotionale Aspekt der therapeutischen Beziehung* bildet sich vor allem in positiven, lokalen und vermittelten Reziprozitäten ab. Diese sind eine notwendige, aber nicht hinreichende Voraussetzung für therapeutischen Erfolg.
- Indikatoren der *emotionalen Selbst- und Beziehungsregulation* sind in den Ausprägungen einzelner Affekte, dem Affektprofil, individuellen und dyadischen emotionalen Prozeßmustern, aber auch in den intra- und interindividuellen Korrelationen zwischen Affekten zu sehen. Diese Maße beinhalten Hinweise auf adaptive, aber auch maladaptive emotionale Reaktionsweisen der Patienten und Therapeuten.
- Die *Wahrnehmung schemadiskrepanter Informationen* als Voraussetzung für *Veränderungsprozesse* bildet sich in der Zusammenhangsstruktur zwischen Ausdruck und Erleben von Angst und Überraschung ab.
- Die interaktive Implementation *maladaptiver Beziehungsangebote* der Patienten bildet sich in negativen Leitaffekten, Blenden aus Affekten und individuellen Prozeßmustern ab. Sie ist jedoch nur als dyadischer Prozeß zu verstehen (s. Seite 207).
- Indikatoren für die *Reaktionen der Therapeuten* auf die maladaptiven Beziehungsangebote finden sich bereits in der ersten Stunde in den Leitaffekten, Blenden aus Affekten, dyadischen Mustern, aber auch den individuellen Prozeßmustern der Therapeuten.
- Die *dyadische Konfliktaktualisierung* im Verlauf der Therapie bildet sich in Form negativer vermittelter Reziprozitäten (wie z.B. Verachtungsreziprozitäten, Anstieg der Ärgermimik s.o.) und der Angstmimik als Indikator für eine Konfliktreaktivierung ab. Innerhalb einzelner Therapiestunden treten Indikatoren einer interaktiven Konfliktimplementierung in Form von dyadischen Prozeßmustern mit konfligierenden Emotionen auf.
- Die *Qualität des therapeutischen Prozesses* hängt weitgehend davon ab, inwieweit die in der Beziehung aktualisierten Konflikte erkannt und bearbeitbar werden.

Insbesondere werden einzelne Aspekte der Beziehungsgestaltung vor dem Hintergrund des im Theorieteil vorgestellten Modells zur mentalen Modellierung und Beziehungsregulation im psychotherapeutischen Prozeß diskutiert. Der *positive emotionale Aspekt der therapeutischen Beziehung* (Orlinsky et al., 1994) bildet sich vor allem im synchronen Zeigen echter Freude ab, das auch die höchsten Korrelationen mit dem berichteten Erleben von Freude aufweist. Das synchrone Auftreten von Duchenne Smiles kann als Indikator für die positive Qualität der therapeutischen Beziehung angesehen werden. Jedoch ändert sich diese Bewertung, wenn das Ausmaß an synchronen Duchenne Smiles zu groß wird, was sich auch in der ambivalenten Bewertung der synchronen Duchenne Smiles durch die Therapeuten ausdrückt. Wie die negative Korrelation mit dem Therapieerfolg zeigt, können auch diese positiven Muster ein

Eingehen der Therapeuten auf Beziehungswünsche der Patienten widerspiegeln, das die Entwicklung des therapeutischen Prozesses im Hinblick auf die Bearbeitung konfliktiver Themen behindert. An die Stelle der angstauslösenden Bearbeitung konfliktiver Themen tritt eine „Schonungshaltung“ des Therapeuten gegenüber dem Patienten. Die daraus entstehende positive Beziehung wird jedoch nur für einen begrenzten Zeitraum positiv bewertet werden, da Veränderungen der Probleme der Patienten dadurch nicht erreicht werden können.

Über die positive emotionale Beziehung hinaus treten weitere Verhaltensweisen im Bereich negativer Affekte auf, die weder vom Patienten noch vom Therapeuten selbst unmittelbar reflektiert werden. Ein wesentlicher Anteil des impliziten Beziehungsangebotes der Patienten ist darin zu sehen, welchen Affekt sie mimisch am häufigsten und mit welcher Ausprägung zeigen. Die Reaktionen der Therapeuten können ebenfalls bereits auf der Ebene der Leitaffektvariablen beobachtbar sein, z.B. in Form negativer oder stark ausgeprägter positiver Leitaffekte. Die individuellen und dyadischen Prozeßmuster aus Emotionen stellen einen weiteren Zugang zu selbst- und beziehungsregulierenden emotionalen Prozessen dar. In ihnen bilden sich mehrere der genannten Aspekte ab, wie die emotionale Qualität der therapeutischen Beziehung, aber auch maladaptive Muster der Patienten und Reaktionen der Therapeuten auf die Beziehungsangebote. Je mehr dyadische Prozeßmuster auftreten, desto größer ist die Wahrscheinlichkeit, daß auch das Therapeutenverhalten dem maladaptiven Muster folgt. Von den Patienten erfolgreich induzierte maladaptive Beziehungsmuster zeigen sich also vor allem in dyadischen Prozeßmustern, die negative Affekte beinhalten, die mit konfliktiven Aspekten in Beziehung stehen. Die einzelnen Funktionen können also auch in Wechselwirkung zueinander stehen, z.B. wenn der Therapeut so auf die Beziehungsangebote des Patienten reagiert, daß eine Aufrechterhaltung einer emotional positiven Beziehung zum Patienten nicht mehr möglich ist.

Ein Verständnis für den Verlauf der Behandlung kann aber nur im Sinne der Indikatorenforschung erzielt werden, da es sich hier um ein komplexes dynamisches Geschehen handelt (Leuzinger-Bohleber, 1989), das die Interpretation einzelner Indikatoren auf dem Hintergrund des gesamten Wissens um eine Behandlung erfordert. In den folgenden Abschnitten wird auf Indikatoren für die genannten Prozesse genauer eingegangen.

Während bisherige Verfahren zur Erhebung maladaptiver Beziehungsmuster und der Qualität der therapeutischen Beziehung vorwiegend auf verbalen Berichten der Patienten oder auf Ratingverfahren beruhen, wurde in der vorliegenden Arbeit das tatsächliche interaktive Verhalten von Patienten und Therapeuten im Verlauf über die gesamte Behandlung erhoben. Die Analyse des mimisch-affektiven Verhaltens zeigte auf, daß das nonverbale Verhalten von Patienten und Therapeuten als Indikator für die in Tabelle 32 genannten Funktionen verwendet werden kann. Zum Teil findet man bereits in den ersten Stunden Anzeichen für die aufgezählten Funktionen im mimisch-affektiven Verhalten. So treten auch bei den Therapeuten negative Leitaffekte auf, und konfliktive Themen der gesamten Behandlung werden in emotionalen Prozeßmustern vorweggenommen. Diese Sonderstellung der ersten Behandlungsstunde drückt sich auch in den Zusammenhängen zum Therapieerfolg aus.

Über den Verlauf der Behandlungen treten Indikatoren für die Konfliktaktualisierung auf, z.B. in der Art der Kovariation des Patienten und Therapeutenverhaltens oder in Änderungen der affektiven Qualität der Leitaffekte aber auch der emotionalen Prozeßmuster. Auf der Ebene des interaktiven Verhaltens bilden sich unterschiedliche Konflikttypen in Kovariationen bestimmter Affekte ab. So sind Freude und Ekel als indikativ für Nähe-/Distanzkonflikte anzusehen und Ärger und Angst, sowie Freude und Trauer, im Kontext von Konflikten zwischen Autonomiebestrebungen und Bindungswünschen.

Die folgenden Kapitel orientieren sich an den in Tabelle 32 angegebenen Funktionen. Begonnen wird mit der Interpretation und Diskussion der Unterschiede zwischen der therapeutischen Situation und der Alltagssituation, sowie dem Einfluß der Erkrankung auf das mimisch-affektive Verhalten von Patient und Therapeut. Danach werden die Zusammenhänge zwischen affektiven Indikatoren der Qualität der therapeutischen Beziehung und dem therapeutischen Erfolg zusammengefaßt. Im Anschluß daran werden die vor allem in Kap. 5.3.5 beschriebenen und analysierten Indikatoren für selbstregulative, beziehungsregulierende und veränderungsbezogene Prozesse im mimisch-affektiven Verhalten diskutiert. Gesondert wird dabei auf die Implementation maladaptiver Beziehungsmuster in der Beziehung zum Therapeuten, die dyadische Konfliktaktualisierung, deren Entwicklung im Therapieverlauf und den therapeutischen Prozeß eingegangen.

6.1 Die therapeutische Situation und Indikatoren der Erkrankung

6.1.1 Nähe-/Distanzregulation und die Freudemimik

Die deutlichsten Unterschiede zwischen der Alltagssituation und der therapeutischen Situation traten für die beziehungsregulierenden Affekte Freude, Ekel und Verachtung auf. Nicht alleine die Freudemimik der Patienten ist reduziert, sondern auch die der Therapeuten. Die Reduktion gegenüber den Kontrollgruppen wird vor allem im dyadischen Maß der synchronen Duchenne Smiles deutlich. Die Reduktion der synchronen Duchenne Smiles ist zusammen mit der generellen Reduktion der Freudemimik als Indikator für die Konflikthaftigkeit der in der Therapie realisierten Beziehung und die meist negativen selbstrelevanten Themen der Patienten zu verstehen. Die Art der Beziehungsgestaltung wird von weiteren Einflußfaktoren bestimmt. Neben dem Einfluß der Schwere der Erkrankung beeinflussen die Geschlechterzusammensetzung der Dyaden, die vom Therapeuten verfolgte Strategie und seine Gegenübertragungsbereitschaft (Thomä und Kächele, 1988) die schlußendliche Form der Implementation des Beziehungskonflikts in der therapeutischen Situation. Daß es sich hierbei um dyadische Prozesse handelt, wird daran deutlich, daß nicht nur das mimisch-affektive Verhalten der Patienten, sondern auch das der Therapeuten gegenüber den Kontrollgruppen verändert ist. Dieses Phänomen wurde in ähnlicher Weise bereits bei Laien im Gespräch mit psychisch Erkrankten beobachtet (Steimer-Krause et al., 1991; Krause, 1998).

Der Unterschied zu Alltagssituationen wird besonders deutlich in der Art, wie in der Therapie, insbesondere in den gemischtgeschlechtlischen Dyaden, auf positive Beziehungsangebote reagiert wird. Die männlichen Therapeuten zeigen ihren weiblichen Patientinnen gegenüber deutlich weniger Freudemimik als es gesunde Männer im Gespräch mit Frauen tun. Gesunde Männer zeigen im Gespräch mit weiblichen Gesprächspartnerinnen mehr Freudeausdruck als im Gespräch mit Männern. Der Anstieg des Freudeausdrucks in Gesprächen zwischen gesunden Männern und Frauen ist vor allem auf verstärktes Werbeverhalten oder „charming behavior" (Tramitz, 1990) der männlichen Probanden gegenüber ihren Interaktionspartnerinnen zurückzuführen (Frisch, 1997). Die männlichen Therapeuten mit weiblichen Patientinnen zeigen dieses Werbeverhalten nicht. Lediglich Therapeut VTEP fällt durch eine Verdopplung der Freudemimik gegenüber den anderen Therapeuten auf, was mit einer Idealisierung durch die Patientin einhergeht. Diese ermöglicht zwar eine kurzfristige Symptomverbesserung, führt aber langfristig zum Mißerfolg (Bachrach et al., 1991). Die Abnahme der Freudemimik ist demnach durch den Einfluß der Krankheit, das fehlende Werbungsverhalten der Therapeuten mit der Konsequenz des Ausbleibens einer reziproken Reaktion der Patientinnen und das Besprechen selbstrelevanter, meist negativer Themen zu erklären. Die Reduktion der Freudemimik bedeutet demnach nicht, daß die Reduktion der Freudemimik generell mit einer Schwächung der Beziehung zwischen Patient und Therapeut einhergeht. Vor allem die selten auftretenden synchronen Duchenne Smiles indizieren positive Aspekte der Beziehung, auf die unten eingegangen wird. Auch treten große fallspezifische Unterschiede in Abhängigkeit von der Geschlechterzusammensetzung der Dyaden auf, die sich vor allem in den dyadischen Leitaffekten abbilden. Zusätzlich zeigt sich, daß die

Trauermimik, die eine Schwächung der Beziehung zum Objekt indiziert, nicht etwa, wie erwartet werden könnte, ansteigt, sondern geringer ist als in den Kontrollgruppen (s.u.).
Die dyadischen Leitaffekte in den Therapien sind zwar in den ersten Stunden der Therapien tendenziell negativer als in den Kontrollgruppen, was vor allem für männliche Therapeuten mit weiblichen Patientinnen gilt. In den drei Therapien mit weiblichen Therapeutinnen und Patientinnen sind die dyadischen Leitaffekte in allen Stunden bis auf eine aber reziprok positiv, was neben dem Geschlecht auf weitere Einflußgrößen zurückzuführen ist. So wurde keine der Patientinnen der Gruppe schwerer Erkrankungen zugeordnet. Zwar zeigen in diesen Therapien beide als häufigsten Affekt echte Freude, jedoch wird sie nicht immer auch positiv evaluiert, sondern korreliert in einer Therapie sogar negativ mit dem Freudeerleben der Therapeutin.
Im Vergleich mit den Kontrollgruppen muß auch der Einfluß des Therapieverlaufs berücksichtigt werden, der einen Einfluß auf die dyadischen Leitaffekte hat. Bezieht man alle Therapiestunden in den Vergleich mit den Kontrollgruppen ein, besteht kein signifikanter Unterschied mehr zur Alltagssituation. Die Patienten und einige Therapeuten zeigen im Verlauf der Therapie nach und nach positivere Leitaffekte. Diese Veränderung der Patienten in Richtung auf eine positivere Mimik weist auch einen signifikant positiven Zusammenhang zum Therapieerfolg auf, wie er von den Patienten selbst eingeschätzt wurde.
Wenn auch die dyadischen Leitaffekte bei Einbezug der gesamten Therapieverläufe denen in den Kontrollgruppen ähneln, muß dennoch berücksichtigt werden, daß sich die so beschriebene positive Reziprozität auf deutlich niedrigerem Niveau als in den Kontrollgruppen ereignet. Auch darf nicht vergessen werden, daß in einem Teil der Therapien vorwiegend negative und/oder kompensatorische dyadische Leitaffekte während des gesamten Verlaufs der Behandlungen gezeigt wurden. Dies war vor allem in den Therapien mit schwer erkrankten Patienten der Fall, worauf weiter unten noch eingegangen wird.
Ungeachtet der Reduktion positiver mimischer Signale im Vergleich zur Alltagssituation, stellen die synchronen Duchenne Smiles einen wichtigen Indikator für die positive Qualität der therapeutischen Beziehung dar. Zwar ist die Anzahl dieser ohnehin seltenen Ereignisse in Psychotherapien in erheblichem Umfang reduziert. Es zeigt sich jedoch, daß die selten auftretenden synchronen Duchenne Smiles für die emotionale Qualität der therapeutischen Beziehung von zentraler Bedeutung sind. Es bestehen hohe Zusammenhänge zur Einschätzung der Qualität der therapeutischen Beziehung, zu der von den Patienten erlebten Freude und zum Therapieerfolg. Die schiere Häufigkeit synchron gezeigter positiver Emotionen gewährleistet allerdings noch keinen erfolgreichen therapeutischen Prozeß, wie die Zusammenhänge zum therapeutischen Erfolg belegen (siehe Seite 132), genausowenig wie eine Zunahme der Freudemimik der Patienten in allen Fällen auch als Indikator für eine erfolgreiche Therapie zu werten ist.
Ein auch aus emotionspsychologischer Sicht wichtiges Ergebnis besteht darin, daß nur Duchenne Smiles in fast allen Therapien häufiger als erwartet synchron gezeigt werden, während soziales Lächeln lediglich in einer Therapie als emotionales Prozeßmuster auftritt. Das ist ein Beleg dafür, daß Duchenne Smiles eine eindeutig positive emotionale Signalqualität aufweisen, die als Indikator für den emotional positiven Zustands des Gesprächspartners wahrgenommen wird und reziproke Reaktionen wahrscheinlicher werden läßt als im Fall sozialen Lächelns. Duchenne Smiles werden also nicht nur sozial intendiert gezeigt, obwohl ihnen auch andere emotionale Zustände des Zeichengebers unterliegen können, wie z.B. von Fridlund (1991) angenommen, sondern markieren Phasen der Interaktion, in denen beide Interaktionspartner einen positiven emotionalen Zustand teilen. Wie oben bereits erwähnt, ist das Auftreten solcher Phasen nicht uneingeschränkt mit einer gelungenen Bearbeitung abgewehrter konfliktiver Inhalte in Einklang zu bringen. Vielmehr

kann sich in der wiederholten Herstellung positiver Reziprozität ebenfalls ein Aspekt des Konfliktes des Patienten abbilden, wie es in einigen Therapien der Fall war.
Die emotionale Selbstregulation kann als mehr oder weniger adaptiv angesehen werden (Greenberg und Safran, 1987) und stellt das Funktionieren des Selbst als eigenständiges Individuum sicher. Die emotionale Selbstregulation ist aber nicht ohne eine Einbindung in soziale Interaktionen und die Beziehungsregulationen zu verstehen.
Definiert man eine adaptive Form der emotionalen Selbstregulation als auf die Minimierung negativer und Maximierung positiver Emotionen gerichteten Prozeß (Krause, 1998; Westen, 1997), so können die oben besprochene Reduktion im Ausdruck und Erleben von Freude, sowie das vermehrte Auftreten negativer Affekte als Indikatoren für maladaptive, selbstregulatorische Prozesse aufgefaßt werden. Auch in der faktoriellen Struktur des mimisch-affektiven Verhaltens der Patienten und Therapeuten finden sich Hinweise auf die emotionale Selbstregulation und deren Adaptivität.

6.1.2 Die stabile therapeutische Beziehung und die Trauermimik

Wie bereits erwähnt, geht die beschriebene Reduktion der Freudemimik nicht mit einem zu erwartenden Anstieg der Trauermimik einher. Vielmehr genügen die seltenen synchronen und positiven Freudesignale in den meisten hier untersuchten Fällen, um eine positive Beziehung herzustellen. Wäre dies nicht der Fall, müßte die Tauermimik einen Anstieg ausweisen, da Trauer den Wunsch nach der Intensivierung einer als zu wenig intensiv empfundenen Beziehung indiziert. Gleichzeitig beinhaltet sie einen Appell an den Interaktionspartner nach mehr Nähe und Unterstützung. Das vermehrte Auftreten von Trauermimik in der Alltagssituation ist wohl auch damit zu erklären, daß die beiden gesunden Interaktionspartner sich nicht kannten und zum ersten Mal gemeinsam vor der Kamera saßen. Die Trauermimik diente in dieser Situation zur Herstellung und Aufrechterhaltung der im Vergleich zu den Therapien noch neuen und kurzfristigen Beziehung.
Die Appellfunktion der Trauermimik in den Alltagssituationen wird auch dadurch belegt, daß fast 100 % der Trauermimik dann gezeigt werden, wenn der Interaktionspartner sie sehen kann und der Sender auch selbst den anderen anschaut (Merten, 1996a). Die Abnahme von Trauer in der therapeutischen Situation indiziert demnach die stabile Beziehung zwischen Patient und Therapeut, ohne die ein therapeutischer Prozeß, der sich über mehrere Behandlungsstunden erstreckt, schwer vorstellbar ist.
Dennoch trat in einigen Therapien vermehrt Trauermimik zusammen mit Angstmimik auf, was weiter unten als Indiz für Bindungsverlustangst im Rahmen eines Autonomie-/Bindungskonfliktes interpretiert wird. Als fallspezifischer Zusammenhang tritt der zweite Patientenfaktor aus Angst und Trauer nur in Therapie PDPA und PDBm auf. Jedoch sind auch bei Patient PDHI und Patientin VTAD Angst- und Trauermimik im Vergleich zu den restlichen Patienten erhöht. Die Kovariation der Trauer und Angst im Fall der Patienten indiziert eine angstauslösende Schwächung der Beziehung zu einem Objekt, zu dem mehr Nähe gewünscht wird, als aktuell realisiert ist. Das zugehörige Objekt können sowohl der Therapeut als auch andere Bezugspersonen des Patienten sein. Angewandt auf die therapeutische Situation indiziert die Trauermimik somit eine Instabilität der Beziehung zwischen Patient und Therapeut, die als angstauslösend angesehen werden kann. Dies ist vor allem dann der Fall, wenn Trauerreziprozitäten auftreten oder andere Indikatoren auf Instabilitäten der therapeutischen Beziehung hinweisen. Alternativ kann sie im Zusammenhang mit der Erinnerung und Berichten über andere wichtige Bezugspersonen auftreten. Auf dem Hintergrund der in der vorliegenden und früheren Untersuchungen gewonnenen Ergebnisse tritt Trauermimik jedoch in vielen Fällen vor allem im Rahmen der Beziehungsregulation auf und beinhaltet einen Appell nach Hilfe und Unterstützung an den Interaktionspartner.

Die im Vergleich zur Kontrollgruppe reduzierte Trauermimik besagt allerdings nicht, daß das emotionale Erleben der PatientInnen auch weniger negativ ist. Gerade Trauer erleben sie in höherem Ausmaß als die gesunden Probanden. Der einfache Schluß, daß psychische Erkrankung mit dem vermehrten Erleben von negativen Affekten und damit auch dem vermehrten Ausdruck von Trauer einhergeht, greift zu kurz. Die Trauermimik hat vielmehr eine spezifische Funktion in der Regulation der in der aktuellen Beziehung realisierten Nähe und Distanz. Daß dabei nicht nur die beobachtbare Nähe, sondern vor allem die Diskrepanz zwischen erwarteter und realisierter Nähe eine Rolle spielt, zeigt sich in Therapie PDPA. Entgegen der Reduktion von Trauermimik in den restlichen Therapien zeigen die Patientinnen PDPA und VTAD sehr häufig Trauermimik. Beide Therapien wurden als die am wenigsten erfolgreichen eingeschätzt. Therapie PDPA hebt sich von den restlichen dadurch ab, daß die Beziehung zu „positiv“ war, während sich in VTAD kaum Indikatoren für eine gute Beziehung fanden. Der zunächst widersprüchliche Zusammenhang zwischen ausgeprägter Trauermimik und „positiver“ Beziehung in PDPA weist darauf hin, daß die positive Beziehung in PDPA nicht nur als therapeutische Arbeitsbeziehung gesehen wurde, sondern vor dem Hintergrund des Konfliktes zwischen Autonomie und Bindung zu verstehen ist. Die Trauermimik tritt in den Momenten auf, in denen der Therapeut sich den positiven Angeboten der Patientin zu entziehen versucht, auf die er ansonsten reziprok reagiert. In Therapie VTAD geht der Anstieg der Trauermimik ebenfalls auf die „Nichtverfügbarkeit“ der Therapeutin zurück, diese besteht jedoch für den gesamten Verlauf der Behandlung und endet im Abbruch der Therapie.

Auch in den anderen Therapien, in denen Trauermimik im Mittel nur in geringem Ausmaß auftritt, erweist sie sich dennoch als beziehungsstabilisierendes Signal, vor allem wenn sie von beiden Interaktionspartnern gezeigt wird. Sie wird dann zur Kompensation einer von beiden wahrgenommenen Schwächung der Beziehung eingesetzt. Dies war vor allem in Kontext von Ärger und Ärgerreziprozitäten zu beobachten, die mit Trauerreziprozitäten einhergingen.

Trauermimik deutet also auf eine Destabilisierung der therapeutischen Beziehung hin und ist als interaktives Signal zu verstehen, das zur Intensivierung der Beziehung eingesetzt wird. Gemessen an dieser Funktion, war die therapeutische Beziehung in den meisten Fällen als stabil zu erachten. Wenn dennoch Trauermimik in größerem Umfang auftrat, geschah dies im Kontext von Beziehungskonflikten und ging mit Ärger- und Angstmimik einher.

6.1.3 „Professionelle“ Wertschätzung und die Verachtungsmimik

Die Therapeuten heben sich von den Probanden der Kontrollgruppen und den Patienten durch eine Reduktion der Verachtungsmimik ab, und auch nur wenige Therapeuten zeigen in einzelnen Stunden Verachtung als Leitaffekt.

Die Reduktion von Verachtung kann als Indikator der professionellen Einstellung der Therapeuten interpretiert werden, die eine Wertschätzung des Patienten durch den Therapeuten voraussetzt. Gelangt der Therapeut trotzdem in eine Situation, in der Verachtung zum wesentlichen Bestandteil der Beziehungsregulation wird, ist das therapeutische Bündnis gefährdet. Das geht auch aus der propositionalen Struktur der Verachtung hervor (Krause, 1998). Die propositionale Struktur und der zugehörige kognitiv-affektive Bewertungsprozeß beinhalten eine Abwertung des Interaktionspartners, die so weit geht, daß mit dieser Person aufgrund der wahrgenommenen Diskrepanz zwischen an die Person gestellten Erwartungen und dem wahrgenommenen Verhalten keine Beziehung erwünscht wird. Dementsprechend wird die Verachtungsmimik in diesen Fällen auch so plaziert, daß sie vom Interaktionspartner nicht wahrgenommen werden kann und damit auch nicht kommunizierbar wird. Dies konnte z.B. bei schizophrenen Patienten beobachtet werden, die Verachtung als Signal im Rahmen der Regulation von Nähe und Distanz einsetzen (Merten, 1996b).

Im Fall der Therapeuten entspricht die auf den Patienten bezogene Verachtung der Annahme, daß die Aussprache mit der Person, die er als unfähig für eine solche Aussprache hält, ohnehin ohne Aussicht auf Erfolg sei. Bleibt diese Einstellung des Therapeuten gegenüber dem Patienten im Therapieverlauf bestehen oder verstärkt sie sich, ist die Therapie gefährdet. In der vorliegenden Untersuchung konnten einige dieser Fälle beobachtet werden. Die Reduktion der Verachtungsmimik besagt nicht, daß die Therapeuten keine Verachtungsmimik gezeigt hätten. Eine Therapeutin und zwei Therapeuten zeigen sogar in einer bzw. mehreren Stunden Verachtung als Leitaffekt. Es handelt sich um die drei Therapien, die von Patient und Therapeut als diejenigen mit dem geringsten Erfolg eingestuft wurden. Wenn also Verachtung in größerem Ausmaß beim Therapeuten auftritt, stellt sie eine erhebliche Gefährdung der therapeutischen Beziehung dar. Das zeigt sich auch in Therapie PDMI. In der ersten Stunde der Behandlung gelingt es nicht, eine positive Beziehung herzustellen, was sich im Fehlen eines Musters aus Duchenne Smiles zeigt, statt dessen treten Prozeßmuster mit Verachtung und Verachtungsblenden der Therapeutin auf.

Günstiger als Verachtung ist das Vorherrschen von Ärger, wie es bei Therapeut VTKO zu beobachten ist. Dies gilt jedoch auch nur dann, wenn der Ärger erlebt wird und intrapsychisch sowie interaktiv z.B. durch soziales Lächeln kompensiert werden kann. Verachtungsmimik tritt in seinem Fall nur mit geringer Häufigkeit auf. Sie weist allerdings eine negative Korrelation mit der Ärgermimik auf, was auf variierende Wahrnehmung der Patientin durch den Therapeuten hinweist. Es überwiegt jedoch der Ärger und somit die Wahrnehmung der Patientin als intentional handelnd und verantwortlich für ihr Verhalten. Auch Therapeut PDBm weist eine solche Variation auf, jedoch ist hier die Verachtungsmimik deutlich ausgeprägter und es gelingt nicht, die negative Einstellung zum Patienten zu kompensieren.

Da wir an dieser Stelle vom mimischen Ausdruck der Verachtung reden, der meist nur sehr kurz ist, werden die Verachtungssignale selbst von der Person nicht wahrgenommen, die sie aussendet. Man kann sogar davon ausgehen, daß die Wahrscheinlichkeit, daß der Sender des mimisch-affektiven Zeichens dies bewußt wahrnimmt, kleiner ist als die Wahrscheinlichkeit, daß der Empfänger es tut. Vor diesem Hintergrund können Verachtungsreziprozitäten, wie sie in einigen Therapien auftraten, die Wahrnehmung der Verachtung auch beim Sender unterstützen. Die Wahrnehmung der eigenen Verachtungssignale als Voraussetzung für das Reflektieren der Verachtung im Hinblick auf den therapeutischen Prozeß ist allerdings nicht immer in ausreichendem Ausmaß erfüllt. Erst wenn die Verachtung auch erlebt wird, kann der Therapeut nach den Auslösern suchen und sie gewinnbringend in die Behandlung integrieren. Letzteres ist allerdings nur unter der Annahme möglich, daß affektive Reaktionen, wie von Schwarz und Clore (1988) angenommen, durch den Einbezug von Informationen modifizierbar sind. Nach Zajonc (1980) sind jedoch primäre affektive Reaktionen nicht unmittelbar durch kognitive Operationen veränderbar. Das kann dazu führen, daß der Therapeut zwar kognitive Umstrukturierungen vornimmt, die affektiven Reaktionen dadurch auch ihm selbst verständlicher, jedoch nicht reduziert werden. Die Art des emotionalen Erlebens kann ebenfalls unterschiedlich sein; so kann die Verachtung mit einem nicht weiter differenzierten „unangehmen" Erleben einhergehen, ohne daß die primäre affektive Reaktion auch affektspezifisch wahrgenommen wird. Damit ist aber die Grundlage für kognitive Erklärungsversuche ebenfalls unspezifisch und führt mit großer Wahrscheinlichkeit in die Irre. Zum Umgang mit die Therapie behindernden Emotionen kann also festgehalten werden, daß sie zunächst überhaupt bewußtgemacht werden müssen. Fehlt die Komponente des emotionalen Erlebens, kann die Zuhilfenahme von Videoaufnahmen im Rahmen einer Supervision hilfreich sein. Ist ein emotionales Erleben gegeben, ist es nötig, die erlebte Emotion soweit als möglich zu spezifizieren, z.B. in einem Ausschlußverfahren gegen potentielle spezifische Emotionen. Auch wenn Zajonc (1994) davon ausgeht, daß dadurch kein unmittelbarer Effekt auf die primären affektiven Reaktionen zu erwarten ist, so können doch Veränderungen z.B. des Aufmerksamkeitsfokus oder des emotionalen Zustands des Therapeuten zu mittelbaren Änderungen der primären affektiven Reaktionen führen (Winkielman, Zajonc und Schwarz, 1997).

6.1.4 Objekte und Ziele der Patientenverachtung

Oben wurde bereits auf die reduzierte Verachtungsmimik der Therapeuten im Zusammenhang mit der Gefährdung der therapeutischen Beziehung eingegangen. Die Patienten zeigen bei weitem häufiger Verachtung, etwa doppelt so viel wie die Therapeuten. Vier der zehn Patienten zeigen sogar in zwei oder mehr Stunden Verachtung als Leitaffekt. Auch ist Verachtungsmimik Bestandteil des mimischen Patientenfaktors, in dem sie den Gegenpol zur echten Freude bildet (s.o.). Wenn alle diese affektiven Ereignisse durch Aspekte der therapeutischen Beziehung ausgelöst werden, stellen sie ein Problem für die Weiterführung der Behandlung dar. In einigen Fällen war dies zwar der Fall, die in der Mimik beobachtbare Verachtung kann jedoch durch unterschiedliche Sachverhalte ausgelöst werden und auch unterschiedliche Adressaten haben. Zu unterscheiden ist auf das Selbst gerichtete von auf andere Objekte, wie den Therapeuten oder andere Bezugspersonen, gerichtete Verachtung. Die gegen das Selbst gerichtete Verachtung drückt eine fehlende Wertschätzung der eigenen Person aus in Verbindung mit der Hilflosigkeit, die vorliegende Problematik aus eigenen Kräften zu beherrschen, und zieht Schamgefühle nach sich. Die nach außen gerichtete Verachtung ist durch Verhaltensweisen der äußeren Objekte ausgelöst. Die Auslösung von Verachtung kann in Teilen von projizierten, als minderwertig erachteten Selbstanteilen bestimmt sein. Diese sind, so lange sie als dem Selbst zugehörig angesehen werden, schamauslösend. Durch die Projektion der Verachtung wird demnach auch das Schamerleben reduziert.

Hierbei kann wiederum unterschieden werden zwischen der Person, die die Verachtung ausgelöst hat, die im folgenden als das Objekt der Verachtung bezeichnet wird, und der Person, an die sich das mimische Signal richtet, die im folgenden das Ziel der Verachtung genannt wird. Beide Funktionen der Verachtung sind im Fall der Patienten plausibel und drücken sich in der gesteigerten Verachtungsmimik aus. So ist Verachtung einer der häufigsten von Patientin PDPA gezeigten negativen Affekte; die Verachtungsmimik korreliert entsprechend den vorangegangen Überlegungen negativ mit dem Erleben von Scham. Sie ist also durch negativ bewertete Selbstanteile ausgelöst, die in diesem Fall in einer zu geringen Autonomie bestehen und Scham auslösen. Geht der Therapeut auf die Bindungswünsche der Patientin aber ein, indem er echte Freude zeigt, verachtet sie ihn. Die Verachtung drückt sich sowohl im Ausdruck als auch im Erleben aus und geht sowohl mit reduziertem Schamerleben als auch mit der echten Freude des Therapeuten einher. Die Verlagerung der Scham der Patientin im Rahmen einer projektiven Identifikation gelingt jedoch nicht, vielmehr erlebt der Therapeut vermehrt Trauer und Ärger in Abhängigkeit von der Verachtungsmimik der Patientin. Diese sind aber die für Autonomie und Bindung charakteristischen Affekte, so daß es der Patientin hier gelungen ist, beim Therapeuten die für ihren Konflikt charakteristischen Emotionen zu induzieren. Daß der Therapeut die konfliktspezifischen Emotionen der Patientin aufweist, legt die Vermutung nahme, daß er selbst in einem ähnlichen Konflikt steht. Diese Vermutung konnte durch Rückfrage beim Therapeuten bestätigt werden. Er gab an, mit seiner Tochter, die etwa das gleiche Alter wie die Patientin hat, ähnliche Probleme zu haben.

Einen weiteren Beleg für die Funktion der Verachtung im Rahmen der Entlastung des Selbst durch die Projektion negativ bewerteter Selbstanteile findet sich auch in Therapie PDMI. Das Schamerleben der Patientin korreliert ebenfalls negativ mit dem Zeigen von Verachtung.

Die Verachtung der Patienten kann aber auch in Zusammenhang mit Verhalten des Interaktionspartners stehen. In diesem Fall ist der Interaktionspartner Objekt und Ziel der Verachtung. Hinweise darauf sind in Verachtungsreziprozitäten zu finden und vor allem im

Auftreten von Verachtung als Teil dyadischer emotionaler Prozeßmuster. Die Verachtung tritt darin jedoch nicht in „Reinform" auf, sondern wird meist durch Lächeln maskiert, um eine weitergehende Belastung der therapeutischen Beziehung zu vermeiden. In Therapie PDBU folgt jedoch auf die intensive Überraschungsmimik des Therapeuten eine Verachtungsmimik der Patientin, worauf im Ergebnisteil und in den Einzelfallanalysen bereits ausführlich eingegangen wurde.
Die Verachtung eines Objektes, zu dem eine ausgeprägte Bindung besteht, geht zwangsläufig mit Trauer einher, da das Objekt eine Entwertung erfährt. Dieser Fall zeigt sich ebenfalls im Verhalten von Patientin PDPA, die als häufigste Affekte nach echter Freude die Affekte Trauer und Verachtung zeigt. Die Trauer steht interaktiv mit der Ärgermimik des Therapeuten in Zusammenhang, die zusätzlich die positive Beziehung belastet. Die Verachtung der Patientin hat aber nicht nur negative Konsequenzen; dadurch, daß sie die Intensität der Bindung der Patientin an andere Objekte reduziert, wirkt sie sich auch positiv auf ihr Schamerleben aus, das reduziert ist, wenn sie Verachtung zeigt (s.o).
Ein weiteres Beispiel für den Zusammenhang zwischen Verachtung und Trauer findet man in Therapie VTAD. Patientin VTAD zeigt zusammen mit PDPA die mit Abstand größten Häufigkeiten an Trauermimik. Die Patientin selbst zeigt zwar nur wenig Verachtung, der zweithäufigste Affekt ihrer Therapeutin ist aber Verachtung, die mit echter Freude negativ korreliert (s.u.). Die Entwertung der Patientin durch die Therapeutin und der daraus für die Patientin drohende Objektverlust zeigen sich auch in der dyadischen Zusammenhangsstruktur. Die Verachtung der Therapeutin korreliert mit der Trauer- und Verachtungsmimik der Patientin sowie ihrem Trauer und Ärgererleben positiv. Die Schwächung der Beziehung hat hier anders als bei Patientin PDPA, ausschließlich negative Konsequenzen, da sie sich eine positive Beziehung wünscht und der Wunsch nicht, wie bei Patientin PDPA, in einen Konflikt zwischen Bindungs- und Trennungswünschen eingebettet ist.
Ein weiteres Indiz für den Zusammenhang von Verachtungs- und Trauerreaktion findet sich bei Patientin PDBw. Sie zeigt selbst eine hohe Anzahl von Verachtungsmimik und ebenfalls sehr viel Trauermimik, jedoch ist die Trauermimik hier nicht in die dyadische Zusammenhangsstruktur eingebunden. Die Verachtung weist allerdings eine diskrepante Korrelation mit ihrem Leitaffekt Ekel auf, die vor dem Hintergrund der Überlegungen zur Borderlinestruktur interpretiert werden kann. In Phasen mit ausgeprägtem Ekelausdruck droht die Aktivierung eines gefürchteten Beziehungsmodus mit einer Überflutung des Selbst durch die damit einhergehenden Affekte; der Ekel hat die Funktion der Abwehr dieses Beziehungsmodus. Die Verachtungsmimik markiert demgegenüber Phasen, in denen es der Patientin gelungen ist, durch geeignete Abwehrmechanismen wie z.B. die projektive Identifikation (Ogden, 1988) nicht integrierte, negative Selbstanteile auf äußere Objekte zu projizieren. Diese müssen dabei nicht mit dem Therapeuten identisch sein. Das Vorherrschen eines der negativen Affekte markiert demnach Arten des Funktionierens der Patientin nach unterschiedlichen Objektbeziehungsmatrizen, wie sie oben als „role-relationship-models" beschrieben wurden.
Es konnte gezeigt werden, daß die Verachtung unterschiedliche Funktionen hat und ihr unterschiedliche auslösende Mechanismen zu Grunde liegen können. Diese sind zu unterscheiden an Hand der Kovariationen mit Ausdruck und Erleben anderer Affekte. Während Zusammenhänge mit Trauermimik und Verachtungsreziprozitäten auf wechselseitige Entwertungen von Patient und Therapeut sowie deren Kompensation hinweisen, beinhalten Zusammenhänge mit dem Erleben von Scham Hinweise auf die der Verachtung zugrundeliegenden Auslösungsprozesse.
Daraus ergibt sich, daß vor allem im Fall der Verachtung eine Unterscheidung danach getroffen werden muß, ob Objekt und Ziel derselben identisch sind oder nicht. Hierin kann sich auch eine günstige Entwicklung der therapeutischen Behandlung abbilden, dergestalt, daß

zunächst auf den Therapeuten bezogene Verachtung im Zuge der Implementation maladaptiver Beziehungsmuster nach und nach den eigentlichen die Verachtung auslösenden Objekten zugeordnet werden kann.

6.1.5 Dominanzregulation und Ärgerausdruck

Der Anstieg des Ärgers bei den Patienten und Patientinnen, wie der der relativen Häufigkeiten der männlichen Therapeuten, weist auf Konflikte in der Dominanzregulation hin. Die weiblichen Therapeutinnen weisen diesen Unterschied als Gruppe im Mittel über alle Stunden nicht auf. Es wurde allerdings oben gezeigt, daß in den weiblichen therapeutischen Dyaden Ärgermimik in einigen Stunden gehäuft auftrat, während sie in den restlichen Stunden reduziert war oder völlig fehlte. In Therapie GTAD und PDMI tritt in der ersten Stunde eine Häufung von Ärgermimik auf, in VTAD in den beiden letzten Stunden vor Abbruch der Therapie.

Ärger und Dominanzregulation können in Verbindung mit unterschiedlichen Thematiken gesehen werden. Zum ersten können sie auf die Interaktion mit dem Therapeuten bezogen werden, die ärgerauslösend sein kann, da der Therapeut zu den Erwartungen der Patientin diskrepante Sichtweisen einführt und vertritt. Hinzu kommt, daß die von den Patientinnen berichteten, problembehafteten Episoden aus ihrem sozialen Umfeld mit Ärger in Verbindung stehen können. Außerdem kann im Verlauf der Therapie die durch die psychotherapeutische Situation vorgegebene Dominanzverteilung vom Patienten nach und nach wahrgenommen und als diskrepant zu den eigenen Erwartungen erlebt werden. Diese Sichtweise wird gestützt durch die Ergebnisse von Schindler (1991), die besagen, daß erst im Verlauf der Therapie die Art und Qualität der therapeutischen Beziehung in den Aufmerksamkeitsfokus des Patienten rücken. In einigen der hier untersuchten Therapien gibt es bereits in der ersten Stunde mikroprozessuale Ärgerreziprozitäten, die auf dyadische Regulationsprozesse zur Dominanzverteilung hinweisen, die sich aber im emotionalen Erleben der Interaktionspartner nicht abbilden (siehe Abschnitt 5.3.5). Eine solche Entwicklung wird auch dadurch begünstigt, daß die Patienten als Folge der Behandlung eigene Ressourcen aktivieren und damit auch ihr Bewältigungspotential höher einschätzen, wodurch die Wahrnehmung von Zielbehinderungen, unabhängig davon, ob sie im Verhalten des Therapeuten oder in Ereignissen außerhalb der Therapie gesehen werden, eher zu Ärger, statt wie bisher zu Angst und Rückzugsverhalten führt. Damit kann die Zunahme des Ärgers einerseits auf einer positiven Veränderung des Bewältigungspotientals des Patienten beruhen, auf der anderen Seite ist aber auch die therapeutische Beziehung betroffen.

Die Relevanz des Ärger für den therapeutischen Prozeß zeigt sich auch darin, daß er bei mehreren Therapeuten zentraler Bestandteil der emotionalen Selbstregulation war. Die Ärgermimik korrelierte in diesen Fällen negativ mit der echten Freude.

Ärger kann im Hinblick auf die Beseitigung von Hindernissen im therapeutischen Prozeß als funktional angesehen werden, da nicht nur die Hindernisse wahrgenommen werden, sondern durch den Affekt Ärger auch indiziert wird, daß die Handlungsmacht zur Beseitigung der Hindernisse als gegeben eingeschätzt wird. Bei der Verachtung verhält es sich anders, wie unten noch gezeigt wird.

Die negative Korrelation des Ärgers mit der echten Freude trat vor allem in den Therapien auf, die als wenig erfolgreich eingeschätzt wurden. Demnach indiziert dieser Zusammenhang zwar zwar eine adaptivere Selbstregulation als die der Patienten, für die Entwicklung der therapeutischen Beziehung und im Hinblick auf Veränderungsprozesse ist die Korrelation des Ärgers mit der echten Freude allerdings als weniger günstig einzuschätzen.

Zusatzbedingungen für die Funktionalität des Ärgers sind also darin zu sehen, daß er nur phasenweise auftritt, nicht kontinuierlich ansteigt und nicht in die Selbstregulation der

Therapeuten eingebunden ist, da er ansonsten auf nicht aufzulösende Hemmnisse und Frustrationen hinweist.
Der Patientenfaktor beinhaltet Verachtung als Gegenpol zur echten Freude. Weiter oben wurde bereits die Funktion der Verachtung im Fall der Therapeuten diskutiert. Die Verachtung resultiert aus Ansprüchen an das Selbst oder an Objekte, die nicht erfüllt werden. Im Vergleich zum Ärger wird im Fall der Verachtung das Potential und/oder die Motivation, diese Diskrepanzen aufzulösen als geringer eingeschätzt (Kaiser und Scherer, 1998). Daraus resultiert eine nur geringe Änderungsmotivation, die sich erst aus den negativen Konsequenzen der Verachtung sekundär ergibt, da z.B. die auf das Selbst bezogene Verachtung auch Scham zur Folge hat. Bezieht sich die Verachtung auf den Therapeuten, ist ebenfalls von einer schlechteren Prognose für den Therapieverlauf auszugehen, vor allem wenn die Verachtungsmimik im Verlauf der Therapie ansteigt und die echte Freude abnimmt. Diese Art der Variation zeigt auch Therapeutin VTAD, die im Einverständnis mit der Patientin die Behandlung nach der 11. Stunde abbricht. Dreher, Mengele, Kämmerer und Krause (2000) zeigen in einer Einzelfallanalyse des sprachlichen und nonverbalen Austauschs innerhalb dieser Therapie auf, daß die Therapeutin die Verachtungsproblematik der Patientin zwar interaktiv aufnimmt, es ihr aber nicht gelingt, daraus Nutzen zu ziehen, z.B. dadurch, daß sie die Verachtung thematisieren würde. Eine solche Verhaltensalternative ist allerdings auch nicht einfach zu realisieren, da sie, wie oben bereits angesprochen, der motivationalen Komponente der Verachtung entgegenläuft.
Die fehlende Abbildung des Ärgers im emotionalen Erleben, das Auftreten von Ärgerreziprozitäten und die Einbindung des Ärgers in die emotionale Selbstregulation des Therapeuten indizieren eine Gefährdung der therapeutischen Beziehung durch den Ärger. Diese kann aber in Einzelfällen kompensiert werden. Für einen weiteren erfolgreichen Verlauf der Therapie ist demnach zu bestimmen, inwieweit der Ärger den Fortgang der Behandlung hemmt und ob die ärgerauslösenden Aspekte in den Fokus der Behandlung gestellt werden müssen.

6.1.6 Angst und Überraschung

Der mimische Ausdruck von Angst und Überraschung unterscheidet auf der Ebene affektspezifischer mimischer Aktivität am besten zwischen den Situationen „politische Diskussion“ und „Psychotherapie“. Die Patienten in den politischen Diskussionen zeigen fast keine mimischen Angstsignale, berichten aber, sehr wohl Angst erlebt zu haben (Merten, 1997a). Die Patienten in den Psychotherapien zeigen hingegen signifikant häufiger Angstsignale. Hinzu kommt eine signifikante Erhöhung der Überraschungsmimik. Die Überraschungsmimik wies innerhalb der therapeutischen Situation fallspezifische Unterschiede zum emotionalen Erleben von Angst auf, die auf unterschiedliche Formen der kognitiv-affektiven Verarbeitung neuer und/oder unerwarteter Informationen hinweisen.
An Hand der Unterschiede zur Alltagssituation läßt sich die therapeutische Situation auf seiten der Patienten durch eine Zunahme der Überraschungsmimik, aber auch der Angstmimik charakterisieren. Auch die Überraschungsmimik der männlichen Therapeuten ist im Vergleich mit den Kontrollgruppen erhöht, nicht aber die Angstmimik. Auf diese Unterschiede und den Zusammenhang zum emotionalen Erleben und zu Veränderungsprozessen, wird weiter unten genauer eingegangen.
Die Zunahme der Affekte Angst und Überraschung bei den Patientinnen indiziert, daß sie mit erwartungsdiskrepanten Ereignissen konfrontiert waren, die in Abhängigkeit von der wahrgenommenen Kontrollierbarkeit der Situation und weiteren Copingpotentialen (Kaiser und Scherer, 1998) auch zu Angst geführt haben. Auslöser für Überraschung und Angst sind erwartungsdiskrepante Ereignisse, wie z.B. Interpretationen und/oder Verhaltensweisen des Therapeuten, die vom Patienten als neu und unerwartet wahrgenommen werden. Bei der

Einschätzung der Kontrollierbarkeit und zur Verfügung stehenden Potentiale zur Bewältigung der mit den Ereignissen verbunden potentiellen Bedrohung spielen nicht nur eigene Copingpotentiale, sondern auch die vom Patienten wahrgenommene Kompetenz des Therapeuten eine Rolle.

Die Angstmimik kann Folge der Destabilisierung von Selbstrepräsentanzen (Moser et al., 1987; Horowitz, 1997), aber auch ein Indikator für die Aktivierung konfliktiver Schemata sein. Ersteres kann bei Patienten mit fragilen oder ambivalenten Selbst- und Objektrepräsentanzen (Kernberg, 1988) angenommen werden. Der für Borderlinestörungen angenommene hohe Angstanteil aufgrund eines Ich-Defizits in Form fragiler Selbst- und Objektrepräsentanzen tritt nur für Patient PDBm auf. Patientin PDBw zeigt relativ wenig Angstmimik, sie erlebt allerdings in hohem Ausmaß Angst.

Die Angstmimik kann desweiteren als Bindungsverlustangst interpretiert werden, wie sie z.B. in Fall PDPA gehäuft auftritt (Morschitzky, 1998). Der Autonomie-/Bindungskonflikt der Patientin wird bereits in der ersten Therapiestunde in zwei emotionalen Prozeßmustern sichtbar, die aus Angst, Ärger und Freude bestehen, zugleich zeigt sie ein hohes Ausmaß an Trauermimik. Auch in den restlichen Therapien mit hohen Angstwerten findet sich ein Hinweis auf die Funktion als Bindungsverlustangst. Die Patienten, die ausgeprägte Angstmimik zeigen, weisen ebenfalls erhöhte Werte in der Trauermimik auf, die einen Bindungswunsch gegenüber einem verlorenen Objekt indiziert. Auf die Funktionen der Angst im Rahmen von Konfliktaktualisierung und von Veränderungsprozessen wird weiter unten eingegangen.

Die Faktorenanalyse des mimisch-affektiven Verhaltens von Patienten und Therapeuten liefert weitere Hinweise auf die Funktion einzelner Affekte im Kontext von Überraschung. Faktor 3 ist um den Affekt Überraschung zentriert, der im Fall der Therapeuten mit Ekel und im Fall der Patienten mit Ärger einhergeht. Beide Zusammenhänge indizieren eine negative Evaluation der im Umfeld der Überraschung auftretenden neuen und unerwarteten Informationen.

Die Evaluation der Therapeuten unterscheidet sich aber dadurch, daß sie Überraschung nicht im Zusammenhang mit einer durch Ärger indizierten Zielbehinderung sehen, sondern die Ekelmimik indiziert lediglich die Wahrnehmung einer kognitiven Diskrepanz oder einer negativen kognitiv bewerteten Repräsentanz. Ein Beispiel für das gehäufte Auftreten von Ekelmimik im Kontext von komplexen Informationsverarbeitungsprozessen ist bei der Einzelfallanalyse von Therapie PDBm angegeben (siehe Seite 224).

Die Zuordnung des Ekels zu unterschiedlichen Funktionen bei Patienten und Therapeuten ist nicht als ausschließlich zu verstehen. Das wird auch dadurch deutlich, daß der Ekel der Therapeuten, aber auch der der Patienten, in mehreren Fällen Bestandteil der emotionalen Selbstregulation ist und negativ mit der echten Freude korreliert. Im Ergebnisteil wurde bereits hervorgehoben, daß der Ekel der Therapeuten in den meisten Fällen mit verbalsprachlichen Inhalten einhergeht und somit vom Patient nicht unmittelbar auf seine Person bezogen wird. Dieser Bezug ist wesentlich, da ansonsten der Ekel als negatives, beziehungsregulierendes Signal verstanden werden könnte und einen Distanzierungswunsch des Therapeuten indizieren würde.

Im Fall der Patienten mit schweren Erkrankungen, die sich durch den Leitaffekt Ekel auszeichnen, fehlt der Bezug zu sprachlichen Inhalten weitgehend, so daß alternative Erklärungen für die Funktionen des Ekels in diesen Fällen in Frage kommen, die weiter unten diskutiert werden.

6.1.6.1 Ausdruck und Erleben von Angst und Überraschung und die Angstsymptomatik

Ein Großteil der hier untersuchten Patienten litt u.a. unter Angststörungen, so daß es von besonderem Interesse war, den Ausdruck und das Erleben von Angst innerhalb der Therapiestunden zu analysieren. Dabei ergaben sich nicht nur Auffälligkeiten in den intraindividuellen Zusammenhangsstrukturen, sondern auch in den Beziehungen zum Ausdruck und Erleben der Therapeuten.

Sieben der zehn PatientInnen nennen als eine ihrer Beschwerden oder als Hauptbehandlungsziel Angststörungen. Alle diese Patientinnen sind weiblich; nimmt man Patientin PDBU, die unter schweren Zwängen leidet, mit hinzu, sind alle Patientinnen der Stichprobe außer Patientin PDMI davon betroffen.

Der Einfluß der Angststörung auf das emotionale Verhalten kann sich auf unterschiedliche Art äußern. Ein offenkundiger Hinweis ist im vermehrten Auftreten von Angstmimik, im Erleben derselben oder in der Verbindung der Mimik zum Erleben von Angst zu sehen, aber auch in der Dissoziation von Erleben und Ausdruck der Angst. Darüberhinaus werden Patienten mit Angststörungen auch durch die im Theorieteil genannten Auffälligkeiten in der Informationsverarbeitung, wie z.B. niedrige Assimilationsfähigkeit, gekennzeichnet. Diese Besonderheiten können im Kontext der Überraschung und deren Verbindung zum emotionalen Erleben diskutiert werden.

Patientin PDPA zeigt am häufigsten von allen Angstmimik; in einer Stunde ist Angst sogar häufigster Affekt. In ihrem Fall wurde die Angst als Angst vor einem Objektverlust interpretiert, was vor allem mit den Korrelationen zum Ärger des Therapeuten und Zusammenhängen zu ihrem eigenen Ärger belegt werden kann.

Eine Gemeinsamkeit der Patientinnen mit Angststörungen besteht darin, daß die Patientinnen PDBU, PDPA, GTAD und VTAD eine positive Korrelation des Angsterlebens mit der Überraschungsmimik aufweisen. Dieser Zusammenhang deutet auf spezifische Veränderungen kognitiver Bewertungsprozesse hin, die dazu führen, daß der zunächst neutrale Affekt Überraschung in Angst übergeht. Dieses Ergebnis deckt sich mit den Überlegungen von Kaiser und Scherer (1998), die davon ausgehen, daß Angst- und Panikstörungen durch eine Unterschätzung ihrer Anpassungsmöglichkeiten an sich verändernde Bedingungen zu charakterisieren sind, was dazu führt, daß neue und unerwartete Sachverhalte angstauslösend sind. Aus klinischer Perspektive kann zusätzlich zu diesen allgemeinpsychologischen Erklärungen aus der Angst auf die drohende Einsicht in konfliktive Themen der Patientinnen geschlossen werden. Das durch die Überraschung indizierte Auftreten von zumindest unerwarteten Ereignissen führt zur Angst und als Folge davon zum Einsetzen oder Wiedereinsetzen von Abwehrmechanismen.

Die vier genannten Therapien weisen darüber hinaus eine Dissoziation im Ausdruck und Erleben von Angst aus. Die beiden Patientinnen PDPA und VTAD mit dem geringsten Therapieerfolg zeigen häufig Angst, aber erleben sie nur in geringem Ausmaß. Unter der Annahme, daß der Mißerfolg auf die erfolgreiche Aktivierung auch interaktiver Abwehrmechanismen (Krause, 1998) zurückzuführen ist, kann geschlußfolgert werden, daß die häufigen Angstsignale unter der Randbedingung des fehlenden Erlebens der Angst die Aktivierung der Abwehr begünstigen und eine Bearbeitung der zugrundeliegenden Konflikte erschweren. In den beiden anderen Therapien verhält es sich umgekehrt; hier ist das Angsterleben hoch und die Angstmimik niedrig. Diese Konstellation scheint im Hinblick auf den Therapieerfolg günstiger. Jedoch ist auch hier das Angsterleben, wie oben beschrieben, an die Überraschungsmimik gebunden und erschwert somit kognitive Umstrukturierungsprozesse.

In Therapie VTKO, anfänglich als somatoforme Schmerzstörung diagnostiziert, treten die Angstproblematik und das Angsterleben im Verlauf der Therapie in den Vordergrund, während die somatischen Beschwerden abnehmen. Dieser Wechsel im Symptombild findet eine bemerkenswerte Entsprechung in der Verbindung des Angstausdrucks und des Angsterlebens in den Therapiestunden. Während in der ersten Hälfte die Angstmimik hoch ist, das Erleben aber niedrig, dreht sich dieser Zusammenhang in der zweiten Hälfte der Behandlung um. Auch der Grad der Beeinträchtigung durch die körperlichen Beschwerden geht zurück zu Lasten eines Anstiegs der Angst. Das Konversionssymptom der Sitzbeschwerden, das eine psychosomatische Konfliktlösung darstellt, tritt in den Hintergrund, und es entwickeln sich Ängste im Umfeld der Beziehung zum Ehepartner. Während die Angst sich also im ersten Teil der Behandlung lediglich körperlich ausdrückt und der Konflikt in einem körperlichen Symptom repräsentiert ist, gelangt im zweiten Teil der Behandlung der zugrundeliegende Konflikt nach und nach ins Bewußtsein, mit der Folge, daß Angst als Signal erlebt wird.

Auch Patientin VTEP leidet unter einer Angstproblematik, ihre Angstmimik ist jedoch vergleichsweise niedrig, und sie erlebt auch fast keine Angst. Es gibt jedoch mehrere Hinweise, daß sie den Therapeuten idealisiert und ihr Konflikt erst dann aktiviert wird, als die Therapie beendet wurde. In diesem Fall ist es der Patientin erfolgreich gelungen eine interpersonale Abwehr (Mentzos, 1996) herzustellen, deren Gelingen durch die therapeutische Strategie des Therapeuten begünstigt wurde.

Im Fall von Patientin PDBw ist die Angst in ein vielfältiges Symptombild eingebunden. Ihr Leitaffekt ist im gesamten Verlauf der Behandlung Ekel, der jedoch nach und nach abnimmt, während die Angstmimik und das Angsterleben zunehmen. In Anbetracht der oben diskutierten Funktionen des Ekels bei dieser Patientin konnte der teilweise Wechsel von Ekel zu Angst als ein Indikator einer einsetzenden Verbesserung interpretiert werden.

Die Annahmen zur Konfliktaktualisierung gelten für die TherapeutInnen nicht oder zumindest nicht im gleichen Umfang wie für die PatientInnen. Zwar ist ihre Überraschungsmimik erhöht, die Angstmimik jedoch nicht, und es gibt auch keinen Zusammenhang der Überraschungsmimik zum Angsterleben. Die männlichen Therapeuten mit weiblichen Patientinnen zeigen, unabhängig davon, mit welcher Kontrollgruppe man sie vergleicht, mehr Überraschung als die gesunden Probanden. Der Anstieg der Überraschungsmimik indiziert Diskrepanzen zwischen den von den Therapeuten bis dato generierten Erwartungen über das Erleben und Verhalten der Patientinnen und neu hinzukommenden Informationen. Das Gewahrwerden dieser Diskrepanzen ist eine notwendige Voraussetzung für Restrukturierungen der Sichtweise über die Patientinnen. Das gleiche gilt für die Patientinnen hinsichtlich ihrer Sichtweisen von sich selbst. Die therapeutische Situation unterscheidet sich demnach von der untersuchten Alltagssituation durch das Bemühen und die gesteigerte Bereitschaft alte Sichtweisen zu hinterfragen und neue zu generieren. Ein Indikator dafür, mit welchem Erfolg das innerhalb der Therapien gelungen ist, stellt das Auftreten von Überraschungsmimik auch bei den Therapeuten dar. Daß auch die Überraschung des Therapeuten ein wichtiger Indikator für Veränderungsprozesse ist, zeigt sich darin, daß das Angsterleben einiger Patienten nicht oder nicht nur mit ihrer eigenen Mimik korreliert, sondern auch mit der Überraschungs- und Angstmimik der Therapeuten. Auf die Rolle der Affekte Angst und Überraschung für therapeutische Veränderungsprozesse und den therapeutischen Erfolg wird im folgenden eingegangen.

6.1.7 Der Schweregrad der Störungen und die Funktionen des Ekels

Die Einschätzung des Schweregrades der Störungen erwies sich als problematisch, da nicht nur die Schwere und Vielfalt der Symptome sowie deren Einfluß auf das soziale Funktionsniveau der Patienten, sondern auch überdauernde und veränderungsresistente maladaptive Persönlichkeitszüge in die Beurteilung mit einbezogen werden müssen. Annahmen darüber, wie sich die Schwere einer psychischen Erkrankung im interaktiven

Verhalten abbildet, wurden aus vorhergehenden Untersuchungen zum Verhalten von Patienten, die an Schizophrenie oder schweren psychosomatischen Erkrankungen litten, abgeleitet. Zusammengefaßt kann gesagt werden, daß die Schwere der Erkrankung zu einer Reduktion der positiven Affekte und einer besseren Vorhersagbarkeit des emotionalen Verhaltens führen sollte. Das heißt, daß die Variabilität des Verhaltens eingeschränkt ist auf wenige Affekte und in seinem Verlauf besser vorhersagbar sein müßte. Diese Größen wurden operationalisiert als die Valenz des Leitaffekts und die Prägnanz, mit der er auftritt. Ein weiteres Maß, das die zeitliche Abfolge von Emotionen mit berücksichtigt, ist die Anzahl individueller und dyadischer Prozeßmuster. Sie sind Indikatoren für eine eingeschränkte Variabilität der zeitlichen Abfolge von Emotionen, beinhalten aber auch Informationen über wiederholt ablaufende kognitiv-affektive Prozesse. Die Unterteilung der Patienten nach der Schwere der Erkrankung in zwei Gruppen ergab, daß sich die drei als schwer erkrankt eingestuften Patienten durch eine ausgeprägte Zunahme des Affekts Ekel und eine Abnahme von Freude- und Angstmimik charakterisieren lassen. Die Abnahme der Angstmimik ging jedoch vor allem auf Patientin PDBU zurück, die im gesamten Verlauf der Behandlung weder Angst- noch Trauermimik zeigte, während Patient PDBm verhältnismäßig viel Angstmimik aufwies.

Die Berücksichtigung der zeitlichen Abfolge der Emotionen in den untersuchten Prozeßmustern führte zu keinen weiteren Ergebnissen. Weder Anzahl noch Komplexität der dyadischen Beziehungsmuster korrelieren mit dem Schweregrad der Erkrankung. Die Anzahl der als schwer erkrankt eingestuften Patienten ist jedoch zu gering, um dieses Ergebnis generalisieren zu können. Der fehlende Zusammenhang in den die Prozeßmuster beschreibenden Maßen kann auch darauf zurückgehen, daß die Therapeuten ausbildungs- oder erfahrungbedingt auf die Beziehungsangebote anders reagieren als Laien und so bereits in der ersten Stunde sich auch das Verhalten der Patienten in Teilaspekten verändern kann. Allerdings passen sich gerade die Therapeuten der Patienten mit schweren Erkrankungen an das mimisch-affektive Verhalten der Patienten an, worauf weiter unten noch eingegangen wird.

Die drei Patienten mit den schwersten Erkrankungen wiesen alle eine stark ausgeprägte Ekelmimik auf. Die Funktion des Affekts Ekel wird allgemein in der Ausstoßung unangenehmer Inhalte gesehen (Krause, 1990). Diese Funktion ist nicht nur auf materielle Objekte wie Nahrungsmittel oder unangenehme Gerüche beschränkt, sondern kann auch im Zusammenhang mit als unangenehm bewerteten mentalen Repräsentanzen auftreten (Lazarus, 1991; Krause, 1990; Power und Dalgleish, 1997). Mentale Diskrepanzen im Rahmen von Verstehensprozessen wurden bereits weiter oben als Auslöser für einen Teil der Ekelausdrücke der Therapeuten diskutiert.

Der Ekel könnte im Fall der beiden Borderlinepatienten als Ausdruck von „Haß" im Sinne Kernbergs interpretiert werden. Diese Hypothese wurde jedoch zumindest für Patientin PDBw insoweit widerlegt, daß die von ihr gezeigte Ekelmimik keinen eindeutigen Zusammenhang zu verbalen, geäußerten Inhalten aufweist (Reinhard, 1996).

Alternativ kann im Fall der Patienten mit schweren Erkrankungen und Persönlichkeitsstörungen die Funktion des repetitiv auftretenden Ekels analog zur Funktion des Angstsignals als Signal zur Aktivierung von Abwehrmechanismen gegen drohende Destabilisierungen der Selbstkohärenz interpretiert werden (Kluitmann, 1999).

Diese bedrohlichen mentalen Zustände können im Sinne Horowitz' (1992) als die bevorstehende Aktivierung bedrohlicher und destabilisierender RRMs („role-relationship-models") verstanden werden. Der Ekel fungiert in diesem Zusammenhang als Signal, das die Bedrohung der Überflutung durch negative Objekte vorwegnimmt. Auch tritt der Ekel dann auf, wenn bei bestehender Beziehung zu einem positiv repräsentierten Objekt die Objektrepräsentanz aufgrund der bei Borderlinepatienten charakteristischen Ambivalenz der

Objektbewertungen, in eine negative Bewertung umschlägt. Die aktualisierte Nähe zu einem positiv eingeschätzten Objekt löst dann eine Ausstoßungsreaktion in Form des Ekels aus. Dieses Umschlagen der Objektbewertung wird auch dadurch begünstigt, daß Borderlinepatienten durch geringe Assimilationsfähigkeit bei gleichzeitig wenig flexiblen Internalisierungen charakterisierbar sind (Krause, 1992). Dies führt dazu, daß der Interaktionspartner nur dann einem internalisierten „guten“ Objekt entspricht, wenn sein Verhalten in eng umschriebenen Grenzen bleibt. Werden diese Grenzen überschritten, ist die Aufrechterhaltung eines Beziehungsmodells zu einem „guten“ Objekt nicht mehr aufrechtzuerhalten und es kommt zur Ekelreaktion. Ein weiteres Argument für den Bezug des Ekels zu Veränderungen in der mentalen Modellierung der Beziehung ist darin zu sehen, daß Patienten mit „frühen“ Störungen auch durch die ständige Beschäftigung mit der Beziehungsregulation charakterisiert werden. Die kognitiv-affektiven Prozesse zentrieren sich bei diesen Patienten also weniger um die verbal-sprachlich vermittelten inhaltlichen Aspekte, sondern um die Modellierung und Regulation der Beziehung zum Interaktionspartner.

Im Hinblick auf die Funktionen des Ekels können demnach zwei Fälle unterschieden werden. Entweder richtet sich der Ekel gegen die Aktivierung eines abzuwehrenden aber bereits instantiierten Beziehungsmodells (Moser et al., 1987). Das Beziehungsmodell ist dann also bereits Teil der inneren Modellierung der Situation und kommt als potientielles Modell für die tatsächliche Modellierung und Gestaltung der Beziehung in Frage.

Im ersteren Fall dient der Ekel intrapsychisch als Signal zur Aktivierung von Abwehrmechanismen, kann aber gleichzeitig Abwehrfunktion übernehmen, indem er die Aktivierung und auch Instantiierung des bedrohlichen RRM hemmt.

Im zweiten Fall ist das Beziehungsmodell bereits aktiviert, d.h. die Situation wird nach Maßgabe des Modells wahrgenommen und gestaltet. Der Ekel ist dann als interpersonales Signal Bestandteil des maladaptiven Beziehungsmodells.

Im Fall von Patient PDBm könnte das abzuwehrende oder zu auf das Selbst gerichtetem Ekel führende RRM folgendermaßen charakterisiert werden. Innerhalb des RRM sieht der Patient sich selbst als schwache, ohnmächtige, unselbständige Person mit „eigenwilligem und schwierigem Charakter“, die von anderen geliebt werden will, die aber dominiert und schlußendlich verlassen wird. Die Aktivierung dieses RRM löst auf das Selbst gerichteten Ekel aus, der in allen bis auf eine Stunde vorherrschender Affekt ist. In der siebten Stunde zeigt sich der Patient, bedingt durch ein Außenereignis, in einem völlig anderen RRM. Er mußte unerwartet für einen Bekannten einspringen, um einen Vortrag zu halten, was ihm auch mit großem Erfolg gelungen ist. Dieses Ereignis führt zu einem erhöhten Selbstwertgefühl, er fühlt sich kompetent und von allen angenommen. Entsprechend ist der Leitaffekt in dieser Stunde echte Freude. Die Veränderung hat jedoch keinen Bestand, in den folgenden Stunden fällt der Patient wieder in das oben beschriebene Muster aus Selbst- und Objektrepräsentanzen und Interaktionen zwischen diesen zurück. In der 9. Stunde tritt das befürchtete Interaktionsmuster auch in der Therapiestunde auf, der Patient ist nicht mehr in der Lage, auf die Fragen des Therapeuten zu antworten, und verliert den Faden. Er erlebt diese Stunde als Traumatisierung und beschließt, die Therapie zu beenden, läßt eine Stunde ausfallen, kommt zur nächsten Stunde aber wieder.

Es stellt sich nun die Frage, inwieweit die Ekelmimik des Patienten einen Einfluß auf die Beziehungsregulation zum Therapeuten hat und welche Hinweise dafür gefunden werden konnten. Zwar besteht eine negative Korrelation zur echten Freude des Therapeuten, diese geht aber ausschließlich auf die siebte Stunde zurück, in der der Therapeut sich mit dem Patienten gemeinsam über den gelungenen Vortrag freut. Auch die negative Korrelation mit der echten Freude des Patienten geht auf diese Stunde zurück. Somit finden sich zwar im mimischen Ausdruck keine Anzeichen für die Wirkung des Ekels auf den Therapeuten, jedoch weist sein Ärgererleben eine hohe positive Korrelation auf, und er zeigt auch mit am meisten

Ärger von allen Therapeuten. Hierin kann ein Anzeichen gesehen werden, daß die oben vermutete Wut des Patienten als abgespaltener Anteil erfolgreich auf den Therapeuten verlagert wurde und somit der Ekel des Patienten als wesentlicher Bestandteil dieser projektiven Identifikation angesehen werden kann.
Ein anderes Bild ergibt sich im Fall von Patientin PDBw. Ihr Ekel korreliert positiv mit der echten Freude des Therapeuten und negativ mit ihrer Verachtungsmimik und ist somit direkt in die interaktive Regulation der Nähe zum Therapeuten eingebunden. Die Patientin nennt als primäres Therapieziel, Vertrauen zum Therapeuten zu gewinnen und voll mitarbeiten zu können, was auf dem Hintergrund eines sexuellen Mißbrauchs in einer vorhergehenden Therapie verständlich wird. Ob der berichtete sexuelle Mißbrauch tatsächlich stattgefunden hat, muß offen bleiben, da keine einheitlichen Kriterien für diese Entscheidung existieren (Kirsch, 2000). Der „Wahrheitsfrage" wurde innerhalb der Therapie auch nicht weiter nachgegangen. Der von ihr gezeigte Ekel hat also nicht nur eine intrapsychische, auf das Selbst der Patienten bezogene Funktion, sondern ist auch im interaktiven Feld von Bedeutung. Diese Sichtweise wird dadurch gestützt, daß ihr Freudeerleben positiv mit der Ekelmimik korreliert. Es ist demanch anzunehmen, daß die durch den Ekel ausgedrückten Distanzierungswünsche erfolgreich im interaktiven Feld eingesetzt wurden.
Es gibt jedoch Hinweise darauf, daß die Patientin ihre intrapsychische und interindividuellen Muster ändert. Sie zeigt im Mittel zwar nur sehr wenig Angst, diese nimmt aber im Verlauf der Therapie zu, während die Ekelmimik abnimmt. Damit hat sie sich von einer interaktiv implementierten und frühen Form der Abwehr mit Hilfe des Ekels in Richtung auf eine stärker von der aktuellen Beziehung zum Therapeuten abgelöste Form der Selbstregulation hin entwickelt, was sich in der Zunahme der Angstmimik zeigt.
Während es im Fall der beiden Patienten mit schweren Persönlichkeitsstörungen Hinweise darauf gab, daß die Ekelmimik positive Konsequenzen für die Selbstregulation hat, ist dies bei Patientin PDBU nicht der Fall. Hier findet sich ein Hinweis, daß der Ekel auf das Selbst gerichtet ist. Die Ekelmimik der Patientin korreliert positiv mit ihrem Schulderleben. Diese Funktion ist auch interaktiv vorhanden, da das Verachtungserleben des Therapeuten ebenfalls positiv mit der Ekelmimik der Patientin korreliert.

Wie im Theorieteil diskutiert wurde, ermöglichen die von Horowitz (1997) verwendeten RRM eine weitgehende Beschreibung der Beziehungsmuster von Patienten, allerdings ist die Erhebung derselben nur mit geringer Reliabiltität möglich. Hier bieten sich die in der vorliegenden Arbeit untersuchten mimischen Ausdrucksmuster und vor allem die emotionalen Prozeßmuster als eine Möglichkeit einer reliablen Erhebung der von Horowitz beschriebenen „states of mind" an. Obwohl Horowitz Emotionen nicht als identisch mit „states of mind", noch als notwendige Bestandteile der Definition von „states of mind" ansieht, können Emotionen und emotionale Prozeßmuster als Hinweise auf sich wiederholende kognitiv-affektive Prozesse einer Person verstanden werden. Emotionen weisen auch Ähnlichkeiten mit „states of mind" auf, in der Hinsicht, daß auch sie durch die Art des emotionalen Erlebens, durch kognitive und physiologische Prozesse und nicht zuletzt durch zugeordnete Arten expressiven Verhaltens und Beziehungsmuster definiert sind. Sie beschreiben also wie „states of mind" den Funktionszustand einer Person. In den Emotionen verdichten sich Subjekt-/Objektinteraktionen, die von Horowitz als „role-relationship-models" RRM bezeichnet werden. Obwohl schon einzelne Emotionen die Funktionsweise von Personen beschreiben, sind Abfolgen von Emotionen bei weitem charakteristischer. Sie beschreiben das Aufeinanderfolgen von unterschiedlichen Arten von RRM, aber auch Reaktionen auf die Instantiierung bestimmter z.B. gefürchteter RRM.
Von zentraler Bedeutung für die Selbst- und Beziehungsregulation eines Patienten ist dabei die Frage, inwieweit die Abfolgen von RRM kontrollierbar sind. Ob also gefürchtete

Emotionen oder RRM vermieden werden können oder ob gewünschte Emotionen eingebettet in soziale Kontexte realisierbar werden. Wie oben gezeigt wurde kann neben dem Auftreten von Angst auch das Auftreten von Ekel als Anzeichen für das Einsetzen eines abgewehrten „state of mind" interpretiert werden (Horowitz, 1992).

Die Funktionen des Ekels werden in psychoanalytischen Theorien unter einer Vielzahl von Aspekten diskutiert (Kluitmann, 1999). Sei es in den frühen Überlegungen Freuds im Rahmen der Über-Ich-Entwicklung als Eindämmung sexueller Impulse durch Scham, Moral aber auch Ekel oder als kompromißhafte Lösung zwischen sexueller Lust und Verbot in Form einer Reaktionsbildung. Desweiteren spielt Ekel vor allem eine Rolle in der Funktion der Subjekt-/Objektdifferenzierung und der Aufrechterhaltung der Grenzen des Selbst. Das gehäufte Auftreten von Ekel ist wohl auch deshalb vor allem bei Patienten mit „frühen" Störungen (Krause, 1992) zu beobachten. Ekel tritt gehäuft bei Patienten mit schweren psychosomatischen Beschwerden auf (Frisch et al., 1995), aber neben Verachtung auch bei schizophrenen Patienten, und er korreliert bei allen diesen Patienten negativ mit dem Erleben von Freude (Merten, 1997b). Patientin PDBU folgt ebenfalls diesem Muster, ihr Schulderleben korreliert positiv mit der Ekelmimik und indiziert damit eine Funktion des Ekels mit negativen Konsequenzen für das Selbsterleben, da der Ekel sich in ihrem Fall auf sie selbst richtet. Die Einzelfallanalysen der beiden Borderlinepatienten erbringen jedoch abweichende Zusammenhänge. Zwar zeigen auch sie einen ausgeprägten Ekelaffekt und im Vergleich zur Kontrollgruppe ein reduziertes Freudeerleben. Über die Therapiestunden hinweg variiert die Ekelmimik aber nicht mit einem negativ getönten Erleben, vielmehr gibt es Hinweise, daß bei Patient PDBm Angst und Scham reduziert sind und Patientin PDBm mehr Freude erlebt.

So treten zwar bei Patienten mit schweren psychosomatischen Erkrankungen, mit schweren Persönlichkeitsstörungen und bei schizophrenen Patienten Ekelaffekte als Teil der Selbst- und Beziehungsregulation gehäuft auf, die unterschiedlichen Korrelationen mit dem emotionalen Erleben deuten aber auf je unterschiedliche psychodynamische Funktionen des Ekels hin. Die Funktionen des Ekels können danach unterschieden werden, auf welches Objekt er sich richtet. Ist das Objekt in der Außenwelt verortet, dient er im Rahmen der Beziehungsregulation der Herstellung der gewünschten Nähe oder Distanz. Demgegenüber kann der Ekel auch auf das Selbst gerichtet sein und drückt eine negative Selbstwahrnehmung aus, die sekundär ebenfalls Folgen für die Art der herzustellenden Beziehungen zu anderen hat, da die Selbstwahrnehmung als „eklig" die Motivation zur Herstellung von Beziehungen erheblich einschränkt. Wie oben diskutiert, kann der Ekel auch als intrapsychisches Signal verstanden werden, das die Abwehr bedrohlicher Beziehungsmodelle in Gang setzt. Darüber hinaus kann der Ekel selbst als frühe, intrapsychische Abwehr gegen bedrohliche Selbstzustände fungieren, wenn man seine Funktion darin sieht, das Selbst vor der Instantiierung und Aktivierung derselben unmittelbar zu schützen, indem diese gehemmt werden. Im Rahmen von an körperlichen Prozessen angreifenden psychodynamischen Fehlentwicklungen, z.B. im Umfeld von Defiziten im Körperbild oder bei Eßstörungen, kann der Ekel als früher, psycho-somatisch verschränkter Abwehrmechanismus verstanden werden. Wird der Ekel, wie im vorliegenden Fall untersucht, mimisch ausgedrückt, kommt zu der Funktion als intrapsychisches Signal zwangsläufig diejenige als Signal im interaktiven Feld hinzu, das als Grundlage für projektive Abwehrmechanismen dienen kann. Das Ekelsignal im interaktiven Feld geht mit Vermeidungsverhalten des Interaktionspartners, insbesondere mit einer Distanzerhöhung, einher und beeinflußt unwillkürlich die Selbst- und auch die Objektwahrnehmung des Empfängers. Im mikroprozessualen Verhalten zeigen sich diese Formen der Beziehungsregulation z.B. darin, daß auf eine Ekelmimik, die bei beidseitigem Anblicken gezeigt wird, in den meisten Fällen der Blickkontakt vom Empfänger abgebrochen wird. In der vorliegenden Untersuchung ergaben sich so auch bei den Therapeuten

Konsequenzen für das emotionale Erleben. Angesichts dieser vielfältigen Funktionen des Ekels für intrapsychische und interindividuelle Prozesse existieren erstaunlich wenige Untersuchungen zu diesem Themengebiet (Power und Dalgleish, 1997).

6.1.8 Die therapeutische Situation und Indikatoren der Erkrankung

6.1.8.1 Die therapeutische Situation

Die therapeutische Situation läßt sich von Alltagssituationen bereits an Hand der Primäraffekthäufigkeiten abgrenzen. Jedoch werden in Psychotherapien nicht mehr, sondern weniger Affekte mimisch gezeigt, als dies in Alltagssituationen der Fall ist. Die Hypothesen, daß die relativen und absoluten Häufigkeiten negativer Affekte in Psychotherapien größer sind, können nur für die Affekte Angst und Ärger bestätigt werden. Die Patienten zeigen höhere absolute und relative Häufigkeiten an Ärger, die Therapeuten nur höhere relative Häufigkeiten. In der „Alltagssituation" werden vor allem mehr Freude und die negativen distanzregulierenden Affekte Verachtung und Ekel gezeigt. Die Patienten und Therapeuten zeigen, wie hypostasiert, mehr Überraschung als die gesunden Laien. Konfliktindizierende Mimik in Form mehrdeutiger Mimik, die vor allem im Fall von Patienten zu erwarten wäre, wird nicht in allen Fällen signifikant häufiger gezeigt als von gesunden Laien. Die Vergleiche über alle Therapien sind vor dem Hintergrund großer einzelfallspezifischer Abweichungen zu interpretieren. So zeigen z.B. Patientin VTKO und VTAD sehr viele Blenden, und auch Therapeut VTEP zeigt sehr viele Blenden und Maskierungen. Allerdings zeigen die Patienten mehr Angstmimik, als es die gesunden Probanden tun, was ebenfalls als Indikator für die Aktivierung konfliktiver Schemata interpretiert werden kann.

Ordnet man diese und die weiter oben beschriebenen und interpretierten Unterschiede hinsichtlich der Primäraffekthäufigkeiten einzelnen, durch sie ausgedrückten Funktionen zu, läßt sich die therapeutische Situation beschreiben als eine Situation gegenseitiger Wertschätzung, die sich in der Reduktion der Verachtungsmimik auf seiten der Therapeuten und durch die Annahme des durch die Situation gegebenen Statusunterschied durch die Patienten ausdrückt. Außerdem zeigen sich die männlichen Therapeuten „abstinenter" als die männlichen Probanden in den Kontrollgruppen. Wie gezeigt wurde, geht demnach die Reduktion der Freudemimik nicht alleine auf den Einfluß der Erkrankung zurück, sondern auch auf die Zurückhaltung der männlichen Therapeuten hinsichtlich positiver Beziehungsangebote der weiblichen Patientinnen. Die therapeutische Situation läßt sich weiter dadurch charakterisieren, daß nicht nur die Patienten, sondern auch die Therapeuten negative Leitaffekte zeigen. Diese variieren aber über die Affekte Ärger, Ekel und Verachtung, wodurch es zu keiner affektspezifischen Erhöhung gegenüber den Kontrollgruppen kommt. Im Fall der Patienten besteht dagegen ein Anstieg in der Ärgermimik, was nicht nur dadurch erklärt werden kann, daß der Ärger im Umfeld von Berichten über ärgerauslösende Episoden mit Bezugspersonen außerhalb der Therapie auftritt. Vielmehr finden sich auch mehrere Belege dafür, daß der Ärger durch die Interaktion mit dem Therapeuten ausgelöst wird. Das wird vor allem dadurch deutlich, daß auch die Therapeuten, relativ gesehen, mehr Ärger zeigen, der Ärger der Therapeuten im Verlauf einiger Therapien zunimmt und in einigen Therapien auch Ärgerreziprozitäten auftreten. Die Belastung der Beziehung durch den Ärger wird aber in den meisten hier untersuchten Fällen durch positive Signale von Patient und/oder Therapeut kompensiert. Diese Kompensation bildet sich auch in der Binnenstruktur der Therapiestunden ab. Vor allem am Beginn der Therapiestunden tritt synchroner Freudeausdruck auf, durch den die therapeutische Beziehung bestärkt und so die Bearbeitung auch konfliktiver Themen erst möglich wird. Die so ausgedrückte emotionale Qualität der Beziehung ist nicht nur Gegengewicht zum Ärger, sondern auch notwendige Voraussetzung für die Bewältigung der mit Veränderungsprozessen einhergehenden Zunahme von Angst und

Überraschung. Neben der Freude- und Verachtungsmimik unterscheiden sich die Therapeuten am deutlichsten in der Angstmimik von den Patienten. Hinzu kommt, daß konfliktindizierende mehrdeutige Mimik häufiger von den Patienten gezeigt wird.

6.1.8.2 Indikatoren der Erkrankung im emotionalen Verhalten

Der Einfluß der Erkrankung auf die emotionale Selbstregulation, aber auch auf die Beziehung zum Therapeuten ist sowohl im Verhalten der Patienten als auch dem der Therapeuten abzulesen. Beide weisen eine Reduktion der Duchenne Smiles im Vergleich zu den gesunden Laien aus den Kontrollgruppen auf. In besonderem Ausmaß tritt die Reduktion der echten Freude bei den beiden Patienten mit Borderline-Persönlichkeitsstörungen auf. Sie zeigen weniger als 10 % echte Freude, gefolgt von den Patientinnen PDBU und VTEP mit weniger als 33 %. Auch der Anteil negativer, distanzregulierender Affekte folgt dem Schweregrad der Erkrankung der Patienten. Die beiden Patienten mit Borderline-Persönlichkeitsstörungen liegen am oberen Ende der Verteilung, gefolgt von Patientin PDBU mit schwerer Bulimie und Patientin VTEP mit Agoraphobie und Epilepsie. Der Einfluß der Erkrankung zeigt sich demgemäß vor allem bei den Patienten mit schwereren Störungen in einer Reduktion der echten Freude, während die restlichen Patienten anteilsmäßig echte Freude als häufigsten Affekt zeigten. Dieser tritt jedoch weder mit der gleichen absoluten noch relativen Häufigkeit auf wie in den Kontrollgruppen. Darüber hinaus ergaben sich Unterschiede zu den Therapeuten und den gesunden Probanden in der Verachtungsmimik sowie der Angst- und Überraschungsmimik. Patienten und Therapeuten unterscheiden sich jedoch nicht nur in den Häufigkeiten der gezeigten Affekte, sondern auch in der individuellen Faktorenstruktur des mimisch-affektiven Verhaltens, die im Hinblick auf die Adaptivität der emotionalen Selbstregulation interpretiert werden können. Neben den Affekthäufigkeiten weisen vor allem die innerhalb der Stunden auftretenden Prozeßmuster auf maladaptive Aspekte der emotionalen Selbst- und Beziehungsregulation hin, die weiter unten diskutiert werden.

6.2 Die emotionale Qualität der therapeutischen Beziehung und der Therapieerfolg

6.2.1 Die Einschätzungen der emotionalen Qualität der therapeutischen Beziehung

Wie im Theorieteil beschrieben, beruhen die in einer Vielzahl von Studien gefundenen Zusammenhänge zwischen der Qualität der therapeutischen Beziehung und dem Therapieerfolg auf mit Fragebögen erhobenen Einschätzungen durch Patienten, Therapeuten oder Dritte. Auch die Ergebnisse der vorliegenden Arbeit relativieren die Aussagekraft von Untersuchungen, die sich ausschließlich auf diese Art Daten stützen. Generelle Einschränkungen von Ratingverfahren bei der Analyse interaktiven Verhaltens wurden bereits in Merten (1996a) ausführlich dargestellt. In der Anwendung auf die therapeutische Situation ergeben sich folgende besondere Phänomene, die bei der Beurteilung der Validität von Einschätzungen der Qualität der therapeutischen Beziehung und des Therapieerfolgs berücksichtigt werden müssen. So besteht vor allem ein Zusammenhang zwischen Einschätzungen der therapeutischen Beziehung und dem therapeutischen Erfolg innerhalb der gleichen Person. Das heißt, das Rating zur Qualität der therapeutischen Beziehung des Therapeuten bzw. des Patienten korreliert vor allem mit den von der gleichen Person durchgeführten Erfolgseinschätzungen. Dieses Phänomen trat auch in anderen Studien vermehrt auf (Stiles et al., 1998). Die Befundlage ist jedoch nicht eindeutig. So fand z.B. Rudolf (1991) Zusammenhänge mit den Behandlungsergebnissen sowohl aus der Sicht des Patienten als auch des Therapeuten. Die Therapeuten der vorliegenden Studie erwiesen sich in der Einschätzung des Therapieerfolgs aber vor allem des emotionalen Erlebens der Patienten diesen überlegen. Auch bei Rudolf (1991) findet man eine Überlegenheit der Therapeuten hinsichtlich der Einschätzung der Beziehungsqualität und deren Zusammenhang mit dem Therapieerfolg. Es gibt jedoch auch gegenteilige Befunde, die einen schwächeren Zusammenhang der Therapeutenratings mit dem Erfolg ausweisen (Horvath und Symonds, 1991). Die Unterschiede in der Ergebnislage sind meist durch methodische Details der Untersuchungen zu erklären. So erweisen sich Therapeuten den Patienten unterlegen oder gleichwertig, wenn die verwendeten Erhebungsinstrumente es ihnen nicht erlauben, spezifische Aspekte der Situation zu berücksichtigen. Das ist zum Beispiel dann der Fall, wenn die verwendeten Instrumente direkte Anwendungen der Patientenfragebögen auf die Therapeuten sind und damit die spezifischen Sichtweisen der Therapeuten nur ungenügend abbilden (Horvath und Luborsky, 1993).

Trotz der genannten Probleme beinhalten die Einschätzungen der Qualität der therapeutischen Beziehung wichtige Informationen über die Wahrnehmung der Situation durch die Patienten und Therapeuten, die vor allem in Widersprüchen zwischen den Einschätzungen oder im Vergleich zum tatsächlichen Verhalten zu sehen sind. Hinweise auf konfliktive Aspekte in der Wahrnehmung der Beziehung zwischen Patient und Therapeut findet man auch in der vorliegenden Untersuchung. So schätzten zwar fast alle Patienten die Qualität der Beziehung positiver ein, als es die Therapeuten taten, in drei Therapien tritt jedoch das umgekehrte Phänomen auf. Eine dieser Therapien ist Therapie VTAD, die vorzeitig abgebrochen wurde. In den beiden anderen Therapien setzt sich das beschriebene Mißverhältnis auch in der Einschätzung des Therapieerfolgs fort. Therapeutin GTAD und Therapeut PDBm schätzten nicht nur die Qualität der Beziehung positiver ein als ihre Patienten, sondern auch den Therapieerfolg.

Bei weitem aufschlußreicher sind Diskrepanzen zwischen der Einschätzung der Qualität der therapeutischen Beziehung und dem mimisch-affektiven Verhalten der Patienten und Therapeuten, wie sie sich in diskrepanten, einzelfallspezifischen Korrelationen auffinden lassen. In Therapie GTAD, in der die Therapeutin Beziehung und Erfolg besser einschätzt als die Patientin, korrelieren die Duchenne Smiles der Patientin nicht wie erwartet positiv, sondern negativ mit der Einschätzung des therapeutischen Bündnisses durch die Therapeutin. Auf die spezifische Funktion der Duchenne Smiles in Therapie PDPA wurde mehrfach verwiesen, sie zeigt sich auch darin, daß die Duchenne Smiles der Patientin nicht positiv, sondern negativ mit der Einschätzung der therapeutischen Beziehung korrelieren. Dies ist ein weiterer Hinweis darauf, daß ihr Lächeln auch von ihr selbst nicht als förderlich angesehen wird, sondern dann auftritt, wenn sie gefürchtete, konfliktive Themen abzuwehren versucht. Das geschieht vor allem dann, wenn sie die therapeutische Beziehung als weniger gut einstuft. Ein weiteres Verständnis dieser Mikroprozesse könnte dadurch erreicht werden, daß die zum Zweck der Abwehr gezeigten Duchenne Smiles darauf untersucht würden, in welchen Kontexten sie auftraten und insbesondere, welche Reaktionen der Therapeut auf diese zeigte.

In Therapie VTEP liegt eine Fehleinschätzung hinsichtlich der realisierten Nähe und Distanz vor. Die Patientin erlebt sich distanzierter und wünscht sich auch weniger Nähe als es der Therapeut tut. Die Diskrepanz in der Einschätzung der Nähe und Distanz in Therapie VTEP bildet sich ebenfalls in einer Korrelation zu den Duchenne Smiles ab. Die Einschätzung des Therapeuten korreliert zwar hochsignifikant mit „isolierten" und simultanen Duchenne Smiles, die der Patientin korreliert aber beinahe zu Null. Die vom Therapeuten als stützend und die Beziehung förderlich erachteten Duchenne Smiles werden also von der Patientin ambivalent wahrgenommen. Ein ähnliches Phänomen findet sich in Therapie VTAD; hier korrelieren die von der Therapeutin initiierten simultanen Duchenne Smiles hoch signifikant positiv mit ihrer Einschätzung, die von der Patientin initiierten aber nicht.

Die Analyse der mit den Einschätzungen einhergehenden Verhaltensweisen erbringt also weiterführende Einsichten in die Art der Beziehungsgestaltung und deckt insbesondere

Diskrepanzen zwischen dem realisierten Beziehungsverhalten und den expliziten Äußerungen der Patienten und Therapeuten zur Qualität der Beziehung auf. Für Untersuchungen des therapeutischen Prozesses ist es also empfehlenswert, zusätzlich zu den Einschätzungen der Qualität der therapeutischen Beziehung auch möglichst objektive und vor allem verhaltensnahe Maße zu erheben.

6.2.2 Mimisch-affektives Verhalten in der ersten Stunde und der Therapieerfolg

Ein Ziel der vorliegenden Arbeit bestand darin, Therapieverlauf und Therapieerfolg an Hand des mimisch-affektiven Verhaltens von Patient und Therapeut in der ersten Therapiestunde vorherzusagen. Es wurde davon ausgegangen, daß vor allem am Beginn der Therapie Beziehungsangebote des Patienten und die Reaktionen der Therapeuten im mimisch-affektiven Verhalten nachweisbar sind und einen Zusammenhang mit dem Therapieerfolg aufweisen (siehe Abschnitt 8.3.3). Um das tatsächliche Beziehungsverhalten zu erfassen, wurde die emotionale Qualität der therapeutischen Beziehung nicht nur mit Hilfe von Einschätzungen durch Patient oder Therapeut erhoben, sondern das mimisch-affektive Verhalten beider Interaktionspartner stand im Mittelpunkt der Auswertung. In Einklang mit diesen Überlegungen wies eine Vielzahl der mimischen Maße in der ersten Therapiestunde Zusammenhänge zu dem nach der 15. Stunde eingeschätzten therapeutischen Erfolg auf und zwar unabhängig davon, ob es sich um die Erfolgsratings der Patienten oder die der Therapeuten handelte. Diese Zusammenhänge wurden im Ergebnisteil bereits im einzelnen interpretiert. An dieser Stelle wird nur noch einmal auf einige zentrale Zusammenhänge Bezug genommen. In Tabelle 33 sind die Ergebnisse in bezug auf die Hypothesen zusammengefaßt, darüber hinaus wurde aber noch eine Reihe weiterer Prädiktoren für den therapeutischen Erfolg gefunden, auf die weiter unten eingegangen wird.

In Hypothese 1 zum therapeutischen Erfolg wurde angenommen, daß negative Affekte des Therapeuten, insbesondere Ärger, Ekel und Verachtung die therapeutische Beziehung belasten und somit in einem negativen Zusammenhang zum Therapieerfolg stehen sollten. Die empirische Überprüfung erbrachte ein dem widersprechendes Ergebnis. Die Anzahl negativer Affekte des Therapeuten korrelierte positiv mit dem Therapieerfolg, allerdings nur mit seinem eigenen Erfolgsrating. Die weitere Analyse ergab, daß das Verhältnis zur Freudemimik der Patienten ebenfalls mit dem Therapieerfolg korrelierte, und zwar mit den Einschätzungen von Patient und Therapeut. Demzufolge ist das Auftreten negativer Affekte nicht alleine ein Indikator für eine belastete Beziehung, sondern weist auf darauf hin, daß zum Verständnis des Patienten auch negative emotionale Reaktionen des Therapeuten erforderlich sind, wie sie im Theorieteil diskutiert wurden (siehe Kapitel 1.1). Fehlen die negativen Affekte und überwiegt die Freudemimik, ähnelt die Beziehung stärker einer Alltagsinteraktion, und es fehlt die Grundlage für ein vertieftes Verständnis der Problemlage des Patienten. Diese Annahme wurde auch durch die negative Korrelation zwischen den von den Patienten initiierten synchronen Duchenne Smiles und dem Therapieerfolg bestätigt und widerspricht der ursprünglichen Hypothese, daß die Erfolgswahrscheinlichkeit mit der Anzahl synchroner Duchenne Smiles wächst. Für die von den Therapeuten initiierten synchronen Duchenne Smiles ergaben sich Hinweise auf einen umgekehrt u-förmigen Zusammenhang. Gar keine oder zu viele vom Therapeuten initiierten synchronen Duchenne Smiles stehen demnach mit schlechterem Erfolg in Zusammenhang.

Tabelle 33: Die emotionale Qualität der therapeutischen Beziehung und der Therapieerfolg

1. Die Anzahl negativer Affekte des Therapeuten als Indikatoren einer negativen emotionalen Reaktion des Therapeuten belastet die therapeutische Beziehung und korreliert negativ mit

dem Therapieerfolg
Es ergab sich ein der Hypothese widersprechender signifikanter Zusammenhang
2. Die durch gemeinsames Zeigen echter Freude vermittelte „gute" therapeutische Beziehung korreliert positiv mit dem Therapieerfolg
Auch hier zeigen sich gegenteilige Effekte
3. Die Kompensation negativer Affekte durch echte Freude korreliert positiv mit dem Therapieerfolg
Es ergeben sich Hinweise auf einen gegenteiligen Effekt. „Echte Freude muß kompensiert werden durch negative Affekte"
4. Die Anzahl dyadischer Beziehungsmuster als Indikator einer interaktiven „Verstrickung" des Therapeuten korreliert negativ mit dem Therapieerfolg
Die Hypothese konnte bestätigt werden

Hinsichtlich der im Ergebnisteil beschriebenen Zusammenhänge fällt auf, daß außer den Illustratoren der Patienten nur Maße der Therapeuten und dyadische Maße mit dem Therapieerfolg korrelieren. Die höchsten Korrelationen ergeben sich für den prozentualen Leitaffektanteil des Therapeuten, die Summe der negativen Therapeutenaffekte und vor allem die Anzahl aller Prozeßmustern und der dyadischen Prozeßmuster.
Auch hier tritt ein bemerkenswerter Unterschied zu Untersuchungen auf, die auf Beobachterratings zurückgreifen, und in denen der Anteil des Therapeuten an der Qualität der therapeutischen Beziehung als geringer eingestuft wird als der der Patienten (Krupnick et al., 1996). Zumindest in Hinsicht auf den Therapieerfolg erwies sich aber für das mimisch-affektive Verhalten das Gegenteil. Die Therapeuten tragen in großen Teilen zur Qualität der therapeutischen Beziehung bei, und das nonverbale Verhalten der gesamten Therapeutendyade steht in Zusammenhang zum Therapieerfolg.
Der Nutzen einer Analyse des mimisch-affektiven Verhaltens für die Praxis läßt sich zum Beipiel daran aufzeigen, daß die Prognose für die von Patientin und Therapeut zunächst als Erfolg eingestufte Therapie an Hand der hier gefundenen Erfolgsprädiktoren einen schlechten Ausgang der Therapie vorhergesagt hätte, der sich im oben beschriebenen weiteren Verlauf der Therapie auch zeigt. Nur die Anzahl negativer Affekte von Therapeut VTEP ist im Vergleich mit den anderen Therapeuten relativ hoch, im Vergleich zu seinen eigenen positiven Affekten aber die niedrigste von allen Therapeuten (19,8 %, nächsthäufige VTAD mit 27,5 %).
Angesichts der zentralen Rolle von Blenden und Maskierungen in der ersten Stunde, wie sie sich in den Charakterisierungen der Einzelfälle zeigt, überrascht, daß ihre Häufigkeiten keine Korrelation mit dem Therapieerfolg aufweisen. Sie sind demnach zwar als Konfliktindikatoren aufzufassen, ob die Therapie aber erfolgreich abgeschlossen werden kann, hängt vom weiteren Verlauf der Behandlung ab (s.u.).
Der therapeutische Erfolg bildet sich also bereits in der ersten Stunde im mimisch-affektiven Verhalten der Therapeuten und vor allem in den dyadischen Prozeßmustern ab. Jedoch sollte von einer voreiligen Generalisierung der vorliegenden Ergebnisse abgesehen werden, da es sich um eine sehr heterogene Stichprobe z.B. hinsichtlich der Diagnosen, der therapeutischen Orientierung und nicht zuletzt der Geschlechterzusammensetzung der therapeutischen Dyaden handelte, die weitere kontrollierte Untersuchungen erforderlich macht.

6.2.3 Erfolgsprädiktoren im Therapieverlauf

Das auffälligste Phänomen bei der Analyse der Erfolgsprädiktoren im Verlauf bestand darin, daß die Beziehungsregulation in der letzten Stunde mit Ausnahme der dyadischen Prozeßmuster nur noch sehr wenige Zusammenhänge zum Therapieerfolg aufweist. Das Verhalten in der letzten Stunde und im Verlauf korreliert nicht in dem Ausmaß mit dem

Therapieerfolg, wie es das Verhalten in der ersten Behandlungsstunde tat. Erklärt werden kann dies dadurch, daß die Therapien sich, wie in den Einzelfallanalysen beschrieben, im Verlauf der Behandlung je anders entwickelt haben. Dies geschah in Abhängigkeit von den unterschiedlichen therapeutischen Strategien, der Art und Weise, wie die Therapeuten auf die Beziehungsangebote der Patienten reagiert haben, den unterschiedlichen Konflikten und deren interaktiver Implementierung in der therapeutischen Beziehung. Auch kann ein Grund für fehlende Zusammenhänge darin gelegen haben, daß die Therapeuten angesichts der mit der Beendigung der Behandlung zu berücksichtigenden Trennungssituation in der letzten Stunde ihr Verhalten verändert haben, um die Ablösung des Patienten zu erleichtern. Diese Einflußfaktoren führten dazu, daß sich in den verschiedenen Therapien die Entwicklung der therapeutischen Beziehung um unterschiedliche Affekte wie Ärger, Ekel, Verachtung, aber auch einen „Überschuß" an echter Freude zentrierte. Es ergaben sich somit über die Therapien gesehen fast keine Zusammenhänge zu emotional-inhaltlichen Aspekten. Demgegenüber weisen formale Aspekte, wie Komplexität und Anzahl, der emotionalen Prozeßmuster, auch in der letzten Stunde noch einen Zusammenhang zum Therapieerfolg auf.

In Bezug auf die Affekthäufigkeiten sind die Ergebnisse zum Teil nur schwer zu interpretieren. Die Veränderungen der Prozeßmuster und ihr Bezug zum Therapieerfolg sind bei weitem konsistenter und werden weiter unten in einem eigenen Abschnitt behandelt. Man findet aber dennoch einen leicht zu interpretierenden Zusammenhang zwischen der Zunahme positiver Affekte der Patienten im Therapieverlauf und dem von ihnen selbst eingeschätzten Therapieerfolg. Je größer die Veränderung des Leitaffektprofils zu positiven Werten ist, desto erfolgreicher beurteilt der Patient selbst die Therapie. Die Zunahme der Freudemimik mit gleichzeitiger Abnahme negativer Affekte ist also wie erwartet als ein Indikator positiver Veränderungen zu betrachten. Der Blick auf die Entwicklung, insbesondere einer Patientin (VTEP), nach Ende der Therapie macht aber deutlich, daß die positive Änderung des Leitaffektprofils, wie andere Erfolgsmaße auch, zunächst nur mittelfristig einen Erfolg der Therapie ausweist.

Bei einigen Störungsbildern kann der Ausdruck von Freude z.B. im Umfeld von Abhängigkeitstendenzen Teil des maladaptiven Verhaltens sein, so daß nicht eine Zunahme, sondern ein Abnehmen der Freudemimik als mittelfristiger Erfolgsindikator aufgefaßt werden kann. Auch wenn die Freudemimik einen Widerstand gegen die Bearbeitung konfliktiver Themen darstellt, kann die Abnahme derselben einen Fortschritt im therapeutischen Prozeß indizieren.

Von den Erfolgsprädiktoren der ersten Stunde weist in der letzten Stunde nur noch der Leitaffektanteil des Therapeuten einen für alle Therapien interpretierbaren Zusammenhang auf. Alle anderen Korrelationen gehen auf einzelne Therapien zurück.

Der *Leitaffektanteil der Therapeuten* in der letzten Stunde korreliert, anders als in der ersten Stunde, positiv mit der Erfolgseinschätzung. Am Ende der Behandlung haben die erfolgreichen Therapeuten zu einem ausgeprägten positiven Leitaffekt zurückgefunden. Weiter unten wird diskutiert, daß auch in der Abnahme negativer Affekte beim Therapeuten ein Erfolgsindikator zu sehen ist.

Die Anzahl dyadischer Prozeßmuster korreliert sowohl in der ersten als auch in der letzten Stunde negativ mit dem Therapieerfolg. Die Anzahl der dyadischen Muster hat sich allerdings bis zum Ende der Therapie verändert, in einigen Therapien hat sie zugenommen, in anderen abgenommen. Diese Änderung korreliert ebenfalls negativ mit dem Erfolgsrating der Patienten, d.h. daß die Therapien, in denen ein Anstieg dyadischer Muster zu verzeichnen war, von den Patienten als weniger erfolgreich eingeschätzt wurden.

In den beiden hinsichtlich des Therapieerfolgs am schlechtesten eingestuften Therapien haben die dyadischen Muster zugenommen. In Therapie VTEP findet man zwar eine maximale Abnahme der dyadischen Muster, jedoch ist die Anzahl immer noch die zweithäufigste von

allen Therapien. Außerdem haben sich die in den Mustern enthaltenen Emotionen von eher positiven zu negativen geändert.
Diese Befundlage zeigt auf, daß ein Verständnis für den Verlauf einer Behandlung nur im Sinne der Indikatorenforschung erzielt werden kann, da es sich hier um ein komplexes dynamisches Geschehen handelt (Leuzinger-Bohleber, 1989), das die Interpretation einzelner Indikatoren auf dem Hintergrund des gesamten Wissens um eine Behandlung erfordert. Die fallspezifischen Indikatoren für Konfliktaktualisierungen, deren weitere Entwicklung im Therapieverlauf und die sich daraus ergebenden Beziehungen zum Therapieerfolg werden in Kap. 6.2 diskutiert.

6.2.4 Angst und Überraschung und die Umstrukturierung maladaptiver Schemata

Weiter oben (Seite 154) wurde bereits gezeigt, daß die Überraschungsmimik der Patienten alleine als Prädiktor des Therapieerfolgs nicht ausreicht. Ein „Überschießen" von Überraschung wie bei Patientin VTAD kann sogar als Anzeichen einer wenig erfolgreichen Behandlung angesehen werden. Es zeigt an, daß die Patientin kontinuierlich und in hohem Maße mit nicht assimilierbaren Informationen konfrontiert wird. Hinzu kommt, daß es der Therapeutin nicht gelang, eine positive Beziehung zur Patientin herzustellen, was sich auch darin ausdrückt, daß sie mit Verachtung auf die Überraschung der Patientin reagiert.
Das völlige Fehlen von Überraschungsmimik kann ebenfalls als Anzeichen eines schlechteren Therapieausgangs gewertet werden. So zeigt Patientin PDMI im gesamten Verlauf der Behandlung keine einzige Überraschungsmimik. Sie selbst stuft den Therapieerfolg als recht hoch ein, jedoch ist diese Einschätzung diskrepant zu der der Therapeutin.
Erst die weitere Analyse der Zusammenhänge der Überraschungsmimik zum Erleben von Angst, an Hand der die Therapien in zwei Gruppen unterteilt werden konnten, wies therapieübergreifende Zusammenhänge zum Therapieerfolg auf.
Die Analyse der Zusammenhänge zwischen Ausdruck und Erleben von Angst und Überraschung ergab, daß die Verbindung der Überraschungsmimik zum Erleben von Angst in der Gruppe „Überraschungsangst" mit einem schlechteren Therapieerfolg einhergeht, während die Patienten, die diesen Zusammenhang nicht aufwiesen, nach ihren eigenen Angaben eher mehr von der Therapie profitierten. In der Gruppe „Überraschungsangst" lag zusätzlich eine ausgeprägte Dissoziation von Erleben und Ausdruck von Angst vor. Die „Überraschungsgruppe" beinhaltet die von den Patientinnen am schlechtesten eingestuften Therapien.
Neben der bereits erwähnten Patientin PDMI war Patientin VTKO nicht in die Gruppen einzuordnen. Patientin VTKO war durch eine Dissoziation zwischen Erleben und Ausdruck von Angst zu charakterisieren, die jedoch die Unterteilung der Therapie in zwei Phasen mit einem Rückgang körperlicher Symptome zugunsten des Anstiegs von Angstsymptomen markiert, was als erfolgreicher Teilprozeß der Behandlung angesehen werden kann. Sie selbst stuft die Behandlung als sehr erfolgreich ein, und im weiteren Verlauf der Behandlung ist auch das Erfolgsurteil des Therapeuten positiv.
Die Therapien mit kongruentem Zusammenhang zwischen Angstmimik und Angsterleben wiesen als Gruppe einen besseren Therapieerfolg auf als die Gruppe mit „Überraschungsangst". Dieses Ergebnis ist jedoch nur mit Einschränkungen interpretierbar, da die Gruppe hinsichtlich des Therapieerfolgs sehr heterogen war. In zwei der Therapien, nämlich in den beiden mit Patienten, die an schweren Persönlichkeitsstörungen litten, wurde der Erfolg als gering eingestuft, und in Therapie VTEP erwies sich der Therapieerfolg als unstabil. Der kongruente Zusammenhang zwischen Angstmimik und Angsterleben kann also nicht generell als förderlich angesehen werden. Eine Beurteilung ist nur vor dem Hintergrund der angstauslösenden Bedingungen und der Angstentwicklung im Verlauf der Therapie möglich.

Im Fall der beiden Patienten mit schweren Persönlichkeitsstörungen ist die Angst im Kontext einer Ich-Strukturschwäche zu interpretieren und geht auf Ambivalenzen der Selbst- und Objektrepräsentanzen zurück. Das gilt besonders für Patient PDBm, der im Ausdruck und im Erleben ein hohes Angstniveau aufweist. Eine ähnlich ausgeprägte Angstmimik weist auch Patient PDHI auf, sein Angsterleben ist jedoch vergleichsweise niedrig und im Gegensatz zu Patient PDBm eher im Kontext der Aktualisierung interpersonaler Konflikte zu interpretieren. Die unterschiedichen Ausprägungen und Zusammenhänge zwischen Angst und Überraschung sind also nur unter Berücksichtigung der auslösenden Bedingungen und der jeweiligen Funktionen dieser Emotionen zu interpretieren. Sie können im Kontext von Informationsverarbeitungsprozessen auftreten, Konfliktaktivierungen und die damit einhergehende Aktivierung von Abwehrmechanismen anzeigen, sie können aber auch mit strukturellen Schwächen in der Persönlichkeitsorganisation der Patienten einhergehen.

6.3 Konfliktaktualisierung in der therapeutischen Beziehung und der therapeutische Prozeß

6.3.1 Implementation maladaptiver Beziehungsangebote als dyadischer Prozeß

Im Theorieteil wurde davon ausgegangen, daß Patienten durch spezifische Beziehungsmuster charakterisierbar sind. Die Beziehungsangebote drücken sich vor allem im unwillkürlichen Beziehungsverhalten aus, das in der vorliegenden Arbeit untersucht wurde. Verdichtet treten Beziehungsangebote im mimisch-affektiven Verhalten der Patienten zutage, da Affekte Beziehungen zwischen Subjekt und Objekt inklusive der zwischen beiden gewünschten Interaktionen definieren. Sowohl das Senden affektiver mimischer Signale als auch deren Wahrnehmung unterliegt keiner bewußten Kontrolle, sondern ist Teil der Verhaltenssteuerung durch die implizite Modellierung der Situation. Die Frage nach der Implementation maladaptiver Beziehungsangebote ist demnach eng verbunden mit der emotionalen Selbstregulation der Patienten, die sich zu großen Teilen auf dem Hintergrund tatsächlicher oder phantasierter sozialer Interaktionen ereignet.

Moser et al. (1987) unterscheiden Phantasien von der Repräsentation der realen Interaktion. Phantasien sind weitgehend bewußt oder können erlebbar werden. Den Phantasien liegt inneres Simulieren zugrunde, das unbewußt abläuft. Letzteres entspricht der impliziten Modellierung.

Beispielsweise kann die reale Repräsentation der Beziehung zum Therapeuten eine therapeutische Arbeitsbeziehung abbilden, phantasiert wird aber eine erotische Liebesbeziehung. Letzterer können aber auf der Ebene der impliziten Modellierung wiederum Abhängigkeitswünsche zugrunde liegen, die in einen Konflikt zwischen Autonomie und Bindung eingebunden sein können.

Daraus folgt, daß der affektive Ausdruck nicht nur durch reales Verhalten, sondern durch antizipierte, phantasierte Interaktionen mit dem Interaktionspartner ausgelöst werden kann (siehe Tabelle 34). Der auftretende Affekt kann entweder die phantasierte Beziehung repräsentieren, indem z.B. verführerische Freudesignale gesendet werden, oder er kann bereits die Reaktion auf Konsequenzen der phantasierten Interaktion darstellen.

Im ersteren Fall würde z.B. eine Freudemimik als Teil der Proposition den Wunsch nach Nähe signalisieren. Bei Bestehen eines Nähe-/Distanzkonfliktes würde dann ab einem bestimmten Schwellenwert zur Regulation der Distanz zum Interaktionspartner Ekel ausgelöst werden. Der affektive Ausdruck des Affekts hat damit als Ergebnis und Bestandteil der mentalen Modellierung der Situation eine Bedeutung für die Selbstregulation des Patienten, wird gleichzeitig aber auch im interaktiven Feld zwischen Patient und Therapeut wirksam. Der Interaktionspartner nimmt den affektiven Ausdruck und damit auch die Bewertung des

Objekts als Teil der propositionalen Struktur wahr. Hier stellt sich nun die Frage, ob er sich mit dem Objekt der propositionalen Struktur als identisch erlebt oder ob andere Objekte identifiziert werden, denen der Affekt gilt. In Abhängigkeit davon wird beim Therapeuten ein je anderer Affekt ausgelöst.

Tabelle 34: Die Implementation maladaptiver Beziehungsmuster

- Die implizite maladaptive Modellierung der Beziehung löst einen Affekt beim Patienten aus (z.B. Ekel)
- Der Therapeut nimmt den Affekt wahr (bewußt oder unbewußt)
- Der Affekt wird Teil seiner (impliziten) Modellierung als „Wahrnehmung des Therapeuten durch den Patienten“ (im Beispiel als „unerwünschter Eindringling in das Selbst des Patienten“)
- Diese Modellierung löst einen Affekt beim Therapeuten aus (z.B. kompensatorische Freudesignale oder auch Schuldgefühle, die sich in sozialem Lächeln äußern)
- Der Affekt des Therapeuten wirkt auf den Patienten und dessen implizite Modellierung zurück und bestätigt im ungünstigen Fall sein Modell. Die Bestätigung wird z.B. durch Wahrnehmungsverzerrungen auf Grund starrer Schemata erleichtert

Es ist anzunehmen, daß der Empfänger bei nicht bewußter Wahrnehmung des affektiven Ausdrucks die Objektbewertung auf sich bezieht. Im Fall des Ekels würde das bedeuten, daß er sich implizit als unerwünschten Eindringling in die Welt des anderen sieht, der auf Distanz gehalten werden soll. Unter der Annahme, daß das so induzierte Gefühl der expliziten Modellierung der therapeutischen Situation widerspricht, innerhalb der der Therapeut sich beispielsweise als helfendes und unterstützendes Objekt definiert, wird unwillkürlich gegenreguliert. Dies kann z.B. dadurch geschehen, daß verstärkt Freudesignale gesendet werden. Liegt beim Patienten der angenommene Konflikt zugrunde, führt die so gesteigerte Nähe zu weiterem Regulationsbedarf, der sich wiederum in Form distanzerhöhender Mimik ausdrückt. Um die therapeutische Beziehung aufrecht erhalten zu können, muß dieses positive Rückkopplungssytem unterbrochen werden. Dies wird umso schwieriger, je stärker implizite Modellanteile den kognitiv-affektiven Bewertungsprozeß des Therapeuten beeinflussen. Beispielsweise könnten unbewußte Schuldgefühle im Zusammenhang mit befürchteten Grenzverletzungen ebenfalls zu einer Steigerung der Unterstützung des Patienten führen. Dies hätte aber für das beschriebene Rückkopplungssystem ähnliche Folgen.

Das Beispiel zeigt, wie durch den unwillkürlichen Ausdruck eines Affekts und seine implizite Wirkung auf den Interaktionspartner ein gefürchtetes Interaktionsmuster implementiert werden kann. Jedoch müssen Affekte beim Interaktionspartner nicht immer oder nicht nur durch Affekte des Patienten ausgelöst werden. Auch das Ausbleiben erwarteter Reaktionen oder das Eintreten erwartungsdiskrepanter Affekte kann zu affektiven Reaktionen beim Therapeuten führen. Antwortet der Patient z.B. auf Fragen des Therapeuten ausweichend oder mit für diesen unerwarteten Emotionen, kann dadurch z.B. Ärger induziert werden. Beispiele wurden für Therapie PDPA oder VTKO angeführt. In ersterer reagierte der Therapeut auf das Lächeln der Patientin im Kontext ihrer Problemschilderungen ebenfalls zunächst mit Lächeln, an das sich aber in einigen Fällen bereits Ärger anschließt. Die anfängliche Verweigerung von Patientin VTKO wurde von „gewinnendem“ Lächeln begleitet, das ebenfalls zu Ärger beim Therapeuten führte.

Indikatoren für die Implementation maladaptiver Beziehungsangebote sind also auch im Verhalten der Therapeuten zu suchen. Das zeigt sich auch darin, daß vor allem Merkmale des mimisch-affektiven Verhaltens der Therapeuten oder dyadische Maße mit dem Therapieerfolg korrelieren. Der Implementationsprozeß ist also bereits in der ersten Stunde so weit fortgeschritten, daß Zusammenhänge zum Therapieerfolg schon hier zu erkennen sind. Ansatzpunkte für die Identifikation maladaptiver Beziehungsmuster sind demnach sowohl im Verhalten der Patienten als auch dem der Therapeuten zu suchen und können bereits am Beginn einer Behandlung gefunden werden. Dabei unterliegt auch die Ausgestaltung der maladaptiven Beziehungsmuster den Randbedingungen, die durch die therapeutische Situation, die therapeutische Strategie, die Gegenübertragungsbereitschaft des Therapeuten, aber auch allgemeine Situationsmerkmale wie z.B. die Geschlechterzusammensetzung der therapeutischen Dyade vorgegeben werden.

6.3.2 Indikatoren der Implementation maladaptiver Beziehungsangebote

Negative, aber auch ausgeprägt positive Leitaffekte, Blenden aus Affekten, individuelle und dyadische Prozeßmuster mit konfligierenden emotionalen Elementen auf seiten der Patienten wie bei den Therapeuten erwiesen sich als Indikatoren für die Implementation maladaptiver Beziehungsangebote.

Die ausgeprägte Ekelmimik der Patienten mit schweren Erkrankungen, die im Rahmen der emotionalen Selbstregulation als Abwehr gegen bedrohliche Funktionsmodi, z.B. in Form gefürchteter RRMs (Horowitz, 1997), interpretiert wurde, wirkt im interaktiven Feld als Distanzierungssignal. Das Distanzierungssignal ist konsistent mit den von den drei genannten Patienten gefürchteten Verletzungen im Umfeld von Annäherungs- und Distanzierungswünschen. Alle drei Therapeuten reagieren auf die ausgeprägt negative Mimik ihrer Patienten ebenfalls mit einem Anstieg der negativen distanzregulierenden Affekte Ärger, Ekel und Verachtung (siehe Seite 170). Der Ekel der Patienten kann also nicht vollständig durch das Zeigen von echter Freude kompensiert werden; vielmehr sind ausgeprägte negative affektive Reaktionen der Therapeuten zu beobachten, die die therapeutische Beziehung belasten.

Therapeut PDBw kompensiert allerdings die von ihm gezeigten negativen Affekte unmittelbar in den beschriebenen Prozeßmustern durch echte Freude und stärkt dadurch die Beziehung zur Patientin. Gleichzeitig gefährdet aber die so signalisierte Nähe, die von der Patientin ambivalent bewertet wird, die Beziehung. Therapeut PDBm kompensiert die negativen Affekte nicht durch das Zeigen von Freude. Er zeigt in fast allen Stunden Ärger, Ekel und Verachtung als häufigste Affekte, wodurch die Beziehung zum Patienten erheblich belastet wird. Zur Kompensation reagiert der Therapeut unwillkürlich mit gesteigerter Angst- und Trauermimik.

Die Reaktionen des Therapeuten ereignen sich jedoch wie die von Therapeut PDBU auf vergleichsweise niedrigem Häufigkeitsniveau, worin sich die zum Teil distanzierte Haltung zum Patienten widerspiegelt. Während Therapeut PDBm diese auf von Beginn an bestehende interpersonale Schwierigkeiten im Umgang mit diesem Patienten zurückführt, geht im Fall von Therapeut PDBU die niedrige mimische Affektivität auf die Einhaltung der psychoanalytischen Grundregel der Abstinenz zurück. Dies zeigt sich auch in den wenigen Zusammenhängen zwischen seiner Mimik und der der Patientin. Auch die Kontrollelemente in seinem Lächeln vor allem in Reaktionen auf reziprok positive mimische Angebote der Patientin verdeutlichen den Versuch, das Beziehungsverhalten zur Patientin zu kontrollieren. Dennoch ist seine Beziehung zur Patientin positiv, was sich darin zeigt, daß er fast keine Verachtung, sehr wenig Ärger und das höchste Ausmaß an Überraschungsmimik zeigt. Daß es dem Therapeuten nicht durchgehend gelingt, die Abstinenz einzuhalten, zeigt sich darin, daß er in zwei Stunden, wovon letztere einen Wendepunkt in der Behandlung markiert, wie die Patientin Ekel als Leitaffekt aufweist. Hinweise auf eine über die gesamte Behandlung bestehende dyadische Implementation des Beziehungsangebotes der Patientin ergeben sich aus den Zusammenhängen zwischen der Überraschungs- und Freudemimik des Therapeuten und deren Beziehung zur Verachtung der Patientin.

Die von der Patientin beim Therapeuten induzierte Überraschung wird von ihr selbst negativ evaluiert, was sich bereits in der ersten Stunde in einem Prozeßmuster aus der Überraschung des Therapeuten und der Verachtung der Patientin zeigt. Letztere ist der einzige Affekt der Patientin, der mit einem Affekt des Therapeuten korreliert, nämlich negativ mit dessen echter Freude.

Die Implementation maladaptiver Beziehungsangebote beschränkt sich also nicht nur darauf, bestimmte Affekte beim Therapeuten zu induzieren, sondern auf die Affekte des Therapeuten erfolgen wiederum affektive Reaktionen der Patienten, die sich z.B. in dem beschriebenen Prozeßmuster abbilden. Hier bilden sich konfliktive Anteile der Beziehung zwischen Patientin und Therapeut bereits in mikro-prozessualen Mustern der ersten Stunde ab, die sich im weiteren Verlauf der Therapien auch in anderen Maßen wiederfinden und auf eine sich nach und nach verstärkende Konfliktaktualisierung in der therapeutischen Beziehung hinweisen.

Neben den besprochenen negativen Leitaffekten kann auch ausgeprägte Freudemimik, die eine Intensivierung der Beziehung zum Therapeuten signalisiert, als Bestandteil maladaptiver Beziehungsangebote im Sinne von zu Abhängigkeit führendem Verhalten interpretiert werden. Gleichzeitig hat sie eine Abwehrfunktion, die darin besteht, den Therapeuten zu einer Schonhaltung gegenüber dem Patienten zu veranlassen. Dies ist vor allem dann erfolgreich geschehen, wenn der Therapeut häufiger auf die echte Freude positiv reagiert. Auf dieses Phänomen wurde bereits oben im Zusammenhang mit dem positiven emotionalen Aspekt der therapeutischen Beziehung hingewiesen.

Reagiert der Therapeut nicht oder nur selten auf die häufigen Lächelangebote der Patientinnen, bleibt das für ihn jedoch nicht ohne Konsequenzen, wie in Therapie VTKO zu beobachten. Die Patientin versucht, mit Lächelsignalen die Nähe zum Therapeuten zu steigern, gleichzeitig möchte sie aber nichts über ihr „Innerstes" erzählen. Der Therapeut reagiert auf das zum Selbstschutz gezeigte Lächeln der Patientin nicht mit Freude, sondern mit Ärgermimik und Ärgererleben. Er kompensiert seinen Ärger jedoch durch soziales Lächeln.

Neben den Leitaffekten liefern vor allem die dyadischen emotionalen Muster, wie z.B. die gerade angesprochenen synchronen Duchenne Smiles, Hinweise auf die Reaktionen der Therapeuten und die Art und Weise, wie sie selbst damit umgehen. Die Therapeuten VTKO und PDPA erkennen die „Verführungsangebote" und reagieren mit Ärger. Therapeut PDPA unterscheidet sich aber dadurch von Therapeut VTKO, daß er auch weiterhin mit Duchenne Smiles reagiert.

Die Therapien des Typs w-w fallen dadurch auf, daß von den Patientinnen und Therapeutinnen vorwiegend echte Freude als Leitaffekt gezeigt wird. Auf dieser Ebene ist also kein Anzeichen für ein maladaptives Beziehungsmuster zu finden. Lediglich Therapeutin VTAD zeigt vermehrt Verachtung, die als Reaktion auf die „chronische" Überraschung der Patientin interpretiert werden kann.

In den beiden anderen Therapien kommt es zu Beginn zu vermehrtem Ärger- und Verachtungsausdruck bei Patientin und Therapeutin. Im Verlauf der Therapie treten negative Affekte aber nur noch in sehr geringem Ausmaß auf. Beide Therapien fielen durch hohe Diskrepanzen in der Erfolgseinschätzung auf, und beide Patientinnen waren durch Probleme im adäquaten Ausdruck ihrer Emotionen, vor allem des Ärgers, zu charaktersieren. Die ausgeprägten Ärgerreziprozitäten weisen in diesem Zusammenhang auf Beziehungstests der Patientinnen hin, die ihre Befürchtungen im Zusammenhang mit dem Ausdruck von Ärger bestätigt haben, was im weiteren Verlauf zu einer Hemmung der gesamten negativen mimischen Affektivität führt. Diese Interpretation wird auch dadurch gestützt, daß insbesondere Patientin GTAD in der ersten Stunde ein Maximum an Angstmimik aufweist und im weiteren Verlauf fast keinen Ärger mehr zeigt. Zwar ist auch der Ärgerausdruck von Patientin PDMI im weiteren Verlauf erheblich reduziert, sie zeigt jedoch deutlich mehr Ärgermimik als Patientin GTAD. Der soziale Signalanteil des Ärger fällt bei diesen

Patientinnen also auch in der therapeutischen Beziehung aus oder ist reduziert, während das emotionale Erleben von Ärger sehr hoch ist. Die Therapien unterscheiden sich jedoch nicht nur in der Art der Diskrepanzen in der Einschätzung des Therapieerfolgs, sondern auch darin, ob die Patientin oder die Therapeutin ausgeprägteren Ärger zeigt. Therapeutin PDMI, die den Erfolg geringer einschätzt als die Patientin, weist auch eine deutlich geringere Ärgermimik auf, während Therapeutin GTAD sehr viel mehr Ärgermimik zeigt als ihre Patientin und den Erfolg erheblich besser einschätzt als ihre Patientin. Das Vorherrschen der positiven dyadischen Leitaffekte indiziert demnach nicht nur eine positive Beziehung, sondern ist auch Indiz für die Hemmung negativer Affekte in der therapeutischen Beziehung, die als Folge des in beiden Therapien zu beobachtenden „Überschießens“ von Ärger zu interpretieren ist.

6.3.3 Dyadische Konflikaktualisierung und emotionales Verhalten

Die Implementation maladaptiver Beziehungsmuster geht einher mit einer Konfliktaktualisierung in der Beziehung zum Therapeuten. In Abhängigkeit davon, wie lange und mit welcher Intensität der Therapeut in diesen Konflikt eingebunden wird, bestimmt sie den therapeutischen Prozeß in erheblichem Ausmaß mit.

Die *dyadische interaktive Konfliktaktualisierung* bildet sich im Verlauf der Therapie im Ansteigen negativer Affekte beim Therapeuten, in vermittelten Reziprozitäten von Ärger und Verachtung, positiven Korrelationen zwischen Affekten mit konfligierenden propositionalen Strukturen, wie z.B. Freude und Ekel, emotionalen Prozeßmustern aus konfligierenden Emotionen und der Angstmimik als Indikator für eine Konfliktreaktivierung ab.

Für alle Fälle konnte aufgezeigt werden, daß die Konfliktaktualisierung mit einer Implementierung des Konflikts in der Beziehung zum Therapeuten einhergeht. Das galt für erfolgreiche, aber auch weniger erfolgreiche Therapien. In einigen Therapien traten Konflitkindikatoren auf mehreren Ebenen auf, die als skaliertes Autreten interpretiert werden können. So konnten sowohl auf der Ebene der gleichzeitig ausgelösten Affekte (Blenden), auf der Ebene der individuellen und dyadischen Prozeßmuster bis hin zu den Affekthäufigkeiten und deren Zusammenhangsstruktur Hinweise auf den gleichen Konflikt innerhalb einer Therapie gefunden werden. Die konfliktive Thematik war demnach in der kognitiv-affektiven Bewertungsstruktur, dem zeitlich kontingenten Verhalten gegenüber dem Therapeuten, wie auch in der Thematik ganzer Stunden und deren Kovariation wiederzufinden. Beispiele dafür wurden in den Einzelfallanalysen gegeben.

6.3.3.1 Angst und die dyadische Konfliktaktualisierung

Im Kontext der dyadischen Konfliktaktualisierung treten Angstsignale auf, die Hinweise auf konfliktauslösende Verhaltensweisen des Therapeuten liefern. Zugleich traten in seltenen Fällen auch beim Therapeuten Angstsignale auf, die darüber hinaus noch zu denen der Patienten reziprok waren.

Im Hinblick auf die dyadische Konfliktaktualisierung und auf interpersonale Abwehrstrukturen waren die dyadischen Zusammenhänge zwischen Überraschung und Angst von besonderem Interesse. Es traten mehrere interindividuelle Korrelationen zwischen dem Erleben und Ausdruck von Angst und Überraschung auf, die wie folgt untergliedert werden können. Zunächst stellt sich die Frage, ob es zu Reziprozitäten im Ausdruck von Angst kommt. Nur Therapeut PDBm läßt sich von der ausgeprägten Angstmimik seines Patienten anstecken. Die anderen Therapeuten, deren Patienten gehäuft Angstmimik zeigen, weisen keine erhöhte Angstmimik aus. Auch die Therapeutin GTAD mit der zweithöchsten Angstmimik weist eine positive Korrelation mit der Angstmimik der Patientin auf, die jedoch nur selten Angst zeigt. Vielmehr kompensiert in dieser Therapie die Patientin die Angst der Therapeutin durch ein soziales Lächeln.

Die beiden Therapeuten, die überhaupt Angst in nennenswertem Umfang zeigten, weisen also Reziprozitäten in der Angstmimik auf. Im Hinblick auf den therapeutischen Erfolg erscheint das reziproke Angstmuster als eher ungünstig, da Therapie PDBm und Therapie GTAD nur als wenig oder mäßig erfolgreich eingestuft wurden. Gemeinsam ist beiden auch, daß der Patient bzw. die Patientin das Ergebnis erheblich schlechter eingeschätzt haben als der Therapeut bzw. die Therapeutin.

Demgegenüber zeigen die anderen Therapeuten, deren Patienten gehäuft Angstmimik aufweisen, Angstmimik selbst entweder gar nicht oder nur ausgesprochen selten (PDHI, PDPA, VTAD). Hier ist kein einheitlicher Zusammenhang mit dem Therapieerfolg feststellbar. Jedoch fällt auf, daß in den beiden letztgenannten Therapien die Angstproblematik im Mittelpunkt der Beschwerden stand und dies die beiden Therapien mit dem geringsten Erfolg sind. Daraus zu schließen, daß bei der Behandlung von Angstpatienten der Therapeut in einem gewissen Umfang selbst Angst zeigen sollte, ist jedoch verfrüht. Dem entgegen steht auch, daß das Angsterleben von Therapeut PDPA mit der Angstmimik der Patientin korreliert, was auf eine gemeinsame Konfliktaktualisierung hinweist (s.u.). Darüber hinaus bieten sich für das Scheitern dieser beiden Therapien alternative Erklärungen an, auf die bereits an anderer Stelle eingegangen wurde.

Ein weiteres Indiz dafür, daß die gegenüber den Kontrollgruppen und den Therapeuten gehäuft auftretende Angstmimik auch durch Aspekte der therapeutischen Beziehung bedingt wird, kann darin gesehen werden, daß in sechs Therapien die Angstmimik der Patienten positiv mit Affekten der Therapeuten korreliert, und zwar mit der Ärger-, Überraschungs- und wie bereits besprochen mit der Angstmimik. Die Verbindung der Angst zum Ärger des Therapeuten deutet auf Ängste im Zusammenhang mit spezifischen Konflikten der Angst vor dem Verlust des Objekts oder dessen Liebe hin, aber auch auf Über-Ich-Ängste, die durch die ärgerliche Reaktion des Therapeuten aktiviert werden. Dies war vor allem in den Therapien PDPA und PDBm der Fall. Bei Patientin PDPA konnte der Zusammenhang zwischen Ärger und darauf folgender Angst nicht nur auf der Ebene von Affekthäufigkeiten, sondern auch als individuelles Prozeßmuster nachgewiesen werden.

Desweiteren liefert die Verbindung des Erlebens von Angst mit dem Verhalten des Interaktionspartners Hinweise auf dyadische Prozesse der Konfliktaktualisierung. In drei Therapien korreliert das Angsterleben der Patienten mit der Überraschungsmimik der Therapeuten (PDBU, VTAD, PDMI). Dieser interindividuelle Zusammenhang ist ebenso ungünstig wie der oben beschriebene intraindividuelle.

Daß die Überraschung nicht nur in Verbindung mit der Befürchtung bedrohlicher Veränderungen in Zusammenhang steht, sondern auch mit den an den Therapeuten gerichteten Erwartungen in Konflikt treten kann, zeigt sich in der ersten der drei Therapien. Patientin PDBU reagiert nicht nur mit dem Erleben von Angst auf die Überraschungsmimik des Therapeuten, sondern in dem Moment des Überraschungsausdrucks mit eigener, auf den Therapeuten gerichteter Verachtungsmimik. Sie zeigt wie Patientin PDMI selbst keine Angstmimik. Patientin PDMI zeigt selbst auch keine Überaschung. In diesen beiden Fällen fehlt das mimische Korrelat des Angsterlebens und ist „ersetzt“ durch die Überraschung des Therapeuten bzw. der Therapeutin. Daß Patientinnen, vor allem solche mit Angststörungen, schon auf geringe Anzeichen von Überraschung mit Angst reagieren, zeigt sich auch in Therapie VTAD. Obwohl die Therapeutin nur sehr selten Überraschung zeigt, variiert das Angsterleben der Patientin in Abhängigkeit von diesen Ereignissen.

Aber auch das Angsterleben von zwei Therapeuten zeigt Zusammenhänge mit der Mimik ihrer Patientinnen und zwar deren Angstmimik (Therapie VTEP und PDPA). Dieses Phänomen weist wie die oben beschriebenen Reziprozitäten in der Angstmimik auf die gleichzeitige Aktivierung von Konflikten bei Patient und Therapeut hin. Die beiden Therapien weisen neben der Angst auch weitere und ausgeprägte interindividuelle Zusammenhänge auf, die auf eine interaktive Verstrickung des Patienten- und Therapeutenverhalten hindeuten (siehe Anhang, S. 243). Die Angstmimik und das Angsterleben der Therapeuten ist aber vergleichsweise gering. Sie sind nicht nur in der Lage, ihre eigene Angst zu kompensieren, sondern versuchen auch die Patientinnen durch stützendes Verhalten zu stabilisieren. Das zeigt sich in Prozeßmustern aus Angstmimik bzw. Angst-/Überraschungsblenden der Patientinnen, die von Duchenne Smiles der Therapeuten gefolgt werden. Die Konsequenzen dieses stützenden Verhaltens im Hinblick auf die Konflikte der Patientinnen wurden bereits an anderer Stelle diskutiert.

Die Art der Verbindungen zwischen Ausdruck und Erleben von Angst und Überraschung in den einzelnen Therapien stellt somit einen erfolgversprechenden Zugang zu Aspekten des therapeutischen Prozesses dar, der auf der Funktion der Überraschung als notwendige Bedingung für die Veränderung starrer Schemata und der Angst als Informationsverarbeitungsprozesse hemmendes Moment beruht. Dabei erwiesen sich nicht nur intraindividuelle Zusammenhänge, vor allem bei den Patienten, als Indikatoren für Art und Ausmaß der Assimilierbarkeit neuer Informationen und die Ausbildung neuer Schemata, sondern die interinidividuelle Einbettung der Angst ist auch ein Indikator für die Konfliktaktualisierung in der therapeutischen Beziehung.

6.3.3.2 Ärger und die Dominanzregulation

Weiter oben wurde bereits diskutiert, daß der Ausdruck von Ärger sowohl als Indikator für eine konfliktive Beziehung zum Therapeuten, aber auch als Besserungsindikator auf seiten der Patienten angesehen werden kann (Mohr et al., 1991; Corbishley et al., 1990).

Therapieübergreifend konnten vor allem Hinweise auf Dominanzkonflikte gefunden werden, deren Auftreten durch die in der Situation vorgegebene asymmetrische Machtverteilung begünstigt wurde. Wenn diese mit psychodynamischen Konflikten des Patienten übereinstimmt, werden Dominanzkonflikte dadurch gleichsam „angeheizt". Indikatoren für ihr Auftreten wurden vor allem in gesteigerter Ärgermimik, Ärgerreziprozitäten, der Einbindung des Ärgers in die emotionale Selbstregulation des Therapeuten, dyadischen Ärgermustern, sowie in der Einbindung des Ärgers in die emotionale Selbst- und Beziehungsregulation gefunden, wie sie sich im ersten Faktor der Faktorenstruktur der Therapeuten abbildet.

Darüber hinaus fanden sich aber auch in mehreren Fällen Hinweise auf Kompensationsversuche des Ärgers vor allem auf seiten der Therapeuten. Diese bilden sich in individuellen und dyadischen Prozeßmustern aus Ärger und Lächeln ab.

Auch die Unmittelbarkeit der Reaktion auf Lächelangebote des Interaktionspartners liefert Hinweise auf die Bereitschaft, sich unter einen als dominant erlebten Interaktionspartner zu unterwerfen. Konfligiert die so ausgedrückte Unterwerfung mit Dominanzansprüchen tritt sie, wie gezeigt werden konnte, zusammen mit Ärger auf (siehe S. 164).

6.3.3.3 Ärger- und Verachtungsreziprozitäten

Die Reziprozitäten in den beiden Affekten Ärger und Verachtung belasten die therapeutische Beziehung, da sie eine wechselseitige Entwertung im Fall der Verachtung und einen Dominanzkonflikt im Fall des Ärgers vermuten lassen. Das wird auch daran deutlich, daß zwei der drei Therapien, in denen Ärgerreziprozitäten auftraten, zu den am wenigsten erfolgreichen gehören und in der dritten hohe Diskrepanzen in der Erfolgseinschätzung bestehen (GTAD).

Zwei der vier Therapien mit Verachtungsreziprozitäten gehören demgegenüber zu den erfolgreichsten aller Behandlungen. Sie unterschieden sich von den beiden anderen dadurch, daß die Verachtungsreziprozitäten auf je eine Stunde beschränkt blieben, die in Therapie VTKO auch den Wendepunkt der Therapie markiert (siehe Einzelfallanalyse S. 259), während

sie in den beiden weniger erfolgreichen Therapien auf Kovariationen über mehrere Stunden zurück geht.
Ärger- und Verachtungsreziprozitäten indizieren also konflikthafte Aspekte der Beziehung und gehen, wenn sie in mehreren Stunden auftreten, mit geringerem therapeutischen Erfolg einher. Auch Kovariationen zwischen den beiden Affekten Ärger und Verachtung sind als Konfliktindikatoren zu verstehen. In diesem Fall wird auf die Entwertung durch einen statusniedrigeren oder statusgleichen Interaktionspartner mit Ärger reagiert oder umgekehrt auf Ärger mit Verachtung.
In den beiden wenig erfolgreichen Therapien mit Ärgerreziprozitäten korreliert der Ärger des Therapeuten auch positiv mit der Verachtungsmimik der Patientin bzw. des Patienten. In einigen Stunden kovariiert also nicht nur der Ärger der Patienten, sondern auch ihre Verachtung mit dem Ärger des Therapeuten. Die sich in der Verachtung abbildende Entwertung des Therapeuten geht jedoch mit Trauer und Angst auf seiten der Patienten einher und weist darauf hin, daß sie eine Beziehung zum Therapeuten wünschen und diese als notwendig erachten, auch wenn sie den Therapeuten zeitweise entwerten.
Einen Zusammenhang zwischen dem Ärger des Therapeuten und der Verachtung der Patientin tritt nur in Therapie VTEP auf. Hier korrelierte der Ärger des Therapeuten mit der Verachtung der Patientin und die Verachtung des Therapeuten mit dem Ärger der Patientin. In diesen Zusammenhängen bildet sich eine wechselseitige, konfliktive Beziehungsdynamik im Kontext von Ärger und Verachtung ab, die aber von einer ausgeprägt positiven Beziehungsgestaltung verdeckt wird und von den beiden Interaktionspartner auch nicht erlebt wird (siehe Einzelfallanalyse Seite 243).
Reziprozitäten im Bereich der negativen distanzregulierenden Affekte indizieren also eine konfliktive Beziehung zwischen Patient und Therapeut, die den Verlauf und Erfolg der Behandlung gefährdet. Die therapeutische Beziehung ist vor allem dann gefährdet, wenn die Reziprozitäten im Verlauf der Behandlung bestehen bleiben und andere Affekte mit eingebunden sind, die auf die Aktivierung zentraler Beziehungskonflikte der Patienten hinweisen.

6.3.3.4 Nähe/Distanz und Autonomie/Bindungskonflikte

Weitere in der Beziehung zum Therapeuten aktualisierte patientenspezifische Konflikte bestanden für die Nähe-/Distanzregulierung und die Regulation von Autonomie und Bindung. Wie die Untersuchung zeigte, tritt im Rahmen der interaktiven Implementation dieser Konflikttypen je ein bestimmtes Set von Emotionen in den Vordergrund. Die Regulation von Nähe und Distanz stellt die Integrität der Selbstgrenzen sicher. Dazu dient vor allem das Zeigen von Ekel. Zur Herstellung von Nähe dient das Zeigen von Freude.
Freudesignale sind zur Herstellung einer positiven Beziehung auch innerhalb von Psychotherapien von zentraler Bedeutung, sie können aber auch im Rahmen von Konflikten auftreten. Unerwartet war, daß auch vermittelte positive Reziprozitäten Konfliktindikatoren darstellen. Die gemeinsame Variation der Freudemimik von Patient und Therapeut über die Stunden hinweg kann als Hinweis darauf dienen, daß der Wunsch nach Intensivierung der Beziehung in ein konfliktives Muster eingebunden ist. Dies vor allem dann, wenn auch lokale positive Reziprozitäten gehäuft auftreten.

Im Rahmen der Regulation von Autonomie und Bindung wird eine Balance zwischen Handlungsfreiheit und Bindung an andere gesucht und hergestellt (siehe Abbildung 30). Im Fall eines Autonomiedefizits wird versucht, die Handlungsfreiheit durch das Zeigen von Ärger wiederherzustellen. Der Ärger jedoch impliziert den Verlust des Objektes, zu dem eine Bindung gewünscht wird. Zur Kompensation des Bindungsverlusts, der durch Bindungsverlustangst indiziert wird, dient die durch den Objektverlust ausgelöste Trauer.

Aber auch Freude kann zur Regulation der Bindung genutzt werden. Sie tritt auf, solange der Autonomieanspruch nicht gefährdet ist. Hinweise auf die dyadische Implementierung dieser Konflikte und die Funktion der genannten Affekte waren aus den dyadischen Zusammenhangsstrukturen und zum Teil auch aus emotionalen Prozeßmustern abzulesen.

Abbildung 30: Interaktive Implementation eines Konfliktes zwischen Autonomie und Bindung

	Autonomiewünsche	Bindungswünsche
Interaktive Signale	Ärger	Freude
Konsequenz	Bindungsverlustangst Schuld	Ärger Scham
Interaktive und intrapsychische Kompensation	Trauer	Verachtung gerichtet auf Objekt (Projektion der Scham) gerichtet auf Selbst (Äquivalent der Scham)

Bei beiden Konflikttypen tritt Angst als Signalangst vor drohender Konfliktaktualisierung oder Destabilisierung der Selbstrepräsentanzen auf. Verachtungsmimik als auf den Interaktionspartner gerichtete Entwertung kann im Kontext beider Konflikte als Versuch verstanden werden, die Konsequenzen der konfliktiven Affekte zu bewältigen oder zumindest zeitweise zu kompensieren.

Die Verachtung kann im Umfeld der geschilderten Konflikte mehrere Funktionen haben, die bereits oben aufgeführt wurden. Sie kann sich gegen das Selbst richten, z.B. wenn die an das Selbst gerichteten Autonomieansprüche nicht erfüllt werden und der Ärger als autonomiefördernde Emotion blockiert ist. In diesem Fall treten sie alternativ zu oder zusammen mit Scham auf. Die Verachtung kann auch auf den Interaktionspartner gerichtet sein und wäre in diesem Fall das Ergebnis der Projektion schamauslösender Eigenschaften der Person auf den Interaktionspartner.

Im Rahmen der Regulation von Nähe und Distanz kann sie sich aber auch auf das Objekt richten als Versuch, den Wunsch nach Nähe gegenüber einem sich distanzierenden Objekt durch Entwertung desselben zu kompensieren. Diese Funktion der Verachtung ist auch bei schizophrenen Patienten zu beobachten, die auf der Beziehungsebene durch einen Konflikt zwischen Wünschen nach Nähe und der Angst vor dem Verlust der Selbstkohärenz durch ein Zuviel an Nähe zu charakterisieren sind. Diese zeigen als häufigsten Affekt zum Zwecke der temporären Lösung dieses Konflikts Verachtung (Steimer-Krause et al., 1991; Steimer-Krause, 1996; Merten, 1996b).

Die Angst ist als direkte Folge der Konfliktaktualisierung zu interpretieren und kann vom Therapeuten für die weitere Entwicklung des therapeutischen Vorgehens genutzt werden, indem er die angstauslösende Thematik zu lokalisieren versucht. Vor dem Hintergrund eines Konflikts zwischen Autonomie und Bindung ist sie z.B. die Folge des Ärgers, der als „Motor" der Autonomiebestrebungen zur Angst vor dem Verlust des Objekts führt. Es kommt jedoch eine Vielzahl weiterer Interpretationsmöglichkeiten für die Auslösung der Angst in Frage (Morschitzky, 1998).

Voraussetzung für die Bearbeitung der Angst und der dahinter liegenden Konflikte ist aber, daß die Angstsignale bewußt wahrgenommen werden, da die Angstmimik nicht nur den Therapeuten von der Angst des Patienten unterrichtet, sondern auch als Hilfeappell auf den Therapeuten wirkt. Der Hilfeappell wird dadurch verstärkt, daß die Angst gehäuft zusammen mit Trauer gezeigt wurde. Nimmt der Therapeut diese Signale nicht explizit wahr, besteht die Gefahr, daß er durch eine komplementäre Reaktion in Form von gesteigerter Unterstützung

bis hin zu Schonung des Patienten reagiert. Damit stabilisiert er zwar wieder den Patienten, eine weiterführende Lösung ist aber nicht herbeigeführt, so lange nicht auch die angstauslösenden Themen, wie z.B. Schuldgefühle beim Zeigen von Ärger und Autonomie, thematisiert werden.
Ähnliche Funktion hat auch die Trauermimik als unmittelbares auf das Objekt gerichtetes Signal, das eine durch Ärger hervorgerufene Distanzierung kompensieren soll. Die Trauer stand allerdings nur in Therapie PDPA in korrelativem Zusammenhang zum Ärger des Therapeuten. Es ergaben sich jedoch in mehreren Therapien Hinweise auf das Zusammenwirken von Ärger- und Trauermimik.
In Therapie PDBm und GTAD bestand neben der Ärgerreziprozität auch eine Trauerreziprozität. In Therapie VTKO zeigte der Therapeut Ärger als Leitaffekt, was durch Lächeln, aber auch durch eine Trauerreziprozität kompensiert wurde.
Trauer tritt allerdings gehäuft zusammen mit Angst auf (siehe Patientenfaktor 2), so daß anzunehmen ist, daß die Konfliktaktualisierung zu einem Wunsch nach der Intensivierung der Beziehung zum Therapeuten führt. Alternativ kann die Angst auch durch den antizipierten Verlust der Beziehung zum Therapeuten ausgelöst werden. In diesem Fall stellt die Trauer den direkten Kompensationsversuch desselben dar.

6.3.4 Verlaufsformen und Therapieerfolg

Es stellte sich nun die Frage, inwieweit aus den vorliegenden Ergebnissen Rückschlüsse auf erfolgreiche und weniger erfolgreiche Therapieverläufe abzuleiten sind. Während das mimisch-affektive Verhalten in der ersten Stunde vielfältige Zusammenhänge zum Therapieerfolg aufwies, ergab die korrelationsstatistische Auswertung der Verlaufsdaten nur wenige therapieübergreifende Zusammenhänge. Allerdings spielten Art und Anzahl der dyadischen Prozeßmuster auch im Verlauf der Behandlungen eine zentrale Rolle für den therapeutischen Erfolg (s.o.). Vor allem an Hand der Einzelfallanalysen konnten unterschiedliche Verlaufsformen aufgezeigt werden, die sich in verschiedenen Emotionen und in unterschiedlichen Maßen abbildeten, so daß sie durch die korrelationsstatistische Auswertung nicht erfaßt wurden. Diese Verlaufstypen können als mehr oder weniger günstig im Hinblick auf den therapeutischen Erfolg interpretiert werden. Die empirische Überprüfung dieser Aussagen erfordert jedoch weitere Untersuchungen.

Folgende Verlaufstypen können unterschieden werden:

1. Beziehungstest zu Beginn der Behandlung, Hemmung im weiteren Verlauf (GTAD, PDMI).
2. Anstieg von Konfliktindikatoren (PDPA, PDBw, VTEP)
3. Phasenverlauf mit „Wendestunde", danach Anstieg von Besserungsindikatoren bei Patient und/oder Therapeut (PDHI, VTKO, PDBU, VTEP)
4. Abfall negativer Affekte bis zur Mitte, danach Anstieg (PDBm)
5. Therapieabbruch

Bei zwei Therapien, GTAD und PDMI, fällt das gehäufte Auftreten von Konfliktindikatoren hauptsächlich am Beginn der Behandlung auf. Dies war vor allem in Form ausgeprägter Ärgermimik zu Beginn der Behandlungen zu beobachten. Im Anschluß an den von heftigem Ärger gekennzeichneten Beginn fällt die Affektivität ab, und der weitere Verlauf ist weitgehend unauffällig. Neben der Übereinstimmung im Verlaufsmuster, weisen beide Therapien auch die genannten Gemeinsamkeiten und Unterschiede hinsichtlich der Erfolgseinschätzungen auf. Es gibt mehrere Hinweise, daß in Therapie GTAD der Beziehungstest nicht bestanden wurde. Zum einen tritt ein Angstmaximum bei Patientin und

Therapeutin auf, was für eine Konfliktreaktivierung spricht, und zum anderen ist der Ärgerausdruck bei der Patientin im weiteren Verlauf der Behandlung gehemmt, was ein zentrales Problem für sie darstellt.

6.3.4.1 Anstieg von Konfliktindikatoren

Eine weitere Verlaufsform ist zu kennzeichnen durch den kontinuierlichen Anstieg von Konfliktindikatoren im Verlauf der Behandlung, z.B., indem Ärger und Verachtung auf seiten der Therapeuten zunehmen, von Patient und Therapeut vermehrt reziprok gezeigt werden, die Anzeichen positiver Reziprozität abnehmen oder völlig fehlen.

Auf weitere Konfliktindikatoren und die Beziehungen des dyadischen, interaktiven Verhaltens zu unterschiedlichen Konflikttypen wurde bereits oben eingegangen. Es wurde auch mehrfach darauf hingewiesen, daß Blenden, Maskierungen negativer Affekte und vor allem individuelle und dyadische Prozeßmuster mit emotional, negativen Elementen als Frühindikatoren von Konflikten interpretiert werden können, die zur Vorhersage des weiteren Verlaufs der Behandlung genutzt werden können.

6.3.4.2 Auch positive Signale können Konflikte indizieren

Festzuhalten bleibt auch, daß nicht nur negative Affekte die therapeutische Beziehung gefährden, sondern daß auch ein Übermaß an positiven Affekten therapeutische Veränderungsprozesse hemmen kann. Die Funktionen der positiven Affektsignale sind dann vor allem im Umfeld von Abängigkeitswünschen, Wünschen nach Schonung oder als „charming behavior“ zu interpretieren.

Folglich muß eine Abnahme synchroner Duchenne Smiles im Verlauf der Behandlung nicht notwendigerweise negativ bewertet werden. Vielmehr kann sie auch als Indikator für Prozesse der Verinnerlichung der positiven Beziehung zum Therapeuten aufgefaßt werden.

6.3.4.3 Phasenverlauf mit „Wendestunde“ und Anstieg von Besserungsindikatoren

Günstige Verläufe scheinen durch eine Kulmination der Konfliktindikatoren in einem Teil der Therapien, in der vorliegenden Untersuchung meist in der Mitte nach etwa sieben Stunden, und der sich anschließenden Entwicklung von Erfolgsindikatoren charakterisierbar. Nach dem Kulminationspunkt setzt sehr schnell die Änderung im dyadischen Verhalten ein.

Als Indikatoren für veränderungsrelevante Stunden erwiesen sich die folgenden Phänomene:

1. Maxima in der Überraschungsmimik bei Patient und/oder Therapeut
2. Reziprozitäten in einzelnen Stunden, wie z.B. Verachtungsreziprozitäten, aber auch gemeinsame Minima echter Freude
3. Auftreten eines bisher selten oder gar nicht gezeigten Affekts (Greenberg und Paivio, 1997)
4. Angst als Indikator für Konfliktreaktivierung als notwendige, aber nicht hinreichende Voraussetzung

Es zeigte sich, daß begonnene Veränderungsprozesse durch die folgenden hemmenden Faktoren erschwert oder unmöglich wurden:

1. Korrelation der Überraschung mit Angst
2. Angstmimik ohne Erleben der Angst (indiziert, daß Abwehrmechanismen einsetzen, ohne daß Signalangst erlebt wurde)
3. Hemmung von konfliktrelevanten und potentiell entwicklungsfördernden negativen Affekten beim Patienten durch gehäuftes, kompensatorisches Verhalten des Therapeuten, wie z.B. Lächeln

Als Erfolgsindikatoren können allgemein Hinweise auf die Veränderungen von Beziehungsmustern oder die Folgen bestimmter Verhaltensweisen für die Selbst- und Beziehungsregulation des Patienten angesehen werden. Diese bilden sich in der Änderung der Leitaffekte im Verlauf der Therapie ab, was jedoch nur in zwei Fällen zu beobachten war. Die Patienten mit schweren Erkrankungen wechseln den Leitaffekt nicht, er ist durchgehend negativ, und die restlichen weiblichen Patientinnen wiesen einen vorwiegend positiven Leitaffekt auf.
Als Erfolgsindikatoren der letzten Stunde erwiesen sich vor allem die Abnahme dyadischer Muster und die adaptivere Einbindung negativer Affekte in Prozeßmuster. (siehe z.B. Therapie PDHI). Dieses Ergebnis widerspricht dem von Tschacher et al. (1998) berichteten Zusammenhang zwischen einer Zunahme von Ordnung und therapeutischem Erfolg und wirft die bereits im Theorieteil diskutierte Frage auf, inwieweit formale Ordnungsparameter unabhängig von der Qualität der zugrundeliegenden Verhaltensweisen als Indikator von Gesundheit oder Krankheit aufgefaßt werden können.
In der vorliegenden Arbeit zeigte sich, daß die Ordnung des individuellen Verhaltens von Patient und Therapeut abnahm zu Gunsten einer dyadischen Ordnung. Dies ist als Indikator für Anpassungsprozesse zweier interagierender Systeme zu interpretieren. Die Ordnung des dyadischen mimisch-affektiven Verhaltens nahm aber in den erfolgreicheren Therapien ab, d.h. das Verhalten war dort in geringerem Ausmaß durch dyadische, sich wiederholende Beziehungsmuster gekennzeichnet. Aber nicht alleine die „geringere Ordnung“ war entscheidend, sondern die qualitativen Eigenschaften der Ordnungsmuster. Es ist also sinnvoller, den therapeutischen Prozess als Übergang zwischen Ordnungsformen zu konzeptualisieren, wie es z.B. Kowalik et al. (1997) mit Hilfe nicht-linearer Analysemethoden versuchen.

6.3.4.4 Wessen Verhalten ändert sich?

Im Kontext der Beurteilung des Therapieerfolgs stellt sich die Frage, inwieweit Änderungen des Therapeutenverhaltens als Erfolgsindikatoren verwendet werden können. In Therapie PDHI und PDBU nimmt z.B. die Freude der Therapeuten zu. Auch dies ist als ein Indikator für Verbesserung anzusehen, da die Maladaptivität der Beziehungsmuster auch darin besteht, bei den Interaktionspartnern negative affektive Reaktionen zu induzieren. Änderungen des Therapeutenverhaltens alleine können allerdings nicht als Erfolgsindikatoren gewertet werden. Hinzu kommen müssen Änderungen des Erlebens und Verhaltens der Patienten in Richtung auf adaptivere Beziehungsmuster. Dementsprechend nimmt im vorliegenden Fall die Verachtung von Patientin PDBU im Verlauf der Behandlung ab, und das emotionale Erleben von Patient PDHI ändert sich eindeutig zum Positiven. Hinsichtlich der Affekthäufigkeiten weist Patient PDHI keine Änderungen auf, jedoch ändern sich die emotionalen Prozeßmuster. Vor allem tritt sein Ärgerausdruck am Ende der Therapie im Kontext von Freudemimik auf, was auf die zurückgewonnene positive Funktion des Ärgers zur Autonomieregulation hinweist (siehe Seite 253).

6.3.4.5 Fokus und andere Konflikte

Konfliktindikatoren, wie z.B. Verachtungsreziprozitäten, führen, wie oben diskutiert, nicht zwangsläufig zu einer Beeinträchtigung des therapeutischen Prozesses. Vielmehr können sie als notwendige Voraussetzung für die erfolgreiche Bearbeitung konfliktiver Themen angesehen werden. Allerdings unter der Vorausetzung, daß sie nicht für den gesamten Verlauf der Behandlung bestehen bleiben. Das zeigt sich auch darin, daß in oder unmittelbar vor „Wendestunden“ Konfliktindikatoren ein Maximum erreichen, bevor sich das Verhalten ändert.

Daneben können auch Konfliktindikatoren von Beginn an vorhanden sein und bis zum Ende bestehen, ohne dem Therapieerfolg im Wege zu stehen. Da es sich um Kurztherapien handelte, die in den meisten Fällen um einen Fokus zentriert waren, wurden konfliktive Anteile, die außerhalb des Fokus lagen und den Verlauf der Behandlung nicht gefährdeten, auch nicht zum Gegenstand der Behandlung.
VTEP weist zwar einen Phasenverlauf auf, weicht von diesem Muster aber dadurch ab, daß die Konfliktindikatoren am Ende der Therapie, in der letzten Stunde, noch einmal auf ein Maximum ansteigen. Die angenommene Verbesserung der Patientin gerät angesichts des nahenden Therapieendes unter Druck. Sie möchte die Beziehung zum Therapeuten nur ungerne aufgeben. Die Ambivalenz des Therapeuten zeigt sich in einer Häufung von Ärgermaskierungen durch Lächeln.

6.3.4.6 „Plötzliche" Veränderung

Obwohl die Konfliktaktualisierung in der „Wendestunde" auf dem Höhepunkt ist, schließen sich die Veränderungen unmittelbar an, so daß von einem „plötzlichen" Umschlagen des Verhaltens gesprochen werden kann. Man kann also eine korrektive interaktive, emotionale Erfahrung annehmen, die zu einer Neuorganisation des Verhaltens in den folgenden Stunden führt. Das bisher nur als unwillkürliches Verhalten realisierte maladaptive Beziehungsmuster wird also soweit intensiviert, daß es auch erfahrbar wurde. Es handelt sich dabei aber nicht nur um das Gewahrwerden von Emotionen, das z.B. nach Greenberg und Safran (1987) als wesentlicher Bestandteil vieler Therapietheorien angesehen wird, sondern um das Bewußtwerden eines Beziehungsmusters, das nicht nur die eigenen emotionalen Verhaltensweisen, sondern auch die des Therapeuten umfaßt. Emotionen sind allerdings wesentlicher Bestandteil dieser Beziehungsmuster, ihre Adaptivität variiert jedoch in Abhängigkeit vom Kontext, innerhalb dessen sie gezeigt werden, und sie sind deshalb nicht per se adaptiv oder maladaptiv. Eine Entwicklung in Richtung auf einen adaptiven Einsatz von Emotionen ist deshalb nur im Kontext von Beziehungen und in einem sozialen, interpersonalen Lernprozess verstehbar.
Es werden also in einem interpersonalen Lernprozeß Beziehungsmuster implementiert und im günstigen Fall durch das Verhalten des Therapeuten soweit erkennbar gemacht, daß sie ihre Anziehungskraft, wie sie z.B. mit dem Attraktorbegriff zu beschreiben versucht wird, verlieren. Dieser Lernprozeß kann weiter spezifiziert werden, daß unterschiedliche Implementationsstrategien des Patienten auch entsprechende Reaktionsweisen des Therapeuten verlangen, um den Lernprozeß erfolgreich zu gestalten.

6.4 Rückschlüsse für das vorgeschlagene Modell

Das in Kapitel 1.1 vorgestellte Modell macht Annahmen über implizite Modelle von Patient und Therapeut, die Art und Qualität der therapeutischen Beziehung mitbestimmen. Aus dieser Sichtweise wird auch deutlich, weshalb die Qualität der therapeutischen Beziehung einen hohen Anteil der Varianz des Therapieerfolgs aufklärt. Die therapeutische Beziehung beinhaltet nicht nur Aspekte der positiven Arbeitsbeziehung oder einer emotional positiven Beziehung, die erstere erst ermöglicht, sondern konstituiert sich vor allem aus den Beziehungsangeboten der Patienten und den Angeboten oder Antworten der Therapeuten darauf. Die für die Qualität der therapeutischen Beziehung entscheidenden Angebote der Patienten als auch die der Therapeuten stehen zumindest zu Beginn der Behandlung unter dem Einfluß oder sind das Ergebnis der impliziten Modellierung der Situation. Der erfolgreiche Verlauf hängt in wesentlichen Teilen davon ab, die maladaptiven Beziehungsangebote und vor allem deren interaktive Implementation auch in der therapeutischen Beziehung zu erkennen und in Abhängigkeit davon entsprechende korrektive Verhaltensweisen abzuleiten und umzusetzen.

In der vorliegenden Arbeit konnte gezeigt werden, daß sich im beobachtbaren interaktiven Verhalten eine Vielzahl von Hinweisen auf die impliziten Modelle von Patient und Therapeut finden läßt. Die im Verhalten beobachtbaren maladaptiven Beziehungsmuster bestanden vor allem aus konfligierenden Emotionen, die sich im Verlauf der Therapie in Blenden und Maskierungen, in den Kovariationen der Emotionen, in emotionalen Prozeßmustern und Diskrepanzen zwischen Ausdruck und Erleben manifestierten. Dies konnte in mehreren Therapien vor allem in bezug auf die Dominanzregulation, die Regulation von Nähe und Distanz sowie von Autonomie und Bindung festgestellt werden.

Die Rolle des unwillkürlichen Verhaltens

Daß diese Verhaltensweisen keiner bewußten Kontrolle unterliegen, kann durch verschiedene Argumente belegt werden. Ein Argument ist darin zu sehen, daß ein Großteil der beobachteten Verhaltensweisen nicht willkürlich gezeigt werden kann. Dies gilt z.B. für Blenden aus Affekten, die nur schwer willkürlich nachzustellen sind. Vielmehr noch gilt dies für die emotionalen Prozeßmuster. Um diese willkürlich zu zeigen, benötigte der Sender Informationen über die zeitliche Struktur der Muster, die bei willkürlicher Darbietung berücksichtigt werden müßten. Für dyadische Prozeßmuster ist eine willkürliche Herstellung kaum vorstellbar. Ähnliches gilt für die Kovariationen der Affekthäufigkeiten über die Therapiestunden hinweg.

Man könnte an dieser Stelle einwenden, daß das spontane Auftreten der Verhaltensweisen nicht mit dem Fehlen des bewußten Erlebens derselben identisch sein muß. Vielmehr könnte eine Blende aus Affekten von der Person wahrgenommen und bewußt erlebt werden. Schwieriger ist die Wahrnehmung der emotionalen Prozeßmuster und der vermittelten Reziprozitäten, obwohl auch dafür Beispiele zu finden waren.

Als Beleg dafür, daß die als implizit interpretierten Verhaltensweisen nicht nur nicht willkürlich produziert wurden, sondern als solche auch nicht bewußt wurden, kann darin gesehen werden, daß sie nur in wenigen Fällen auch im emotionalen Erleben abgebildet waren. Allerdings kann man gegen dieses Argument einwenden, daß die Probanden nicht alles berichtet haben, was sie gefühlt haben, oder, da sie ein Rating zur gesamten Stunde abgeben mußten, Schwerpunkte gesetzt haben. Trotz dieser Einwände kann für die beschriebenen Verhaltensweisen davon ausgegangen werden, daß sie nicht willkürlich produziert wurden und daß sie auch nur in Ausnahmefällen Zugang zum bewußten Erleben hatten. Das bewußte Erleben der Muster wurde aber dadurch erleichtert, daß diese sich, wenn auch in Variationen wiederholen, so daß sie im Verlauf der Behandlung prinzipiell erkennbar werden. Darin ist eine notwendige, aber nicht hinreichende Voraussetzung für die Veränderung der maladaptiven Beziehungsmuster zu sehen, da es auch sein kann, daß ein Therapeut ein Muster wahrnimmt (siehe PDPA), aber begünstigt durch eigene Konflikte nicht dazu in der Lage ist, sein Verhalten zu ändern (Merten et al., 1996; Krause, 1998).

In den emotionalen Prozeßmustern bilden sich bereits in der ersten Stunde Konfliktanteile ab, die weder vom Patienten noch vom Therapeuten an dieser Stelle thematisiert werden. Die konfliktiven Anteile als Teil der impliziten Modellierung werden erst im Verlauf der Behandlungen mehr und mehr expliziert. Die Explikation ist und kann aber nicht umfassend sein, vielmehr bleiben in allen Fällen, auch in den erfolgreichen Behandlungen, konfliktive Aspekte der Beziehung unbearbeitet. Ein Teil der bestehenden Konfliktindikatoren rückt nicht in den Fokus der Behandlung, sei es, weil sie nicht erkannt werden, oder, falls erkannt, weil sie die Behandlung nicht negativ beeinflussen.

Interaktion zwischen impliziter und expliziter Modellierung

Ein weiteres Phänomen, das im Rahmen des Modells angenommen wurde, bestand in der Interaktion zwischen impliziter und expliziter Modellierung bei der Verhaltenssteuerung. Die Aspekte der impliziten und expliziten Modellierung interagieren miteinander, z.B. in der Art, daß ein Eingehen auf die Abhängigkeitswünsche der Patienten als ich-stützendes Verhalten legitimiert wird. Durch die implizite Modellierung bestimmte Verhaltensweisen werden also wahrgenommen, nicht jedoch die dahinter liegende implizite Modellierung. Vielmehr wird versucht, diese Verhaltensweisen vor dem Hintergrund einer expliziten Modellierung der therapeutischen Situation zu erklären.

Das bewußte Erleben der zu einer maladaptiven impliziten Beziehungsmodellierung gehörigen Verhaltensweisen alleine stellt also auch nicht sicher, daß die zugrundeliegenden impliziten Modelle bekannt würden. Vielmehr wird zunächst versucht, die wahrgenommenen Verhaltensweisen in die explizite Modellierung zu integrieren, z.B. durch Assimilation an bestehende Schemata. So rechtfertigten Therapeut PDPA und VTEP ihr Eingehen auf die Beziehungsangebote der Patientin als stützende Strategie. Während ersterer von der Patientin dazu verführt wurde, war bei Therapeut VTEP das Eingehen auf Beziehungsangebote der Patientin von Beginn an Bestandteil der von ihm verfolgten und explizierten, psychoeduaktiv, empathischen Strategie.

Daraus leitet sich ab, daß die expliziten Modelle des Therapeuten einer ständigen Überprüfung unterzogen werden müssen. Das kann geschehen durch das wiederholte Infragestellen der expliziten Modellierung, das Identifizieren möglicher Einflüsse impliziter Modellierung, durch Perspektivenwechsel und Beachtung von Material, das nicht mit dem expliziten Modell übereinstimmt. Die oben beschriebene Legitimierung impliziter Wünsche durch explizite Modelle erschwert diese Überprüfung.

Die vorliegende Arbeit zeigt, daß nicht nur interpersonale Konfliktaktualisierungen, sondern auch Formen interpersonaler Abwehr vor allem in der Behandlung der schwer erkrankten Patienten eine zentrale Rolle spielen. In der interpersonalen Abwehr ist der Interaktionspartner nicht nur als mentale Repräsentanz Teil der Abwehr, sondern wird real in den Abwehrprozeß mit einbezogen (Mentzos, 1996). Jedoch treten auch bei den restlichen Patienten interaktive Aspekte der Abwehr gefürchteter Konflikte auf, je nachdem, wie stark die emotionale Selbstregulation den Einbezug von Wahrnehmung, Attribuierung und Handlungsvorgängen erfordert (Krause, 1997, S. 222).

Eingehen auf konfliktive Beziehungsangebote

Vor diesem Hintergrund wird noch einmal die Frage aufgeworfen, inwieweit ein Eingehen des Therapeuten auf Beziehungsangebote der Patienten als förderlich oder schädlich für die Therapie angesehen werden kann. Ein unreflektiertes Eingehen auf die Beziehungsangebote in der realen Interaktion ist sicherlich nur kurzfristig förderlich. Das phantasierte Eingehen auf das Beziehungsangebot ist ein möglicher Ausweg, um unabhängig von der realen Interaktion zumindest die Konsequenzen für die eigene Person zu erproben, die Güte dieser Informationen hängt aber sehr stark von der Angemessenheit der Situationsrepräsentation ab, d.h. wie gut sich tatsächliche und phantasierte Situation entsprechen. Die Tatsache, daß auch in den erfolgreichen Therapien Konfliktindikatoren zu finden sind, weist darauf hin, daß das Phantasieren alleine nicht ausreicht, um ein Verständnis des Patienten zu erlangen, vielmehr mußte auch von den erfolgreichen Therapeuten der Konflikt des Patienten zumindest in Teilen emotional mitvollzogen werden, z.B. indem sie vermehrt Ärger-, Ekel- oder Verachtungsmimik zeigten.

Schlußfolgerungen für die psychotherapeutische Praxis

Auch aus den in der vorliegenden Arbeit beschriebenen Ergebnissen läßt sich kein Algorithmus für therapeutisches Vorgehen ableiten. Sie bieten lediglich eine Heuristik, die kreativ auf den Einzelfall angewendet werden muß (Thomä und Kächele, 1988).
Dabei sollte das Augenmerk vor allem auf die Implementation von Beziehungsmustern in der therapeutischen Beziehung und deren konkrete Realisierung durch Verhalten der Patienten gelegt werden. Dies erfordert eine Sensibilisierung für die in der vorliegenden Arbeit beschriebenen unwillkürlichen Verhaltensweisen. Dabei muß auch das Verhalten des Therapeuten in die Analyse mit einbezogen werden, da sich die maladaptiven Beziehungsangebote in Form des oben beschriebenen dyadischen Prozesses aktualisieren. Diese Schlußfolgerung deckt sich mit den von Levenson et al. (1999) formulierten Anforderungen an psychodynamisch orientierte Kurztherapien, die den Einsatz von Videoaufnahmen im Rahmen der Schulung und der Supervision für unerläßlich halten.
Aus den vorliegenden Ergebnissen ist abzuleiten, daß sich die Beziehungsmuster nicht vollständig identisch replizieren, sondern vielmehr in Abhängigkeit von den Beziehungsangeboten des Therapeuten in unterschiedlicher Weise zeigen. Die Art, wie die Beziehungsangebote konkret realisiert werden, ist in der Hauptsache bestimmt von der therapeutischen Strategie und der Gegenübertragungsbereitschaft des Therapeuten. Psychodynamische Persönlichkeitsmerkmale und die therapeutische Beziehung sind nicht nur im therapeutischen Prozess von hoher Relevanz, sondern auch in der Phase der Erstellung von Diagnosen und Indikationen (Hentschel et al., 1999; Faller et al., 1998).
Die Beziehungsmuster sind also nicht oder nicht nur als habitualisierte Verhaltensweisen anzusehen, vielmehr liegen ihnen maladaptive Modellierungen von Beziehungen zugrunde, die sich in Abhängigkeit von der jeweiligen Situation in unterschiedlicher Art und Weise aktualisieren können. Die Rigidität, mit der diese Aktualisierung erfolgt, und das Ausmaß, in dem Interaktionspartner ihr Verhalten adaptieren, kann als ein Indikator für den Schweregrad der Störung angesehen werden.
Die therapeutische Strategie ist dabei als eine wesentliche Rahmenbedingung für Art und Ausmaß der Aktualisierung maladaptiver Beziehungsangebote anzusehen, da sie explizit oder implizit Beziehungsangebote an den Patienten enthält. Aus diesem Grund muß für alle Formen von Behandlungen reflektiert werden, inwieweit die Umsetzung therapeutischer Techniken implizit oder explizit eine spezifische therapeutische Beziehung voraussetzt und/oder schafft.

6.5 Ausblick

Die vorgestellten Ergebnisse werfen eine Reihe von Fragen auf, die weitere Untersuchungen und Entwicklungen methodischer und inhaltlicher Natur nötig machen.
Die Heterogenität der vorliegenden Stichprobe erfordert, daß die Ergebnisse an homogeneren Stichproben überprüft werden müssen. Der für die therapeutische Praxis hochrelevante Zusammenhang zwischen impliziten Aspekten der therapeutischen Beziehung in der ersten Behandlungsstunde und dem Therapieerfolg wird zur Zeit in einem Anschlußprojekt (DFG-Projekt Kr/12-1) an einer Stichprobe aus weiblichen Angstpatienten und männlichen Therapeuten untersucht. Die Behandlungen orientieren sich an einem eigens dafür entwickelten Manual, das Verhaltensanweisungen speziell für das Beziehungsverhalten von Angstpatientinnen beinhaltet, die auf den in der vorliegenden Arbeit beschriebenen Ergebnissen beruhen.
Um das Verständnis der emotionalen Prozesse, wie sie sich in den emotionalen Prozeßmustern abbilden, weiter voran zu treiben, werden im Rahmen dieses Projekts die Kontexte, in denen die Prozeßmuster auftreten, systematisch untersucht werden. Durch

stärkeren Einbezug des verbalen und nonverbalen unmittelbaren Kontexts könnten die unterschiedlichen Funktionen der mimisch-affektiven Zeichen weiter differenziert werden. Auch würde es sich anbieten, die Binnenstruktur der Behandlungsstunden stärker in die Analyse einzubeziehen.

Die dargestellten Ergebnisse sind auch über die psychotherapeutische Situation hinaus von Relevanz, z.B. in der medizinischen Versorgung von Patienten mit somatoformen Störungen. Diese stellen in der allgemeinmedizinischen Versorgung hinsichtlich der Beziehungsgestaltung im Arzt-/Patientverhältnis eine Herausforderung dar, da die Beschwerden im Rahmen bio-psycho-sozialer Modelle zu verstehen sind, die Patienten aber auf die medizinischen Aspekte und dazugehörige Behandlungsformen fixiert sind. Ein Beispiel für diese Art der Einstellung fand sich auch in der vorliegenden Arbeit. In der beschriebenen Therapie gelingt es aber innerhalb weniger Behandlungsstunden, die Leugnung von Zusammenhängen der körperlichen Beschwerden mit psychischen Problemen aufzuheben, während die durchschnittliche allgemeinmedizinische „Laufbahn" dieser Patienten im Mittel sieben Jahre beträgt, innerhalb der durch die Anspruchnahme unterschiedlicher Behandlungsmethoden hohe Kosten in der Krankheitsversorgung entstehen. Um diese allgemeinmedizinische „Karriere" abzukürzen, ist es nötig, auch dem Allgemeinmediziner ein Wissen über die spezifische Art der Beziehungsgestaltung dieser Patienten an die Hand zu geben. Zu diesem Zwecke führen wir (Dr. Stefan Brunnhuber, Dr. Jörg Merten) zur Zeit eine aus Landesmitteln geförderte Untersuchung zum Beziehungsverhalten von Patienten mit somatoformen Störungen in der Arzt-/Patientbeziehung durch. Ziel dieses Projektes ist es, spezifische Aspekte des Beziehungsverhaltens der Patienten zu beschreiben, die eine „Früherkennung" somatoformer Patienten in der allgemeinärztlichen Praxis möglich machen soll.

Ein generelles Problem der Übersetzung der vorliegenden Ergebnisse in alltagstaugliche Handlungsanweisungen besteht darin, daß der Arzt, Diagnostiker oder Therapeut über die Fähigkeit verfügen muß, das Beziehungsverhalten, das sich vor allem auch in mikroprozessualen Aspekte abbildet, zu erkennen, und ihm eine Anleitung an die Hand gegeben werden muß, die eine strukturierte Beschreibung desselben ermöglicht. Daraus leitet sich der Anspruch ab, daß zumindest in psychotherapeutischen Ausbildungen das Erlernen dieser grundlegenden Fähigkeiten integriert sein sollte. Um die Grundlagen für eine strukturierte Schulung zu schaffen, wird im Moment ein Forschungsprojekt beantragt, in dem ein multimediales und interaktives Schulungssystem entwickelt und erprobt werden soll, das auf den vorliegenden Ergebnissen, aber auch denen aus vorhergehenden Projekten basiert.

Von methodischer Seite bleibt anzumerken, daß auf Grund der konservativen Konstruktion des EMFACS idiosynkratische Ausdrucksmuster nicht als emotional interpretiert werden, auch wenn sie Rudimente von Affekten enthalten. Diese idiosynkratischen Muster können aber vor allem im Kontext klinischer Fragestellungen von Bedeutung sein. Darüberhinaus werden selbstreflexive Emotionen wie Scham und Schuld nicht erfaßt. Um dies zu ermöglichen, müssen zusätzlich zur Mimik weitere Verhaltensweisen wie das Blickverhalten sowie Kopf- und Körperhaltungen Berücksichtigung finden. Auch dieses Ziel ist Gegenstand des beantragten DFG-Projektes und wird bereits in dem oben erwähnten Forschungsprojekt zum interaktiven Störungsanteil von Patienten mit somatoformen Störungen umgesetzt.

Desweiteren erfordern die En- und Dekodierungsstudien zur Validierung von emotionalen Gesichtausdrücken eine Erweiterung. Diese basieren zu großen Teilen auf dem Erkennen oder Nachstellen monadischer Situationen. Die Bedeutung der Mimik für soziale Interaktionen erschließt sich aber nur bei Berücksichtigung des Verhaltens des Interaktionspartners und weiteren Kontextvariablen. Zu diesem Zweck wird im Rahmen eines Projekts zur Überprüfung der Verwendungsmöglichkeiten des World Wide Web als Erhebungsinstrument auch dyadisches Stimulusmaterial entwickelt und verwendet.

Teil C: Einzelfallanalysen

7 Charakterisierung der einzelnen Therapien

7.1 Die Behandlungen der schwer erkrankten Patienten, PDBU, PDBw, PDBm

7.1.1 Therapie PDBm. Ekel, Ärger, Trauer und der Wunsch nach Akzeptanz.

7.1.1.1 Diagnose und Beschwerden

Aus der Fallübersicht zu Patient PDBm geht hervor, daß es sich um eine schwere Persönlichkeitsstörung handelt. Der Patient hat im Vorfeld der Behandlung einen Suizidversuch begangen und wurde stationär behandelt. Den Mittelpunkt seiner Beschwerden stellen aus seiner Sicht seine Partnerprobleme dar. Er lebte in einer homosexuellen Beziehung, der Freund hat ihn verlassen. Als Beschwerden nennt der Patient seinen „schwierigen und eigenwilligen Charakter“, das „Verarbeiten von Problemen“ und „Probleme in der Partnerschaft“, sowie „Reagieren auf Kritik“. Zentraler Beziehungswunsch des Patienten ist „akzeptiert werden und gemocht werden“, aus seinen Erzählungen geht jedoch hervor, daß ihm dies nur in den seltensten Fällen gelingt. Er füllt sich ohnmächtig und hilflos und läßt sich in Beziehungen leicht dominieren und wird schlußendlich von seinen Partnern verlassen. Der Konflikt zwischen Ohmachtsgefühlen und den Machtansprüchen anderer stellt nach Angabe des Therapeuten den Fokus der Behandlung dar. Als Therapieziele nennt der Patient „die Fähigkeit, auf Kritik richtig zu reagieren“, „die schnelle Lösung anstehender Probleme“ und „das Finden der nötigen Toleranz und Distanz in einer Partnerschaft“.

7.1.1.2 Mimisch-affektives Verhalten

Der Patient zeigt mit fast vier Affekten pro Minute die größte Affektivität aller Probanden, sein Leitaffekt ist Ekel (siehe Tabelle 35). Es handelt sich also um einen ausgeprägten negativen Leitaffekt, der weiter oben als Indikator einer schweren Erkrankung angenommen wurde. Der Patient zeigt zusammen mit PDHI die größte Häufigkeit an Angstmimik nach Patientin PDPA, die auch mit dem Erleben von Angst korreliert.

Tabelle 35: Mimische Affektivität in Therapie PDBm

Patient	Ekel	Verachtung	echte Freude	Ärger
	129,31(88,40)	11,08 (11,74)	9,38 (7,25)	7,23 (6,51)
Therapeut	Ärger	Verachtung	echte Freude	Ekel
	10,50 (6,83)	9,08 (7,27)	8,17 (6,91)	6,5 (9,18)

Patient	Überraschung	Angst	Trauer
	6,23 (4,95)	4,31 (6,71)	1,46 (1,98)
Therapeut	Überraschung	Angst	Trauer
	1,75 (2,09)	1,67 (2,84)	2,33 (2,81)

Mittelwerte der absoluten Häufigkeiten des angegebenen Affekts

Die ausgesprochen negative Mimik des Patienten hat auch einen Einfluß auf den Therapeuten, der über den gesamten Verlauf der Therapie bestehen bleibt. Der Therapeut zeigt als einziger aller hier untersuchten Therapeuten in fast allen Stunden einen negativen Leitaffekt, vor allem Ärger, gefolgt von Verachtung und in Stunde zehn Ekel (s.u.). Das mangelnde

Durchsetzungsvermögen des Patienten zeigt sich auch in der Beziehung zum Therapeuten darin, daß er Ärger nur vergleichsweise selten zeigt.
Die 7. Stunde der Therapie nimmt eine Ausnahmeposition ein, in ihr zeigen beide Freude als häufigsten Affekt. Der Patient zeigt in dieser Stunde fast ausschließlich Freude und Überraschung. Diese einmalige Änderung ist auf ein Außenereignis zurückzuführen, der Patient mußte kurzfristig einen Vortrag halten, was ihm auch mit Erfolg gelungen ist. Die in der 7. Stunde beobachtbare Veränderung ist allerdings nicht nachhaltig, in den folgenden Stunden kehren Patient und Therapeut zu ihrem vorhergehenden Verhalten zurück.

7.1.1.3 Therapiephasen

Die Mimik des Patienten weist keinerlei statistisch abzusichernde Trends auf, die den gesamten Verlauf der Therapie beschreiben würden. Jedoch sind einige Veränderungen im Therapieverlauf beobachtbar. Die anfänglich ausgeprägte Ärgermimik nimmt bis zur 7. Stunde ab, steigt dann aber wieder stark an. Gleiches gilt für die Verachtungsmimik, die auch am Ende der Therapie wieder ansteigt. Der Patient zeigt ein Maximum an Verachtungsmimik in der 6. Stunde. Ab der 9. Stunde, in der sich das vom Patienten befürchtete Beziehungsmuster in der Therapiestunde wiederholt, treten in keiner Stunde mehr synchrone Duchenne Smiles auf. Der Patient läßt die Stunde nach der neunten ausfallen und beschließt die Therapie zu beenden. In der darauf folgenden 10. Stunde gelingt es dem Therapeuten jedoch den Patienten von der Notwendigkeit der in der 9. Stunde gemachten Erfahrungen auch in der Therapie zu überzeugen. Der Therapeut zeigt in dieser Stunde in der Ekelmimik eine Erhöhung auf das etwa 8-fache des sonstigen Niveaus, in dieser Stunde erlebt er aber das größte Ausmaß an Freude von allen Stunden. Dies weist wiederum auf die Funktion der Ekelmimik im Kontext der Verarbeitung komplexer Informationen hin.

7.1.1.4 Dyadische Struktogramme vermittelter Reziprozität und emotionales Erleben

Auf der Ebene parametrischer Korrelationen besteht eine Reziprozität im Bereich der echten Freude. Diese positive Reziprozität wäre als Gegengewicht gegen die ausgesprochen affektiv negative Beziehungsgestaltung von entsprechender Bedeutung. Diese Interpretation ist allerdings nicht haltbar. Bei der weiteren Inspektion der Daten stellt sich heraus, daß die Reziprozität im Bereich der echten Freude ausschließlich auf Stunde 7 zurückgeht. Diejenige für Ärger auf die 12. Stunde. Beide Korrelationen sind deshalb auch nonparametrisch nicht mehr nachweisbar. Auch die negative Korrelation zwischen echter Freude des Therapeuten und Ekelmimik des Patienten ist auf die 7. Stunde zurückzuführen, in der die echte Freude des Therapeuten maximal und der Ekel des Patienten minimal ist. Die echte Freude des Patienten korreliert negativ mit dem Trauer-, Schuld-, Verachtungs- und Ekelerleben des Therapeuten. Die vom Patienten selten gezeigte Mimik geht demanch mit einer Reduktion des negativen emotionalen Erlebens des Therapeuten einher.
Eliminiert man die „Ausnahmestunde“, erhält man eine hoch signifikante Korrelation der Ekelmimik des Patienten mit dem Ärgererleben des Therapeuten ($\underline{r}_S = .745$, $\underline{p} < .01$, $\underline{N} = 12$). Auf diesen Zusammenhang wurde oben bereits bei der Diskussion der Funktionen des Ekels eingegangen. Der Leitaffekt Ekel des Patienten steht also vor allem mit dem Erleben von Ärger auf seiten des Therapeuten in Beziehung, den der Therapeut auch in mehreren Stunden als Leitaffekt zeigt.

Abbildung 31: Struktogramm 1, Therapie PDBm

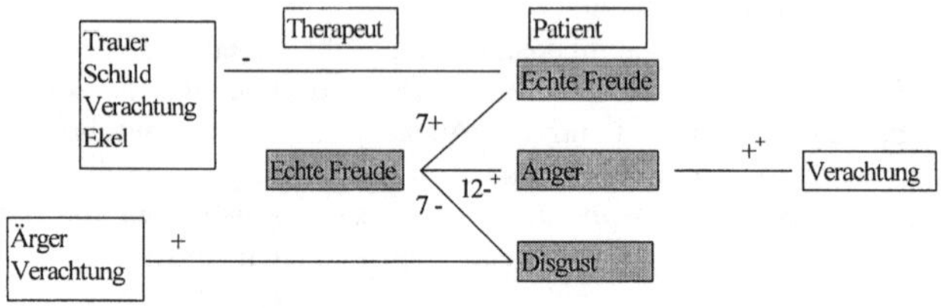

Die Zahlen vor den Vorzeichen geben an, daß eine Korrelation ausschließlich oder größtenteils auf die mit der Zahl bezeichnete Therapiestunde zurückgeht.

Die in Abbildung 32 angegebenen Zusammenhänge innerhalb der Mimik bleiben auch bei nonparametrischer Testung erhalten. Im Hinblick auf einen Konflikt zwischen Bindungs- und Autonomiewünschen sind die Reziprozitäten in der Ärger- und Trauermimik von besonderem Interesse (siehe Abbildung 32 und Abbildung 33). Hinzu kommt, daß die Angst- und Verachtungsmimik des Patienten in gleicher Weise mit der Ärgermimik und der Trauermimik des Therapeuten korreliert. Damit gehen sowohl die durch Ärger ausgedrückten Distanzierungswünsche als auch die durch Trauer ausgedrückten Wünsche nach mehr Nähe mit Angst und Verachtung auf seiten des Patienten einher. Lediglich die Überraschungsmimik wechselt zwischen den beiden Struktogrammen das Vorzeichen.

Abbildung 32: Struktogramm 2 „Ärgerreziprozität", Therapie PDBm

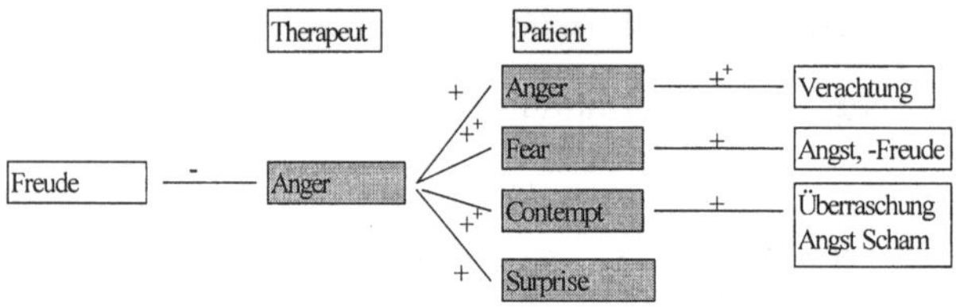

Der in den beiden Struktogrammen ablesbare interaktive Konflikt schlägt sich auch im emotionalen Erleben nieder und die in Abbildung 32 und Abbildung 33 abgebildeten Korrelationen zwischen Ausdruck und Erleben gelten für den gesamten Verlauf der Therapie. Sie stellen weitgehend konsistente Abbildungen des interaktiv implementierten Konfliktes im emotionalen Erleben dar. Die Angstmimik des Patienen korreliert signifikant positiv mit seinem Angsterleben und signifikant negativ mit dem Freudeerleben. Die Ärgermimik des Patienten korreliert tendenziell positiv mit dem Erleben von Verachtung. Ärger wird demnach nicht als solcher erlebt, sondern als Verachtung. Das Erleben von Ärger und dessen Signalisierung an seine Sozialpartner stellt wie oben besprochen ein zentrales Problem des Patienten dar, das sich auch in der Therapie aktualisiert.
Auf die Adaptivität von Ärger gegenüber Verachtung wurde bereits im Ergebnisteil eingegangen. Die Transformation des Ärgers in Verachtung kann als maladaptiv im Hinblick auf die Veränderungsmotivation interpretiert werden. Das Objekt der mimisch gezeigten Verachtung ist allerdings nicht der Therapeut, sondern der Patient selbst. Diese Interpretation wird durch die positive Korrelation der Verachtungsmimik mit dem Schamerleben gestützt. Die oben besprochene Funktion der Verachtung zur Schamreduktion im Rahmen projektiver Prozesse, führt hier nicht zu einer Abnahme der Scham, sondern zu einem Anstieg, was als Hinweis darauf zu werten ist, daß die Verachtung sich auf den Patienten selbst richtet.

Das Beherrschtwerden durch andere führt beim Patienten nicht zum assertiven Einsatz von Ärger, sondern zu auf das Selbst gerichteter Verachtung und Scham, die seine Ohnmachtsgefühle noch weiter verstärkt.
Die Ärgermimik des Therapeuten korreliert negativ mit dem Freudeerleben des Therapeuten. Die in Struktogramm 3 angegebenen Korrelationen weisen hinsichtlich des Freudeerlebens ein umgekehrtes Vorzeichen auf und die Trauermimik des Therapeuten korreliert negativ mit seinem Ärgererleben. Die Trauermimik des Patienten korreliert nonparametrisch hoch signifikant negativ mit seinem Freudeerleben.

Abbildung 33: Struktogramm 3 „Trauerreziprozität", Therapie PDBm

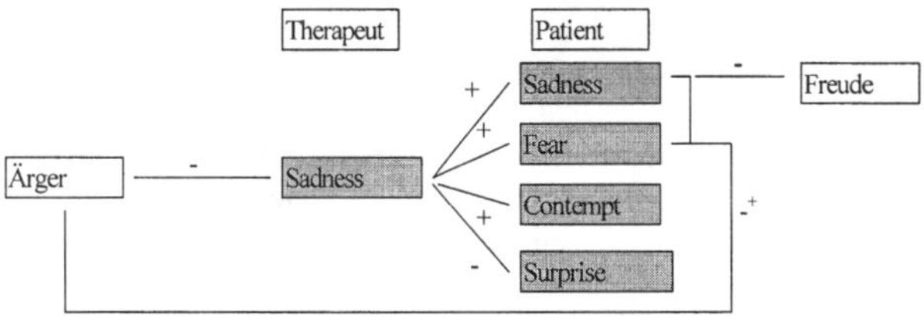

Sowohl die autonomie- als auch die bindungsfördernden mimischen Signale gehen also mit dem Anstieg von Angst- und Verachtungsmimik und dem Erleben dieser Affekte einher. Sowohl die Verachtung im Kontext der Ärgerreziprozität und vor allem im Kontext der Trauer weist auf die Probleme des Patienten hin, eine Bindung zu Objekt einzugehen. Diese liegen vor allem in der Entwertung seiner selbst. Die Selbstentwertung in Form von auf das Selbst gerichteter Verachtung tritt sowohl im Kontext von Dominanzansprüchen als auch im Kontext von Bindungswünschen auf.
Im Gegensatz zu den weiter unten besprochenen Fällen, drücken sich hier die Bindungswünsche des Patienten nicht in Freudemimik, sondern vor allem im Ausdruck von Trauer aus. Ein weiterer Unterschied besteht darin, daß die Verachtung nicht zu einer Reduktion, sondern zu einem Anstieg im Schamerleben führt. Die Verachtung wie die Ekelmimik (s.o.) ist also sowohl auf äußere Objekte als auf den Patienten selbst gerichtet. Aus dieser Perspektive läßt sich auch die positive Korrelation mit der Trauermimik des Therapeuten verstehen. Die signalisierten Bindungswünsche des Therapeuten gehen einher mit einem erheblich verminderten Selbstwerterleben des Patienten, so daß er sich als wertloses, für eine Bindung ungenügendes, Objekt erlebt. Gleichzeitig ist aber auch der Therapeut ein wertloses Objekt. Die Aktualisierung des vom Patienten beschriebenen Konflikts in der therapeutischen Beziehung wird durch das Auftreten der Angst im Rahmen der Intensivierung der Bindung als auch der Distanzierung indiziert.

7.1.1.5 Prozeßmuster

Die Angst vor affektiver Nähe des Patienten aber auch die distanzierte Haltung des Therapeuten spiegeln sich im interaktiven Verhalten im beinahe völligen Fehlen dyadischer emotionaler Prozeßmuster wieder. In der ersten Stunde findet sich kein einziges Muster dessen Elemente unmittelbar aufeinanderfolgen. Den kürzesten Abstand zeigt ein 2-elementiges dyadisches Muster aus „possible anger" des Patienten und einer Ekelmimik des Therapeuten. Die drei Ereignisse folgen im mittleren Abstand von 16.7 Sekunden aufeinander (SD = 0.61). Ein weiteres dyadisches Muster besteht aus einer Überraschungsmimik des Patienten, auf die innerhalb von im Mittel 100.76 Sekunden ein Ärgerausdruck des Therapeuten folgt (SD = 9.94). Das Muster tritt fünf mal auf. Das einzige individuelle Muster setzt sich aus einem Ekelausdruck gefolgt von einem Verachtungsausdruck des Therapeuten zusammen, die im Mittel innerhalb von 184.97 Sekunden aufeinander folgen (SD = 6.19).

Die Ausnahmestellung der 7. Stunde zeichnet sich auch in den Prozeßmustern aus. Es finden sich zwei dyadische Muster aus Duchenne Smiles von Patient und Therapeut, die zusammen 18 mal auftreten und ein individuelles Muster des Patienten aus sozialem Lächeln gefolgt von einem Duchenne Smile. Die positive Reziprozität zeigt sich also nicht nur in einem unverbundenen Anstieg der echten Freude beider Interaktionspartner, sondern auch in einer verstärkten interpersonalen Kontingenz ihres positiv emotionalen Verhaltens.
Die beiden Prozeßmuster der letzten Stunde beinhalten beide eine Ekelmimik des Patienten, die einmal auf ein soziales Lächeln des Therapeuten folgt und im anderen Fall auf ein Duchenne Smiles des Patienten selbst.

7.1.1.6 Fazit

Nimmt man die beschriebenen Ergebnisse zusammen, handelt es sich hier um eine wenig erfolgreiche Therapie, was auch vom Patienten und Therapeuten so eingeschätzt wird. Das affektive Verhalten des Therapeuten ist für den gesamten Verlauf der Therapie durch das Verhalten des Patienten bestimmt, was sich in den bis auf Stunde 7 ausschließlich negativen Leitaffekten und den Zusammenhängen zwischen seinem emotionalen Erleben von Ärger und Verachtung mit dem Leitaffekt des Patienten äußert.
Es gibt außerdem keine Anzeichen einer positiven Reziprozität weder in den aggregierten Maßen noch in den Prozeßmaßen. Auch zeigt keines der Patientenmaße eine Veränderung seines mimisch-affektiven Verhaltens im Verlauf der Therapie an.
Hinzu kommt, daß der Bindungs- und Autonomiekonflikt als dyadische Implementation im affektiven Erleben und Verhalten von Patient und Therapeut zu beobachten ist. Jedoch gelingt es dem Therapeuten einen vorzeitigen Abbruch der Therapie nach der für den Patienten traumatisierenden Erfahrung von Ohnmachtsgefühlen auch in der Therapie abzuwehren. Diese einmalige Aufarbeitung der traumatisierenden Erfahrung des Patienten reicht aber auch nach den Worten des Therapeuten nicht aus, um dieses in der Persönlichkeitsstruktur des Patienten verankerte Beziehungsmuster nachhaltig zu ändern.
Die interaktive Implementation weist zum Teil ähnliche Strukturen auf wie in Therapie PDPA, im vorliegenden Fall einer Borderline-Persönlichkeitsstörung ist der Konflikt vor dem Hintergrund der ausgeprägten Ambivalenzen der Selbst- und Objektrepräsentanzen zu interpretieren.

7.1.2 Therapie PDBw

7.1.2.1 Diagnose und Beschwerden

Patientin PDBw leidet unter polysymptomatischen Beschwerden vor dem Hintergrund einer vom Therapeuten als depressiv-hysterisch bezeichneten Charakterstruktur. An Hand der von der Patientin geschilderten Problematik kann sie als Borderline-Persönlichkeitsstörung nach DSM-III-R diagnostiziert werden. Es handelt wie im Fall von Patient PDBm um eine schwere Form von Erkrankung mit stationären Vorbehandlungen (Alkoholentzug). Als primäres Therapieziel nennt die Patientin, Vertrauen zum Therapeuten zu gewinnen und voll mitarbeiten zu können, was auf dem Hintergrund eines berichteten sexuellen Mißbrauchs in einer vorhergehenden Therapie verständlich wird. Diese Erfahrung belastet auch die aktuelle Beziehung zum Therapeuten, was weiter unten verdeutlicht wird.

7.1.2.2 Mimisch-affektives Verhalten

Die Patientin zeigt zusammen mit Patient PDBm die größte Häufigkeit an Primäraffekten, ihre häufigsten Affekte sind *Ekel* und *Verachtung*. Echte Freude macht nur 5 % ihre Primäraffekte aus, damit zeigt sie noch um die Hälfte weniger echte Freude als PDBm. Die Leitaffekte der

Patientin sind dementsprechend auch *Ekel* und *Verachtung*. Gemessen an der hohen Primäraffekthäufigkeit zeigt dic Patientin nur selten Angstmimik, etwa 1-2 mal pro Stunde.

Tabelle 36: Mimische Affektivität in Therapie PDBw

Patientin	Ekel	Verachtung	Ärger	echte Freude	Überraschung	Trauer
	78,40 (47,85)	55,70 (22,17)	10,30 (5,96)	8,50 (5,40)	5,50 (3,89)	4,60 (5,15)
Therapeut	**echte Freude**	**Verachtung**	**Überraschung**	**Ärger**	**Ekel**	
	29,36 (11,17)	15,27 (8,92)	7,91 (3,30)	6,09 (5,80)	0,82 (1,25)	

Der Therapeut wird aber durch die ausgeprägte negative Mimik der Patientin, was sein mimisches Verhalten angeht, weniger beeinflußt als Therapeut PDBm. Vor allem fällt auf, daß er sich, ähnlich wie Therapeut PDBm, in keiner Weise unmittelbar vom Ekel der Patientin anstecken läßt. Er zeigt fast keine Ekelmimik über den gesamten Verlauf der Behandlung. Der Leitaffekt des Therapeuten ist in fast allen Stunden echte Freude, nur in der letzten Stunde ist *Verachtung* sein häufigster Primäraffekt. Er zeigt auch im Mittel etwa doppelt so häufig Verachtung wie die restlichen Therapeuten.

7.1.2.3 Therapiephasen

Der Therapeut behält bis auf die 15. Stunde einen positiven Leitaffekt bei. In dieser Stunde zeigt er Verachtung als Leitaffekt. Im Verlauf der Therapie nimmt die absolute und die relative Häufigkeit der Ärgermimik des Therapeuten zu (absolut: $b1 = .84$, $F = 8.01$, $p < .02$; relativ: $b1 = 1.22$, $F = 7.1$, $p < .023$) und der relative Anteil der echten Freude an den Primäraffekten nimmt ab ($b1 = -1.64$, $F = 4.76$, $p < .057$).
Die Anzahl an Primäraffekten der Patientin nimmt im Verlauf der Therapie ab ($b1 = -8.02$, $F = 7.85$, $p < .023$), ebenfalls die Ärgermimik ($b1 = -.87$, $F = 9.04$, $p < .017$). Die Ekelmimik zeigt ebenfalls einen abfallenden Trend ($b1 = -6.45$, $F = 6.62$, $p < .033$). Der Trend der Angstmimik ist gegenläufig, ab der 3. Stunde steigt die Angstmimik der Patientin an ($b1 = .12$, $F = 6.01$, $p < .04$). Angst- und Ekelmimik korrelieren negativ miteinander, somit geht mit der Abnahme des Leitaffekts *Ekel* eine Zunahme der Angstmimik einher, die sich auch im Angsterleben niederschlägt.

Abbildung 34: Verlauf von Ekel- und Angstmimik (Patientin PDBw)

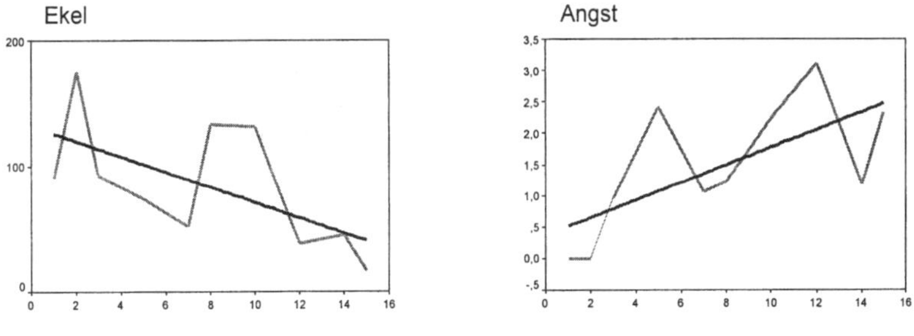

Der Therapeut zeigt nach Therapeut VTEP die größte Anzahl an Maskierungen, im Mittel etwa fünf pro Stunde. Der maskierte Affekt ändert sich allerdings im Verlauf der Therapie, während in der ersten Hälfte Maskierungen von Angstmimik vorliegen, überwiegen ab der fünften Stunde nach und nach Maskierungen von Ärger. In der ersten Stunde ist eine Maskierung von *Verachtung* zu beobachten, was insofern bemerkenswert ist, da der Therapeut im Verlauf der Therapie einen tendenziell ansteigenden Trend an Verachtungsmimik aufweist und im Mittel über alle Stunden etwa doppelt so häufig Verachtungsmimik zeigt wie alle anderen Therapeuten, in der letzten Stunde ist Verachtung sogar Leitaffekt. Auch die Patientin zeigt in der ersten Stunde, neben zwei Blenden aus Ärgermimik und Verachtungsmimik, vier Maskierungen von Verachtungsmimik durch Lächeln und wie im Fall des Therapeuten kommen ab der 5. Stunde Maskierungen von Ärgermimik mit hinzu. Eine Phaseneinteilung zeigt sich auch in den Zusammenhangsstrukturen zwischen den Affekten von Patientin und Therapeut (s.u.).
Angesichts der massiven Ekelmimik und den von ausgeprägter Ärgermimik begleiteten Anfeindungen durch die Patientin ist es bemerkenswert, daß eine Beziehung überhaupt aufrechtzuerhalten war und ein therapeutischer Prozeß in Gang kam. Letzteres zeigt sich z.B. in der Reduktion des Leitaffekts Ekel und der Zunahme der Angstmimik im Verlauf der Therapie, sowie im emotionalen Erleben. In dieser Therapie variieren alle DAS-Skalen. Das gilt für die Patientin wie für den Therapeuten. Das Interesse des Therapeuten nimmt im Verlauf der Therapie zu ($\underline{b1} = .22$, $\underline{F} = 14.95$, $\underline{p} < .008$). Das Erleben von Freude auf seiten der Patientin nimmt ab ($\underline{b1} = -.30$, $\underline{F} = 5.36$, $\underline{p} < .043$), das Erleben von Angst nimmt zu ($\underline{b1} = .41$, $\underline{F} = 5.27$, $\underline{p} < .045$).

7.1.2.4 Dyadische Struktogramme vermittelter Reziprozität und emotionales Erleben

In Therapie PDBw bestehen vielfältige Zusammenhänge zwischen der Ärger-, Verachtungs- und Freudemimik des Therapeuten und der Angst-, Ekel- und Verachtungsmimik der Patientin, die aus Gründen der Übersichtlichkeit in drei Struktrogrammen dargestellt sind. Die Freude- und Verachtungsmimik korrelieren beide mit den drei genannten Affekten der Patientin, allerdings mit unterschiedlichen Vorzeichen. Konsistent dazu ist die negative Korrelation der beiden Affekte Freude und Verachtung innerhalb der Mimik des Therapeuten.
Bemerkenswert ist, daß in Therapie PDBw der Leitaffekt *Ekel* der Patientin diskrepante Korrelationen mit der echten Freude (positive Korrelation in Struktogramm 1) und der *Verachtung* (negative Korrelation in Struktogramm 2) des Therapeuten aufweist. Das Alternieren des Therapeuten zwischen Freude und Verachtung geht also nicht mit einer Reduktion bzw. einem Anstieg der Ekelmimik der Patientin einher, sondern führt zum gegenteiligen Verhalten. Je mehr Freude der Therapeut zeigt desto mehr distanzregulierende Ekelmimik zeigt die Patientin. Je mehr Verachtung der Therapeut zeigt, desto weniger Ekelmimik zeigt die Patientin. Der Zusammenhang zur Verachtungs- und Angstmimik der Patientin hat demgegenüber die erwartete Qualität, die auch in den anderen Therapien zu beobachten ist, die Freude des Therapeuten geht mit einer Reduktion der Verachtungs- und Angstmimik der Patientin einher. Das gleiche gilt entsprechend für die Verachtungsmimik des Therapeuten.

Abbildung 35: Struktogramm 1, Therapie PDBw

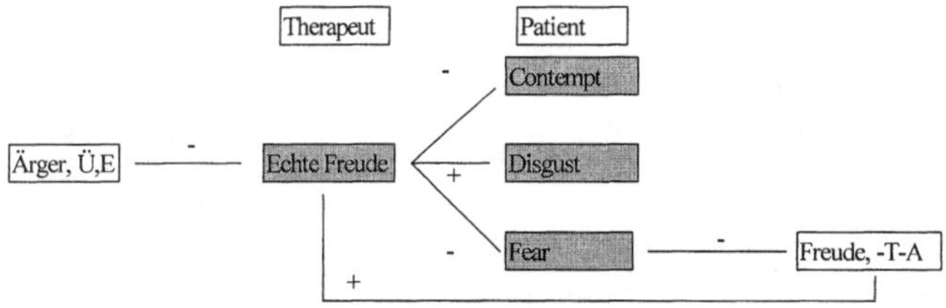

Die Bewertung als diskrepant leitet sich aus der Annahme ab, daß es unangemessen ist, wenn ein Interaktionspartner ausgesprochen positive Affekte zeigt, während der andere ausgesprochen negative Affekte zeigt. Der Zusammenhang kann unterschiedlich interpretiert werden, einmal als Stützung der Patientin durch den Therapeuten, der die Ekelmimik der Patientin mit echter Freude kompensiert, aber auch vor dem Hintergrund eines Nähe-/Distanzkonflikts.

Die stützende Funktion der echten Freude des Therapeuten zeigt sich in der negativen Korrelation der echten Freude des Therapeuten mit der Angstmimik der Patientin, die auch nonparametrisch hoch signifikant ist, und in den Korrelationen mit dem Freudeerleben der Patientin. Betrachtet man den Zusammenhang auf der Basis eines Konflikts zwischen Beziehungswünschen, passen Freude und Ekel sehr gut zusammen. Der auch von der Patientin durch Freude signalisierte Wunsch nach Nähe aktiviert bei der Patientin negative, z.B. durch den in einer der vorhergehenden Therapien erlebten Mißbrauch, repräsentierte Erinnerungen. Dadurch wechselt die bis anhin positive Bewertung des Therapeuten zumindest in der impliziten Modellierung der Situation in eine negative. Die hergestellte Nähe wird nun nicht mehr zu Freude, sondern zu Ekel führen. Interpretiert man dieses Geschehen vor der Annahme in positiv und negativ gespaltener Objektrepräsentanzen (Kernberg, 1988), wäre in der bewußten, expliziten Modellierung der Situation der positive Anteil des Therapeuten aktiviert, in der unbewußten Modellierung aber gleichzeitig auch der negative. Solche im Hinblick auf die einfache Unterscheidung nach hedonischen und anhedonischen Affekten diskrepante Korrelationen können also Hinweise auf der psychischen Störungen zugrundeliegendes und in der Interaktion mit dem Therapeuten realisiertes psychodynamisches Geschehen liefern.

Gemäß den oben angestellten Überlegungen existiert eine Art kontrastierender doppelter Buchführung in der bewußten und unbewußten Modellierung der Situation. Die Entwertung des Therapeuten durch die Patientin zeigt sich in einigen Stunden auch offen, was mit einer erhöhten Verachtungsmimik einhergeht. Die Korrelationen der *Verachtung* und der *Angst* der Patientin mit der echten Freude des Therapeuten fallen erwartungsgemäß aus. In den Stunden, in denen sich die Entwertung offen in der Verachtungsmimik zeigt, ist auch die echte Freude des Therapeuten reduziert.

Die beschriebenen Zusammenhänge zwischen echter Freude_T und Verachtung_P bzw. Ekel_P zeigen sich vor allem in einzelnen Stunden und haben bei Verwendung nonparametrischer Korrelationen keinen Bestand mehr. Trotzdem sind sie zu interpretieren, vor allem auch deshalb, weil sich die Zusammenhangsstruktur der genannten Affekte im Verlauf der Therapie verändert. Die konfliktindizierende Korrelation zwischen der Ekelmimik der Patientin und der echten Freude des Therapeuten tritt erst in der Mitte und am Ende der Behandlung in den Vordergrund. Die Verachtungsmimik der Patientin korreliert zu Beginn positiv, in der Mitte und am Ende negativ mit der echten Freude des Therapeuten.

Die in Abbildung 36 abgebildete Verachtungsreziprozität spielt sich wie oben beschrieben auf hohem Häufigkeitniveau ab und hat auch nonparametrisch Bestand, ebenso die Korrelationen mit $Ekel_P$ und $Angst_P$. Die Analyse des Verlaufs ergibt, daß die Verachtungs-Reziprozität in der 5. Stunde beginnt und bis zum Ende der Therapie anhält. Gleiches gilt für die negative Korrelation von $Verachtung_T$ mit $Ekel_P$, die oben bereits als diskrepant kategorisiert wurde, da die durch Verachtung signalisierte Entwertung nicht mit einem Rückgang negativer Affekte, sondern mit einem Anstieg einhergehen sollte. Das ist für die Verachtung der Patientin auch der Fall, wie die Verachtungsreziprozität zeigt, und auch das emotionale Erleben der Patientin folgt dieser Annahme. Ihr Freudeerleben korreliert negativ mit der Verachtungsmimik des Therapeuten. Die negative Korrelation der Ekelmimik ist auch hier wie oben im Zusammenhang mit der echten Freude ein Indiz für eine implizite Bedeutung der Beziehung zum Therapeuten.

Abbildung 36: Struktogramm 2, Therapie PDBw

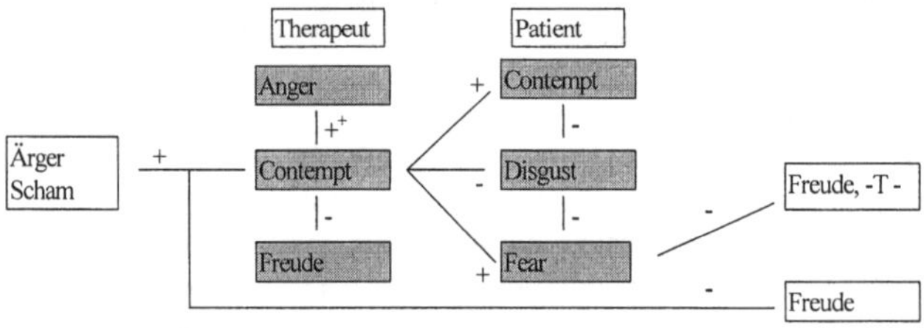

Zu interpretieren bleibt die Einbindung der Angstmimik. Wären die positiven Signale des Therapeuten ausschließlich bedrohlich für die Patientin, müßten sie auch positiv mit der Angstmimik korrelieren, sie korrelieren aber negativ (siehe Abbildung 35).
Eine alternative Erklärung, die auf der besonderen Funktion des Ekels bei Patienten mit frühen Störungen beruht, besteht darin, daß der Therapeut zu Beginn der Behandlung häufig echte Freude zeigt, was den Nähe-/Distanzkonflikt der Patientin aktiviert und auf einem „frühen" Funktionsniveau Ekel als Mittel der Selbst- und Beziehungsregulation auftreten läßt. Mit dem Abnehmen der Freudemimik des Therapeuten im Verlauf der Behandlung, entfällt auch die existentielle Bedrohung durch die damit bei der Patientin implizit, verbundenen Befürchtungen vor einer erneuten massiven Verletzung ihrer Grenzen. Anstelle des frühen Ekelsignals kann nun die Angst treten, die auch als komplementärer Anteil zum ansteigenden Ärger des Therapeuten zu interpretieren ist. Gleichzeitig steigt das Erleben von Angst an und das Erleben von Freude reduziert sich.

7.1.2.5 Prozeßmuster

Trotz der relativ niedrigen Anzahl echter Freude der Patientin finden sich auch in Therapie PDBw zwei positive reziproke Muster aus echter Freude. Die Patientin reagiert im Mittel schneller auf die Duchenne Smiles des Therapeuten als umgekehrt. In einem weiteren Muster reagiert die Patientin VTEP viermal auf ein Duchenne Smiles des Therapeuten innerhalb von im Mittel 1.75 Sekunden (SD = 0.89) mit Angst-/Überraschungsblenden, Überraschungslächeln und maskiertem *Ekel*.

Duchenne Smiles Therapeut → FE/SU; HA/SU; HA/DI Patientin

In diesem Muster schlägt sich die in den Struktogrammen vorzufindende Ambivalenz der Patientin im Hinblick auf die Duchenne Smiles des Therapeuten bereits in der ersten Stunde nieder.

Neben den beiden positiven Mustern zeigt Therapeut PDBw drei *individuelle Muster*, die mit Verachtung, Blenden bzw. Überraschung beginnen und im Fall der letzteren beiden innerhalb von einer bis zwei Sekunden in ein Duchenne Smiles münden. Im Fall der Verachtung folgt das Duchenne Smiles in einem mittleren Abstand von 13.04 Sekunden (SD = 5.86). Zusammen genommen treten diese drei Muster 15 mal während der ersten Therapiestunde auf.

Verachtungsmimik → Duchenne Smiles Therapeut
Blenden → Duchenne Smiles Therapeut
Überraschungsmimik → Duchenne Smiles Therapeut

Dem Therapeuten gelingt es also seine negativ bzw. uneindeutige kognitiv-affektive Bewertung innerhalb kurzer Zeit so zu ändern, daß er zu einer positiven Selbstregulation zurückfindet. Der Therapeut reagiert auch in nahezu identischer Weise auf die Überraschung der Patientin innerhalb von im Mittel 2.33 Sekunden (SD = 0.58) mit einem Duchenne Smile. In der *siebten Stunde* hat sich analog zur Veränderung der Blenden (siehe oben) und dem Ansteigen der Ärgermimik des Therapeuten auch die musterbildenden Affekte verändert. Es tritt kein positiv, reziprokes Muster mehr auf. Das zu beobachtende dyadische Muster besteht aus „possible anger" der Patientin gefolgt von einem Duchenne Smile des Therapeuten.

„possible anger" Patientin → Duchenne Smiles Therapeut

Es tritt je ein individuelles Muster für Patientin und Therapeut auf. Das Muster der Patientin besteht aus Ekelmimik gefolgt von einer Trauermimik, das des Therapeuten aus einer Verachtungsmimik gefolgt von einer Ärgermimik.
Ekelmimik Patientin → Trauermimik Patientin
Verachtungsmimik Therapeut → Ärgermimik Therapeut

In der *letzten Stunde* tritt ebenfalls kein positiv reziprokes Muster auf, lediglich auf das soziale Lächeln der Patientin reagiert der Therapeut mit echter Freude. Nur dieses Muster weist einen kurzen Abstand zwischen beiden Elementen auf, während die Elemente der restlichen Muster in einem Abstand von mehr als 20 Sekunden aufeinander folgen. Das dyadische Muster mit einem mittleren Abstand von 20 Sekunden setzt sich aus einem sozialen Lächeln des Therapeuten und Maskierungen von *Ärger, Verachtung* und *Trauer* durch ein Lächeln der Patientin zusammen.

Soziales Lächeln Therapeut → Maskierung von Ärger, Verachtung und Trauer durch die Patientin

Die restlichen drei Muster weisen eine Gemeinsamkeit auf, die darin besteht, daß sie mit einem negativen Affekt beginnen, auf den eine Überraschungsmimik des Therapeuten folgt. *In* den beiden individuellen Therapeutenmustern ist der negative Affekt jeweils *Ärger* und *Verachtung,* im dyadischen Muster „possible anger" der Patientin.

Verachtungsmimik Therapeut → Überraschungsmimik Therapeut
Ärgermimik Therapeut → Überraschungsmimik Therapeut
„possible anger" Patientin → Überraschungsmimik Therapeut

7.1.2.6 Fazit

Im Gegensatz zu Therapeut PDBm kompensiert Therapeut PDBw die negative Mimik der Patientin größtenteils durch das Zeigen echter Freude. Gleichzeitig aber zeigt er wie die Patientin eine große Häufigkeit an Verachtungsmimik und Blenden aus Verachtung und Freude. Auch steigt die Ärgermimik des Therapeuten im Verlauf der Therapie an. Es gelingt aber zumindest zu bestimmten Zeitpunkten innerhalb der Therapiestunden positive Reziprozität herzustellen, was sich in den positiven Prozeßmustern zeigt. Diese sind jedoch in einen Nähe-/Distanzkonflikt eingebunden, der sich vor allem in der Art der Kovariation der Freude- und Verachtungsmimik des Therapeuten mit der Ekelmimik der Patientin zeigt. Es gibt demgegenüber aber auch Anzeichen dafür, daß der Therapeut, die von der Patientin beim Therapeuten induzierten Affekte Ärger und Verachtung durch informationsverarbeitende Prozesse in Überraschung bzw. Freude transformieren kann (siehe Prozeßmuster letzte und erste Stunde). Die Patientin induziert zum Teil durch unverständliche Darstellungen ihrer Problemlage Ärger und Verachtung beim Therapeuten, hält der Therapeut das Interesse aber aufrecht und fragt weiter klärend nach, gelingt es ihm, das Berichtete dennoch zu verstehen. Das Interesse des Therapeuten wächst auch im Verlauf der Therapie trotz der beschriebenen eher gegenläufigen Entwicklungen negativer Affekte. Die Fragebögen nach der 15. Stunde werden von der Patientin nicht bearbeitet. Die Erfolgseinschätzung des Therapeuten fällt sehr schlecht aus. Angesichts der massiven Ekelmimik und den von ausgeprägter Verachtungsmimik begleiteten Anfeindungen durch die Patientin ist es jedoch bemerkenswert, daß eine Beziehung überhaupt aufrechtzuerhalten war und ein therapeutischer Prozeß in Gang kam. Letzteres zeigt sich z.B. in der Reduktion des Leitaffekts Ekel und der Zunahme der Angstmimik im Verlauf der Therapie, sowie im emotionalen Erleben.

7.1.3 Therapie PDBU

7.1.3.1 Diagnose und Beschwerden

Die 29-jährige Patientin leidet unter Bulimie mit drei bis vier Anfällen pro Tag und schweren Zwänge. Die Auslaugung des Körpers durch das Erbrechen nimmt bedrohliche Ausmaße an. Als Therapieziel gibt sie die Erlangung „innerer Ruhe“ an und glaubt, daß sich dadurch auch ihre Symptomatik ändern wird. Das Therapieziel möchte sie jedoch erreichen, ohne über sich selbst nachdenken und sprechen zu müssen. Der häufigste von ihr geäußerte Wunsch ist der nach „passiver“ Heilung und Ruhe. Die Patientin wünscht sich Hilfe, möchte aber nichts selbst dazu tun müssen. Sie wünscht sich wie durch ein „Rezept“ vom Therapeuten wie durch „Zauberei“ geheilt zu werden.

Als typische Auslösesituation für die Eßanfälle berichtet die Patientin, daß sie z.B. im Büro das Gefühl habe, es „rücke ihr jemand auf die Pelle“. Daraufhin muß sie den Arbeitsplatz verlassen, besorgt sich etwas zu essen und erbricht. Im Vergleich zu den restlichen Therapien liegt die Erfolgseinschätzung zwar nur im Mittelfeld, jedoch reduzieren sich die Anfälle der Patientin erheblich, bis auf einen pro 14 Tage, auch nimmt sie an Gewicht zu. Sie sagt in der letzten Stunde, daß sie sich noch nie so gut verstanden habe wie in den letzten Tagen.

7.1.3.2 Mimisch-affektives Verhalten

Der Leitaffekt der Patientin ist *Ekel*, den sie im Mittel mehr als einmal pro Minute zeigt. Dieser Wert ist allerdings dadurch verzerrt, daß in der zweiten Therapiestunde die Häufigkeit von *Ekel,* aber auch die von echter Freude, mehr als doppelt so hoch ist als in den restlichen Stunden. Das mimisch-affektive Verhalten der Patientin wird hauptsächlich von diesen beiden Affekten charakterisiert. Sie zeigt keine Angstmimik, keine Trauermimik und nur wenig Ärgermimik.

Die Überraschungsmimik der Patientin korreliert signifikant positiv mit ihrem Angsterleben. Sie ist der Gruppe „Überraschungsangst“ zuzuordnen mit einer Dissoziation zwischen Erleben und Ausdruck von Angst.
Im Vergleich mit den beiden anderen Patienten, die einen ausgeprägten negativen Leitaffekt aufwiesen, unterscheidet sich die Patientin durch einen relativ hohen Anteil an Freudemimik und die auch beim Therapeuten fast völlig fehlende Ärgermimik.

Tabelle 37: Mimische Affektivität in Therapie PDBU

Patientin	Ekel	echte Freude	Verachtung	Überraschung	Ärger
	67 (29,96)	39,56 (19,35)	8,67 (6,04)	2,33 (3,64)	0,44 (0,73)
Therapeut	echte Freude	Überraschung	Ekel		Ärger
	12,6 (7,19)	8,44 (4,80)	7,44 (4,25)		1,00 (1,66)

In der geringen mimischen Affektivität des Therapeuten spiegelt sich dessen abstinente Haltung gegenüber der Patientin wieder. Er zeigt fast ausschließlich echte Freude, als zweithäufigsten Affekt Überraschung gefolgt von Ekelmimik, die in Stunde 1 und 8 als häufigster Affekt auftritt. In den anderen Stunden ist echte Freude Leitaffekt. Schon die so realisierte weitgehend abstinente Haltung kann als günstig im Hinblick auf die von der Patientin geschilderten Ängste vor Nähe interpretiert werden. Diese wirkt sich auch auf die unten beschriebene dyadische Zusammenhangsstruktur aus.
Die negativen Affekte Ärger und Verachtung treten beim Therapeuten entweder gar nicht oder nur in geringem Umfang auf. Die Blenden und Maskierungen des Therapeuten zentrieren sich um Angst-/Überraschungsblenden und Überraschungslächeln.
Die der Patientin um Maskierungen von Ekel-, Ärger und vor allem Trauermimik durch Lächeln.

7.1.3.3 Therapiephasen

Die häufigsten Affekte der Patientin echte Freude und *Ekel* zeigen tendenziell abfallende Trends mit einem Extremwert in der zweiten Stunde. Die Mimik des Therapeuten zeigt keine eindeutigen Trends, nur die Affekte Überraschung und Ekel nehmen schwach tendenziell ab. In der ersten und achten Stunde zeigt der Therapeut Ekel als Leitaffekt.
Ein Phasenverlauf wird jedoch in der Entwicklung der Affekte echte Freude des Therapeuten und Verachtung der Patientin sichtbar, die auch korrelativ in Zusammenhang stehen (s.u. Struktogramm 2). Die echte Freude des Therapeuten variiert bis Stunde 7 zwischen 20 % und 45 %, erreicht in Stunde 8 ein Minimum 0 % und steigt danach auf Werte zwischen etwa 38 % und 70 % an. Die Verachtungsmimik der Patientin verläuft dem entgegengesetzt.
Die 8. Stunde ist die erste Stunde der Behandlung, in der die Patientin detailliert von Zusammenhängen zwischen durch unterschiedliche situative Gegebenheiten ausgelösten emotionalen Reaktionen und den damit verbundenen Freß- und Brechanfällen berichtet.

7.1.3.4 Dyadische Struktogramme vermittelter Reziprozität und emotionales Erleben

In dieser Therapie finden sich vergleichsweise wenig Zusammenhänge zwischen dem mimisch-affektiven Verhalten und emotionalen Erleben der beiden Interaktionspartner.
Die Zusammenhänge für Struktogramm 1 gehen zum Teil auf einzelne Stunden zurück und sind bei Verwendung nonparametrischer Korrelationen nur noch schwach tendenziell vorhanden.

Der vom Therapeuten sehr selten gezeigte Ärger korreliert negativ mit der echten Freude der Patientin. Die vom Therapeuten gezeigte Verachtung, tritt nur in der ersten und letzten Stunde überhaupt auf. In diesen Stunden zeigt Patientin vergleichsweise wenig Ekelmimik, woraus sich die negative Korrelation erklärt.

Abbildung 37: Struktogramm 1, Therapie PDBU

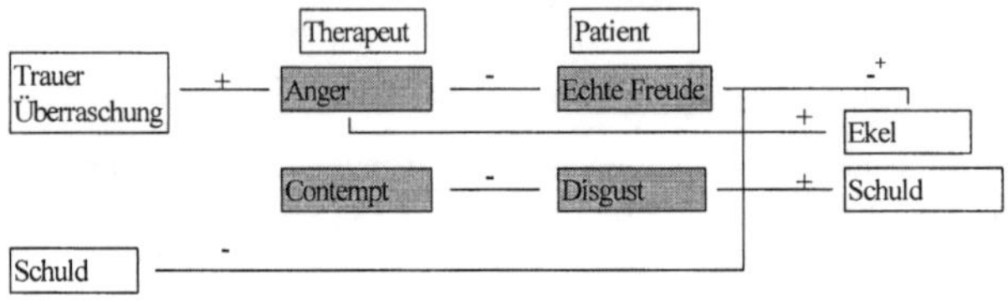

In Struktogramm 1 ist vor allem die nonparametrische Korrelation der Ekelmimik der Patientin mit ihrem Schulderleben zu erwähnen. Ihre Wünsche nach „oraler" Befriedigung lösen nach ihren eigenen Worten Schuldgefühle bei ihr aus, die meist in Eß- und Brechanfällen münden. Betrachtet man die Ekelmimik als Äquivalent der Brechanfälle, geht auch in der therapeutischen Beziehung das Schulderleben mit demselben einher. Ein Zusammenhang zu Annäherungsverhalten des Therapeuten, das zur Auslösung des Ekels geführt haben könnte, ist an Hand der Struktogramme jedoch nicht auszumachen. Lediglich die Korrelation der seltenen Verachtungsmimik mit dem Ekel könnte als Hinweis auf einen solchen Zusammenhang angesehen werden.
Der in Struktogramm 2 abgebildete Zusammenhang der echten Freude des Therapeuten zum Freudeerleben spricht aber gegen eine Auslösung des Ekels und des damit einhergehenden Schulderlebens durch Verhaltensweisen des Therapeuten.

Die in Struktogramm 2 abgebildeten Zusammenhänge zwischen echter Freude$_T$ und Verachtung$_P$ haben auch nonparametrisch Bestand, beide Variablen variieren gemeinsam über alle codierten Stunden hinweg. Sie gehen auf die oben beschriebenen phasenhaften Verläufe der Affekte echte Freude des Therapeuten und Verachtungsmimik der Patientin zurück. Die Ekelmimik des Therapeuten korreliert positiv mit der Verachtungsmimik der Patientin und negativ mit der echten Freude des Therapeuten.

Abbildung 38: Struktogramm 2, Therapie PDBU

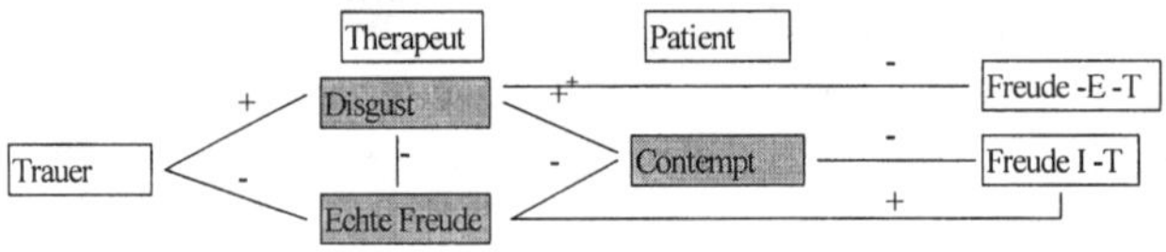

Die echte Freude des Therapeuten korreliert außerdem mit seinem eigenen Freude-, und Trauererleben wie mit dem der Patientin kongruent.
Eine Verbindung zwischen den beiden Struktogrammen besteht über die negative Korrelation der echten Freude des Therapeuten mit seiner Ärgermimik

7.1.3.5 Prozeßmuster

In dieser Therapie tritt kein Muster aus Duchenne Smiles von beiden auf, da der Therapeut sein Lächeln durch andere Gesichtsbewegungen kontrolliert. Das so gebildete Muster zeichnet sich aber durch ausgeprägte Synchronizität aus. Die drei Ereignisse folgen in einem mittleren Abstand von 0.03 Sekunden aufeinander mit einer Streuung von SD = 0.06 Sekunden.

Duchenne Smiles Patientin → kontrolliertes Lächeln Therapeut

Der Therapeut zeigt als zweithäufigsten Affekt Überraschung. Die Überraschung markiert Verstehensprozesse des Therapeuten im Zusammenhang mit Schilderungen der Patientin. Diese werden von der Patientin jedoch zum Teil negativ bewertet, was sich in einem Muster aus der Überraschung des Therapeuten und der Verachtung der Patientin zeigt. Patientin PDBU reagiert in der ersten Stunde viermal auf eine Überraschungsmimik des Therapeuten mit Verachtung.

Überraschungsmimik Therapeut → Verachtungsmimik Patientin

Ansonsten findet man auch auf der Ebene der Prozeßmuster wenig Anzeichen für ein gegenseitiges interaktives Eingehen der beiden Interaktionspartner. In der 7. Stunde tritt lediglich ein einziges individuelles Muster der Patientin aus sozialem Lächeln und einem Duchenne Smile, aber kein dyadisches Muster auf. In der 15. Stunde tritt als einziges Muster ein positives reziprokes auf, in dem der Therapeut auf ein Duchenne Smiles der Patientin ebenfalls mit einem Duchenne Smiles reagiert. Es tritt zehn mal auf, der zeitliche Abstand zwischen den Ereignissen ist allerdings im Mittel mit 7.5 Sekunden recht hoch.

7.1.3.6 Fazit

Die Therapie weist nur geringe Anzeichen eines Phasenverlaufs im Erleben und Verhalten der Patientin auf, lediglich die Freudemimik des Therapeuten verlagert sich ab der 8. Stunde auf ein höheres Niveau. In zwei Stunden „übernimmt" der Therapeut den Leitaffekt Ekel der Patientin. Es gibt zumindest am Anfang und in der Mitte der Therapie keine Anzeichen für eine emotional positive Beziehungsgestaltung in Form synchroner Duchenne Smiles oder positiver Prozeßmuster.

Die Patientin klagt lediglich über ihre Probleme und erwartet eine Heilung auf Rezept. Der Versuch des Therapeuten ein Verständnis für die Hintergründe ihrer Eßstörung aufzubauen, wird von der Patientin wenn überhaupt nur zögerlich aufgenommen und mit Verachtung beantwortet, was sich bereits in der ersten Stunde in dem oben beschriebenen Prozeßmuster andeutet.

Auch die Korrelation der Überraschungsmimik mit dem Angsterleben weist auf eine deutlich gehemmte Assimilationsfähigkeit neuer von bisherigen Schemata abweichender Informationen hin. Erst in der 8. Stunde berichtet sie detailliert von Zusammenhängen zwischen durch unterschiedliche situative Gegebenheiten ausgelösten emotionalen Reaktionen und den damit verbundenen Freß- und Brechanfälle. Ab dieser Stunde ändert sich wie oben erwähnt die Freudemimik des Therapeuten und die Verachtungsmimik der Patientin nimmt leicht ab.

Obwohl die Therapie im Vergleich zu den anderen Therapien nur im Mittelfeld liegt, kann sie aus den oben genannten Gründen als erfolgreich angesehen werden. Eine zentrale Rolle spielte dabei das abstinente Verhalten des Therapeuten, das sich sowohl in seiner reduzierten mimischen Affektivität, in den nur spärlichen dyadischen Zusammenhangsstrukturen und der geringen Häufigkeit an Prozeßmustern abbildet.

7.2 Interaktive „Verstrickung“ und Prozeßmuster als frühe Konfliktindikatoren, PDPA, VTEP

7.2.1 Therapie PDPA

7.2.1.1 Diagnose und Beschwerden

Die Patientin eine 24-jährige Studentin leidet unter Angstanfällen, der Therapeut diagnostiziert eine Panikstörung ohne Agoraphobie und eine dependente Persönlichkeitsstörung. Die Patientin befindet sich neben der Psychotherapie in medikamentöser Behandlung bei einem Kollegen des Therapeuten. Sie wurde bereits verhaltenstherapeutisch vorbehandelt. Das Ziel der gegenwärtigen Behandlung sieht die Patientin vor allem darin, wieder ein „normales“ Leben zu führen oder zumindest zu lernen, mit der Angst umzugehen. Die Aussichten auf einen Erfolg der Behandlung schätzt sie als gering ein.

7.2.1.2 Mimisch-affektives Verhalten

Diese Therapie ist die einzige unter den Therapien mit männlichen Therapeuten und Patientinnen, in der beide Freude als Leitaffekt im Mittel und in fast allen Stunden zeigen. Die Primäraffekthäufigkeit von Patientin und Therapeut liegt mit etwa einem bis zwei Affekten pro Minute im mittleren Bereich, allerdings zeigen sie fast jede Minute echte Freude und damit die höchste absolute Häufigkeit echter Freude mit Ausnahme von Therapeut VTEP, der fast zweimal pro Minute echte Freude zeigt. Die Patientin ist die einzige, die in einer Stunde *Angst* als Leitaffekt zeigt (12. Stunde). Sie zeigt auch über alle Stunden von allen Patienten mit Abstand am häufigsten *Angst.* Patientin und Therapeut zeigen über alle 15 Stunden fast keine Überraschungsmimik.

Abbildung 39: Mimische Affektivität in PDPA

Patientin	echte Freude	Angst	Trauer	Verachtung	Überraschung
	53,93	7,80	7,33	6,53	0,40
Therapeut	echte Freude	Ekel	Ärger		Überraschung
	45,67	12,93	5,33		0,53

7.2.1.3 Therapiephasen

Abbildung 40: „Echte Freude“ Patientin PDPA

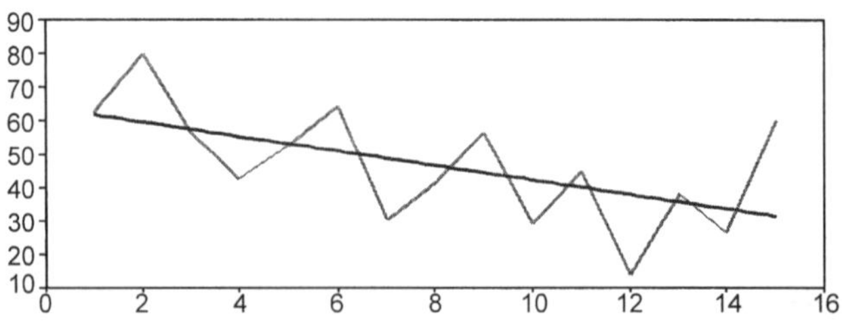

Die Freudemimik der Patientin zeigt im Verlauf einen signifikant abnehmenden Trend, die Angstmimik nimmt tendenziell zu. Sie zeigt fast keine Ekelmimik und sehr wenig Ärgermimik. Die häufigsten negativen Affekte sind *Angst, Trauer* und *Verachtung*, die allerdings auch nur etwa alle zehn Minuten einmal auftreten.
Im standardisierten Tagebuch bleibt das Angstsymptom vom Beginn bis zur 15. Stunde auf dem gleichen Niveau, die depressive Verstimmung und die körperlichen von der Patientin angegebenen Beschwerden nehmen zu.
Die Ekelmimik des Therapeuten steigt bis zur 6. Stunde kontinuierlich an und variiert dann auf diesem Niveau, die Verachtungsmimik nimmt den entgegengesetzten Verlauf. Dieser Zusammenhang bildet sich in den unten angegebenen Korrelationen aber nicht ab. Bis zur 5. Stunde steigen auch die vom Therapeuten begonnenen synchronen Duchenne Smiles, die ab der 9. Stunde fast exakt den Stimuli der Patientin folgen. Trotz des oben angesprochenen Rückgangs der Freudemimik initiiert die Patientin in der zweiten Hälfte der Therapie etwa gleich häufig Synchronisationen wie in der ersten Hälfte der Therapie.

Abbildung 41: Synchrone Duchenne Smiles in Therapie PDPA

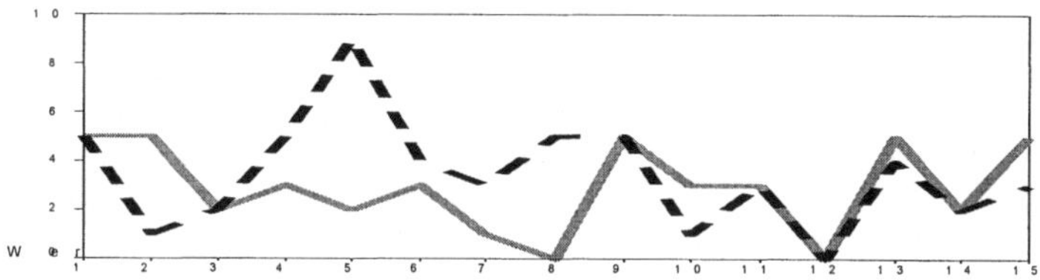

Während die mittlere Primäraffekthäufigkeit des Therapeuten in den ersten vier Stunden etwas über 40 Affekten pro Stunde liegt, steigt es ab der 5. Stunde auf ein mittleres Niveau von über 60 Affekten. Diese Steigerung geht auf eine Zunahme der Ärger-, Ekel- und Freudemimik zurück. Die Primäraffekthäufigkeiten oszillieren ab der 5. Stunde regelhaft zwischen niedrigen und hohen Werten.

Abbildung 42: Primäraffekthäufigkeiten Therapeut PDPA

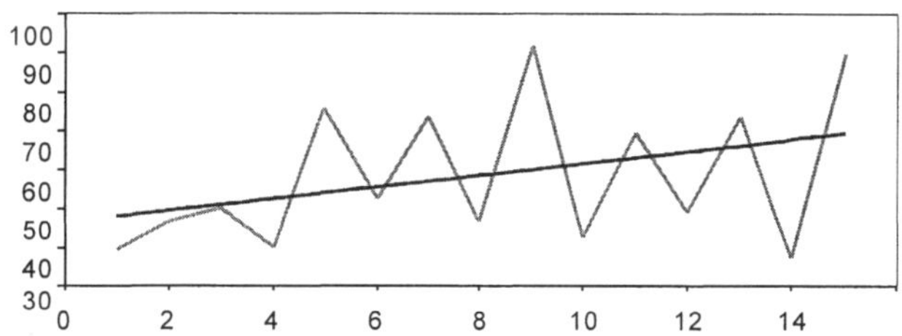

Blenden als niedrig skalierte emotionale (Beziehungsmuster)muster
Die Patientin zeigt relativ wenige Blenden und Maskierungen, in diesen wenigen Ereignissen spiegeln sich aber bereits emotionale Konflikte wieder, die sich auch in Form von individuellen und dyadischen Prozeßmustern wiederfinden lassen. Bereits in der ersten Stunde zeigt die Patientin eine Maskierung einer Verachtungsmimik durch Lächeln. In den folgenden Stunden wird vor allem die Ärgermimik und die Trauermimik durch Lächeln maskiert. Auch die mehrdeutige Mimik des Therapeuten zentriert sich um Maskierungen von Ärger- und Ekelmimik, sowie Blenden aus Ärger und Ekel.
Es ist also eine Skalierung zu beobachten, die sich von gleichzeitig innerhalb einer Person auftretenden Emotionen, über individuelle Prozeßmuster zu dyadischen Prozeßmustern fortsetzt (siehe unten) und sich auch in den Korrelationen zwischen über die Stunden aggregierten Maßen zeigt (siehe unten). Vergleichbare Phänomene finden sich auch, wie unten in Therapie VTEP gezeigt wird.

7.2.1.4 Dyadische Struktogramme vermittelter Reziprozität und emotionales Erleben

In Therapie PDPA und VTEP findet man eine komplexe Zusammenhangsstruktur zwischen den negativen distanzregulierenden Affekten Ärger, Verachtung und Ekel und der echten Freude, sowie in deren Zusammenhängen zum emotionalen Erleben von Patientin und Therapeut (Abbildung 43). Auch bestehen Ähnlichkeiten in der Struktur der Zusammenhänge. Neben positiver Reziprozität hinsichtlich echter Freude, korreliert die echte Freude des Therapeuten negativ mit der Verachtungsmimik der Patientin. Allerdings mit der Auffälligkeit und dem Unterschied, daß die Verachtungsmimik des Therapeuten PDPA positiv mit der echten Freude der Patientin korreliert. Dieser Zusammenhang setzt sich auch im emotionalen Erleben der Patientin und des Therapeuten fort. Die echte Freude der Patientin korreliert tendenziell positiv mit dem Verachtungserleben des Therapeuten und ebenfalls tendenziell positiv mit dem Freude- und Verachtungserleben der Patientin. Die in dieser Therapie gehäuft auftretende echte Freude der Patientin steht somit nicht nur im Zusammenhang mit positiven Gefühlen und Ausdrucksverhalten, sondern auch mit Gefühlen und dem Ausdruck der Entwertung.

Abbildung 43: Struktogramm 1, Therapie PDPA

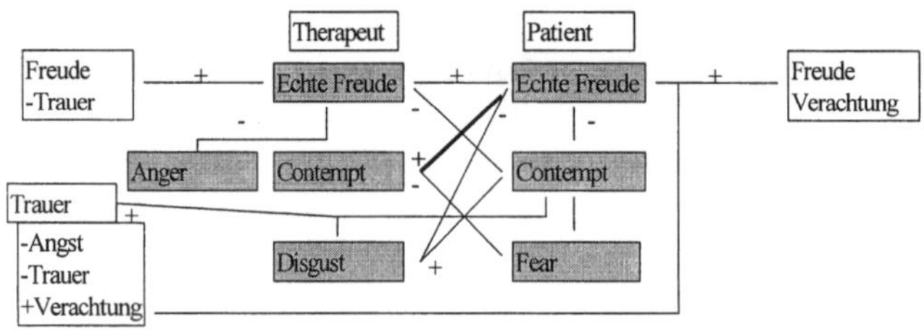

Das emotionale Erleben des Therapeuten weist noch weitere Zusammenhänge mit der Mimik der Patientin auf. Die Verachtungsmimik der Patientin korreliert positiv mit dem Erleben von Trauer und Ärger, sowie negativ mit dem Verachtungserleben des Therapeuten.
Innerhalb der Mimik des Therapeuten zeigt sich eine ausgeprägte Polarisierung zwischen echter Freude und den distanzregulierenden Affekten, vor allem der Verachtungsmimik und der Ekelmimik.
Das Freude- und Trauererleben korrliert hoch signifikant kongruent mit dem relativen Anteil der distanzregulierenden Affekte an allen Affekten und mit der echten Freude des Therapeuten.

Die distanzregulierenden Affekte der Patientin korrelieren ebenfalls negativ mit dem Freudeerleben des Therapeuten und negativ mit ihrem *Schamerleben.*
Innerhalb der Mimik der Patientin besteht eine ausgeprägte negative Korrelation zwischen echter Freude und der Angstmimik.

Neben der in Abbildung 43 beschriebenen Struktur der distanzregulierenden Affekte, existiert in dieser Therapie auch eine Reziprozität im Bereich des negativen Affekts Ärger, die in Abbildung 44 wiedergegeben ist. Die Ärgermimik des Therapeuten weist darüber hinaus Zusammenhänge mit anderen Affekten der Patientin auf.

Abbildung 44: Struktogramm 2, Therapie PDPA

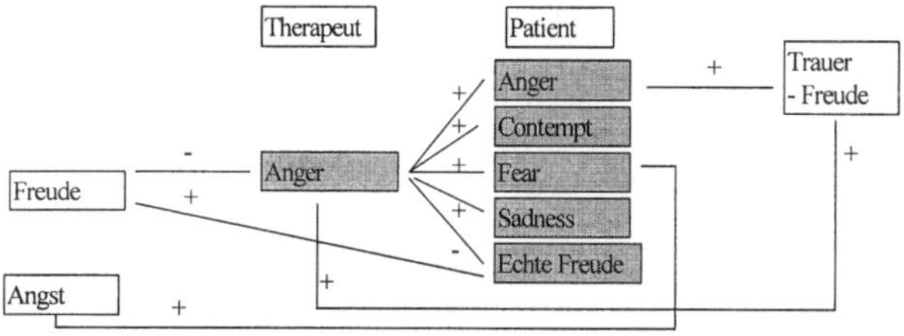

Ein Großteil der Kovarianz zwischen der Ärgermimik des Therapeuten und der Trauermimik der Patientin geht auf gemeinsame Maxima in der 7. und 14. (12.) Stunde zurück. Der Zusammenhang zwischen der Ärgermimik des Therapeuten der Verachtungsmimik der Patientin geht auf ein Maximum in der 12. Stunde zurück. Die Verachtungsmimik der Patientin erreicht ihr Maximum in der 12. Stunde, in der auch der drittgrößte Wert an Ärgermimik des Therapeuten liegt. Es liegt also nicht nur eine reziproke Ärgermimik vor, sondern der Ärger mobilisiert auch andere Affekte, die als Folge des Ärgers oder als Bewältigungsversuche angesehen werden können. Die Angst- und Trauermimik kann als Folge des Therapeutenärgers angesehen werden, während sich im Zusammenhang zur Verachtungsmimik ein ambivalenter Kompensationsversuch des Ärgers des Therapeuten abbildet. Einerseits soll die Bindung zum Therapeuten durch das Zeigen von Trauer aufrechterhalten werden, andererseits kommt es aber zur Entwertung. Als im Hinblick auf eine erfolgreiche Behandlung ungünstiger Sachverhalt muß auch der Zusammenhang des Angsterlebens des Therapeuten mit der Angst- und Freudemimik der Patientin angesehen werden.

7.2.1.5 Prozeßmuster

Die Komplexität der Zusammenhänge auf dem Niveau von über die Therapiestunden aggregierten Werten setzt sich auf der Ebene der Prozeßmuster fort. Therapie PDPA weist nach Therapie VTEP die höchste Anzahl an Prozeßmustern und die höchste Komplexität der Muster auf. Das am häufigsten gezeigte Muster ist das aus Duchenne Smiles des Therapeuten gefolgt von Duchenne Smiles der Patientin. Daß dieses gemeinsame Zeigen von Duchenne Smiles nicht nur positive Funktionen hat, vor allem wenn es mit der beschriebenen Häufigkeit gezeigt wird wie in Therapie 5, deutet sich in einem 3-elementigen Muster an, das in der ersten Stunde auftritt. Das Muster aus Duchenne Smiles von Therapeut und Patientin wird in vier Fällen von einer Mimik gefolgt, die nach EMFACS als „possible anger“ interpretiert wird und das aus einem Spannen der Lippen besteht.

Duchenne Smiles Therapeut→ Duchenne Smiles Patientin → „possible anger“ Therapeut

Auffallend ist, daß das reziprok positive Muster mit einem Duchenne Smiles des Therapeuten beginnt, es gibt kein Muster, das mit einem Duchenne Smiles der Patientin beginnt. Der Therapeut zeigt auch ein 2-elementiges individuelles Muster, in dem auf ein Duchenne Smiles innerhalb von im Mittel 2.45 Sekunden (SD = 4.61) eine als „possible anger“ interpretierte Mimik folgt.
In einem individuellen Muster von Patientin PDPA folgt auf ein Ärgerzeichen innerhalb von im Mittel 83 Sekunden ein Angstzeichen. Das Muster tritt viermal auf und könnte auf dem Hintergrund eines Konflikts zwischen Bindung und Autonomie interpretiert werden, derart daß der zur Autonomieerlangung zentrale Affekt Ärger, den die Patientin auch nur äußert selten zeigt, die Angst vor dem Verlust von wichtigen Bezugspersonen mobilisiert.

Ärgermimik Patientin → Angstmimik Patientin

In drei Fällen zeigt die Patientin im Mittel 1,1 Sekunden nach einer Trauermimik ein soziales Lächeln. Ihre Verachtungsmimik wird vom Therapeuten in drei Fällen in einem mittleren Abstand von 1.27 Sekunden mit einem sozialen Lächeln beantwortet.

Verachtungmimik Patientin → Soziales Lächeln Therapeut

Dieses Reaktionsmuster des Therapeuten, das darin besteht auf negative Affekte der Patientin mit einem stützenden Lächeln zu reagieren setzt sich in den folgenden Stunden vor allem für die Affekte Trauer und Angst der Patientin fort. Aber auch die Patientin reagiert auf die negativen Affekte Verachtung und Ärger des Therapeuten mit Lächeln.
Dieses Therapeutenmuster nimmt im Verlauf der Therapie zu und kulminiert in der letzten Stunde in den in der Abbildung aufgeführten Mustern. In zwei Mustern reagiert der Therapeut mit Duchenne Smiles auf Angstmimik der Patientin, im zweiten Muster folgt darauf eine Ärgermimik der Patientin („possible anger“). In einem weiteren Muster reagiert der Therapeut auf die Trauermimik der Patientin ebenfalls mit Duchenne Smiles. Das Muster findet eine Entsprechung in einem weiteren Muster aus Freude-/Trauerblenden der Patientin und Duchenne Smiles des Therapeuten.

Abbildung 45: Lächelreaktionen auf negative Affekte des Interaktionspartner (15. Stunde)

Therapeut	Ärgermimik	→	Patientin	Freude/Trauer		
Therapeut	Mehrdeutige Mimik	→	Patientin	Duchenne Smiles		
Patientin	Angstmimik	→	Therapeut	Duchenne Smiles		
Patientin	Angstmimik	→	Therapeut	Duchenne Smiles	Patientin	„possible anger“
Patientin	Trauermimik	→	Therapeut	Duchenne Smiles		
Patientin	Freude/Trauer	→	Therapeut	Duchenne Smiles		

Die Blenden aus Freude und Trauer der Patientin treten wiederum in einem Muster als Reaktionen auf die Ärgermimik des Therapeuten auf.

7.2.1.6 Fazit

In Therapie ist ein Übermaß an positiver Reziprozität zu beobachten, dessen Konflikthaftigkeit sich aber sowohl auf der Ebene der Struktogramme als auch in den Prozeßmustern in einer Verbindung zu den Affekten Ärger und Verachtung widerspiegelt.

Das fast völlige Fehlen von Überraschungsmimik auf beiden Seiten weist darüber hinaus auf das Fehlen von Umstrukturierungsprozessen hin, da Überraschung als notwendige Voraussetzung für die Veränderung starrer Schemata anzusehen ist. Der Therapieerfolg wird von beiden als schlecht eingeschätzt und im standardisierten Tagebuch zeichnet sich sogar eine Verschlimmerung der Beschwerden ab. Trotz fehlender positiver Veränderungen bestand ein Effekt der Behandlung in der Stabilisierung der Patientin, die es ihr ermöglichte ein anstehendes Examen zu bestehen. Zur Aufrechterhaltung der Stabilisierung ist die Patientin nach der 15. Stunde aber mehr als am Anfang auf die interaktive emotionale Stützung durch den Therapeuten angewiesen, was sich in den in der 15. Stunde gehäuft auftretenden dyadischen Prozeßmustern aus der Angst und Trauer der Patientin und dem Lächeln des Therapeuten abbildet.

7.2.2 Therapie VTEP

7.2.2.1 Diagnose und Beschwerden

Die 37-jährige Patientin wird vom Therapeuten diagnostiziert als Agoraphobie ohne Panikstörung (DSM III-R 300.22) (als Angst in der Öffentlichkeit einen epileptischen Anfall zu bekommen; Ansätze von Panikstörung beobachtbar), zusätzlich berichtet sie über Partnerschaftsprobleme, deren Bewältigung ein zentrales Therapieziel darstellen. Der Therapeut diagnostiziert die Patientin außerdem als selbstunsichere Persönlichkeit (DSM III-R 301.82) und unsicher passiv-aggressive Persönlichkeit (DSM III-R 301.84).
Der Therapeut sieht Problemschwerpunkte in den Partnerschaftskonflikten, den Schwangerschaftsabbrüchen und der Agoraphobie der Patientin. Als Therapieziel formuliert er die Verbesserung der Einsichtsfähigkeit in ihre interpersonellen Verstrickungsmuster, insbesondere unter Nutzung der therapeutischen Beziehung.
Der Therapeut antizipiert die ihm folgenden beschriebenen interaktionellen Schwierigkeiten und begründet das damit, daß er im Umgang mit Patienten, die an einer passiv-aggressiven Persönlichkeitsstörung leiden, sich „selten gänzlich sich war, ob je eine eher direktiv-psychoedukative oder eine empathisch-einsichtsorientierte Beziehungsstrategie günstig“ sei. Er entscheidet sich „vorläufig für eine empathisch-psychoedukative (empathisch-stützende)“ Strategie.

7.2.2.2 Mimisch-affektives Verhalten

Der Therapeut zeigt etwa doppelt so viele Primäraffekte wie die anderen Therapeuten, im Mittel etwa zwei Affekte pro Minute. Zu etwa 80 % besteht seine Mimik aus Duchenne Smiles, häufigster negativer Affekt ist *Ekel*. Sein Leitaffekt ist in allen Stunden echte Freude. Nur in der zweiten und achten Stunde zeigt er je einmal eine Angstmimik. Die Ärgermimik zeigt mit etwa einem Ereignis alle zwei Minuten ein Maximum in der zweiten Stunde. Die Patientin zeigt im Mittel etwa alle zwei bis drei Minuten eine Verachtungsmimik.

Tabelle 38: Mimische Affektivität in Therapie VTEP

Patientin	Verachtung	echte Freude	Ekel	Überraschung	Ärger
	20,38 (13,17)	19,08 (9,11)	10,77 (6,52)	6,77 (3,42)	6,69 (5,39)
Therapeut	echte Freude	Ekel	Ärger	Verachtung	Überraschung
	97,38 (41,33)	14,77 (8,86)	6,85 (7,58)	2,2 (1,36)	1,92 (1,71)

7.2.2.3 Therapiephasen

Die Mimik der Patientin markiert zwei Phasen der Behandlung. Bis einschließlich der neunten Stunde zeigt sie Verachtung und in der 8. Stunde Ekel als Leitaffekt. In den darauf folgenden Stunden ist echte Freude Leitaffekt. Die vom Therapeuten begonnenen synchronen Duchenne Smiles steigen nach dieser Stunde an und fallen nur in der 12. Stunde, die außerdem durch eine Häufung von Ärgermaskierungen des Therapeuten charakterisiert ist, auf ein lokales Minimum zurück.

Abbildung 46: Synchrone Duchenne Smile in Therapie VTEP

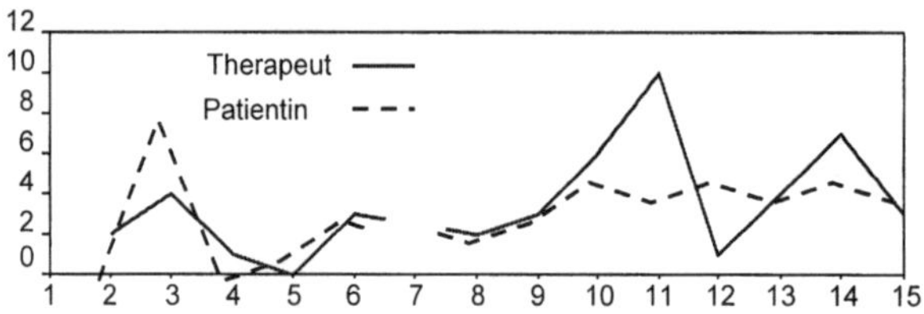

Die mimische Affektivität der Patientin ist in den ersten drei Stunden mit mehr als zwei Affekten pro Minute sehr hoch, fällt aber in der vierten Stunde abrupt auf ein niedrigeres Niveau, das bis zum Ende der Therapie in etwa beibehalten wird. Auch der Therapeut zeigt eine Reduktion in der 4. und 5. Stunde, danach steigt seine Affektivität aber wieder bis zu vier Affekten pro Minute in der 11. Stunde an. Seine Minima mit Werten von etwa ein Affekt pro Minute liegen in der 4., 8. und 15. Stunde.

Die Angstmimik der Patientin zeigt einen abfallenden Trend, sie zeigt allerdings nur in den Stunden 4, 6, 8, 9 und zehn überhaupt Angst. Überraschungsmimik zeigt sie im Mittel alle zehn Minuten und damit bei weitem häufiger als Angstmimik. Letztere korreliert auch tendenziell positiv mit dem Angsterleben, während die Überraschungsmimik keine Korrelation, weder mit dem Erleben von Angst noch mit dem von Überraschung aufweist. Die Angstmimik der Patientin korreliert auch schwach tendenziell positiv mit dem Angsterleben des Therapeuten.

Zusätzlich zeigt die Patientin eine auffallende Häufigkeit an *Blenden* aus Angst und Überraschung, die ab der 8. Stunde auf ein niedrigeres Niveau abfällt. Einen ähnlichen Verlauf nehmen die Maskierungen der Ärgermimik durch die Patientin, die in der dritten Stunde mit etwa einem Ereignis alle zwei Minuten ein bemerkenswertes Maximum erreichen. Hinter der vordergründig ins Auge fallenden Häufigkeit an echter Freude verbirgt sich also in vielen Fällen Ärger. Diese Beobachtung gewinnt für die Art der Beziehungsregulation in der vorliegenden Dyade und im Hinblick auf den therapeutischen Prozeß noch dadurch an Bedeutung, daß der Therapeut noch weit mehr Maskierungen von Ärger aufweist. In fast allen der ersten acht Stunden zeigt er etwa alle 1 bis zwei Minuten ein solches Verhalten, in den folgenden Stunden reduziert sich die Häufigkeit zwar, erreicht aber in der 12. und vor allem in der letzten Stunde Werte, die über die in den ersten Stunden noch hinaus gehen. Neben der exzessiven Freudemimik bildet sich in den Maskierungen des Ärger die psychoedukative Strategie des Therapeuten ab, die Patientin in einer positiven Beziehung zu Veränderungen zu bewegen.

7.2.2.4 Dyadische Struktogramme vermittelter Reziprozität und emotionales Erleben

In Therapie VTEP besteht eine Reziprozität hinsichtlich der echten Freude, wobei die echte Freude des Therapeuten gleichzeitig in einem negativen Zusammenhang mit der Ärger- und Verachtungsmimik der Patientin steht. Hinsichtlich *Ärger* und *Ekel* von beiden sind wechselseitge Reziprozitäten vorhanden (siehe Abbildung 47). Das Zeigen von Verachtungsmimik, der einen Statusunterschied signalisiert, geht einher mit dem Zeigen von Ärger. Dieser Zusammenhang findet sich für Patientin und Therapeut. Er könnte ein Hinweis darauf sein, daß der dem psychoedukativen Vorgehen des Therapeuten immanente Statusunterschied von der Patientin nicht akzeptiert wird und es so zu den symmetrischen Zusammenhängen zwischen Ärger und Verachtung kommt.

Die Ärgermimik des Therapeuten korreliert tendenziell positiv mit seinem Freudeerleben, d.h. er findet möglicherweise Gefallen an dem „Streit“ um die Dominanz. Die Patientin wird davon aber belastet, was sich darin zeigt, daß ihre Verachtungsmimik, die mit dem Ärger des Therapeuten korreliert, mit dem Erleben von Angst einhergeht. Ihr Angsterleben korreliert auch tendenziell positiv mit der Ärgermimik des Therapeuten.

Mobilisiert die Patientin allerdings Ärger, geht dies mit einer Steigerung der Verachtungsmimik des Therapeuten einher, die mit seinem Angsterleben tendenziell positiv korreliert.

Diese konfliktive Beziehungsdynamik ereignet sich vor dem Hintergrund einer ausgeprägten Reziprozität der echten Freude, die mit der Ärger- und Verachtungsmimik der Patientin und der Verachtungsmimik des Therapeuten negativ korreliert. Im Fall der Patientin korreliert die echte Freude positiv mit ihrem Freudeerleben und tendenziell negativ mit dem Erleben von Angst. Hinzu kommt eine nonparametrische negative Korrelation des Freudeerlebens mit der Verachtungsmimik des Therapeuten.

Abbildung 47: Struktogramm 1, Therapie VTEP

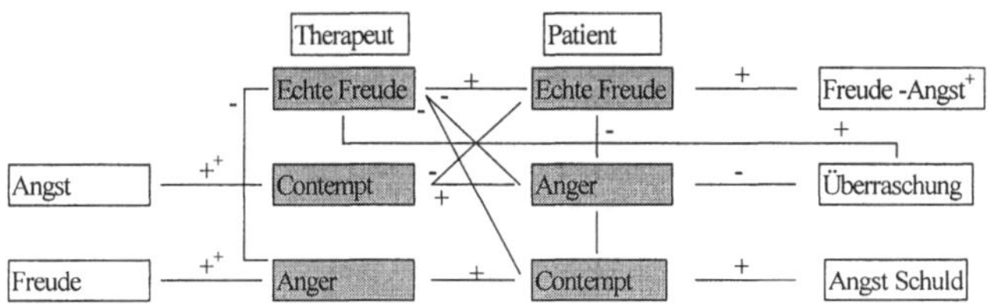

Für den therapeutischen Prozeß von zentraler Bedeutung ist die Verbindung der Ärgermimik der Patientin mit der Überraschungsmimik des Therapeuten. Diese in Abbildung 48 dargestellten Korrelationen sind auch bei nonparametrischer Berechnung signifikant. Gleiches gilt für die Korrelationen mit dem emotionalen Erleben. Da die Korrelationen keine Auskunft darüber geben, welcher der beiden Affekte als Folge des anderen zu betrachten ist, kommen mehrere Erklärungsmöglichkeiten in Betracht. Die Ärgermimik der Patientin kann Folge der Überraschung des Therapeuten sein oder umgekehrt. Denkbar ist auch, daß beide Affekte jeweils gegenseitig bedingen, derart daß auf Ärger Überraschung folgt, die wiederum zu Ärger führt. Die oben besprochenen Prozeßmuster ergeben keinen unmittelbaren Aufschluß zur Unterscheidung der genannten Alternativen. In der ersten Stunde besteht aber bereits ein Prozeßmuster aus der Ärgermimik der Patientin, die von einem Duchenne Smile des Therapeuten beantwortet wird, was darauf hinweist, daß der Therapeut anstatt die Ursachen für den Ärger der Patientin zu klären, den Ärger durch ein positives Freudesignal zu kompensieren versucht.

Abbildung 48: Struktogramm 3, Therapie VTEP

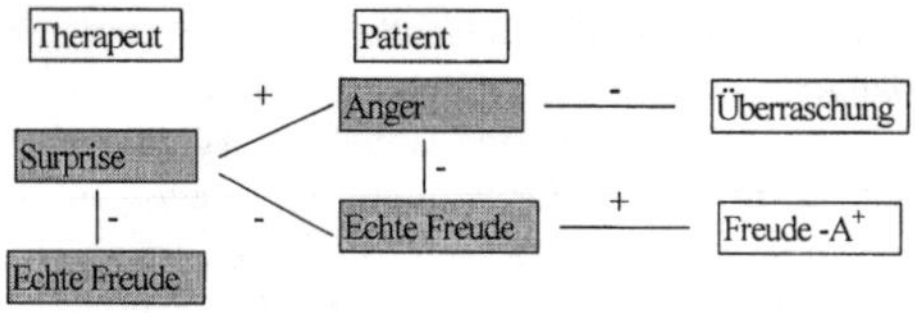

Unabhängig davon in welcher Reihenfolge die Affekte auftreten, läßt sich festhalten, daß jede der möglichen Erklärungsalternativen für den therapeutischen Prozeß als ungünstig zu bewerten ist. Ärgert sich die Patientin kontinuierlich über die Überraschung des Therapeuten, ist es ihm nicht gelungen, seine Sichtweise der Situation für die Patientin nachvollziehbar zu formulieren. Ist der Therapeut überrascht als Folge des Ärgers der Patientin, ist ein wesentlicher Bestandteil der Beziehungsregulation beim Therapeuten mental nicht repräsentiert Das Auftreten von Ärger führt dann auf Grund fehlender Erklärungsmöglichkeiten zu Überraschung. Konsistent zu diesen Überlegungen ist auch, daß sowohl die echte Freude des Therapeuten als auch die der Patientin negativ mit der Überraschung bzw. dem Ärger korrelieren.

7.2.2.5 Prozeßmuster in der ersten Stunde, 7. und letzten Stunde

Wie schon weiter oben festgestellt wurde ist die Vielzahl der Muster in Therapie VTEP bemerkenswert. Es ergeben sich 22 Mustern, wovon zwei Muster fünf Elemente umfassen. Sie beinhalten neben Lächeln je eine Mischung aus Freude und Überraschung des Therapeuten. 14 der 22 Muster sind dyadisch, der Therapeut selbst zeigt sechs individuelle Muster, die Patientin nur zwei.

Am Beginn der Therapie VTEP reagiert nur der Therapeut auf die Duchenne Smiles der Patientin (N = 15, x = 4.6, SD = 4.03), während es kein Muster aus Duchenne Smiles des Therapeuten gefolgt von Duchenne Smiles der Patientin gibt. Dieses Muster kann als Teil der psychoedukativen Strategie des Therapeuten verstanden werden, der auf positive Signale der Patientin positiv verstärkend reagiert.

Es findet sich zu Beginn nur ein Muster, in dem die Patientin auf eine Mimik des Therapeuten reagiert und zwar auf ein soziales Lächeln des Therapeuten reagiert sie mit einem Duchenne Smiles (N = 4, x = 7.45, SD = 3.09).

Die stützende aber auch konflikthemmende Funktion des Lächelns von Therapeut VTEP zeigt sich in den folgenden Mustern. Er reagiert auf FE/SU Blenden und auf Ärgermimik der Patientin mit einem Duchenne Smiles bzw. einem sozialen Lächeln.

FE/SU Patientin	→	Duchenne Smiles Therapeut
Ärgermimik Patientin	→	Duchenne Smiles Therapeut

Es treten auch weitere Muster auf, in denen die Ärgermimik der Patientin im Zusammenhang mit dem Lächeln des Therapeuten auftritt.

In einem 3-elementigen Muster folgt ein aus sozialem Lächeln und Duchenne Smiles bestehendes Muster des Therapeuten auf eine Ärgermimik der Patientin und zwar nahezu zeitgleich. Es existiert auch ein symmetrisches 3-elementiges Muster, in dem der Ärgermimik der Patientin ein dyadisches Muster aus ihrem sozialen Lächeln und einem Duchenne Smiles des Therapeuten vorausgeht.

Ärgermimik Patientin → soziales Lächeln Therapeut → Duchenne Smile Therapeut
Soziales Lächeln Patientin → Duchenne Smile Therapeut → Ärgermimik Patientin

Die beiden 3-elementigen Muster treten jedoch zu unterschiedlichen Zeitpunkten innerhalb der Therapiestunde auf, so daß sie nicht zu einem Prozeßmuster zusammengefügt werden können. Dennoch geben beide Muster einen Hinweis darauf, daß die Lächelmuster des Therapeuten in einem Kontext von Ärger der Patientin auftreten und nicht etwa mit positivem mimischen Verhalten der Patientin einhergehen.
Auch die weiteren individuellen und dyadischen Muster von Patientin und Therapeut sind vorwiegend von den negativen Emotionen Ärger und Ekel und Lächelereignissen bestimmt, die in unterschiedlicher Reihenfolge aufeinanderfolgen.
In zwei individuellen Mustern des Therapeuten folgt auf *Ekel* und *possible anger* ein Duchenne Smiles, in einem weiteren folgt auf eine Ärgermimik ein *Ekel.* Auch die Patientin reagiert in einem Muster auf eine Ärgermimik des Therapeuten mit *Ekel* allerdings mit einem größeren mittleren Abstand und zeigt selbst ein individuelles Muster aus *Ekel* gefolgt von Ärger. In einem weiteren Muster der Patientin folgt auf ein soziales Lächeln ein Ärgerausdruck ($N = 3$, $x = 4.33$, $SD = 2.52$).

In der darauf folgenden Stunde hat sich die Anzahl des Musters aus einem Duchenne Smile der Patientin gefolgt von einem Duchenne Smiles des Therapeuten auf 22 erhöht. Es treten aber auch wiederum Muster mit Ärgerelementen auf, die denen in der ersten Stunde gleichen, allerdings hat sich der Ärgerausdruck auf Teile der Ärgerkonfiguration reduziert und ist nur noch als „possible anger“ interpretierbar.
In der Mitte der Therapie (8. Stunde) treten auch Muster aus Duchenne Smiles auf, die vom Therapeuten begonnen werden, sie sind alle in ein 3-elementiges Muster eingebettet, das mit einem sozialen Lächeln des Therapeuten beginnt.
In der 12. Stunde ist ein Maximum an lokaler positiver Reziprozität, aber auch der Verbindung mit Ärgermaskierungen erreicht. Der Therapeut reagiert 23 mal innerhalb von weniger als einer Sekunde auf die echte Freude der Patientin. In fünf Fällen reagiert er aber nahezu synchron mit Maskierungen von Ärger.
Diese Entwicklung nimmt ihr Ende in der letzten Stunde, die Reihenfolge der Elemente des positiven Musters hat sich umgedreht. Die Mehrzahl der Muster aus echter Freude werden vom Therapeuten begonnen und innerhalb eines mittleren Abstands von weniger als einer Sekunde von der Patientin beantwortet. Aber auch der Therapeut reagiert mehrfach innerhalb einer Zeitspanne von weniger als eine Sekunde auf die Duchenne Smiles der Patientin. In drei Fällen reagiert der Therapeut allerdings auch auf das Duchenne Smiles der Patientin in einem mitteleren Abstand von 17 Sekunden mit einer Ekelmimik.

Duchenne Smiles Patientin → Duchenne Smiles Therapeut
Duchenne Smiles Therapeut → Duchenne Smiles Patientin
Duchenne Smiles Patientin → Ekelmimik Therapeut

Die Beziehungsregulation von Patientin und Therapeut in der letzten und auch schon in den vorhergehenden Stunden ist also nicht nur durch positive Reziprozität in Form des gemeinsamen Zeigens von echter Freude zu charakterisieren, vielmehr besteht ein weiterer nach der vorgenommenen Analyse des mikroprozessualen Verhaltens offenkundiger Anteil in einer negativen Reziprozität, die durch Lächeln maskiert wird und in der letzten Stunde unter dem Eindruck der Trennungssituation kulminiert. Nicht nur erreichen die Häufigkeiten der Ärgermaskierungen des Therapeuten ein Maximum, sondern sie sind auch Bestandteile in gleich drei dyadischen Mustern, die jeweils mit einer Ärgermaskierung beginnen. Im ersten Muster reagiert die Patientin viermal auf die Ärgermaskierung mit einer Blende aus Angst und Überraschung, in den beiden anderen Mustern mit einem sozialen Lächeln. Auf das soziale Lächeln folgt im 3-elementigen Muster auf das soziale Lächeln der Patientin wiederum eine Ärgermaskierung des Therapeuten.

Maskierung von Ärger Therapeut → Blende aus Angst- und Überraschung Patientin
Maskierung von Ärger Therapeut → soziales Lächeln Patientin
Maskierung von Ärger Therapeut → soziales Lächeln Patientin → Maskierung von Ärger

Der zweite um Ärger zentrierte Aspekt der Beziehungsregulation bildet sich *nicht* im emotionalen Erleben der beiden Interaktionspartner ab. Der Therapeut weist im Mittel das geringste Ärgererleben aller Therapeuten auf, die Patientin liegt am unteren Rand des Wertebereichs, sie berichtet allerdings in Stunde 4, 10 und 14 ein ausgeprägtes Ärgererleben. Während sie in allen anderen Stunden keinerlei Ausmaß an Ärgerleben berichtet. Das Angsterleben der Patientin ist bis zur 9. Stunde ausgeprägter, fällt dann aber auf Minimalwerte ab. In der 4. Stunde erlebt sie ein Maximun an Scham. Der Leitaffekt Verachtung bildet sich im Erleben nicht ab, nur in der vierten Stunde berichtet die Patientin ein Minimum an Verachtung erlebt zu haben. Auffallend ist das völlige Fehlen negativer Affekte im Rating der Patientin über das vermutete, emotionale Erleben des Therapeuten. Nur in der 4. Stunde schreibt sie dem Therapeuten ein Minimum an Schamerleben zu.

7.2.2.6 Fazit

Patientin VTEP klagt über Partnerschaftsprobleme, insbesondere Angst vor Partnerschaft. Sie hat mehrere Abtreibungen durchführen lassen. Der Therapeut formuliert als eines der Therapieziele: „Verbesserung der Einsichtsfähigkeit in ihre interpersonellen Verstrickungsmuster, insbesondere unter Nutzung der therapeutischen Beziehung". In diesem Sinne kann die Therapie als gelungen betrachtet werden, da sie die höchste Anzahl an dyadischen Beziehungsmustern von allen aufweist. Daß die Nutzung der therapeutischen Beziehung aber nicht ohne Gefahr ist, zeigt sich darin, daß auch noch in der letzten Stunde die Anzahl der dyadischen Beziehungsmuster nach Therapie VTAD die größte von allen ist. Auch qualitativ haben sich die Beziehungsmuster geändert. Während der Therapeut in der ersten Stunde vor allem mit Freude und Überraschung involviert ist, sind es in der letzten Stunde neben Freude vor allem Ekel und Ärgermaskierungen. Auch in den dyadischen Struktogrammen sowie den Maskierungen und Blenden bildet sich eine konflikthafte Beziehungregulation zwischen positiver Reziprozität und gleichzeitiger Dominanzregulation ab. Es gelingt also nicht die „Verstrickung" im Verlauf der Therapie aufzulösen, was sich vor allem in den oben beschriebenen Prozeßmustern in der letzten Stunde ausdrückt. Im emotionalen Erleben und in den Erfolgsratings drückt sich der negative Anteil der Beziehung nicht aus, vielmehr gehen die ausgesprochen guten Erfolgsrating von Patientin und Therapeut auf die „gute" Beziehung zurück, die in dem beschiebenen hohen Ausmaß an positiver Reziprozität zu sehen ist.

7.3 Ein Therapieabbruch, VTAD

7.3.1.1 Diagnose und Beschwerden

Die Patientin, eine 30-jährige Studentin, leidet unter Herzbeschwerden und Lärmempfindlichkeit. Sie hat sich bereits einmal gesprächspsychotherapeutisch behandeln lassen. Die Therapeutin diagnostiziert „Angst und depressive Störung, gemischt“ nach ICD-10 (F41.2). Neben diesen Symptomen nennt die Patientin im Tagebuch die Beziehung zum Partner und zum Vater als Problem, das sie beeinträchtigt. Sie ist damit beschäftigt, daß der Vater sie sexuell mißbraucht haben könnte und ob die Art von Therapie, die die Therapeutin anbietet zu einer Klärung ihrer Probleme geeignet ist. Die Therapie wurde in beidseitigem Einverständnis nach der 11. Stunde abgebrochen. Die häufigsten Wünsche der Patientin sind „mich schützen, abgrenzen; Raum für mich haben“ 66,6 % (60 %) und „Nähe; Gemeinsamkeit mit anderen“ 33,3 % (30 %).

7.3.1.2 Mimisch-affektives Verhalten

Die *mimische Affektivität der Therapeutin ist eingeschränkt* auf Freude, Verachtung und Ekel. Sie zeigt in keiner Stunde Angst- oder Trauermimik. Überraschungsmimik zeigt sie nur in der ersten Stunde und Ärgermimik ist nur je einmal in der 7., 10. und 11. Stunde zu beobachten. Die Überraschungsmimik in der ersten Stunde geht mit dem Maximum an Angsterleben der Patientin einher. Der häufigste Leitaffekt der Therapeutin ist echte Freude, allerdings zeigt die Therapeutin in der vierten Stunde *Verachtung* als Leitaffekt.

Tabelle 39: Mimische Affektivität in Therapie VTAD

Patientin	echte Freude	Überraschung	Ekel	Trauer	Ärger
	50,90 (23,58)	32,00 (33,31)	23,50 (20,44)	9,40 (6,79)	8,10 (8,92)
	Angst	Verachtung			
	3,90 (4,56)	3,10 (2,85)			

Therapeutin	echte Freude	Verachtung	Ekel	
	24,20 (14,86)	4,10 (5,13)	3,80 (2,04)	
	Ärger	Überraschung	Angst	Trauer
	0,30 (0,48)	0,20 (0,63)	%	%

Im Gegensatz dazu variiert die Mimik der Patientin über alle Primäraffekte und die mimische Affektivität ist sehr hoch. Sie zeigt im Mittel mehr als zwei Affekte pro Minute. Häufigste Affekte nach echter Freude sind Überraschung und Ekel. Die beiden letzteren Affekte erreichen in der vorletzten Stunde der Behandlung ein ausgeprägtes Maximum. Die Patientin zeigt zusammen mit Patientin PDPA mit Abstand die größte Häufigkeit an Trauermimik, die auch mit der Mimik der Therapeutin korreliert (siehe unten).

Die Patientin berichtet in keiner der Stunden Überraschung auch nur in minimalem Ausmaß erlebt zu haben, obwohl ihr zweithäufigster mimischer Affekt Überraschung ist und in der vierten und zehnten Überraschung Leitaffekt ist.

Die Therapeutin zeigt in nur wenigen Stunden mehrdeutige Mimik. In der ersten Stunde eine Maskierung von Ärger, in den letzten Stunden je eine Maskierung von Ekel. Die Anzahl der Maskierungen von Patientin und Therapeutin korrelieren signifikant positiv, allerdings zeigt die Patientin sehr viel häufiger uneindeutige Mimik, die in der Mehrzahl Angst und Überraschung beinhalten. Aber auch schon in der ersten Stunde treten Maskierungen von Ärger auf und ab der 5. Stunde treten vermehrt Maskierungen von Ekelmimik mit hinzu.

7.3.1.3 Affektives Erleben

Das Erleben der Patientin variiert nur für die DAS-Skalen Freude, Interesse, Ärger, Verachtung und Trauer in ausreichendem Maß über die Stunden hinweg. Das affektive Erleben der Therapeutin variiert hingegen über alle DAS-Skalen. Das Ärger- und Verachtungserleben der Therapeutin nimmt linear zu ($b1 = .50$, $F = 10.71$, $p < .011$; $b1 = .55$, $F = 10.56$, $p < .012$). Das Erleben der Patientin zeigt keinen Trend.

7.3.1.4 Therapiephasen

Die erste Stunde hebt sich von allen anderen durch das Auftreten von Überraschungsmimik bei der Therapeutin ab. In den weiteren Stunden ändert sich die Mimik der Therapeutin bis auf wenige Ausnahmen nicht mehr.
Die zweite Stunde ist geprägt durch die Freudemimik der Patientin, die drei bis viermal pro Minute auftritt.
In der vierten Stunde zeigt die Therapeutin Verachtung als Leitaffekt. Auch die Verachtungsmimik der Patientin erreicht in dieser Stunde ein Maximum, allerdings auf relativ niedrigem Niveau, da die Verachtungsmimik nur etwa 7 % ihrer affektiven Mimik ausmacht. Beide zeigen ein Minimum an echter Freude in der vierten Stunde.

Abbildung 49: Mimische Affektivität im Verlauf, Therapie VTAD

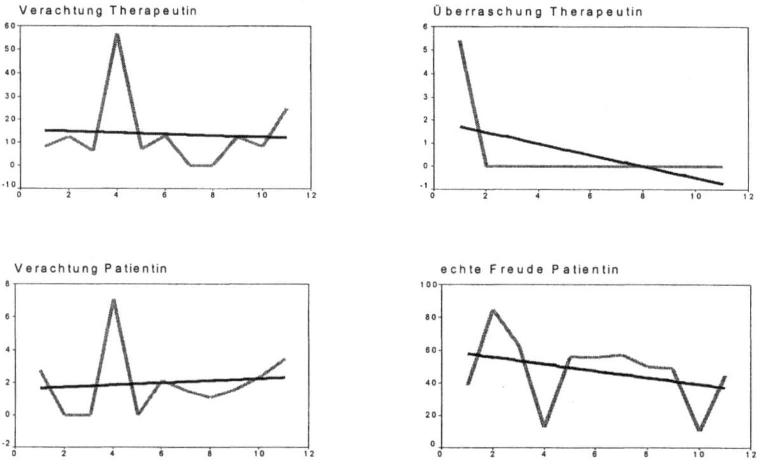

In den letzten beiden Stunden der Therapie zeigt die Therapeutin nur noch sehr wenig mimische Affektivität im Mittel alle fünf Minuten einen Affekt, allerdings je einmal Ärgermimik, die in den vorhergehenden Stunden nur in Stunde 7 auftritt. In der 10. Stunde zeigt die Patientin ein Maximum an Ekel- und Überraschungsmimik und den zweithäufigsten Wert an Ärgermimik.
Dieser Verlauf bildet sich auch in den synchronen Duchenne Smiles ab, die in der 9. Stunde ein Maximum erreichen. In keiner anderen Therapie wurden in einer Stunde mehr synchrone Duchenne Smiles gezeigt wie in dieser Stunde. In den beiden darauffolgenden Stunden beginnt die Therapeutin keine Synchronisation mehr.

Abbildung 50: Verlauf der synchronen Duchenne Smiles in Therapie VTAD

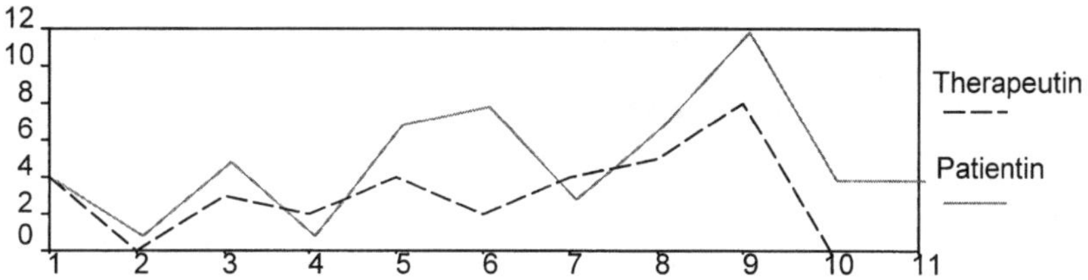

7.3.1.5 Dyadische Struktogramme vermittelter Reziprozität und emotionales Erleben

In Therapie VTAD sind die meisten Zusammenhänge affektunspezifisch kongruent. Sowohl die Trauermimik der Patientin als auch ihre Verachtungsmimik korrelieren negativ mit der echten Freude der Therapeutin (siehe Struktogramm 1). Beide Affekte korrelieren positiv mit dem Ärgererleben der Patientin. Die gleiche Zusammenhangsstruktur mit umgekehrten Vorzeichen findet sich in Struktogramm 2 mit der Verachtungsmimik der Therapeutin. Die echte Freude der Therapeutin kompensiert demnach die Verachtungs- und Trauermimik der Patientin, während ihre Verachtungsmimik in einem reziproken Verhältnis zu diesen Affekten steht (siehe Struktogramm 2). Das gleiche gilt für das Ärgererleben der Patientin, das in negativem Zusammenhang zur echten Freude und in positivem Zusammenhang zur Verachtungsmimik der Therapeutin steht. Eine Kompensation von Freude und Verachtung besteht auch innerhalb der Mimik der Therapeutin. In einigen Stunden zeigt sie gehäuft Freude, was mit einer Reduktion der negativen Affekte der Patientin einhergeht (Struktogramm 1), in anderen Stunden überwiegt die Verachtungsmimik, was mit einem reziproken Anstieg der Verachtungs- und Trauermimik und dem zugehörigen Erleben negativer Emotionen auf seiten der Patientin einhergeht. Diese alternierenden Verhaltenssysteme lassen sich auf die von der Patientin im zentralen Beziehungskonfliktthema am häufigsten geäußerten Wünsche, aber vor allem auf den Konflikt zwischen den beiden Wünschen abbilden. Der Wunsch nach Gemeinsamkeit mit anderen ist in Struktogramm 1 annähernd realisiert, es fehlt allerdings die Reziprozität im positiven Bereich. Der Wunsch nach Abgrenzung drückt sich in der in Struktogramm 2 beschriebenen Verachtungsreziprozität aus, der Anstieg der Trauermimik repräsentiert aber gleichzeitig den Wunsch nach größerer Nähe zum Objekt. Im Erleben der Patientin bildet sich dieses Verhalten als Ärger und Trauer ab.

Abbildung 51: Struktogramm 1, Therapie VTAD

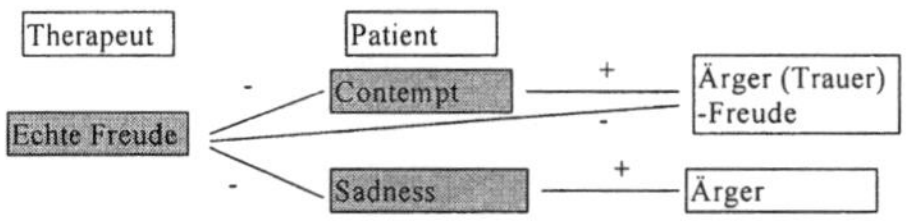

Die Verachtungs-Reziprozität und der Zusammenhang mit der Trauermimik der Patientin (Abbildung 52) geht auf Variationen über alle Stunden der Therapie zurück und bleibt auch nonparametrisch erhalten, ein Großteil der Varianz ist aber an die 4. Stunde gebunden, in der die beteiligten Affekte maximal sind. Der in Struktogramm 1 beschriebene Zusammenhang geht vor allem auf die 1., 4. und die letzte Stunde zurück.

Die relativen Häufigkeiten von Patientin und Therapeutin in den beteiligten Affekten unterscheiden sich allerdings erheblich. Die Patientin zeigt in der Summe etwa viermal soviele Primäraffekte wie die Therapeutin. Korreliert man die absoluten Verachtung-Häufigkeiten und kontrolliert die Gesamtaffektivität beider Interaktionspartner, erhält man eine höhere Korrelation als bei Verwendung der relativen Häufigkeiten ($r = .90$, $p < .001$, 1-seitig).

Abbildung 52: Struktogramm 2, Therapie VTAD

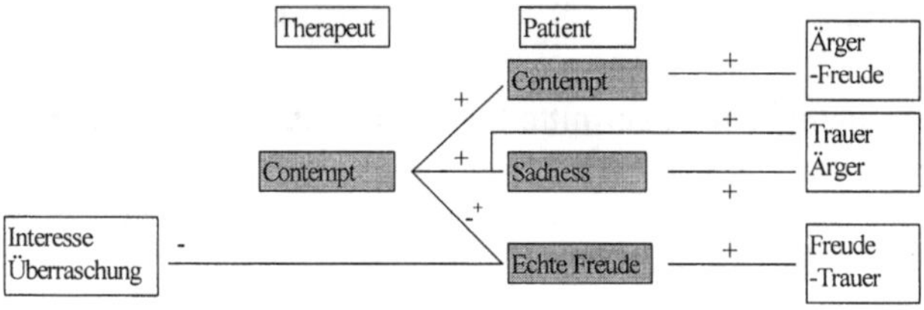

Somit wird die Qualität der therapeutischen Beziehung vor allem durch den in Struktogramm 2 beschriebenen Konflikt zwischen der Entwertung des Objekts und dem nach Annäherung an das Objekt bestimmt.
Struktogramm 3 beschreibt ebenfalls Zusammenhänge, die auf Kovariationen der Variablen in der ersten Stunde zurückgehen, da Überraschung_T nur in der ersten Stunde auftritt und die Affekte Ärger und Angst der Patientin maximal, bzw. Ekel minimal in der ersten Stunde sind. Die Zusammenhangsstruktur ist aber dennoch beachtenswert, da vor allem der Zusammenhang der Überraschungsmimik der Therapeutin mit der Ärger- und Angstmimik der Patientin eine schlechte Prognose für den weiteren Verlauf der Therapie nahe legt. Möglicherweise bildet sich bereits hier die Skepsis der Patientin hinsichtlich der Eignung der Therapie für die Lösung ihrer Probleme ab, die in der 11. Stunde mit dem Abbruch der Therapie endet.

Abbildung 53: Struktogramm 3, Therapie VTAD

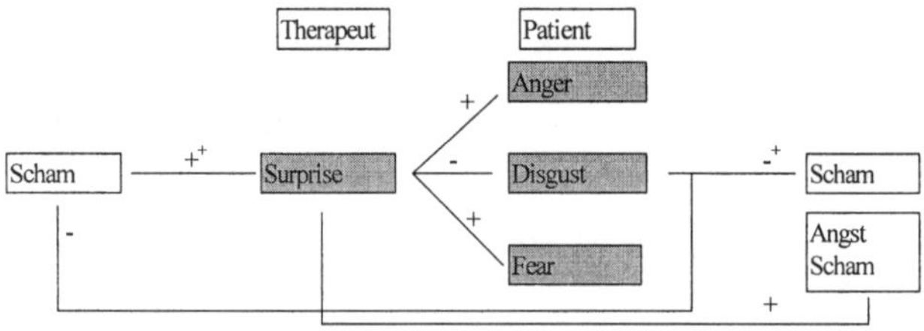

Die Verachtungsmimik korreliert hoch signifikant positiv mit dem Erleben von Trauer, signifikant positiv mit dem Erleben von Ärger und negativ mit dem Erleben von Freude. Die gleichen Korrelationen findet man mit der Trauermimik.

7.3.1.6 Prozeßmuster

Wertet man den Abbruch der Therapie als Nichtzustandekommen einer therapeutischen Beziehung wundert, daß sich in VTAD in der ersten Stunde 17 Muster ergeben, wovon das komplexeste sich aus fünf Elementen zusammensetzt. Dieses Muster besteht aber ausschließlich aus Elementen der Patientin. Alle vier und fünf elementigen Muster enthalten

Angst, Überraschung, Ärger oder Blenden der Patientin und nur zwei der fünf vierelementigen Muster beinhalten je ein Duchenne Smiles der Therapeut. Es handelt sich also vorwiegend um individuelle Muster der Patientin, die auf eine emotional intensive Auseinandersetzung mit ihren Problemen schließen lassen, zumindest was das Ausdrucksverhalten angeht. Es gibt zwar auch ein dyadisches, positiv reziprokes Muster, in dem die Patientin auf Duchenne Smiles der Therapeutin 9 mal innerhalb von im Mittel 0.8 Sekunden reagiert, in einem weiteren Muster folgt jedoch auf das Duchenne Smiles der Therapeutin eine Ärgermimik der Patientin. Die mit einer relativen Häufigkeit von mehr als 70 % gezeigten Duchenne Smiles der Therapeutin werden von der Patientin also nicht als Angebot einer positiven Beziehung aufgenommen, sondern sogar als eher hinderlich, was sich in der überzufälligen Kontingenz mit der Ärgermimik zeigt.

Duchenne Smiles Therapeutin → Ärgermimik Patientin

In der siebten Stunde treten nur noch zwei individuelle Lächelmuster der Therapeutin und ein dyadisches positiv reziprokes Muster, das mit einem DS der Therapeutin beginnt, auf.
In der letzten Stunde ähneln die Prozeßmuster nach Anzahl und maximaler Komplexität wieder denen der ersten Stunde. Die Muster mit hoher Komplexität beginnen alle mit einer Überraschungsmimik der Patientin gefolgt von einem sozialen Lächeln der Therapeutin und einem Duchenne Smile der Patientin, enden aber mit einer Ekelmimik oder einer Trauermimik der Patientin.
Drei andere dyadische Muster beginnen mit einer Ekelmimik der Patientin gefolgt von Duchenne Smiles der beiden. Das mit vier Elementen komplexeste dieser Muster endet aber wiederum mit einer Ekelmimik der Patientin.

Ekelmimik Patientin → Duchenne Smile → Duchenne Smile → Ekelmimik Patientin

7.3.1.7 Fazit

Nimmt man als eine Voraussetzung für Veränderungsprozesse das Vorhandesein von Überraschung an, so hätte diese Patientin die günstigsten Voraussetzungen von allen, da sie mehr als dreimal so häufig Überraschung zeigt als alle anderen Patienten. Die Therapie war aber nicht erfolgreich, sondern wurde im Einvernehmen nach der 11. Stunde beendet, weil beide die Behandlung als ungeeignet betrachteten. Das in dieser Therapie fehlende Vertrauen in die Eignung der Therapieform und der Therapeutin, zeichnet sich bereits in der ersten Stunde in dem oben beschriebenen Struktogramm 3 und den Prozeßmustern (siehe oben) ab. Auch zeigt die Therapeutin lediglich in der ersten Stunde Überraschung, diese geht aber mit einem maximalen Angsterleben der Patientin einher. Der weitere Verlauf ist durch eine ausgeprägte Verachtungsreziprozität charakterisierbar, die aber auch mit dem weiter bestehenden in der Trauermimik ausgedrückten Wunsch nach einer Intensivierung der Beziehung auf seiten der Patientin einhergeht. Das herannahende Ende der Therapie kündigt sich in der Rücknahme des affektiven Engagements der Therapeutin an, die in den letzten beiden Stunden fast keine Mimik mehr zeigt, allerdings in diesen Stunden zum ersten Mal Ärger. In der letzten Stunde treten viele und komplexe dyadische Muster auf, die zwar positive Affekte beinhalten, aber fast alle mit einem negativen Affekt der Patientin enden. Patientin und Therapeutin kommen überein, daß die Art der Behandlung als nicht geeignet zu betrachten ist.

7.4 „Mächtig und einzigartig sein", Therapie PDHI

7.4.1 Diagnose und Beschwerden

Der 55-jährige Tennislehrer sucht die Behandlung zunächst zusammen mit seiner Ehefrau wegen Partnerproblemen auf. Im Verlauf der Vorgespräche entscheidet sich der Patient zu einer Kurztherapie. Er war bereits einmal wegen Depression hospitalisiert. Der Therapeut diagnostiziert eine neurotische Leistungs- und Sexualstörung sowie eine histrionische Persönlichkeitsstörung. Im Verlauf der Therapie wird ein Alkoholabusus auffällig, der sich im Tagebuch mittelbar als Problem mit „Vibrationen" der Hände zeigt, das am Morgen auftritt.
Der Fokus der Behandlung besteht in der Bearbeitung der Tendenz des Patienten, sich von anderen ausbeuten zu lassen. Die Gefahr der Ausbeutung besteht in der aktuellen Therapie darin, daß der Patient sich für den Therapeuten und das Forschungssetting aufopfert und am Ende wiederum ausgelaugt zurückbleibt.

7.4.2 Zentrales Beziehungskonfliktthema

Der häufigste Wunsch des Patienten im zentralen Beziehungskonfliktthema ist der nach Macht, Einzigartigkeit und Bewunderung („mächtig sein; einzigartig sein und bewundert werden"). Die Umsetzung dieses Wunsches in sozialen Beziehungen gelingt jedoch nur teilweise und zieht in den meisten Fällen negative Reaktionen der Objekte nach sich, wie Ablehnung und Desinteresse. Als Subjektreaktion berichtet der Patient, daß er sich von anderen ausgebeutet fühlt, was ihn schwach, verausgabt und depressiv zurückläßt.

7.4.3 Mimisch-affektives Verhalten

Die Primäraffekthäufigkeit beider Interaktionspartner liegt mit etwas mehr als einem Affekt pro Minute im mittleren Bereich der Therapien. Leitaffekt bei beiden ist im Mittel über alle Stunden echte Freude. Der Patient zeigt allerdings in drei Stunden *Ärger* und in zwei Stunden *Ekel* als häufigsten Affekt. Auch der Therapeut zeigt in zwei Stunden (2. und 6.) *Ekel* als häufigsten Affekt und im Mittel zusammen mit Therapeut VTEP auch am häufigsten *Ekel*. Er zeigt als einziger Therapeut in einer Stunde (7) *Überraschung* als Leitaffekt.

Tabelle 40: Mimische Affektivität in Therapie PDHI

Patient	echte Freude	Ärger	Ekel	Verachtung
	20,86 (10,61)	12,36 (5,11)	6,50 (3,48)	4,57 (4,54)
	Überraschung	Angst	Trauer	
	5,29 (3,45)	4,43 (3,01)	2,00 (2,15)	

Therapeut	echte Freude	Ekel	Ärger	Überraschung
	34,43 (21,24)	14,43 (8,71)	6,14 (6,11)	6,07 (9,19)
	Verachtung	Trauer	Angst	
	3,43 (2,28)	0,21 (0,43)	0,07 (0,27)	

Die dyadischen Leitaffekte sind in acht der 14 Stunden positiv, in Stunde sechs reziprok negativ und in den restlichen Stunden kompensatorisch (Stunde 4, 5, 7 und 11). Der dyadische Leitaffekt ist also in der zweiten Hälfte der Therapie vorwiegend reziprok positiv. Nimmt man die Dyaden mit zwei weiblichen Interaktionspartnerinnen aus, sind nur Therapie VTEP und PDPA positiver im dyadischen Leitaffektprofil. Der Patient zeigt im Mittel über alle Stunden am häufigsten von allen Patienten Ärger und nur Patientin PDPA zeigt mehr Angstmimik als er. Die Angstmimik korreliert auch mit dem Erleben von Angst.

Abbildung 54: Ausdruck und Erleben von Angst, Patient PDHI

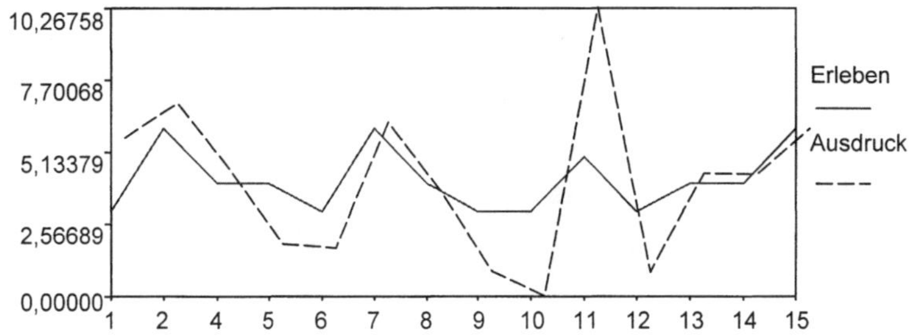

7.4.4 Therapiephasen

Ein deutlicher Einschnitt erfolgt in der 7. Stunde, der sich in mehreren Maßen abbildet. Die Überraschungsmimik des Therapeuten erreicht in dieser Stunde ein Maximum und wird zum Leitaffekt, zweithäufigster Affekt ist Ekel. Die Ekelmimik erreicht ihr Maximum aber bereits in der vorhergehenden sechsten Stunde bei geringem Freudeausdruck und wenig Überraschung. Ab der 7. Stunde ist der dyadische Leitaffekt vorwiegend reziprok positiv. Das emotionale Erleben des Patienten wird ebenfalls deutlich positiver. Die Freudemimik des Therapeuten nimmt stark zu, aber auch die Verachtungsmimik, die bis zur 8. Stunde auf Null gefallen war, nimmt wieder zu. Auch die Ärgermimik des Therapeuten folgt einem zunehmenden Trend, der in der 8. Stunde einsetzt. Mit der Zunahme der Freudemimik des Therapeuten geht auch ein Anstieg der von ihm begonnenen synchronen Duchenne Smiles einher.

Abbildung 55: Verlauf der synchronen Duchenne Smiles in Therapie PDHI

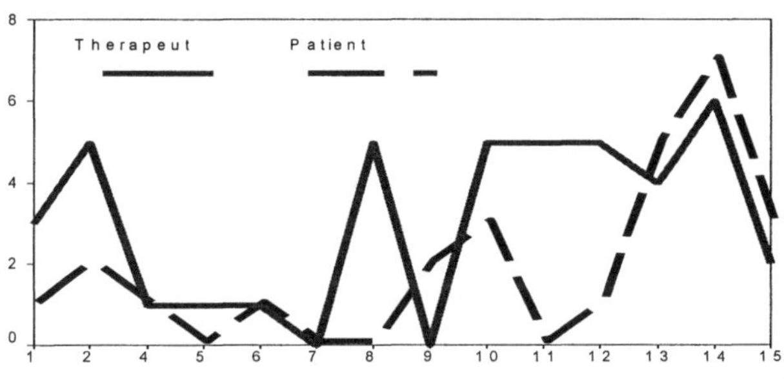

Vergleicht man die ersten sechs mit den folgenden acht Stunden ergibt sich ein hoch signifikanter Anstieg der echten Freude, aber auch ein tendenzieller in der Ärgermimik des Therapeuten.

Abbildung 56: Ausgesuchte Affekte in der ersten und zweiten Hälfte von Therapie PDHI

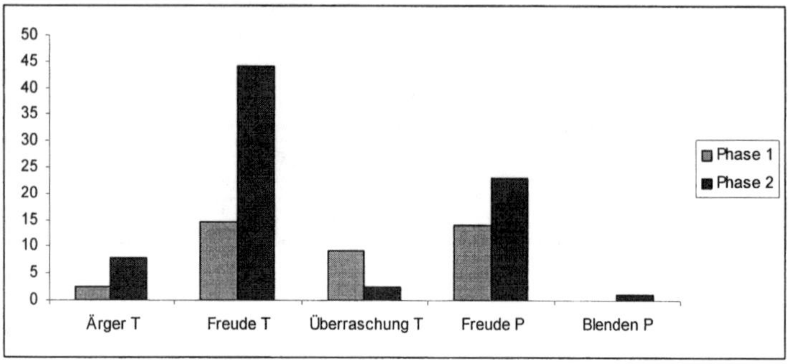

Die Zunahme der Ärgermimik bildet sich im emotionalen Erleben nicht ab. Auch in den Stunden 12 und 15 mit maximalem Ärger von beiden berichtet der Therapeut nur minimales und der Patient keinerlei Erleben von Ärger. In der elften Stunde ist der häufigste Affekt des Patienten Ärger, bei gleichzeitigen Maxima in der Angst- und der Überraschungsmimik. Aber nur in der 2. und 7. Stunde berichtet der Patient überhaupt Ärger erlebt zu haben, in diesen Stunden nimmt er auch den Therapeuten als maximal ärgerlich wahr, was aber nicht dem vom Therapeuten berichteten Ärgererleben entspricht. Der Therapeut erlebt in der 4. Stunde ein Maximum an Ärger und schreibt auch dem Patienten ein Maximum an Ärgererleben zu, was aber ebenso wenig „valide" ist. In der 7. Stunde stuft der Therapeut allerdings das Ärgererleben des Patienten in gleicher Weise ein wie es der Patient selbst tut.

Blenden und Maskierungen im Verlauf

Der Patient zeigt absolut und relativ gesehen hoch signifikant mehr Maskierungen als der Therapeut ($p < .001$). Die Anzahl der Blenden ist ausgeglichen, die Blenden des Patienten korrelieren signifikant negativ mit den Maskierungen des Therapeuten. Die Blenden des Therapeuten zeigen einen ansteigenden Trend, was auf Maximalwerte in den Stunden 10, 11, 12 und 15 zurückgeht, während er in den vorhergehenden Stunden fast keine mehrdeutige negative Mimik zeigt. Durchgängig treten in den meisten Stunden Mischungen aus Angst und Überraschung auf. In der 4. Stunde tritt zum ersten Mal eine Maskierung eines negativen Affekts (Ekel) durch ein Lächeln auf, ab der achten Stunde treten Maskierung von Ärger und Verachtung hinzu, die allerdings nur höchstens zweimal pro Stunde gezeigt werden. Der Patient zeigt durchgängig, mit Ausnahme der Stunden 4, 12 und 13, Maskierungen von Ärger, zusätzlich aber eine ähnliche hohe Anzahl an Freude-/Überraschungs- und Angst-/Überraschungsblenden. In der 10. Stunde tritt zum ersten Mal eine Maskierung von Ekel auf, von der 11. bis 14. Stunde zeigt der Patient Maskierungen von Verachtung und Blenden aus Ärger und Verachtung, die in Stunde 13 mit 5-maligem Auftreten ihren Maximalwert erreichen.

7.4.5 Struktogramme des Erlebens und Verhaltens

Die Zusammenhangsstruktur des mimisch-affektiven Verhaltens in dieser Therapie ist ähnlich wie in PDBU wenig ausgeprägt. Es besteht nur eine tendenzielle vermittelte, positive Reziprozität, daneben allerdings eine Verachtungsreziprozität. Auffallend ist, daß der Ärger, der weiter unten in den Prozeßmustern auftritt und den der Patient als zweithäufigsten Affekt zeigt, nicht Bestandteil der dyadischen Zusammenhangsstruktur ist.

Allerdings ist die wechselseitige Anbindung des emotionalen Erlebens von Patient und Therapeut an das Verhalten des Interaktionspartners ausgeprägt.
Im Fall des Patienten gilt das für sein Erleben von Freude, Trauer und Verachtung, im Fall des Therapeuten vor allem für Ärger und Verachtung (Abbildung 57).
Die echte Freude des Patienten steht in keinem Zusammenhang zu seinem emotionalen Erleben. Die einzigen mimisch gezeigten Affekte, die einen Zusammenhang zu seinem Erleben aufweisen sind Überraschung und vor allem Angst, mit kongruenter Korrelation zum Angsterleben. Die Angst des Patienten korreliert auch signifikant positiv mit dem Fremdrating Angst des Therapeuten, das gleiche gilt für Verachtung.

Abbildung 57: Beziehungsregulation und emotionales Erleben, Therapie PDHI

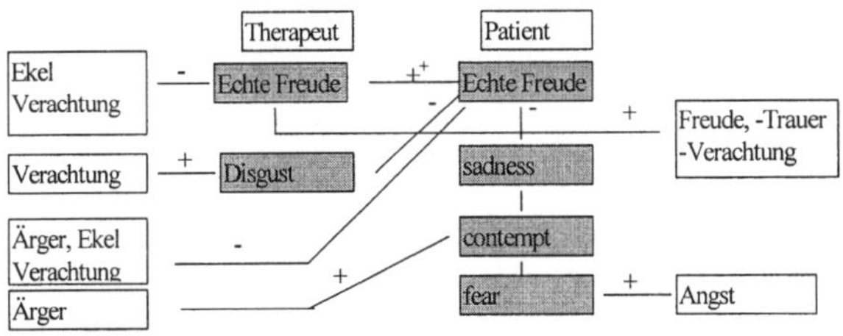

Die echte Freude des Patienten bildet einen Gegenpol zu seiner Trauer-, Verachtungs- und Angstmimik. Die Verachtungsmimik des Patienten weist zu weiteren Affekten Zusammenhänge auf, die in Abbildung 58 dargestellt sind.
Analog zur negativen Korrelation zwischen der echten Freude und Verachtung des Patienten korreliert auch der Ausdruck von Verachtung des Patienten mit dem Ärgererleben des Therapeuten.
Die Reziprozität im Bereich Verachtung (Abbildung 58) geht zurück auf jeweils abnehmende Trends und auf Maxima für Patient und Therapeut in der vierten Stunde, die den jeweiligen Mittelwert um das 2- bzw. 3-fache übersteigen.
Das Angsterleben des Therapeuten kovariiert vor allem in der ersten Hälfte der Therapie mit seiner Verachtungsmimik. Beide Verläufe sind bis einschließlich der 8. Stunde abfallend. Danach steigt die Angst und die Verachtungsmimik wieder an, der lineare Trend der Verachtungsmimik über die gesamte Therapie ist allerdings abfallend, da die Werte am Anfang der Therapie sehr hoch liegen.

Abbildung 58: Struktogramm 2, Therapie PDHI

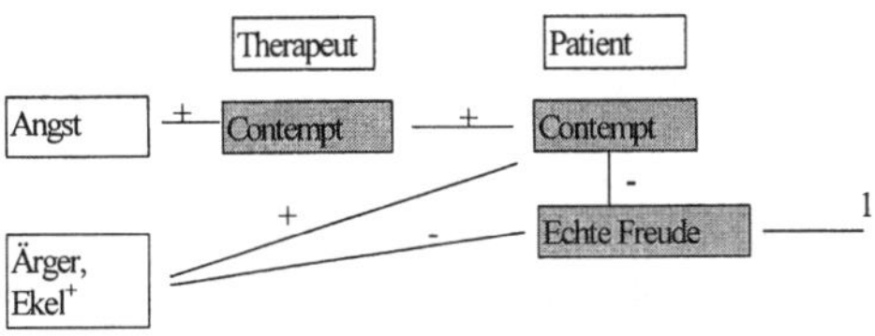

Zusätzlich zu den beschriebenen Zusammenhängen besteht eine Korrelation zwischen Überraschung$_T$ und Angst$_P$, die auf gemeinsame Maxima in der 7. Stunde zurückgeht, die wie oben beschrieben den Wendepunkt der Therapie markiert. Die Korrelation beschreibt also keinen Zusammenhang, der für die gesamte Therapie besteht. Ansonsten wäre es auch kaum möglich Veränderungen beim Patienten hervorzurufen, da die einsetzende Angst diese kontinuierlich hemmen würde.

Abbildung 59: Struktogramm 3, Therapie PDHI

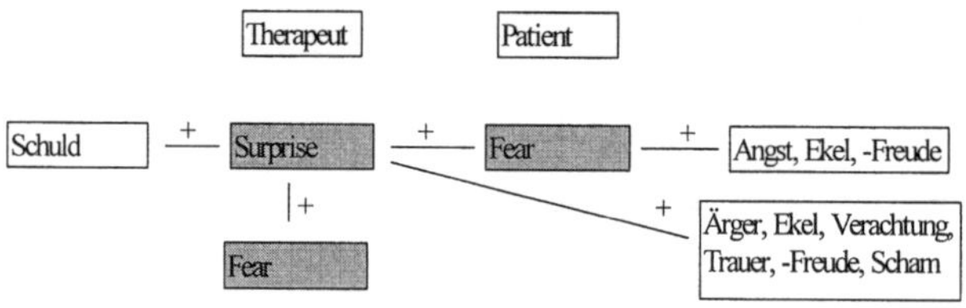

7.4.6 Prozeßmuster im Therapieverlauf

In Therapie PDHI findet man zwei reziproke positive Muster aus Duchenne Smiles, die zusammen zehn mal auftreten, drei davon beginnen mit einem Lächeln des Therapeuten. Der Patient beantwortet diese Angebote, aber auch das soziale Lächeln des Therapeuten, innerhalb einer Zeitspanne von im Mittel weniger als einer Sekunde mit echter Freude.

Duchenne Smiles Therapeut	→	Duchenne Smiles Patient
Duchenne Smiles Patient	→	Duchenne Smiles Therapeut

Die Reaktionen des Therapeuten auf die Duchenne Smiles des Patienten erfolgen weniger unmittelbar. Der mittlere Abstand beträgt im Mittel fast vier Sekunden. Neben diesen positiven Muster finden sich aber auch individuelle und dyadische Muster, die sich um Ärgermimik zentrierenn. Dem Ärgerausdruck des Patienten folgt in drei Fällen eine Maskierung des Ärgers im mittleren Abstand von 7.3 Sekunden (SD = 4.61).

Ärgermimik Patient	→	„possible anger" Patient
Maskierung von Ärger Patient	→	„possible anger" Therapeut

Das dyadische Ärger-Muster setzt sich aus einer Ärgermaskierung des Patienten und einem „possible anger" des Therapeuten zusammen, der Abstand zwischen beiden Elementen beträgt im Mittel aber etwa drei und eine halbe Minute. In diesen Mustern deutet sich als mögliches konfliktives Thema der Beziehungsregulation, die Frage nach der Dominanzverteilung, an. Der Patient nimmt zwar die auch von der Situation vorgegebene asymmetrische Dominanzverteilung an, was sich in seinen unmittelbaren Reaktionen auf beide Arten des Therapeutenlächelns zeigt (siehe oben). Gleichzeitig wird aber auch Ärger mobilisiert, der aber keine entsprechenden Konsequenzen im weiteren Verhalten nach sich zieht, sondern in der Folge durch ein Lächeln maskiert und damit in seiner Signalqualität abgeschwächt wird. Auf der Ebene der oben beschriebenen Zusammenhänge von über die Stunden aggregierten Maßen zeigen sich keine Zusammenhänge, in denen die Ärgermimik eine Rolle spielen würde.

Prozeßmuster im Verlauf über alle Stunden
Der Ärger des Patienten tritt als Element von Mustern in mehreren der weiteren Stunden vor allem in den letzten fünf Stunden der Behandlung auf. In der 12. Stunde folgt auf den Ärger des Patienten eine Ekelmimik des Therapeuten, in der 14. Stunde eine Ekelmimik des Patienten und in der 15. Stunde eine Freudemimik des Patienten.

Ärgermimik Patient	→	Ekelmimik Therapeut 12. Stunde
Ärgermimik Patient	→	Ekelmimik Patient 14. Stunde
Ärgermimik Patient	→	Freudemimik Patient 15. Stunde

Eine derartige Abfolge von emotionalen individuellen und dyadischen Mustern kann möglicherweise als Grundlage von durch Emotionen gestütztes Modellernen angenommen werden. Der Ärger des Patienten erfährt durch den Ekelausdruck des Therapeuten eine Umdeutung, dahingehend, daß der Patient nicht mehr gegen äußere zielbehindernde Objekte allerdings meist erfolglos vorgeht, sondern sich der inneren Repräsentanzen entledigt, die dazu führen, daß er sich durch andere Personen von der Erreichung seiner Ziele abhalten läßt. Wenn ihm das gelingt, gewinnt auch der Ärger seine förderliche Funktion zurück. Ist der Patient in der Lage seinen Ärger adaptiv einzusetzen, wäre auch der positive Teil des oben beschriebenen Beziehungskonfliktthemas realisierbar. Die Wunschkomponente „mächtig sein“ kann durch den adaptiven Ausdruck von Ärger interaktive Entsprechung finden und die echte Freude als Folge inidiziert die positive Reaktion des Subjekts „bin stark und einflußreich“.

7.4.7 Fazit

Die Therapie zeigt einen deutlichen Übergang von einer ersten zu einer zweiten Phase, die im positiven Bereich vor allem durch die Zunahme der Freudemimik des Therapeuten und deutlich positiveres emotionales Erleben des Patienten gekennzeichnet ist.
Die Entwertungsproblematik des Patienten zeigt sich auch in der Therapie in Form der Verachtungsreziprozität. Diese spielt sich jedoch auf vergleichsweise niedrigem Niveau ab und fällt nach einem Maximum in der vierten Stunde ab.
Die Assymetrie in der Dominanzverteilung zwischen Patient und Therapeut, die sich bereits in der ersten Phase in Maskierungen von und Prozeßmustern aus Ärger zeigt, wirkt in der zweiten Phase der Therapie weiter, allerdings vor dem Hintergrund einer gefestigten therapeutischen Beziehung. Der Patient wird so ermutigt, seinem Ärger gegenüber der von ihm beschriebenen Ausbeutung durch andere Ausdruck zu geben, gleichzeitig hat der Ärger auch eine Funktion in der aktuellen Beziehungsgestaltung. Diese Parallelität ist möglicherweise zusammen mit der gefestigten therapeutischen Beziehung und der Reflektion des Problems der Entwertung und Dominanzverteilung ein günstiger Ausgangspunkt für Veränderungsprozesse, da die Funktionalität des Ärgers in der therapeutischen Beziehung erprobt werden konnte.

7.5 „Desomatisierung“ VTKO

7.5.1 Diagnose und Beschwerden

Die 45-jährige Patientin, eine Hausfrau mit zwei Kindern, leidet unter Schmerzen in der Steißbeingegend ohne organischen Befund. Die Patientin kann nur auf einem Gummiring sitzen. Sie wurde bereits einmal in einer psychosomatischen Klinik vorbehandelt. Der Therapeut bleibt bei der schon in der Vorbehandlung vergebenen Diagnose „Konversionsstörung“ (DSM-III-R 300.11).

Das zentrale Therapieziel der Patientin besteht darin, daß die organischen Beschwerden, für die sie eine seelische Ursache ausschließt, gelindert werden sollten. Der Therapeut formuliert das Therapieziel als Aufbau eines Verständnisses für die Psychogenese der somatischen Beschwerden, insbesondere in der Identifikation des Konflikts hinter der Konversionsstörung. Die Anstrengungen des Therapeuten ein solches Verständnis zu schaffen, werden von der Patientin unterlaufen, was sich auch in den unten beschriebenen affektiven Reaktionen des Therapeuten niederschlägt. Hinzu kommt, daß die Patientin es als schwierig erlebt in der Therapie und vor allem im Videosetting etwas über ihr „Innerstes" zu erzählen. Dieser Widerstand bildet sich auch in den von ihr am häufigsten geäußerten Wünschen ab (siehe unten). Der Therapeut sieht in der Patientin am Anfang der Behandlung „einen schwierigen Kunden". Sie fällt ihm auf durch „eine Beflissenheit in der Darstellung ihrer Beschwerden mit einem ständigen Lächeln, das man als gewinnend bezeichnen könnte". Die Ambivalenz mit der der Therapeut das Lächeln der Patientin wahrnimmt wird weiter unten auch in den Zusammenhängen zu seinem emotionalen Erleben deutlich. Die Patientin selbst spricht von „einem Hang dazu, daß die Leute mich mögen".

7.5.2 Zentrales Beziehungskonfliktthema

Die Bildung des zentralen Konfliktthemas an Hand des Vorgehens von Luborsky (1977, 1990), das vorschreibt die häufigsten Elemente zu einem zentralen Thema zu aggregieren, führt in dieser Therapie zu irreführenden Aussagen. Der häufigste Wunsch „anderen helfen und sie beschützen" wird kombiniert mit der zum zweithäufigsten Wunsch „möchte Schutz und Geborgenheit" gehörenden Objektreaktion „beruhigen und schützen mich". Auch die Subjektreaktionen stammen größtenteils aus anderen Kontexten und sind Teil anderer Schilderungen von Beziehungsepisoden, als es der Wunsch ist. Hier zeigt sich recht deutlich, daß das Kriterium der reinen Häufigkeit eines Elements zur Bildung eines zentralen Konfliktmusters zu kurz greift. Das Vorgehen könnte durch die Zusatzannahme plausibel gemacht werden, daß die Elemente des möglicherweise nicht bewußten zentralen Beziehungskonflikts sich isoliert und verteilt über unterschiedliche Beziehungsepisoden zeigen. Eine solche Annahme geht jedoch recht weit, da sie voraussetzt, daß die Elemente des zentralen Beziehungskonflikts kontextfrei auftreten, d.h. unabhängig z.B. vom gerade berichteten Wunsch.

7.5.3 Mimisch-affektives Verhalten

Der Therapeut zeigt im Vergleich zu allen anderen Therapeuten eine stark reduzierte mimische Affektivität. Er ist aber der einzige Therapeut, der in allen codierten Stunden einen negativen Leitaffekt, nämlich Ärger, zeigt. Die Ärgermimik des Therapeuten kann vor allem im Zusammenhang mit den Wünschen der Patientin „andere sollen nichts über mein Inneres erfahren" und „möchte alles wieder zudecken" gesehen werden, was sich innerhalb der Therapiestunden darin äußert, daß sie psychische Ursachen für ihre körperlichen Symptomen abstreitet und nur widerwillig Auskunft dazu gibt. Die Patientin ist den ersten Stunden der Therapie vor allem damit beschäftigt, ob es überhaupt richtig war, eine Therapie zu beginnen oder ob sie nicht „alles zudecken solle" und so weitermachen wie bisher.

Tabelle 41: Mimische Affektivität in Therapie VTKO

	echte Freude	Verachtung	Überraschung	soz.Lächeln
Patientin	33,22	16,56	10,11	53,22

	Ärger	echte Freude	Verachtung	Angst
Therapeut	7,76	5,33	2,0	0

Der häufigste Affekt der Patientin ist zwar im Mittel echte Freude, sie erlebt allerdings fast keine Freude. In zwei Stunden (1. und 8.) zeigt sie Verachtung als Leitaffekt. Auffallend hoch ist die Häufigkeit sozialen Lächelns, das sie etwa genauso häufig wie Primäraffekte zeigt. Nach Patientin VTAD zeigt sie am häufigsten Überraschung von allen Patienten, die Häufigkeiten fallen im 3. Teil der Therapie stark ab. Der Therapeut zeigt nur in der 2., 8. und 10. Stunde überhaupt Überraschung.

7.5.4 Therapiephasen

Das mimisch-affektive Verhalten der Patientin und des Therapeuten nimmt im Verlauf der Therapie signifikant ab (Patientin: $b1 = -4.73$, $F = 13.03$, $p < .01$; Therapeut: $b1 = -.70$, $F = 13.58$, $p < .01$). Die einzelnen Primäraffekte zeigen jedoch fast keine Änderungen im Sinne von linearen Trends. Lediglich die Häufigkeiten von *Ekel, Angst und echter Freude* der Patientin nehmen ab. Ähnliches gilt für den Therapeuten. Lediglich *Ärger* und *Verachtung* nehmen im Verlauf der Therapie ab. In der 1., 2. und 8. Stunde ist der *Verachtung* des Therapeuten maximal. In der achten Stunde zeigt der Therapeut viermal Trauer, auch die Patientin zeigt in dieser Stunde die einzige Trauermimik in den 9 codierten Stunden überhaupt. *Überraschung* zeigt der Therapeut nur in der 2., 8. und 10. Stunde je ein mal. Der dyadische Leitaffekt ist durchgehend kompensatorisch, in Stunde 1 und 8 reziprok negativ. Das bildet sich auch im dyadischen Leitaffektprofil ab, das im Mittel negativ ist, was auf den durchgängigen negativen Leitaffekt des Therapeuten zurückgeht. Mit der 8. Stunde beginnt die zweite Phase der Therapie, die durch eine Abnahme der Angstmimik und der echten Freude gekennzeichnet ist. Diese Veränderung kündigt sich bereits in der siebten Stunde in Form von emotionalen Prozeßmustern an. Vor allem initiiert der Therapeut in der siebten Stunde zum ersten Mal synchrone Duchenne Smiles.

Emotionales Erleben und Symptomveränderung

Die Patientin zeigt das niedrigste Freudeerleben von allen Patienten, es weicht nur in vier der 15 Stunden vom Minimalwert ab. Ab der 7. Stunde liegt es konstant auf dem Minimalwert, gleichzeitig nimmt das Erleben aller negativen Affekte zu. Das betrifft vor allem die Emotionen Ärger, Scham und Angst. Die Zunahme des Angsterlebens korreliert hoch signifikant mit einer Abnahme des Angstausdrucks. Diese Änderungen des emotionalen Erlebens in der Therapie gehen mit entsprechenden Änderungen der im standardisierten Tagebuch berichteten Symptomatik einher. Statt der zu Anfang der Therapie zentralen somatischen Symptome tritt die Angstsymptomatik und Herzklopfen in den Vordergrund. Die Symptome Sitzbeschwerden, Magenbeschwerden und Kopfschmerzen weisen einen hoch signifikanten abfallenden Trend auf ($p < .001$), während das Symptom „Herzklopfen" von einem minimalen Wert auf einen maximalen Wert ansteigt. Das Symptom „Angst" weist zwar keine Niveauveränderung auf, es wird allerdings im zweiten Teil der Therapie an mehr als doppelt so vielen Tagen als schwere Beeinträchtigung erlebt.

Auch im restlichen emotionalen Erleben zeigt sich eine Zweiteilung der Therapie. Das Scham- und Schulderleben der *Patientin* zeigen einen ansteigenden linearen Trend im Verlauf der Therapie (Scham: $b1 = .60$, $F = 38{,}85$, $p < .001$; Schuld: $b1 = .40$, $F = 15{,}50$, $p < .005$). Scham- und Schulderleben steigern sich von minimalen Werten in den ersten fünf Stunden auf nahezu maximale Werte ab der 6. Stunde. Einen ähnlich ausgeprägten Trend zeigen Verachtung und Angst (Verachtung: $b1 = .26$, $F = 19{,}48$, $p < .001$; Angst: $b1 = .35$, $F = 19{,}14$, $p < .001$).

Das Erleben von Trauer nimmt ebenfalls stark zu ($b1 = .329$, $F = 10{,}48$, $p < .01$) mit Maximalwerten in den Stunden 10, 11, 13 und 15. Ab der achten Stunde berichtet die Patientin das Erleben von Ärger und ab dieser Stunde erlebt sie keine Freude mehr. Dieses

völlige Fehlen von Freude wird durch den linearen Trend nur unzureichend abgebildet (b1 = -.08, F = 10,13, p < .05). In Stunde 10, 13 und 15 berichtet sie Ekel.
Außer für Scham zeigt sich für den *Therapeuten* im Verlauf der Therapie keine Änderung im Sinne eines linearen Trends. Das Schamerleben des Therapeuten nimmt im Verlauf der Therapie ab (b1 = -.175, F = 4,50, p < .10). Das Freudeerleben fällt in der 11. Stunde auf den Minimalwert (3=0). Die Überraschung ist in der 8. Stunde am größten, das Angsterleben minimal.

7.5.5 Dyadische Struktogramme vermittelter Reziprozität und emotionales Erleben

In Therapie VTKO bestehen Reziprozität der *echten Freude, der Trauer* und der *Verachtung* (siehe Abbildung 60). Die Reziprozität im Bereich echter Freude geht auf einen gemeinsamen Verlauf über die Therapie zurück. Reziprozitäten können auch darin bestehen, daß beide einen Affekt nur in geringem Ausmaß zeigen. Das ist z.B. in der 8. Stunde der Fall, wo beide gemeinsam ein Minimum an echter Freude zeigen. Die Reziprozität im Bereich der echten Freude ist also eher als negative Reziprozität zu interpretieren, was auch konsistent mit der Reziprozität im Bereich der Trauer ist. Die Reziprozität im Bereich Trauer geht ausschließlich auf Stunde 8 zurück, da nur in dieser Stunde die Patientin überhaupt einmal Trauer zeigt. Die Verachtungsreziprozität ist zwar für den gesamten Verlauf der Therapie zu beobachten, jedoch nimmt auch hier die 8. Stunde eine Ausnahmestellung ein, da die Patientin Verachtung als Leitaffekt zeigt und der Therapeut in dieser Stunde maximale Verachtung zeigt. Die echte Freude ist bei beiden in der 8. Stunde minimal. In dieser Stunde berichtet die Patientin zum ersten Mal Ärger erlebt zu haben, diese Stunde ist gleichzeitig das Maximum erlebten Ärgers der Patientin. Auch die Korrelation der Trauermimik mit der Überraschung geht auf diese Stunde zurück.

Abbildung 60: Reziprozitäten in Therapie VTKO

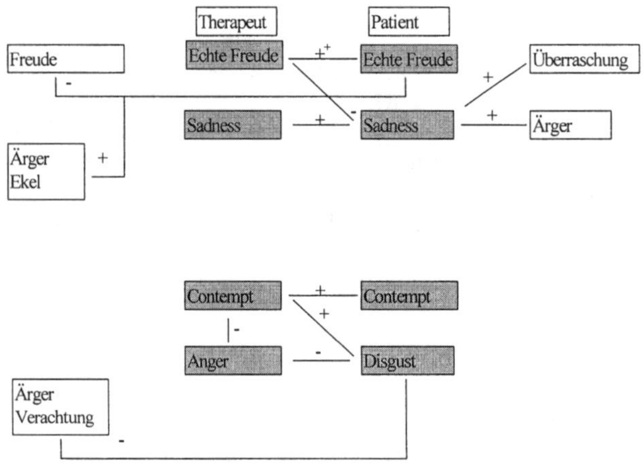

Die Reziprozitäten in den genannten Affekten markieren also in dieser Therapie eine Stunde, die für den weiteren Verlauf der Behandlung von besonderer Bedeutung war. Die Stunde ist jedoch nicht nur durch das Erleben von Überraschung und ein Maximum an Überraschungsmimik der Patientin gekennzeichnet, sondern vor allem durch Reziprozitäten in den Affekten Verachtung und Trauer. Hinzu kommt ein gemeinsames Minimum an echter

Freude. Die Freudemimik der Patientin spielte bis zu dieser Stunde eine besondere Rolle in der interaktiven Realisierung der von der Patientin gewünschten Schonhaltung und dem Wunsch danach „gemocht zu werden". Die Ambivalenz der echten Freude der Patientin zeigt sich auch in der negativen Korrelation mit dem Freudeerleben des Therapeuten. Mit abnehmender Freudemimik der Patientin steigt sein Freudeerleben und das Erleben von Ärger und Verachtung nimmt ab.

7.5.6 Prozeßmuster in der 1., 7. und letzten Stunde

In Therapie VTKO wird die kompensatorische Funktion von Lächeln in mehrfacher Weise deutlich. In fünf Fällen wird die Verachtungsmimik des Therapeuten von einem Duchenne Smile der Patientin dyadisch kompensiert. Bereits oben wurde auf die Funktion der Duchenne Smiles der Patientin hingewiesen, die im Verlauf über die Therapie mit dem Erleben von Ärger und Verachtung des Therapeuten korrelieren. Dieser Zusammenhang wird in dem hier in der ersten Stunde gefundenen Muster vorweggenommen. Die Kompensation der negativen Affekte ist aber nicht durch dyadisch zu beobachten, sondern auch der Therapeut selbst kompensiert seinen Ärgerausdruck dreimal mit einem sozialen Lächeln.

Verachtungsmimik Therapeut	→	Duchenne Smiles Patientin
Ärgermimik Therapeut	→	soziales Lächeln Therapeut

In der 7. Stunde finden sich lediglich drei individuelle Muster der Patientin, von denen zwei Überraschungsmimik, Blenden aus Angst und Überraschung mit sich anschließender echter Freude beinhalten. In diesen deuten sich bereits die in der 8. Stunde verstärkt auftretenden Veränderungen an. Die Überraschung tritt zwar noch zusammen mit Angstmimik, aber auch schon im Kontext von Freude auf. Auf der Beziehungsebene zeichnet sich die 7. Stunde dadurch aus, daß es die erste ist, in der es zu einem vom Therapeuten begonnenen synchronen Duchenne Smile kommt.

In der 15. Therapiestunde zeigt sich ein Muster aus Duchenne Smiles von beiden, die innerhalb einer Sekunde aufeinanderfolgen. Die fehlende Reziprozität über den Verlauf der Therapie drückt sich auch darin, aus, daß die Anzahl der von der Patientin begonnenen synchronen Duchenne Smiles negativ mit den vom Therapeuten begonnenen korreliert. In keiner der anderen Therapien trat eine negative Korrelation dieser Art auf.

7.5.7 Fazit

Trotz der schwierigen Ausgangslage kommt es im Verlauf der Therapie zu erheblichen Besserungen der somatischen Beschwerden, die jedoch mit einem Anstieg der Angstproblematik und dem damit verbundenen Herzklopfen einhergehen. Es gibt einen eindeutigen Wendepunkt in der Mitte der Therapie in der 7. Stunde, der durch Maximum an Überraschung auf seiten der Patientin markiert wird. Die „Desomatisierung" in der Symptomatik und im Angstausdruck setzt ab der darauf folgenden 8. Stunde ein.

Innerhalb der Therapiestunden ist eine Reduktion der Freudemimik und vollständige Reduktion des Freudeerlebens der Patientin zu beobachten, das ab der 8. Stunde von Ärgererleben „abgelöst" wird. Die Freudemimik der Patientin war auch vom Therapeuten negativ evaluiert worden und korrelierte negativ mit seinem Freude- und positiv mit seinem Ärgererleben, was darauf hinweist, daß das Lächelns der Patientin den Wunsch nach „Schonung" durch den Therapeuten signalisiert. Unter diesem Gesichtspunkt wird auch verständlich, daß die Besserung der Patientin mit einer Abhnahme ihrer Freudemimik einhergeht, was ansonsten als ein Indikator einer Verschlechterung oder von psychischer Erkrankung allgemein angesehen werden kann. Die Patientin schätzt den Erfolg der Behandlung nach der 15. Stunde als sehr hoch ein. Der Therapeut beurteilt den Erfolg schlechter. Beurteilt man die Symptomatik der Patientin aus einer rein quantitativen Perspektive haben sich ihre Symptome nicht verbessert, es sind eher noch einige hinzugekommen. Ein Gewinn der Behandlung kann aber darin gesehen werden, daß die Patientin in die Lage versetzt wurde, Ärger und Angst zu erleben, was mit einer fast vollständigen Reduktion ihrer somatischen Beschwerden insbesondere der Sitzbeschwerden einherging. Neben der Verbesserung der somatischen Beschwerden, war der Wunsch nach mehr Assertivität ein weiteres zentrales Therapieziel der Patientin gewesen, das durch die Mobilisierung des Ärgers nun erreichbar wird.

7.6 Aggressionshemmung und Diskrepanzen in der Erfolgseinschätzung, GTAD, PDMI

7.6.1 Implementation der Aggressionshemmung in Therapie GTAD

7.6.1.1 Diagnose und Beschwerden

Die Patientin, eine 40-jährige Akademikerin, sucht die Behandlung wegen „schwerer" Eheprobleme auf. Die Therapeutin diagnostiziert „Angst und depressive Störung" nach ICD-10 und eine histrionische Persönlichkeitsstörung.
Die Symptomatik wird von der Patientin beschrieben als schwere Eheprobleme, wiederholtes Verlieben in immer wieder andere und als Konflikt zwischen Neid, Eifersucht, Wut und Haßgefühlen auf der einen Seite und daraus resultierenden religiös motivierten Schuldgefühlen, die verstärkt seit dem Tod des Vaters vor einigen Jahren aufgetreten sind. Die Diagnose weist eine im Vergleich zu den als schwer erkrankt eingestuften Patienten eine weniger schwere Erkrankung aus. Die Therapeutin berichtet jedoch vor Behandlungsbeginn, daß ihr die Unauffälligkeit fragwürdig erscheint und vermutet, daß es sich vielleicht doch um eine „stärkere Störung handelt". Diese Annahme gründet sich vor allem auf die Wut- und Haßgefühle der Patientin und die erfolglosen zahlreichen Bemühungen der Patientin in Selbsterfahrungskursen.
Die Therapieziele der Patientin bestehen darin, ihre Gefühle besser zeigen zu können („wütend werden, wenn ich es bin; zärtlich sein, wenn ich mich so fühle"), selbstsicherer und konfliktbereiter zu werden, sich wohler zu fühlen in der Ehe, besser mit Sexualität und Erotik umgehen zu können, d.h. weniger Angst zu haben vor ihren Wünschen, und mit beruflichen Belastungen besser umzugehen. Unter anderem fühlt sie sich durch die anhaltende Auseinandersetzung mit dem Tod des Vaters stark belastet.
Die häufigsten Wünsche der Patientin sind „Meine Gefühle und Wünsche zeigen" 45 % (50 %), „mich wehren" 36 % (40 %) und „anderen helfen" 18 % (20 %). Die ersten beiden Wünsche werden von der Patientin im Zusammenhang mit einer Aggressionshemmung gebracht, die sie als eines ihrer zentralen Probleme betrachtet.

7.6.1.2 Mimisch-affektives Verhalten und Therapiephasen

Patientin und Therapeutin zeigen echte Freude als Leitaffekt in allen Stunden. Die Therapeutin ist mit etwas mehr als einem Affekt pro Minute mimisch aktiver als die Patientin. Die Therapeutin zeigt vor allem mehr Ärger, Ekel und Verachtung als die Patientin.

Tabelle 42: Mimische Affektivität in Therapie GTAD

Patientin	echte Freude	Trauer	Ärger	Überraschung	Verachtung
	34,40	1,90	1,70	1,50	1,30
Therapeutin	echte Freude	Ärger	Verachtung	Ekel	Trauer
	41,40	11,30	8,00	2,90	1,70

Über den gesamten Verlauf der Therapie treten im Vergleich zu den anderen Therapeuten gehäuft Ärger (im Mittel etwa alle fünf Minuten) und Verachtung auf. Die erhöhte Aktivität der Therapeutin im negativen affektiven Bereich geht vor allem auf die erste Stunde zurück (siehe Abb. Abbildung 61). Die erste Stunde ist gekennzeichnet durch maximale mimische Affektivität der Therapeutin, die vor allem auf ein Maximum in der Ärger-, Angst-, Verachtungs- und Trauermimik zurückgeht. In der ersten Stunde zeigt die Therapeutin fast genauso häufig Ärger wie echte Freude.

Abbildung 61: Ärger-, Angst- und Trauermimik, Therapeutin GTAD

Ärgermimik

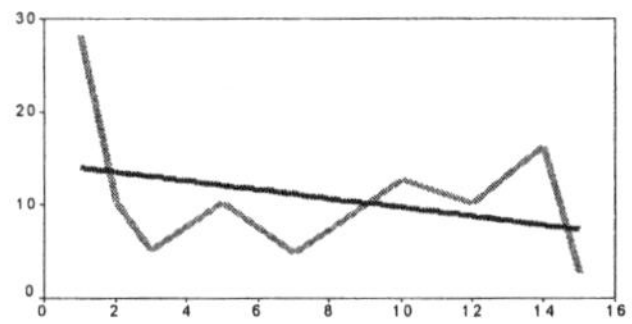

Angstmimik

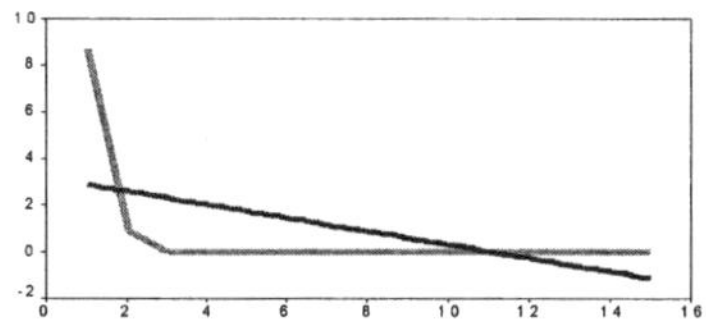

Trauermimik

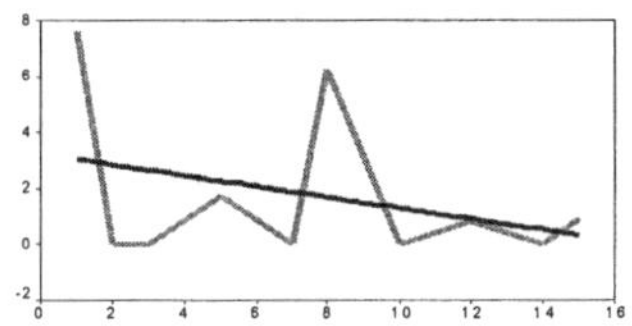

Auch die Überraschungsmimik der Therapeutin ist in den ersten beiden Stunden maximal und fällt wie die Verachtungsmimik im Verlauf der Therapie allmählich ab. Angstmimik tritt bei der Therapeutin nur in der ersten Stunde maximal, dann einmal in der zweiten Stunde und danach nicht mehr auf. Die Angstmimik der Patientin folgt dem gleichen Verlauf mit der Ausnahme, daß sie in der letzten Stunde noch einmal Angst zeigt.

Das mimische Repertoire der Patientin ist mit einer relativen Häufigkeit von mehr als 80 % echter Freude auf diesen positiven Affekt eingeschränkt. Alle anderen Primäraffekte treten im Mittel nur etwa 1-2 mal pro Stunde auf. Vor diesem Hintergrund ist erstaunlich, daß sie berichtet in allen Stunden ein hohes Ausmaß an Ärger erlebt zu haben. In dieser Diskrepanz bildet sich die von der Patientin als Problem benannte Aggressionshemmung ab und ihr Wunsch danach mehr Gefühle auszudrücken wird verständlich. Das Freudeerleben ist kongruent mit dem vorwiegenden Freudeausdruck, nur Patient PDHI berichtet mehr Freude erlebt zu haben, was im Gegensatz zur depressiven Problematik beider Patientin steht.

Abbildung 62: Verlauf der Ärger- und Angstmimik, Patientin GTAD

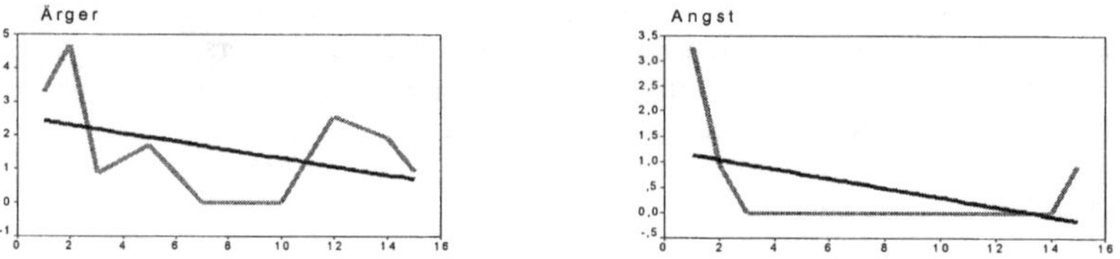

Die Maxima in der Angstmimik der ersten Stunde (Abbildung 62) bilden sich weder im emotionalen Erleben der Therapeutin noch dem der Patientin ab. Die Überraschungsmimik der Patientin korreliert tendenziell positiv mit ihrem Angsterleben, was in der Hauptsache auf Stunde zwei und zehn zurückgeht.
Der Anteil mehrdeutiger Mimik der Therapeutin ist zwar relativ zur Gesamtaktivität gering, es handelt sich jedoch in den meisten Stunden um Maskierungen von Ärger, in der achten Stunde um eine Maskierung von Verachtung und in der letzten Stunde um Mischungen aus Freude und Trauer bzw. Angst. Die Häufigkeiten von Blenden und Maskierung negativer Affekte beider Interaktionspartnerinnen korrelieren hoch signifikant positiv im Verlauf der Therapie. Vor allem in der letzten Stunde sind auch die emotionalen Inhalte der mehrdeutigen Mimik gleich. Die Patientin zeigt ebenfalls Mischungen aus Freude und Angst (viermal).

7.6.1.3 Dyadische Struktogramme vermittelter Reziprozität und emotionales Erleben

Die Struktur in Therapie GTAD, einer Gesprächspsychotherapie, ist durch affektspezifische Kongruenzen in den Affekten *Ärger*, *Angst* und *Trauer* zu charakterisieren, die vor allem auf Kovariationen in den ersten beiden Stunden zurückgehen (Abbildung 63). Die mit diesen Affekten verbundenen Beziehungswünsche können, wie bereits oben beschrieben, zu einer konfliktiven Konstellation zusammengefügt werden. Patientin und Therapeutin signalisieren den durch Ärger ausgedrückten Wunsch nach Dominanz, die aus diesem Wunsch resultierende Angst und den durch Trauer ausgedrückten Wunsch nach gemeinsamer Wiederannäherung.
Die benannten Reziprozitäten spielen sich auf sehr unterschiedlichen Niveaus ab, da die Therapeutin im Mittel etwa zehn mal mehr Ärgermimik zeigt als die Patientin.
Es läßt sich in dieser Therapie keine vermittelte Reziprozität im Bereich echter Freude nachweisen. Beide zeigen jedoch im Therapieverlauf echte Freude mit Abstand als häufigsten Affekt und es treten innerhalb der Stunden auch vermehrt positiv reziproke Prozeßmuster auf (s.u.).

Abbildung 63: Reziprozitäten in der Ärger-, Angst- und der Trauermimik

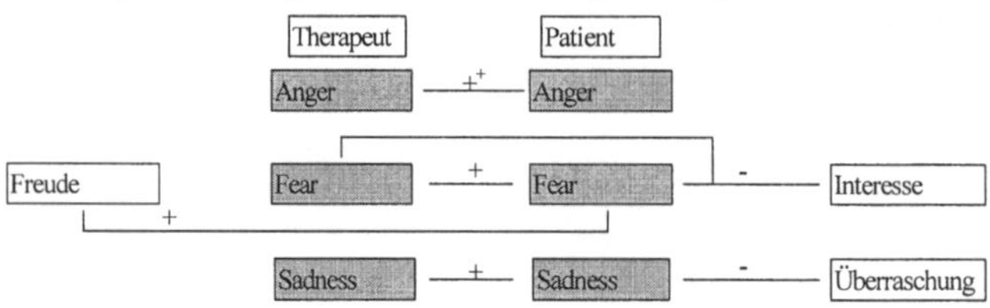

Ein weiterer Zusammenhang, der in die oben beschriebene Konfliktdynamik einzubinden ist, ist der zwischen der Trauermimik der Therapeutin und der echten Freude der Patientin (siehe Abbildung 64). Auch dieser geht vor allem auf die 1. und 8. Stunde zurück, in denen die Therapeutin jeweils Maxima in der Trauermimik aufweist und die Patientin wenig Freude zeigt.

Abbildung 64: Kompensation einer Schwächung der Beziehung

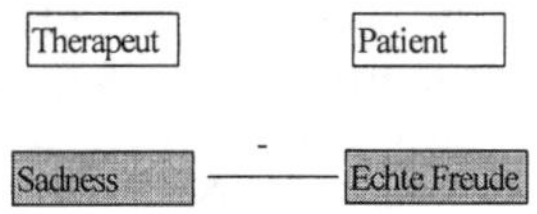

Das Fehlen positiver die Beziehung stabilisierender Signale auf seiten der Patientin geht also mit kompensatorischen Signalen der Therapeutin einher, die den Wunsch nach einer Intensivierung der Beziehung ausdrücken, wie sie sich in den anderen Stunden in der auffällig häufigen Freudemimik ausdrücken.

7.6.1.4 Prozeßmuster

In Therapie GTAD wird die Angstmimik der Therapeutin in der ersten Stunde dreimal durch ein soziales Lächeln der Patientin kompensiert. Therapie GTAD ist ansonsten hauptsächlich durch das 14 malige Auftreten eines Musters aus Duchenne Smiles geprägt, das mit einem Lächeln der Therapeutin beginnt und in einem mittleren Abstand von fünf Sekunden von der Patientin beantwortet wird. Die maximale Komplexität ist mit vier vier Elementen in einem dyadischen „Lächelmuster" hoch. Auch das 2-elementige Muster aus Duchenne Smiles wird in sieben Fällen von einem Duchenne Smiles der Therapeutin gefolgt.

Angstmimik Therapeutin	→	soziales Lächeln Patientin
echte Freude Therapeutin	→	echte Freude Patientin

In der siebten Stunde tritt nur noch ein positiv reziprokes Muster auf, das jetzt aber von der Patientin begonnen wird, 21 mal auftritt und mit einem mittleren Abstand von 3.26 Sekunden unmittelbarer beantwortet wird als in der ersten Stunde das Lächeln der Therapeutin.
Die 15. Stunde ist charakterisiert durch vier dyadische Muster, die alle mit einer Mimik der Patientin beginnen. In zwei Fällen handelt es sich um Muster aus echter Freude. In den beiden anderen werden „possible anger" der Patientin bzw. eine Blende aus Freude und Angst mit einem sozialen Lächeln bzw. mit einem Duchenne Smiles beantwortet.

„possible anger" Patientin	→	soziales Lächeln Therapeutin
Blende aus Freude und Angst	→	echte Freude Therapeutin

7.6.1.5 Fazit

Unter Berücksichtigung der Diagnose, der Unauffälligkeit im MMPI und dem in der Therapie gezeigten mimischen Verhalten handelt es sich bei der Patientin unter den oben gemachten Einschränkungen um eine weniger schwerwiegende psychische Erkrankung.

Im stark reduzierten Ausdruck negativer distanzregulierender Affekte bei gleichzeitig intensivem Erleben vor allem von Ärger bildet sich das von der Patientin geschilderte Problem, ihre Emotionen zeigen zu können, auch in der Beziehung zur Therapeutin ab. Die intensiven Scham- und Schuldgefühle der Patientin nehmen jedoch gegen Ende der Therapie ab, was als Teilerfolg angesehen werden kann. Die ambivalenten Prozeßmuster und Blenden aus Freude und Angst in der letzten Behandlungsstunde, sowie die Reaktion der Therapeutin auf den „possible anger“ der Patientin weisen aber darauf hin, daß die erreichten Verbesserungen von der Patientin noch nicht als ausreichend angesehen werden. Das drückt sich auch in den Diskrepanzen in der Einschätzung des Therapieerfolgs aus.
Auffällig in der Therapie ist, daß die beiden ersten Stunden durch ausgeprägte Reziprozitäten in den Emotionen Ärger, Angst und Trauer gekennzeichnet sind, die sich aber nicht im Erleben abbilden und die auch im weiteren Verlauf nicht mehr in dieser Intensität auftreten. Ein ähnliches Verlaufsprofil findet man auch in Therapie PDMI.

7.6.2 Therapie PDMI

7.6.2.1 Diagnose und Beschwerden

Die Patientin, eine 30-jährige Angestellte, leidet unter Eßstörungen und Eheproblemen. Die Patientin erwartet derzeit ihr drittes Kind und fühlt sich in allen Bereichen überfordert. Sie wurde vom 13. bis 20. Lebensjahr durch den Onkel sexuell mißbraucht. Eine stationäre psychotherapeutische Vorbehandlung verschlimmerte ihre Beschwerden.
Ein zentrales Beziehungskonfliktthema konnte in der ersten Stunde nicht bestimmt werden, da die Patientin keine Beziehungsepisoden berichet. Diese sind jedoch die Grundlage für die Erstellung eines zentralen Beziehungskonfliktthemas.

7.6.2.2 Mimisch-affektives Verhalten

Beide Probandinnen sind mimisch wenig affektiv, sie zeigen weniger als eine affektive Mimik pro Minute. Nur Therapeut VTKO zeigt noch etwas weniger Mimik. Die Patientin zeigt keinerlei Angst-, Überraschungs- oder Trauermimik und nur in wenigen Stunden und in geringem Umfang Ekel- und Verachtungsmimik. Das Erleben von Angst, Überraschung und Trauer ist aber im Gegensatz dazu verglichen mit den anderen Patienten maximal.

Tabelle 43: Mimische Affektivität in Therapie PDMI

Patientin	echte Freude	Ärger	Verachtung	Ekel	
	25,7 (19,19)	5,50 (4,35)	1,10 (1,85)	0,70 (1,34)	
	Angst, Überraschung und Trauer werden von der Patientin nicht gezeigt				

Therapeutin	echte Freude	Ekel	Verachtung	Überraschung	Ärger
	13,60 (6,85)	3,90 (2,60)	3,80 (4,26)	2,40 (1,90)	1,40 (2,07)

Die Ärgermimik liegt im Vergleich mit den restlichen Patienten allerdings im Mittelfeld. Zweithäufigster Affekt nach dem Leitaffekt Freude ist auch Ärger, den sie im Mittel etwa alle zehn Minuten einmal zeigt und dessen Erleben auch in hohem Ausmaß berichtet wird.
In der ersten Stunde zeigen beide ein Maximum an Ärger und Verachtungsmimik, die Therapeutin zeigt in dieser Stunde maximale Aktivität in allen Affekten außer Überraschung und Ekel. Der Leitaffekt von beiden ist aber in allen Stunden echte Freude. Das dyadische Leitaffektprofil ist in allen Stunden bis auf die erste und achte Stunde ausgeprägt positiv.

7.6.2.3 Therapiephasen

Die erste Stunde der Behandlung fällt hinsichtlich einer erhöhten Affektivität vor allem des Ärgers, der Verachtung und Blenden aus Freude und Verachtung auf. Keiner der Affekte zeigt einen Trend im Verlauf der Therapie, der nicht auf die Maxima in der ersten Stunde zurückgeht.

Abbildung 65: Verlauf ausgesuchter Affekte in Therapie PDMI

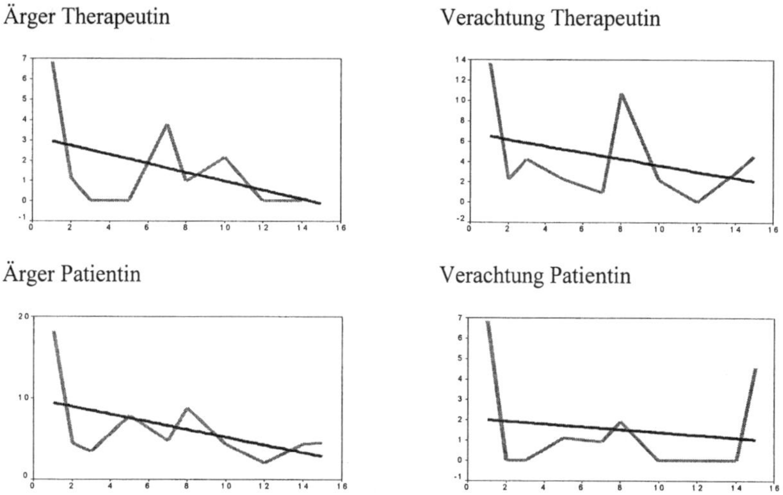

Neben Ärger und Verachtung zeigt die Therapeutin nur in der ersten Stunde überhaupt Trauer (7 mal) und ein Maximum an Angst. Angst tritt nur noch einmal in der 8. Stunde auf. Überraschung zeigt sie in allen Stunden bis auf die Stunden 5, 8 und 15.

Auffällig ist, daß beide in der ersten Stunde ein Maximum an Blenden zeigen, die aus *Freude* und *Verachtung* bestehen. Die Häufigkeit der Blenden korreliert positiv, da beide ein Maximum in der ersten Stunde zeigen und danach nur noch in Stunde 8 und 14 Blenden bei beiden überhaupt auftreten.

Die echte Freude der Patientin zeigt zwar keinen signifikanten linearen Trend, jedoch ist das Niveau der Freudemimik am Ende der Therapie und vor allem in der 10. Stunde erhöht (siehe Abbildung 65). Die Patientin zeigt also gemessen an der Mimik eine Verbesserung im Verlauf der Therapie, die sich auch im Erleben abbildet.

Diese Änderung tritt nach der achten Stunde ein, in der die Verachtungsmimik der Therapeutin ein lokales Maximum erreicht, es treten Blenden bei beiden auf und ab dieser Stunde steigt das Freudeerleben der Patientin an. Das Freudeerleben der Therapeutin zeigt eine gegenläufige Änderung, es fällt ab der fünften Stunde auf ein niedrigeres Niveau, im Mittel über alle Stunden berichtet sie auch mit am wenigsten Freude von allen Therapeuten.

Die Erfolgseinschätzung der Therapeutin ist eher negativ, während die Patientin den Erfolg der Behandlung deutlich besser einstuft.

7.6.2.4 Dyadische Struktogramme vermittelter Reziprozität und emotionales Erleben

In dieser Therapie liegt keine vermittelte positive Reziprozität auf und auch in den unten beschriebenen Prozeßmustern, wird lediglich soziales Lächeln von beiden gemeinsam gezeigt. Es bestehen auch insgesamt nur wenige Zusammenhänge zwischen den Affekten der Patientin und der Therapeutin. Auch die unten besprochenen Prozeßmuster in der ersten Stunde sind vorwiegend individuelle. In diesen treten die Duchenne Smiles der Therapeutin und der Patientin vorwiegend im Kontext der negativen Affekte Ärger und Verachtung auf, was als weiterer Indikator, für die Schwierigkeit eine positive Beziehung herzustellen, interpretiert werden kann.

Abbildung 66: Struktogramm 1, Therapie PDMI

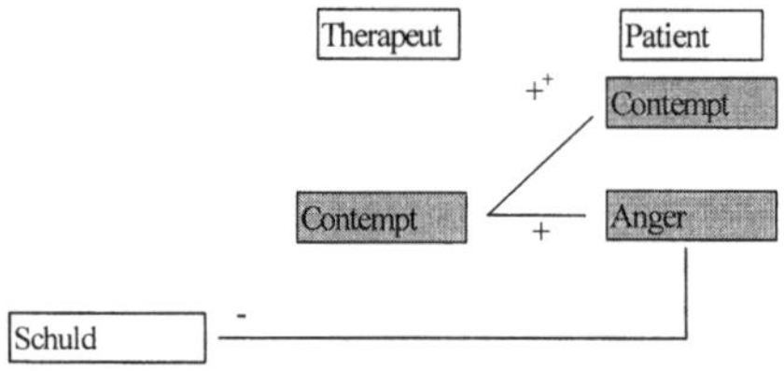

Wie es sich in der ersten Stunde andeutet, spielen Ärger und Verachtung auch im weiteren Verlauf der Behandlung eine Rolle (siehe Abbildung 66). Es besteht eine tendenzielle Verachtungsreziprozität, die allerdings vorwiegend auf die erste Stunde zurück geht.
Die einzige signifikante Korrelation zwischen Affekten der Patientin und Therapeutin, die nicht nur auf Stunde 1 und 8 zurückgeht, ist die zwischen der Verachtung der Therapeutin und Ärger, dem zweithäufigsten Affekt der Patientin ($\underline{r}$ = .69, $\underline{p}$ < .05, $\underline{N}$ = 10). Der Ärger der Patientin ist auch für das emotionale Erleben der Therapeutin von Bedeutung, jedoch geht er nicht mit dem Erleben negativer Affekte einher, sondern korreliert negativ mit dem Schulderleben der Therapeutin ($\underline{r}$ = -.81, $\underline{p}$ < .005, $\underline{N}$ = 10). Hinzu kommt, daß die Freudemimik der Patientin positiv mit dem Schulderleben der Therapeutin korreliert ($\underline{r}$ = .79, $\underline{p}$ < .01, $\underline{N}$ = 10). Die Distanzierungswünsche, die die Patientin durch den Ärger signalisiert, werden also von der Therapeutin positiv evaluiert, während das „freundliche" Lächeln mit vermehrtem Schulderleben einhergeht.

7.6.2.5 Prozeßmuster

Diese Dyade ist die einzige, in der ein dyadisches Muster aus sozialem Lächeln von beiden auftritt. Ansonsten traten dyadische Muster mit dem gleichen Affekt von beiden Interaktionspartnern nur für echte Freude auf.

Soziales Lächeln Therapeutin → Soziales Lächeln Therapeutin

Die drei individuellen Muster der Therapeutin beinhalten alle Verachtung oder Blenden aus Verachtung und Freude. Zwei der Muster beginnen mit echter Freude und werden von Verachtungsmimik bzw. einer Blende aus Verachtung gefolgt.

Duchenne Smiles Therapeutin → Verachtungsmimik Therapeutin
Duchenne Smiles Therapeutin → Freude-/Verachtungsblende Therapeutin
Freude-/Verachtungsblende Therapeutin → Ärgermimik Therapeutin

Die Freude-/Verachtungsblenden der Therapeutin sind wiederum Bestandteil des dritten individuellen Musters, auf das Ärgermimik folgt. Die beiden letztgenannten Muster treten auch überzufällig häufig in einem 3-elementigen Muster der Therapeutin auf, das mit echter Freude beginnt, gefolgt von einer Freude-/Verachtungsblende und abgeschlossen durch eine Ärgermimik.

Duchenne Smiles Therapeutin → Freude-/Verachtungsblende Therapeutin → Ärgermimik Therapeutin

Das positive beziehungsfördernde Freudesignal steht also gehäuft mit negativen Affekten der Therapeutin in Verbindung. Diese Prozeßmuster indizieren wie schon die oben genannten Blenden das Problem eine Beziehung zur Patientin aufzunehmen. Auch das Lächeln und die echte Freude der Patientin treten im Zusammenhang mit Freude-/Verachtungsblenden und Ärgermimik der Patientin auf. Auf eine Folge aus Lächeln und echter Freude folgt im ersten Muster eine Freude-/Verachtungsblende.

soziales Lächeln Patientin → Duchenne Smiles Patientin → Freude-/Verachtungsblende Patientin

soziales Lächeln Patientin → „possible anger" Patientin →

In einem anderen 2-elementigen Muster folgt auf das soziale Lächeln innerhalb einer Drittelsekunde ein „possible anger" der Patientin.

Auf die Ärgermimik der Patientin, die sie in der ersten Stunde fast doppelt so oft zeigt, wie in den restlichen Stunden, reagiert die Therapeutin in einem 3-elementigen Muster zunächst mit echter Freude, auf die aber eine Verachtungsmimik folgt. Der Abstand zwischen der Ärgermimik und der echten Freude ist aber mit mehr als drei Minuten recht groß.

Ärgermimik Patientin → Duchenne Smiles Therapeutin → Verachtungsmimik Therapeutin

In der siebten Stunde beinhalten die drei dyadischen Prozeßmuster ausschließlich echte Freude und soziales Lächeln von Patientin und Therapeutin. Die Patientin reagiert 9 mal auf echte Freude der Therapeutin mit echter Freude, umgekehrt reagiert die Therapeutin viermal. Das individuelle Muster der Therapeutin besteht aus einem sozialen Lächeln gefolgt von einer Überraschungsmimik.

In der letzten (kurzen) Stunde tritt lediglich ein Muster aus echter Freude von beiden auf, in dem die Patientin innerhalb von im Mittel 0.63 Sekunden reagiert.

7.6.2.6 Fazit

Die Schwierigkeit eine emotional positive Beziehung aufzubauen zeigt sich bereits in der ersten Behandlungsstunde in der Art der von beiden gezeigten Blenden und der Prozeßmuster. Die echte Freude tritt nicht als dyadisches Muster auf, statt dessen zeigen beide soziales Lächeln. Ein weiteres dyadisches Muster besteht aus dem Ärger der Patientin und der Freude und Verachtung der Therapeutin.

Damit einhergeht, daß sowohl die Patientin als auch die Therapeutin Verachtung, Ärger und Blenden aus Verachtung und Freude im Kontext der reinen Freudesignale zeigen. Diese Signale verlieren durch die Vermischung mit negativen Affekten ihre Funktion reziprok positives Beziehungsverhalten beim Partner auszulösen. Die Mehrzahl der Muster sind dementsprechend individuelle Muster.

Die erste Stunde stellt hinsichtlich der beschriebenen Muster und der Affektivität allgemein eine Sonderstellung dar. In den restlichen Stunden ist die Affektivität mit Ausnahme der 8. Stunde erheblich niedriger und es treten nur noch wenige Prozeßmuster auf, die allerdings positiv reziprok sind.
Auf der Ebene der Affekthäufigkeiten pro Stunde zeigt sich keine positive Reziprozität, statt dessen variiert die Verachtungsmimik der Therapeutin mit der Ärgermimik der Patientin. Es besteht eine ausgeprägte Reziprozität zwischen der Verachtungsmimik der Therapeutin und der Ärgermimik der Patientin, die sie als zweithäufigsten Affekt zeigt. Diese Beziehungsthematik wird ebenfalls bereits in der ersten Stunde durch die emotionalen Inhalte eines dyadischen Prozeßmuster aus Ärger, Verachtung und Freude vorweggenommen.
Die Therapie fällt außerdem durch die größten Diskrepanzen in den Erfolgseinschätzungen, und ausgeprägten Diskrepanzen zwischen dem emotionalen Erleben und Verhalten der Patientin auf. Sie erlebt sehr intensive Gefühle der Angst, Überraschung und Trauer, zeigt aber nicht ein einziges Mal einen der Affekte mimisch. Möglicherweise basiert die negative Erfolgeinschätzung der Therapeutin auf dem Fehlen der Überraschungssignale bei der Patientin, was sie als ein Indiz für das Fehlen von relevanten Veränderungsprozessen wahrnimmt. Ein Indikator für eine Verbesserung auf seiten der Patientin ist die Zunahme des Freudeerlebens ab der 8. Stunde, sie schätzt den Behandlungserfolg als gut ein. Diese Einschätzung widerspricht allerdings den Veränderungen in der FBL, in denen sich eine Verschlechterung zeigt.

7.7 Therapienübergreifende Ergebnisse

Ein übergreifendes Ergebnis der Einzelfallanalysen besteht darin, daß in fast allen Therapien das emotionale Verhalten der beiden Interaktionspartner hohe und komplexe Zusammenhänge aufweist. Diese zeigen sich sowohl auf dem Niveau von Prozeßmustern, wie in den vielfältigen Korrelationen der Affekthäufigkeiten im Verlauf der Therapie. Die Zusammenhänge treten auf unterschiedlichen Häufigkeitsniveaus auf und gehen auf je unterschiedliche Verlaufsformen innerhalb der Therapien zurück, es ergeben sich jedoch auch Gemeinsamkeiten zwischen den Therapien. Auffällig ist, daß neben den erwarteten positiven Reziprozitäten nicht nur Kompensationen negativer Affekte durch positive auftreten, sondern gehäuft auch Reziprozitäten im Bereich der negativen Affekte Verachtung und Ärger. Letztere treten aber nicht in Form von Prozeßmustern auf, d.h. sie werden nicht überzufällig zeitlich kontingent gezeigt.
Die kompensatorischen Zusammenhänge in Form positiver Korrelation zwischen Freude und negativen distanzregulierenden Affekten, die in einigen Therapien auftreten, können als Anzeichen für von Stunde zu Stunde sich unterscheidende Formen der Selbst- und Beziehungsregulation interpretiert werden. Innerhalb treten diese Abfolgen von Regulationsformen auch in Form von Prozeßmustern auf, in denen negative Affekte durch echte Freude oder soziales Lächeln kompensiert werden. Diese Kompensationen treten in dyadischen und individuellen Mustern auf. Letztere decken sich in einigen Fällen mit der von einer Person gezeigten mehrdeutigen Mimik bzw. mit den von einer Person gezeigten Maskierungen negativer Affekte. In ihnen bilden sich emotionale, konfliktive Aspekte der Beziehungen ab, die nur selten im emotionalen Erleben wiederzufinden sind. Sie treten bereits in den ersten Behandlungsstunden auf und nehmen den Verlauf der dyadischen Beziehungsregulation über die Behandlung vorweg. Sie bilden zum Teil konfliktive Themen der Beziehungsregulation ab, die auch für den weiteren Verlauf der Behandlung Relevanz erlangen und nach und nach auch im sonstigen emotionalen Verhalten deutlich werden.
Gehäuft traten diese Phänomene im Umfeld des Ärgers und damit im Zusammenhang mit der Dominanzregulation auf. Mehrfach sind Ärgerreziprozitäten und zunehmende Trends des Ärgerausdrucks zu beobachten, die sich bereits in der ersten Stunde in Form von

Maskierungen von Ärger und Prozeßmustern mit Ärger andeuteten. In VTKO ist Ärger in allen Stunden der Leitaffekt des Therapeuten und bereits in der ersten Stunde wird dieser in einem Prozeßmuster durch ein soziales Lächeln kompensiert. In der abgebrochenen Therapie VTAD und in der wenig erfolgreichen Behandlung PDPA nehmen im zweiten Teil der Behandlung die Maskierungen und Muster aus Ärger und Lächeln zu. In beiden treten bereits in der ersten Stunde Muster aus beiden Verhaltensweisen auf. In hohem Ausmaß gilt das auch für Therapie VTEP, die von beiden als besonders erfolgreich eingestuft wurde, in der aber im letzten Teil der Behandlung vermehrt Maskierungen von Ärger und Ärger als Bestandteil mehrerer dyadischer Muster zeigen. In den beiden Therapien mit weiblichen Therapeutinnen GTAD und PDMI wird vor allem in den ersten beiden Stunden im Vergleich zu den darauf folgenden Stunden sehr viel Ärger gezeigt. In GTAD wird der negative Affekt aber durch das gehäufte Auftreten positiver Prozeßmuster kompensiert, während in PDMI nur ein dyadisches Muster aus sozialem Lächeln auftritt. Neben diesen um Ärger zentrierten Phänomenen traten jeweils fallspezifische Prozeßmuster und Blenden oder Maskierungen auf, die für die Prozeßmuster bereits weiter oben (Seite 163) und für die mehrdeutige Mimik in den einzelnen Charaktersierungen der Therapien besprochen wurden.Vor dem Hintergrund der zum Teil ambivalenten Beziehungsregulation verändert sich aber in einigen Therapien das Verhalten der Patienten zum positiven hin. Das bildet sich nicht nur in einer Zunahme positiver Affekte im Ausdruck und Erleben, sondern auch im Bewußtwerden von Konflikten mit gleichzeitiger Abnahme körperlicher Symptome ab. Die kurzfristigen Folgen dieser Art Veränderung bestehen in einer Zunahme negativer Affekte, deren Erleben aber für die weitere Entwicklung der Patienten als notwendig zu erachten ist.

Literatur

Adamzyk, D. und. M., C. (1988). *Verkopplung von Mimik und Sprache am Beispiel einer Fokaltherapie.* Unveröffentlichte Diplomarbeit, Fachrichtung Psychologie, Universität des Saarlands, Saarbrücken.

Astroem, J., Thorell, L. H. und D'Elia, G. (1993). Attitudes towards and observations of nonverbal communication in a psychotherapeutic greeting situation: III. An interview study of outpatients. *Psychological-Reports*. Vol 73, 1, S. 151-168

Alagna, F.J., Whitcher, S.J., Fisher, J.D. und Wicas, E.A. (1979). Evaluative reaction to interpersonal touch in a counseling interview. *Journal of Counseling Psychology*, 26, S.465-472.

Ambady, N., und Rosenthal, R. (1992). Thin slices of expressive behavior as predictors of interpersonal consequences: A meta-analysis. *Psychological Bulletin*, 111, 256-274.

Ambady, N., und Rosenthal, R. (1993). Half a minute: Predicting teacher effectiveness from their slices of nonverbal behavior and physical attractiveness. *Journal of Personality and Social Psychology*.

Ambühl, H. (1992). Die therapeutische Beziehungsgestaltung unter dem Gesichtspunkt der Konfliktdynamik. In: Margraf, J. und Brengelmann, J., C. *Die Therapeut-Patient- Beziehung in der Verhaltenstherapie*. München: Gerhard Röttger.

Andersen, P., A. (1985). Nonverbal immediacy in interpersonal communication. In A. Siegman W., und S. Feldstein (Eds.), *Multichannel Intregrations of Nonverbal Behavior* (pp. 1-36). New Jersey: Hillsdale.

Anderson, J. R. (1990). *The adaptive character of thought*. Hillsdale, NJ: Lawrence Erlbaum Associates.

Anderson, J. R. (1993). *Rules of the mind*. Hillsdale, NJ: Lawrence Erlbaum Associates.

Andreasen, N.C. (1982). Negative symptoms in schizophrenia: definition and reliability. Arch Gen Psychiatry, 39, S.784-788

Anstadt, T., Merten, J., Ullrich, B., Krause, R. (1997). Affective dyadic behavior, core conflictual relationship themes and treatment outcome. *Psychotherapy Research, 7(3).*

Appelt, H. und. S., B. (Hrsg). (1985). *Ergebnisse Einzelfallstatistischer Untersuchungen in Psychosomatik und klinischer Psychologie*. Springer, Heidelberg 1985.

Argyle, M. und Dean, J. (1965). Eye contact, distance and affiliation. *Sociometry*, 289-304.

Argyle, M. (1985). *Körpersprache und Kommunikation*. (3. Aufl.). Paderborn: Jungferman Verlag.

Bachrach, H., Galatzer-Levy, R., Skolnikoff, A. und Waldron, S. (1991). On the efficacy of psychoanalysis. *Journal of the American Psychoanalytic Association*, *4*, 871-916.

Bandura, A. (1969). *Principles of behavior modifikation*. New York, NY: Holt, Rinehart und Winston.

Bänninger-Huber, E. (1996). *Mimik – Uebertragung – Interaktion*. Die Untersuchung affektiver Prozesse in der Psychotherapie Facial expression, transference, interaction. The investigation of affective processes in psychotherapy.

Bänninger-Huber, E. und Widmer, C. (in press). *Guilt*. To appear in: E. Erwin (Ed.). *The Freud encyclopedia*. New York City: Garland Publishing.

Barber, J. P. und Crits-Christoph, P. (1993). Advances in measures of dynamic formulations. Journal of Consulting and Clinical Psychology, 61, 574-585.

Barker, S. L., Funk, S. D. und Houston, B. K. (1988). Psychological treatment versus nonspecific factors: A meta-analysis of conditions that engender comparable expectations for improvement. Clinical Psychology Review, 579-594.

Barlow, H. D. (1988). *Anxiety and its disorders: The nature and treatment of anxiety and panic*. New York: Guilford Press.

Barrington, B. L. (1961). Prediction from counselor behavior of client perception and of case outcome. Journal of counseling psychology, 37-42.

Bartlett, F.C. (1932). *Remembering*. Cambridge England: Cambridge University Press.

Baumann, U. (1984). *Verlaufsdiagnostik*. In Battegay, R.: Handwörterbuch der Psychiatrie.

Beck, A. T. (1995). Cognitive therapy: Past, present and future. In Mahoney, J. M. (1995). *Cognitive and Constructive Psychotherapies*. New York: Springer.

Beck, A. T., Rush, A. J., Shaw, B. F., und Emery, G. (1979). *Cognitive therapy of depression*. New York: Guilford Press.

Beck, A. T., Rush, A.J., Shaw, B.F. und Emery, G. (1979). *Cognitive therapy of depression: A treatment manual*. New York: Guilford.

Becker, P. (1988). *Skalen für Verlaufsstudien der emotionalen Befindlichkeit*. Zeitschrift für experimentelle und angewandte Psychologie.

Beebe, B. und Lachmann, F. (1994). Representation and internalization in infancy: three principles of salience. *Psychoanalytic Psychology*, 11, S.127-165.

Benecke, C. (1994). *Anwendungsmöglichkeiten von Modellen und Methoden der dynamischen Systemtheorie auf die Psychotherapie Prozeßforschung*. Diplomarbeiten, Fachrichtung Psychologie, Saarbrücken.

Benecke, C. (2000). Mimischer Affektausdruck und Sprachinhalt im psychotherapeutischen Prozeß. Dissertation an der philosophischen Fakultät der Universität des Saarlandes.

Benjamin, L. S. (1974). Structural analysis of social behavior. *Psychological Review*, 81, 392-425.

Benjamin, L. S. (1982). Use of Structural Analysis of Social Behavior (SASB) to guide intervention in psychotherapy. In J. C. Anchin und D. J. Kiesler (Eds.), *Handbook of interpersonal psychotherapy*. (pp. 190-212). New York: Pergamon.

Benjamin, L. S. (1993). *Interpersonal diagnostics and treatment of personality disorders*. New York: Guilford.

Benjamin, L. S. (1994). SASB. A bridge between personality theory and clinical psychology. *Psychological Inquiry*, 5(4), 277-305.

Benjamin, L.S. (1974): Structural analysis of social behavior. *Psychological Review*, 81, 392-425.

Bergin, A. E. (1971). *The evaluation of therapeutic outcomes*. In A.E. Bergin und S.L. Garfield (Hrsg.) Handbook of psychotherapy and behavior change. New York: Wiley, 217-270.

Bergin, A. E. und. Lambert., M.J. (1978). The evaluation of therapeutic outcomes. In S.L. Garfield und A.E. Bergin (Hrsg.) *Handbook of psychotherapy and behavior change*. (2nd edition) New York: Wiley, 139-189.

Bernieri, 1988; Bernieri und Rosenthal, 1991;

Berzins J I (1977) Therapist-patient matching. In: A S Gurman und A M Razin (eds) Effective psychotherapy: a handbook of research, 222-251. Elmsford NY: Pergamon.

Beule, W. (1989). *Computerunterstützte Textanalyse von Dialogen mit Schizophrenen, Psychosomatikern und Gesunden*. Unveröffentlichte Diplomarbeit, Fachrichtung Psychologie, Universität des Saarlands, Saarbrücken.

Beutler L.E., Machado P.P.P. und Allstetter Neufeld S. (1994) Therapist variables. In: A.E. Bergin und S.L. Garfield (Eds.) *Handbook of Psychotherapy and Behavior Change*. 4th Edition, 229-269. New York: Wiley.

Beutler, L.E. (1998) Identifying empirically supported treatments: What if we didn't? *Journal-of-Consulting-and-Clinical-Psychology*. 1998 Feb; Vol 66(1): 113-120

Bischof, N. (1985). *Das Rätsel Ödipus*. München: Piper.

Bischof, N. (1996). Untersuchungen zur Systemanalyse der Sozialen Motivation IV: Die Spielarten des Lächelns als Problem der Sollwertanpassung. *Zeitschrift für Psychologie*, 204, S.1-40.

Bleuler, E. (1969). *Lehrbuch der Psychiatrie*. Heidelberg: Springer (11.Auflage).

Bommert, C. (1993). *Körperorientierte Psychotherapie nach sexueller Gewalt*. o.O.: Beltz.

Book, H.E. (1998). *How to practice brief psychodynamic psychotherapy: The core conflictual relationship theme method.* Washington, DC, USA: American Psychological Association.

Bowers, T. G. und Clum, G. A. (1988). Relative contribution of specific and nonspecific treatment effects: Meta-analysis of placebo-controlled behavior therapy research. Psychological Bulletin, 315-323.

Bowlby, J. (1977). The making and breaking of affectional bonds: 1. Aetiology and psychopathology in the light of attachement theory. *British Journal of Psychiatry*, 130, 201-210.

Bowlby, J. (1980). *Attachment and loss*. Vol. 3. Loss. New York: Basic Books.

Bregman, A.S. (1971). Perception and behaviors as compositions of ideals. *Cognitive Psychology*, 9, S. 250-292.

Bretherton, I. und Waters, E. (1985). *Growing points in attachment theory and research.* Society for research in child development serial no. 209

Bröhl, R. (1988). *Visuelles Verhalten von Schizophrenen in dyadischer Interaktion*. Unveröffentlichte Diplomarbeit, Fachrichtung Psychologie, Universität des Saarlands, Saarbrüc??ken.

Brozgold, A. Z., Borod, J. C., Martin, C. C., Pick, L. H., Alpert, M., Welkowitz, J. (1998). Social functioning and facial emotional expression in neurological and psychiatric disorders. *Applied-Neuropsychology*, 5(1), 15-23.

Bucci, W. (1997). *Psychoanalysis and cognitive science.* A multiple code theory. New York Guilford Press.

Buck, R. (1983). Recent approaches to the study of nonverbal receiving ability. In Weimann, J. und Harrison, R. (Eds.). *Nonverbal communication: The social interaction sphere*.

Buck, R. (1984). *The communication of emotion*. New York: The Guilford Press.

Buck, R. (1993). *Interpersonal expectations. Theory, Research, and Applications.* Press Syndicate ot the University of Cambridge.

Buck, R. und. K., R. (1988). *Cross-cultural assessment of emotion.* Research project funded by the NIMH.

Buckley, P., Karasu, T. B. und Charles, E. (1981). Psychotherapists view their personal therapy. *Psychotherapy: Theory, Research and Practice*, 299-305.

Caspar, F. (1989). *Beziehungen und Probleme verstehen.* (Eine Einführung in die psychotherapeutische Plananlyse). Bern: Huber.

Caston, J. (1980). Plan diagnosis reliability and studies on the effects of interventions. (Bulletin No. 4). San Fransisco: The Psychotherapy Research Group of Zion Hospital and Medical Center.

Cierpka, M.; Strack,-M.; Benninghoven,-D.; Staats,-H.; Dahlbender,-R.; Pokorny,-D.; Frevert,-G.; Blaser,-G.; Kaechele,-H.; Geyer,-M.; Koerner,-A.; Albani,-C., 1998).

Ciompi, L. (1998). *Affektlogik.* Über die Struktur der Psyche und ihre Entwicklung; ein Beitrag zur Schizophrenieforschung. Stuttgart: Klett-Cotta

Clark, M., S. (1992). *Emotion and Social Behavior*. Newbury Park London New Delhi: Sage Publications.

Cobb, L. (1980). Estimation theory for the cusp catastrophe model. *Proceedings of the Section on Survey Research Methods*, 772-776.

Collins, J. F., Ellsworth, R. B., Casey, N. A., Hyer, L., Hickey, R. H., Schoonover, R. A., Twemlow, S. W. und Nesselroade, J. R. (1985). Treatment characteristics of psychiatric programs that correlate with patient community adjustment. *Journal of Clinical Psychology*, 299-308.

Collins, W. und Messer, S. B. (1991). Extending the plan formulation method to an object relations perspective: Reliability, stability and adaptibility. Psychological Assessment: *A Journal of Consulting and Clinical Psychology*, 3, 75-81.

Condon, W. S. und Ogston, W. D. (1966). Sound film analysis of normal and pathological behavior patterns. *Journal of nervous and mental disease*, 338-347.

Corbishley,M.A., Hendrickson, R., Beutler, L.E. und Engle, D. (1990). Behavior, affect, and cognition among psychogenic pain patients in group expressive psychotherapy. *Journal-of-Pain-and-Symptom-Management*. 1990 Aug; Vol 5(4): 241-248

Crits-Christoph, P.C. und Demorest, A. (1991). Qualitative assessment of relationship theme components. In: In Horowitz, M. (Ed). *Person schemas and maladaptive interpersonal patterns*. Chicago, London: The University Press of Chicago.

Czogalik, D. und Russell, R., L. (1994). Therapist structure of participation [An application of P-technique and chronographic analysis]. *Psychotherapy Research, 4*, 75-94.

Dahlbender, R.W., Albani, C., Pokorny, D., Kaechele, H. (1998). The Connected Central Relationship Patterns (CCRP): A structural version of the CCRT. *Psychotherapy-Research*. 1998 Win; Vol 8(4): 408-425

Dahme, B. (1977). *Zeitreihenanalyse des psychotherapeutischen Prozesses*. In: Petermann, F. (Hrsg.): Methodische Grundlagen klinischer Psychologie. Weinheim: Beltz,1977.

Daser, E. (1995). Nonverbale Kommunikation im therapeutischen Dialog. *Forum der Psychoanalyse*, 11, S.119-132.

Derogatis, L. R., Lipmann, R. S. und Covi, L. (1973). An outpatient psychiatric rating scale. SCL-90 T. *Psychopharmacological Bulletin*, 13-28.

DeRubeis, R. J., und Feeley, M. (1990). Determinants of change in cognitive therapy for depression. *Cognitive Therapy and research*, 14, 469-482.

DeVoge, J.T. und Beck, S. (1978). The therapist-client relationship in behavior therapy. In: Herksen, M., Eisler, R.M., und Miller, P.M. *Progress in behavior modification*. Vol. 6, S.203-248. New York: Academic Press.

Dreher, M.; Mengele, U.; Krause, R. und Kaemmerer, A.. (2000). Affektive Indikatoren des therapeutischen Prozesses. Eine empirische Fallgeschichte." (Affective indicators of the psychotherapeutic process. An empirical case-study). Eingereicht in: *Psychotherapy Research*.

DSM-IV Sourcebooks (1994). Band 1 bis Band 3. Washington DC: American Psychiatric Association.

Duncan, S. und Fiske, D. W. (1977). *Face-to-face interaction*. Research, methods, and theory. Hillsdale, NJ: Lawrence Erlbaum

Eckert, J. (1986). *Erfahrungen und Überlegungen bei der Behandlung von Patienten mit einer Borderline-Persön- lichkeitsstörung oder: Das Transzendieren des Integra- tionsgedankens*. In: A. Schorr (Hrsg.) Psychologie Mitte der 80er Jahre. Bonn: Deutscher Psychologen Verlag, 257-262.

Edelmann, G.M. (1992). Göttliche Luft – Vernichtendes Feuer. München: Piper.

Ekman, P. (1972). Universals and cultural differences in facial expression of emotion. In J. R. Cole (Ed.), *Nebraska Symposium on Motivation* (pp. 207-283). Lincoln: University of Nebraska Press.

Ekman, P. (1982). *Emotion in the human face* (2nd). Cambridge: Cambridge University Press.

Ekman, P. (1984). Expression and the nature of emotion. In K. Scherer, und P. Ekman (Eds.), *Approaches to emotion*. Hillsdale, New York: Lawrence Erlbaum.

Ekman, P. (1985). *Telling lies.* (Clues to deceit in the marketplace, marriage, and politics). New York: Norton.

Ekman, P. (1985). *Telling lies.* New York London: W W Norton und Company.

Ekman, P. (1988). *Gesichtsausdruck und Gefühl.* Jungfermann Verlag, Paderborn, 1988.

Ekman, P. (1988). Lying and nonverbal behavior: Theroetical issues and new findings. *Journal of Nonverbal Behavior, 12*, 163-175.

Ekman, P. (1992). An Argument for basic emotions. *Cognition and Emotion, 6* (3/4), S.169-200.

Ekman, P. und Friesen, W. (1968). Nonverbal behavior in psychotherapy research. In J. M. Shlien (Hrsg.), *Research in psychotherapy* (Band 3, S. 179-216). o.O.

Ekman, P. und Friesen, W. V. (1969). *The repertoire of nonverbal behavior.* Categories, Origins, Usage and Coding. Semiotica, 1, 49-98.

Ekman, P. und Friesen, W. V. (1975). *Unmasking the face* (A guide to recognizing emotions from facial clues). Englewood Cliffs, NJ: Prentice-Hall.

Ekman, P. und Friesen, W.V. (1978). *Manual for the Facial Action Coding System.* Palo Alto: Consulting Psychologists Press.

Ekman, P., Friesen, W., V. (1978). *The facial action coding system (FACS)* (A technique for the measurment of facial action). Palo Alto, CA: Consulting Psychologists Press.

Ekman, P. und Friesen, W. V. (1982). The felt, false and miserable smiles. *Journal of Nonverbal Behavior, 6*, 238-252.

Ekman, P. und Davidson, R., J. (1994). *The Nature of Emotion* (Fundamental Questions). New York Oxford: Oxford University Press.

Ellgring, H. (1989). *Nonverbal communication in depression.* Cambridge: Cambridge University Press.

Ellgring, H. (1997). Nonverbal expression of psychological states in psychiatric patients. In: Ekman, P. und Rosenberg, E.L. (Eds.). *What the face reveals: Basic and applied studies of spontaneous expression using the Facial Action Coding System (FACS).* S.386-397. New York: Oxford University Press.

Ellgring, H. und Smith, M. (1998). Affect regulation during psychosis. In: Flack und Laird (Eds.). *Emotions in psychopathology.* Theory and research. New York, Oxford: Oxford University Press.

Elliott, R. (1984). *A discovery-oriented approach to significant events in psychotherapy: Interpersonal process recall and comprehensive process analysis.* In Rice, L.N. und Greenberg, L.S. (Hrsg.)Patterns of change. Intensive analysis of psychotherapy process. New York: Guilford.

Ellis, A. (1962). *Reason and emotion in psychotherapy.* New York: Lyle Stuart.

Ellis, A. und Höllen, B. (1997). *Die rational-emotive Verhaltenstherapie.* Reflexionen und Neubestimmungen. München: Pfeiffer.

Epstein, W. M. (1984). Technology and social work 1: The effectiveness of psychotherapy. *Journal of applied social sciences*, 8(2), 155-175.

Epstein, W. (1995). *The illusion of psychotherapy.* New Brunswick, New Jersey: Transaction publishers.

Eysenck, H., J. (1952). The effects of psychotherapy: An evaluation. *Journal Consulting Psychology*, 16, S.319-324.

Eysenck, H., J. (1993). Grawe and the effectivness of psychotherapy: some comments. *Psychologische Rundschau*, 177-180.

Faber, F. R. und. H., R. (1989). *Kommentar Psychotherapie- Richtlinien: Gutachterverfahren in der Psychotherapie.* Neckarsulm, München Jungjohann Verlagsgesellschaft.

Fahrenberg, J. (1975). *Die Freiburger Beschwerdenliste FBL.* Zeitschrift für Klinische Psychologie 4, 79-100.

Fahrenberg, J., Kuhn, M., Kulick, B. und Myrtek, M. (1977). *Methodenentwicklung für psychologische Zeitreihenstudien.* Diagnostica, 23, 1977, 15-36.

Faller, H., Rudolf, G. (1998). Die Bedeutung der therapeutischen Arbeitsbeziehung fuer Diagnostik und Indikationsstellung bei Psychotherapiepatienten. *Zeitschrift-fuer-Psychosomatische-Medizin-und-Psychoanalyse.* 1998; Vol 44(1): 54-71

Feldes, D. und Hochauf, R. (1978). Empirische Untersuchungen zur Stellung des Therapeuten in Psychotherapeutischen Gesprächsgruppen. *Psychiatrie, Neurologie und medizinische Psychologie*, 30, 648-656.

Fiedler, P. (1995). *Persönlichkeitsstörungen.* Weinheim: Psychologie Verlags Union.

Fiedler, P. (1997). Therapieplanung in der modernen Verhaltenstherapie. Von der allgemeinen zur phänomen- und störungsspezifischen Behandlung. *Verhaltenstherapie und Verhaltensmedizin, 18*, 1, S.137-159.

Fiedler, P., Albrecht, M. und Rogge, K.E. (1987). *Das Sprechen über Gefühle in veränderungsrelevanten Psychotherapie- Episoden.* Vortrag, Fachkonferenz „Changing Emotions", Mai 1987. Psychologisches Institut der FU Berlin.

Flack und Laird (1998). *Emotions in psychopathology.* Theory and research. New York, Oxford: Oxford University Press.

Flack, W.F., Cavallaro, L.A., Laird, J.D., Miller, D.R. (1997). Accurate encoding and decoding of emotional facial expressions in schizophrenia. *Psychiatry: Interpersonal and biological processes.* 60, 3, S.197-210.

Ford, D.H. und Urban, H.B. (1998). *Contemporary models of psychotherapy.* Canada: John Wiley und Sons, Inc.

Freeman, W. (1994). *Societies of brains.* Hillsdale, NJ: Erlbaum.

French, T. M. (1970). *Hope and repudiation of hope in psychoanalytic therapy.* In: French, T.M. Psychoanalytic interpretations. Chicago: Quadrangle Books, 269-292.

Fretter, P. B., Bucci, W., Broitman, J., Silberschatz, G. und Curtis J. (1994). How the patients plan relates to the concept of transference. *Psychotherapy Research*, 4, 58-72.

Freud, S. (1971). *Hysterie und Angst.* Studienausgabe Bd. 6. Frankfurt: S.Fischer.

Fridlund, A. J. (1991). The sociality of solitary smiles: Effects of an implicit audience. *Journal of Personality and Social Psychology, 60*, 229-240.

Friedman, H. S., Harris, M. J. und Hall, J. A. (1984). Nonverbal expression of emotion: Healthy charisma or coronary-prone behavior. In G. van Dyke, L. Temoshok und L. S. Zegans (Eds.), *Emotions in Helth and Illness*: Applications to clinical practise. New York: Grune und Stratton.

Friesen, W. und Ekman, P. (1984). *EMFACS-7: Emotional Facial Action Coding System,* Version 7. Unveröffentlicht.

Friesen, W. (1988). *Interpretationsprogramm EMFACS.*

Frieswyk, S. H., Allen, J. G., Colson, D. B., Coyne, L., Gabbard, G. O. und Horwitz, L. und. N., G. (1986)). *Therapeutic alliance: Its place as a process and outcome variable in dynamic psychotherapy research.* Journal of Consulting and Clinical Psychology, 54, 32-38.

Frijda, N. H. (1986). *The emotions.* Cambridge: Uniiversity press.

Frisch, I., Schwab, F. und Krause, R. (1995). Affektives Ausdrucksverhalten gesunder und an Colitis erkrankter männlicher und weiblicher Erwachsener. *Zeitschrift für Klinische Psychologie*, 24, 230-238.

Frisch, Ingrid (1997). Eine Frage des Geschlechts? *Mimischer Ausdruck und Affekterleben in Gesprächen.* Saarländische Schriftenreihe zur Frauenforschung. St.Ingbert: Röhrig.

Gaebel, W. und Wölver, W. (1992). Facial expression and emotional face recognition in schizophrenia and depression. *European Archives of Psychiatry and Clinical Neurscience.* 242, 1, S. 46-52

Garfield, S.L. (1996). Some problems with „validated“ forms of psychotherapy. Clinical Psychology, Science and Practice, 3, 218-229.

Gaston, L. (1990). The concept of the alliance and ist role in psychotherapy: theoretical and empirical considerations. *Psychotherapy*, 27, 143-153.

Gaston, L., Marmar, C.R., Gallagher, D. und Thompson, L.W. (1991). Alliance prediction of outcome beyond intreatment symptomatic change as psychotherapy processes. *Psychotherapy Research*, 1, S.104-113.

Geerts,-Erwin; Bouhuys,-Netty; Van-den-Hoofdakker,-Rutger-H. (1996). Nonverbal attunement between depressed patients and an interviewer predicts subsequent improvement. *Journal-of-Affective-Disorders*. 1996 Sep; Vol 40(1-2): 15-21

Gelso, C., J. und Hayes, J., A. (1998). *The psychotherapy relationship* (Theory, Research and Practice). New York: John Wiley und Sons, Inc.

Geyer, M. (1989). *Methodik des psychotherapeutischen Einzelgesprächs*. Leipzig: VEB Johann Ambrosius Barth, 1989.

Geyer, M., Plöttner, G. und Ludwig, E. (1987). *Therapiemotivation und therapeutische Beziehung - Kriterien für die Abbildung und Kontrolle des Prozesses in der Gruppenpsychotherapie.* o.O.

Geyer, M., Plöttner, G. und Winiecki, P. (1988). *Das Psychotherapie-Prozeßforschungsprojekt Leipzig.* o.O.

Geyer, M., Plöttner, G. und Winiecki, P. (1989). *Die Schätzskala zur Psychotherapiemotivation als prozeßbegleitendes Verfahren.* Zeitschrift für klinische Medizin, 44, 2189-2192.

Gilmore, R. (1981). *Catastrophe theory for scientists and engineers*. New York: Wiley.

Glass, G. V., Willson, V.L. und Gottmann, J.M. (1975). *Design and analysis of time series experiments.* Boulder, Colorado Univ. Press, 1975.

Goldberger, A.L. (1990). Nonlinear dynamics, fractals and chaos: Applications to cardiac electro-physiology. *Annals of Biomedical Engineering*, 18, S.195-198.

Goldfried, M. G. (1982). *Converging themes in psychotherapy.* Trends in psychodynamic, humanistic and behavioral practice. New York: Springer

Goldfried, M. R., und Robins, C. J. (1983). Self.schema, cognitive bias, and the processing of therapeutic experiences. In P. C. Kendall (Ed.), *Advances in cognitive-behavioral research and therapy* (Vol. 2, pp. 33-80). San Diego, CA: Academic Press.

Goncalves, Oscar F. (1995). Cognitive Narrative Psychotherapy: The hermaneutic construction of alternative meanings. In Mahoney, J. M. (1995). *Cognitive and Constructive Psychotherapies*. New York: Springer.

Gotlib, I.H. und McCann, C.D. (1984). Construct accessibility and depression: an examination of cognitive and affective factors. *Journal of Personality and Social Psychology*, 47, 427-439.

Gottman, J.M. und Roy, A.K. (1990). *Sequential analysis*. New York: Cambridge University Press.

Gottmann, J., M. (1993). Special Section: The Analysis of Change. *Journal of Consulting and Clinical Psychology*, *61*.

Gottmann, J., M. (1993). The roles of conflict engagement, escalation, and avoidance in marital interaction: a longitudinal view of five types of couples. *Journal of Consulting and Clinical Psychology*, *61*, 6-15.

Grawe, K. (Hrsg.), (1980). *Verhaltenstherapie in Gruppen*. München: Urban und Schwarzenberg.

Grawe, K. (1987). *Differential correlations between asessments in the therapist and client questionaires and therapeutic outcome.* Paper presented at the 18th annual SPR-Meeting, Ulm, Juni 1987.

Grawe, K. (1987). Psychotherapie als Entwicklungsstimulation von Schemata. Ein Prozeß mit nicht vorhersagbarem Ausgang. In: Caspar, F. (Hrsg.), *Problemanalyse in der Psychotherapie*. Bestandsaufnahme und Perspektiven. Forum 13 der DGVT, Tübingen, 72-87.

Grawe, K. (1988). *Zurück zur psychotherapeutischen Einzelfallforschung.* Zeitschrift für Klinische Psychologie 1988, 12, 1, 1-7.

Grawe, K. (1989). *A comparison between the correlations between inputs, process, and outcome variables of the Generic Model for different forms of psychotherapy*. Paper presented at the 20th Annual Meeting of the Society for Psychotherapy Research, Toronto.

Grawe, K. (1992a). Komplementäre Beziehungsgestaltung als Mittel zur Herstellung einer guten Therapiebeziehung. In: Margraf, J. und Brengelmann, J., C.. Die Therapeut-Patient- Beziehung in der Verhaltenstherapie. S.215-244. München: Röttger.

Grawe, K. (1992b). Psychotherapieforschung zu Beginn der neunziger Jahre. *Psychologische Rundschau*, 132-162.

Grawe, K. (1997). „Moderne“ Verhaltenstherapie oder allgemeine Psychotherapie?. *Verhaltenstherapie und Verhaltensmedizin, 18*, 137-159.

Grawe, K. (1998). *Psychologische Therapie*. Göttingen: Hogrefe.

Grawe, K., Mezenen, U., Müller, H.P., Ambühl, H.R., Caspar, F. und Ernold, E. (1987b). *The Bernese comparative treatment study: Design and results of process-outcome analyses.* Paper presented at the 18th annual SPR-meeting, Ulm, Juni 1987.

Grawe, K., Siegfried, J., Donati, R., Louis, C. und Bernauer, F. (1987a). *The Bernese project of a differential analysis of psychotherapy outcome studies: A summary report of the most interesting findings.* Paper presented at the 18th annual SPR- meeting, Ulm, Juni 1987.

Grawe, K., Casper, F. und Ambühl, H. (1990). Die Berner Therapievergleichsstudie: Wirkungsvergleich und differentielle Indikation. *Zeitschrift für Klinische Psychologie*, 19, 4, S.338-361.

Grawe, K. Donati, R. Bernauer, F. (1994a). *Psychotherapie im Wandel. Von der Konfession zur Profession*. Göttingen: Hogrefe.

Grawe, K.; Grawe-Gerber, M.; Heininger, B. Ambühl; H. und Caspar, F. (1994b). *Schematheoretische Fallkonzeption und Therapieplanung*. Eine Anleitung für Therapeuten. Forschungsberichte aus dem psychologischen Institut der Universität Bern.

Greenberg, L., R. (1991). Research on the process of change. *Psychotherapy*, 3-16.

Greenberg, L.S. und Safran, J.D. (1987). *Emotion in psychotherapy*. Affect, cognition and the process of change. New York: Guilford Press.

Greenberg, L.S. und Paivio, S.C. (1997). *Working with emotions in psychotherapy*. New York, London: The Guilford Press.

Guastello, S. J. (1988). Catastrophe modeling of the accident process. Organizational subunit size. *Psychological Bulletin*, 103, 246-255.

Guidano, V.F. und Liotti, G. (1983). *Cognitive processes and emotional disorder*. New York: Guilford.

Guidano, V.F. (1995). A constructivist outline of human knowing processes. In Mahoney, J. M. *Cognitive and Constructive Psychotherapies*. New York: Springer.

Hahlweg, Dürr und Müller (1995). *Familienbetreuung schizophrener Patienten*. Weinheim: Beltz Psychologie Verlags Union.

Hall, J. A. und Briton, N. J. (1993). Gender, nonverbal behavior, and expectations. In Buck, R. (1993). *Interpersonal expectations. Theory, Research, and Applications.* Press Syndicate ot the University of Cambridge.

Hall, J.A. und Harrigan, J.A. (1995). Nonverbal behavior in clinician-patient interaction. *Applied and Preventive Psychology*, 4(21), S.21-37.

Hartelmann, P. A. I., Van der Maas, H. L. J. und Molenaar, P. C. M. (1998). Detecting and modelling developmental transitions. *British Journal of Developmental Psychology*, 16, 97-122.

Head, H. (1920). *Studies in neurology*. New York: Oxford University Press.

Hechtman, S., und Rosenthal, R. (1991). Teacher sex and nonverbal behavior in the teaching of sexually stereotyped material. *Journal of Applied Social Psychology*, 21, 446-459.

Heidelberg, R. und Song, E. (1984). *Unmittelbare Reaktionen auf Übertragungsdeutungen in einer psychoanalytischen Fokaltherapie*. Unveröffentlichte Lizentiatsarbeit. Psychologisches Institut der Universität Zürich.

Henry, W. P. (1998). Science, politics and the politics of science: The use and Misuse of empirically validated treatment research. *Psychotherapy Research*, 8(2), 126-140.

Henry, W. P., Schacht, T. E., Strupp, H. H., Binder, J. L. und Butler, S. F. (1993). The effects of training in time-limited dynamic psychotherapy: Changes in the therapist behavior. *Journal of Consulting and Clinical Psychology*, 61, 434-440.

Henry, W. P.; Strupp, H. H.; Schacht, T. E. und Gaston, L. (1994). Psychodynamic approaches. In Bergin A. E. *Handbook of psychotherapy and behavior change*. New York: Wiley.

Hentschel,-Uwe; Bijleveld,-Catrien-C.-J.-H.; Rudolf,-Gerd (1999). Psychodynamische persoenlichkeits-merkmale von Psychotherapeuten in Beziehung zum Therapieerfolg. *Psychotherapie-Psychosomatik-Medizinische-Psychologie*. 1999 Feb; Vol 49(2): 55-63

Hobson, R. F. (1985). *Forms of feeling: The heart of psychotherapy*. New York: Basic Books.

Hoffmann, S.O. (1992). Bewunderung, etwas Scham und verbliebene Zweifel. Anmerkungen zu Klaus Grawes „Psychotherapieforschung zu Beginn der neunziger Jahre“. *Psychologische Rundschau*, 1992, 43, 163-167

Hokanson, J. E., Burgess, M. und Cohen, M. F. (1963). Effects of displaced aggression on systolic blood pressure. *Journal of Abnormal and Social Psychology*, 67, 214-218.

Hollaender, J., Florian, I., Freudenberg, G. (1984). Emotionsausdruck und Exspirationsleitung bei Kindern mit Asthma bronchiale und ihren Müttern. In Albert Dietrich. *Bericht über den 34. Kongress der Deutschen Gesellschaft für Psychologie in Wien. Band II Anwendungsbezogene Forschung*. Göttingen: Hogrefe.

Hölzer, M. und. S., N. (1988). *Das Gefühlwörterbuch GFWB.* Arbeitspapier. Sektion Informatik in der Psychotherapie, Ulm.

Horowitz, M.J. (1979). *States of mind.* New York: Plenum.

Horowitz, M.J. (1991). Person schemas. In Horowitz, M. (Ed). *Person schemas and maladaptive interpersonal patterns.* Chicago, London: The University Press of Chicago.

Horowitz, L.,M. (1994).Configurational analysis and the use of role-relationship models to understand transference. *Psychotherapy Research*, 4(3und4), S. 184-196.

Horowitz, L.,M. (1994). Pschemas, Psychopathology, and Psychotherapy Research. *Psychotherapy Research*, *4*, 1-19.

Horowitz (1997). *Formulation as a basis for planning psychotherapy treatment*. Washington DC, London: American Psychiatric Press.

Horowitz, L. M., Inouye, D. und Siegelman, E. Y. (1979). On averaging judges‘ ratings to increase their correlation with an external criterion. *Journal of Consulting and Clinical Pychology*, 47, 453-458.

Horowitz, L. M., Rosenberg, S. E., Ureno, G., Kalehzan, B. M. und O'Halloran, P. (1989). Psychodynamic formulation, consensual response method and interpersonal problems. *Journal of Consulting and Clinical Psychology*, 57, 599-606.

Horowitz, L. M., Rosenberg, S. E. (1994). The consensual response psychodynamic formulation: Part 1: Method and research results. *Psychotherapy Research*, 4(3und4), S. 222-233.

Horvath, A., O. und Luborsky, L. (1993). The Role of the Therapeutic Alliance in Psychotherapy. *Journal of Consulting and Clinical Psychology, 61*, 561-573.

Hufnagel, H., Krause, R., Steimer-Krause, E. und Wagner, G. (1993). Facial expression and introspection within different groups of mental disturbances. In J.W. Pennebaker und H.C. Traue (Eds.), *Emotion, Inhibition and Health* (164-178). Göttingen: Huber und Hogrefe.

Ickes, W., Patterson, M. L., Rajecki, D. W. und Tanford, S. (1982). Behavioral and cognitive consequences of reciprocal versus compensatory responses to pre-interaction expectancies. *Social Cognition*, 160-190.

Izard, C.E. (1977). *Human emotions*. New York: Plenum Press.

Izard, C. E. (1990). Facial Expressions and the Regulation of Emotions. *Journal of Personality and Social Psychology, 58*, 487- 498.

Janke, W. und. Debus, G. (1977). *Die Eigenschaftswörterliste, EWL*. Hogrefe, 1977.

Johnson, M. E., Popp, C., Schacht, T. E., Mellon, J. und Strupp, H. H. (1989) Converging evidence for identification of recurrent relationship themes: Comparison of two methods. *Psychiatry*, 52, 275-288.

Kaiser, S. und Scherer, K. (1998). Models of „normal" emotions applied to facial and vocal expression in clinical disorder. In: Flack, W. und Laird, J., *Emotions in psychopathology. Theory and research.* New York, Oxford: Oxford University Press.

Kanfer, F.H.; Reinecker, H. und Schmelzer, D. (1991). *Selbstmanagement-Therapie als Veränderungsprozess*: ein Lehrbuch für die klinische Praxis. Berlin: Springer.

Kappas, A. (1997). The fascination with faces: are they windows to our soul? *Journal of nonverbal behavior*, 21(3), S.157-162.

Kazdin, A.E. (1994). Methodology, design, and evaluation in psychotherapy. In Bergin, A.E. und Garfield, S.L. (Eds.). *Handbook of psychotherapy and behavior change*. (4th ed., S.19-71).

Kendon, A. (1977). *Studies in the behavior of social interaction*. Bloomington: Indiana Univ.: Indiana University Publication.

Kernberg, O.F. (1988). *Borderline-Störungen und pathologischer Narzißmus*. Frankfurt am Main: Suhrkamp, 3.Auflage.

Keßler, B.H. (1983). Rational emotive Therapie. In: Corsini, R.J. (Hrsg.). Handbuch der Psychotherapie. Bd.2. Weinheim: Beltz, S.1105-1126.

Kiesler, D.J. (1995). Research classic: „Some myths of psychotherapy research and the search for a paradigm": Revisited. *Psychotherapy Research*, 5, 2, S.91-101.

Kirsch, A. (2000). *Trauma und Wirklichkeit*: Ein Experten-Delphi zum Thema „wiederauftauchende Erinnerungen". Dissertation. Universität des Saarlandes.

Klerman, G. L., Weissman, M. M. und Rounsaville, B. J. (1984). *Interpersonal psychotherapy of depression*. New York: Basic Books.

Kluitmann, A. (1999). Es lockt bis zum Erbrechen. Zur psychischen Bedeutung des Ekels. *Forum der Psychoanalyse*, 15, 267-281.

Kosslyn (1980). *Image and mind*. Cambridge, MA: Harvard University Press.

Kowalik,-Zbigniew-J.; Schiepek,-Guenter; Kumpf,-Kai; Roberts,-Larry-E.; Elbert,-Thomas (1997). Psychotherapy as a chaotic process: II. The application of nonlinear analysis methods on quasi time series of the client-therapist interaction: A nonstationary approach. *Psychotherapy-Research*. 1997 Fal; Vol 7(3): 197-218

Krause, R. (1981). *Sprache und Affekt*. Stuttgart: Kohlhammer.

Krause, R. (1990). Psychodynamik der Emotionsstörungen. In. K.R. Scherer (Hrsg.). *Psychologie der Emotionen. Enzyklopädie der Psychologie*. Themenbereich C, Theorie und Forschung, Serie IV, Motivation und Emotion, Band 3, Psychologie der Emotion. Göttingen: Hogrefe, 630 – 705.

Krause, R. (1992). Die Zweierbeziehung als Grundlage der psychoanalytischen Therapie. *Psyche*, 588-618.

Krause, R. (1997). Allgemeine psychoanalytische Krankheitslehre. Band 1: Grundlagen. Stuttgart: Kohlhammer.

Krause, R. (1998). Allgemeine psychoanalytische Krankheitslehre. Band 2: Modelle. Stuttgart: Kohlhammer.

Krause, R. und. Lütolf, P. (1989). *Mimische Indikatoren von Übertragungsvorgängen – Erste Untersuchungen.* Zeitschrift für Klinische Psychologie 18, 55-67.

Krause, R., Steimer, E. und Sänger-Alt, C. und. W., G. (1989). *Facial expression of schizophrenic patients and their interaction partners.* Psychiatry: Interpersonal and Biological Processes, 52, 1-12.

Krause, R., Steimer-Krause, E. und Ullrich, B. (1992). Anwendung der Affektforschung auf die psychoanalytisch psychotherapeutische Praxis. *Forum der Psychoanalyse*, *8*, 238-253.

Krause, R., Steimer-Krause, E., Merten, J. und Ullrich, B. (1998). Dyadic interaction regulation emotion and psychopathology. In W.Flack und J. Laird (Eds.), *Emotions and Psychopathology: Theory and Research.* Oxford: University Press, S.70-80.

Kroeger, F. und Petzold, E. (1985). Klinische Psychosomatik. Blutdruckregulation. Problemstellung aus systemtheoretischer Sicht. *Zeitschrift für Psychosomatische Medizin und Psychoanalyse*, 31(4), 339-354.

Krupnick, J.L., Sotsky, S.M., Simmens, S., Moyer, J., Elkin, I., Watkins, J. und Pilkonis, P. (1996). The role of the psychotherapeutic alliance iin psychotherapy and pharmacotherapy outcome: Findings in the NIMH Treatment of Depression Collaborative Research Program. *Journal of Clinical and Consulting Psychology*, 64, S.532-539.

Küchler, T. (1982). *Nonverbaler und verbaler Gefühlsausdruck bei Patienten mit psychosomatischen Erkrankungen. Eine konzeptuelle und empirische Studie.* Universitätsbilbliothek Trier.

Kuhl, J. (1996). Wille, Freiheit, Verantwortung: Alte Antinomien aus experimentalpsychologischer Sicht. In M. von Cranach und K. Foppa (Hrsg.*), Freiheit des Entscheidens und Handelns: Ein Problem der nomologischen Psychologie* (S. 179-211). Heidelberg: A-sanger.

Lambert, M. J. und Shapiro, D. A. und. B., A.E. (1986). *The effectiveness of psychotherapy.* In S.L. Garfield und A.E. Bergin (Eds.) Handbook of psychotherapy and behavior change (3rd Edition) New York: Wiley, 157-211.

Lambert, M., Weber, F. D. und Sykes, J. D. (1993). *Psychotherapy versus placebo therapies: A review of the Metaanalytic literture.* Poster presented at the annual meeting of the Western Psychological Association, Phoenix, Arizona.

LaPlanche, J. und Pontalis, J.B. (1980). *Das Vokabular der Psychoanalyse.* Band 1 und 2. Frankfurt: Suhrkamp.

Lazarus, R.S. (1991). *Emotion and adaptation.* New York: Oxford University Press.

Leary, T. (1957). *Interpersonal diagnostics.* New York: Ronald Press.

LeDoux, J.E. (1996). *The Emotional Brain.* New York: Simon und Schuster.

Leuzinger-Bohleber, M. (1989). *Veränderung kognitiver Prozesse in Psychoanalysen. Band 2: Fünf aggregierte Einzelfälle.* Berlin: Springer.

Leuzinger-Bohleber, M. (1996). Erinnern in der Übertragung. Zum interdisziplinären Dialog zwischen Psychoanalyse und biologischer Gedächtnisforschung. *Zeitschrift für Psychotherapie, Psychosomatik und Medizinische Psychologie*, *46*, 217-227.

Leuzinger-Bohleber, M., Pfeifer, R., and Röckerath, K. (1998). Wo bleibt das Gedächtnis? Psychoanalyse und Embodied Cognitive Science im Dialog. In: M. Leuzinger-Bohleber (ed.). *Erinnerung von Wirklichkeiten. Psychoanalyse und Neurowissenschaften im Dialog*, 517-588.

Levenson,-Hanna; Strupp,-Hans-H. (1999). Recommendations for the future of training in brief dynamic psychotherapy. *Journal-of-Clinical-Psychology*. 1999 Apr; Vol 55(4): 385-391

Liotti, G. (1991). Patterns of attachment and the assessment of interpersonal schemata: Understanding and changing difficult patient-therapist relationships in cognitive psychotherapy. *Journal of Cognitive Psychotherapy*, 5, 105-114.

Luborsky, L. (1977). *Measuring a pervasive structure in psychotherapy: The core conflictual relationship theme method.* In: N. Freedman und N. Grand (Eds.) Communicative structures and psychic structures. New York: Plenum Press, 367-395.

Luborsky, L. (1988). *Einführung in die analytische Psychotherapie: ein Lehrbuch.* Bern: Springer.

Luborsky, L. und Singer, B. und. L., L. (1975). *Comparative studies of psychotherapy.* Archives of General Psychiatry 32, 995-1008.

Luborsky, L., McLellan, A. T., Woody, G. E. und O'Brien, C. P. und. A., A. (1985). *Therapist success and its determinants.* Archives of General Psychiatry 42, 602-611.

Luborsky, L. und Crits-Christoph, P. (1990). Understanding transference: The CCRT method. New York: Basic Books.

Luborsky, L. und Barber, J. P. (1994). Perspectives on seven transference-related measures applied to the interview with Ms. Smithfield. *Psychotherapy Research*, 4, 152-154.

Luborsky, L., Popp, C., Luborsky, E. und Mark, D. (1994). The core conflictual relationship theme. *Psychotherapy-Research.* 1994 Fal-Win; Vol 4(3-4): 172-183

Magnusson, M.S. (1996). Hidden Real-Time Patterns in Intra- and Inter-Individual Behavior: Description and Detection. *European Journal of Psychological Assessment*, Vol. 12, Issue 2,p. 112-123.

Mahoney, J. M. (1995). *Cognitive and Constructive Psychotherapies*. New York: Springer.

Mahoney, M. J., Miller, H. M., Arciero, G. (1995). Constructive Metatheory and the Nature of Mental Representation. In Mahoney, J. M. (1995). *Cognitive and Constructive Psychotherapies*. New York: Springer.

Mandal, M. K., Pandey, R. und Prasad, A. B., (1998). Facial expressions of emotions and schizophrenia: A review. *Schizophrenia-Bulletin*, 24(3), 399-412.

Mandler, G. (1975). *Mind and emotion*. New York: Wiley.

Margraf, J. und Brengelmann, J., C. (1994). Die Therapeut-Patient- Beziehung in der Verhaltenstherapie. *Therapieforschung für die Praxis*.

Matt, G. und. Wittmann, W. (1985). *Zum Status Quo kontrollierter deutschsprachiger Psychotherapieeffekt- forschung aus dem Blickwinkel einer Meta-Analyse.* Zeitschrift für Klinische Psychologie, 14, 293-312.

Maturana, H. R. und Varela, F. G. (1980). *Autopoiesis and cognition*. Boston: Reidel.

Mavissakalian, M. und Hamman, M. S. (1988). Correlates of DSM-III personality disorder and agoraphobia. *Comprehensive Psychiatry*, 29, 535-544.

Mehrabian, A. (1972). *Nonverbal Communication*. Chicago: Aldine-Athertone.

Meichenbaum, D. , Fitzpatrick, D. (1993). A constructivist narrativ perspective of stress and coping: Stress inoculation applications. In L. Goldberger und S. Breznitz (Eds.), *Handbook of stress*. New York: Free Press.

Mentzos, S. (1996). *Interpersonale und institutionalisierte Abwehr*. Frankfurt am Main: Suhrkamp, 4.Auflage.

Mergenthaler, E. (1996). Emotion-abstraction patterns in verbatim protocols: A new way of describing psychotherapeutic processes. *Journal of Consulting and Clinical Psychology*, 64, 1306-1315.

Mergenthaler, E. (1984). *Die Transkription von Gesprächen. Eine Zusammenstellung der Regeln.* Arbeitspapier, Abteilung Psychotherapie, Universität Ulm (SFB 129 – Projekt B2.

Mergenthaler, E. (1987). *Textanalysesystem TAS/C.* Textanalysesysteme Neu-Ulm.

Merten, J. (1988). *Kinetisches Verhalten von Schizophrenen und ihren Gesprächspartnern.* Unveröffentlichte Diplomarbeit, Fachrichtung Psychologie, Universität des Saarlands, Saarbrücken.

Merten, J. (1996a). *Affekte und die Regulation nonverbalen, interaktiven Verhaltens.* Strukturelle Aspekte mimisch-affektiven Verhaltens und die Integration von Affekten in Regulationsmodelle. Bern: Peter Lang.

Merten, J. (1996b). Regulation von Nähe und Distanz in dyadischen Interaktionen mit schizophrenen Patienten. *Gruppenpsychotherapie und Gruppendynamik,* 3, S.256-273.

Merten, J. (1997a). Facial-affective behavior, mutual gaze and emotional experience in dyadic interactions. *Journal of Nonverbal Behavior,* 21(3), 179-201.

Merten, J. (1997b). Wem gelten negative mimische Abffekte ?. In: Posner, R.; Noll, T.und Schmauser, C.(Hrsg), *Körperbewegungen und ihre Bedeutung.*

Merten, J. und Krause, R. (1993). *DAS (Differentielle Affekt Skala).* Institutsarbeit der Fachrichtung Psychologie. Fachbereich Sozial- und Umweltwissenschaften der Universität des Saarlandes.

Merten, J., Ullrich, B., Anstadt, T., Krause, R. und Buchheim, P. (1996). Emotional experiencing and facial expression in the psychotherapeutic-process and its relation to treatment outcome. A pilot-study. *Psychotherapy Research,* 6 (3).

Mertens, W. (1991). *Einführung in die psychoanalytische Therapie.* Band 3. Stuttgart: Kohlhammer

Meyer, A. E. (Ed.). (1981). *The Hamburg short psychotherapy comparison experiment.* Psychotherapy and Psychosomatics 35, 81- 207.

Meyer, W. U., Niepel, M., Rudolph, U. und Schützwohl, A. (1991). *An experimental analysis of surprise.* Cognition and Emotion, 5, 295-311.

Millon, T. und Everly, G. S. (1985). *Personality and ist disorder: a biosocial learning approach.* New York. Wiley.

Minsky, M. (1975). A framework for representing knowledge. In Winston, P.H. (Ed.). *The psychology of computer vision.* New York: McGraw Hill.

Mohr, D.C., Shoham-Salomon, V., Engle, D., und Beutler, L.E. (1991). The expression of anger in psychotherapy for depression: Its role and measurement. *Psychotherapy-Research.* 1991 Fal-Win; Vol 1(2): 124-134.

Molenaar, P., C. (1987). Dynamic Assessment and Adaptive Optimization of the Psychotherapeutic Process. *Behavioral Assessment, 9,* 389-416.

Monsen, J.T., Odland, T., Faugli, A., Daae, E. und Eilertsen, D.E. (1995). Personality disorders: changes and stability after intensive psychotherapy focussing on affect consciousness. *Psychotherapy Research,* 5(1), S. 33-48.

Moos, R. H. (1974). *Evaluating treatment environments*: A social ecological approach. New York: John Wiley.

Moran, M. G. (1991). Chaos Theory and Psychoanalysis. *International Review of Psychoanalysis, 18,* 211-221.

Morschitzky, H. (1998). Angststörungen: Diagnostik, Erklärungsmodelle, Therapie und Selbsthilfe bei krankhafter Angst. Wien, New York: Springer

Moser, U., von Zeppelin, I. und Schneider, W. (1987). *A la recherche d'une theorie perdue: Ein neues psychoanalytisches Regulierungsmodell kognitiv-affektiver Prozesse.* Bericht Nr. 18 aus der Interdisziplinären Konfliktforschungsstelle, Zürich.

Neimeyer, R. A., Harter, S. und Alexander, P. C. (1991). Group perceptions as predictors of outcome in the treatment of incest survivors. Psychotherapy Research, 149-157.

Nelevic, C. und Timmel, L. (1984). Ein Vergleich von Verarbeitungs- und Widerstandsschweigen anhand des nonverbalen Verhaltens. In E. Bänninger-Huber, H. Schneider und F. Steiner (Hrsg.), *Nonverbales Verhalten als Indikator für kognitiv-affektive Prozesse* (pp. 29-45). Berichte aus der Abteilung Klinische Psychologie, Nr. 13, Psychologisches Institut der Universität Zürich.

Neumann, O. (1989). Kognitive Vermittlung und direkte Parameterspezifikation. Zum Problem mentaler Repräsentaion in der Wahrnehmung. *Sprache und Kognition*, 8, 32-49.

Neumann, O., Ansorge, U. und Klotz, W. (1998). Funktionsdifferenzierung im visuellen Kortex: Grundlage für motorische Aktivierung durch nicht bewußt wahrgenommene Reize? *Psychologische Rundschau*, 4, 185-196.

Ogden, T. H. (1988). *Die projektive Identifikation.* Forum für Psychoanalyse, 4, 1-21.

Olbrich, R. (1994). Die Suche nach Risikofaktoren für psychotisch rezidive schizophrene Erkrankungen. *Zeitschrift für Klinische Psychologie*, 23, 153-163.

OPD Arbeitskreis (Hrsg) (1996). *Operationalisierte psychodynamische Diagnostik.* Grundlagen und Manual. Bern: Huber.

Orlinsky, D.E., Grawe, K. und Parks, B.K. (1994). Process and outcome in psychotherapy - noch einmal. In: Bergin A. E. *Handbook of psychotherapy and behavior change*. New York: Wiley.

Paivio (1986). *Mental representations*. A dual coding approach. New York: Oxford University Press.

Palmer, S.E. (1978). Fundamental aspects of cognitive representations. In Rosch, E. und Lloyd, B.B. (Eds.), *Cognition and categorization*. New York: Lawrence Erlbaum Associates.

Panksepp, J. (1991). Affektive neuroscience: A conceptual framework for the neurobiological study of emotions. In K.T. Strongman (Hrsg.). *International review of studies on emotion*, Vol. 1, 59-99. New York: Wiley.

Parloff, M. B. (1978). *Assessment of psychosocial treatment of mental health disorders: Current status and prospects*. Rockville, Md.: Clinical Research Branch, National Institute of Mental Health.

Pascal, A.I., Hartelmann, van der Maas, H.L.J. und Molenaar, P.C.M. (1998). Detecting and modelling developmental transitions. *British Journal of Developmental Psychology*, 16, s.97-122.

Patterson, M., L. (1991). A functional approach to nonverbal exchange. In R. Feldman S. and Rime, Bernhard (Ed.), *Fundamentals of nonverbal behavior* (pp. 458-495). New York Port Chester Melbourne Sydney: Cambridge University Press.

Pechmann, T. und Engelkamp, J. (1993). Mentale Repräsentationen – Verschiedene Sichtweisen eines Begriffs. In J. Engelkamp und T. Pechmann (Hrsg.), *Mentale Repräsentation* (S. 162-175). Bern: Huber.

Pennebaker, J.W. (1995). *Emotion, disclosure und health*. Washington D.C.: American Psychological Association.

Perrig, , W., Wippich, W. und Perrig-Chiello, P. (1993). *Unbewußte Informationsverarbeitung*. Bern: Huber.

Pfeifer, R., and Scheier, C. (1999). *Understanding intelligence*. Cambridge, Mass.: MIT Press. (in press)

Piaget, J. (1926). *The language and thought of the child.* New York: Harcourt, Brace.

Power, M. und Dalgleish, T. (1997). *Cognition and Emotion* (From Order to Disorder). Cambridge, UK: Psychology Press.

Prigogine, I. (1977). *Self organisation in nonequilibrum systems: From dissipative structures to order through fluctuations*. New York: Wiley.

Pylyshyn, Z.W. (1981). The imagery debate: Analogue media versus tacit knowledge. *Psychological Review*, 88, S.16-45.

Rachman, S. (1971). *The effects of psychological treatment*. Oxford: Perragon Press.

Reich, J. H., Noyes, R. und Troughton, E. (1987). Dependent personality disorder associated with phobic avoidance in patients with panic disorder. *American Journal of Psychiatry*, 144, 323-326.

Reinecker, H. (1997). *Therapieplanung in der modernen Verhaltenstherapie*. Lengerich ; Berlin ; Düsseldorf ; Leipzig ; Wien: Pabst.

Reinhard, S. (1996). *Mimische und verbale Affektexpressionen einer Borderline-Patientin im psychotherapeutischen Prozeß*. Diplomarbeit an der Universität des Saarlandes.

Riedl, H. und Schneider-Düker, M. (1991). Kontextbedingungen „kontrollierter und unkontrollierter Psychotherapieforschung. *Psychologische Rundschau*, 42, 19-28.

Robins, C. J., Hayes, A. M. (1995). An Appraisal of cognitive therapy. In Mahoney, J. M. (1995). *Cognitive and Constructive Psychotherapies*. New York: Springer.

Rogers, C. R. (1951). *Client-centered psychotherapy*. Boston: Houghton Mifflin.

Rosch, E. und Lloyd, B.B. (Eds.), *Cognition and categorization*. New York: Lawrence Erlbaum Associates.

Rosenthal, A., Hall, J. A., DiMatteo, M. R., Rogers, P. L. und Archer, D. (1979). *Sensitivity to nonverbal communication. The Pons-Test.* Baltimore: John Hopkins Press.

Rosenthal, R. und Rubin, D. B. (1978). Interpersonal expectancy effects: The first 345 studies. *The Behavioral and Brain Sciences*, 3, 377-386.

Rosenthal, R. (1993). Interpersonal expectations: Some antecedents and some consequences. In Ross Buck (1993). *Interpersonal expectations. Theory, Research, and Applications.* Press Syndicate ot the University of Cambridge.

Roshal, J. G. (1953). The type-token ratio as a measure of changes in behavior variability during psychotherapy. In W. U. Snyder (Hrsg.), *Group report of a program of research in psychology*. State College, PA: Pennsylvania State College Press.

Rubin, S. S.; Niemeier, D. L. (1992). Non verbal affective communication as a factor in psychotherapy. *Psychotherapy*, 29(4), 596-602

Rudolf, G. (1987). *The development of the therapeutic relation – Approaches and results.* Paper presented at the 18th annual SPR- meeting, Ulm, Juni 1987.

Rudolf, G. (1991). *Die therapeutische Arbeitsbeziehung*. Untersuchungen zum Zustandekommen, Verlauf und Ergebnis analytischer Psychotherapien. Berlin: Springer-Verlag.

Rudolf, G., Buchheim, P., Ehlers, W. und Kuechenhoff, J. (1995). Struktur und strukturelle Stoerung. *Zeitschrift-fuer-Psychosomatische-Medizin-und-Psychoanalyse*. Vol 41(3): 197-212.

Rüger, B. (1994). Kritische Anmerkungen zu den statistischen Methoden in Grawe, Donati und Bernauer: „Psychotherapie im Wandel. Von der Konfession zur Profession". *Zeitschrift für psychosomatische Medizin*, 40, S.368-383.

Rumelhart, D.E. und Ortony, A. (1977). The representation of knowledge in memory. In: Anderson, R.C., Spiro, R.J. und Montague, W.E. (Eds.). *Schooling and the acquisition of knowledge.* Hillsdale, NJ: Lawrence Erlbaum Associates.

Ryle, A. (1990). *Cognitive-analytic therapy: Active participation in change*. Chichester: Wiley.

Sachse, R. (1992). Differential aspects of processing proposals and content references on the explication process of clients with different starting conditions. *Psychotherapy*, *2*, 235-251.

Safran, J. D., und Segal, Z. V. (1990). *Interpersonal processes in cognitive therapy*. New York: Basic Books.

Salem, J.E., Kring, A.M. und Kerr, S.L. (1996). More evidence for generalized poor performance in facial emotion perception in schizophrenia. *Journal of abnormal psychology*. 105, 3, S.480-483.

Sandler, J. (1987). *Projection, identificationo, projective identification*. Madison: International University Press.

Saß, H., Wittchen, H. U. und Zaudig, M. (1996). *Diagnostisches und statistisches Manual Psychsicher Störungen. DSM-IV. Göttingen*: Hogrefe.

Saunders, S. M., Howard, K. I. und Orlinsky, D. E. (1989). The Therapeutic Bond Scales: Psychometric characteristics and relationships to treatment effectivness. *Psychological Assessment*, 323-330.

Schacht, T. E., Binder, J. L. und Strupp, H. H. (1984). The dynamic focus. In H. H. Strupp und J. L. *Binder Psychotherapy in a new key*. New York: Basic.

Schacht, T. E. und Henry, W. P. (1994). Modelling recurrent patterns of interpersonal relationship with structural analysis of social behavior: The SASB-CMP. *Psychotherapy Research*, 4, 208-221.

Schank, R.C. und Abelson, R. (1977). *Skripts, plans, goals, and understanding*. Hillsdale, NJ: Lawrence Erlbaum Associates.

Scherer, K.R. (1984). On the nature and function of emotion. A component process approach. In. K. Scherer und P. Ekman (Hrsg.). *Approaches to Emotion*, New York: Hillsdale Lawrence Erlbaum.

Schiepek, G. (1994). Der systemwissenschaftliche Ansatz in der Klinischen Psychologie [Überblicksarbeit]. *Psychologische Rundschau*, *23*, 77-92.

Schiepek, G. (1999). *Die Grundlagen der Systemischen Therapie*. Theorie, Praxis, Forschung. Göttingen: Vandenhoeck und Ruprecht.

Schindler, L. (1991). *Die empirische Analyse der therapeutischen Beziehung*. (Beiträge zur Prozeßforschung in der Verhaltenstherapie). Berlin ; Heidelberg: Springer

Schmidt, L.D. und Strong, S.R. (1970). „Expert" and „inexpert" counselors. *Journal of Counseling Psychology*, 17, S.115-118.

Schulte, D., Kunzel, R.(1995). Relevance and meaning of therapist's control. Psychotherapy Research, 5, 2, S.169-185.

Schulte, D. (1993). Wie soll Therapieerfolg gemessen werden?. *Zeitschrift für Klinische Psychologie*, 374-393.

Schulte, D., Hartung, J. und Wilke, F. (1996). Handlungskontrolle der Angstbewältigung. Was macht Reizkonfrontationsverfahren so effektiv? *Zeitschrift für klinische Psychologie*, 26, 118-128.

Schützwohl (1993). *Schema und Überraschung*. Untersuchungen zum Zusammenwirken von Kognition und Emotion. Bielefeld, Universitäts Dissertation, 1993

Schwab, F. und Krause, R. (1994). Über das Verhältnis von körperlichen und mentalen emotionalen Abläufen bei verschiedenen psychosomatischen Krankheitsbildern. *Zeitschrift für Psychotherapie, Psychosomatik, Medizinische Psychologie*, 44, 308-315.

Shapiro, D. (1995). finding out how psychotherapies help people change. *Psychotherapy Research*, 5, 1-12.

Shapiro, D. A. und. Shapiro., D. (1982). *Meta-analysis of comparative therapy outcome studies: A replication and refinement.* Psychological Bulletin 92, 581-604.

Shapiro, D.A., Barkham, M., Hardy, G.E., Morrison, L.A. (1990). The second Sheffield psychotherapy project: Rationale, design and preliminary outcome data. British-Journal-of-Medical-Psychology. 63, 2, S. 97-108.

Sheppard, R.N. und Teasdale, J.D. (1996). Depressive thinking: Changes in schematic models of self and world. *Psychological Medicine*, 26, S.1043-1051.

Siegman, A., W. and Feldstein S. (1985). *Multichannel integrations of nonverbal behavior.* New Jersey: Hillsdale.

Sloane, B. R., Staples, F. R., Cristol, A. H. und Yorkston, N. J. W., K. (1975). *Psychotherapy versus behavior therapy.* Cambridge: Harvard University Press. (dt. Analytische Psychotherapie und Verhaltenstherapie: eine vergleichende Untersuchung). Stuttgart: Enke, 1981.

Smith, M. L., Glass, G. V. und. Miller, T.I. (1980). *The benefits of psychotherapy.* Baltimore, Md.: John Hopkins University Press.

Spielberger, C. D., Johnson, E. H., Russell, S. F., Crane, R. J., Jacobs, G. A. und Worden, T. J. (1985). The experience and expression of anger. In M. A. Chesny und R. H. Rosenman (Eds.), *Anger and hostility in cardiovascular and behavioral disorders.* Washington, D. C.: Hemisphere, S. 5-30.

Startup,-Mike; Shapiro,-David-A. (1993). Therapist treatment fidelity in prescriptive vs. exploratory psychotherapy. *British-Journal-of-Clinical-Psychology.* 1993 Nov; Vol 32(4): 443-456

Steimer-Krause, E., Krause, R. und Wagner, G. (1989). *Interaction regulations used by schizophrenic and psychosomatic patients. Studies on facial behavior in dyadic interactions.* Psychiatry: Interpersonal and Biological Processes (zur Veröffentlichung eingereicht).

Steimer-Krause, E. (1996). *Übertragung, Affekt und Beziehung.* Theorie und Analyse nonverbaler Interaktionen schizophrener Patienten. Bern: Peter Lang.

Stern, D. (1995). *The motherhood constellation.* New York: Basic Books.

Stern, D., B. (1989). The Analysts unformulated Experience of the Patient. *Contemporary Psychoanalysis*, *25*, 1-34.

Stern, D.; Sander, L.; Nahum, J.P.; Harrison, A.M.; Lyons-Ruth, K.; A.C. Morgan, Bruschweiler-Stern, N. und Tronick, E.Z. (1998). *Non-interpretive mechanisms in psychoanalytic therapy: The „something more" than interpretation.* International Journal of Psychoanalysis, 79, 903-921.

Stiles, W., Shapiro, D. und Elliott, R. (1986). „Are all psychotherapies equivalent?". *American Psychologist*, *41*, 165-180.

Stiles, W. B., Flores, A. L., Twomey, H. B., Surko, M., Wanicur, E. und Honos-Webb, L. (1994). The state of the art: Review of Allen E. Bergin and Sol L. Garfield (Eds.), Handbook of psychotherapy and behavior change, fourth edition. *Clinical Psychology: Science and Practise*, 1, 104-108.

Stiles, W.B.; Agnew-Davis, R.A.; Hardy, G.E.; Barkham, M. und Shapiro, D.A. (1998) Relations of the alliance with psychotherapy outcome: findings in the second Sheffield Psychotherapy Project. *Journal of Consulting and Clinical Psychology*, 66(5), 791-802.

Stockwell, S.R. und Dye, A. (1980). Effect of counselor touch on counseling outcome. *Journal of Counseling Psychology*, 27, S.443-446.

Strauß, B. (1986). *Einzelfallstatistische Analysen täglicher Selbstbeurteilungen: zur praktischen Anwendung der Zeitreihenanalyse in Psychoendokrinologie und Psychotherapieforschung.* Lang: Frankfurt a.M., Bern, New York.

Street, R.L. und Buller, D.B. (1987). Nonverbal response patterns in physician-patient interactions: A functional analysis. *Journal of nonverbal behavior*, 11, 234-253.

Strupp, H. H. (1982). *Psychoanalytic failure.* Contemporary Psychoanalysis, 18, 235-251.

Strupp, H. (1993). The Vanderbilt Psychotherapy Studies: Synopsis. *Journal of Consulting and Clinical Psychology*, *61*, 431- 433.

Strupp, H. (1998). The Vanderbilt I Study revisited. *Psychotherapy-Research*. 1998 Spr; Vol 8(1): 17-29

Strupp, H. H. und Binder, J. L. (1984). *Psychotherapy in a new key: A guide to time-limited dynamic psychotherapy*. New York: Basic Books.

Strupp, H. H. und Hadley S.W. und Gomes-Schwartz B. (1977). *Psychotherapy for better or worse : An analysis of the problem of negative effects*. New York, N.Y. : Aronson,.

Strupp, H. H. und Hadley, S. W. (1979). Specific versus nonspecific factors in psychotherapy: A controlled study of outcome. *Archives of General Psychiatry*, 36, 1125-1136.

Strupp, H. H. und. Binder, J.L. (1984). *Psychotherapy in a new key : a guide to time-limited dynamic psychotherapy*. New York, N.Y. : Basic Books.

Sullivan, H.S. (1953). *The interpersonal theory of psychiatry*. New York: Norton Press.

Suppes, P. und Warren, H. (1975). On the generation and classification of defense mechanisms. International *Journal of Psychoanalysis*, 56, 405-414.

Teasdale, J. und Barnard, P. (1993). *Affect, cognition and change*. Hove, UK: Lawrence Erbaum Associates Ltd.

Teyber, E. (1997). *Interpersonal process in psychotherapy* (a relational approach, 3rd ed.). Pacific Grove: Brooks/Cole Publishing Company.

Thomä, H. und. Kächele, H. (1985). *Lehrbuch der psychoanalytischen Therapie. Band 1: Grundlagen*. Berlin: Springer.

Thomä, H. und. K., H. (1988). *Lehrbuch der psychoanalytischen Therapie. Band 2: Praxis*. Berlin: Springer.

Thompson, L. W., Gallagher, D. und Czirr, R. (1988). Personality disorder and outcome in the treatment of late-life depression. *Journal of Geriatric Psychiatry*, 21, 133-146.

Tickle-Degnen, L. und Rosenthal, R. (1992). Nonverbal aspects of therapeutic rapport. In Feldman, Robert Stephen (Eds.) et-al. (1992). *Applications of nonverbal behavioral theories and research*. Hillsdale: Lawrence Erlbaum Associates.

Tishby, O. und Messer, S. B. (1995). The relationship between plan compatibility of therapist interventions and patient progress: a comparison of two plan formulations. *Psychotherapy Research*, 4, 58-72.

Tramitz, C. (1990). *Auf den ersten Blick*. Opladen: Westdeutscher Verlag.

Traue, H.C. und Pennebaker, J.W. (1993). *Emotional expression and Inhibition in Health and Illness*. Göttingen: Hogrefe-Huber.

Traue, H.C. (1998). *Emotion und Gesundheit*. Die psychobiologische Regulation durch Hemmungen. Heidelberg Berlin: Spektrum Akademischer Verlag.

Troisi, A., Spalletta, G. und Pasini, A. (1998). Non-verbal behavior deficits in schizophrenia: An ethological study of drug-free patients. *Acta-Psychiatrica-Scandinavica*. 1998 Feb, 97(2), 109-115.

Tschacher,-Wolfgang; Scheier,-Christian; Grawe,-Klaus (1998). Order and pattern formation in psychotherapy. *Nonlinear-Dynamics,-Psychology,-and-Life-Sciences*. 1998 Jul; Vol 2(3): 195-215.

Tschuschke, V, Hölzer, M, Kächele, H. (1995). Ach, du liebe „Güte“: Eine Einladung statt einer Erwiderung. *Psychotherapeut* 40, S.304-308.

Tschuschke,-Volker; Baenninger-Huber,-Eva; Faller,-Hermann; Fikentscher,-Erdmuthe; Fischer,-Gottfried; Frohburg,-Inge; Hager,-Willi; Schiffler,-Angelina; Lamprecht,-Friedhelm; Leichsenring,-Falk; Leuzinger-Bohleber,-Marianne; Rudolph,-Gerd; Kaechele,-Horst (1998). Psychotherapieforschung – wie man es (nicht) machen sollte. Eine Experten/Innen-Reanalyse von Vergleichsstudien bei Grawe et al. (1994). *Psychotherapie-Psychosomatik-Medizinische-Psychologie*. 1998 Nov; Vol 48(11): 430-444

Ulich, D., Kienbaum, J. und Volland, C. (1998). *Emotionale Schemata in der Aktual- und Ontogenese von Emotionen.* Institutsarbeit. Universität Augsburg.

Vaillant, McCullogh, L. (1996). *Changing character.* Short-Term Anxiety-REgulating Psychotherapy for Restructuring Defenses, Affects, and Attachment. New York: BasicBooks.

Vallis, T. M., Shaw, B. F. und McCabe, S. B. (1988). The relationship between therapist competency in cognitive therapy and general cognitive skill. *Journal of Cognitive Psychotherapy,* 188 (2), 237-249.

Vanger, P. und Czogalik, D. (1997). *Lächeln als Marker veränderungsrelevanter Episoden.* Unveröffentlichtest Manuskript. Forschungsstelle für Psychotherapie der Universität Stuttgart.

Wagner, G. (1986). *Entwicklung eines automatisierten Verfahrens zur Affektinterpretation.* Unveröffentlichte Diplomarbeit, Universität des Saarlands, Saarbrücken.

Wallbott, H. G. (1982). *Bewegungsstil und Bewegungsqualität: Untersuchungen zum Ausdruck und Eindruck gestischen Verhaltens in Zusammenhang mit psychopathologischen Störungen.* Dissertation im Fachbereich Psychologie der Universität Gießen.

Weber, R. und Crocker, J. (1983). Cognitive processes in the revision of stereotypic beliefs. *Journal of Personality and Social Psychology,* 45, 961-977.

Weiss, J., Sampson, H. und the Mount Zion Psychotherapy Research Group (1986). *The psychoanalytic process: Theory, clinical observations and empirical research.* New York: Guilford Press.

Westen, D., Muderrisoglu, S., Fowler, C., Shedler, J. und Koren, D. (1997). Affect regulation and affective experience: Individual differences, group differences and measurement using a Q-Sort procedure. *Journal of Consulting and Clinical Psychology,* 65, 3, S.429-439.

Wicki, W. (1988). Psychologie des Humors: Eine Übersicht. *Schweizerische Zeitschrift für Psycholgoie,* 51, 151-163.

Williams, J.M.G., Watts, F.N., MacLeod, C. und Mathews, A. (1988). *Cognitive psychology and emotional disorder.* Chichester UK: Wiley.

Wilson, G.T. und Evans, I. M. (1977). The therapist-client relationship in behavior therapy. In: Gurman, A. S. und Razin, A. M. (Eds.), *Effective psychotherapy.* New York, NY: Pergamon Press.

Winkielman, P., Zajonc, R.B. und Schwarz, N. (1997). Subliminal priming resists attributional interverntions. *Cognition and Emotion,* 11, 4, S.433-465.

Woll, M. (1996). *Kopf- und Körperhaltungen von Patienten mit funktionellen Wirbelsäulebeschwerden in dyadischen Interaktionen.* Unveröffentlichte Diplomarbeit. Universität des Saarlandes, Fachrichtung Psychologie.

Woodworth, R. S. (1938). *Experimental Psychology.* New York: Holt.

Young. J. E. (1990). *Cognitive therapy for personality disorders: A schema-focused approach.* Sarasota, FL: Professional Resource Exchange.

Young, J. E. (1994). *Cognitive therapy for personality disorders: A schema-focused approach* (2nd ed.). Sarasota, FL: Professional Resource Press.

Zajonc, R.B. (1994). Can emotions be unconscious. In Ekman, P. und Davidson, R.J. (Eds.). *The nature of emotions: fundamental questions.* S.293-297. New York: Oxford University Press.

Zeeman (1976). Catastrophe theory. *Scientific American,* 234 (4), S.65-83

Zielke, M. (1993). *Wirksamkeit stationärer Verhaltenstherapie.* Weinheim: Beltz Psychologie Verlags Union.

Zimmer, D. und Zimmer, F. T. (1994). Die therapeutische Beziehung in der Verhaltenstherapie. Konzepte und Gestaltungsmöglichkeiten. In Margraf, J. und Brengelmann, J., C.

(1994). *Die Therapeut-Patient- Beziehung in der Verhaltenstherapie*. Therapieforschung für die Praxis.

Zimmer, H. D. (1993). Von Repräsentationen, Modalitäten und Modulen. In J. Engelkamp und T. Pechmann (1993). *Mentale Repräsentationen*. Göttingen: Hans Huber.

Abbildungsverzeichnis

Tabellenverzeichnis

Anhang

Items zur Einschätzung des Therapieerfolgs

Therapeuten und Patienten erhielten auf sie angepaßte, aber inhaltlich identische Versionen der Items zur Erfolgseinschätzung und der Qualität der therapeutischen Beziehung. Zudem wurden getrennte Versionen vergeben für die Therapien, die nach der 15. Stunde beendet wurden und diejenigen, die weitergeführt wurden.

Items zur Einschätzung des Therapieerfolgs durch die Therapeuten

Item 1: Die Therapie hat der Patientin/dem Patient bisher geholfen

sehr viel	1	2	3	4	5	überhaupt nicht

Item 2: Mit dem bisherigen Verlauf der Therapie bin ich sehr zufrieden

sehr zufrieden	1	2	3	4	5	sehr unzufrieden

Item 3: Die Therapie war meiner Meinung nach (bisher)

sehr erfolgreich	1	2	3	4	5	erfolglos

Item 4: Die Patientin/der Patient hat die gesteckten Ziele bereits erreicht

voll erreicht	1	2	3	4	5	überhaupt nicht erreicht

Items zur Einschätzung des Therapieerfolgs durch die Patienten

Item 1: Die Therapie hat mir bisher geholfen

sehr viel	1	2	3	4	5	überhaupt nicht

Item 2: Mit dem bisherigen Verlauf der Therapie bin ich sehr zufrieden

sehr zufrieden	1	2	3	4	5	sehr unzufrieden

Item 3: Die Therapie war meiner Meinung nach (bisher)

sehr erfolgreich	1	2	3	4	5	erfolglos

Item 4: Die gesteckten Ziele habe ich bereits erreicht

voll erreicht	1	2	3	4	5	überhaupt nicht erreicht

Items zur Einschätzung der Qualität der therapeutischen Beziehung

Items zur Einschätzung Qualität der Arbeitsbeziehung (Therapeut)

Item 1: Ich glaube, die Zusammenarbeit mit der Patientin / dem Patienten ist im Moment

sehr gut	1	2	3	4	5	sehr schlecht

Item 2: Ich glaube, meine Art von Therapie ist für die Patientin /den Patienten

Geeignet	1	2	3	4	5	Nicht geeignet

Item 3: Ich glaube, die Patientin /der Patient fühlt sich bei mir

gut aufgehoben	1	2	3	4	5	schlecht aufgehoben

Items zur Einschätzung Qualität der Arbeitsbeziehung (Patient)

Item 1: Ich glaube, die Zusammenarbeit mit der Therapeutin / dem Therapeuten ist im Moment

sehr gut	1	2	3	4	5	sehr schlecht

Item 2: Ich glaube, diese Art von Therapie ist für mich

Geeignet	1	2	3	4	5	Nicht geeignet

Item 3: Ich fühle mich bei dieser Therapeutin / diesem Therapeuten

Gut aufgehoben	1	2	3	4	5	schlecht aufgehoben

Fotos der Primäraffekte

Ärger

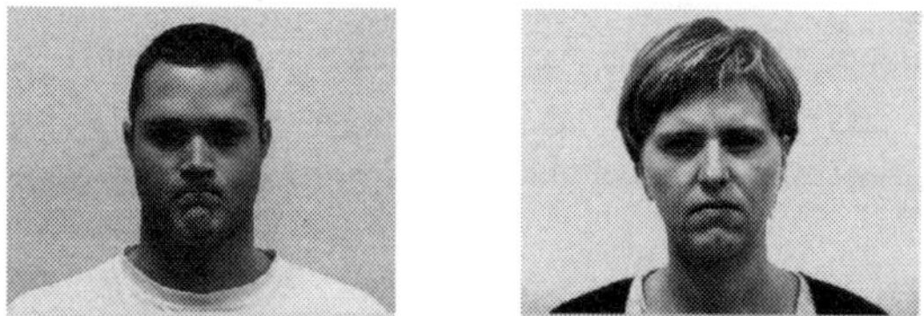

Ekel

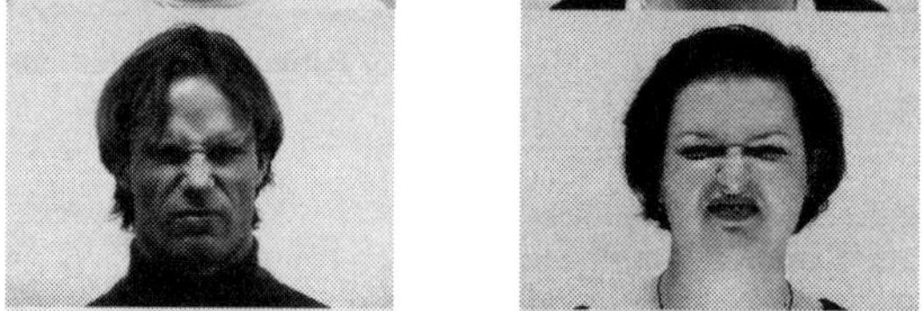

Verachtung

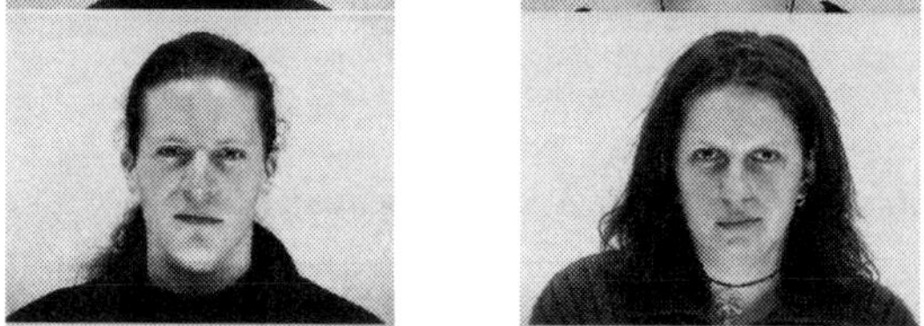

Angst

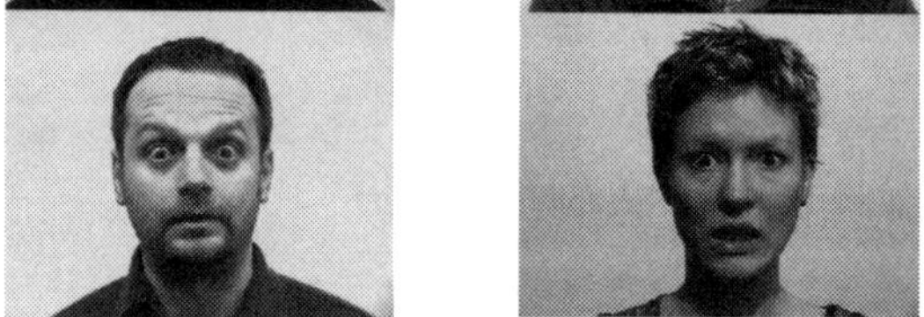

Trauer

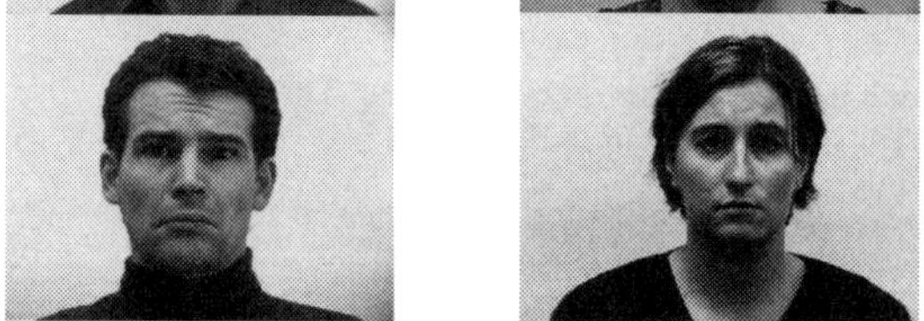

Freude

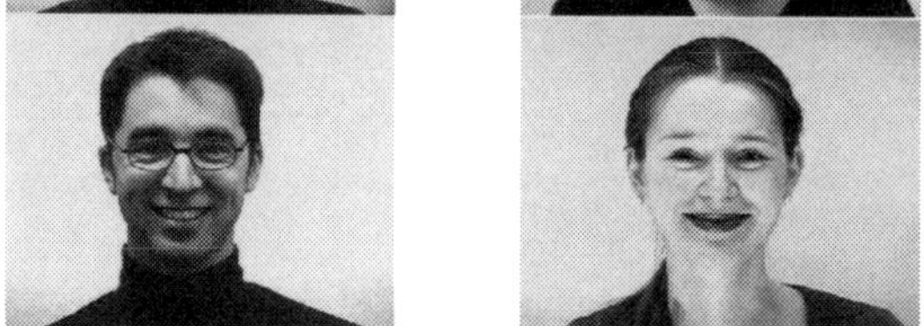

Überraschung

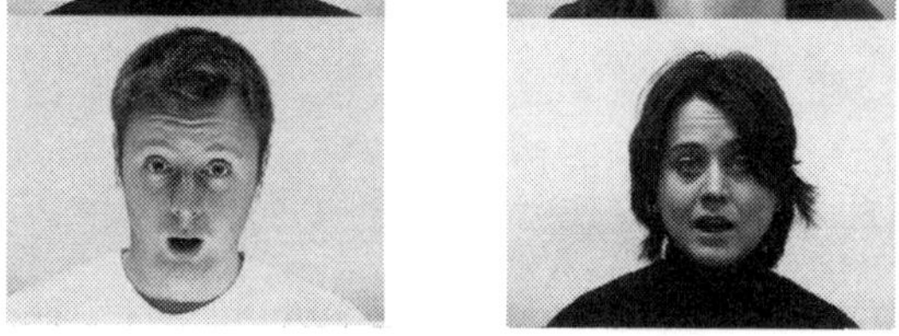